Análise para administração financeira

H636a Higgins, Robert C.
   Análise para administração financeira / Robert C. Higgins ; [tradução: Equipe Bookman]. – 10. ed. – Porto Alegre : AMGH, 2014.
   xvi, 456 p. : il. ; 25 cm.

   Tradução da 8ª edição por Alan Vidigal Hastings e revisão técnica por Roberto Zentgraf.
   ISBN 978-85-8055-319-2

   1. Administração financeira. 1. Título.

   CDU 005.915

Catalogação na publicação: Ana Paula M. Magnus – CRB10/2052

Robert C. Higgins

Professor de Finanças
The University of Washington

Análise para administração financeira

10ª edição

AMGH Editora Ltda.
2014

Obra originalmente publicada sob o título
Analysis for Financial Management, 10/e
ISBN 007803468X / 9780078034688

Original edition copyright © 2012, The McGraw-Hill Global Education Holdings, LLC, New York, New York 10020.
Todos os direitos reservados.

Gerente editorial: *Arysinha Jacques Affonso*

Colaboraram nesta edição:

Tradução: *Equipe Bookman*

Leitura final: *Angelita Santos Silva*

Conferência: *Mônica Stefani*

Capa: *Maurício Pamplona* (arte sobre capa original)

Editoração: *Techbooks*

Tradução da 8.ed.: *Alan Vidigal Hastings*

Revisão técnica da 8.ed.: *Roberto Zentgraf - Coordenador do MBA de Finanças do Ibmec-RJ*

Reservados todos os direitos de publicação, em língua portuguesa, à
AMGH EDITORA LTDA., uma parceria entre GRUPO A EDUCAÇÃO S.A. e
McGRAW-HILL EDUCATION
Av. Jerônimo de Ornelas, 670 – Santana
90040-340 – Porto Alegre – RS
Fone: (51) 3027-7000   Fax: (51) 3027-7070

É proibida a duplicação ou reprodução deste volume, no todo ou em parte, sob quaisquer formas ou por quaisquer meios (eletrônico, mecânico, gravação, fotocópia, distribuição na Web e outros), sem permissão expressa da Editora.

Unidade São Paulo
Av. Embaixador Macedo Soares, 10.735 – Pavilhão 5 – Cond. Espace Center
Vila Anastácio – 05095-035 – São Paulo – SP
Fone: (11) 3665-1100   Fax: (11) 3667-1333

SAC 0800 703-3444 – www.grupoa.com.br

IMPRESSO NO BRASIL
PRINTED IN BRAZIL

Dedicatória

Em memória de meu filho

Steven Higgins

1970-2007

Prefácio

Como nas edições anteriores, este texto foi concebido pensando em executivos não financeiros e estudantes de administração interessados na prática da gestão financeira. O livro apresenta as técnicas padrão e os avanços recentes de maneira prática e intuitiva, e não exige conhecimento prévio – embora uma curiosidade sadia a respeito do que faz as empresas funcionarem também seja útil. A ênfase do texto está nas implicações gerenciais da análise financeira.

O livro é extremamente útil para os interessados em aprimorar suas habilidades gerenciais e para os alunos de MBA executivos. É bastante adotado como livro-texto em cursos de finanças aplicadas, como texto auxiliar em cursos voltados para estudos de *cases*, e como leitura complementar em cursos mais teóricos sobre finanças.

Este livro é uma tentativa de traduzir o prazer e o estímulo que vivenciei nos últimos 30 anos de trabalho com executivos e universitários. Essa experiência convenceu-me de que as técnicas e os conceitos financeiros não precisam ser abstratos ou herméticos; de que os avanços recentes no campo real, como a sinalização e eficiência do mercado e a precificação de ativos, são importantes para os profissionais da área; e de que as finanças têm muito a dizer sobre os aspectos mais amplos da administração das empresas.

A Parte 1 trata da administração dos recursos existentes, incluindo o uso de demonstrações financeiras e da análise de índices para avaliar a saúde financeira de uma empresa, seus pontos fortes e fracos, seu desempenho recente e suas perspectivas para o futuro. A ênfase recai sobre os elos entre a atividade operacional das empresas e seu desempenho financeiro. É recorrente a noção de que cada empresa deve ser vista como um todo integrado, e que uma administração financeira eficaz só é possível dentro do contexto mais amplo das características e estratégias operacionais da empresa.

O restante do livro trata da aquisição e do gerenciamento de novos recursos. A Parte 2 examina a previsão e o planejamento financeiros, dando especial atenção ao gerenciamento nas etapas de crescimento e declínio. A Parte 3 aborda o financiamento das operações da empresa, incluindo uma revisão dos principais tipos de títulos, os mercados em que são negociados e a escolha correta do tipo de título pela empresa emissora. Isso exigirá uma avaliação atenta da alavancagem financeira e de seus efeitos sobre a empresa e seus acionistas.

A Parte 4 trata do uso de técnicas de fluxo de caixa descontado, como o valor presente líquido e a taxa interna de retorno, para avaliar oportunidades de investimento; aborda ainda a difícil tarefa de incorporar o risco à avaliação do investimento. Este livro encerra com um exame da avaliação de empresas e da reestruturação empresarial no contexto do debate atual sobre o papel dos acionistas, dos conselhos de administração e dos executivos na gestão das companhias abertas dos Estados Unidos.

Ao final, a obra oferece um glossário de termos financeiros e respostas sugeridas para os problemas de número ímpar apresentados em cada capítulo.

AS NOVIDADES DESTA EDIÇÃO

Os leitores familiarizados com as edições anteriores de *Análise para Administração Financeira* perceberão que esta edição inclui diversas novidades, como:

- o uso da Sensient Technologies Corporation (ST), a maior empresa mundial de corantes para alimentos e bebidas, como exemplo em todo o livro;
- análise da aquisição hostil da britânica Cadbury PLC pela Kraft Foods Inc. por $23 bilhões, incluindo o papel desempenhado pelo investidor ativista Nelson Peltz;
- discussão de aspectos relevantes da recente crise financeira, com ênfase nos possíveis papéis desempenhados pela hipótese do mercado eficiente, pela contabilidade pelo valor justo e pelas agências de avaliação financeira na precipitação da crise;
- cobertura ampliada da análise de opções reais, incluindo árvores de decisão;
- uma atualização das evidências empíricas sobre a reestruturação corporativa e a criação de valor para os acionistas.

Um belo acréscimo aos materiais complementares desta edição é o banco de testes elaborado pelo professor e veterano das edições anteriores Eric Wehrly. Além disso, Hersh Shefrin atualizou as imagens do PowerPoint para refletir as alterações da 10ª edição.

Como nas edições anteriores, o leitor encontrará referências a *sites* e leituras recomendadas no final de cada capítulo. Também estão disponíveis, em inglês, no *site* do Grupo A (www.grupoa.com.br), os seguintes recursos:

- **na área do professor**, protegida por senha, sugestões de respostas para todos os problemas pares que aparecem no texto;
- um banco de testes com 20 a 30 perguntas por capítulo, incluindo múltipla escolha, resposta curta e questões dissertativas. Cada questão fornece *feedback* aos alunos e está marcada por nível de dificuldade;
- uma lista de casos sugeridos para acompanhar este livro;
- **no conteúdo on line**, problemas baseados em planilhas e problemas complementares com respostas sugeridas;
- um *software* gratuito;
- uma versão em *PowerPoint* de tabelas e figuras selecionadas.

O *software* gratuito consiste em três programas em Excel de fácil utilização, empregados com frequência para analisar demonstrações financeiras, projetar as necessidades de financiamento e avaliar oportunidades de investimento. O endereço eletrônico para acessar esses materiais é **www.grupoa.com.br**.

Atenção!

- **Se você for professor**, pedimos a gentileza de fazer seu cadastro, procurar a página do livro por meio do campo de busca e clicar no link Material para o Professor.
- **Se você for estudante**, pedimos igualmente que faça seu cadastro, procure a página do livro por meio do campo de busca e clique no link Conteúdo On line.

Análise para Administração Financeira enfatiza a aplicação e a interpretação de técnicas analíticas no processo decisório. Essas técnicas revelaram-se úteis para colocar em perspectiva os problemas financeiros e ajudar os gestores a preverem as consequências de suas decisões. Mas as técnicas não devem substituir o raciocínio. Mesmo com a melhor técnica, ainda é necessário definir e priorizar questões, modificar análises para que se enquadrem a circunstâncias específicas, atingir o equilíbrio adequado entre análise quantitativa e considerações mais qualitativas e avaliar alternativas com discernimento e criatividade. O domínio da técnica é apenas o primeiro passo em direção à gestão eficaz.

Desejo agradecer a Jared Stanfield por continuar me ajudando com os problemas apresentados no final de cada capítulo. Tenho certeza de que ele será um ótimo professor de finanças assim que começar sua carreira na University of New South Wales. Estou em dívida com Andy Halula e Scott Hossfeld, da Standard & Poor's, por fornecerem dados atualizados da Research Insight. O acesso às informações do Compustat é de grande valia na oferta de exemplos de práticas hoje adotadas. Também agradeço às seguintes pessoas pelas leituras esclarecedoras que fizeram da 8ª edição e por suas críticas construtivas. Elas realizaram um excelente trabalho e quaisquer falhas que restem são de minha inteira responsabilidade.

Dr. Alexander Amati
Rutgers University

Richard T. Bliss
Babson College

Cheryl A. Brolyer
Preston University

Lawrence Byerly
Thomas More College

Tom Burrell
Western Oregon University

Neil G. Cohen
The George Washington University

Sanjiv Das
Santa Clara University

Yee-Tien Fu
Stanford University

Alexander Hittle
Washington University em St. Louis

George M. Jabbour
The George Washington University

Dee Ledford Malone
Park University

Dr. James N. Marshall
Muhlenberg College

Todd Mitton
Brigham Young University

Scott E. Pardee
Middlebury College

Peyton Foster Roden
University of North Texas

Nikhil P. Varaiya
San Diego State University

Salil K. Sarkar
The University of Texas em Arlington

Agradeço Michele Janicek, Kaylee Putbrese, Melissa Caughlin, Pat Frederickson, Debra Sylvester e Joanne Mennemeier, todos da McGraw-Hill, pela excepcional coordenação de desenvolvimento, *design* e edição do livro. Bill Alberts, David Beim, Dave Dubofsky, Bob Keeley, Jack McDonald, George Parker, Megan Partch, Larry Schall e Alan Shapiro merecem minha sincera gratidão pela ajuda e pelo apoio durante a elaboração deste livro. Agradeço também à minha filha, Sara Higgins, por elaborar e editar o *software*. Finalmente, quero expressar meu reconhecimento aos alunos e colegas da University of Washington, da Stanford University IMD, do Koblenz Graduate School of Management, do Gordon Institute of Business Science, da Swiss International Business School ZfU AG, da Boeing e da Microsoft, entre outras instituições, por estimularem constantemente meu interesse em praticar e ensinar administração financeira.

Invejo os que leem este livro pela primeira vez. É uma aventura intelectual estimulante.

Robert C. (Rocky) Higgins
Marguerite Reimers Professor of Finance
Foster School of Business
University of Washington
rhiggins@uw.edu

Sumário Resumido

PARTE I
Avaliação da Saúde Financeira da Empresa 1

Capítulo 1
Interpretação de Demonstrações Financeiras 3

Capítulo 2
Avaliação do Desempenho Financeiro 37

PARTE II
Planejamento do Desempenho Financeiro Futuro 87

Capítulo 3
Previsão Financeira 89

Capítulo 4
Administração do Crescimento 123

PARTE III
Financiamento das Operações 151

Capítulo 5
Os Instrumentos Financeiros e os Mercados 153

Capítulo 6
A Decisão de Financiamento 203

PARTE IV
Avaliando Oportunidades de Investimento 245

Capítulo 7
Técnicas de Fluxo de Caixa Descontado 247

Capítulo 8
Análise de Risco em Decisões de Investimento 293

Capítulo 9
Avaliação de Empresas e Reestruturação Corporativa 347

Apêndice A 397

Apêndice B 399

Glossário 401

Respostas Sugeridas para os Problemas de Número Ímpar 413

Índice 443

Sumário

PARTE I
Avaliação da Saúde Financeira da Empresa 1

Capítulo 1
Interpretação de Demonstrações Financeiras 3
O ciclo do fluxo de caixa 3
O Balanço 6
  Ativo e passivo circulantes 9
  Patrimônio líquido dos acionistas 11
A demonstração de resultados 11
  Mensuração do lucro 12
Demonstrações de Origens e Aplicações de Recursos (DOAR) 16
  A abordagem dos dois dedos 18
A demonstração de fluxo de caixa 18
As demonstrações financeiras e o problema do valor 23
  Valor de mercado versus valor contábil 23
  Lucro econômico versus lucro contábil 27
  Custos alocados 28
Resumo 30

Capítulo 2
Avaliação do Desempenho Financeiro 37
As alavancas do desempenho financeiro 37
Retorno sobre o patrimônio líquido 38
  Os três determinantes do ROE 38
  A margem de lucro 40
  Giro do ativo 42
  Alavancagem financeira 47

O ROE é uma medida financeira confiável? 53
  O problema do timing 53
  O problema do risco 54
  O problema do valor 56
  ROE ou preço de mercado? 57
Análise de índices 60
  Uso eficaz dos índices 60
  Análise dos índices da Sensient Technologies Corporation 62
Apêndice - Diferenças internacionais na estrutura financeira 71
  Comparações entre empresas estrangeiras negociadas nos mercados norte-americanos 71
  Companhias abertas 73
  A caminho dos padrões contábeis internacionais 77
Resumo 79

PARTE II
Planejamento do Desempenho Financeiro Futuro 87

Capítulo 3
Previsão Financeira 89
Demonstrações *pro forma* 89
  Previsão com base na porcentagem das vendas 90
  Despesa de juros 96
  Sazonalidade 97
Demonstrações *pro forma* e planejamento financeiro 97
Previsão por computador 98
Lidando com a incerteza 102
  Análise de sensibilidade 102

Análise de cenário 103
Simulação 104
Previsões de fluxo de caixa 106
Orçamentos de caixa 107
Comparação entre as técnicas 110
Planejamento em grandes empresas 110
Resumo 113

Capítulo 4
Administração do Crescimento 123
Crescimento sustentável 124
A equação do crescimento sustentável 124
Crescimento excessivo 127
Crescimento equilibrado 127
A taxa de crescimento sustentável da Medifast, Inc. 129
Perguntas "E se" 130
O que fazer quando o crescimento efetivo supera o crescimento sustentável 131
Emissão de novo capital 131
Aumento da alavancagem 132
Redução da distribuição de dividendos 133
Corte lucrativo 134
Terceirização 135
Política de preços 135
Fusão é a resposta? 136
Baixo crescimento 136
O que fazer quando o crescimento sustentável supera o crescimento efetivo 137
Ignorar o problema 138
Devolver dinheiro aos acionistas 139
Comprar crescimento 139
Crescimento sustentável e inflação 140
Crescimento sustentável e demonstrações *pro forma* 141
Financiamento por novas emissões 142
Por que as empresas norte-americanas não emitem mais ações? 144
Resumo 146

PARTE III
Financiamento das Operações 151

Capítulo 5
Os Instrumentos Financeiros e os Mercados 153
Instrumentos financeiros 154
Títulos de dívidas 155
Ações ordinárias 163
Ações preferenciais 166
Mercados financeiros 168
Financiamento de private equity 168
Ofertas públicas primárias iniciais 170
Emissões primárias 172
Custos de emissão 177
Eficiência dos mercados 178
O que é um mercado eficiente? 179
Implicações da eficiência 181
Apêndice - Utilizando instrumentos financeiros para administrar riscos 183
Mercados a termo 185
Especulação nos mercados a termo 185
Hedge nos mercados a termo 186
Hedge nos mercados monetários e de capitais 189
Hedge com opções 189
Limitações do hedge nos mercados financeiros 192
Avaliação de opções 194
Resumo 197

Capítulo 6
A Decisão de Financiamento 203
Alavancagem financeira 205
Mensuração dos efeitos da alavancagem sobre uma empresa 209
Alavancagem e risco 211
Alavancagem e lucro 213
Quanto pedir emprestado 216
Irrelevância 217
Benefícios fiscais 219
Custos de dificuldades financeiras 219

Flexibilidade 223
Sinalização para o mercado 226
Incentivos à administração 229
A decisão de financiamento e o crescimento 229

Escolhendo uma estrutura de vencimentos 232
Inflação e estratégia de financiamento 233

Apêndice - O argumento da irrelevância 233
Ausência de impostos 234
Impostos 236

Resumo 238

PARTE IV
Avaliando Oportunidades de Investimento 245

Capítulo 7
Técnicas de Fluxo de Caixa Descontado 247

Indicadores de Valor 248
O prazo de payback e a taxa contábil de retorno 249
O valor do dinheiro no tempo 250
Equivalência 254
O valor presente líquido 255
A relação custo-benefício 256
A taxa interna de retorno 257
Algumas aplicações e extensões 261
Alternativas mutuamente excludentes e racionamento de capital 263
A taxa interna de retorno em perspectiva 265

Determinação dos fluxos de caixa relevantes 266
Depreciação 268
Capital de giro e fontes espontâneas 270
Custos já incorridos (sunk costs) 271
Custos alocados 272
Canibalização 273
Excesso de capacidade 274
Custos de financiamento 276

Apêndice - Alternativas mutuamente excludentes e racionamento de capital 278
O que aconteceu com os outros $578.000? 279
Vidas úteis desiguais 279
Racionamento de capital 282
O problema das oportunidades futuras 283
Uma árvore de decisão 284

Resumo 285

Capítulo 8
Análise de Risco em Decisões de Investimento 293

Definição de risco 295
Risco e diversificação 297

Estimativa do risco de um investimento 299
Três técnicas de estimativa do risco de investimento 300

Inclusão do risco na avaliação de investimentos 301
Taxas de desconto ajustadas pelo risco 301

O custo do capital 302
Definição de custo do capital 303
Custo do capital da Sensient Technologies Corporation 304
O custo do capital na avaliação de investimentos 312
Várias taxas mínimas de atratividade (Hurdle Rates) 313

Quatro armadilhas no uso das técnicas de fluxo de caixa descontado 315
A perpectiva do empreendimento versus *a perspectiva do acionista* 316
Inflação 318
Opções reais 319
Ajuste excessivo ao risco 326

Valor econômico adicionado 328
EVA e análise de investimentos 329
O apelo do EVA 329

Uma nota de cautela 331

Apêndice - Beta dos ativos e valor presente ajustado 332
Beta e alavancagem financeira 332
Uso do beta do ativo para estimar o beta do patrimônio líquido 334
Beta do ativo e valor presente ajustado 335
Resumo 338

Capítulo 9
Avaliação de Empresas e Reestruturação Corporativa 347
Avaliando uma empresa 349
Ativo ou patrimônio líquido? 349
Morta ou viva? 350
Participação minoritária ou controle? 351
Avaliação pelo fluxo de caixa descontado 352
Fluxo de caixa livre 354
O valor terminal 354
Um exemplo numérico 358
Problemas com as abordagens de avaliação pelo valor presente 360
Avaliação com base em comparáveis 361
Falta de negociabilidade 365

O mercado de controle 366
O prêmio pelo controle 366
Motivações financeiras da reestruturação 368
Evidências empíricas 376
A aquisição da Cadbury 377
Apêndice - O método de avaliação do capital de risco 379
O método do capital de risco – Uma rodada de financiamento 380
O método do capital de risco – Múltiplas rodadas de financiamento 383
Por que os investidores em capital de risco exigem retornos tão elevados? 385
Resumo 387

Apêndice A 397

Apêndice B 399

Glossário 401

Respostas Sugeridas para os Problemas de Número Ímpar 413

Índice 443

PARTE I

Avaliação da Saúde Financeira da Empresa

Capítulo 1

Interpretação de Demonstrações Financeiras

> As demonstrações financeiras são como os perfumes:
> devem ser cheirados, mas não inalados.
>
> *Abraham Brilloff*

A contabilidade é o placar das empresas. Ela traduz as diferentes atividades de uma empresa em um conjunto de números objetivos que fornecem informações sobre o desempenho, os problemas e as perspectivas futuras. As finanças envolvem interpretar esses valores contábeis para avaliar o desempenho e planejar ações futuras.

A aptidão para a análise financeira é importante para uma grande variedade de pessoas, inclusive para investidores, credores e reguladores. Mas em nenhum lugar ela é mais importante do que no âmbito da empresa. Independentemente do ramo ou do porte da organização, os administradores que dispõem dessas habilidades são capazes de diagnosticar os males de suas empresas, prescrever corretivos úteis e antecipar as consequências financeiras de seus atos. Como um jogador de futebol que não sabe em quanto está o jogo, um gerente operacional que não compreende plenamente a contabilidade e as finanças trabalha sob desvantagem desnecessária.

Este capítulo e o seguinte tratam do uso de informações contábeis para avaliar a saúde financeira das empresas. Começaremos com um panorama dos princípios contábeis que regem as demonstrações financeiras e com a discussão de um dos conceitos mais prejudicados por mau uso e confusão que existem em finanças: o fluxo de caixa. Dois temas recorrentes serão o de que definir e medir o lucro representam um desafio maior do que seria de esperar, e o de que a lucratividade, por si só, não garante o sucesso, ou sequer a sobrevivência da empresa. No Capítulo 2, abordaremos as medidas de desempenho financeiro e a análise de índices.

O CICLO DO FLUXO DE CAIXA

As finanças parecem herméticas e complexas para os não iniciados. Mas um número relativamente pequeno de princípios básicos deve ser suficiente para orientar seu pensamento. Um desses princípios é o de que *as finanças e as operações de uma empresa estão intimamente ligadas*. As atividades, o modo de operação e a estratégia competitiva são fundamentais para a determinação da estrutura financeira da empresa. E o inverso é igualmente verdadeiro: decisões que parecem ser primordialmente de natureza financeira podem afetar de maneira significativa as operações da empresa. Por exemplo, o modo como uma empresa financia seus ativos pode afetar a natureza dos investimentos que será capaz de realizar no futuro.

O ciclo produção-fluxo de caixa da Figura 1.1 ilustra a forte ligação entre as operações e as finanças de uma empresa. Para simplificar, suponhamos que a empresa mostrada tenha sido criada recentemente e que tenha levantado dinheiro junto a seus fundadores e credores, e que tenha comprado ativos produtivos e esteja pronta para começar a operar. Para tanto, usa caixa para comprar matérias-primas e contratar trabalhadores; com esses insumos, faz o produto e o armazena temporariamente no estoque. Assim, o que começou como caixa é agora estoque físico. Quando a empresa vende um artigo, o estoque físico se transforma novamente em caixa. Se a venda for à vista, isso se dá imediatamente; do contrário, o caixa somente será realizado em algum momento futuro, quando a conta a receber for cobrada. Este movimento simples, do caixa para o estoque, daí para as contas a receber, e delas de volta para o caixa, é o *ciclo operacional* ou *ciclo de capital de giro* da empresa.

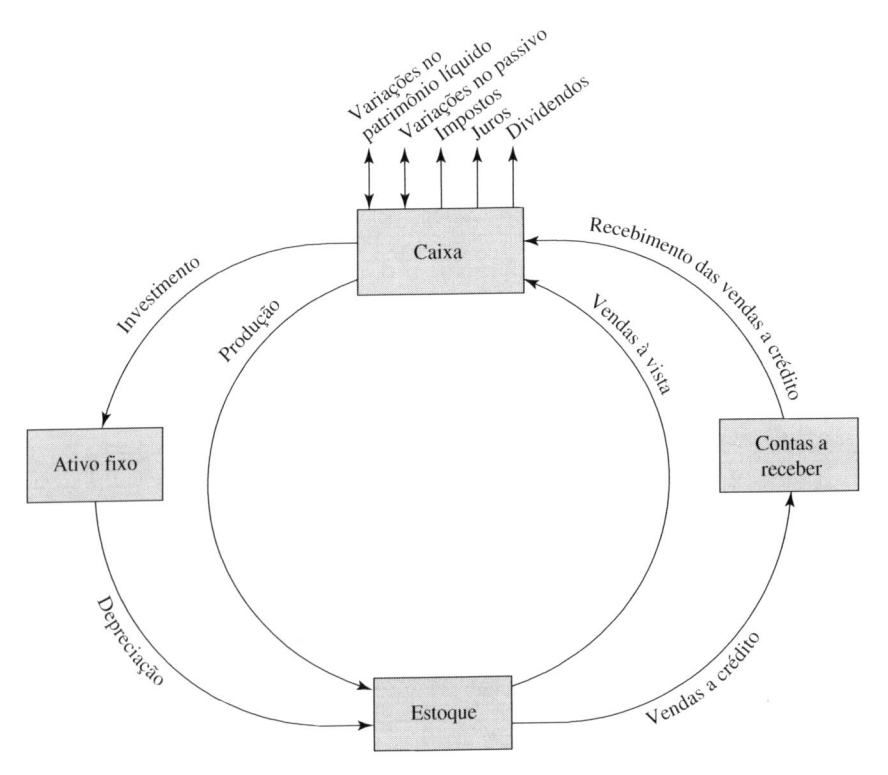

Figura 1.1 O ciclo produção-fluxo de caixa.

Outra atividade representada na Figura 1.1 é o investimento. Ao longo de um período de tempo qualquer, os ativos fixos da empresa são consumidos, ou se desgastam, durante a atividade produtiva. É como se cada artigo que passa pela empresa levasse consigo uma pequena parte do ativo fixo. O contador reconhece esse processo, reduzindo continuamente o valor contábil do ativo fixo e aumentando o valor da mercadoria que flui para o estoque em um montante conhecido como *depreciação*. Para manter a capacidade produtiva, a empresa precisa investir parte do dinheiro que recebe em novos ativos fixos. O objetivo desse processo, naturalmente, é garantir que o caixa que retorna do ciclo de capital de giro e do ciclo de investimento supere o montante no qual a jornada teve início.

Poderíamos complicar um pouco mais a Figura 1.1 se incluíssemos as contas a pagar e expandíssemos o uso do passivo e do patrimônio líquido [dinheiro obtido por meio de dívidas e dos acionistas] para gerar caixa, mas a figura demonstra, desde já, dois princípios básicos. Em primeiro lugar, *as demonstrações financeiras são uma janela importante para a realidade*. As políticas operacionais de uma empresa, suas técnicas produtivas e seus sistemas de controle de estoque e crédito determinam, fundamentalmente, o seu perfil financeiro. Se, por exemplo, a empresa passar a exigir que o pagamento das vendas a crédito se dê mais rapidamente, suas demonstrações financeiras revelarão um menor investimento em contas a receber e, possivelmente, uma variação nas suas receitas e lucros. Esta ligação entre as operações e as finanças de uma empresa é o motivo pelo qual estudamos as demonstrações financeiras: procuramos compreender as operações da empresa e prever as consequências financeiras das alterações realizadas.

O segundo princípio que a Figura 1.1 ilustra é o de que *lucro não equivale a fluxo de caixa*. O caixa – e a conversão em tempo hábil de caixa em estoque, contas a receber e novamente em caixa – é a alma de qualquer empresa. Se esse fluxo de caixa for bloqueado ou interrompido de maneira significativa, poderá ocorrer insolvência. Assim, o fato de uma empresa ser lucrativa não é garantia de que seu fluxo de caixa seja suficiente para mantê-la solvente. Para ilustrar, suponhamos que uma empresa perca o controle de suas contas a receber, dando aos clientes cada vez mais tempo para pagar, ou que ela produza consistentemente mais mercadorias do que consegue vender. Nesse caso, embora a empresa esteja vendendo a mercadoria com lucro aos olhos de um contador, suas vendas podem não gerar caixa cedo o bastante para fazer frente às saídas de caixa necessárias para a produção e o investimento. Quando o caixa de uma empresa não é suficiente para arcar com as obrigações por vencer, ela se torna insolvente. Mais um exemplo: suponhamos que a empresa esteja gerenciando cuidadosamente seu estoque e seus recebíveis, mas que um crescimento acelerado das vendas exija um investimento ainda maior nesses ativos. Então, muito embora a empresa seja lucrativa, ela pode não ter caixa suficiente para honrar seus compromissos. A empresa estará, literalmente, "crescendo rumo à quebra". Estes breves exemplos demonstram por que os administradores devem preocupar-se tanto com o fluxo de caixa quanto com o lucro.

Para explorar mais detidamente esses temas e aprimorar suas habilidades no uso de informações contábeis para avaliar o desempenho, precisamos rever os fundamentos das demonstrações financeiras. Se este for seu primeiro contato com a contabilidade financeira, aperte o cinto, porque vamos avançar rapidamente. Se estivermos indo rápido demais, dê uma olhada nos textos de contabilidade recomendados no final do capítulo.

O BALANÇO

A principal fonte de informações para avaliar a saúde financeira de uma empresa está em suas demonstrações financeiras, que consistem principalmente em um balanço, uma demonstração de resultados e uma demonstração de fluxo de caixa. Embora essas demonstrações possam, por vezes, parecer complexas, elas baseiam-se em uma fundação muito simples. Para entender essa fundação e perceber os elos entre as três demonstrações, vamos tratar rapidamente de cada uma delas.

O *balanço* é um instantâneo financeiro, tomado em um ponto do tempo, de todos os ativos que a empresa detém e de todos os direitos contra esses ativos. A relação fundamental – e, com efeito, a base de toda a contabilidade – é

$$\text{Ativo} = \text{Passivo} + \text{Patrimônio líquido dos acionistas}$$

É como se uma manada (rebanho? bando?) de auditores corresse pela empresa no dia marcado, fazendo uma lista de tudo o que ela possui e atribuindo um valor a cada item. Depois de tabular os ativos da empresa, os auditores listam todos os seus passivos em aberto, onde passivo é simplesmente qualquer obrigação de pagamento ou, alternativamente, qualquer forma de promissória. Tendo assim totalizado o que a empresa *tem* e o que *deve*, os auditores referem-se à diferença entre ambos como *patrimônio líquido dos acionistas*. O patrimônio líquido dos acionistas é a estimativa contábil do valor do investimento dos acionistas na empresa, assim como o valor do patrimônio de um proprietário de imóvel é o valor do bem (o ativo) menos o saldo da hipoteca contra esse bem (a obrigação). O patrimônio líquido dos acionistas também é conhecido como *patrimônio social*, *patrimônio dos acionistas*, *valor líquido* ou, simplesmente, *patrimônio*.

É importante entender que a equação contábil básica se aplica tanto às transações individuais quanto à empresa como um todo. Assim, quando um varejista paga $1 milhão em salários, seu caixa diminui em $1 milhão e o patrimônio líquido diminui na mesma medida. Da mesma forma, quando uma empresa toma um empréstimo de $100.000, o caixa aumenta nesse mesmo montante, junto com um passivo a que chamamos *empréstimo pendente*. E quando uma empresa recebe um pagamento de $10.000 de um cliente, um ativo – o caixa – aumenta, enquanto outro – contas a receber – diminui nessa mesma medida. Em cada caso, a lei das partidas dobradas assegura que a equação contábil básica seja verdadeira para cada transação e, quando aplicada à soma de todas as transações, à empresa como um todo.

Para ver como a aplicação reiterada dessa fórmula simples é a base da criação das demonstrações financeiras das empresas, consideremos a Worldwide Sports (WWS), uma empresa varejista recém-estabelecida de produtos esportivos econômicos. Em janeiro de 2011, o fundador investiu $150.000 de sua poupança pessoal e tomou mais $100.000 emprestados de parentes para dar início à empresa. Após comprar móveis e materiais promocionais por $60.000 e mercadorias por $80.000, a WWS estava pronta para abrir as portas.

As seis transações a seguir resumem as atividades da WWS durante seu primeiro ano de vida.

- Venda de $900.000 em equipamentos esportivos, recebendo $875.000 à vista e restando $25.000 a receber.
- Pagamento de $190.000 em salários.
- Compra de $380.000 em mercadorias no atacado, com $20.000 ainda devidos aos fornecedores e $30.000 em estoques ao fim do ano.
- $210.000 em outras despesas, inclusive contas de serviços públicos, aluguéis e impostos.
- Depreciação de móveis e equipamentos em $15.000.
- Pagamento de $10.000 de juros sobre os empréstimos de parentes.

A Tabela 1.1 mostra como um contador registraria essas transações. O balanço inicial da WWS (a primeira linha da tabela) mostra $250.000 em caixa, um empréstimo de $100.000 e patrimônio líquido de $150.000. Mas esses valores mudam rapidamente quando a empresa compra equipamentos e um estoque inicial de mercadorias. E mudam ainda mais com a ocorrência de cada uma das transações citadas.

Tabela 1.1 Worldwide Sports, transações financeiras, 2011 ($ milhares)

	Ativo				=	Passivo		+	Patrimônio líquido
	Caixa	Contas a receber	Estoque	Ativo fixo		Empréstimo a pagar	Patrimônio líquido		Patrimônio líquido (owner's equity) ou dos proprietários
Balanço inicial 1/1/2011	$ 250						$ 100		$ 150
Compras iniciais	(140)		80	60					
Vendas	875	25							900
Sálarios	(190)								(190)
Compra de mercadorias	(360)		30			20			(350)
Outras despesas	(210)								(210)
Depreciação				(15)					(15)
Pagamento de juros	(10)								(10)
Balanço final 31/12/2011	$ 215	$ 25	$ 110	$ 45		$ 20	$ 100		$ 275

Abstraindo os detalhes contábeis, há duas coisas que devemos notar. Primeiro, a equação contábil básica se aplica a todas as transações. Em cada uma das linhas da tabela, o ativo é igual ao passivo mais o patrimônio líquido. Em segundo lugar, o balanço da WWS ao fim do ano, na última linha da tabela, é igual ao balanço inicial mais o efeito acumulado de cada transação. Por exemplo, o caixa em 31 de dezembro de 2008 é o caixa inicial de $250.000 mais ou menos o caixa envolvido em cada transação. Incidentalmente, o primeiro ano da WWS parece ter sido excelente; o patrimônio líquido cresceu $125.000 durante o exercício.

Se o balanço é um instantâneo, a demonstração de resultados e o demonstrativo de fluxo de caixa são como vídeos, destacando alterações ocorridas ao longo do tempo em duas importantes contas do balanço. Os proprietários das empresas estão, naturalmente, interessados em como as operações afetam o valor do seu investimento. A demonstração de resultados esclarece essa questão, dividindo as alterações observadas no patrimônio líquido em receitas e despesas, sendo as receitas aumentos do patrimônio líquido gerados pelas vendas, e as despesas, as reduções do patrimônio líquido incorridas para gerar essas receitas. A diferença entre receitas e despesas é o lucro, ou resultado líquido.

O demonstrativo de fluxo de caixa se concentra na solvência, em ter caixa o bastante no banco para fazer frente às contas à medida que surgem. O demonstrativo de fluxo de caixa fornece um panorama detalhado das variações sofridas pelo saldo de caixa da empresa ao longo do tempo. Como princípio geral, o demonstrativo divide as variações do caixa em três categorias: caixa fornecido, ou consumido, por atividades operacionais, por atividades de investimento e por atividades de financiamento. A Figura 1.2 é um diagrama simples que demonstra as fortes ligações conceituais entre as três principais demonstrações financeiras.

SENSIENT®

Veja **www.sensient.com** e selecione abaixo de "Investor Information" para demosntrações financeiras.

Para exemplificar as técnicas e os conceitos apresentados no decorrer deste livro, será feita referência, sempre que possível, à Sensient Technologies Corporation. Se você já ficou maravilhado com o queijo alaranjado, o tomate vermelho-vivo ou o picles verde-vibrante nas prateleiras de supermercados, provavel-

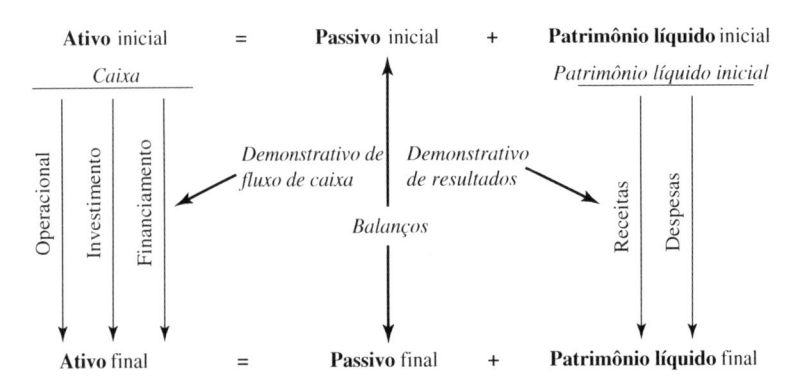

Figura 1.2 Ligações entre as demonstrações financeiras.

mente terá de agradecer a Sensient Technologies, empresa líder na produção de sabores, cores e aromas encontrados em milhares de produtos, que vão desde alimentos e bebidas a uma variedade de itens farmacêuticos e domésticos. Produz cerca de 25.000 sabores e 3.000 cores, e é considerada a maior empresa mundial de corantes de alimentos e bebidas. O diretor-executivo Kenneth Manning diz que "Podemos combinar quase qualquer cor que o cliente deseja."

Com sede em Milwaukee, Wisconsin, e com vendas superiores a $1,3 bilhão, negocia na Bolsa de Valores de Nova York e é membro da Standard & Poor 400 Midcap Stock Index. A empresa foi fundada originalmente em 1882 como uma fábrica de gim, Meadow Springs Distillery, mas se transformou em Red Star Yeast no início de 1920, quando a Lei Seca terminou com o negócio de bebidas. No início de 1960, a empresa abriu capital e adquiriu a Universal Foods, assumindo seu nome. Isso durou até 2000, quando a Universal Foods tornou-se Sensient Technologies Corporation. Um conjunto de letras que soa bem, mas sem significado, talvez sugerindo uma abordagem científica aos sentidos humanos. As Tabelas 1.2 e 1.3 apresentam, respectivamente, os balanços e os demonstrativos de resultados da Sensient Technologies de 2009 e 2010. Se o significado exato de cada categoria de ativos e passivos da Tabela 1.2 não ficar imediatamente claro, tenha paciência, discutiremos muitos deles nas páginas a seguir. Além disso, todos os termos contábeis empregados constam no Glossário, fornecido no final do livro.

Veja **www.nysscpa.org/glossary** para consultar um extenso glossário de termos financeiros.

A equação de balanço da Sensient Technologies para 2010 é

Ativo = Passivo + Patrimônio líquido
$1.599,3 milhão = $615,5 milhões + $983,8 milhões

Ativo e passivo circulantes

Por convenção, os contabilistas lançam ativos e passivos no balanço por ordem decrescente de liquidez, ou seja, da velocidade com que um item pode ser convertido em caixa. Assim, entre os ativos, caixa, títulos negociáveis e contas a receber aparecem no topo, enquanto instalações, imóveis e equipamentos encontram-se mais próximos do final. O mesmo se dá do lado do passivo, onde empréstimos a curto prazo e contas a pagar estão próximos do topo e o patrimônio líquido está embaixo.

Os contadores definem arbitrariamente qualquer ativo ou passivo que venha a se transformar em caixa dentro de um ano como de *curto prazo*, ou *circulante*, e todos os demais ativos e passivos como de *longo prazo*. O estoque é um ativo circulante porque há motivos para crer que venha a ser vendido e gere caixa em um ano. As contas a pagar são passivos de curto prazo porque devem ser pagas no decorrer do ano. Observe que quase a metade dos bens da Sensient são atuais, um fato sobre o qual vamos falar mais no próximo capítulo.

Tabela 1.2 Sensient Technologies Corporation, Inc., balanço ($ milhões)*

	31 de dezembro		Variação da conta
	2009	2010	
Ativo			
Caixa e títulos e valores mobiliários	$ 12,2	$ 14,3	$ 2,1
Contas a receber, menos provisão para devedores duvidosos	200,2	218,6	18,4
Estoque	390,0	392,2	2,2
Outros ativos circulantes	55,7	47,3	(8,4)
Ativo circulante total	658,1	672,4	
Imóveis, instalações e equipamentos	993,3	1.025,1	31,8
Menos depreciação e amortização acumuladas	567,6	592,6	25,0
Imóveis, instalações e equipamentos	425,7	432,5	6,8
Goodwill e ativos intangíveis, líquido	469,6	458,3	(11,3)
Outros ativos	38,3	36,1	(2,2)
Total do ativo	$ 1.591,7	$ 1.599,3	
Passivo e Patrimônio Líquido			
Dívida a longo prazo a vencer no ano	$ –	$ –	$ –
Empréstimos de curto prazo	39,2	25,5	(13,7)
Contas a pagar	88,9	95,9	7,0
Impostos a pagar	0,7	7,1	6,4
Despesas provisionadas	87,4	76,6	(10,8)
Passivo circulante total	216,2	205,1	
Dívida a longo prazo	388,9	324,4	(64,5)
Despesas com funcionários e benefícios de aposentadoria	50,8	52,7	1,9
Imposto de renda diferido	12,8	21,0	8,2
Outros passivos a longo prazo	14,4	12,3	(2,1)
Total do passivo	683,1	615.5	
Ações ordinárias	5,4	5,4	
Capital integralizado	85,5	89,0	
Lucros retidos	921,7	976,5	
Ações em tesouraria	(103,9)	(87,1)	
Patrimônio líquido total	908,7	983,8	75,1
Total do passivo e do patrimônio líquido	$ 1.591,8	$ 1.599,3	

*Os totais podem não coincidir devido ao arredondamento.

Alerta aos incautos

Nada acaba com uma boa discussão financeira (se é que tal coisa existe) tão depressa quanto sugerir que, se uma empresa estiver com pouco caixa, sempre pode gastar parte de seu patrimônio líquido. O patrimônio líquido está do lado do passivo do balanço, e não do lado do ativo. Representa os direitos dos proprietários contra os ativos existentes. Em outras palavras, é dinheiro que já foi gasto.

Tabela 1.3 Sensient Technologies Corporation, demonstração de resultados ($ milhões)

	31 de dezembro	
	2009	2010
Vendas líquidas	$ 1.201,4	$ 1.328,2
Custo das mercadorias vendidas	790,2	876,4
Lucro bruto	411,2	451,8
Despesas de vendas, gerais e administrativas	210,8	235,2
Depreciação e amortização	42,2	43,4
Total das despesas operacionais	253,0	278,6
Lucro operacional	158,2	173,2
Despesas financeiras	23,8	20,4
Outras receitas não operacionais	11,3	(1,5)
Total das despesas não operacionais	35,1	18,9
Lucro antes de impostos	123,1	154,3
Provisão para imposto de renda	36,6	47,1
Lucro líquido	$ 86,5	$ 107,2

Patrimônio líquido dos acionistas

Uma fonte comum de confusão é o grande número de contas que aparece na parcela de patrimônio líquido do balanço. A Sensient tem quatro delas começando com as ações ordinárias e encerrando com as ações em tesouraria (ver Tabela 1.2). A menos que não haja alternativa, sugiro desconsiderar essas distinções. Elas mantêm os empregos de contadores e advogados, mas raramente fazem grande diferença prática. Basta somar tudo o que não seja dívida e chamar de patrimônio líquido.

A DEMONSTRAÇÃO DE RESULTADOS

Analisando o desempenho operacional da Sensient em 2010, a relação básica que podemos depreender do demonstrativo de resultados constante na Tabela 1.3 é

Receitas	–	Despesas				= Lucro líquido
Vendas líquidas	– Custo das mercadorias vendidas	– Despesas operacionais	– Despesas não operacionais	– Impostos		= Lucro líquido
1.328,2	– 876,4	– 278,6	– 18,9	– 47,1		= 107,2

O *lucro* mede a proporção em que o faturamento líquido gerado durante o período contábil superou as despesas incorridas na produção das vendas. Para se ter mais variedade, ele também é chamado de *ganho* ou *renda*, muitas vezes seguidos da palavra *líquido*. Vendas líquidas são frequentemente denominadas *receitas* ou *receitas líquidas*, e o custo das mercadorias vendidas é frequentemente chamado de custo das vendas. Nunca encontrei distinção relevante entre esses termos. Por que tantas palavras para designar a mesma coisa? Minha convicção pessoal é que os contadores ficam tão presos a regras no cálculo das diversas contas que a criatividade corre solta quando se trata de batizá-las.

As demonstrações de resultados costumam ser divididas em segmentos operacionais e não operacionais. Como os nomes indicam, o segmento operacional relata os resultados das atividades principais e constantes da empresa, ao passo que o segmento não operacional resume todas as atividades secundárias. Em 2010, a Sensient informou um lucro operacional de $173,2 milhões e despesas não operacionais de $18,9 milhões, composta em grande parte por despesas financeiras.

Mensuração do lucro

Este não é o momento para uma discussão contábil detalhada. Mas, como os lucros – ou sua ausência – são um indicador crítico da saúde financeira, há diversos detalhes técnicos da sua mensuração que merecem ser discutidos.

Contabilidade em regime de competência

A mensuração do lucro contábil envolve duas etapas: (1) identificação das receitas do período e (2) a combinação dessas receitas com os custos correspondentes. Quanto à primeira etapa, é importante compreender que receita e caixa são coisas distintas. Segundo o *princípio contábil da competência*, a receita é reconhecida quando "o esforço necessário para gerar a venda está concluído e há uma razoável certeza de que o pagamento será efetivado". O contador vê o momento do recebimento efetivo do caixa como um simples detalhe técnico. Nas vendas a crédito, o princípio contábil da competência significa que a receita é reconhecida no momento da venda, e não quando o cliente paga. Isso pode resultar em um considerável intervalo de tempo entre a geração da receita e a entrada de caixa. No caso da Sensient, observamos que a receita em 2010 foi de $1.328,2 bilhão, mas as contas a receber aumentaram $18,4 milhões no decorrer do ano. Concluímos que o caixa recebido das vendas durante o ano de 2010 foi de apenas $1.309,8 milhão ($1.328,2 bilhão – $18,4 milhões). Os $18,4 milhões restantes aguardam cobrança.

Depreciação

Os ativos fixos e a depreciação a eles associada representam para o contador um problema de ajuste particularmente desafiador. Suponhamos que em 2012 uma empresa construa por $50 milhões uma nova instalação com expectativa de vida produtiva de 10 anos. Se o contador lançar todo o custo da instalação nas despesas de 2012, haverá alguns resultados incomuns. O resultado de 2012 parecerá subavaliado por causa da despesa de $50 milhões, ao passo que os resultados dos nove anos seguintes parecerão muito melhores, já que a instalação contribuirá para a receita, mas não para a despesa. Assim, lançar o custo total de um ativo a longo prazo em um único ano distorce claramente os resultados declarados.

A abordagem preferida é distribuir sob a forma de depreciação o custo da instalação ao longo de sua expectativa de vida útil. Como o único desembolso de caixa associado à instalação se dá em 2012, a depreciação anual lançada como custo na demonstração de resultados da empresa não é uma saída de caixa. É um *encargo não monetário* usado para associar o desembolso de 2012 à receita resultante. Em outras palavras, a depreciação é a alocação de desembolsos passados a períodos futuros para ajustar receitas e despesas. Analisando a demonstração financeira da Sensient, veremos que em 2010 a empresa lançou entre suas despesas operacionais $43,4 milhões em encargos não monetários a título de depreciação e amortização. Veremos adiante que, no mesmo ano, a empresa gastou $55,8 milhões na aquisição de novos imóveis, instalações e equipamentos.

Para determinar o montante da depreciação de um ativo qualquer são necessárias três estimativas: a vida útil do ativo, seu valor residual e o método de alocação a ser empregado. Essas estimativas devem se basear em informações econômicas e de engenharia, na experiência e em quaisquer outros dados objetivos sobre o desempenho provável do ativo. Em termos gerais, existem dois métodos de alocação do custo de um ativo ao longo de sua vida útil. No método da *linha reta*, o contador deprecia o ativo em um montante uniforme a cada ano. Se o ativo tiver custado $50 milhões, se sua vida útil prevista for de 10 anos e se seu valor residual estimado for de $10 milhões, a depreciação em linha reta será de $4 milhões ao ano ([$50 milhões – $10 milhões]/10).

O segundo método de alocação de custos é, na verdade, um rol de métodos conhecido como *depreciação acelerada*. São técnicas que lançam depreciação maior nos primeiros anos da vida do ativo e depreciações menores nos últimos anos. A depreciação acelerada não permite que a empresa incorra em maior depreciação total; o que ela faz é alterar o momento do reconhecimento. Embora não precisemos nos deter, aqui, nos detalhes das diversas técnicas de depreciação acelerada, devemos reconhecer que a expectativa de vida, o valor residual e o método de alocação escolhido pela empresa afetam fundamentalmente os lucros declarados. De maneira geral, se uma empresa for conservadora e depreciar rapidamente seus ativos, tenderá a subestimar o lucro do período e vice-versa.

Impostos

Uma segunda característica digna de nota no que se refere à contabilização da depreciação envolve os impostos. A maioria das empresas dos Estados Unidos, com exceção das pequenas, mantém pelo menos dois conjuntos de registros financeiros: um para gerenciar a empresa e prestar contas aos acionistas, e outro para determinar os impostos devidos. O objetivo do primeiro é, ou deveria ser, retratar com precisão o desempenho financeiro da empresa. O objetivo do segundo é muito mais simples: minimizar os impostos. Esses diferentes objetivos significam que os princípios contábeis usados para construir os dois conjuntos de registros diferem substancialmente. O lançamento da depreciação é um exemplo. Independentemente do método usado para prestar contas aos acionistas, os livros fiscais da empresa minimizarão os impostos devidos ao empregar o método de depreciação mais rápido ao longo da vida útil mais breve permitida pela Receita.

Essa dualidade significa que os pagamentos efetivos em caixa à Receita costumam diferir das provisões para imposto de renda constantes no demonstrativo de resultados das empresas, às vezes superando-as e às vezes ficando aquém delas. Para exemplificar, a "provisão para impostos" de $47,1 milhões que consta na demonstração de resultados da Sensient de 2010 é o imposto devido de acordo com as técnicas contábeis usadas para construir as demonstrações financeiras da empresa. Mas como a Sensient usou, ao longo dos anos, diferentes técnicas contábeis em suas declarações à Receita, os impostos pagos em 2010 foram, na verdade, menores do que essa quantia. Para confirmar, observe que a empresa tem duas contas de impostos no passivo do seu balanço, uma delas denominada "imposto a pagar", um passivo de curto prazo, e a outra de "impostos diferidos", um passivo de longo prazo. A conta do lado do ativo refere-se a pagamentos já efetuados de impostos ainda não devidos e as contas do passivo refletem obrigações fiscais ainda não satisfeitas. A variação coletiva dessas contas durante 2010 indica que o passivo fiscal da Sensient aumentou em $14,6 milhões durante o ano, de modo que os impostos pagos devem ter sido $14,6 milhões maiores do que a provisão para impostos constante no demonstrativo de resultados. Vejamos uma representação mais detalhada:

Provisão para imposto de renda	$ 47,1
– Aumento dos impostos devidos	6,4
– Aumento dos impostos diferidos	8,2
Impostos pagos	$ 32,5

Ao fim de 2010, o passivo fiscal líquido da Sensient constava em seu balanço como $28,1 milhões ($7,1 imposto de renda devido + $21,0 imposto de renda diferido). Essa soma representa dinheiro que a Sensient deverá pagar à Receita no futuro, mas que pode usar para financiar seus negócios até lá. As técnicas de diferimento de impostos criam assim o equivalente a um empréstimo livre de juros concedido pelo governo. No Japão e em outros países que não permitem o uso de técnicas contábeis diferentes para finalidades fiscais e de publicação, essas complicações não existem.

Pesquisa e marketing
Agora que você já sabe como os contadores usam a depreciação para distribuir o custo de ativos duráveis durante a vida para conciliar melhor receitas e custos, pode achar também que compreende como eles tratam as despe-

Definição de lucro

Os credores e investidores voltam-se para os lucros da empresa a fim de obter respostas para duas perguntas cruciais: Como a empresa se comportou no exercício anterior? E como deverá se comportar no futuro? Para responder à primeira pergunta, é importante usar uma medida ampla de resultado que inclua tudo o que compromete o desempenho da empresa durante o período contábil. Para responder à segunda, contudo, o que queremos é uma medida mais restrita, que abstraia todos os acontecimentos incomuns e não recorrentes e se concentre unicamente no desempenho da empresa em seu estado constante.

A profissão contábil e a Securities and Exchange Commission gentilmente oferecem duas medidas oficiais para esses fins, chamadas lucro líquido e lucro operacional, e exigem que as empresas as registrem em suas demonstrações financeiras.

O **lucro líquido** é a conhecida "*bottom-line*", definida como receita total menos despesas totais.

O **lucro operacional** é o lucro realizado a partir das operações normais, excluídos os impostos, as receitas e as despesas financeiras e os itens conhecidos como extraordinários. Chamamos de itens extraordinários aqueles que são estranhos ao objeto da empresa ou de rara ocorrência.

Por uma série de razões, algumas legítimas, os executivos de empresas e os analistas de negócios vêm sustentando, com crescente frequência, que essas medidas oficiais de resultados são inadequadas ou indevidas para seus fins, incentivando o surgimento de um setor dedicado à criação e promoção de novas e melhores medidas de resultados. As mais populares são:

Lucros *pro forma*, equivalentes aos lucros sustentáveis pelas operações normais correntes da empresa. São o resultado da receita total menos a despesa total, omitindo-se todas e quaisquer despesas que a empresa acredita serem capazes de obscurecer as percepções dos investidores sobre o seu verdadeiro potencial de ganhos. Se isto parece vago é porque realmente o é. Cada empresa tem liberdade de decidir que despesas devem ser ignoradas, e de mudar de ideia a cada ano. Nos três primeiros trimestres de 2001, as 100 maiores empresas negociadas na Nasdaq declararam ganhos *pro forma* de $20 bilhões. No mesmo período, declararam prejuízos de $82 bilhões, segundo os Princípios Contábeis Geralmente Aceitos (Generally Accepted Accounting Principles, GAAP)[a]. Durante a década de 2000, a gigante farmacêutica Pfizer informou lucros acumulados *pro forma* por ação de $18,51 milhões em comparação aos ganhos determinados, de acordo com a GAAP, de apenas $12,68 milhões, uma diferença de 46%.[b]

EBIT é o lucro antes de juros e impostos, uma medida útil e muito utilizada dos resultados de uma empresa antes de serem divididos entre os credores, os proprietários e a Receita.

EBITDA é o lucro antes dos juros, impostos, depreciação e amortização. O EBITDA tem utilidade em alguns setores, como o de radiodifusão, em que os encargos de depreciação podem, em muitos casos, superestimar continuamente a verdadeira depreciação econômica. Mas, como observou Warren Buffett, tratar o EBITDA como equivalente de lucro é o mesmo que dizer que uma empresa é o equivalente comercial das pirâmides – sempre na vanguarda e jamais necessitando de reposições, melhorias ou renovação. Segundo Buffett, o EBITDA é um valor preferido por bancos de investimento quando não conseguem justificar uma transação com base no EBIT.

EIATBS (*Earnings Ignoring All The Bad Stuff*) é o lucro que desconsidera tudo o que aconteceu de desfavorável, é o conceito de lucro que muitos executivos e analistas parecem preferir.

[a] "A Survey of International Finance" *The Economist*, 18 de maio de 2002, pág. 20.
[b] "Pro forma Earnings: What's Wrong with GAAP?" Stanford Graduate School of Business, 20 de agosto de 2010, www.gsb.stanford.edu/cldr/cgrp/.

sas de pesquisa e marketing. Como os desembolsos para P&D e marketing prometem benefícios durante muitos exercícios futuros, a lógica diz que os contadores lançariam essas despesas como ativos na ocasião do desembolso, e que depois as distribuiriam pela vida prevista dos ativos sob a forma de um encargo não monetário, como depreciação. A lógica é impecável, mas não é isso o que os contadores fazem, pelo menos nos Estados Unidos. Como é difícil estimar a magnitude e a duração dos retornos a serem obtidos ao fazer desembolsos com pesquisa e desenvolvimento (P&D) e marketing, os contadores costumam driblar o problema forçando as empresas a lançarem todo o desembolso como despesa operacional no ano em que foi incorrido. Com isso, embora os desembolsos de uma empresa com pesquisa em um determinado ano possam ter produzido avanços técnicos que irão beneficiá-la durante décadas, todos os custos devem constar na demonstração de resultados do ano em que ocorreram. A exigência de que as empresas lancem como despesa todos os gastos com pesquisa e desenvolvimento e marketing no ano em que foram incorridos costuma subestimar a lucratividade das empresas de alta tecnologia e marketing avançado, e complica a comparação de empresas norte-americanas com as de outros países, que tratam tais gastos com maior liberalidade.

DEMONSTRAÇÕES DE ORIGENS E APLICAÇÕES DE RECURSOS (DOAR)

As duas coisas básicas e importantes que devemos saber a respeito de uma empresa qualquer são: de onde vem o caixa e como ele é gasto. À primeira vista, pode parecer que a demonstração de resultados responderá a essas perguntas, porque ela registra os fluxos dos recursos ao longo do tempo. Mas uma reflexão mais detida irá convencê-lo de que a demonstração de resultados é deficiente sob dois aspectos: ela inclui lançamentos que não são fluxo de caixa, e lista apenas os fluxos de caixa associados à venda de bens ou serviços durante o exercício contábil. Muitas outras entradas e saídas de caixa não constam na demonstração de resultados. Assim, a Sensient Technologies aumentou seu investimento em contas a receber em mais de $18 milhões em 2010 (Tabela 1.2), e pouco ou nada desse acúmulo consta na sua demonstração de resultados. A Sensient também reduziu a dívida de longo prazo de $64,5 milhões com pouco efeito sobre a sua demonstração de resultados.

Para ter uma visão mais precisa de onde uma empresa obtere seu dinheiro e de como o gastou, precisamos analisar mais detidamente o seu balanço, ou, para ser mais exato, dois balanços. Use o seguinte procedimento de duas etapas. Em primeiro lugar, ponha lado a lado dois balanços de datas diferentes e anote todas as variações das contas que ocorreram no período. As variações da Sensient em 2010 estão na coluna da direita da Tabela 1.2. Depois, separe as variações que geraram caixa e aquelas que consumiram caixa. O resultado é uma *demonstração de origens e aplicações de recursos*.

As diretrizes para distinguir entre origem e aplicação do caixa são:

- *Uma empresa gera caixa de duas maneiras: reduzindo um ativo ou aumentando um passivo.* A venda de equipamento usado, a liquidação de estoques e a redução de contas a receber são reduções das contas de ativos e, portanto, fontes de caixa para a empresa. Do lado do passivo do balanço, um aumento dos empréstimos bancários e a venda de ações ordinárias representam aumento do passivo, o que, novamente, gera caixa.
- *Uma empresa também usa (ou aplica) caixa de duas maneiras: para aumentar uma conta do ativo ou diminuir uma conta do passivo.* Aumentar o estoque ou as contas a receber e construir uma nova planta aumentam o ativo e utilizam caixa. Da mesma forma, o pagamento de um empréstimo bancário, a redução das contas a pagar e o prejuízo operacional reduzem o passivo e utilizam caixa.

Como é difícil gastar dinheiro que não se tem, o uso total de caixa durante um exercício contábil qualquer deve ser igual ao total das origens de caixa.

A Tabela 1.4 apresenta a DOAR da Sensient Technologies para 2010. Ela revela que a empresa obteve mais de 60% de seu caixa a partir de um aumento no patrimônio líquido total – em grande parte, devido à retenção de lucros – e,

Tabela 1.4 Sensient Technologies, Corp., demonstração de origens e aplicações de recursos (DOAR), 2010 ($ milhões)*

Origens	
Redução em outros ativos circulantes	$ 8,4
Redução em *goodwill* e ativos intangíveis	11,3
Redução em outros ativos	2,2
Aumento em contas a pagar	7,0
Aumento em impostos a pagar	6,4
Aumento em despesas com funcionários e benefícios de aposentadoria	1,9
Aumento nos impostos diferidos	8,2
Aumento do patrimônio líquido total	75,1
Total das origens	$ 120,5
Aplicações	
Aumento dos títulos negociáveis	$ 2,1
Aumento das contas a receber	18,4
Aumento do estoque	2,2
Aumento de propriedades, instalações e equipamentos	6,8
Redução em empréstimos de curto prazo	13,7
Redução das despesas acumuladas	10,8
Redução da dívida de longo prazo	64,5
Redução em outros passivos de longo prazo	2,1
Total das aplicações	$ 120,6

* Os totais podem não coincidir devido ao arredondamento.

por sua vez, utilizou quase 70% do caixa para reduzir a dívida de longo prazo e aumentar as contas a receber.

> **Como uma redução do caixa pode ser origem de caixa?**
> Uma fonte de confusão em potencial na Tabela 1.4 é o fato de que a redução do caixa em 2010 surge como origem de caixa. Como uma redução do caixa pode ser uma origem de caixa? É simples. É o mesmo que ocorre quando você saca dinheiro em sua conta no banco: seu depósito em sua conta corrente aumenta o saldo, mas diminui o caixa que você tem no bolso.

A abordagem dos dois dedos

Eu, pessoalmente, não gasto muito tempo elaborando demonstrações de origens e aplicações. Pode ser instrutivo realizar o exercício uma ou duas vezes apenas para que você se convença de que as origens são, realmente, iguais às aplicações. Mas, uma vez superada essa etapa, recomendo usar a "abordagem dos dois dedos". Coloque os dois balanços lado a lado e corra rapidamente dois dedos quaisquer pelas colunas em busca de grandes variações. Isto deve permitir-lhe observar com rapidez que a maior parte do caixa da Sensient veio de credores e do aumento do patrimônio líquido, enquanto os acréscimos ao *goodwill*, às contas a receber e ao estoque foram os principais usos dados ao caixa. Em 30 segundos, ou menos, você terá a essência de uma análise de origens e aplicações e estará livre para se dedicar a atividades mais estimulantes. As outras variações são em grande parte meramente decorativas e de maior interesse para contadores que para administradores.

A DEMONSTRAÇÃO DE FLUXO DE CAIXA

Identificar as principais origens e aplicações do caixa de uma empresa é uma habilidade útil por si só. E é também um excelente ponto de partida para considerar a demonstração de fluxo de caixa, o terceiro principal componente das demonstrações financeiras, junto com a demonstração de resultados e o balanço.

Essencialmente, uma demonstração de fluxo de caixa apenas amplia e reorganiza a demonstração de origens e aplicações (DOAR), classificando cada origem ou aplicação em uma de três categorias gerais. As categorias e seus valores para a Sensient em 2010 são:

Categoria	Origem (ou aplicação) de caixa ($ milhões)
1. Fluxo de caixa das atividades operacionais	$155,8
2. Fluxo de caixa das atividades de investimento	($55,1)
3. Fluxo de caixa das atividades de financiamento	($98,5)

O lançamento em partidas dobradas garante que a soma dos fluxos de caixa dessas três categorias seja igual ao saldo de caixa do período contábil.

A Tabela 1.5 apresenta uma demonstração de fluxo de caixa completa para a Sensient Technologies em 2010. A primeira categoria, "fluxo de caixa das atividades operacionais", pode ser vista como reorganização das demonstrações financeiras da Sensient, de modo a eliminar os efeitos da contabilidade em regime de competência sobre o lucro líquido. Primeiramente somamos todos os encargos não monetários, como a depreciação e a amortização ao lucro líquido, reconhecendo que essas variações não implicaram em qualquer desembolso de caixa. Então, somamos as variações dos ativos e passivos circulantes ao resultado líquido, reconhecendo, por exemplo, que algumas das vendas não au-

Tabela 1.5 Sensient Technologies, Corp., demonstração de fluxo de caixa, 2010 ($ milhões)*

Fluxo de caixa das atividades operacionais	
Lucro líquido	$107,2
Ajustes para conciliar o lucro líquido com o caixa líquido proporcionado pelas atividades operacionais:	
Depreciação e amortização	43,4
Impostos diferidos	8,7
Despesas de remuneração baseada em ações	5,7
Perda na venda de ativos	1,4
Variação nos ativos e passivos:	
Aumento em contas a receber	(20,2)
Aumento nos estoques	(4,2)
Diminuição em contas a pagar e passivo acumulado	(2,7)
Aumento no imposto de renda acumulado	2,7
Outros ativos e passivos, variação líquida	13,8
Caixa líquido proporcionado pelas atividades operacionais	155,8
Fluxo de caixa das atividades de investimento	
Investimentos de capital	(55,8)
Outras atividades de investimento	0,7
Caixa líquido usado em atividades de investimento	(55,1)
Fluxo de caixa das atividades de financiamento	
Aumento líquido dos empréstimos	(72,6)
Dividendos pagos	(39,0)
Caixa recebido do exercício de opções de ações	14,1
Efeito da variação cambial sobre o caixa e equivalentes de caixa	(1,0)
Caixa líquido proporcionado pelas atividades de financiamento	(98,5)
Aumento (redução) líquido do caixa	2,2
Caixa no início do ano	12,2
Caixa no fechamento do ano	$ 14,3

* Os totais podem não coincidir devido ao arredondamento.

mentaram o caixa porque os clientes ainda não haviam efetuado o pagamento, ao passo que algumas despesas não reduziram o caixa porque a empresa ainda não as havia pago. As variações de outros ativos e passivos circulantes, como os estoques, surgem aqui porque o contador, atendo-se ao princípio da competência, ignorou esses fluxos de caixa ao calcular o lucro líquido. É interessante observar que o caixa gerado pelas operações da Sensient foi quase 50% mais do que a renda da empresa. Um dos principais motivos dessa diferença foi que o demonstrativo de resultados inclui um encargo não monetário de $43,4 milhões por depreciação.

Se as demonstrações de fluxo de caixa fossem apenas um remanejamento das demonstrações de origens e aplicações, como muitos exemplos em livros-texto sugerem, elas seriam supérfluas, pois o leitor conseguiria fazer a sua própria em questão de minutos. A atração principal das demonstrações de fluxo de caixa é que as empresas reorganizam seus fluxos de caixa em novas e, às vezes, reveladoras categorias. Para ilustrar, um olhar sobre as demonstrações de origens e as aplicações de recursos da Sensient, na Tabela 1.4, mostra que as contas a receber aumentaram $18,4 milhões em 2010. No entanto, a entrada "aumento nas contas a receber", na parte superior de sua demonstração de fluxo de caixa, aponta $20,2 milhões. Por que a diferença? Porque os $18,4 milhões incluem os efeitos das mudanças nas taxas de câmbio, enquanto os $20,2 milhões os omitem. A Sensient Technologies opera em 35 países, a maioria com a sua própria moeda local, denominada recebíveis. No final de cada exercício, os auditores da Sensient usam a taxa de câmbio vigente para traduzir esses vários balanços em dólares em outro para calcular um valor agregado. Esta é a fonte dos $18,4 milhões. No entanto, quando as taxas de câmbio utilizadas mudam de exercício ao longo do período, uma parte da medida da variação de contas a receber será devido a variações cambiais, e não a atividades da empresa. E porque estas taxas de câmbio induzidas não são fluxos de caixa, a Sensient as omite a partir do número que aparece na sua demonstração de fluxo de caixa, resultando nos $20,2 milhões. Tomados em conjunto, podemos dizer que o balanço de contas a receber da Sensient aumentou $20,2 milhões em 2010, mas o valor em dólar desses recebíveis declinou $1,8 milhão ($20,2 – $18,4), devido a um fortalecimento do dólar no período. (Outra origem de tais discrepâncias surge quando as empresas dividem as alterações nos ativos e passivos circulantes em duas partes: os atribuíveis a atividades existentes e os devidos a empresas recém-adquiridas, a primeira em "fluxos de caixa das operações", e a segunda em "atividades de investimento".)

Como outro exemplo, observe que a declaração de fluxo de caixa da Sensient lista duas origens de caixa envolvendo opções de ações de funcionários que não aparecem em suas demonstrações de origem e aplicações. São "caixa recebido do exercício de opções de ações" e "despesa de remuneração baseada em ações." Quando um empregado exerce uma opção de compra, ele compra as ações da sua entidade patronal a um preço especificado originalmente no contrato de opção e conhecido como preço de exercício da opção. Esta é a origem dos $14,1 milhões em "caixa recebido do exercício de opções de ações," que aparece como parte das atividades de financiamento da Sensient. Quando o empregado adquire ações, incorre em um passivo de imposto sobre a diferença entre o preço da ação na data de exercício e seu preço de exercício. As consequências fiscais para a empresa, no entanto, são justamente o contrário: ela tem o direito de reivindicar uma despesa dedutível de impostos precisamente pela mesma quantidade, embora nunca faça um desembolso de caixa em qualquer momento durante toda a vida da opção. Esta é a origem dos $5,7 milhões aparecendo como parte do "fluxo de caixa das operações". É uma origem de caixa porque, como depreciação, é uma despesa não caixa que deve ser adicionada de volta ao lucro líquido para o cálculo de fluxo de caixa. Essas mesmas duas quantidades, é claro, estão enterradas em algum lugar entre as várias contas na demonstração e nas fontes da empresa, mas a administração decidiu destacá-las em sua demonstração de fluxo de caixa. (Para melhorar o desempenho percebido, muitas empresas registram o benefício fiscal de opções de ações dos empregados como um complemento para os fluxos de caixa das atividades operacionais, como a Sensient tem feito. Outros tomam uma rota mais conservadora e registram como parte das atividades de financiamento.)

A redução do imposto de $5,7 milhões é um benefício arrumado para a Sensient, mas para apreciar o que é realmente possível com opções de ações, precisamos considerar a Cisco Systems. Em 2000, esta principal construtora de equipamentos para a Internet declarou um lucro líquido recorde de $2,7 bilhões e um benefício fiscal do exercício de opções dos empregados de $2,5 bilhões. As opções de compra de ações são complexas e controvertidas e este não é o melhor lugar para debater o assunto. Ao mesmo tempo, não resisto a observar que o entusiasmo pelas opções de compra de ações manifestado por muitos executivos da alta tecnologia é mais fácil de entender quando sabemos que as opções podem ajudar as empresas a declarar, em um mesmo ano, lucros recordes e impostos enormemente reduzidos.

Alguns analistas sustentam que o caixa líquido proporcionado pelas atividades operacionais, constante no demonstrativo de fluxo de caixa, é um indicador mais confiável do desempenho da empresa do que o lucro líquido, afirmando que, como o lucro líquido depende de incontáveis estimativas, alocações e aproximações, ele pode ser manipulado por administradores mal-intencionados. Os valores constantes do demonstrativo de fluxo de caixa, por outro lado, registram a movimentação efetiva de caixa e, portanto, são medidas mais objetivas do desempenho.

Essa opinião tem, certamente, seus méritos, mas também apresenta dois problemas. Primeiro, o caixa líquido baixo – ou até negativo – proporcionado pelas atividades operacionais não indica, necessariamente, um fraco desempenho. Empresas em crescimento acelerado, em especial, precisam investir em ativos circulantes, como contas a receber e estoques, para sustentar o crescimento das vendas. E, embora esses investimentos reduzam o caixa líquido fornecido pelas atividades operacionais, não sugerem, de qualquer maneira, um fraco desempenho. Em segundo lugar, os demonstrativos de fluxo de caixa na verdade são menos objetivos e mais sujeitos à manipulação do que pode pare-

O que é fluxo de caixa?

Existem atualmente tantas definições conflitantes de *fluxo de caixa* que o termo quase perdeu o sentido. Em um certo nível, o fluxo de caixa é muito simples. É a movimentação do dinheiro que entra ou sai de uma conta de caixa em um determinado período de tempo. Os problemas surgem quando tentamos ser mais específicos. Veja a seguir quatro tipos comuns de fluxo de caixa que você poderá encontrar.

Fluxo de caixa líquido = Lucro líquido + Itens não monetários

Muitas vezes chamado de lucro em forma de caixa, o fluxo de caixa líquido tem por objetivo medir o caixa gerado por uma empresa, não o seu lucro contábil – um objetivo salutar. Aplicando a fórmula aos dados da Sensient para 2010 (Tabela 1.5), o fluxo de caixa líquido foi de $166,4 milhões, equivalente ao lucro líquido mais depreciação e ao benefício fiscal do exercício de opções de compra de ações.

Um problema do fluxo de caixa líquido como medida de geração de caixa é o fato de que ele parte implicitamente da premissa de que o ativo e o passivo circulantes das empresas ou não estão relacionados às operações ou se mantêm inalterados com o passar do tempo. No caso da Sensient, a demonstração de fluxo de caixa revela que as variações de diversos ativos e passivos circulantes consumiram cerca de $10,6 milhões em caixa. Uma medida mais abrangente da geração de caixa, portanto, é o fluxo de caixa das atividades operacionais tal como consta na demonstração de fluxo de caixa.

Fluxo de caixa das atividades operacionais = Fluxo de caixa líquido
$\pm$ Variação do ativo e passivo circulantes

Uma terceira medida do fluxo de caixa, ainda mais abrangente e popular entre os especialistas em finanças, é o:

Fluxo de caixa livre = $\dfrac{\text{Caixa total disponível para distribuição a proprietários e credores após}}{\text{o financiamento de todas as atividades de investimento importantes}}$

O fluxo de caixa livre amplia o fluxo de caixa das atividades operacionais ao reconhecer que parte do caixa que uma empresa gera deve ser reinvestido na própria empresa, sob a forma de investimento de capital para sustentar o crescimento. Abstraindo alguns detalhes técnicos, o fluxo de caixa livre é, essencialmente, o fluxo de caixa das atividades operacionais menos o investimento de capital. Como veremos no Capítulo 9, o fluxo de caixa livre é um determinante fundamental do valor de uma empresa. Com efeito, é possível afirmar que o principal meio pelo qual uma empresa cria valor para seus proprietários é pelo aumento do fluxo de caixa livre.

Outra medida muito usada do fluxo de caixa é o:

Fluxo de caixa descontado = $\dfrac{\text{Uma quantia de dinheiro hoje que tenha o mesmo valor}}{\text{de um fluxo futuro de entradas e saídas de caixa}}$

O fluxo de caixa descontado refere-se a um grupo de técnicas de análise de oportunidades de investimento que levam em conta o valor do dinheiro no tempo. Uma abordagem-padrão à avaliação de investimentos e de empresas é o uso de técnicas de fluxo de caixa descontado para calcular o valor presente de fluxos de caixa livres projetados. Os três últimos capítulos deste livro concentram-se neste tema.

Meu conselho quanto ao uso de termos de fluxo de caixa é empregar a expressão de maneira genérica para fazer referência a uma movimentação geral do caixa ou definir cuidadosamente os termos usados.

cer. Eis um exemplo simples: suponha que duas empresas são idênticas, com a exceção de que uma vende o seu produto em uma conta simples, aberta, enquanto a outra empresta dinheiro aos clientes para lhes permitir pagar o produto à vista. Em ambos os casos, o cliente tem o produto e deve o dinheiro ao fornecedor. Mas o aumento nas contas a receber, registrado pela primeira empresa sobre cada venda, reduzirá os seus fluxos de caixa das atividades operacionais em relação ao segundo, o qual pode relatar o empréstimo do cliente como parte das atividades de investimento. Como os critérios de distribuição dos fluxos de caixa entre atividades operacionais, de investimento e financeiras são ambíguos, é preciso usar de julgamento subjetivo ao preparar os demonstrativos de fluxo de caixa.

Grande parte das informações constantes na demonstração de fluxo de caixa pode ser extraída do estudo cuidadoso da demonstração de resultados e do balanço das empresas. Ainda assim, essa demonstração tem três virtudes importantes. Primeiro, os neófitos em contabilidade e os que não confiam na contabilidade em regime de competência têm pelo menos alguma esperança de entendê-la. Em segundo, a demonstração fornece informações mais precisas sobre determinadas atividades, como os efeitos fiscais de opções de ações dos empregados, do que se pode inferir apenas da demonstração de resultados e do balanço. Em terceiro, ela proporciona um esclarecimento proveitoso a respeito da solvência da empresa, destacando até que ponto as operações estão gerando ou consumindo caixa.

AS DEMONSTRAÇÕES FINANCEIRAS E O PROBLEMA DO VALOR

Até aqui revimos os fundamentos das demonstrações financeiras e lidamos com a distinção entre lucro e fluxo de caixa. Esse é um passo inicial importante, mas, se quisermos usar as demonstrações financeiras para tomar decisões de negócios bem fundamentadas, devemos ir além. Precisamos entender até que ponto os valores contábeis refletem a realidade econômica. Quando um contador nos diz que o ativo total da Sensient Technologies valia $1.599,3 bilhão em 31 de dezembro de 2010, será isso literalmente verdade ou apenas uma construção contábil artificial? Para entender melhor essa questão e antecipando discussões futuras, quero concluir examinando um problema comum no uso de informações contábeis para a tomada de decisões financeiras.

Valor de mercado *versus* valor contábil

Parte daquilo que denomino de *problema do valor* envolve a distinção entre valor de mercado e valor contábil do patrimônio líquido. O balanço da Sensient de 2010 declara que o valor do patrimônio líquido é de $983,8 milhões. A isso nos referimos como o *valor contábil* da empresa. Mas a Sensient não vale $983,8 milhões para seus acionistas, ou, diga-se de passagem, para quem quer que seja. Isso se deve a dois motivos: um deles é o fato de que as demonstrações financeiras são *baseadas em transações*. Se uma empresa comprou um ativo por $1 milhão em 1950, essa transação proporciona uma medida objetiva do valor do ativo, que os contadores usam para valorar o ativo no balanço da empresa. Infelizmente, trata-se de um valor de 1950 que pode ou não ter relevância hoje. Para complicar ainda mais as coisas, o contador procura retratar a deterioração gradual do ativo ao longo do tempo, subtraindo periodicamente a depreciação de seu valor no balanço. Essa prática faz sentido até certo ponto, mas a depreciação é a única variação do valor reconhecida pelos contadores norte-americanos. O ativo de $1 milhão adquirido em 1950 pode estar tecnologicamente obsoleto e, portanto, ter um valor praticamente nulo hoje; ou, devido à inflação, valer muito mais do que seu preço de compra original. Isso acontece principalmente no caso de terrenos, que podem valer diversas vezes seu custo original.

É tentador argumentar que os contadores deveriam deixar de lado os custos originais dos ativos a longo prazo e fornecer medidas mais significativas de seus valores atuais. O problema é que não há valores presentes objetivamente determináveis para muitos ativos. Frente a uma decisão entre valores presentes significativos, porém subjetivos, e custos históricos irrelevantes, porém objetivos, os contadores optam pelos custos históricos irrelevantes. Eles preferem estar rigorosamente errados do que vagamente certos. Isso significa que é responsabilidade do usuário fazer quaisquer ajustes que julgue apropriados aos valores históricos de custo dos ativos.

> Em **www.cfo.com**, faça uma busca por *"fair value"* para saber mais sobre a contabilidade pelo valor justo.

Pressionado por reguladores e investidores, o Financial Accounting Standards Board (Conselho de Padrões de Contabilidade Financeira), o principal órgão regulador da contabilidade, dá ênfase crescente àquilo que conhecemos como contabilidade pelo *valor justo*, segundo a qual determinados ativos e passivos são lançados nas demonstrações financeiras aos seus valores de mercado e não mais ao custo histórico. Essa "marcação a mercado" aplica-se a todos os ativos e passivos ativamente negociados no mercado, incluindo muitas ações ordinárias e debêntures. Os proponentes da contabilidade pelo valor justo reconhecem que jamais será possível eliminar inteiramente a contabilidade pelo custo histórico, mas sustentam que os valores de mercado devem ser usados sempre que possível. Os céticos replicam afirmando que misturar custos históricos e valores de mercado em uma mesma demonstração financeira só aumentará a confusão e que a reavaliação periódica das contas das empresas para que reflitam as mudanças de valor do mercado introduz subjetividade indesejada, distorce os lucros declarados e aumenta muito a volatilidade dos ganhos. Eles observam que, nos termos da contabilidade pelo valor justo, as variações do patrimônio líquido não mais refletem os resultados operacionais da empresa, passando a incluir, também, ganhos e perdas potencialmente volumosos e voláteis ocorridos com variações do valor de mercado de determinados ativos e passivos. A mudança foi recebida com protestos por muitas empresas preocupadas com a possibilidade de que a regra aumentasse a volatilidade

> **Contabilidade pelo valor justo e a crise financeira de 2008**
>
> A crise financeira de 2008 revelou várias peculiaridades e problemas com a contabilidade pelo valor justo. Entre as peculiaridades está o tratamento do valor justo dos passivos da empresa. Muitas instituições financeiras viram o valor de mercado de sua divulgação comercializada da dívida despencar durante a crise, quando os investidores perderam a fé na capacidade das instituições em honrar suas obrigações – claramente uma má notícia. No entanto, a contabilidade pelo valor justo forçou as organizações a denunciar essa queda no valor como um ganho, em teoria, de que agora custaria muito menos para recomprar e retirar a dívida. De forma similar, quando a crise diminuiu e os valores da dívida aumentaram, as mesmas instituições se encontraram em prejuízo quando o custo de recompra subiu. Por exemplo, o banco de investimento Morgan Stanley reportou um ganho de $5,5 bilhões em 2008 em valores decrescentes da dívida, seguido em 2009 por uma perda de $5,4 bilhões quando o valor de sua dívida se recuperou.
>
> Mais preocupante, alguns observadores afirmam que a contabilidade pelo valor justo pode realmente ter contribuído para a crise. Argumentam que entrar em pânico durante o colapso tornou os preços de mercado observados mais um indicador dos temores dos investidores do que dos valores de ativos. Além disso, afirmam que a dependência desses preços vantajosos para o ativo de valor movimentam um ciclo vicioso em que a queda dos preços levou os credores a exigir o pagamento da dívida, o aumento da garantia ou o aumento da equidade em relação à dívida, que levou os devedores a entrarem mais em pânico. Enquanto não abandonarem a contabilidade pelo valor justo, essa crítica forçou contadores e reguladores a permitir que gestores com alguma discrição estimem o valor justo nos mercados em dificuldades.[c]
>
> [c] Para mais sobre este tópico, veja Christian Laux e Christian Leuz, "The Crisis of Fair Value Accounting: Making Sense of the Recent Debate", *Accounting, Organizations and Society*, abril de 2009. Disponível em ssrn.com/abstract=1392645.

aparente dos lucros, e, o que seria pior, que revelasse algumas dessas empresas valiam bem menos do que sugeriam suas demonstrações ao custo histórico. A aparência de uma estabilidade benigna parece ser mais interessante do que a sugestão de uma crua realidade.

Para entender o segundo (e o mais fundamental) motivo pelo qual a Sensient não vale $983,8 milhões, lembre-se de que os investidores compram ações por causa da renda futura que esperam receber, e não pelo valor dos ativos da empresa. De fato, se tudo correr como planejado, a maioria dos ativos existentes da empresa será consumida para gerar renda futura. O problema da medida contábil do patrimônio líquido é que ela está pouco relacionada com a receita futura. Isso ocorre por duas razões: primeiramente, como os valores contábeis são retrospectivos e baseados em custos, muitas vezes fornecem poucas informações sobre a receita futura que os ativos de uma empresa são capazes de gerar. Em segundo lugar, as empresas normalmente têm muitos ativos e passivos que não constam em seus balanços, mas que, ainda assim, afetam a receita futura. Alguns exemplos são marcas e patentes, clientes fiéis, *mailing lists* de eficácia comprovada, superioridade tecnológica e, é claro, uma melhor administração. Diz-se que, em muitas empresas, os ativos mais valiosos voltam para suas casas à noite. Entre os passivos não declarados estão os processos judiciais pendentes, uma administração inferior e processos produtivos obsoletos. A incapacidade dos contadores de medir esses ativos e passivos significa que o valor contábil costuma ser uma medida muito imprecisa do valor percebido pelos acionistas.

É fácil calcular o valor de mercado do patrimônio líquido quando as ações de uma empresa são negociadas na bolsa: basta multiplicar o número de ações ordinárias em circulação pelo seu preço de mercado por ação. Em 31 de dezembro de 2010, as ações ordinárias da Sensient fecharam na Bolsa de Valores de Nova York a $36,73 por ação. Com 49,6 milhões de ações em circulação, isto representa um valor de $1.821,8 milhão, ou mais de 1,9 vez o valor contábil ($1.821,8 bilhão/$983,8 milhões). Esse $1.821,8 bilhão representa o valor de mercado do patrimônio líquido da Sensient, muitas vezes referido como capitalização de mercado da empresa ou valor de mercado.

A Tabela 1.6 mostra os valores de mercado e contábil de 15 importantes empresas e demonstra claramente que o valor contábil é uma fraca representação do valor de mercado.

Goodwill – *Ágio pago na aquisição de empresas*

Há um caso em que ativos intangíveis, como marcas e patentes, chegam ao balanço das empresas. Ele ocorre quando uma empresa compra outra por um preço superior ao valor contábil. Suponhamos que uma empresa adquirente pague $100 milhões por outra, e que os ativos da empresa adquirida tenham valor contábil de apenas $40 milhões e um valor estimado de reposição de somente $60

Tabela 1.6 O valor contábil do patrimônio líquido é uma medida inadequada do valor de mercado do patrimônio líquido, 31 de dezembro de 2010

	Valor do patrimônio líquido ($ milhões)		Índice, valor de mercado/valor contábil
Empresa	**Contábil**	**Mercado**	
Aetna, Inc.	9.891	12.207	1,2
Amazon.com Inc.	6.864	80.791	11,8
Coca-Cola Co.	15.935	101.224	6,4
Dynegy Inc.	22.522	23.590	1,0
Duke Energy	2.746	679	0,2
Google, Inc.	46.241	147.546	3,2
Harley-Davidson Inc.	2.207	8.166	3,7
Hewlett-Packard Co.	40.449	92.217	2,3
IBM	49.430	117.305	2,4
Intel Corp.	23.046	182.329	7,9
Kraft Foods	35.834	55.041	1,5
Sensient Technologies	984	1.822	1,9
Susquehanna Bancshares	1.985	1.256	0,6
Tesla Motors Corp	207	2.484	12,0
US Cellular Corp	3.481	2.634	0,8

milhões. Para registrar a transação, o contador alocará $60 milhões do preço de aquisição ao valor dos ativos adquiridos e lançará os $40 milhões restantes como um novo ativo conhecido como "*goodwill*".[1] A empresa adquirente pagou um ágio considerável sobre o valor registrado dos ativos da empresa adquirida, porque atribui um valor elevado a seus ativos não registrados ou intangíveis. Mas até que a aquisição da empresa crie um "pedaço de papel" com $ 100.00 milhões escriturados, o *goodwill* é apenas o desejo do contador de reconhecer tal valor.

Olhando para o balanço da Sensient Technologies na Tabela 1.2, na rubrica "*goodwill* e ativos intangíveis, líquido", vemos que a empresa tem mais de $450 milhões de *goodwill*, seu maior ativo único e 29% do total de ativos. Para colocar esse número em perspectiva, a proporção média do *goodwill* aos ativos totais entre as empresas Standard & Poor 500, um grupo diversificado de grandes empresas, foi de 15% em 2010. A Stericycle, Inc., provedora de serviços especializados de gestão de resíduos para organizações médicas, liderou a lista com uma relação de *goodwill* para os ativos totais de 61%.[1]

Lucro econômico *versus* lucro contábil

Uma segunda dimensão do problema do valor está ligada à distinção contábil entre lucro *realizado* e *não realizado*. Para qualquer pessoa que não tenha estudado contabilidade em maior profundidade, lucro é o que se pode gastar durante um exercício para chegar ao seu final com riqueza igual à inicial. Se os ativos de Mary Siegler, líquidos de passivos, valiam $100.000 no início do ano e aumentaram para $120.000 no fim do ano, e se ela recebeu e gastou $70.000 em salários durante o ano, a maioria de nós diria que seu lucro foi de $90.000 ($70.000 em salários + aumento de $20.000 do ativo líquido).

Mas não é assim que pensam os contadores. A menos que os investimentos de Mary se dessem em títulos negociáveis com preços facilmente observáveis, eles diriam que o lucro de Mary foi de apenas $70.000. O aumento de $20.000 do valor de mercado de seus ativos não seria considerado lucro porque o ganho não foi *realizado* pela venda dos ativos. Como o valor de mercado dos ativos pode flutuar em qualquer direção antes de sua venda, o ganho é apenas "no papel", e os contadores não costumam reconhecer esse tipo de ganho. Eles acreditam que a *realização* seja a evidência objetiva necessária para registrar o ganho, apesar de Mary Siegler provavelmente estar tão satisfeita com o ganho não realizado de seus ativos da mesma forma que ficaria com um aumento de $20.000 em seu salário.

É fácil criticar o conservadorismo dos contadores quanto à mensuração do lucro. É claro que a quantia que Mary poderia gastar para se manter na mesma situação original – desconsiderando a inflação – seria, como diz o bom-senso, de

---

[1] Por diversos anos, as autoridades contábeis exigiam que as empresas dessem baixa desse *goodwill* como despesa não recebida contra o resultado. Agora, o *goodwill* não precisa mais ser baixado, a menos que existam provas de que seu valor de mercado tenha diminuído. Não há previsão de compensação exigindo acrescentar o *goodwill*, quando os valores parecem ter aumentado. Se isso soa vago, eu concordo.

$90.000 e não de $70.000, como querem os contadores. Além disso, se ela vendesse seus ativos por $120.000 e os recomprasse imediatamente pelo mesmo preço, o ganho de $20.000 seria realizado e, aos olhos dos contadores, passaria a fazer parte do lucro. O fato de que o lucro possa depender de um esquema como esse para ser reconhecido é o bastante para levantar suspeitas a respeito da definição do contador.

Mas é preciso fazer duas observações em defesa dos contadores. Em primeiro lugar, se Mary ficar com seus ativos por diversos anos antes de vendê-los, o ganho ou a perda reconhecidos pelo contador na data da venda serão iguais à soma dos ganhos e das perdas anuais que nós, que não somos contadores, reconheceríamos. Assim, não é o lucro total que está em questão, mas o momento de seu reconhecimento. Em segundo, o aumento do uso do valor justo pelos contadores, quando pelo menos alguns ativos e passivos de longo prazo são reavaliados periodicamente para refletir mudanças no valor de mercado, reduz a diferença entre lucro contábil e lucro econômico. Em terceiro, mesmo quando os contadores utilizam o valor justo, é muito difícil medir a variação periódica do valor de muitos ativos e passivos, a menos que ele seja negociado com frequência. Assim, mesmo que um contador quisesse incluir no lucro os ganhos e perdas "no papel", muitas vezes isso seria difícil. No ambiente corporativo, isso significa que o contador precisa, com frequência, contentar-se em registrar o lucro realizado, e não o econômico.

Custos alocados

Um problema semelhante, embora mais sutil, ocorre no lado dos custos da demonstração de resultados. Ele envolve o custo do capital dos acionistas. Os auditores da Sensient reconhecem que, em 2010, a empresa tinha a seu dispor $983,8 milhões em dinheiro dos acionistas, medidos pelo valor contábil. Reconhecem também que a Sensient não teria conseguido operar sem esse dinheiro, e que ele não é gratuito. Assim como os credores ganham juros sobre os empréstimos, os acionistas esperam obter um retorno sobre seu investimento. Mas, se olharmos novamente a demonstração de resultados da Sensient (Tabela 1.3), não encontraremos qualquer referência ao custo desse capital. A despesa de juros está lá, mas um custo comparável para o patrimônio líquido, não.

Embora reconheçam que o capital dos acionistas tem um custo, os contadores não o reconhecem na demonstração de resultados, porque esse custo precisa ser alocado, ou seja, estimado. Como não há qualquer documento que declare o montante de dinheiro que a Sensient será obrigada a pagar aos seus proprietários, o contador recusa-se a reconhecer qualquer custo do patrimônio líquido. Novamente, ele prefere estar errado, porém confiante, a fazer uma estimativa potencialmente imprecisa. O resultado representa uma grave confusão para os observadores menos informados, além de constantes problemas de "imagem" para as empresas.

Vejamos a seguir a parcela final da demonstração de resultados da Sensient para 2010, tal como preparada por seu contador e tal como um economista a elaboraria. Observe que, embora o contador apresente lucros de $107,2 milhões, o economista só registraria um lucro de $8,8 milhões. Os valores diferem porque o economista incluiria um encargo de $98,4 milhões como custo do patrimônio líquido, ao passo que o contador o consideraria como gratuito (abordaremos as maneiras de estimar o custo do patrimônio líquido das empresas no Capítulo 8. Neste caso, presumi um custo anual do patrimônio líquido de 10% e o apliquei ao valor contábil do patrimônio líquido da Sensient [$98,4 milhões = 10% × $983,8 milhões]).

($ em milhões)	Contador	Economista
Lucro operacional	$ 173,2	$ 173,2
Despesa financeira	20,4	20,4
Outras despesas não operacionais	(1,5)	(1,5)
Custo do patrimônio líquido		98,4
Lucro antes dos impostos	154,3	55,9
Provisão para impostos	47,1	47,1
Lucro contábil	$ 107,2	
Lucro econômico		$ 8,8

A distinção entre lucro contábil e lucro econômico poderia ser apenas uma curiosidade se todos soubessem que lucros contábeis positivos não são necessariamente um sinal de desempenho superior ou mesmo aceitável. Mas, quando muitos sindicatos trabalhistas e políticos enxergam os lucros contábeis como sinal de que uma empresa pode arcar com salários e impostos mais elevados e regulamentação mais onerosa, e quando a maioria dos administradores vê esses lucros como justificativa para distribuir polpudas bonificações por desempenho, a distinção passa a ser importante. Lembre-se, portanto, de que o direito que os acionistas têm de esperar um retorno competitivo sobre seu investimento é tão legítimo quanto o direito aos juros pelos credores e aos salários pelos empregados. Todos contribuem voluntariamente com recursos escassos, e todos têm razão para esperar receber uma remuneração por isso. Lembre-se, ainda, de que uma empresa não estará se pagando se seu lucro econômico não for igual a zero ou maior. De acordo com esse critério, a Sensient teve um bom ano em 2010, mas nada de excepcional. Em uma avaliação mais detalhada, você verá que muitas empresas que relatam lucros aparentemente elevados têm na verdade um desempenho de amadores quando se considera o custo do patrimônio líquido.

No Capítulo 8 abordaremos novamente e em mais detalhes as diferenças entre o lucro contábil e o lucro econômico, sob a rubrica do valor econômico agregado, ou EVA (*economic value added*). Nos últimos anos, o EVA tornou-se um padrão popular de avaliação do desempenho das empresas e de seus administradores.

Em suma, aqueles que se interessam por análise financeira acabarão desenvolvendo uma relação de amor e ódio com os contadores. O problema do valor significa que as demonstrações financeiras costumam fornecer informações distorcidas sobre os lucros e o valor de mercado das empresas, o que limita o seu uso em muitas decisões administrativas importantes. Mas as demonstrações financeiras frequentemente são as melhores informações disponíveis e, se tivermos em mente suas limitações, elas podem ser um ponto de partida útil para as análises. No próximo capítulo, trataremos do uso dos dados contábeis para avaliar o desempenho financeiro.

RESUMO

1. O ciclo do fluxo de caixa:
   - Descreve o fluxo do caixa dentro da empresa.
   - Mostra que lucro e fluxo de caixa não são a mesma coisa.
   - Lembra ao gerente que ele deve se preocupar com o fluxo tanto quanto com o lucro.

2. O balanço patrimonial:
   - É um instantâneo de um determinado momento e mostra o que a empresa possui e quanto ela deve.
   - Baseia-se na equação contábil fundamental, ativo = passivo + patrimônio líquido dos proprietários, que se aplica às transações individuais, bem como a balanços completos.
   - Lista ativos e passivos com prazo de vencimento inferior a um ano como atuais.
   - Mostra o patrimônio líquido dos acionistas no lado passivo do balanço, como o valor contábil das reclamações dos proprietários contra os ativos existentes.

3. A declaração de lucro:
   - Divide as alterações ocorridas no período de um ano no patrimônio líquido dos proprietários em receitas e despesas, sendo receita o aumento de patrimônio, e despesa, a redução.
   - Define o lucro líquido como a diferença entre receita e despesa.
   - Identifica as receitas geradas durante determinado período e identifica os custos incorridos na geração de receita.
   - Incorpora o princípio de competência, que registra receitas e despesas quando há certeza de que o pagamento será feito, e não quando o dinheiro é recebido ou pago.
   - Registra depreciação como alocação das despesas passadas para ativos de longa duração, para equilibrar receitas e despesas nos períodos futuros.

4. A demonstração do fluxo de caixa:
   - Concentra-se na solvência: ter caixa para pagar as contas no vencimento.
   - É uma elaboração de uma simples demonstração de aplicação de recursos e, de acordo com ela, o aumento das contas no ativo e a redução do passivo são utilização de caixa, enquanto o contrário no ativo e no passivo são fontes de caixa.

5. O problema de valor:
   - Enfatiza que as demonstrações contábeis têm limitações quando utilizadas para avaliar o desempenho econômico ou o valor da empresa:

- Muitos valores contábeis são baseados em transações e, portanto, voltados para o passado, enquanto os valores de mercado são direcionados para o futuro.
- A contabilidade muitas vezes cria uma falsa dicotomia entre lucro realizado e lucro não realizado.
- Os contadores se recusam a atribuir um custo de patrimônio líquido, sugerindo, assim, a observadores leigos, que lucro contábil positivo significa saúde financeira.

• Fica reduzido pelo uso da contabilidade de valor justo, de acordo com a qual o valor de ativos e passivos amplamente negociados aparece a preço de mercado em vez de pelo custo histórico, o que pode gerar distorções, volatilidade, complexidade e subjetividade.

Leituras complementares

Anthony, Robert N. e Leslie P. Breitner. *Essentials of Accounting*, 10ª ed., Englewood Cliffs, Nova Jersey, Prentice Hall, 2009, 360 p.

O autor principal é um importante professor emérito de Harvard. O livro é uma excelente maneira de rever ou aprender sozinho os fundamentos da contabilidade.

Downes, John; Jordan Elliot Goodman. *Dictionary of Finance and Investment Terms*. 8ª ed., Nova York: Barron's Educational Services, Inc., 2010, 880 p.

Mais de 5.000 termos definidos com clareza. Disponível em brochura.

Horngren, Charles T.; Gary L. Sundem; John A. Elliott e Dona Philbrick. *Introduction to Financial Accounting*. 10ª ed., Englewood Cliffs, Nova Jersey, Prentice Hall, 2010, 656 p.

Um dos livros mais vendidos sobre o tema. Tudo o que você quer saber sobre o assunto e mais um pouco.

Tracy, John A. *How to Read a Financial Report: Wringing Vital Signs Out of the Numbers*. 7ª ed., Nova York: John Wiley & Sons, 2009, 216 p.

Uma visão breve e acessível dos aspectos práticos da análise de demonstrações financeiras. Disponível em brochura.

Welton, Ralph E.; e George T. Friedlob. *Keys to Reading an Annual Report*. 4ª ed., Nova York, Barron's Educational Services, Inc., 2008, 208 p.

Um guia prático e de linguagem acessível sobre a compreensão de relatórios financeiros.

Websites

www.Stanford.edu/class/msande271/onlinetools/HowToReadFinancial.pdf

Desse *site* é possível baixar em formato pdf uma cópia do clássico do Merrill Lynch "How to Read a Financial Report".

www.duke.edu/~charvey/Classes/wpg/glossary.htm

O professor Campbell Harvey, da Duke University, preparou um glossário de finanças com mais de 8.000 termos definidos e mais de 18.000 referências cruzadas.

www.secfilings.com

O Edgar, *site* da Securities and Exchange Commission, contém praticamente todas as publicações das companhias abertas dos Estados Unidos. É uma arca do tesouro de informações financeiras, inclusive relatórios anuais e trimestrais. Esse *site* é uma maneira fácil de acessar o Edgar, inclusive com o *download* direto de planilhas eletrônicas. É de acesso gratuito e eu o utilizo com frequência.

www.cfo.com

Site informativo fornecido pelos editores da revista *CFO*. Com artigos sobre temas atuais em contabilidade e finanças.

Problemas

As respostas aos problemas de número ímpar constam no final do livro. Para problemas adicionais e suas respostas, veja **http://www.grupoa.com.br**, encontre a página deste livro, procure o Material Complementar e clique em Conteúdo Online.

1. a. O que significa quando o fluxo de caixa das operações na demonstração do fluxo de caixa de uma empresa é negativo? É ruim? É perigoso?

   b. O que significa quando o fluxo de caixa das atividades de investimento na demonstração do fluxo de caixa de uma empresa é negativo? É ruim? É perigoso?

   c. O que significa quando o fluxo de caixa das atividades de financiamento na demonstração do fluxo de caixa de uma empresa é negativo? É ruim? É perigoso?

2. A DuHurst Corp. tem $4 bilhões em ativos, $3 bilhões em patrimônio líquido e obteve um lucro no último ano, com o crescimento da economia, de $100 milhões. A diretoria propôs a si mesma um gordo bônus pelo desempenho. Como membro do conselho da DuHurst, como você responderia a esta proposta?

3. Verdadeiro ou falso?

   a. Se uma empresa fica em dificuldades financeiras, pode utilizar um pouco do patrimônio dos acionistas para pagar as dívidas.

   b. É impossível para uma empresa ter um valor contábil de patrimônio negativo sem que vá à falência.

   c. Você pode construir uma demonstração de origens e aplicação de recursos para 2013 se tiver o balanço da empresa para 2012 e 2013.

d. A conta *goodwill* no balanço é uma tentativa de medir os benefícios resultantes de esforços da relação pública de uma empresa na comunidade.

e. A redução na conta de ativo resulta de uso do caixa, enquanto a redução na conta de passivo é fonte de caixa.

4. Explique rapidamente como cada uma das transações a seguir afetaria o balanço de uma empresa. (Lembre-se de que o ativo deve ser igual ao passivo mais o patrimônio líquido antes e depois da transação.)

   a. Venda de equipamento usado com valor contábil de $300.000 por $500.000, à vista.

   b. Compra de um novo prédio de $80 milhões, financiando 40% com caixa e 60% com um empréstimo bancário.

   c. Compra de um novo prédio por $60 milhões, pagos à vista.

   d. Um pagamento de $40.000 para saldar contas a pagar junto a fornecedores.

   e. Recompra de 10.000 ações de uma empresa de suas próprias ações, a um preço de $24 por ação.

   f. Venda à vista de $80.000 em mercadorias.

   g. Venda a crédito de $120.000 em mercadorias.

   h. Pagamento de dividendos de $50.000 aos acionistas.

5. Por que, na sua opinião, as demonstrações financeiras são construídas em regime de competência em vez de em regime de caixa, se a contabilidade de caixa é mais fácil de entender?

6. A Tabela 3.1 do Capítulo 3 apresenta demonstrações financeiras da R&E Supplies, Inc. para o período 2008-2011.

   a. Construa uma demonstração de origens e aplicações de recursos da empresa para esse período (uma só demonstração para os três anos).

   b. Que revelações, se existirem, a DOAR proporciona a respeito da posição financeira da R&E Supplies?

7. Você é responsável pelas relações trabalhistas de sua empresa. Durante uma acalorada negociação, o secretário-geral do sindicato trabalhista mais importante exclama: "Olha aqui, a empresa tem $15 bilhões de ativos, $7,5 bilhões de patrimônio líquido e teve um lucro de $300 milhões no ano passado – devido, em grande parte, posso dizer, aos esforços dos trabalhadores sindicalizados. Então, não venha me dizer que não pode pagar o aumento que estamos exigindo." Como você responderia?

8. Você administra uma empresa imobiliária. Há um ano a empresa comprou 10 terrenos distribuídos pela região, a $10 milhões cada. Uma avaliação recente desses terrenos indica que cinco deles valem, hoje, $8 milhões cada, enquanto os outros cinco valem $16 milhões cada.

Desconsiderando qualquer renda obtida com os imóveis e quaisquer impostos pagos durante o ano, calcule o lucro contábil e o lucro econômico da empresa em cada um dos seguintes casos:

a. A empresa vende todos os imóveis pelo preço da avaliação recente.

b. A empresa não vende imóvel algum.

c. A empresa vende os imóveis que perderam valor e mantém os demais.

d. A empresa vende os imóveis que ganharam valor e mantém os demais.

e. Ao voltar de um seminário sobre gestão de imóveis, um funcionário recomenda que a empresa adote uma política de, ao final de cada ano, vender sempre os imóveis cujo valor tenha aumentado desde a aquisição e manter os que tenham perdido valor. O funcionário explica que, com essa política, a empresa nunca apresentará prejuízo em suas atividades de investimento imobiliário. Você concorda com ele? Por quê?

9. Por favor, ignore os impostos para os fins desse problema. Durante 2010, a Mead, Inc. obteve lucro líquido de $400.000. A empresa aumentou suas contas a receber durante o ano em $250.000. O valor contábil de seus ativos caiu no montante do encargo de depreciação do exercício, ou $180.000, e o valor de mercado de seus ativos aumentou em $20.000. Baseado somente nestas informações, qual foi o volume do caixa gerado pela Mead durante o ano?

10. Jonathan é mestre cervejeiro da cervejaria Acme. Ele gosta de seu trabalho, mas está entusiasmado com a possibilidade de abrir sua própria cervejaria. Atualmente, ele recebe $62.000 por ano na Acme, e prevê que a sua nova cervejaria tenha uma receita anual de $230.000, e as despesas totais anuais para o funcionamento da cervejaria, fora qualquer retirada para si mesmo, sejam de $190.000. Jonathan chega até você com essa ideia. Ele acredita que ter sua própria cervejaria seja a decisão certa, diante da sua possível rentabilidade. Ignorando o que pode acontecer depois do primeiro ano, você concorda com ele? Por quê?

11. Informações selecionadas do Blake's Restaurant Supply:

	($ milhões)	
	2010	2011
Vendas líquidas	$ 694	$ 782
Custo das mercadorias vendidas	450	502
Depreciação	51	61
Lucro líquido	130	142
Estoques de bens acabados	39	29
Contas a receber	57	87
Contas a pagar	39	44
Ativos fixos líquidos	404	482
Saldo de caixa no final do ano	$ 86	$135

a. Quanto caixa o Blake's obteve das vendas durante o ano de 2011?

b. Qual foi o custo dos bens produzidos pela empresa em 2011?

c. Admitindo que a empresa não tenha vendido ou recuperado quaisquer ativos durante o ano, quais foram as despesas de capital da empresa durante o ano de 2011?

d. Admitindo que não houve fluxo de caixa de financiamento durante 2011 e baseando sua resposta unicamente nas informações fornecidas, qual foi o fluxo de caixa de funcionamento da empresa em 2011?

12. Veja a seguir demonstrações resumidas de fluxo de caixa de três empresas de porte aproximado:

	($ milhões)		
	A	B	C
Fluxos de caixa operacionais líquidos	$(300)	$(300)	$300
Caixa líquido usado em atividades de investimento	(900)	(30)	(90)
Caixa líquido obtido com as atividades de financiamento	1.200	210	(240)
Saldo de caixa no começo do ano	150	150	150

a. Calcule o saldo de caixa de cada uma das empresas no final do ano.

b. Explique o que pode fazer o caixa líquido de atividades de financiamento da empresa C ser negativo.

c. Analisando as empresas A e B, de qual você preferiria ser dono? Por quê?

d. A demonstração do fluxo de caixa da empresa C é motivo de preocupação por parte dos administradores ou acionistas? Por quê?

13. O patrimônio líquido da Epic Trucking tem um valor de mercado de $15 milhões, com 700.000 ações em circulação. O valor contábil desse patrimônio líquido é de $9 milhões.

a. Qual é o preço por ação da Epic? Qual é o valor contábil por ação?

b. Se a empresa recomprar do mercado 25% de suas ações ao preço vigente, como isso afetará o valor contábil do patrimônio líquido se as demais condições permanecerem as mesmas?

c. Na ausência de impostos ou custos de transações e se os investidores não perceberem qualquer alteração das atividades da empresa, qual deverá ser o valor de mercado da empresa após a recompra das ações?

d. Em vez de uma recompra de ações, a empresa decide levantar dinheiro com a venda de mais 20% de suas ações no mercado. Se ela pode emitir essas ações adicionais ao preço de mercado atual, como isso afetará o valor contábil do patrimônio líquido se todo o resto continua o mesmo?

e. Se não há impostos ou custos de transações e os investidores não mudam sua percepção da empresa, qual deve ser o valor de mercado da empresa depois da emissão das ações? Seu preço por ação?

14. Há uma planilha de Excel com as demonstrações financeiras da Whistler Corporation disponível para *download* no endereço **www.grupoa.com.br** (encontre a página deste livro, procure o Material Complementar e clique em Conteúdo Online). Use as demonstrações para criar um demonstrativo de fontes e usos e um demonstrativo de fluxo de caixa da empresa para 2011. Se você é novo no Excel, veja http://people.usd.edu/~bwjames/tut/excel/ ou http://office.microsoft.com/en-us/excel/default.aspx para um tutorial gratuito.

Capítulo 2

Avaliação do Desempenho Financeiro

Não se pode administrar o que não se pode medir.

William Hewlett

A cabine de comando de um Boeing 747 parece um videogame tridimensional. É um ambiente de tamanho razoável e cheio de medidores, chaves, luzes e mostradores que exigem a total atenção de três pilotos altamente treinados. Quando a comparamos com a cabine de um Cessna monomotor, ficamos tentados a concluir que os dois aviões pertencem a espécies diferentes em vez de serem primos distantes. Mas, em um nível mais fundamental, as semelhanças entre eles superam as diferenças. Apesar da complexidade tecnológica do Boeing 747, seu piloto controla o avião da mesma maneira que controlaria um Cessna: com um manche, *throttle* e *flaps*. E, para alterar a altitude do avião, o piloto (seja de uma aeronave, seja da outra) faz ajustes simultâneos às mesmas e poucas alavancas de controle existentes.

O mesmo se pode dizer das empresas. Uma vez que se remova a fachada de aparente complexidade, as alavancas por meio das quais os gestores afetam o desempenho financeiro de suas empresas são relativamente poucas e assemelham-se em todas as empresas. A função do executivo é controlar essas alavancas para garantir um voo seguro e eficiente. E, como um piloto, o executivo precisa ter em mente o fato de que as alavancas estão inter-relacionadas; não se pode alterar o equivalente empresarial dos *flaps* sem ajustar, também, o manche e o *throttle*.

AS ALAVANCAS DO DESEMPENHO FINANCEIRO

Neste capítulo, analisaremos as demonstrações financeiras com o objetivo de avaliar o desempenho e entender as alavancas de controle administrativo. Começaremos pelo estudo das ligações entre as decisões operacionais de uma empresa, como o número de unidades a produzir por mês e como precificá-las e o seu desempenho financeiro. Essas decisões operacionais são as alavancas por meio das quais a administração controla o desempenho financeiro. Em seguida ampliaremos a discussão para abranger os usos e as limitações da análise de índices como ferramenta de avaliação do desempenho. Em nome da praticidade, usaremos novamente as demonstrações financeiras da Sensient Technologies Corp., apresentadas nas

Tabelas 1.2, 1.3 e 1.5 do capítulo anterior, para exemplificar as técnicas. O capítulo se encerra com uma avaliação do desempenho financeiro da Sensient com relação ao de suas concorrentes. (Para mais informações sobre o HISTORY, um *software* gratuito de análise de índices, veja Leituras Complementares no final do capítulo. Há também a Tabela 2.5, que apresenta definições resumidas dos principais índices mencionados ao longo do capítulo.)

RETORNO SOBRE O PATRIMÔNIO LÍQUIDO

Entre os investidores e gestores experientes, a medida mais popular de desempenho financeiro é, de longe, o retorno sobre o patrimônio líquido (*return on equity*, ou ROE), definido como

$$\text{Retorno sobre o patrimônio líquido} = \frac{\text{Lucro líquido}}{\text{Patrimônio líquido}}$$

O ROE da Sensient em 2010 foi de

$$\text{ROE} = \frac{\$107,2}{\$983,8} = 10,9\%$$

Não seria exagero dizer que as carreiras de muitos altos executivos sobem e descem com os ROE de suas empresas. Atribuímos tanta importância ao ROE porque ele é uma medida da *eficiência* com que uma empresa emprega o capital de seus proprietários. É uma medida de lucro por dólar investido como capital próprio ou do retorno percentual sobre o investimento dos proprietários. Em suma, o ROE mede quanto cada dólar rende.

Mais adiante, abordaremos alguns problemas significativos do ROE como medida de desempenho financeiro. Por enquanto, vamos admiti-lo provisoriamente como uma medida que, pelo menos, é muito usada e ver o que conseguimos aprender com ele.

Os três determinantes do ROE

Para aprender mais sobre o que a administração pode fazer para aumentar o ROE, vamos reescrevê-lo nos termos dos seus três principais componentes:

$$\text{ROE} = \frac{\text{Lucro líquido}}{\text{Vendas}} \times \frac{\text{Vendas}}{\text{Ativo}} \times \frac{\text{Ativo}}{\text{Patrimônio líquido}}$$

Designando as três últimas razões, respectivamente, como margem de lucro, giro do ativo e alavancagem financeira, a expressão pode ser escrita como

$$\text{Retorno sobre o patrimônio líquido} = \text{Margem de lucro} \times \text{Giro do ativo} \times \text{Alavancagem financeira}$$

Isso indica que a administração só dispõe de três alavancas para controlar o ROE: (1) os lucros que consegue espremer de cada dólar de faturamento, ou *margem de lucro*; (2) as vendas geradas com cada dólar de ativo empregado, ou *giro do*

Tabela 2.1 ROE e alavancas de desempenho de 10 empresas diversas, 2010*

	Retorno sobre o patrimônio líquido (ROE) (%)	=	Margem de lucro (P) (%)	×	Giro do ativo (A) (vezes)	×	Alavancagem financeira (T) (vezes)
Adobe Systems	14,9	=	20,4	×	0,47	×	1,57
Chevron	18,1	=	10,0	×	1,03	×	1,76
Google	18,4	=	29,0	×	0,51	×	1,25
Hewlett-Packard	21,7	=	7,0	×	1,01	×	3,08
JPMorgan Chase	10,3	=	15,0	×	0,05	×	12,58
Norfolk Southern	14,0	=	15,7	×	0,34	×	2,64
Novartis	15,5	=	19,3	×	0,41	×	1,95
Safeway	11,8	=	1,4	×	2,71	×	3,03
Sensient Technologies	10,9	=	8,1	×	0,83	×	1,63
Southern Company	12,6	=	11,7	×	0,32	×	3,40

*Os totais podem não coincidir devido ao arredondamento.

ativo; e (3) o montante de capital próprio usado para financiar o ativo, ou *alavancagem financeira*.[1] Com poucas exceções, o que quer que a administração faça para aumentar essas razões também aumentará o ROE.

Observe também a forte correlação entre as alavancas do desempenho e as demonstrações financeiras das empresas. Assim, a margem de lucro resume o desempenho da demonstração de resultados da empresa, indicando o lucro por dólar de vendas. O giro do ativo resume a maneira como a empresa administra o lado do ativo de seu balanço, indicando os recursos necessários para sustentar as vendas. E a alavancagem financeira resume a administração do lado do passivo do balanço, indicando o montante de capital próprio usado para financiar o ativo. Esta é uma prova reconfortante de que, apesar de sua simplicidade, as três alavancas efetivamente capturam os principais elementos do desempenho financeiro de uma empresa.

Podemos observar que o ROE da Sensient em 2010 foi gerado como segue:

$$\frac{\$107,2}{\$983,8} = \frac{\$107,2}{\$1.328,2} \times \frac{\$1.328,2}{\$1.599,3} \times \frac{\$1.599,3}{\$983,8}$$

$$10,9\% = 8,1\% \times 0,8 \times 1,6$$

A Tabela 2.1 apresenta o ROE e seus três principais componentes para 10 ramos de negócio diversos. Ela mostra com clareza que existem vários cami-

---

[1] À primeira vista, a razão entre o ativo e o patrimônio líquido pode não parecer uma medida de alavancagem financeira, mas pense no seguinte:

$$\frac{\text{Ativo}}{\text{Patrimônio líquido}} = \frac{\text{Passivo} + \text{Patrimônio líquido}}{\text{Patrimônio líquido}} = \frac{\text{Passivo}}{\text{Patrimônio líquido}} + 1$$

E a razão entre passivo e patrimônio líquido torna-se claramente uma medida de alavancagem financeira.

nhos possíveis para se chegar ao paraíso: os ROE das empresas são muito semelhantes, mas as combinações de margem de lucro, giro do ativo e alavancagem financeira que produzem esse resultado final variam muito. Assim, os ROE variam de um máximo de 21,7% no caso da Hewlett-Packard, grande produtora de *hardware* e *software*, a um mínimo de 10,3% para o banco JPMorgan Chase, enquanto a escala da margem de lucro, por exemplo, vai de um mínimo de 1,4% para a cadeia de supermercados Safeway, Inc. a um máximo de 29,0% para o Google. A proporção entre o ROE máximo e o mínimo é de 2:1, mas a margem de lucro varia por um fator de mais do que 20:1. As faixas correspondentes do giro do ativo e da alavancagem financeira são, respectivamente, de 54:1 e 8:1.

Por que os ROE são semelhantes enquanto as margens de lucro, os giros do ativo e as alavancagens financeiras variam tão drasticamente? A resposta é uma só: competição. A obtenção, por uma empresa, de um ROE excepcionalmente elevado funciona como um ímã que atrai rivais ansiosas por imitar tal desempenho. Com a entrada das rivais no mercado, a maior competição empurra o ROE da empresa bem-sucedida para baixo em direção à média. Da mesma forma, os ROE excepcionalmente baixos repelem novos concorrentes em potencial e forçam as empresas existentes para fora do mercado, de modo que, com o tempo, os ROE das sobreviventes elevam-se em direção à média.

Para entender como as decisões administrativas e o ambiente competitivo de uma empresa se combinam e afetam o ROE, examinaremos mais detidamente cada uma das alavancas do desempenho. Antecipando a discussão a seguir sobre a análise de índices, abordaremos também índices financeiros de uso comum. Para fontes publicadas de índices empresariais, ver Leituras Complementares no final do capítulo.

A margem de lucro

A margem de lucro mede a fração de cada dólar de vendas que, passando pela demonstração de resultados, chega ao lucro. Esse índice é de especial importância para os administradores porque reflete a estratégia de preços da empresa e sua capacidade de controlar os custos operacionais. Como mostra a Tabela 2.1, as margens de lucro diferem muito entre os setores, dependendo da natureza do produto vendido e da estratégia competitiva da empresa.

Observe também que a margem de lucro e o giro do ativo tendem a variar em direções opostas. Isso não acontece por acaso. As empresas que agregam um valor significativo ao produto, como Google e a farmacêutica Novartis, podem exigir margens elevadas de lucro. No entanto, como agregar valor ao produto normalmente exige uma grande quantidade de ativos, essas mesmas empresas tendem a apresentar menores giros do ativo. No extremo oposto, supermercados, como o Safeway, trazem o produto para a loja em caminhões, vendem à vista e fazem o cliente transportar suas próprias compras. Como agregam pouco valor ao produto, têm margens de lucro muito baixas e giro do ativo correspondentemente elevado. Deve ter ficado claro, portanto, que a margem de lucro elevada não é necessariamente melhor do que outra mais baixa – tudo depende do efeito combinado da margem de lucro e do giro do ativo.

Retorno sobre o ativo

Para analisar o efeito combinado da margem e do giro, podemos calcular o retorno sobre o ativo (*Return on Assets* – ROA):

$$\text{ROA} = \frac{\text{Margem}}{\text{de lucro}} \times \frac{\text{Giro do}}{\text{ativo}} = \frac{\text{Lucro líquido}}{\text{Ativo}}$$

O ROA da Sensient em 2010 foi

$$\text{Retorno sobre o ativo} = \frac{\$107,2}{\$1.599,3} = 6,7\%$$

Isso significa que a Sensient ganhou em média 6,7 *cents* a cada dólar colocado na empresa.

O ROA é uma medida básica da eficiência com que uma empresa aloca e gerencia seus recursos. Difere do ROE porque mede o lucro como porcentagem do dinheiro fornecido pelos proprietários *e* credores, em vez de apenas aquele que foi fornecido pelos proprietários.

Algumas empresas, como Google, Novartis e Norfolk Southern, produzem seus ROA por meio de uma combinação de margem de lucro elevada e giro do ativo de baixo a moderado; outras, como Safeway, adotam a estratégia inversa. Ter uma margem de lucro *e* um giro do ativo elevados seria o ideal, mas isso tende a atrair uma competição considerável. Pelo mesmo raciocínio, uma margem de lucro baixa combinada com um giro do ativo igualmente baixo só atrairá advogados falimentares.

Margem bruta

Ao analisar a lucratividade, muitas vezes é interessante distinguir entre custos variáveis e custos fixos. Os custos variáveis mudam com as variações do faturamento, ao passo que os custos fixos se mantêm constantes. Empresas com uma proporção elevada de custos fixos são mais vulneráveis a quedas de faturamento que as demais porque não podem reduzir seus custos fixos à medida que as vendas caem. Isso quer dizer que em atividades de custo fixo elevado, uma queda do faturamento produzirá grandes quedas do lucro.

Infelizmente, o contador não distingue entre custo fixo e custo variável quando está elaborando a demonstração de resultados. Mas normalmente é seguro admitir que a maior parte das despesas do custo das mercadorias vendidas é variável e que a maior parte dos demais custos operacionais é fixa. A margem bruta permite distinguir, na medida do possível, entre os custos fixos e os custos variáveis. Ela é definida como

$$\text{Margem bruta} = \frac{\text{Lucro bruto}}{\text{Vendas}} = \frac{\$451,8}{\$1.328,2} = 34,0\%$$

onde lucro bruto é igual às vendas líquidas menos o custo das mercadorias vendidas. Cerca de 34% de cada dólar de faturamento da Sensient são uma *contribuição para o custo fixo e o lucro*; ou seja, 34 *cents* de cada dólar de vendas estão disponíveis para pagar os custos fixos e aumentar o lucro.

Um uso comum da margem bruta é estimar o ponto de equilíbrio (*break-even*) nas vendas de uma empresa. A demonstração de resultados da Sensient revela que as despesas operacionais totais em 2010 foram de $278,6 milhões. Se admitirmos que essas despesas são fixas, e se 34 *cents* de cada dólar de faturamento da Sensient estão disponíveis para fazer frente aos custos fixos e serem somados ao lucro, o volume de vendas que levará ao lucro zero da empresa deve ser de $278,6/0,340, ou $819,4 milhões.[2] Admitindo que as despesas operacionais e a margem bruta são independentes do faturamento, a Sensient perde dinheiro quando as vendas ficam abaixo de $819,4 milhões e ganha quando elas ficam acima desse valor.

Giro do ativo

Alguns iniciantes em finanças acreditam que ativos são uma coisa boa: quanto mais, melhor. A realidade mostra justamente o contrário: a não ser que uma empresa esteja para encerrar suas atividades, o seu valor é determinado pelo retorno que ela gera, e seus ativos se constituem simplesmente em um meio necessário para alcançar esse fim. De fato, a empresa ideal seria aquela que pudesse produzir sem ativo algum. Dessa maneira, nenhum investimento seria necessário e os retornos seriam infinitos. Fantasia à parte, a equação do ROE nos diz que, com outros fatores mantidos constantes, o desempenho financeiro melhorará com o crescimento do giro do ativo. Esta é a segunda alavanca do desempenho administrativo.

O giro do ativo mede as vendas originadas por dólar de ativo. O giro do ativo de 0,8 da Sensient significa que ela gerou 80 *cents* de vendas para cada dólar investido em ativos. Esse índice mede a intensidade de ativos, com um baixo giro significando um negócio de bens de capital intensivo, e um alto giro, o contrário.

A natureza dos produtos de uma empresa e sua estratégia competitiva têm uma forte influência sobre o giro do ativo. Uma siderúrgica jamais terá o giro do ativo de uma quitanda. Mas a história não acaba aí, já que a diligência e a criatividade da administração no controle dos ativos também são determinantes vitais do giro do ativo de uma empresa. Quando a tecnologia do produto é equivalente entre os competidores, frequentemente o controle dos ativos faz a diferença entre o sucesso e o fracasso.

O controle sobre o ativo circulante é particularmente crítico. Você poderia imaginar que a distinção entre ativos circulantes e fixos, com base apenas na possibilidade de o ativo se converter ou não em caixa dentro de um ano, é artificial. Mas há mais do que isso em questão. Os ativos circulantes, espe-

---

[2] Lucro = Vendas − Custo variável − Custo fixo = Vendas × Margem bruta − Custo fixo. Igualando o resultado a zero e solucionando para vendas, temos Vendas = Custo fixo/Margem bruta.

cialmente as contas a receber e o estoque, apresentam diversas propriedades singulares. Uma delas é que se algo der errado – se o faturamento cair de maneira imprevista, se os clientes atrasarem os pagamentos, ou se um componente crítico não chegar a tempo à linha de produção – o investimento de uma empresa em ativos circulantes pode inflar com muita rapidez. Quando até as companhias manufatureiras investem, rotineiramente, metade ou mais de seu dinheiro em ativos circulantes, é fácil perceber que mesmo alterações modestas no gerenciamento desses ativos podem afetar muito as finanças das empresas.

Uma segunda distinção é que, ao contrário dos ativos fixos, os ativos circulantes podem tornar-se uma fonte de caixa durante períodos de baixa atividade econômica. Com a queda do faturamento, o investimento da empresa em contas a receber e estoques também deve diminuir, liberando com isso caixa para outros fins (lembre-se de que uma redução de conta de ativos representa fonte de caixa). O fato de em uma empresa bem administrada o ativo circulante se comportar como uma sanfona, acompanhando o faturamento, é bem visto pelos credores. Eles sabem que, durante a fase ascendente do ciclo de negócios, o aumento dos ativos exigirá empréstimos, enquanto que, na fase descendente, a queda dos ativos circulantes fornecerá o caixa necessário para honrar as dívidas. No jargão dos banqueiros, um empréstimo nessas condições é chamado de *autoliquidante* no sentido de que o fim para o qual o dinheiro é empregado cria a fonte de pagamento.

Muitas vezes é útil analisar individualmente o giro de cada tipo de ativo constante no balanço de uma empresa. Isso origina o que conhecemos como *índices de controle*. Embora a forma de expressar um índice possa variar, cada índice de controle nada mais é do que o giro de um tipo específico de ativo. Em cada caso, o investimento da empresa no ativo em questão é comparado às vendas líquidas ou a outro valor assemelhado.

Por que comparar os ativos com as vendas? O fato de o investimento de uma empresa em contas a receber, por exemplo, aumentar com o tempo, pode ser devido a duas forças: (1) as vendas podem ter aumentado e arrastado consigo os recebíveis, ou (2) a administração pode ter relaxado seus esforços de cobrança. Relacionar os recebíveis com o faturamento, criando um índice de controle, corrige as variações das vendas, permitindo que o analista se concentre no que é mais importante: os efeitos da mudança dos controles da administração. Assim, o índice de controle distingue entre variações do investimento causadas pelas vendas e outras causas possivelmente mais graves. Apresentamos a seguir alguns índices de controle básicos e seus valores para a Sensient Technologies em 2010.

Giro do estoque

O *giro do estoque* é expresso como

$$\text{Giro do estoque} = \frac{\text{Custo das mercadorias vendidas}}{\text{Estoque final}} = \frac{\$876{,}4}{\$392{,}2} = 2{,}2 \text{ vezes}$$

Um giro do estoque de 2,2 vezes significa que os artigos do estoque da Sensient giram em média 2,2 vezes ao ano; em outras palavras, o artigo típico fica no estoque cerca de 166 dias antes de ser vendido (365 dias/2,2 vezes = 165,9 dias).

Existem diversas definições alternativas do índice de giro do estoque, inclusive vendas divididas pelo estoque final e o custo das mercadorias vendidas dividido pelo estoque médio. O custo das mercadorias vendidas é um numerador mais apropriado do que vendas, porque estas incluem um *markup* de lucro (remarcação para cima) que está ausente do estoque. Exceto por esse detalhe, não vejo grandes diferenças entre as definições.

Prazo médio de recebimento

O *prazo médio de recebimento* destaca a administração das contas a receber de uma empresa. No caso da Sensient,

$$\text{Período médio de recebimento} = \frac{\text{Contas a receber}}{\text{Vendas a crédito por dia}} = \frac{\$218,6}{\$1.328,2/365} = 60,1 \text{ dias}$$

Aqui surgem as vendas a crédito em vez das vendas líquidas, porque só as vendas a crédito geram contas a receber. Na qualidade de observador externo, contudo, não sei que parcela das vendas líquidas da Sensient é feita à vista, de modo que presumo que todas sejam a crédito. As vendas a crédito por dia são definidas como as vendas a crédito do período divididas pelo número de dias do período contábil que, no caso de demonstrações anuais, é obviamente de 365 dias.

Atenção às empresas sazonais

Interpretar índices de empresas sazonais pode ser complicado. Suponhamos que as vendas de uma empresa apresentem pico elevado no Natal, resultando em aumento de contas a receber no fim do ano. Um período médio de recebimento, calculado ingenuamente por meio da relação entre as contas a receber do fim do ano e a venda diária média do ano inteiro, produzirá um prazo de cobrança que pode parecer muito alto, porque o denominador não é sensível ao pico sazonal de vendas. Para evitar confusão, uma maneira preferível de calcular o período médio de recebimento de uma empresa sazonal é usar as vendas a crédito por dia com base apenas nas vendas dos 60 a 90 dias anteriores. Isso equipara as contas a receber com as vendas a crédito, que efetivamente geram os recebíveis.

Duas interpretações do período médio de recebimento da Sensient são possíveis. Podemos dizer que ela tem em média 60,1 dias de vendas presos nas contas a receber, ou podemos dizer que o intervalo médio entre a venda e a respectiva entrada de caixa é de 60,1 dias.

Se quisermos, podemos definir um índice de giro mais simples para as contas a receber como vendas a crédito/contas a receber. Mas o formato de período de recebimento é mais informativo, porque permite comparar o prazo de cobrança de uma empresa com os prazos de pagamento que oferece. Assim, se uma empresa vender a prazo de 90 dias, um período médio de recebimento de 65 dias é excelente, mas se ela vender a 30 dias, nossa interpretação será completamente diferente.

Dias de vendas em caixa

O índice dias de vendas em caixa da Sensient é:

$$\text{Dias de vendas em caixa} = \frac{\text{Caixa e títulos}}{\text{Vendas por dia}} = \frac{\$14,3}{\$1.328,2/365} = 3,9 \text{ dias}$$

A Sensient tem 3,9 dias de vendas em caixa e títulos. É difícil dizer de maneira genérica se esse montante é apropriado para a empresa ou não. As empresas precisam de quantidades moderadas de caixa para facilitar as transações, e às vezes precisam ter à disposição montantes mais elevados, para servir de saldo de compensação de empréstimos bancários. Além disso, o caixa e os títulos negociáveis podem ser uma importante fonte de liquidez em caso de emergência. Assim, a questão de quanto uma empresa deve ter em caixa e títulos muitas vezes está mais ligada à questão mais ampla de quão importante a liquidez é para a empresa, e qual é a melhor maneira de obtê-la. Para fins de comparação, a mediana para as 419 maiores empresas não financeiras no Standard & Poor's 500 Index, em 2010, foi de 43,4 dias, mais do que o dobro em 2000. Na verdade, a mediana dos dias de vendas entre as 75 empresas de tecnologia da informação no S&P 500 foi de 171,4 dias, com o Google em 435,4 e a Microchip Technology em 467,7. Em comparação, os 3,9 dias da Sensient são minúsculos.

Prazo médio de pagamento

O *prazo médio* de pagamento é um índice de controle para um passivo. Nada mais é do que o período de recebimento aplicado às contas a pagar. No caso da Sensient,

$$\frac{\text{Prazo médio}}{\text{de pagamento}} = \frac{\text{Contas a pagar}}{\text{Compras a crédito por dia}} = \frac{\$95,9}{\$876,4/365} = 39,9 \text{ dias}$$

A definição apropriada deste índice usa as compras a crédito porque são elas que geram as contas a pagar. Mas um observador externo raramente sabe o montante das compras a crédito, de modo que muitas vezes é necessário aceitar a melhor aproximação: o custo das mercadorias vendidas. Foi o que fiz no caso da Sensient; $876,4 milhões é o custo das mercadorias vendidas, e não o valor de suas compras a crédito. Esse custo pode diferir das compras a crédito por dois motivos. Primeiramente, a empresa pode estar aumentando ou diminuindo seu estoque, ou seja, comprando e vendendo em ritmos diferentes. Em segundo lugar, todas as empresas industriais acrescentam trabalho e depreciação aos materiais no processo produtivo, fazendo o custo das mercadorias vendidas ser maior do que o valor das compras. Por causa dessas diferenças, é complicado comparar o período médio de pagamento de uma empresa industrial, com base no custo das mercadorias vendidas, com seus prazos de pagamento de compras. No caso da Sensient, é quase certo que o custo das mercadorias

> **Alavancas de desempenho do Google**
>
> Em 2010, as alavancas do desempenho do Google – o titã da Internet – proporcionaram uma leitura instrutiva. Como mostrado na Tabela 2.1, e repetido a seguir, a empresa combinou uma margem de lucro atraente e uma alavancagem financeira conservadora com um giro do ativo incrivelmente baixo de apenas 0,51 vez, para gerar um ROE modesto de 18,4%. Esse desempenho é fraco para uma empresa cujas ações são transacionadas por um preço mais de 20 vezes maior do que seu lucro e que se afirma como operador dominante da Internet.
>
> Como uma empresa da Internet pode gerar um giro do ativo comparável ao de uma siderúrgica ou de uma empresa de serviços públicos? O mistério pode ser explicado pelo balanço do Google. No final do ano fiscal de 2010, em junho, um total de $35 bilhões, ou mais da metade dos ativos da empresa, estavam em caixa e títulos negociáveis. É como se ela tivesse se fundido com um banco de médio porte. E o Google não está só: hoje, manter caixas imensos é uma prática comum entre as principais empresas de tecnologia, que dizem ser necessário para financiar o crescimento continuado e facilitar possíveis aquisições – talvez, por exemplo, adquirir o Panamá ou o Estado de Dakota do Sul. Alguns, inclusive Ralph Nader, dizem que isso tem um objetivo mais sinistro: manter o dinheiro longe das mãos dos acionistas e evitar impostos.
>
> Para nos concentrarmos no desempenho operacional do Google em vez de em sua capacidade de investir o caixa excedente, podemos extrair o caixa e os títulos negociáveis de nossa análise. Para tanto, imagine que a empresa tenha devolvido 90% de seu caixa e títulos negociáveis aos acionistas sob a forma de um enorme pagamento de dividendos. Ou, imagine o Google dividido em duas empresas: uma de Internet e outra de fundo de investimento do mercado monetário encarregada de investir 90% do excesso de caixa da empresa. Isso reduziria o ativo e o patrimônio líquido em cerca de $31,5 bilhões, deixando a empresa com sólidos 43,6 dias de vendas em caixa. Admitindo um modesto retorno de 2% (após impostos) sobre o caixa e títulos negociáveis, isso retiraria cerca de $630 milhões do lucro líquido. As alavancas de desempenho resultantes desse ajuste são as indicadas a seguir. O giro do ativo de 1,11 agora é mais plausível – embora ainda seja baixo – e o ROE atinge vigorosos 53,4%. Esses valores refletem melhor os aspectos econômicos da atividade do Google.
>
> | | Retorno sobre o patrimônio líquido | = | Margem de lucro | × | Giro do ativo | × | Alavancagem financeira |
> |---|---|---|---|---|---|---|---|
> | Declarado | 18,4% | = | 29,0% | × | 0,51 | × | 1,25 |
> | Revisto | 53,4% | = | 26,9% | × | 1,11 | × | 1,79 |
>
> Os totais podem não coincidir devido ao arredondamento.

vendidas superestime as compras a crédito por dia, e que os fornecedores da empresa estejam esperando bem mais do que 39,9 dias, em média, para receber seu pagamento.

Giro do ativo fixo

Dizemos que as empresas e setores que exigem grandes investimentos em ativos de vida longa para produzir seus bens são empresas de capital intensivo. Como uma parte preponderante de seus custos é fixa, as empresas de capital intensivo, como as montadoras de automóveis e companhias de transportes aéreos, são especialmente sensíveis ao estado da economia, crescendo em períodos de prosperidade, quando seu faturamento aumenta com relação aos custos, e sofrendo na mesma medida quando a situação se inverte. A intensidade de capital, também chamada de alavancagem operacional, é preocupante para os credores porque ela amplifica os riscos básicos de negócios enfrentados por uma empresa.

O giro do ativo fixo é uma medida da intensidade de capital, sendo que um baixo giro indica elevada intensidade. Em 2010 este índice para a Sensient foi

$$\frac{\text{Giro do ativo fixo}} = \frac{\text{Vendas}}{\text{Imóveis, instalações e equipamentos líquidos}} = \frac{\$1.328,2}{\$432,5}$$

$$= 3,1 \text{ vezes}$$

onde \$432,5 milhões são o valor contábil dos imóveis, instalações e equipamentos líquidos da Sensient.

Alavancagem financeira

A terceira alavanca por meio da qual a administração afeta o ROE é a alavancagem financeira. A alavancagem financeira de uma empresa aumenta quando ela eleva a proporção de seu endividamento com relação ao capital próprio usado para financiar as atividades. Ao contrário da margem de lucro e do índice de giro do ativo, onde normalmente quanto mais, melhor, a alavancagem financeira não é algo que a administração deseje necessariamente maximizar, mesmo que isso possa elevar o ROE. Pelo contrário, o desafio da alavancagem financeira é atingir um equilíbrio prudente entre os benefícios e os custos do endividamento. Mais adiante, dedicaremos todo o Capítulo 6 a essa importante decisão financeira. Por enquanto, basta reconhecer que uma maior alavancagem não é necessariamente preferível a uma menor e que, embora as empresas tenham considerável liberdade para decidir quanta alavancagem financeira desejam empregar, essa liberdade está sujeita a restrições econômicas e institucionais.

Como podemos deduzir da Tabela 2.1, a natureza das atividades e dos ativos de uma empresa influencia a alavancagem financeira que ela pode empregar. De maneira geral, empresas com fluxos de caixa operacionais altamente previsíveis e estáveis, como a Southern Company, uma concessionária de energia elétrica, podem assumir com segurança uma alavancagem financeira maior do que empresas sujeitas a um alto grau de incerteza em seus mercados, como Adobe System e Google. Além disso, empresas como os bancos comerciais, que têm carteiras diversificadas de ativos líquidos e de venda fácil, também podem usar com segurança uma alavancagem financeira maior do que a das empresas comuns.

Outro padrão que se destaca na Tabela 2.1 é que o ROA e a alavancagem financeira tendem a estar inversamente relacionados. Empresas com baixo ROA geralmente empregam maior financiamento por crédito e vice-versa.

Isso condiz com o parágrafo anterior: investimentos seguros, estáveis e líquidos tendem a gerar rendimentos baixos, mas também uma substancial capacidade de endividamento. Os bancos comerciais são exemplos extremos desse padrão. O JPMorgan Chase combina um ROA de 0,5%, que seria deplorável pelos padrões industriais, com um astronômico índice de alavancagem financeira de 12,58 gerando um representativo ROE de 10,3%. A chave para essa combinação está na natureza segura e líquida dos ativos do banco. (Os empréstimos feitos no passado a ditadores do Terceiro Mundo e às companhias energéticas do Texas são, evidentemente, um caso à parte – que o banco adoraria esquecer.)

Os índices a seguir medem a alavancagem financeira, ou capacidade de endividamento, e o conceito correlato de liquidez.

Índices do balanço

As medidas mais comuns de alavancagem financeira comparam o valor contábil do passivo de uma empresa com o valor contábil de seus ativos, ou de seu patrimônio líquido. Isso dá origem ao *índice dívida/ativo* e ao *índice dívida/patrimônio líquido*, definidos como

$$\text{Índice dívida/ativo} = \frac{\text{Passivo total}}{\text{Ativo total}} = \frac{\$615,5}{\$1.599,3} = 38,5\%$$

$$\text{Índice dívida / patrimônio líquido} = \frac{\text{Passivo total}}{\text{Patrimônio líquido}} = \frac{\$615,5}{\$983,8} = 62,6\%$$

O primeiro índice informa que o dinheiro usado para pagar 38,5% dos ativos da Sensient, em termos contábeis, vem de credores de algum tipo. O segundo índice diz a mesma coisa de modo um pouco diferente: os credores proporcionam à Sensient 62,6 *cents* para cada dólar fornecido pelos acionistas. Como demonstrou a nota de rodapé 1, a alavanca de desempenho anteriormente apresentada – o índice ativo/patrimônio líquido – nada mais é do que o índice dívida/patrimônio líquido mais 1.

Como muitas empresas têm acumulado grandes saldos excedentes de caixa e títulos negociáveis, os analistas têm cada vez mais substituído a dívida nessas equações com a dívida "líquida", definida como passivo total menos caixa e títulos negociáveis. A ideia é que como ativos seguros e que rendem juros, excesso de caixa e títulos negociáveis são essencialmente dívida negativa e, portanto, devem ser subtraídos do passivo ao medir o endividamento agregado. Não tenho qualquer objeção a esse ajuste, mas não acredito que seja um problema para a Sensient Technologies, dado o seu dinheiro modesto e o balanço de títulos negociáveis.

Índices de cobertura

Existem diversas variações das medidas de alavancagem financeira descritas há pouco. Conceitualmente, não há motivo para dar preferência a uma com relação às outras, já que todas se concentram em valores constantes do balanço e, portanto, apresentam o mesmo ponto fraco. O ônus financeiro que uma empresa enfrenta ao se financiar por endividamento depende, em última instância, não do porte de seu passivo com relação ao ativo ou ao patrimônio líquido, mas de sua capacidade de fazer frente aos pagamentos anuais que a dívida exige. Podemos ilustrar a diferença com um exemplo simples. Suponhamos que duas empresas, A e B, tenham o mesmo índice dívida/ativo, mas que a empresa A seja muito lucrativa e que B esteja perdendo dinheiro. O mais provável é que a empresa B tenha dificuldades para honrar suas obrigações anuais de juros e principal, e que A faça frente a elas sem problemas. A conclusão óbvia é a de que os índices do balanço só são realmente importantes no caso de liquidação da empresa, quando os proventos da venda de todos os ativos são distribuídos entre os credores e proprietários. Em todos os demais casos, devemos estar mais interessados na comparação do encargo anual imposto pela dívida com o fluxo de caixa disponível para servi-la.

Isso dá origem ao que chamamos de *índices de cobertura*, entre os quais os mais comuns são o *índice de cobertura de juros* e o *índice de cobertura de encargos financeiros*. Sendo EBIT o lucro antes de juros e impostos, esses índices são definidos da seguinte maneira:

$$\text{Índice de cobertura de juros} = \frac{\text{EBIT}}{\text{Despesa de juros}} = \frac{\$173,2}{\$20,4} = 8,5 \text{ vezes}$$

$$\text{Índice de cobertura de encargos financeiros} = \frac{\text{EBIT}}{\text{Juros} + \frac{(\text{Pagamento do principal})}{1 - \text{Alíquota do imposto}}}$$

Não há números que ilustrem o cálculo do índice de encargos financeiros da Sensient porque a empresa não tinha obrigações de pagamento do principal em 2010.

Os dois índices comparam a renda disponível para o serviço da dívida no numerador com alguma medida da obrigação financeira anual. Nos dois casos, a renda disponível é o EBIT,[3] o lucro que a empresa gera e que pode ser usado para fazer pagamentos de juros. O EBIT é estimado antes dos impostos porque a despesa financeira se dá antes do pagamento dos tributos, e queremos comparar quantidades semelhantes. O índice de cobertura de juros da Sensient significa que, em 2010, a empresa ganhou 8,5 vezes suas obrigações de pagamento de juros; o EBIT foi 8,5 vezes maior do que os juros.

Se os dentistas podem dizer, com razão, que se você ignorar seus dentes, eles irão embora mais cedo ou mais tarde, o mesmo não se pode dizer dos pagamentos do principal. Se uma empresa deixar de saldar o principal de uma dívida em seu vencimento, o resultado será o mesmo que deixar de fazer um pagamento de juros. Tanto em um caso quanto no outro, a empresa fica inadimplente, e

---

[3] EBIT é o lucro operacional da Tabela 1.3. Uma definição alternativa é lucro antes de impostos + despesas financeiras. Acredito que a primeira seja superior, porque ignora as despesas não operacionais e vários itens especiais que tendem a ser encargos não recorrentes e não monetários.

os credores podem pedir a sua falência. O índice de cobertura de obrigações financeiras reflete esse fato, expandindo a definição das obrigações financeiras anuais para que ela inclua, além dos juros, o pagamento do principal. Quando incluímos o pagamento do principal nos encargos financeiros de uma empresa, precisamos lembrar de expressar o valor antes de impostos, de maneira comparável ao EBIT. Ao contrário dos pagamentos de juros, os pagamentos do principal não podem ser deduzidos dos impostos, isto é, se uma empresa estiver sujeita, digamos, à alíquota de impostos de 50%, deverá ganhar $2 antes de impostos para ter $1 após os impostos a fim de pagar seus credores. O outro dólar vai para o coletor de impostos. Nas demais alíquotas, o encargo antes de impostos de um pagamento do principal é encontrado dividindo-se o pagamento por 1 menos a alíquota do imposto. Esse ajuste do pagamento do principal a seu equivalente antes de impostos é chamado no jargão de engrossar (*grossing up*) o principal – o que mostra que finanças nem sempre é coisa fina.

Uma pergunta frequente é: qual desses índices de cobertura é mais significativo? A resposta é que os dois são importantes. Se uma empresa pudesse sempre rolar suas obrigações vincendas, contraindo novos empréstimos para pagar os antigos, o encargo líquido da dívida seria simplesmente a despesa de juros, e o índice mais importante seria o índice de cobertura de juros. O problema, do qual lembramos vividamente durante a recente crise financeira, é que a substituição da dívida vincenda por novas dívidas não é uma característica automática dos mercados de capitais. Em alguns casos, quando estes estão nervosos, ou quando a sorte de uma empresa muda para pior, os credores podem se recusar a renovar as obrigações que vencem. Então o encargo da dívida se tornará, subitamente, juros mais principal, e o índice de cobertura de obrigações financeiras assumirá uma importância preponderante.

Isso aconteceu no verão de 2007, quando a crescente inadimplência das hipotecas de alto risco levou alguns credores de curto prazo a exigir o pagamento das hipotecas de empresas de investimento. Estas empresas emitiram dívida de curto prazo para financiar a propriedade de títulos lastreados em hipotecas de longo prazo. Era um bom negócio, desde que os credores voluntariamente rolassem os débitos vincendos. Mas no momento em que eles não puderam fazê-lo, teve início um círculo vicioso em que os devedores vendiam seus títulos a preços reduzidos para pagar credores de curto prazo, e estes credores, reagindo à queda dos preços, cada vez mais se recusavam a rolar dívidas vincendas.

Em suma, é justo concluir que o índice de cobertura de encargos financeiros é muito conservador, porque supõe que a empresa vai pagar todos os seus empréstimos existentes; e que o índice de cobertura de juros é muito liberal, pois admite que a empresa sempre vai rolar todas as suas obrigações à medida que vencerem.

Índices de alavancagem baseados no valor de mercado
Uma terceira família de índices de alavancagem relaciona o passivo de uma empresa com o *valor de mercado de seu patrimônio líquido* ou o *valor de mercado de seus ativos*. Para a Sensient Technologies, em 2010,

$$\frac{\text{Valor de mercado da dívida}}{\text{Valor de mercado do patrimônio líquido}} = \frac{\text{Valor de mercado da dívida}}{\text{Número de ações} \times \text{Preço por ação}}$$

$$= \frac{\$615,5}{\$1.821,8} = 38,5\%$$

$$\frac{\text{Valor de mercado da dívida}}{\text{Valor de mercado do ativo}} = \frac{\text{Valor de mercado da dívida}}{\text{Valor de mercado da dívida} + \text{patrimônio líquido}}$$

$$= \frac{\$615,5}{\$615,5 + \$1.821,8} = 25,3\%$$

O leitor atento perceberá que admiti, para esses dois índices, que o valor de mercado da dívida é igual ao seu valor contábil. Isso, na verdade, raramente acontece, mas a diferença entre os dois valores é pequena. Além do mais, estimar com precisão o valor de mercado da dívida muitas vezes revela-se uma tarefa tediosa e demorada que é melhor evitar – a menos, é claro, que você receba por hora de trabalho.

Os índices de valor de mercado são evidentemente superiores aos de valor contábil, pelo simples fato de que os valores contábeis são números históricos e frequentemente irrelevantes, ao passo que o valor de mercado indica o verdadeiro valor da participação de credores e proprietários na empresa. Lembrando que os valores de mercado se baseiam nas expectativas dos investidores quanto aos fluxos de caixa futuros, os índices de alavancagem com base no valor de mercado podem ser considerados índices de cobertura estendidos para diversos exercícios futuros. Em vez de comparar os resultados com os encargos financeiros de um só ano, como fazem os índices de cobertura, os índices de valor de mercado comparam o valor presente dos resultados futuros esperados com o valor presente dos encargos financeiros futuros.

Os índices de valor de mercado são especialmente úteis na avaliação da alavancagem financeira de empresas iniciantes em crescimento acelerado. Mesmo quando essas empresas têm índices de cobertura terríveis ou inexistentes, os credores ainda assim podem lhes conceder crédito de monta se acreditarem que os fluxos de caixa futuros serão suficientes para o serviço da dívida. A McCaw Communications é um exemplo: no fechamento de 1990, a McCaw tinha mais de $5 bilhões em dívidas; um índice dívida/patrimônio líquido, em termos contábeis, de 330%; e despesas financeiras anualizadas *de mais de 60% da receita líquida*. Além disso, apesar de seu crescimento explosivo, a McCaw jamais apresentara qualquer lucro operacional significativo em sua atividade principal de telefonia celular. Por que, então, credores que parecem ser inteligentes concederam à empresa empréstimos no valor de $5 bilhões? Porque eles e os acionistas acreditavam que seria apenas uma questão de tempo até que a empresa começasse a gerar enormes fluxos de caixa. Esse otimismo foi generosamente recompensado no final de 1993, quando a AT&T pagou $12,6 bilhões pela McCaw. Incluindo a dívida de $5 bilhões assumida pela AT&T, a aquisição foi, na época, classificada como a segunda maior da história corporativa.

Outro exemplo é o da Amazon.com. Em 1998, a empresa registrou seu maior prejuízo de todos os tempos, de $124 milhões, jamais apresentara lucro algum e tinha apenas $139 milhões restantes de patrimônio líquido. Mas isso não foi motivo de preocupação: os credores ficaram satisfeitos em conceder à empresa $350 milhões em dívida a longo prazo. Eles aparentemente se dispõem a ignorar diversos detalhes incômodos quando o faturamento do devedor aumenta 300% ao ano e o valor de mercado de seu patrimônio líquido supera os $17 bilhões – em especial quando a dívida é conversível em ações. Afinal, em termos de valor de mercado, o índice dívida/patrimônio líquido da Amazon era de apenas 3%. Hoje, o patrimônio líquido da Amazon vale quase $83 bilhões, e livre de dívidas.

Os economistas gostam dos índices de alavancagem baseados no valor de mercado porque são indicadores precisos do endividamento de uma empresa em um ponto qualquer do tempo. Mas é preciso ter em mente que os índices de valor de mercado não estão livres de problemas. Um desses problemas é o fato de que eles ignoram os riscos de rolagem. Quando os credores adotam a atitude de exigir pagamento do principal com caixa em vez de promessas de caixa futuro, índices modestos de alavancagem de valor de mercado podem ser de pouca valia. Além disso, apesar do apelo conceitual desses índices, poucas empresas os utilizam para estabelecer políticas de financiamento ou monitorar os níveis de endividamento. Isso talvez se deva, em parte, ao fato de que a volatilidade dos preços das ações pode fazer os índices de valor de mercado parecerem um tanto arbitrários e distantes do controle da administração.

Índices de liquidez

Como vimos, um determinante da capacidade de endividamento de uma empresa é a liquidez de seus ativos. Um ativo é dito líquido se puder ser prontamente convertido em caixa, ao passo que um passivo é líquido se tiver que ser pago no futuro próximo. Como demonstrou o fracasso das hipotecas de alto risco, é perigoso financiar ativos sem liquidez, como instalações e equipamentos fixos, com passivos líquidos a curto prazo, já que esses passivos serão devidos antes que os ativos gerem caixa suficiente para pagar por eles. Esse "descasamento de vencimentos" faz os devedores rolarem, ou refinanciarem, passivos vincendos para evitar a insolvência.

Dois índices comumente usados para medir a liquidez dos ativos de uma empresa com relação à dos seus passivos são o *índice de liquidez corrente* e o *índice de liquidez seca* (*acid test*). Para a Sensient,

$$\text{Índice de liquidez corrente} = \frac{\text{Ativo circulante}}{\text{Passivo circulante}}$$
$$= \frac{\$ 672,4}{\$ 205,1} = 3,3 \text{ vezes}$$

$$\text{Índice de liquidez seca} = \frac{\text{Ativo circulante} - \text{Estoque}}{\text{Passivo circulante}}$$
$$= \frac{\$ 672,4 - \$ 392,2}{\$ 205,1} = 1,4 \text{ vez}$$

O índice de liquidez corrente compara os ativos que se transformarão em caixa no prazo de um ano com os passivos que serão devidos no mesmo período.

Uma empresa em que este índice seja baixo carece de liquidez no sentido de que não pode converter seus ativos circulantes em caixa para honrar as obrigações vincendas. Em vez disso, depende da receita operacional e de financiamento externo.

O índice de liquidez seca também conhecido como *quick ratio*, é uma medida mais conservadora da liquidez. Ele é quase idêntico ao índice de liquidez corrente, com a diferença de que subtraímos do numerador o valor do estoque. O estoque é subtraído porque muitas vezes não tem liquidez. Em condições de emergência, uma empresa ou seus credores poderão realizar pouco caixa a partir da venda do estoque. Em vendas de liquidação de estoque, os vendedores costumam receber 40%, ou menos, do seu valor contábil.

É preciso reconhecer que, pelo menos por dois motivos esses índices são medidas bastante grosseiras da liquidez. Em primeiro lugar, a rolagem de algumas obrigações, como as contas a pagar, não envolve praticamente qualquer risco de insolvência, desde que a empresa seja, no mínimo, marginalmente lucrativa. Em segundo, a menos que uma empresa pretenda encerrar as atividades, a maior parte do caixa gerado pela liquidação do ativo circulante não pode ser usada para reduzir o passivo porque precisa ser reinvestida na empresa para sustentar as operações.

O ROE É UMA MEDIDA FINANCEIRA CONFIÁVEL?

Até aqui admitimos que a administração visa a aumentar o ROE da empresa e estudamos três importantes alavancas do desempenho por meio das quais isso pode ser feito: a margem de lucro, o giro do ativo e a alavancagem financeira. Concluímos que, quer a empresa seja a IBM ou a farmácia da esquina, um gerenciamento cuidadoso dessas alavancas pode ter efeito positivo sobre o ROE. Vimos também que determinar e manter valores apropriados para as alavancas de controle é uma tarefa administrativa desafiadora, que exige compreensão do negócio da empresa, da maneira como a empresa compete e das interdependências entre as alavancas de controle. Agora chegou a hora de perguntar até que ponto o ROE é confiável como medida de desempenho financeiro. Se a empresa A tem um ROE mais elevado que o da empresa B, ela será necessariamente uma empresa melhor? Se o ROE da empresa C aumentar, será isso uma prova inequívoca de melhor desempenho?

Enquanto medida de desempenho financeiro, o ROE tem três deficiências críticas às quais me refiro como o problema do *timing*, o problema do *risco* e o problema do *valor*. Colocados na perspectiva correta, esses problemas significam que o ROE raramente é uma medida de desempenho livre de ambiguidade. Não deixa de ser um indicador útil e importante, mas deve ser interpretado à luz de suas limitações, e ninguém deve admitir automaticamente que um ROE elevado seja sempre melhor do que outro mais baixo.

O problema do *timing*

Dizer que os administradores bem-sucedidos devem ter uma perspectiva a longo prazo sobre o futuro chega a ser um chavão. Mas o ROE tem características exatamente opostas: é retrospectivo e concentrado em um único ano. Assim, não é de surpreender que ele, às vezes, seja uma medida distorcida do desempenho. Quando, por exemplo, uma empresa incorre em elevados custos iniciais para introduzir um novo produto, o ROE cairá em um primeiro momento. Mas, em vez de indicar um desempenho financeiro em deterioração, essa queda apenas reflete a natureza míope e limitada de uma medida de um exercício apenas. Como o ROE inclui, necessariamente, os lucros de um só ano, deixa de captar o pleno impacto de decisões que afetam múltiplos períodos.

O problema do risco

As decisões empresariais normalmente envolvem o dilema clássico de "comer bem ou dormir bem". Se você quiser comer bem, é melhor estar preparado para assumir riscos em busca de melhores retornos. Se quiser dormir bem, provavelmente precisará abrir mão de retornos elevados em nome da segurança. Você raramente conseguirá obter retornos elevados e segurança (e, quando conseguir, avise-me, por favor).

O problema do ROE é que ele nada diz sobre os riscos que uma empresa assumiu para gerá-lo. Eis um exemplo simples: a Assuma o Risco S.A. obtém um ROA de 6% com a exploração de petróleo no Sudão, que combina com um índice ativo/patrimônio líquido de 5,0 para produzir um ROE de 30% (6% × 5,0). Enquanto isso, a Devagar e Sempre Ltda. tem um ROA de 10% vindo de seu investimento em títulos do governo, que ela financia com partes iguais de capital próprio e dívida, resultando em um ROE de 20% (10% × 2,0). Qual das empresas tem o melhor desempenho? Para mim, é a Devagar e Sempre. O ROE da Assuma o Risco é elevado, mas seu alto risco de negócio e sua extrema alavancagem financeira fazem dela um empreendimento com elevado grau de incerteza. Eu preferiria o ROE mais modesto – porém eminentemente seguro – da Devagar e Sempre.[4] Os analistas de títulos chegariam à mesma conclusão, afirmando que o ROE da Assuma o Risco pode ser mais alto, mas que o valor é de muito menor qualidade do que o da Devagar e Sempre, querendo dizer que o seu risco é mais elevado. Em suma, como o ROE só trata do retorno, desconsiderando o risco, ele pode ser uma medida muito imprecisa do desempenho financeiro.

Retorno sobre o capital investido

Para contornar os efeitos da distorção que a alavancagem exerce sobre o ROE e o ROA, recomendo calcular *o retorno sobre o capital investido* (*return on invested capital* – ROIC), também conhecido como *retorno sobre o ativo líquido* (*return on net assets* – RONA):

---

[4] Ainda que eu preferisse comer bem a dormir bem, optaria pela Devagar e Sempre e financiaria minha compra com uma parte de empréstimo pessoal para alavancar o rendimento de meu investimento. Ver o apêndice do Capítulo 6 para outras informações sobre a substituição de empréstimo corporativo por empréstimo pessoal.

$$\text{ROIC} = \frac{\text{EBIT}\,(1 - \text{Alíquota do imposto})}{\text{Dívida onerosa} + \text{Patrimônio líquido}}$$

O ROIC da Sensient em 2010 foi de

$$\frac{\$173{,}2\,(1 - \$47{,}1/\$154{,}3)}{\$25{,}5 + \$324{,}4 + \$983{,}8} = 9\%$$

O numerador desse índice é o lucro após impostos que a empresa apresentaria se fosse inteiramente financiada com dinheiro dos acionistas, e o denominador é a soma de todas as fontes de caixa sobre as quais a empresa precisa obter retorno. Assim, embora as contas a pagar sejam uma fonte de caixa para a empresa, elas são excluídas porque não trazem custo explícito. Essencialmente, o ROIC é a taxa de retorno obtida sobre o total de capital investido na empresa, independentemente de ser ele dívida ou patrimônio líquido.

Para entender as virtudes do ROIC, vamos considerar um exemplo. As empresas A e B são idênticas sob todos os aspectos, a não ser pelo fato de que a A é altamente alavancada e a B é totalmente financiada pelos acionistas. Como as duas empresas são idênticas, salvo por suas estruturas de capital, gostaríamos de ter uma medida de retorno que refletisse essa similaridade fundamental. A tabela a seguir mostra que o ROA e o ROE não suprem essa necessidade. Como reflexo do uso intensivo que a empresa faz de alavancagem financeira, o ROE de A é de 18%, enquanto a posição de alavancagem zero de B gera um ROE menor, mas de melhor qualidade, de 7,2%. O ROA tem viés no sentido oposto, punindo a empresa A por seu uso de dívida e deixando B incólume. Só o ROIC é independente dos diferentes esquemas de financiamento das empresas, mostrando um rendimento de 7,2% para as duas. O ROIC reflete, assim, o potencial de lucratividade fundamental da empresa antes que ele seja distorcido por diferenças entre estratégias de financiamento.

	Empresa	
	A	B
Dívida a juros de 10%	$ 900	$ 0
Patrimônio líquido	100	1.000
Ativo total	$1.000	$1.000
EBIT	$ 120	$ 120
– Despesas financeiras	90	0
Lucro antes de impostos	30	120
– IR 40%	12	48
Lucro após impostos	$ 18	$ 72
ROE	18,0%	7,2%
ROA	1,8%	7,2%
ROIC	7,2%	7,2%

O problema do valor

O ROE mede o retorno sobre o investimento dos acionistas. Mas o valor usado para o investimento é o *valor contábil* do patrimônio líquido, não o seu valor de mercado. Essa distinção é importante. O ROE da Sensient em 2010 foi de 10,9% e, de fato, esse é o rendimento que você obteria se pudesse comprar o patrimônio líquido da empresa pelo seu valor contábil de $983,8 milhões. Mas isso seria impossível porque, como vimos no capítulo anterior, o valor de mercado do patrimônio da empresa era de $1.821,8 milhões. A esse preço, seu retorno anual teria sido de apenas 5,9%, em vez de 10,9% ($107,2/$1.821,8 = 5,9%). O valor de mercado do patrimônio é mais significativo para os acionistas porque mede o valor corrente e realizável das ações, enquanto o valor contábil é meramente histórico. Assim, mesmo que o ROE meça o desempenho financeiro da administração, isso pode não significar um alto retorno sobre o investimento dos acionistas. Desta maneira, não basta para os investidores encontrar empresas capazes de gerar ROE elevados; elas precisam ser desconhecidas de outros porque, tão logo se tornem conhecidas, a possibilidade de rendimento elevado para os investidores se dissipará devido aos preços mais altos das ações.

Taxa de retorno sobre o valor de mercado do patrimônio líquido (earnings yield) e o Índice P/L

Pode parecer que, para contornar o problema do valor, basta substituir no ROE o valor contábil do patrimônio líquido por seu valor de mercado. Mas o índice de retorno resultante tem seus próprios problemas. No caso da Sensient,

$$Earnings\ yield = \frac{Lucro\ líquido}{Valor\ de\ mercado\ do\ patrimônio\ líquido}$$

$$= \frac{Lucro\ por\ ação}{Preço\ por\ ação} = \frac{\$2,16}{\$36,73} = 5,9\%$$

Será o *earnings yield* uma medida útil de desempenho financeiro? Não! O problema é que o preço das ações de uma empresa é muito sensível às expectativas dos investidores quanto ao futuro. Uma ação confere a seu proprietário direito a uma parcela tanto dos lucros *futuros* quanto dos atuais. Naturalmente, quanto mais elevadas as expectativas de um investidor a respeito dos lucros futuros, mais ele estará disposto a pagar pela ação. Isso significa que um futuro brilhante, um preço elevado por ação e um baixo *earnings yield* andam de mãos dadas. Fica claro que um *earnings yield* elevado não é um indicador de desempenho superior – na verdade, está mais próximo do contrário. Em outras palavras, esse índice tem um grave problema de *timing* que o invalida como medida de desempenho.

Virando o *earnings yield* de ponta-cabeça, temos o índice preço/lucro, ou índice P/L. O índice P/L da Sensient em 2010 foi

$$\frac{Preço\ por\ ação}{Lucro\ por\ ação} = \frac{\$36,73}{\$2,16} = 17,0\ vezes$$

O índice P/L pouco acrescenta à nossa discussão sobre medidas de desempenho, mas sua popularidade entre os investidores merece comentários. O índice P/L é o preço de um dólar de lucro presente, e é um meio de padronizar os preços das ações com relação a diferentes níveis de lucros entre as empresas. No fechamento de 2010, os investidores estavam pagando $17,0 por dólar de lucro da Sensient. O índice P/L de uma empresa depende, principalmente, de duas coisas: suas perspectivas de lucros futuros e o risco associado a esses lucros. O preço da ação – e, portanto, o índice P/L – aumenta com melhores perspectivas de lucros e diminui com o aumento do risco. Às vezes surge um padrão confuso, quando os lucros de uma empresa são baixos, mas os investidores acreditam que a situação seja temporária. Então, o preço se mantém elevado frente a lucros deprimidos, e o índice P/L *aumenta*. Em geral, o índice P/L diz pouco a respeito do desempenho financeiro atual, mas indica aquilo em que os investidores acreditam ser o futuro da empresa.

ROE ou preço de mercado?

Há anos os acadêmicos e profissionais divergem sobre qual seria a medida mais apropriada do desempenho financeiro. Os acadêmicos criticam o ROE pelas razões que acabamos de discutir e argumentam que a medida correta do desempenho financeiro é o preço da ação da empresa. Além disso, afirmam que a meta da administração deve ser maximizar o preço da ação. Seu raciocínio é persuasivo: o preço da ação representa o valor do investimento dos proprietários da empresa e, se os administradores quiserem defender os interesses dos proprietários, deverão tomar medidas que aumentem o valor para eles. Com efeito, o conceito de "criação de valor" tornou-se um tema central dos estudos de muitos acadêmicos e consultores.

Os profissionais reconhecem que o raciocínio faz sentido, mas questionam sua aplicabilidade. Um problema é a dificuldade de especificar com precisão como as decisões operacionais afetam o preço das ações. Se não soubermos ao certo que impacto terá, por exemplo, uma alteração da estratégia de negócios de uma divisão sobre o preço da ação da empresa, a meta de elevação de preço não poderá guiar a tomada de decisões. Um segundo problema é que os administradores costumam saber mais sobre suas empresas do que os investidores externos, ou pelo menos pensam que sabem. Por que, então, eles devem levar em consideração as avaliações de investidores menos informados ao tomar decisões de negócios? Um terceiro problema que surge do preço da ação como medida de desempenho é que ele depende de um amplo conjunto de fatores que estão além do controle da empresa. Nunca se pode saber ao certo se um aumento do preço da ação reflete um melhor desempenho da empresa ou um melhor ambiente econômico externo. Por todos esses motivos, muitos profissionais ainda duvidam dos indicadores de desempenho baseados no mercado de capitais, ao mesmo tempo que os acadêmicos e consultores prosseguem em seus esforços para traduzir a criação de valor em um objetivo financeiro prático. Um esforço recente e promissor nesse sentido é o valor econômico agregado (*economic value added* – EVA), popularizado pela empresa de consultoria Stern Stewart Management Services. Trataremos do EVA com mais detalhes no Capítulo 8.

O ROE pode substituir o preço da ação?

As Figuras 2.1 e 2.2 sugerem que o abismo entre acadêmicos e profissionais na busca da medida correta do desempenho financeiro pode ser menor do que se pensava. Os gráficos traçam o valor de mercado do patrimônio líquido dividido pelo seu valor contábil *versus* o ROE para dois grupos significativos de empresas. O valor do ROE utilizado é uma média ponderada do ROE dos três últimos exercícios. A linha contínua em cada figura é uma regressão que indica a relação geral entre as duas variáveis. A relação positiva perceptível nos dois gráficos sugere que as empresas com ROE elevado tendem a ter preços de ação elevados com relação ao valor contábil e vice-versa. Assim, os esforços para aumentar o ROE parecem ser, de maneira geral, condizentes com os esforços para aumentar o preço por ação.

A proximidade dos pontos que representam as empresas à linha de regressão também é interessante. Isso mostra a importância de fatores que não o ROE para determinar o índice valor de mercado/valor contábil de uma empresa. Como seria de se esperar, esses outros fatores desempenham uma função importante na determinação do valor de mercado das ações de uma empresa.

Indiquei nos gráficos as posições de diversas empresas. Observe na Figura 2.1 que a Sensient Technologies está praticamente sobre a linha de regressão, indicando que, com base exclusivamente nos ROE históricos, o preço da ação da Sensient está subavaliado se comparado a outras empresas da indústria química e derivados. Duas outras empresas destacadas, com índice valor de mercado/valor contábil muito acima da linha de regressão, são a Green Mountain Coffee Roasters e a Balchem Corporation. A Green Mountain é uma pequena produtora de café com patente protegida de café gourmet. Os investidores estão animados com as perspectivas dessa área e, aparentemente, pensam que podem enfrentar a Starbucks em igualdade de condições, embora os resultados não estejam muito claros. A Balchem está bem acima da linha de regressão, porque cresce rapidamente. O lucro subiu 38% dois anos atrás, e mais 21% no ano passado. A Cal-Maine Foods, maior produtor de ovos dos Estados Unidos, parece ser o Rodney Dangerfield* do mercado de ações. Apesar de um ROE muito atraente, está bem abaixo da linha de regressão, possivelmente em função dos recentes casos de salmonela. Curiosamente, a empresa não fica na Califórnia ou no Maine, mas sim, em Jackson, Mississípi.

Em suma, os gráficos oferecem provas tentadoras de que, apesar de seus defeitos, o ROE pode ser, pelo menos, uma aproximação rudimentar do preço da ação na mensuração do desempenho financeiro.

*Comediante norte-americano que utilizava o bordão "Não consigo respeito".

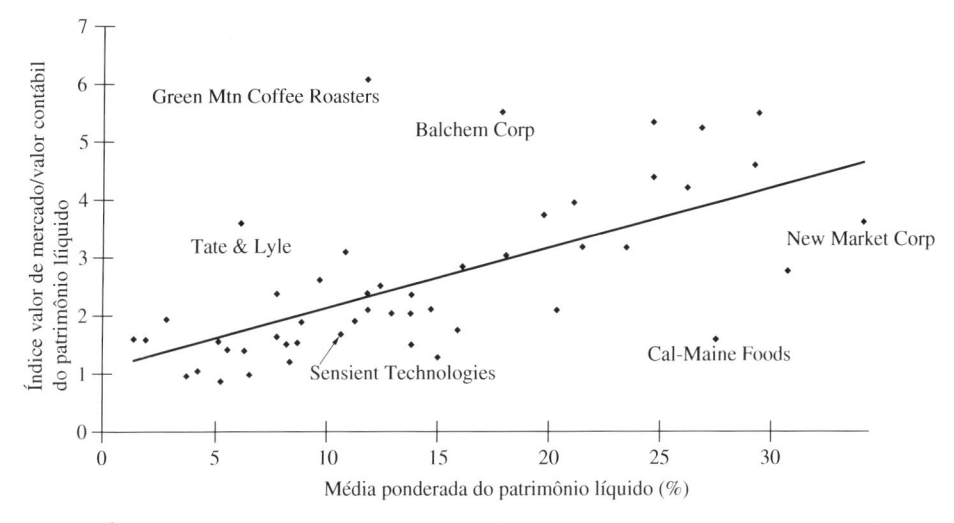

Figura 2.1 Índice valor de mercado/valor contábil do patrimônio líquido *versus* ROE para 50 empresas da indústria química, de carnes e de alimentos embalados.

A equação de regressão é VM/VC = 1,1 + 10,5 ROE, onde VM/VC é o valor de mercado do patrimônio líquido com relação ao seu valor contábil em março de 2011, e ROE é a média ponderada sobre o patrimônio líquido em 2010 e nos dois exercícios anteriores. As empresas menores, com valor de mercado abaixo de $500 milhões, e *outliers* com valor negativo ou ROE negativo superior a 45%, foram eliminadas. R^2 ajustado = 0,41. A estatística t para o coeficiente de inclinação é de 5,9.

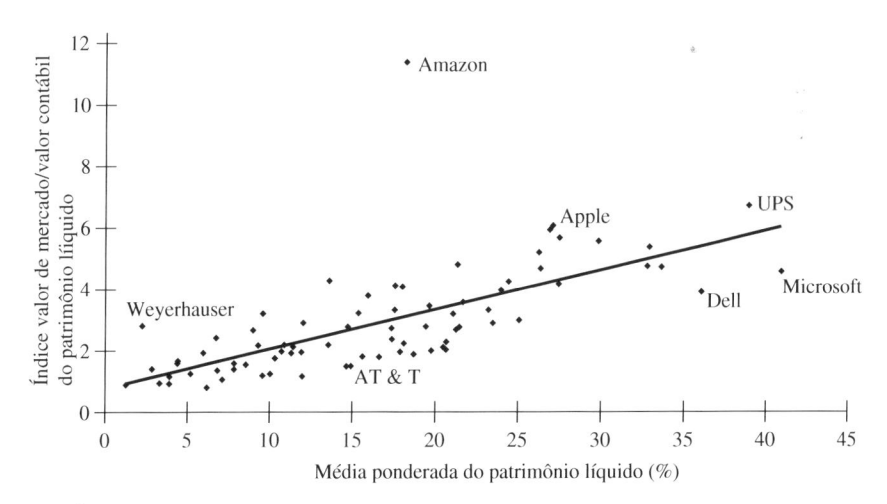

Figura 2.2 Índice valor de mercado/valor contábil do patrimônio líquido *versus* ROE para 80 grandes empresas.

As empresas fazem parte do índice Standard and Poor's das 100 das maiores empresas norte-americanas. Foram eliminadas aquelas com valores negativos e as *outliers* com ROE acima de 45%. A equação de regressão é VM/VC = 0,78 + 12,8 ROE, onde VM/VC é o valor de mercado do patrimônio líquido com relação ao seu valor contábil em março de 2011 e ROE é uma média ponderada do retorno sobre o patrimônio líquido em 2010 e nos dois exercícios anteriores. R^2 ajustado = 0,45. A estatística t para o coeficiente de inclinação é de 8,2.

ANÁLISE DE ÍNDICES

Em nossa discussão sobre as alavancas do desempenho financeiro, definimos uma série de índices financeiros. Devemos abordar agora o uso sistemático desses índices para analisar o desempenho financeiro. A análise de índices é muito usada por administradores, credores, reguladores e investidores. Essencialmente, isso é um processo elementar que envolve um pouco mais do que a comparação de diversos índices da empresa com um ou mais *benchmarks* de desempenho. Quando empregada com cautela e imaginação, essa técnica pode revelar muito a respeito de uma empresa. Mas há algumas coisas a respeito dos índices que devemos ter sempre em mente. Primeiro, um índice nada mais é que um número dividido por outro, de modo que não seria razoável esperar que o cálculo mecânico de uma razão – ou mesmo de diversas – resultasse automaticamente em *insights* importantes sobre algo tão complexo como as corporações modernas. O melhor é pensar nos índices como se fossem pistas em um romance policial. Um só índice (ou mesmo um conjunto deles) pode ser enganoso, mas, combinada com outros conhecimentos sobre a administração de uma empresa e sobre as condições econômicas, a análise de índices pode ser reveladora.

Também é preciso ter em mente que não há um único valor correto para os índices. Como no caso da história de *Cachinhos dourados e os três ursos*, a observação de ser um índice elevado demais, baixo demais ou do porte exato depende da perspectiva do analista e da estratégia competitiva da empresa. O índice de liquidez corrente, definido anteriormente como a razão entre o ativo circulante e o passivo circulante, é um bom exemplo. Do ponto de vista de um credor a curto prazo, um índice de liquidez corrente elevado é um sinal positivo que sugere boa liquidez e alta probabilidade de recebimento da dívida. Mas o proprietário de uma empresa pode ver o mesmo índice como um sinal negativo, que sugere que os ativos da empresa estão sendo usados de maneira por demais conservadora. Além disso, do ponto de vista operacional, tal índice ser elevado pode ser sinal de uma administração conservadora ou o resultado natural de uma estratégia competitiva que enfatiza condições de pagamento liberais e estoques de porte considerável. Nesse caso, a pergunta a ser feita é não se o índice está elevado ou baixo demais, mas se a estratégia escolhida é ou não a melhor para a empresa.

Uso eficaz dos índices

Como interpretar os índices se não existem valores universalmente corretos para eles? Como decidir se uma empresa está saudável ou doente? Há três abordagens, cada uma envolvendo uma referência (*benchmark*) de desempenho diferente: comparar os índices com regras de bolso, compará-los com médias setoriais, ou procurar alterações dos índices ao longo do tempo. Comparar os índices de uma empresa com regras de bolso apresenta a virtude da simplicidade, mas tem pouco a seu favor além disso. Os valores apropriados para os índices de uma empresa são excessivamente dependentes da perspectiva do analista e das circunstâncias de cada caso específico para que essas regras sejam de grande utilidade. A melhor coisa que se pode dizer a respeito disso é que, com o passar do tempo, as empresas que se ajustam às regras de bolso aparentemente chegam bem menos à falência do que as demais.

A comparação dos índices de uma empresa com os de seu setor fornece uma útil impressão de como a empresa se compara a suas concorrentes, desde que se tenha em mente que as diferenças originadas pelas características peculiares de cada empresa podem resultar em desvios perfeitamente justificados com relação à norma setorial. Além disso, não há qualquer garantia de que o setor como um todo saiba o que está fazendo. Saber que uma estrada de ferro era parecida com suas concorrentes não representava um grande alívio durante a depressão da década de 1930, quando praticamente todas as empresas do setor enfrentavam dificuldades financeiras.

A maneira mais útil de avaliar os índices envolve a análise de tendências: calcule os índices de uma empresa para diversos anos e observe como eles mudam com o passar do tempo. A análise de tendências evita a necessidade de comparação entre empresas e entre setores, permitindo que o analista extraia conclusões mais firmes sobre a saúde financeira da empresa e sua variação ao longo do tempo.

Além disso, as alavancas de desempenho sugerem uma abordagem lógica à análise de tendências: em vez de calcular índices aleatoriamente, esperando tropeçar em algum que possa ser importante, aproveite a estrutura implícita nas alavancas. Como mostra a Figura 2.3, as alavancas de desempenho organizam os

Retorno sobre o patrimônio líquido

Margem de lucro
- Margem bruta
- Alíquota de imposto
- Demonstração de resultados

Giro do ativo
- Dias de venda em caixa
- Prazo médio de recebimento
- Giro do estoque
- Giro do ativo fixo
- Balanço (%)

Alavancagem financeira
- Período médio financeiro
- Dívida/ativo
- Índice de cobertura de juros
- Índice de cobertura de obrigações financeiras
- Índice de liquidez corrente
- Índice de liquidez seca

Figura 2.3 As alavancas de desempenho sugerem um roteiro para a análise de índices.

índices em três níveis. No topo, o ROE trata do desempenho da empresa como um todo; no nível intermediário, as alavancas indicam como três importantes segmentos da empresa contribuíram para o ROE; e, embaixo, muitos dos demais índices aqui discutidos revelam como o gerenciamento de contas individuais da demonstração de resultados e do balanço contribuíram para as alavancagens observadas. Para fazer uso dessa estrutura, comece pelo topo, observando a tendência no ROE ao longo do tempo. Então, concentre seu foco e pergunte-se que alterações das três alavancas são responsáveis pelo padrão observado no ROE. Finalmente, tire o microscópio da gaveta e estude contas específicas em busca de explicações para as alterações observadas nas alavancas. Para exemplificar, se o ROE afundou enquanto a margem de lucro e a alavancagem financeira se mantiveram constantes, examine o controle das contas específicas do ativo em busca dos responsáveis.

Análise dos índices da Sensient Technologies Corporation

Como demonstração prática da análise de índices, veremos o que essa técnica pode nos dizer a respeito da Sensient Technologies. A Tabela 2.2 apresenta os índices da Sensient de 2006 a 2010 e as medianas dos valores do setor para 2004 (veja a Tabela 2.5 para definições resumidas dos índices). A comparação setorial consiste em cinco concorrentes relevantes indicados abaixo da tabela. Como exemplo de dados setoriais prontamente disponíveis, a Tabela 2.4, no fim do capítulo, apresenta índices selecionados da Dun & Bradstreet Information Services para setores relevantes, incluindo os valores da mediana, do quartil superior e do quartil inferior dos índices representados.[5]

Partindo do retorno sobre o patrimônio líquido da Sensient, vemos uma empresa que busca uma melhoria constante, mas a um nível claramente medíocre. O retorno sobre o patrimônio líquido da empresa, em 2010, foi de apenas 10,9%, pouco mais da metade da média do setor, que foi de 18,1%. É tentador atribuir tal disparidade ao modesto uso de financiamento por dívida, mas um olhar mais atento ao retorno da empresa sobre o capital investido revela que não é só isso. Com 9,0%, o ROIC da Sensient é pouco mais de dois terços da média do setor, que é de 12,5%. Lembre que retiramos o ROIC do financiamento da empresa para chegar ao poder aquisitivo dos ativos da empresa. Para colocar estes valores em uma perspectiva mais ampla, o ROE médio contabilizado por parte das grandes empresas, norte-americanas, em 2010, foi de 17,6%, enquanto o ROIC correspondente foi de 13,1%.[6]

---

[5] Para qualquer índice, se organizarmos os dados de todas as empresas do setor em ordem decrescente, o valor que estiver no meio da série será *mediana*, o que estiver a meio caminho entre o valor máximo e a mediana será o *quartil superior*, e o que estiver entre o valor mínimo e a mediana será o *quartil inferior*. Os dados foram extraídos de *Industry Norms and Key Business Ratios: Library Edition, 2009-10,* Dun & Bradstreet Credit Services, 2010.

[6] Esses números são o retorno médio sobre o patrimônio líquido e o retorno sobre o capital investido, em 2010, das 419 empresas não financeiras no Standard & Poor's 500 Index, que indica as 500 maiores empresas dos Estados Unidos. Os percentuais médios comparáveis foram de 14,8 e 11,8%, respectivamente.

Tabela 2.2 Análise dos índices da Sensient Technologies Corp., 2006-2010, e medianas do setor, 2010

	2006	2007	2008	2009	2010	Média da indústria*
Índices de lucratividade:						
Retorno sobre o patrimônio líquido (%)	**9,4**	**9,6**	**11,1**	**9,5**	**10,9**	**18,1**
Retorno sobre o ativo (%)	4,6	5,0	6,0	5,4	6,7	7,5
Retorno sobre o capital investido (%)	7,4	7,8	8,7	7,7	9,0	12,5
Margem de lucro (%)	**6,0**	**6,6**	**7,3**	**7,2**	**8,1**	**8,4**
Margem bruta (%)	34,2	34,3	34,0	34,2	34,0	33,5
Índice preço/lucro (×)	17,2	17,2	12,7	14,8	17,0	17,7
Índices de controle do giro:						
Giro do ativo (×)	**0,8**	**0,8**	**0,8**	**0,8**	**0,8**	**0,9**
Giro do ativo fixo (×)	2,8	2,8	3,1	2,8	3,1	4,0
Giro do estoque (×)	2,2	2,2	2,2	2,0	2,2	4,1
Prazo médio de recebimento (dias)	59,2	60,5	58,0	60,8	60,1	58,9
Dias de vendas em caixa (dias)	1,7	3,2	2,5	3,7	3,9	32,9
Prazo médio de pagamento (dias)	40,8	41,7	36,6	41,1	39,9	51,3
Índices de alavancagem e liquidez:						
Ativo/patrimônio líquido (×)	**2,1**	**1,9**	**1,9**	**1,8**	**1,6**	**2,4**
Dívida/ativo (%)	51,6	47,9	46,3	42,9	38,5	57,3
Dívida/patrimônio líquido (%)	106,5	92,1	86,3	75,2	62,6	139,7
Índice de cobertura de juros (×)	3,6	4,1	5,0	6,7	8,5	10,1
Índice de cobertura de obrigações financeiras (×)	3,6	4,1	5,0	6,7	8,5	5,4
Dívida/ativo (valor de mercado, %)	39,6	35,9	38,1	34,7	25,3	32,5
Dívida/patrimônio líquido (valor de mercado, %)	65,5	56,0	61,5	53,2	33,8	50,5
Índice de liquidez corrente (×)	2,1	2,7	3,2	3,0	3,3	2,2
Índice de liquidez seca (×)	0,8	1,1	1,3	1,2	1,4	1,5

* A amostragem consiste em seis empresas representativas da indústria química e relacionadas: Agrium, Albemarle, Cabot, Corn Products, Int'l Flavors & Fragrances e McCormick.

Passando para as alavancas do desempenho da empresa, vemos que a margem de lucro da Sensient está melhorando, ainda que permaneça abaixo da média do setor. O giro dos ativos da empresa é muito estável, mas ainda ligeiramente abaixo da média da indústria. Por fim, a relação ativo/patrimônio líquido da Sensient tem diminuído de forma constante, chegando a apenas dois terços da média de seus pares. Para colocar este declínio em perspectiva, o ROE da empresa, em 2010, se não tivesse sua alavancagem financeira diminuída, teria sido quase 25% mais elevado (8,1% × 0,8 × 2,1 = 13,6%).

Indo um pouco mais fundo na análise, o crescimento da margem de lucro da Sensient não está refletido em sua margem bruta, que ficou estável e até um pouco acima da média da indústria em 2010.

Isso sugere que o aperto nas despesas gerais, administrativas e de vendas foi bem-sucedido, embora ainda haja muito o que fazer antes que a Sensient possa aproximar sua margem de lucro da de seus pares.

A medíocre utilização dos ativos pela Sensient mascara duas nítidas diferenças em relação a seus pares. Embora subindo ao longo do tempo, o balanço do caixa da Sensient é muito menor do que a média do setor, o que é evidenciado pelo índice de dias de vendas em caixa de apenas 3,9, em comparação ao índice do setor de 32,9 dias, uma diferença de mais de 8 vezes. Mais do que a compensação no uso eficiente do caixa da empresa, estão os seus aflitivamente baixos índices do ativo fixo e do giro de estoque. O giro do ativo fixo melhorou um pouco desde 2006, mas ainda é apenas cerca de três quartos do valor do setor, enquanto o giro do estoque não melhora, e registra pouco mais da metade do padrão. É possível que essas diferenças, especialmente o baixo giro do ativo fixo, reflitam mais a natureza de capital intensivo dos produtos da Sensient, mas é bem provável que espelhem a ineficiência da administração. Além disso, se estes baixos giros do ativo deverem-se a mais produtos de capital intenso, esperaria-se que a Sensient trabalharia com margens operacionais mais elevadas do que seus pares, mas este não é o caso. Desconfio que a Sensient não é muito boa em administrar seus ativos.

Olhando os índices de endividamento da Sensient, é evidente que a empresa tem reduzido de forma agressiva sua dependência dos fundos de terceiros. De acordo com o balanço – tanto o de valor contábil quanto o de mercado –, parece que a empresa está sendo conservadora em termos de financiamentos em relação a seus pares. No entanto, o índice de cobertura de juros está menos confortável. A utilização da menor margem de lucro e de menos ativos eficientes da Sensient significa que sua cobertura financeira ainda está cerca de 15% abaixo do valor do setor. (O índice de cobertura de encargos financeiros não é, aqui, particularmente significativo, porque a empresa não tinha obrigações no fundo de amortização durante o período).

A Tabela 2.3 apresenta o que chamamos de **análise vertical das demonstrações financeiras** da Sensient Technologies em relação ao mesmo prazo, bem como as médias de pares em 2010. Uma análise vertical do balanço apresenta cada item do ativo e do passivo como porcentagem do ativo total. Uma análise vertical da demonstração de resultados é análoga, com todos os itens em proporção às vendas líquidas, em vez do ativo total. O objetivo da análise vertical é permitir a concentração nas tendências principais, abstraindo as alterações em dólares causadas por crescimento ou declínio. Além disso, a análise vertical das demonstrações é útil para remover efeitos de escala na comparação entre empresas de portes diferentes.

Por meio do balanço da Sensient, vemos que os números parecem bastante estáveis. As maiores mudanças no ativo são o aumento de ativos circulantes, liderado pelo aumento de estoques. Isto é parcialmente compensado por um declínio no *goodwill* e nos ativos intangíveis. Observe, ainda, que cerca de 42% dos ativos da Sensient são de curto prazo. Esses dados novamente destacam a importância do gerenciamento do capital de giro para a maioria das empresas. Quando uma parcela grande do investimento de uma empresa se dá em ativos tão voláteis como estoque e contas a receber, esse investimento merece ser observado com cautela.

Tabela 2.3 Análise vertical das demonstrações financeiras da Sensient Technologies Corp., 2006-2010, e médias setoriais, 2010

	2000	2001	2002	2003	2004	Média setorial*
Ativos						
Caixa & títulos negociáveis	0,4%	0,7%	0,6%	0,8%	0,9%	7,8%
Contas a receber, menos reserva para possíveis perdas	12,3	12,6	13,0	12,6	13,7	14,5
Estoques	22,9	23,1	25,0	24,5	24,5	15,2
Outros ativos circulantes	2,4	2,7	2,6	3,5	3,0	5,6
Ativo circulante total	37,9	39,0	41,1	41,4	42,0	43,2
Imóveis, instalações e equipamentos, brutos	59,9	60,6	61,0	62,4	64,1	64,5
Menos depreciação e amortização acumuladas	33,0	33,9	34,6	35,7	37,1	38,1
Imóveis, instalações e equipamentos, líquidos	26,9	26,7	26,4	26,7	27,1	26,3
Goodwill e ativos intangíveis, líquidos	31,9	31,4	29,8	29,5	28,7	25,3
Outros ativos	3,3	2,8	2,7	2,4	2,3	5,2
Ativo total	100,0%	100,0%	100,0%	100,0%	100,0%	100,0%
Passivo e patrimônio líquido						
Dívida de longo prazo com vencimento em um ano	0,0%	0,0%	0,0%	0,0%	0,0%	1,5%
Empréstimos de curto prazo	6,3	3,7	2,2	2,5	1,6	0,9
Contas a pagar	5,6	5,7	5,4	5,6	6,0	8,4
Impostos a pagar	1,0	0,2	0,1	0,0	0,5	0,6
Despesas provisionadas e outros passivos circulantes	5,1	5,2	5,1	5,5	4,8	10,1
Passivo circulante total	17,9	14,7	12,9	13,6	12,8	21,5
Dívida a longo prazo	30,4	28,7	29,2	24,4	20,3	24,8
Imposto de renda diferido	—	0,8	1,0	0,8	1,3	2,9
Outros passivos a longo prazo	3,3	3,7	3,3	4,1	4,1	8,6
Passivo total	51,6	47,9	46,3	42,9	38,5	57,3
Patrimônio líquido total	48,4	52,1	53,7	57,1	61,5	41,6
Total do passivo e patrimônio líquido	100,0%	100,0%	100,0%	100,0%	100,0%	100,0%
Demonstrações de resultados						
Vendas líquidas	100,0%	100,0%	100,0%	100,0%	100,0%	100,0%
Custo das mercadorias vendidas	65,8	65,7	66,1	65,8	66,0	66,5
Lucro bruto	34,2	34,3	34,0	34,2	34,0	33,5
Despesas de vendas, gerais e administrativas	18,5	18,1	17,5	17,5	17,7	17,1
Depreciação e amortização	3,9	3,7	3,6	3,5	3,3	3,2
Despesa operacional total	22,4	21,9	21,1	21,1	21,0	20,3
Lucro operacional	11,8	12,4	12,9	13,2	13,0	13,2
Despesa financeira	3,3	3,1	2,6	2,0	1,5	1,3
Outras despesas não operacionais	—	—	—	0,9	(0,1)	0,4

(continua)

Tabela 2.3 Análise vertical das demonstrações financeiras da Sensient Technologies Corp., 2006-2010, e médias setoriais, 2010 (*continuação*)

	2006	2007	2008	2009	2010	Média setorial*
Total de despesas não operacionais	3,3	3,1	2,6	2,9	1,4	1,8
Lucro antes de imposto de renda	8,5	9,4	10,3	10,3	11,6	11,4
Provisão para imposto de renda	2,5	2,8	3,1	3,1	3,5	2,9
Lucro líquido	6,1%	6,6%	7,3%	7,2%	8,1%	8,4%

* Veja a nota de rodapé da Tabela 2.2 para saber as empresas que compõem a amostra.

A queda no *goodwill* se dá, em grande parte, pela baixa no valor de aquisições passadas, devido à recessão. As regras da contabilidade exigem que a gerência periodicamente avalie aquisições passadas e reduza seus valores contábeis quando o mercado parece ter diminuído sua própria avaliação a respeito. Caso você esteja se perguntando, não, os gerentes não podem aumentar os valores contábeis quando entendem que os valores subiram – é uma rua de mão única. Do lado do passivo do balanço, vemos novamente a queda acentuada em dívidas de curto e longo prazo.

Comparando os números de 2010 da Sensient à média do setor, verificamos os já observados saldo de caixa baixo e estoques elevados. Na verdade, os estoques da Sensient agora se equiparam a quase um quarto do total de ativos, em comparação com um valor da indústria de pouco mais de 15%. Esta é uma grande diferença. O investimento da empresa em imóveis, instalações e equipamentos líquidos é mais ou menos semelhante ao valor do setor, uma observação que parece em desacordo com o nosso comentário anterior de que o giro do ativo fixo da empresa estava bem abaixo da média setorial. A explicação é que o índice do giro compara os ativos fixos às vendas, enquanto o balanço percentual os compara aos ativos totais e, como já mencionamos, a Sensient tem mais ativos por dólar de vendas do que seus pares. Finalmente, observe que a empresa faz muito menos uso de "despesas provisionadas e outros passivos circulantes" do que seus pares. Na verdade, ela se baseia em todos os "catch-all" ativos e passivos constantes no balanço, muito menos do que seus pares fazem. O que isso implica? Não tenho a mínima ideia, pois não tenho noção da quantidade dessas "catch-all".

A análise vertical das demonstrações de resultados da Sensient mostra despesas de vendas, gerais e administrativas em queda, embora ainda ultrapassem a média do setor. Outras diferenças entre os números da Sensient e os de seus pares incluem "outras despesas não operacionais" menores – ainda que este número seja bastante volátil ano a ano – e uma provisão maior para os impostos. Juntos, o maior custo das mercadorias vendidas e as despesas de vendas, gerais e administrativas adicionam 1,1% aos custos em relação a seus pares. Pode não parecer muito à primeira vista, mas é importante lembrar que, apesar de pequenas diferenças percentuais em uma declaração de resultados parecem irrelevantes, elas raramente o são quando comparadas ao lucro líquido. Como o resultado da Sensient antes do imposto em 2010 era de apenas 11,6% das vendas, o custo diferencial de 1,1% medido em relação às vendas se traduz em um significativo déficit de 9,5% no lucro líquido. Pequenas diferenças percentuais comparadas às vendas podem ser grandes diferenças em relação a resultados, e resultado é muito mais importante do que vendas.

Alguns iniciantes sentem-se inclinados a imaginar que todas as despesas operacionais são fixas e a culpar a administração por permitir que elas aumentem com as vendas. Perguntam eles: por que as despesas de vendas, gerais e administrativas da Sensient não são constantes ao longo do tempo? E as economias de escala, onde estão? A resposta é que as economias de escala não costumam ser tão simples assim. Se fossem, empresas muito grandes, como a Sears e a General Motors, dominariam rapidamente suas concorrentes menores e acabariam monopolizando os mercados. Na verdade, parece que, embora algumas atividades possam apresentar economias de escala, outras estão sujeitas a deseconomias de escala, o que significa que as empresas perdem eficiência ao crescer. (Imagine quantas reuniões a mais são necessárias para coordenar as atividades de uma equipe de 100 pessoas em vez de uma equipe de apenas 10.). Além disso, muitas atividades só apresentam economias de escala em faixas de atividade limitadas, exigindo, depois, grandes investimentos para o aumento da capacidade. Assim, na média, não vejo motivo para criticar a administração da Sensient pelo fato de o percentual de despesas de vendas gerais e administrativas não terem caído acentuadamente ao longo dos últimos cinco anos. Ao mesmo tempo, fico preocupado porque o número ainda fica acima da média do setor.

Para resumir nossa avaliação da Sensient Technologies, a análise dos índices revela uma empresa altamente estável, financiada de maneira conservadora e capaz de navegar pela recente grande recessão praticamente sem pausas. O desempenho recente está muito melhor em relação a seus pares, mas permanece medíocre em termos de margens operacionais, giro de estoque e retorno sobre capital e patrimônio líquido. Apesar disso, o desempenho em crescimento e a pequena necessidade de investimento de capital permitiram que ela gerasse mais caixa do que o necessário para tocar o negócio. O tamanho do desafio é claro a partir das demonstrações de fluxo de caixa da Sensient. Entre 2005 e 2010, o fluxo de caixa operacional chegou a cerca de $600 milhões, enquanto suas despesas de capital e pagamento de dividendos ficaram em apenas dois terços desse montante. O problema: o que fazer com os outros $200 milhões? Até o momento, a resposta da administração tem sido a de pagar a dívida, que caiu para $200 milhões desde 2006. Há, entretanto, dois problemas, como uma resposta a longo prazo para o problema de fluxo de caixa da Sensient. No ritmo atual, a dívida da empresa desaparecerá completamente em cinco anos, e mais importante ainda, um baixo nível de endividamento pode não ser o maior interesse da empresa ou dos acionistas (o Capítulo 6 trata desse assunto em detalhes).

Encontrar maneiras de gastar o caixa excedente pode parecer divertido, mas Kenneth Manning, o chefe da Sensient, sabe que, a menos que encontre um uso produtivo para esse caixa, aumentando investimentos, adquirindo outras empresas ou devolvendo o caixa para os acionistas, ele corre o risco de desvalorizar o preço das ações, de contrariar seu conselho e os acionistas e, possivelmente, de sujeitar a empresa a uma tentativa de aquisição hostil. Teremos mais a dizer sobre os desafios financeiros da Sensient e a sabedoria de sua desalavancagem agressiva nos próximos capítulos.

Tabela 2.4 Índices selecionados de setores representativos, 2009 (valores de quartil superior, mediana e quartil inferior)

Setores de negócios e número de empresas	Índice de liquidez corrente (vezes)	Passivo total/ patrimônio líquido (%)	Prazo médio de recebimento (dias)	Vendas líquidas/ estoque (vezes)	Ativo total/ vendas líquidas (%)	Margem de lucro (%)	Retorno sobre o ativo (%)	Retorno sobre o patrimônio líquido (%)
Agropecuária, reflorestamento e pesca								
Gado de corte, engorda no pasto (35)	5,2	17,5	10,2	13,8	46,6	5,5	8,1	17,5
	2,4	**76,6**	**23,9**	**7,1**	**75,5**	**1,7**	**2,7**	**3,8**
	1,2	164,6	46,0	4,2	94,6	(1,3)	(3,7)	(1,6)
Serviços de jardinagem (144)	4,1	33,2	19,4	135,9	25,4	6,2	16,3	27,7
	2,2	**71,1**	**35,8**	**42,2**	**37,0**	**2,0**	**5,1**	**11,7**
	1,4	164,1	57,3	16,8	50,3	0,1	0,2	1,0
Manufatura								
Produtos químicos e derivados (609)	4,2	28,7	26,7	14,3	58,1	7,3	8,3	19,1
	2,4	**70,4**	**42,9**	**8,5**	**105,0**	**1,0**	**0,8**	**5,2**
	1,4	175,1	59,3	5,1	194,0	(30,8)	(24,0)	(21,5)
Motores e geradores (25)	3,0	31,4	26,3	9,4	49,3	7,8	7,7	12,5
	2,3	**98,7**	**42,0**	**5,7**	**77,9**	**0,5**	**0,7**	**(6,6)**
	0,9	244,9	51,5	2,8	255,1	(194,0)	(35,6)	(87,0)
Semicondutores e afins (152)	6,4	16,4	34,2	11,1	92,4	8,3	6,4	9,5
	3,7	**32,0**	**47,5**	**7,6**	**136,5**	**(2,6)**	**(1,4)**	**(1,4)**
	2,0	82,7	66,1	5,2	184,0	(24,8)	(17,6)	(22,4)
Instrumentos de controle de processos (53)	7,7	13,3	38,0	10,9	35,8	8,4	16,0	28,2
	3,7	**38,5**	**48,6**	**7,4**	**54,3**	**3,9**	**7,3**	**10,1**
	2,3	84,0	64,6	4,4	78,6	0,1	0,2	0,6
Comércio atacadista								
Artigos esportivos e recreativos (72)	4,2	27,6	15,5	14,1	20,6	4,4	14,1	23,2
	2,3	**59,7**	**29,9**	**6,8**	**32,7**	**1,8**	**5,8**	**11,9**
	1,4	186,1	46,4	4,5	51,2	0,2	0,6	1,6

Vestuário feminino e infantil (56)	3,4	55,6	25,9	15,1	22,7	5,2	17,2	50,7
	1,9	**139,9**	**37,2**	**9,0**	**34,3**	**2,0**	**6,7**	**21,1**
	1,4	304,2	53,7	5,5	44,5	0,4	1,5	4,4
Comércio varejista								
Lojas de departamento (66)	5,8	20,3	1,5	6,8	36,0	3,8	7,8	13,8
	3,3	**47,5**	**6,4**	**4,8**	**54,7**	**2,0**	**3,6**	**4,2**
	2,1	110,8	16,8	2,8	74,1	(0,1)	-	(0,1)
Alimentos (185)	3,0	33,1	1,1	34,3	15,9	2,6	11,9	25,9
	1,9	**95,1**	**3,3**	**19,8**	**22,1**	**1,3**	**4,6**	**11,5**
	1,3	213,5	6,9	13,7	35,2	0,4	1,9	4,1
Joalherias (114)	6,0	22,1	1,5	3,2	47,2	4,7	8,0	15,0
	3,1	**55,4**	**13,9**	**2,2**	**74,4**	**1,0**	**1,5**	**3,0**
	1,8	142,3	30,7	1,6	100,8	(1,3)	(1,7)	(1,6)
Serviços								
Hotéis (84)	3,1	26,0	3,3	169,3	72,0	7,7	6,6	17,8
	1,1	**151,4**	**6,6**	**108,9**	**176,2**	**1,5**	**1,2**	**5,8**
	0,6	339,1	17,9	34,9	275,5	(9,3)	(3,2)	(2,3)
Software de prateleira (195)	2,6	35,7	37,6	212,3	54,4	9,4	10,0	21,8
	1,5	**62,7**	**55,9**	**48,2**	**98,3**	**1,4**	**1,2**	**3,8**
	0,8	126,7	78,7	15,9	177,3	(15,3)	(18,7)	(7,7)
Faculdades e universidades (108)	2,9	29,1	17,0	208,1	191,1	10,0	2,9	5,5
	1,9	**54,1**	**28,5**	**98,9**	**310,1**	**1,8**	**0,6**	**1,1**
	1,3	89,5	50,6	44,1	437,9	(8,3)	(2,0)	(3,4)

Fonte: *Industry Norms & Key Business Ratios, 2009-2010*, Desktop Edition, Dun & Bradstreet, a company of The Dun & Bradstreet Corporation. Reimpresso com permissão.

Tabela 2.5 Definições dos principais índices mencionados no capítulo

Índices de lucratividade

Retorno sobre o patrimônio líquido =	**Lucro líquido/Patrimônio líquido**
Retorno sobre o ativo =	Lucro líquido/Ativo
Retorno sobre o capital investido (imposto) =	$\dfrac{\text{Lucro antes de juros e impostos} \times (1 - \text{Alíquota de impostos})}{\text{Dívida onerosa} + \text{Patrimônio líquido}}$
Margem de lucro =	**Lucro líquido/Vendas**
Margem bruta =	Lucro bruto/Faturamento
Preço/Lucro =	Preço por ação/Lucro por ação

Índices de controle do giro

Giro do ativo =	**Vendas/Ativo**
Giro do ativo fixo =	Vendas/Imóveis, instalações e equipamentos líquidos
Giro do estoque =	Custo das mercadorias vendidas/Estoque no fim do exercício
Prazo médio de recebimento =	Contas a receber/Vendas a crédito por dia (Se não estiver disponível o valor das vendas a crédito, usar vendas totais)
Dias de vendas no caixa =	Caixa e títulos/Vendas por dia
Prazo médio de pagamento =	Contas a pagar/Compras a crédito por dia (Se as compras não estiverem disponíveis, usar o custo das mercadorias vendidas)

Índices de alavancagem e liquidez

Ativo/Patrimônio =	**Ativo/Patrimônio líquido**
Dívida/Ativo =	Passivo total/Ativo (A dívida onerosa é, muitas vezes, substituída por passivo total.)
Dívida/Patrimônio =	Passivo total/Patrimônio líquido
Índice de cobertura de juros =	Lucro antes de juros e impostos/Despesa de juros
Índice de cobertura de obrigações financeiras =	$\dfrac{\text{Lucro antes de juros e impostos}}{\text{Desp. fin.} + \text{Pag. do principal}/(1 - \text{Alíquota do IR})}$
Dívida/Ativo (valor de mercado) =	$\dfrac{\text{Passivo total}}{\text{n}^{\circ} \text{ de ações} \times \text{Preço por ação} + \text{Passivo total}}$
Dívida/Patrimônio (valor de mercado) =	$\dfrac{\text{Passivo total}}{\text{n}^{\circ} \text{ de ações} \times \text{Preço por ação}}$
Índice de liquidez corrente =	Ativo circulante/Passivo circulante
Índice de liquidez seca =	$\dfrac{\text{Ativo circulante} - \text{Estoque}}{\text{Passivo circulante}}$

Apêndice

Diferenças internacionais na estrutura financeira

> Esses franceses têm palavras diferentes para tudo.
>
> *Steve Martin*

Até aqui, falamos basicamente das práticas e normas norte-americanas. É natural querer saber até que ponto esses costumes são universais e imaginar como a estrutura financeira varia de um país para outro. Este apêndice procura solucionar essas dúvidas e rever as explicações mais populares para as diferenças observadas. Neste curto espaço, não será possível dar respostas definitivas, mas faremos um levantamento dos dados mais abrangentes disponíveis e resumiremos o que há de melhor nas pesquisas que vêm sendo publicadas.

Comparações entre empresas estrangeiras negociadas nos mercados norte-americanos

A Tabela 2A.1 apresenta os índices-padrão de empresas estrangeiras com ações negociadas nas bolsas norte-americanas. As empresas foram agrupadas por país-sede e os índices relatados são as medianas dos valores para 2010. Para fins de comparação, também incluí índices análogos das empresas constantes no S&P 100, o índice da Standard & Poor's das 100 maiores empresas industriais dos Estados Unidos. Os países e as regiões aqui apresentados estão longe de ser totalmente abrangentes, mas são economicamente importantes e oferecem diversidade geográfica e econômica.

Tratando, primeiramente, dos índices de lucratividade, vemos que as empresas norte-americanas têm os prêmios mais importantes, enquanto as japonesas são distintas retardatárias, com índices de retorno sobre o capital investido bem abaixo dos outros. Uma breve pesquisa histórica mostra que os índices do Japão não constituem uma anomalia para o país. De fato, até 2006, o ROE médio da amostra japonesa foi de um dígito por 21 anos consecutivos, começando muito antes da crise financeira asiática e da bolha econômica japonesa do final da década de 1980. Esses baixos retornos são consistentes com a famosa ênfase dada pelas empresas daquele país ao crescimento da participação de mercado (*market share*) em detrimento dos lucros a curto prazo, com a ressalva de que o curto prazo está durando mais do que o previsto e a economia japonesa continua confusa. Os recentes e terríveis terremotos e o *tsunami* só aumentaram a dor. (Pode ser surpresa notar que, embora o Japão tenha os piores índices de rentabilidade, ele também tem a maior relação preço/lucro. Isso acontece porque os investidores

Tabela 2A.1 Análise dos índices das empresas de diversos países e regiões, 2010. Valores da mediana

	Inglaterra	BRIC*	Japão	Ásia	América Latina	Estados Unidos (Standard & Poor's)
Número de empresas	36	48	32	31	123	82
Índices de lucratividade						
Retorno sobre o patrimônio líquido (%)	11,3	10,8	4,0	10,9	13,9	18,4
Retorno sobre o ativo (%)	5,7	4,6	1,7	5,5	5,4	7,5
Retorno sobre o capital investido (%)	9,7	7,6	4,4	7,6	9,4	13,7
Margem de Lucro (%)	11,6	6,6	2,2	8,5	8,1	10,0
Margem bruta (%)	39,4	38,3	32,5	49,4	37,6	43,8
Preço/Lucro (×)	16,7	13,3	19,7	12,3	13,3	16,8
Índices de controle do giro						
Giro do ativo (×)	0,6	0,7	0,7	0,6	0,7	0,7
Giro do ativo fixo (×)	3,2	1,6	3,4	1,2	2,5	3,8
Giro do estoque (×)	6,6	8,1	5,8	11,0	6,9	6,1
Prazo médio de recebimento (dias)	55,1	52,1	78,3	38,6	54,3	49,6
Dias de vendas em caixa (dias)	49,0	72,8	65,2	60,9	76,9	48,6
Prazo médio de pagamento (dias)	70,5	49,6	72,8	58,5	58,8	53,9
Índices de alavancagem e de liquidez						
Ativo/patrimônio líquido (%)	2,2	2,1	2,4	2,0	2,0	2,2
Dívida/ativo (%)	58,1	52,6	55,6	48,3	50,2	54,7
Dívida/patrimônio líquido (%)	118,4	105,1	129,8	94,7	100,1	119,0
Índice de cobertura de juros (×)	7,1	4,2	8,4	8,0	6,0	11,9
Índice de cobertura de obrigações financeiras (×)	2,3	0,9	0,6	2,9	2,2	3,8
Dívida/ativo (valor de mercado, %)	32,8	44,3	42,6	31,3	40,0	29,7
Dívida/patrimônio líquido (valor de mercado, %)	48,8	79,7	74,1	45,6	66,6	42,3
Índice de liquidez corrente (×)	1,2	1,4	1,5	1,3	1,6	1,5
Índice de liquidez seca (×)	0,9	1,1	1,3	1,0	1,2	1,1

* BRIC = Brasil, Rússia, Índia e China, quatro grandes e, para a maioria, crescentes economias em desenvolvimento. A amostragem consiste em empresas não financeiras com sede nas regiões geográficas indicadas e cujas ações sejam negociadas nas bolsas dos Estados Unidos, na maioria dos casos como American Depositary Receipts (ADR). Empresas financeiras e prestadoras de serviços públicos ou de conveniência foram excluídas. A amostra dos países asiáticos exclui o Japão. As empresas da amostra S&P (Standard & Poor's) são as do índice S&P das cem maiores empresas industriais dos Estados Unidos. Foram omitidas empresas de menor porte, com faturamento inferior a $300 milhões.

acreditam que os ganhos são temporariamente deprimidos e associam o preço das ações ao desempenho melhorado esperado.)

Um segundo padrão digno de nota desses dados está nas elevadas margens de lucro e nos baixos giros do ativo das amostragens do BRIC (abreviatura de Brasil, Rússia, Índia e China) e da Ásia. Em vez de indicar diferenças de desempenho, creio que esse padrão reflete o fato de essas amostras serem compostas em grande parte de empresas de capital intensivo em setores como os de mineração, energia e transportes.

Voltando a atenção para os índices de controle do giro, observe que as empresas japonesas apresentam prazos de recebimento e de pagamento mais longos. Isso costuma ser atribuído à importância dos bancos no financiamento das empresas do país e a uma forma singular de organização corporativa conhecida como *keiretsu*. O *keiretsu* é uma espécie de sociedade de apoio mútuo composta de diversas empresas, normalmente incluindo um "banco principal", que compram participações acionárias consideráveis umas nas outras como maneira de solidificar relações empresariais e repelir possíveis tentativas de aquisição por terceiros. Uma importante forma de financiamento dos *keiretsu* tem sido a concessão, pelo banco principal, de generosos empréstimos aos principais membros do grupo – empresas como Toyota, Sony, etc. – que então repassam parte do dinheiro a outros membros do *keiretsu* sob condições liberais de crédito mercantil. Daí, então, os maiores saldos de contas a pagar e contas a receber. Embora a organização sob a forma de *keiretsu* esteja se extinguindo com rapidez, ainda há vestígios dela.

Finalmente, tratando dos índices de alavancagem e de liquidez, é difícil afirmar que existam diferenças significativas no nível de endividamento das empresas da amostra. As empresas asiáticas e latino-americanas têm índices de endividamento algo menores, mas seus índices de cobertura são semelhantes aos das demais. As empresas japonesas distinguem-se por apresentarem o mais elevado índice de dívida/patrimônio líquido e o maior índice de cobertura de juros, tudo isso possibilitado pelas taxas de juros próximas de zero encontradas no Japão. As empresas japonesas e do BRIC apresentam índices baixos de cobertura de obrigações financeiras, sugerindo que grande parte de seu endividamento é de curto prazo e deve ser restituído ou refinanciado anualmente.

Companhias abertas

Usando, agora, uma fonte de dados diferente, a Figura 2A.1 mostra o índice médio de cobertura de juros de empresas de 39 países, de 1991 a 2006. A figura foi extraída de um estudo de Joseph Fan, Sheridan Titman e Garry Twite.[7] Em vez de se limitar às empresas negociadas nos mercados dos Estados Unidos, a amostra consiste em empresas listadas nos mercados de ações locais. Embora haja inúmeras exceções, a figura sugere que empresas sediadas nos países mais desenvolvidos, como Austrália, Canadá, Estados Unidos e Reino Unido, têm índices de endividamento mais baixos, enquanto aquelas em regiões menos desenvolvidas têm índices mais elevados.

A Figura 2A.2, do mesmo estudo, mostra a dívida mediana de longo prazo em relação ao índice de endividamento total durante o mesmo período e para os

---

[7] Joseph P. H. Fan, Sheridan Titman e Garry Twite, "An International Comparison of Captial Structure and Debt Maturity Choices," NBER Working Paper, Outubro de 2010. **www.nber.org/papers/w16445**.

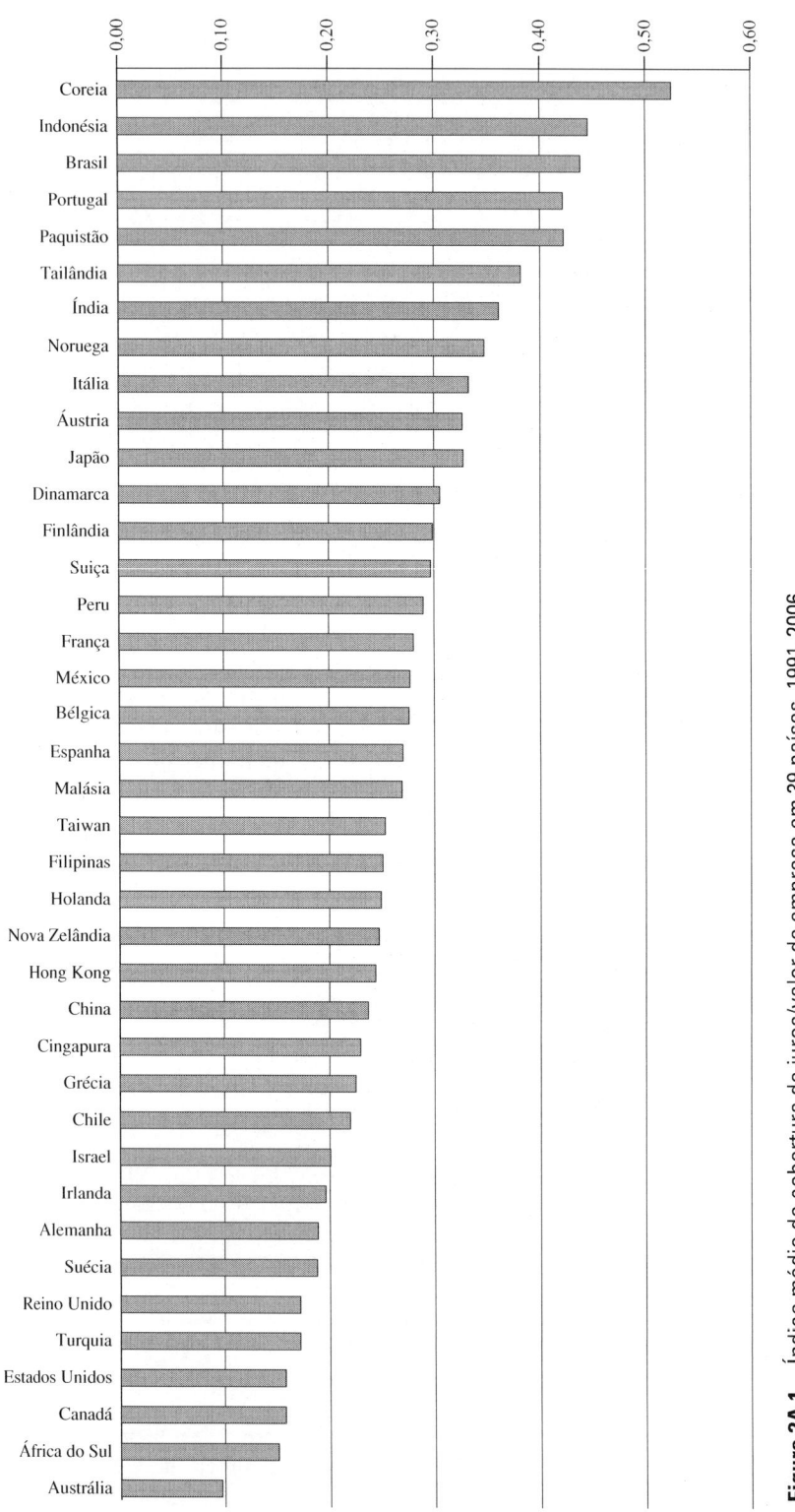

Figura 2A.1 Índice médio de cobertura de juros/valor de empresa em 39 países, 1991-2006.

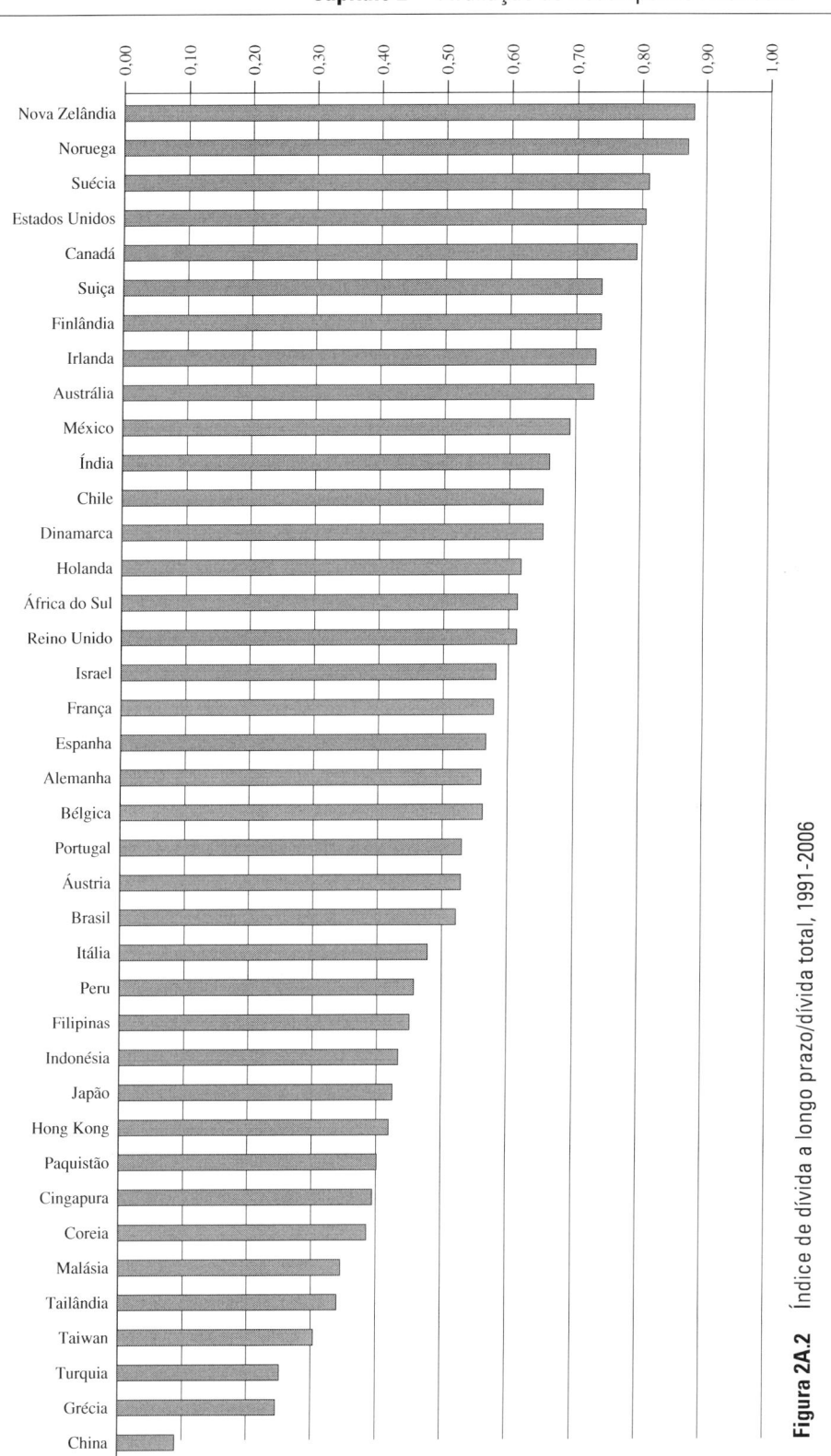

Capítulo 2 • Avaliação do Desempenho Financeiro

Figura 2A.2 Índice de dívida a longo prazo/dívida total, 1991-2006

mesmos países. Vê-se claramente que empresas em economias desenvolvidas e estáveis preferem a dívida de longo prazo, enquanto as economias em desenvolvimento dependem muito mais da dívida de curto prazo. Nos casos extremos, a relação entre o índice mediano da dívida de longo prazo e a dívida total na Nova Zelândia é quase 90%, enquanto na China é inferior a 10%.

Ao interpretar essa figura e a tabela anterior, é importante ter em mente que as companhias abertas não representam, necessariamente, a economia como um todo. Isso é especialmente verdadeiro para economias em desenvolvimento, onde as companhias abertas são uma parcela pequena e muitas vezes diferenciada da economia total. Observe ainda que a semelhança entre os níveis de endividamento das empresas negociadas nas bolsas dos Estados Unidos, como consta na Tabela 2A.1, muito provavelmente reflete as exigências dos investidores norte-americanos e não as semelhanças inerentes entre as práticas nos países de origem. É perfeitamente possível que as empresas de elite negociadas nas bolsas americanas tenham estruturas de capital muito parecidas e que outras empresas – puramente nacionais – apresentem níveis de endividamento muito diferentes.

Por que esses padrões observados? É sempre arriscado generalizar a respeito de economias diferentes espalhadas pelo mundo, mas eis o que penso da situação. Vamos começar observando duas características comuns das economias em desenvolvimento, sejam elas da Ásia ou da América Latina. Em primeiro lugar, as famílias ricas e o Estado controlam uma elevada porcentagem das companhias abertas. Por exemplo, Stijn Claessens e seus colegas relatam que, em 1996, as 10 principais famílias coreanas, tailandesas e indonésias controlavam entre 37 e 58% do valor *total* do patrimônio das empresas cotadas em bolsas desses países.[8] Em segundo, os mercados financeiros abertos das economias emergentes costumam ser pequenos e instáveis. Por isso, a maior parte do financiamento das empresas vem de uma entre três fontes: membros da família controladora, bancos estatais (frequentemente) influenciados pelo Estado, ou o próprio Estado.

Um dos principais motivos pelos quais as empresas coreanas, tailandesas e indonésias estão fortemente endividadas é o fato de o Estado desses países usar com frequência o sistema bancário para implementar estratégias de desenvolvimento econômico, ordenando ou incentivando os bancos para que concedam crédito subsidiado a determinadas empresas e, quando necessário, pressionando-os a resgatarem empresas em dificuldades sem dar muita atenção à qualidade do crédito. Em troca, os governos se mostram dispostos a injetar dinheiro público no sistema bancário para manter à tona suas empresas prediletas e também o próprio sistema bancário.

As empresas de outras regiões, por outro lado, apresentam baixos níveis de endividamento porque os governos da região estão menos comprometidos, historicamente, com programas de desenvolvimento conduzidos de cima para baixo e mostram-se menos inclinados a considerar seus sistemas bancários como veí-

---

[8] Stijn Claessens, Simeon Djankov e Larry H.P. Lang, "The Separation of Ownership and Control in East Asian Corporations", *Journal of Financial Economics*, outubro-novembro de 2000, p. 81-112.

culos para a alocação de recursos entre empresas. Com isso, o crédito bancário tende a refletir melhor a qualidade do crédito dos devedores e a ausência de garantias governamentais implícitas.

Os baixos níveis de endividamento também são, sem dúvida, produto da característica regional de inflação elevada e volátil. Como uma inflação errática aumenta muito os riscos dos investimentos a taxas fixas, poucos credores estão dispostos a assumir compromissos a longo prazo em ambientes desse tipo.

A caminho dos padrões contábeis internacionais

Um problema inerente a qualquer comparação internacional de dados contábeis é que os contadores dos diferentes países nem sempre seguem as mesmas normas. As empresas dos países de língua alemã, por exemplo, têm uma longa tradição de sigilo. De fato, há não muitos anos, a revista *Fortune* publicou algo a respeito da Hoffman-LaRoche, a gigante suíça do setor farmacêutico: "O único número do relatório anual da Hoffman-LaRoche em que se pode confiar é o ano de publicação indicado na capa".

Acesse **www.fasb.org/intl/** para informações sobre a convergência dos padrões contábeis norte-americanos e internacionais.

Felizmente, as coisas estão mudando e começam a emergir aquilo que os otimistas têm chamado de padrões contábeis internacionais. A União Europeia (UE) assumiu a liderança dessa iniciativa como parte de seu esforço mais amplo de forjar um mercado comum e integrado entre seus Estados-membros. Após cerca de 30 anos de estudos, debates e quedas de braço políticas, a iniciativa contábil tornou-se realidade em 1º de janeiro de 2005, quando todas as 7.000 companhias cotadas em bolsa da Europa abriram mão de suas regras contábeis nacionais em favor do recém-batizado Padrão Internacional de Contabilidade Financeira (*International Financial Accounting Standards* – IFAS). Ao mesmo tempo, cerca de 80 outros países em seis continentes também adotaram o IFAS, seja diretamente, seja por meio do alinhamento das regras nacionais com os novos padrões internacionais.

Até o Japão e os Estados Unidos vão se juntar ao clube. O Japão começou a alinhar suas regras contábeis com as do países ocidentais em 1996 e esperava para completar a tarefa em 2012, quando adotaria formalmente as IFRS (*International Financial Reporting Standards*).

As autoridades contábeis dos Estados Unidos tradicionalmente enxergam suas regras contábeis nacionais como o padrão a que os demais países deveriam aspirar. E sua abordagem aos padrões contábeis internacionais tem sido convidar os demais países a adotar os seus. Mas os escândalos contábeis da Enron e da WorldCom, aliados à consequente sina da Arthur Andersen, deixaram os norte-americanos um pouco mais humildes em relação às suas regras contábeis e um pouco mais dispostos a chegar a um meio-termo.

Historicamente, uma grande barreira a uma maior cooperação transatlântica em padrões contábeis tem sido as diferentes perspectivas filosóficas sobre o papel que esses padrões devem representar. A filosofia europeia tem sido a de articular princípios contábeis amplos e encarregar contabilistas e executivos de preparar contas empresariais condizentes com esses princípios. Preocupados com a possibilidade de que os princípios, por si só, deixem muito espaço para manipulação, os norte-americanos têm estabelecido regras longas e detalhadas que definem como cada transação deve ser lançada e exigindo o cumprimento dessas regras ao pé da letra.

Ironicamente, a filosofia baseada em regras parece ter saído pela culatra nos últimos anos. Em vez de limitar a manipulação contábil, a abordagem norte-americana parece tê-la incentivado em alguns casos, deslocando o foco dos executivos da elaboração de demonstrações justas e claras para a criação de meios de burlá-las. A possibilidade de usar o argumento de que "se não violamos regras, só podemos ser inocentes" parece ter dado a alguns executivos a ideia de abrir mão das responsabilidades profissionais em nome da obtenção de melhores números. Uma reação a esse colapso dos padrões contábeis norte-americanos foi a aprovação da Lei Sarbanes-Oxley de 2002. Entre numerosas mudanças de governança corporativa e práticas de demonstração, a Lei Sarbanes-Oxley exige que o executivo-chefe e o principal executivo financeiro de cada empresa atestem pessoalmente a correção, isenção e precisão dos relatórios financeiros apresentados.

Outra reação por parte de alguns contabilistas e reguladores norte-americanos tem sido expressar um interesse renovado na abordagem abrangente europeia e abrir-se, ainda que um pouco, à possibilidade de maior cooperação internacional. De fato, no final de 2007, a Comissão de Valores Mobiliários (Securities and Exchange Commission – SEC) eliminou a exigência de que as empresas estrangeiras, com listas de propriedades no mercado de ações norte-americano, conciliassem seus resultados às regras contábeis norte-americanas. A partir de agora, as empresas estrangeiras podem utilizar os padrões contábeis financeiros internacionais quando depositarem no órgão regulador dos Estados Unidos. Esta mudança preparou o terreno para uma maior apreciação sobre se os Estados Unidos devem abandonar totalmente as regras contábeis domésticas e passar aos padrões internacionais. Em princípio, a SEC aprovou a decisão, e as autoridades contábeis norte-americanas têm trabalhado há vários anos com seus parceiros internacionais sobre os aspectos técnicos da conversão; mas um compromisso irrevogável e com data certa com as IFRS ainda não foi feito.

Em suma, nossa breve revisão das práticas contábeis internacionais indica que as diferenças entre os diversos padrões nacionais estão diminuindo rapidamente e que é provável que haja uma maior integração. Essa tendência se deve a diversas forças, entre elas a crescente globalização dos negócios e das finanças, as tentativas da UE de criar um só mercado para seus Estados-membros, os esforços do Japão para reavivar sua economia e as reações norte-americanas aos recentes escândalos contábeis. Estamos a caminho da era de um só padrão mundial. Um claro benefício dessa tendência é o fato de a dificuldade inerente à comparação transnacional de valores contábeis estar se reduzindo rapidamente e deve continuar assim nos próximos anos.

RESUMO

1. As alavancas de desempenho:
   - São as mesmas para todas as empresas, desde a loja da esquina à empresa multinacional.
   - Destacam os meios pelos quais os gestores podem influenciar o retorno sobre o patrimônio líquido.
   - Consistem em três índices:
     - A margem de lucro
     - O giro do ativo
     - Alavancagem financeira
   - Podem variar muito entre os setores, dependendo da tecnologia e das estratégias empregadas.

2. O retorno sobre o patrimônio líquido (ROE):
   - É uma medida muito usada para o desempenho financeiro da empresa.
   - É igual ao produto da margem de lucro, do giro dos ativos e da alavancagem financeira.
   - É muito semelhante em todos os setores, devido à concorrência.
   - Tem três problemas como medida de desempenho:
     - um problema de tempo, porque as decisões empresariais são prospectivas, enquanto o ROE é uma medida de período passado.
     - um problema de risco, porque as decisões financeiras envolvem equilibrar risco e retorno, enquanto o ROE mede apenas o retorno.
     - um problema de valor, porque os proprietários estão interessados no retorno sobre o valor de mercado do seu investimento, enquanto o ROE mede o retorno sobre o valor contábil, problema que não é resolvido pela medição do retorno sobre o valor de mercado do patrimônio líquido.
   - Apesar de seus problemas, pode servir como um indicador do preço das ações na medição do desempenho financeiro.

3. A margem de lucro:
   - Resume o desempenho da demonstração de resultados.
   - Mede a fração de cada dólar de vendas que faz o seu caminho para os lucros.

4. O giro do ativo:
   - Resume o desempenho da gestão de ativos.
   - Mede o valor de vendas gerado por dólar investido nos ativos.
   - É um índice de controle pois relaciona as vendas, ou custo de vendas, a um tipo específico de ativo ou de passivo; outros índices de controle são:

- giro de estoque
- prazo médio de recebimento
- dias de vendas em caixa
- prazo médio de pagamento
- giro do ativo fixo

5. A alavancagem financeira:
   - Resume o uso de dívida da empresa em relação ao financiamento de capital.
   - Soma-se ao risco por parte dos proprietários, não sendo, portanto, algo a ser maximizado.
   - É medida mais acuradamente com os índices de cobertura que relacionam lucros operacionais ao encargo financeiro anual imposto pela dívida.
   - Também é medida empregando índices de balanço que relacionam dívida/ativos, utilizando valores contábeis e de mercado.

6. A análise de índices:
   - É a utilização sistemática de um número de índices para analisar o desempenho financeiro.
   - Envolve a análise de tendências e a comparação dos índices da empresa para pares do grupo.
   - Exige discernimento, já que não há um único valor correto para um índice.

Leituras complementares

Fridson, Martin S. e Fernando Alvarez. *Financial Statement Analysis: A Practitioner's* Guide. 4ª ed. John Wiley and Sons, 2011. 400 p.

Um executivo e um acadêmico se unem para escrever um panorama prático sobre o assunto.

Palepu, Krishna G.; Paul M. Healy; e Victor L. Bernard. *Business Analysis and Valuation: Using Financial Statements:* IFRS Edition, 2ª ed., Cengage Learning, 2010. 784 p.

Em parte finanças, em parte contabilidade. Uma visão inovadora do uso das informações contábeis para abordar questões financeiras específicas, principalmente a avaliação de empresas. Disponível em brochura.

Jiambalvo, James. *Managerial Accounting.* 4ª ed. Nova York: John Wiley & Sons, Inc., 2009. 600 p.

Uma introdução direta e concisa ao uso da contabilidade gerencial no planejamento, na elaboração de orçamentos, no controle gerencial e na tomada de decisões.

Software

Concebido para acompanhar este texto, o HISTORY produz uma análise financeira de até cinco anos dos dados financeiros históricos de uma empresa fornecidos pelo usuário. Os resultados são apresentados em quatro tabelas convenientes de uma página cada. Os lançamentos do balanço e das demonstrações financeiras podem ser personalizados até certo ponto para refletir as práticas de demonstração de cada empresa. Para obter uma cópia gratuita, visite **www.grupoa.com.br** (encontre a página deste livro, procure o Material Complementar e clique em Conteúdo Online).

Websites

www.reuters.com

www.businessweek.com

finance.yahoo.com

online.wsj.com

Todos estes sites oferecem uma ampla variedade de informações empresariais, inclusive perfis, preço das ações e demonstrações financeiras, além de excelentes gráficos dos preços históricos das ações, e muito mais.

SSRN.com/abstract=982481

Para um olhar recente da convergência desigual das normas contábeis norte-americanas e internacionais, veja esse estudo de Elaine Henry, Steve W.J. Lin e Ya-wen Yong, intitulado "The European-U.S. GAAP Gap: Amount, Type, Homogeneity, and Value Relevance of IFRST U.S. GAAP Form 20-F Reconciliations," setembro de 2008.

Fontes de índices empresariais

Procure em sua biblioteca os seguintes títulos:

Troy, Leo. *Almanac of Business and Industrial Ratios 2011 Edition*. Toolkit Media Group, 2010. 824 p.

Baseia-se nas declarações ao Fisco norte-americano. Bom principalmente para índices de pequenas empresas.

Dun & Bradstreet Business Credit Services. *Industry Norms and Key Business Ratios*. Nova York: publicação anual.

Balanços em termos percentuais e 14 índices para mais de 1 milhão de corporações, empresas limitadas e firmas individuais norte-americanas, tanto abertas quanto fechadas, representando 800 campos de atividade conforme definidos pelos códigos do SIC. Valores da mediana e dos quartis superior e inferior.

Annual Statement Studies 2010-2011: Financial Ratio Benchmarks. Risk Management Association. Filadélfia: publicado anualmente.

Demonstrações financeiras verticais e índices de uso disseminado em diferentes linhas de atividade. Os índices divididos em seis faixas de porte por faturamento e por ativo. Contém, ainda, dados históricos comparados. Uma limitação é a de que somente são incluídas empresas com ativos de $250 milhões ou menos. Excelente bibliografia intitulada "Fontes dos Dados Financeiros Compostos".

Standard & Poor's. *Analysts Handbook.* Nova York: publicação anual com suplementos mensais.

Dados de demonstrações de resultados, balanço e preço por ação, classificados por setor, para todas as empresas do S&P 500.

Problemas

As respostas aos problemas de número ímpar constam no final do livro. Para problemas adicionais e suas respostas, visite **www.grupoa.com.br**, encontre a página deste livro, procure o Material Complementar e clique em Conteúdo Online.

1. O conselho de administração da Collins Entertainment, Inc., está pressionando seu CEO para aumentar o ROE. Em recente entrevista à CNBC, ele anunciou o plano para melhorar o desempenho financeiro da empresa. Ele vai aumentar os preços de todos os seus produtos em 10%. Ele alegou que o ROE pode ser decomposto no produto da margem de lucro, do giro de estoque e da alavancagem financeira. Ao elevar os preços, ele vai aumentar a margem de lucro e, consequentemente, o ROE. No seu entender, esse plano faz sentido? Justifique sua resposta.

2. a. Que empresa você esperaria que apresentasse maior índice preço/lucro: General Motors ou Google. Por quê?

    b. Que empresa você esperaria que apresentasse maior índice dívida/patrimônio líquido: uma instituição financeira ou uma empresa de alta tecnologia? Por quê?

    c. Que empresa você esperaria que apresentasse maior margem de lucro: um fabricante de eletrodomésticos ou uma mercearia? Por quê?

    d. Que empresa você esperaria que apresentasse maior índice de liquidez corrente: uma joalheria ou uma livraria? Por quê?

3. Verdadeiro ou falso?

    a. O retorno sobre o patrimônio líquido de uma empresa lucrativa será sempre [maior ou igual] ao seu retorno sobre o ativo.

    b. O índice ativo/patrimônio líquido de uma empresa será sempre igual a 1 mais o seu índice passivo/patrimônio líquido.

    c. O prazo médio de recebimento de uma empresa deveria ser sempre menor do que seu prazo médio de pagamento.

d. O índice de liquidez corrente de uma empresa deve ser sempre maior que seu índice de liquidez seca.

e. Sendo todo o resto equivalente, uma empresa preferiria ter um índice de giro do ativo mais elevado.

f. Duas empresas podem ter o mesmo rendimento do salário, mas diferentes índices de preço/lucro.

g. Desconsiderados os impostos e os custos de transação, os ganhos contábeis não realizados são menos valiosos do que os ganhos de caixa realizados.

4. Sua empresa está pensando em adquirir uma empresa muito promissora da Internet. Um executivo se manifesta contra a ideia, observando que, como a empresa da Internet está apresentando prejuízo no momento, a aquisição diminuirá o retorno sobre o patrimônio líquido de sua empresa.

   a. Ele está certo ao dizer que o ROE diminuirá?
   b. Que importância as variações do ROE têm nessa decisão?

5. A seguir, dados financeiros da Industrial Inc. (em milhares de $):

	Ano 1	Ano 2
Vendas	$ 271.161	$ 457.977
Custo das mercadorias vendidas	249.181	341.204
Lucro líquido	(155.034)	(403.509)
Fluxo de caixa operacional	(58.405)	(20.437)
Balanço		
Caixa	341.180	268.872
Títulos negociáveis	341.762	36.900
Contas a receber	21.011	35.298
Estoques	6.473	72.106
Ativo circulante total	$ 710.427	$ 413.176
Contas a pagar	$ 28.908	$ 22.758
Provisões	44.310	124.851
Passivo circulante total	$ 73.218	$ 147.610

a. Calcule o índice de liquidez corrente e o de liquidez seca ao final de cada ano. Como a liquidez a curto prazo da empresa mudou durante o período?

b. Admitindo um ano de 365 dias para todos os cálculos, calcule:
   (1) O prazo médio de recebimento de cada ano, com base nas vendas.
   (2) O giro do estoque e o prazo médio de pagamento de cada ano, com base no custo das mercadorias vendidas.
   (3) Os dias de vendas em caixa de cada ano.
   (4) As margens bruta e de lucro de cada ano.

c. Como você interpreta o desempenho da empresa?

6. A alta administração mede o desempenho da divisão em que você trabalha calculando o seu retorno sobre o investimento, definido como o lucro operacional da divisão no exercício dividido pelos ativos da divisão. Sua divisão tem ido muito bem ultimamente: seu ROI é de 30%. Você acha que a empresa deveria investir em um novo processo produtivo, mas um colega discorda, observando que, como o ROI do primeiro ano do novo investimento será de apenas 25%, o desempenho da empresa será afetado. Qual seria sua resposta?

7. Responda as perguntas com base nas informações a seguir. A alíquota de imposto de renda é de 35%, e todos os valores estão em milhões de dólares.

	Locktite Inc.	Stork Systems
Lucro antes de juros e impostos	$380	$394
Dívida (a 10%)	$240	$1.240
Patrimônio líquido	$760	$310

   a. Calcule o ROE, o ROA e o ROIC de cada empresa.

   b. Por que o ROE da Stork é tão maior do que o da Locktite? Isso quer dizer que a Stork é melhor? Por quê?

   c. Por que o ROA da Locktite é maior do que o da Stork? O que isso nos diz a respeito das duas empresas?

   d. Como se comparam os ROIC das duas empresas? O que isso sugere a respeito delas?

8. A Tabela 3.1 do Capítulo 3 apresenta as demonstrações financeiras da R&E Supplies, Inc. para o período de 2008 a 2011.

   a. Use essas demonstrações para calcular o maior número que puder dos índices da Tabela 2.2.

   b. Que *insights* esses índices proporcionam a respeito do desempenho financeiro da R&E? A empresa pode estar enfrentando problemas? Quais?

9. Você está preparando as demonstrações financeiras da Bartlett Picke Company, mas não encontra o balanço da empresa. Você tem a declaração de receita, que mostra vendas de $ 420 milhões no ano anterior com margem bruta de lucro de 40%. Você também sabe que as vendas a crédito chegaram a 75% das vendas totais no mesmo período. Além disso, a Bartett teve um período de cobrança de 55 dias, um período de pagamentos de 40 dias e giro de estoque de oito vezes baseado no custo das mercadorias vendidas. Calcule o balanço de final de ano da Bartlett para contas a receber, estoque e contas a pagar.

10. Em 2010, a Natural Selection, um serviço nacional de encontros marcados por computador, tinha $500 milhões em ativos e $200 milhões em passivos. O lucro antes de juros e impostos foi de $120 milhões, a despesa financeira foi de

$28 milhões, a alíquota do imposto de renda era de 40%, os pagamentos com juros obrigatórios de principal da dívida foram de $24 milhões e os dividendos anuais foram de 30 *cents* por ação, para 20 milhões de ações em circulação.

a. Calcule

(1) O índice passivo/patrimônio líquido da Natural Selection.

(2) O índice de cobertura de juros.

(3) O índice de cobertura de obrigações financeiras.

b. Que queda percentual do lucro antes de juros e impostos a empresa poderia suportar antes de deixar de cobrir:

(1) Os pagamentos obrigatórios dos juros?

(2) As exigências do principal e dos juros?

(3) Os pagamentos do principal, dos juros e de dividendos?

11. Dados os fatos a seguir, preencha o balanço.

Prazo médio de recebimento	71 dias
Dias de vendas em caixa	34 dias
Índice de liquidez corrente	2,6
Giro do estoque	5 vezes
Passivo/ativo	75%
Prazo médio de pagamento	36 dias

(Todas as vendas são feitas a crédito. Todos os cálculos devem admitir um ano de 365 dias. O prazo médio de pagamento é baseado no custo das mercadorias vendidas.)

Ativo	
Circulante:	
Caixa	$ 1.100.000
Contas a receber	
Estoque	1.900.000
Ativo circulante total	
Ativo fixo líquido	
Ativo total	8.000.000
Passivo e patrimônio líquido	
Passivo circulante:	
Contas a pagar	
Dívida a curto prazo	
Passivo circulante total	
Dívida a longo prazo	
Patrimônio líquido	
Total do passivo e do patrimônio líquido	

Parte I • Avaliação da Saúde Financeira da Empresa

12. Uma planilha Excel com as demonstrações financeiras da Men's Wearhouse, Inc., dos anos 2006-2010 está disponível no *site* do Grupo A, **www.grupoa.com.br** (encontre a página deste livro, procure o Material Complementar e clique em Conteúdo Online).

    a. Use a planilha para calcular tantos índices quantos puder entre os índices de Lucratividade, Controle de Giro e Alavancagem e Liquidez para os anos de 2006 a 2010 (ver Tabela 2.5).

    b. O que esses índices revelam sobre o desempenho da empresa nesse período?

13. Use as demonstrações financeiras da Companhia Boeing, disponíveis na Internet no site do Grupo A (www.grupoa.com.br) para responder as perguntas a seguir (Files). Faça as suposições necessárias a fim de realizar os cálculos desejados.

    a. Para os anos fiscais de 2005-2009, calcule:

       (1) O índice de passivo total/patrimônio líquido da Boeing.

       (2) O índice de cobertura dos juros.

       (3) O índice de cobertura de obrigações financeiras.

    b. Que queda percentual do lucro antes de juros e impostos a Boeing poderia ter suportado nesses anos antes de ficar impossibilitada de cobrir:

       (1) As exigências de repagamento do principal e dos juros?

       (2) Os pagamentos de dividendos, do principal e dos juros?

    c. O que esses cálculos sugerem sobre a alavancagem financeira da Boeing no período?

PARTE II

Planejamento do Desempenho Financeiro Futuro

Capítulo 3

Previsão Financeira

Planejar é substituir o erro pelo caos.

Anônimo

Até este ponto tratamos do passado, avaliando as demonstrações financeiras existentes e o desempenho correspondente. Agora é hora de olhar para o futuro. Começaremos, neste capítulo, por um exame das principais técnicas de previsão financeira e uma rápida descrição do planejamento e da elaboração de orçamentos, conforme praticados por grandes e modernas empresas. No capítulo seguinte, trataremos de problemas de planejamento típicos da administração do crescimento das empresas. Em todo este capítulo daremos ênfase às técnicas de previsão e planejamento; assim, para contrabalançar, será importante que você tenha em mente o fato de que técnicas apropriadas são apenas parte de um planejamento eficaz. O desenvolvimento de estratégias criativas de marketing e de políticas operacionais que servem de base para os planos financeiros é, no mínimo, igualmente importante.

DEMONSTRAÇÕES *PRO FORMA**

As finanças são fundamentais para as atividades de planejamento das empresas por pelo menos dois motivos. Primeiro, grande parte da linguagem da previsão e do planejamento é financeira: os planos são descritos em termos de demonstrações financeiras e muitas das medidas usadas na sua avaliação são financeiras. Segundo – e mais importante – o executivo financeiro é responsável por um recurso crítico: o dinheiro. Como praticamente qualquer ato na empresa tem implicações financeiras, uma parte vital de qualquer plano é determinar se ele é viável, dados os recursos limitados existentes.

As empresas costumam preparar uma ampla variedade de planos e orçamentos. Alguns, como os planos de produção e os orçamentos de pessoal, concentram-se em um aspecto específico da empresa, ao passo que outros, como as demonstrações *pro forma*, têm alcance muito mais amplo. Aqui, começaremos pelas técnicas mais amplas e trataremos rapidamente dos procedimentos especializados mais adiante, quando abordaremos o planejamento em grandes empresas.

---

* Relatórios financeiros gerenciais, cuja emissão não é obrigatória em termos legais.

As demonstrações financeiras *pro forma* são os meios mais utilizados de previsão financeira. Uma demonstração *pro forma* nada mais é que uma previsão de como parecerão as demonstrações financeiras da empresa ao fim do período abrangido pela previsão. Essas previsões podem ser resultado de planos e orçamentos operacionais intensos e detalhados, ou nada além de projeções não muito elaboradas feitas apressadamente. De um modo ou de outro, o formato *pro forma* apresenta as informações de maneira lógica e internamente coerente.

Um dos principais objetivos das previsões *pro forma* é estimar a necessidade que uma empresa terá de financiamento externo no futuro, um passo fundamental no planejamento financeiro. O processo é simples. Se a previsão indicar que os ativos de uma empresa aumentarão para $100 no ano seguinte, mas que o passivo e o patrimônio líquido totalizarão apenas $80, a conclusão óbvia é a de que serão necessários $20 em financiamento externo. A previsão nada revela sobre a forma que esse novo financiamento deverá assumir – crédito mercantil, empréstimo bancário, emissão de ações, ou o que seja –, mas os $20 serão necessários. Pelo mesmo raciocínio, se a previsão revelar que os ativos ficarão aquém do passivo e do patrimônio líquido projetados, a implicação óbvia é a de que a empresa gerará mais caixa do que o necessário para tocar o negócio. E a administração terá que cumprir a agradável tarefa de decidir como empregar melhor o excedente. Sob a forma de equação,

$$\text{Financiamento externo necessário} = \text{Ativo total} - \left(\text{Passivo} + \text{Patrimônio líquido}\right)$$

Os profissionais da área muitas vezes referem-se ao financiamento externo necessário como "plugue", porque é o montante que precisa ser "plugado" no balanço para que ele se equilibre.

Previsão com base na porcentagem das vendas

Como bem observou Victor Borge, "Prever sempre é difícil, principalmente quando se trata de prever o futuro". Um meio direto, porém eficaz, de simplificar o desafio é atrelar diversos montantes da demonstração de resultados e do balanço às vendas futuras. O raciocínio por trás dessa abordagem pela *porcentagem das vendas* é a tendência, indicada no Capítulo 2, de que todos os custos variáveis e a maior parte do ativo e do passivo circulantes variem em proporção direta às vendas. É claro que isso não será verdadeiro para todos os lançamentos das demonstrações financeiras de uma empresa e que serão necessárias algumas previsões independentes de itens específicos, como instalações e equipamentos. Ainda assim, o método da porcentagem das vendas fornece estimativas simples e lógicas de muitas variáveis importantes.

O primeiro passo em tal previsão deve ser um exame dos dados históricos para determinar quais itens das demonstrações financeiras apresentaram variação proporcional às vendas no passado. Isso permitirá a quem estiver fazendo a previsão decidir que itens podem ser estimados com segurança como porcentagem das vendas e que itens devem ser previstos usando outras informações. O segundo passo é prever as vendas. Como muitos outros itens estarão diretamente ligados à previsão das vendas, é essencial que elas sejam estimadas com a maior precisão possível. Além disso, uma vez concluídas as demonstrações *pro forma*, é bom testar a sensibilidade dos resultados a variações razoáveis na previsão das vendas. O último passo é estimar os itens individuais das demonstrações financeiras, extrapolando os padrões históricos para as novas vendas estimadas. Por exemplo, se o estoque se mantém historicamente em torno de 20% das vendas e prevê-se que estas serão $10 milhões no próximo ano, é de se esperar que o estoque seja de $2 milhões. É simples assim.

Para exemplificar o uso do método da porcentagem das vendas, vamos considerar o problema enfrentado pelo Suburban National Bank. A R&E Supplies, Inc., pequena atacadista de material hidráulico e elétrico, é cliente do banco há diversos anos. A empresa manteve depósitos de $30.000, em média, e há cinco anos conta com um empréstimo renovável a curto prazo de $50.000. A empresa tem prosperado e o empréstimo vem sendo renovado anualmente após análises rotineiras.

No final de 2011, o presidente da R&E Supplies foi ao banco e pediu um aumento do empréstimo para $500.000 em 2012. Ele explicou que, apesar do crescimento da empresa, as contas a pagar cresciam constantemente e os saldos de caixa estavam diminuindo. Diversos fornecedores haviam ameaçado passar a vender somente contra pagamento antecipado, a menos que voltassem a receber com maior pontualidade. Perguntado por que pedia $500.000, o cliente respondeu que a quantia certa parecia ser "mais ou menos essa" e que ela lhe permitiria pagar os seus fornecedores mais insistentes e recompor seu saldo bancário.

Sabendo que a comissão de crédito do banco jamais aprovaria um pedido de empréstimo dessa magnitude sem projeções financeiras cuidadosas, o gerente de crédito sugeriu que ele e o presidente preparassem demonstrações financeiras *pro forma* para 2012, explicando que essas demonstrações forneceriam uma indicação mais precisa das necessidades de crédito da R&E.

O primeiro passo da elaboração das demonstrações *pro forma* foi um exame das demonstrações financeiras da empresa de 2008 a 2011 – constantes na Tabela 3.1 – para identificar padrões estáveis. Os resultados dessa análise de índices constam na Tabela 3.2. A preocupação do presidente com a queda de liquidez e o aumento das duplicatas a pagar tinha razão de ser: caixa e títulos negociáveis haviam caído de 22 dias de vendas para 7 dias, enquanto o prazo médio de pagamento aumentara de 39 para 66 dias.[1] Outra tendência preocupante era o aumento do custo das mercadorias vendidas e das despesas gerais, de vendas e administrativas com relação às vendas. Evidentemente, os lucros não estavam acompanhando às vendas.

---

[1] Veja na Tabela 2.5 do Capítulo 2 as definições dos índices usados neste capítulo.

Tabela 3.1 Demonstrações financeiras da R&E Supplies, Inc., 31 de dezembro de 2008-2011 ($ milhares)

Demonstrações de resultados				
	2008	2009	2010	2011*
Vendas líquidas	$11.190	$13.764	$16.104	$20.613
Custo das mercadorias vendidas	9.400	11.699	13.688	17.727
Lucro bruto	1.790	2.065	2.416	2.886
Despesas:				
Gerais, de vendas e administrativas	1.019	1.239	1.610	2.267
Despesa de juros líquida	100	103	110	90
Lucro antes de impostos	671	723	696	529
Impostos	302	325	313	238
Lucro após impostos	$369	$398	$383	$291
Balanços				
Ativo				
Ativo circulante:				
Caixa e títulos	$671	$551	$644	$412
Contas a receber	1.343	1.789	2.094	2.886
Estoques	1.119	1.376	1.932	2.267
Despesas pagas antecipadamente	14	12	15	18
Total do ativo circulante	3.147	3.728	4.685	5.583
Ativo fixo líquido	128	124	295	287
Total do ativo	$ 3.275	$ 3.852	$ 4.980	$ 5.870
Passivo e patrimônio líquido				
Passivo circulante:				
Empréstimo bancário	$50	$50	$50	$50
Contas a pagar	1.007	1.443	2.426	3.212
Parcela corrente da dívida a longo prazo	60	50	50	100
Salários provisionados	5	7	10	18
Total do passivo circulante	1.122	1.550	2.536	3.380
Dívida a longo prazo	960	910	860	760
Ações ordinárias	150	150	150	150
Lucros retidos	1.043	1.242	1.434	1.580
Total do passivo e do patrimônio líquido	$ 3.275	$ 3.852	$ 4.980	$ 5.870

*Estimativa.

A última coluna da Tabela 3.2 contém as projeções feitas de comum acordo pelo presidente da R&E e pelo gerente de crédito do banco. De acordo com a experiência recente, eles previram que as vendas aumentariam 25% em relação a 2011. As despesas gerais, de vendas e administrativas continuariam a aumentar por causa de um acordo trabalhista desfavorável. Após comparar os saldos de caixa da R&E com os seus níveis históricos e com os dos concorrentes, o presidente acreditava que

Tabela 3.2 Índices financeiros selecionados da R&E Supplies, Inc., 2008-2011

	Histórico				Previsão
	2008	2009	2010	2011E	2012P
Taxa de crescimento anual das vendas	—	23%	17%	28%	25%
	Índices como porcentagem de vendas				
Custo das mercadorias vendidas (% das vendas)	84	85	85	86	86
Despesas gerais, de vendas e administrativas (% das vendas)	9	9	10	11	12
Caixa e títulos (dias de vendas em caixa)	22	15	15	7	18
Contas a receber (prazo médio de recebimento)	44	47	47	51	51
Estoques (giro do estoque)	8	9	7	8	9
Contas a pagar (prazo médio de pagamento)	39	45	65	66	59
	Outros índices, %				
Impostos/lucro antes de impostos*	45	45	45	45	45
Dividendos/lucro após impostos	50	50	50	50	50

E = Estimativa.
P = Previsão.
*Inclusive impostos estaduais e municipais.

caixa e títulos deveriam aumentar para pelo menos 18 dias de vendas. Como caixa e títulos costumam ser ativos de baixo rendimento, esse valor representa o que o presidente considera indispensável para operar a empresa com eficiência. Essa crença é reforçada pelo fato de que quaisquer saldos de caixa ou títulos acima desse mínimo apenas aumentariam a necessidade de empréstimos, custando, portanto, mais à empresa. Como grande parte dos saldos de caixa da R&E ficarão no banco, o gerente de crédito prontamente concorda com o aumento projetado no caixa. O presidente também acha que as contas a pagar devem cair para não mais do que um prazo médio de pagamento de 59 dias. Espera-se que a alíquota do imposto de renda e o índice dividendo/lucro, ou índice *payout*, mantenham-se inalterados.

As demonstrações financeiras *pro forma* resultantes constam na Tabela 3.3. Analisando, em primeiro lugar, a demonstração de resultados, as premissas adotadas implicam que os lucros após impostos caiam para $234.000, 20% a menos do que no ano anterior. O único lançamento dessa demonstração que exige mais comentários é a despesa de juros líquida. A despesa de juros dependerá, é claro, do montante do empréstimo de que a empresa necessitará. Mas, como esse dado ainda não é conhecido, admitiu-se inicialmente que a despesa de juros líquida fosse igual à do ano anterior, ficando entendido que poderia ser necessário modificar essa premissa mais tarde.

Estimativa da necessidade de financiamento externo

Para a maioria dos executivos da área operacional, as demonstrações de resultados de uma empresa são mais interessantes do que seu balanço porque medem a lucratividade. Isso se inverte no caso dos executivos financeiros. Quando o objetivo é estimar as necessidades futuras de financiamento, as demonstrações

Tabela 3.3 Demonstrações financeiras *pro-forma* da R&E Supplies, Inc., 31 de dezembro de 2012 ($ milhares)

Demonstração de resultados		
	2012	**Comentários**
Vendas líquidas	$25.766	Aumento de 25%
Custo das mercadorias vendidas	22.159	86% das vendas
Lucro bruto	3.607	
Despesas:		
Gerais, de vendas e administrativas	3.092	12% das vendas
Despesa de juros líquida	90	Inicialmente constante
Lucro antes de impostos	425	
Impostos	191	À alíquota de 45%
Lucro após impostos	$234	
Balanço		
Ativo		
Ativo circulante:		
Caixa e títulos	$1.271	18 dias de vendas
Contas a receber	3.600	Prazo médio de recebimento de 51 dias
Estoques	2.462	9 vezes o giro
Despesas antecipadas	20	Estimativa aproximada
Total do ativo circulante	7.353	
Ativo fixo líquido	280	Ver texto
Total do ativo	$ 7.633	
Passivo e capital social		
Passivo circulante:		
Empréstimo bancário	$0	
Contas a pagar	3.582	Prazo médio de pagamento de 59 dias
Parcela da dívida a longo prazo no exercício	100	Ver texto
Salários a pagar	22	Estimativa aproximada
Total do passivo circulante	3.704	
Dívida a longo prazo	660	
Ações ordinárias	150	
Lucros retidos	1.697	Ver texto
Total do passivo e capital social	$ 6.211	
Financiamento externo necessário	**$ 1.422**	

financeiras só são interessantes na medida em que afetam o balanço. Para um executivo financeiro, o balanço é primordial.

O primeiro lançamento digno de nota do balanço *pro forma* da R&E (Tabela 3.3) refere-se às despesas pagas antecipadamente que, como os salários a pagar, que veremos a seguir, é um item de pequena monta que aumenta irregularmente com as vendas. Como os montantes são baixos e a previsão não exige um grau elevado de precisão, estimativas aproximadas serão o bastante.

Quando perguntado sobre novos ativos fixos, o presidente indicou que já haviam sido aprovados para 2012 investimentos de $43.000. Além disso, a depreciação no ano seria de $50.000, de modo que o ativo fixo líquido ficaria $7.000 menor, caindo para $280.000 ($280.000 = 287.000 + $43.000 − $50.000).

Observe que o empréstimo bancário é inicialmente fixado em zero. Em breve calcularemos a necessidade de financiamento externo e, então, poderemos considerar a possibilidade de um empréstimo bancário. Continuando com o balanço, a "parcela corrente em menos de um ano da dívida a longo prazo" é apenas o pagamento do principal devido em 2013. Trata-se de uma condição estabelecida no contrato de empréstimo. Quando parte do empréstimo contratado passa a ser devida em menos de um ano, o contador a desloca da dívida a longo prazo para a parcela corrente da dívida a longo prazo, no passivo circulante.

O último lançamento que merece comentários é lucros retidos. Como a empresa não pretende emitir ações em 2012, o capital se manterá constante. Os lucros retidos são determinados da seguinte maneira:

$$\begin{matrix} \text{Lucro retido} \\ 2012 \end{matrix} = \begin{matrix} \text{Lucro retido} \\ 2011 \end{matrix} + \begin{matrix} \text{Lucro após} \\ \text{imposto 2012} \end{matrix} - \text{Dividendo 2012}$$

$$\$1.697.000 = \$1.580.000 + \$234.000 - \$117.000$$

Ou seja, quando uma empresa obtém um lucro maior do que seus dividendos, o excedente se agrega aos lucros retidos. A conta de lucros retidos é a principal ponte entre as demonstrações de resultados de uma empresa e seu balanço; assim, quando o lucro aumenta, os lucros retidos aumentam e a necessidade de empréstimo diminui.[2]

O último passo na construção dos *pro forma* da R&E é estimar o montante de financiamento externo necessário. Usando a expressão definida anteriormente,

$$\begin{matrix} \text{Financiamento} \\ \text{externo necessário} \end{matrix} = \begin{matrix} \text{Ativo} \\ \text{total} \end{matrix} - \left(\text{Passivo} + \begin{matrix} \text{Patrimônio} \\ \text{líquido} \end{matrix} \right)$$

$$= \$7.633.000 - \$6.211.000$$

$$= \$1.422.000$$

De acordo com nossa previsão inicial, a R&E não precisa de $500.000, mas de *$1,4 milhão* para atingir os objetivos de seu presidente.

Lembrando-se da anedota sobre o agradecido tomador de empréstimo que se levanta da cadeira para apertar a mão do seu gerente e exclama: "Deus

---

[2] Algumas vezes as empresas complicam essa equação ao colocar certos itens, como ganhos ou perdas sobre transação no exterior, diretamente em lucro retido. Porém, isso não constitui um problema aqui.

lhe pague!", o gerente de crédito do Suburban National Bank provavelmente terá reações conflitantes com o resultado obtido. Por um lado, a R&E tem um saldo projetado de contas a receber de mais de $3,6 milhões em 2012, o que provavelmente daria uma excelente garantia a um empréstimo de $1,4 milhão. Por outro lado, a atitude despreocupada da R&E com relação ao planejamento financeiro e o óbvio desconhecimento dos rumos da empresa por parte de seu presidente são pontos evidentemente negativos. Mas antes de nos envolvermos mais nas implicações da previsão, precisamos nos lembrar de que nossa projeção ainda não inclui a despesa de juros mais elevada devido ao novo e maior empréstimo.

Despesa de juros

Um aspecto das previsões *pro forma* que incomoda os iniciantes mais atentos é o raciocínio circular que envolve as despesas de juros e o endividamento. Como já vimos, estas não podem ser estimadas com precisão até que tenha sido determinado o montante do financiamento externo necessário. Mas como o financiamento externo depende, em parte, do montante das despesas de juros, parece que não é possível calcular um com precisão sem se conhecer o outro.

Há dois modos comuns de contornar esse problema. Um deles é usar uma planilha eletrônica para solucionar simultaneamente despesas de juros e financiamento externo. Adiante, trataremos essa abordagem com mais detalhes. A outra abordagem, mais pragmática, é deixar o problema de lado, na expectativa de que o primeiro conjunto de estimativas seja aproximado o bastante. Dados os prováveis erros de previsão de vendas e outras variáveis, o erro adicional introduzido pela determinação imprecisa da despesa de juros não costuma ser tão crítico.

Para exemplificar, a primeira rodada *pro forma* da R&E Supplies admitiu uma despesa líquida de juros de $90.000, enquanto o balanço indicava dívida onerosa – sobre a qual incide o pagamento de juros – total de $2,2 milhões. A juros de 10%, isso implica uma despesa de juros de aproximadamente $220.000, ou mais de $130.000 além do que consta em nossa primeira estimativa. Mas veja o que acontece quando acompanhamos o impacto do acréscimo de $130.000 às despesas de juros na demonstração de resultados. Primeiramente, a despesa de $130.000 é antes de impostos. A uma alíquota de 45%, a queda do lucro após impostos será de apenas $71.500. Em segundo lugar, como a R&E Supplies distribui a metade de seu lucro como dividendos, uma queda de $71.500 do lucro resultará em uma redução de apenas $35.750 no acréscimo ao lucro retido. Assim, depois que a poeira baixar, nossa estimativa do acréscimo ao lucro retido e, por consequência, do financiamento externo necessário, estará cerca de $35.750 abaixo do alvo. Mas, quando a necessidade de financiamento externo já é de $1,4 milhão, o que são mais $35.750 entre amigos? É claro que a maior despesa de juros terá um efeito percentual perceptível sobre o lucro, mas quando o aumento terminar de passar pelos impostos e pelo pagamento de dividendos, o efeito sobre o financiamento externo necessário será modesto. A moral da história é que previsões financeiras "rápidas e rasteiras" podem ser bastante úteis. A menos que você goste de olheiras ou possa se dar ao luxo de cobrar por hora, concluirá que previsões assim são suficientemente boas para diversas finalidades.

Sazonalidade

Um problema potencialmente mais sério das demonstrações *pro forma* – e, na verdade, de todas as técnicas preditivas mencionadas neste capítulo – é que os resultados somente são aplicáveis na data da previsão. Os *pro forma* da Tabela 3.3 apresentam uma estimativa da necessidade de financiamento externo da R&E Supplies em 31 de dezembro de 2012. Nada indicam sobre a necessidade de financiamento da empresa em qualquer outra data antes ou depois de 31 de dezembro. Se a empresa tiver necessidades sazonais de financiamento, conhecer suas necessidades no fechamento do exercício pode ser de pouca utilidade para o planejamento financeiro, já que o fim do ano talvez não tenha qualquer relação com a data do pico de necessidade de financiamento da empresa. Para evitar esse problema, é recomendável fazer previsões mensais ou trimestrais, não anuais. Ou, se o pico da necessidade de financiamento for conhecido, fazer a previsão para essa data.

DEMONSTRAÇÕES *PRO FORMA* E PLANEJAMENTO FINANCEIRO

Até aqui as demonstrações *pro forma* da R&E indicam apenas as implicações financeiras dos planos operacionais da empresa. Essa parte da previsão é apenas a metade do nosso exercício. Agora é hora de fazer um planejamento financeiro mais sério. Usando as técnicas descritas em capítulos anteriores, a administração precisa analisar cuidadosamente a previsão para decidir se ela é aceitável ou se deve ser alterada para evitar os problemas identificados. Mais especificamente, a administração da R&E precisa decidir se a necessidade estimada de financiamento externo é grande demais. Se a resposta for positiva, seja porque a R&E não quer tomar um empréstimo da monta de $1,4 milhão, ou porque o banco não está disposto a concedê-lo, a administração precisará alterar seus planos para se adequar à realidade financeira. É aqui que os planos operacionais e financeiros se unem (ou, muitas vezes, colidem) para dar origem a uma estratégia coerente. Felizmente, a previsão *pro forma* é um excelente modelo para este tipo de planejamento iterativo.

Para ilustrar o processo, suponhamos que o Suburban National Bank, preocupado com a evidente falta de acuidade financeira da administração da R&E, não empreste mais do que $1 milhão à empresa. Ignorando a possibilidade de abordar outro banco ou vender novas ações, o desafio para a R&E é modificar seus planos operacionais para eliminar $400.000 da necessidade projetada de financiamento externo. Há muitas maneiras de enfrentar esse desafio, cada uma envolvendo *trade-offs* sutis entre crescimento, lucratividade e necessidade de financiamento. E, embora, ao contrário da administração da R&E, não estejamos em uma posição que nos permita avaliar esses *trade-offs*, podemos ilustrar sua mecânica. Suponhamos que, depois de muito debater, a administração decida testar o seguinte plano operacional revisto:

- Apertar a cobrança de contas a receber para que o prazo médio de cobrança caia de 51 para 47 dias.
- Aceitar uma melhora mais modesta das contas a pagar a fornecedores, de modo que o prazo médio de pagamento aumente de 59 para 60 dias.

Finalmente, como uma política mais inflexível de cobrança afastará alguns clientes e o aumento das contas a pagar sacrificará alguns descontos por pagamento à vista, vamos admitir que a administração acredite que o plano revisto reduzirá o crescimento das vendas de 25 para 20% e aumentará as despesas gerais, de vendas e administrativas de 12 para 12,5%.

Para testar esse plano operacional revisto, só precisamos fazer as alterações das premissas indicadas e produzir uma previsão *pro forma* revista. A Tabela 3.4 apresenta os resultados do exercício. A boa nova é que o financiamento externo necessário caiu para aquém da meta de $1 milhão; a má é que essa melhora não é gratuita: os lucros após impostos, segundo a previsão revista, são 34% menores do que os que constam na projeção original da Tabela 3.3 ([$234 − $ 155]/ $234).

O plano operacional revisto da R&E é o ideal? Será ele superior a todos os outros planos possíveis? Não temos como dizer. Essas são perguntas fundamentais de estratégia empresarial que nunca poderão ser respondidas com segurança absoluta. Mas podemos dizer que as previsões *pro forma* contribuem poderosamente para o processo de planejamento, ao fornecer um veículo para a avaliação de planos alternativos, ao quantificar os custos e benefícios projetados de cada um deles e ao indicar quais são financeiramente viáveis.

PREVISÃO POR COMPUTADOR

As planilhas eletrônicas possibilitaram que qualquer pessoa com um mínimo de conhecimento de informática produza previsões *pro forma* elegantes (e às vezes até úteis) e análises de risco sofisticadas. Para demonstrar como a previsão computadorizada é fácil, a Tabela 3.5 oferece uma previsão condensada de um ano da R&E Supplies tal como seria apresentada na tela de um computador (se você não entende de computadores, sugiro pular esta seção ou desenvolver um entendimento básico das planilhas eletrônicas antes de continuar). A primeira área da tela simulada é uma *caixa de premissas* que contém todas as informações e premissas necessárias para construir a previsão (é uma boa ideia deixar um pouco mais de espaço aqui para poder acrescentar informações de que você não se lembre inicialmente). Reunir todas as informações de entrada necessárias em uma caixa de premissas poupa muito tempo mais tarde, se você quiser alterar

Tabela 3.4 Demonstrações financeiras *pro forma* revisadas da R&E Supplies, Inc., 31 de dezembro de 2012 ($ milhares, alterações em negrito)

Demonstração de resultados		
	2012	**Comentários**
Vendas líquidas	**$24.736**	**Aumento de 20%**
Custo das mercadorias vendidas	21.273	86% do faturamento
Lucro bruto	3.463	
Despesas:		
Gerais, de vendas e administrativas	**3.092**	**12,5% do faturamento**
Despesa de juros líquida	90	Inicialmente constante
Lucro antes de impostos	281	
Impostos	126	À alíquota de 45%
Lucro após impostos	$ 155	
Balanço		
Ativo		
Ativo circulante:		
Caixa e títulos	$ 1.220	18 dias de vendas
Contas a receber	**3.185**	**Prazo médio de recebimento de 47 dias**
Estoques	2.364	9 vezes o giro
Despesas pagas antecipadamente	20	Estimativa aproximada
Total do ativo circulante	6.789	
Ativo fixo líquido	280	Ver texto
Total do ativo	$ 7.069	
Passivo e patrimônio líquido		
Passivo circulante:		
Empréstimo bancário	$0	
Contas a pagar	**3.497**	**Prazo médio de pagamento de 60 dias**
Parcela corrente da dívida a longo prazo	100	Ver texto
Salários provisionados	22	Estimativa aproximada
Total do passivo circulante	3.619	
Dívida a longo prazo	660	
Ações ordinárias	150	
Lucros retidos	1.657	Ver texto
Total do passivo e do patrimônio líquido	$ 6.086	
Financiamento externo necessário	**$ 982**	

as premissas adotadas. Os dados de 2012 constantes na caixa de premissas são muito próximos dos dados que usamos em nossa previsão original manual para a R&E Supplies.

A previsão começa logo abaixo da caixa de premissas. A primeira coluna, intitulada "Equações 2012", foi incluída para fins explicativos e não constaria em uma previsão convencional. A digitação dessas equações faz o computador

Tabela 3.5 Previsão com planilha de computador: previsão financeira *pro forma* da R&E Supplies, Inc., 31 de dezembro de 2012 ($ milhares)

	A	B	C	D
1				
2	Ano	2011 Efetivo	2012	2013
3	Vendas líquidas	$20.613		
4	Taxa de crescimento das vendas líquidas		25,0%	
5	Custo das mercadorias vendidas/vendas líquidas		86,0%	
6	Despesas gerais, de vendas e administrativas/vendas líquidas		12,0%	
7	Dívida a longo prazo	$ 760	$660	
8	Parcela corrente da dívida a longo prazo	$ 100	$100	
9	Taxa de juros		10,0%	
10	Alíquota do imposto		45,0%	
11	Dividendos/lucro após impostos		50,0%	
12	Ativo circulante/vendas líquidas		29,0%	
13	Ativo fixo líquido		$280	
14	Passivo circulante/vendas líquidas		14,5%	
15	Patrimônio líquido	$1.730		
16	**DEMONSTRAÇÃO DE RESULTADOS**			
17		Equações	Previsão	Previsão
18	Ano	2012	2012	2013
19	Vendas líquidas	=B3 + B3*C4	$25.766	
20	Custo das mercadorias vendidas	=C5*C19	22.159	
21	Lucro bruto	=C19 − C20	3.607	
22	Despesas gerais, de vendas e administrativas	=C6*C19	3.092	
23	Despesa de juros	=C9*(C7 + C8 + C40)	231	
24	Lucro antes de impostos	=C21 − C22 − C23	285	
25	Impostos	=C10*C24	128	
26	Lucro após impostos	=C24 − C25	156	
27	Dividendos pagos	=C11*C26	78	
28	Acréscimo ao lucro retido	=C26 − C27	78	
29				
30	**BALANÇO**			
31	Ativo circulante	=C12*C19	7.472	
32	Ativo fixo líquido	=C13	280	
33	Total do ativo	=C31 + C32	7.752	
34				
35	Passivo circulante	=C14*C19	3.736	
36	Dívida a longo prazo	=C7	660	
37	Patrimônio líquido	=B15 + C28	1.808	
38	Total do passivo e do patrimônio líquido	=C35 + C36 + C37	6.204	
39				
40	**FINANCIAMENTO EXTERNO NECESSÁRIO**	=C33 − C38	**$ 1.548**	

Por que os bancos são tão conservadores?

Alguns responderiam que é por causa do "excesso de casamentos cruzados entre republicanos"; mas há outra possibilidade: baixo retorno. Resumindo, quando o retorno previsto sobre os empréstimos é baixo, os banqueiros não podem aceitar riscos elevados.

Examinemos a demonstração de resultados de uma operação de crédito bancário típica, com cerca de 100 empréstimos de $1 milhão cada um, a juros de 10%:

	($ milhares)
Receita financeira (10% × 100 × $1 milhão)	$10.000
Despesa financeira	7.000
Resultado bruto	3.000
Despesas operacionais	1.000
Resultado antes de impostos	2.000
Imposto de renda a 40%	800
Resultado após impostos	$ 1.200

A despesa financeira de $7 milhões representa um rendimento de 7% que o banco precisa oferecer aos depositantes e investidores para levantar os $100 milhões dados em empréstimo (no jargão bancário, esses empréstimos oferecem margem, ou *spread*, de 3%). As despesas operacionais incluem o custo do prédio de escritórios no centro da cidade, a coleção de arte, os salários e assim por diante.

Esses valores implicam um retorno do ativo minúsculo de 1,2% ($1,2 milhão / 100 × $1 milhão). Sabemos, com base nas alavancas de desempenho, que para gerar qualquer retorno expressivo sobre o patrimônio líquido, os bancos precisam forçar a alavancagem financeira. De fato, para gerar um ROE de 12%, nosso banco precisa de um índice ativo/patrimônio de 10 para 1 ou, o que dá no mesmo, de $9 em passivo para cada $1 de patrimônio líquido.

E, pior, esse lucro é excessivamente otimista, porque ignora o fato de que nem todos os empréstimos são honrados. Os bancos normalmente recuperam apenas cerca de 40% do valor do principal de empréstimos inadimplentes, o que representa um prejuízo de $600.000 por empréstimo de $1 milhão. Ignorando a redução do imposto devido por causa de empréstimos inadimplentes, isso significa que, se apenas dois dos 100 empréstimos do banco deixarem de ser honrados por ano, $1,2 milhão em lucro previsto evaporará. Em outras palavras, o gerente de crédito precisa estar praticamente certo de que cada empréstimo será pago, apenas para alcançar o ponto de equilíbrio (ou precisa estar praticamente certo de que será promovido e estará longe do departamento de crédito antes que os empréstimos comecem a ir mal). Então, por que os bancos são tão conservadores? Porque os mais agressivos quebraram há muito tempo.

calcular as quantidades apresentadas na segunda coluna, intitulada "Previsão 2012". A terceira coluna, intitulada "Previsão 2013", ainda está em branco.

É preciso passar por duas etapas para ir das premissas à previsão. Primeiro, é preciso digitar uma série de equações que ligam os dados de entrada às previsões de saída. São essas as equações que constam na primeira coluna: a primeira equação de faturamento é = B3 + B3 * C4. Isso ordena ao computador que obtenha o número da célula B3 e o some a ele mesmo multiplicado pelo conteúdo da célula C4 ou, em outras palavras, $20.613 + $20.613 × 25%. A segunda equação ordena que o computador multiplique as vendas líquidas previstas pelo percentual previsto do custo das mercadorias vendidas. A terceira manda o computador calcular o lucro bruto, subtraindo o custo das mercadorias vendidas das vendas líquidas.

Só há três equações complicadas. A despesa de juros, na linha 23, é a taxa de juros vezes a dívida a longo prazo no fim do exercício, inclusive a correspondente parcela a curto prazo, mais a necessidade projetada de financiamento externo. Como já vimos, a complicação aqui é a interdependência da despesa de juros e da necessidade de financiamento externo (falarei mais sobre isso no segundo passo). As duas outras equações são comparativamente mais simples. A do patrimônio líquido, na linha 37, é o patrimônio líquido no fim do exercício mais os acréscimos ao lucro retido; a equação da necessidade de financiamento externo, na linha 40, é o ativo total menos o passivo total e patrimônio líquido.

O segundo passo é incorporar as interdependências das despesas financeiras e da necessidade de financiamento externo. Se não forem feitos alguns ajustes, o computador provavelmente acusará "referência circular" e travará quando você digitar a equação da despesa de juros. Para evitar esse problema, é preciso recorrer àquilo que os usuários de planilhas eletrônicas chamam de *cálculo manual*. No caso do Excel 7 ou mais recente, faça o seguinte: selecione "Arquivo" e, depois, "Opções". Selecione a guia "Fórmulas", seguida de "Opções de cálculo" e ative a caixa "Habilitar cálculo iterativo" e, então, aperte OK. Agora sua previsão deve estar completa.

E é aqui que começa a diversão. Para modificar uma premissa da previsão, basta mudar o seu valor na caixa de premissas, e *voilà*: o computador fará instantaneamente todas as alterações necessárias e apresentará a previsão revista. A fim de ampliar a previsão para que ela abranja mais um ano, basta preencher os valores no quadro de premissas, destacar a previsão de 2012 e copiá-la em uma coluna à direita. Então, faça as alterações obviamente necessárias no faturamento líquido e no patrimônio líquido e deixe o computador realizar o restante. (Veja os Recursos Adicionais ao final do capítulo para informações sobre o PROFORMA, um *software* gratuito para a construção de previsões *pro forma*.)

LIDANDO COM A INCERTEZA

Análise de sensibilidade

Há diversas técnicas para ajudar os executivos a lidarem com a incerteza inerente a qualquer projeção financeira realista. A mais simples é a *análise de sensibilidade*, conhecida informalmente como método "e se": e se o faturamento da R&E crescer 15% em vez de 25%? E se o custo das mercadorias vendidas for de 84% das vendas em vez de 86%? O método consiste em substituir sistematicamente uma das premissas em que se baseiam as demonstrações *pro forma* e observar como a previsão reage. Esse exercício tem pelo menos duas utilidades. Primeiro, fornece informações sobre o espectro de resultados possíveis. Por exemplo, a análise de sensibilidade da previsão original da R&E Supplies poderia revelar que, dependendo do volume futuro de vendas atingido, a necessidade de financiamento externo da empresa poderia variar entre $1,4 milhão e $2 milhões. Isso indicaria à administração que seria melhor dispor de flexibilidade suficiente em seus planos financeiros para admitir mais $600.000 de financiamento externo, de acordo com o desenrolar dos acontecimentos. Em segundo lugar, a análise de sensibilidade incentiva a gestão por exceção. Ela permite que os administradores determinem as premissas que têm maior efeito sobre a previsão e as que são secundárias, o que lhes possibilita concentrar os esforços de coleta de dados e previsão nas premissas mais críticas. Mais adiante, durante a implementação do plano financeiro, as mesmas informações ajudam a administração a concentrar-se nos fatores mais críticos para o sucesso.

Análise de cenário

A análise de sensibilidade tem sua utilidade, mas é importante que se saiba que as previsões raramente erram a respeito de apenas uma premissa por vez. Ou seja, qualquer acontecimento que lançar uma premissa da previsão financeira para fora do alvo provavelmente também afetará outras premissas. Por exemplo, suponhamos que desejemos estimar a necessidade de financiamento externo da R&E Supplies admitindo que as vendas fiquem 15% abaixo da expectativa. Pela análise de sensibilidade, simplesmente reduziríamos em 15% o crescimento previsto das vendas e recalcularíamos o financiamento externo necessário. Mas essa abordagem admite implicitamente que o menor faturamento não afeta qualquer outra estimativa em que se baseia a projeção. Se o corretor supuser que os estoques aumentarão inicialmente com a queda das vendas e que a margem de lucro diminuirá enquanto a empresa reduz os preços para manter o volume, deixar de incluir esses efeitos complementares levará a uma subestimativa da necessidade de financiamento externo.

Em vez de manipular uma premissa por vez, a *análise de cenário* amplia a perspectiva, avaliando como diversas premissas reagiriam a um evento econômico determinado. O primeiro passo em uma análise de cenário é identificar alguns eventos – ou cenários – cuidadosamente escolhidos que possam afetar a empresa. Alguns cenários comuns são a perda de um cliente importante, a introdução bem-sucedida de um novo produto ou a entrada de um novo concorrente importante no mercado. O segundo passo é, então, para cada cenário identificado, repensar atentamente as variáveis da previsão original, reiterando a premissa inicial ou substituindo-a por outra mais adequada. O último passo da análise é gerar uma previsão separada para cada cenário. O resultado é um número limitado de projeções detalhadas que descrevem as contingências com que a empresa se depara.

Simulação

A *simulação* é uma extensão computadorizada da análise de sensibilidade. Para fazer uma simulação, comece atribuindo uma distribuição de probabilidade a cada elemento de incerteza da previsão. A distribuição descreve os valores que a variável poderia assumir e a probabilidade de que cada valor ocorra. Em seguida, peça ao computador para escolher aleatoriamente um valor para cada variável incerta que seja consistente com a distribuição de probabilidade estabelecida e gerar um conjunto de demonstrações *pro forma* com base nos valores selecionados. Isso criará um teste. Repita o último passo diversas vezes, produzindo um grande número de testes. O resultado da simulação será uma tabela ou, mais frequentemente, um gráfico que resume os resultados de diversos testes.

Para exemplificar, a Figura 3.1 representa os resultados de uma simulação das necessidades de financiamento externo da R&E usando o Crystal Ball, um programa popular de simulação. Nossa previsão inicial admitiu um crescimento de 25% do faturamento em 2012, mas isso é só um "chute", claro. A figura mostra um gráfico de frequência do financiamento externo necessário para a R&E com variação do crescimento do faturamento entre 10 e 40%. Para gerar o gráfico, escolhi na galeria de distribuições fornecida pelo Crystal Ball (e apresentada na parte inferior da figura) uma distribuição normal para a estimativa de crescimento do faturamento. Então, usando o modelo de planilha da Tabela 3.5, pedi ao Crystal Ball que apresentasse os resultados de 500 testes na forma de gráfico de frequência. Em menos de um minuto, já havia obtido os resultados. Poderia ter permitido que quase todas as premissas da planilha variassem e até mesmo que o fizessem em correlação umas com as outras, mas isso já é o bastante para dar uma ideia de como é fácil fazer uma simulação.

A principal vantagem da simulação com relação à análise de sensibilidade e à análise de cenário é que ela permite que todas as variáveis incertas de entrada variem ao mesmo tempo. A principal desvantagem, na minha opinião, é que os resultados são muitas vezes de difícil interpretação. Um dos motivos para isso é que poucos executivos estão habituados a pensar em acontecimentos em termos de probabilidades. O gráfico de frequência da Figura 3.1 indica que há uma chance de 2,00% de que a necessidade de financiamento externo da R&E supere $1,844 milhão. Serão 2,00% uma probabilidade tão remota que a R&E possa levantar com segurança menos do que $1,844 milhão, ou seria mais prudente conseguir mais do que esse valor? Que chance de não conseguir atender às suas necessidades de financiamento externo a empresa deveria aceitar? De 10, 2 ou 0,02%? A resposta não é óbvia. Uma segunda dificuldade prática da simulação faz lembrar o ditado do Presidente Eisenhower:

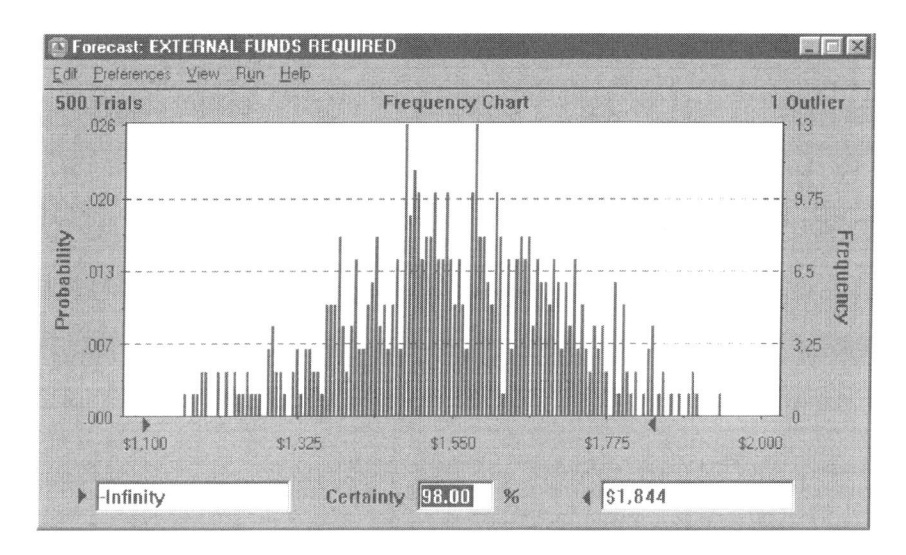

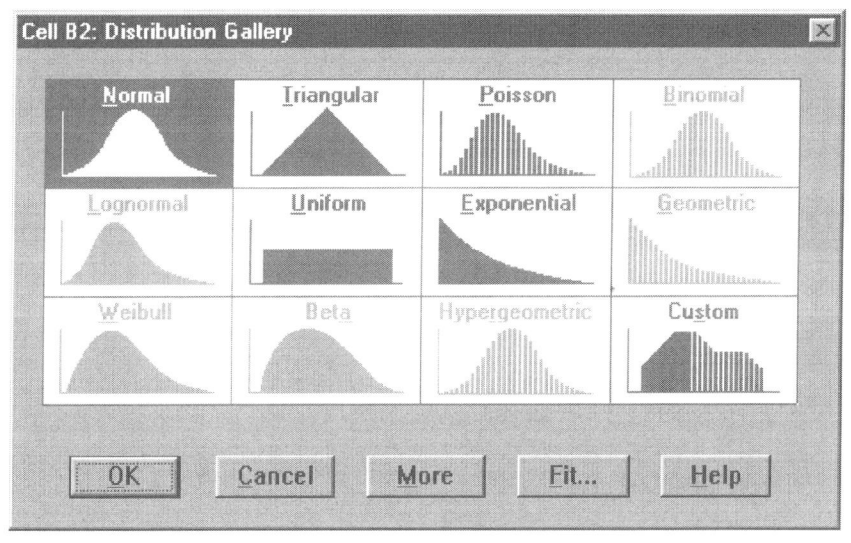

Figura 3.1 Simulação da necessidade de financiamento externo da R&E Supplies: gráfico de frequências e conjunto de distribuições para o crescimento do faturamento.

"O que importa não são os planos, mas o planejamento". Com a simulação, grande parte do "planejamento" ocorre dentro do computador e, muitas vezes, os administradores só veem os resultados. Com isso, podem não atingir a visão profunda da empresa e de suas perspectivas que teriam se usassem técnicas mais simples.

O programa Crystal Ball completo está disponível para um teste gratuito de uma semana no endereço **www.oracle.com/crystalball**. Para praticar o uso do programa e a construção de um modelo de simulação, veja o Problema 15, no final do capítulo.

PREVISÕES DE FLUXO DE CAIXA

Uma previsão de fluxo de caixa nada mais é que uma listagem de todas as fontes e de todos os usos previstos de caixa da empresa no decorrer do período de previsão. A diferença entre as fontes projetadas e os usos projetados é a necessidade de financiamento externo. A Tabela 3.6 mostra uma previsão de fluxo de caixa da R&E Supplies para 2012. As principais premissas da previsão são as mesmas que foram usadas para construir as demonstrações *pro forma* da R&E na Tabela 3.3.

As previsões de fluxo de caixa são diretas, fáceis de entender e usadas com frequência. Sua principal fraqueza em comparação com as demonstrações *pro forma* está em serem menos informativas. As demonstrações *pro forma* da R&E não só indicam o montante de financiamento externo necessário, como também fornecem informações úteis para avaliar a capacidade da empresa de levantar essa quantia. Assim, um gerente de crédito pode avaliar a posição financeira futura da empresa por meio da análise de suas demonstrações *pro forma*.

Tabela 3.6 Previsão de fluxo de caixa da R&E Supplies, Inc., 2012 ($ milhares)

Fontes de caixa	
Lucro líquido	$ 234
Depreciação	50
Redução do ativo ou aumento do passivo:	
Aumento das contas a pagar	370
Aumento dos salários a pagar	4
Total das fontes de caixa	$ 658
Usos de caixa	
Dividendos	$ 117
Aumento do ativo ou redução do passivo:	
Aumento de caixa e títulos	859
Aumento das contas a receber	714
Aumento do estoque	195
Aumento das despesas pagas antecipadamente	2
Investimento no ativo fixo	43
Redução da dívida a longo prazo	100
Redução da dívida a curto prazo	50
Total dos usos de caixa	$2.080
Determinação do financiamento externo necessário:	
Total das fontes + Financiamento externo necessário = Total dos usos	
$658.000 + Financiamento externo necessário = $2.080.000	
Financiamento externo necessário = $1.422.000	

Como a previsão de fluxo de caixa fornece apenas *variações* nas quantidades representadas, fazer uma análise semelhante com previsões de fluxo de caixa seria muito mais difícil.

ORÇAMENTOS DE CAIXA

Um *orçamento de caixa* é aquilo que qualquer um de nós deveria fazer se estivesse preocupado com suas finanças pessoais. Faz-se uma lista de todas as entradas e saídas de caixa esperadas nos próximos meses e esperamos com todas as forças que as primeiras sejam maiores que as últimas. Em caso de más notícias, quando as saídas superam as entradas, sabemos que nos espera uma redução da poupança ou um empréstimo bancário. Da mesma forma, um orçamento de caixa de uma empresa nada mais é que uma lista dos recebimentos e desembolsos de caixa em um determinado período de previsão para antecipar futuros superávits ou déficits de caixa. Muitas empresas usam um conjunto de previsões financeiras aninhadas, baseando-se em projeções *pro forma*, para planejar suas operações e estimar as necessidades de financiamento externo e orçamentos de caixa, preparados semanal ou até diariamente, para gerenciar o caixa no curto prazo.

A única dificuldade conceitual da elaboração de um orçamento de caixa de uma empresa está no fato de que as contas empresariais se baseiam no regime de competência, enquanto os orçamentos de caixa são estritamente fundados em regime de caixa. Isso exige traduzir as projeções de vendas e compras da empresa em seus equivalentes em caixa. Para vendas a prazo, isso significa ajustar para o prazo decorrido entre a venda e o recebimento dos proventos por ela gerados. Analogamente, para compras a prazo, significa ajustar para o intervalo entre a compra de um item e o pagamento da conta resultante.

Para explicar a mecânica da coisa, a Tabela 3.7 apresenta o orçamento de caixa da Jill Clair Fashions para o terceiro trimestre de 2012. A Jill Clair é uma pequena fabricante e distribuidora de vestuário feminino. As vendas são bastante sazonais, atingindo seu pico no meio do verão, e o tesoureiro da empresa está preocupado com a manutenção de saldos de caixa adequados durante este período crítico. Para simplificar, a tabela apresenta um orçamento de caixa mensal. Na prática, um tesoureiro às voltas com vendas voláteis e caixa limitado provavelmente preferiria ter, também, orçamentos semanais e até diários.

A parte superior do orçamento, intitulada Determinação de recebimentos e pagamentos de caixa, realiza a conversão de contabilidade pelo regime de competência para o regime de caixa. As condições de crédito declaradas pela empresa são 2%/10 líquidos 30 dias, o que quer dizer que os clientes recebem um desconto de 2% quando pagam dentro de 10 dias, mas, do contrário, as contas são devidas pelo seu valor integral em 30 dias. Com base em sua experiência anterior, o tesoureiro imagina que 30% dos clientes paguem no mês da compra e exijam o desconto, 60% paguem no mês seguinte e 10% paguem dois meses

Tabela 3.7 Orçamento de caixa da Jill Clair Fashions, 3º trimestre de 2012 ($ milhares)

	Realizado		Previsto		
	Maio	Junho	Julho	Agosto	Setembro
I. Determinação de recebimentos e pagamentos de caixa					
Vendas projetadas	$150	$200	$300	$400	$250
Recebimento das vendas					
No mês da venda			88	118	74
(0,3)(0,98)(vendas no mês)					
No 1º mês após a venda			120	180	240
0,6 (vendas do mês anterior)					
No 2º mês após a venda			15	20	30
0,1(vendas 2 meses antes)					
Total dos recebimentos			$223	$318	$344
Compras 0,6 (vendas projetadas no mês seguinte)		$180	$240	$150	
Pagamentos (compras do mês anterior)			$180	$240	$150
II. Entradas e saídas de caixa					
Total dos recebimentos (acima)			$223	$318	$344
Venda de equipamentos usados				79	
Total de entradas de caixa			$223	$397	$344
Pagamentos (acima)			180	240	150
Salários			84	82	70
Despesa de juros			8	8	8
Aluguel			10	10	10
Impostos					12
Amortização de empréstimo					40
Outros desembolsos			1	27	14
Total das saídas de caixa			$283	$367	$304
Entrada (saída) de caixa líquida			$(60)	$30	$40
III. Determinação de superávit ou déficit de caixa					
Caixa inicial			220	160	190
Entrada (saída) líquida de caixa			(60)	30	40
Caixa final			160	190	230
Caixa mínimo desejado			200	200	200
Superávit (déficit) de caixa			**$(40)**	**$(10)**	**$30**

após a compra. Analisando os dados para julho, vemos que as vendas projetadas são de $300.000, mas os recebimentos são de apenas $223.000. Destes, aproximadamente $88.000 vêm de recebimentos de vendas realizadas em julho. Isso corresponde a 30 de 98% das vendas do mês (os 98% refletem o desconto de 2% concedido para pagamentos à vista). Aproximadamente $120.000 dos recebimentos de julho vêm das vendas realizadas em junho, refletindo a expectativa de que 60% dos compradores de junho paguem no mês seguinte. Finalmente, $15.000 dos recebimentos de julho se originam em vendas realizadas dois meses antes, correspondendo a 10% das vendas de maio.

A Jill Clair compra matérias-primas em volume correspondente a 60% das vendas projetadas do mês seguinte. Assim, com a venda projetada de $400.000 em agosto, as compras de julho são de $240.000. Mas como a empresa paga suas contas em 30 dias, os pagamentos correspondem às compras de junho, de apenas $180.000.

A segunda seção da Tabela 3.7, intitulada Recebimentos e desembolsos de caixa, registra todas as entradas e saídas de caixa previstas para cada mês. Também consta a diferença mensal entre essas quantidades, sob o título Recebimentos (desembolsos) de caixa líquidos. Note que a Jill Clair imagina receber caixa de duas fontes: cobrança de vendas a crédito, como estima a parte superior da tabela, e mais $79.000 da venda de equipamentos usados. Outras possíveis fontes de caixa não observadas aqui poderiam incluir os proventos de um novo empréstimo bancário, receitas financeiras e caixa obtido com o exercício de opções de compra de ações concedidas aos empregados. Na parte inferior dessa seção, os desembolsos de caixa registram todos os pagamentos de caixa previstos para cada mês, inclusive pagamento das compras a crédito estimadas anteriormente, salários, despesa com juros, aluguel, impostos, uma amortização de empréstimo e outros desembolsos diversos. Em cada categoria, o tesoureiro registrou o custo de caixa previsto no mês de pagamento. Observe que a depreciação não consta nos desembolsos porque, sendo um encargo não monetário, não tem lugar em um orçamento de caixa.

A parte inferior do orçamento de caixa da Jill Clair mostra os efeitos das entradas e saídas de caixa previstas sobre a necessidade de financiamento externo. O raciocínio é simples. O saldo de caixa final de um mês se torna o saldo de caixa inicial do mês seguinte e, no decorrer de cada mês, o caixa aumenta ou diminui de acordo com as entradas ou saídas líquidas ocorridas. Por exemplo, o caixa inicial de agosto de $160.000 é o caixa final de julho e durante o mês de agosto as entradas de caixa líquidas de $30.000 elevam o caixa para um valor final de $190.000. Comparando o saldo de caixa final de cada mês com o nível de caixa mínimo desejado especificado pelo tesoureiro, temos uma estimativa mensal do superávit ou do déficit de caixa mensal da empresa. Um déficit mede o montante que a empresa precisa levantar na data de previsão para cobrir desembolsos previstos e deixar o caixa final no nível mínimo desejado. Uma previsão de superávit, por outro lado, significa que a empresa é capaz de cobrir os desembolsos previstos e ainda ter caixa acima do mínimo desejado. Em outras palavras, os valores de superávit ou déficit de caixa correspondem, sob todos os aspectos, ao financiamento externo necessário que consta em uma projeção *pro forma* ou em uma previsão de fluxo de caixa. Todos medem a necessidade futura de financiamento externo da empresa ou seu superávit de caixa projetado.

O orçamento de caixa da Jill Clair sugere que o tesoureiro precisará tomar um empréstimo de $40.000 em julho, mas poderá reduzir esse valor para $10.000 no mês seguinte e amortizar plenamente o empréstimo ao fim de setembro. Com efeito, parece que a empresa terá então um superávit de caixa de $30.000 que poderá ser usado para pagar outras dívidas, comprar títulos negociáveis ou reinvestir na empresa.

COMPARAÇÃO ENTRE AS TÉCNICAS

Embora os formatos sejam diferentes, deve ser um alívio saber que todas as técnicas de previsão abordadas neste capítulo produzem os mesmos resultados. Desde que as premissas sejam as mesmas e que não ocorram erros aritméticos ou contábeis, todas as técnicas produzirão a mesma estimativa de necessidade de financiamento externo. Além disso, se suas habilidades contábeis estiverem à altura, é possível conciliar um formato com outro. Os Problemas 8, 9 e 10, no final deste capítulo, permitirão que você mesmo demonstre isso.

Um segundo fato reconfortante é o de que, independentemente da técnica de previsão usada, a estimativa resultante da necessidade de novo financiamento não é distorcida pela inflação. Assim, não há necessidade de recorrer a uma correção monetária elaborada ao fazer previsões financeiras em um ambiente inflacionário. Isso não significa que a necessidade de novo financiamento independa da taxa de inflação: na verdade, como ficará patente no próximo capítulo, a necessidade de financiamento da maioria das empresas aumenta com a inflação. Significa, isto sim, que a aplicação direta das técnicas de previsão aqui descritas indicará corretamente a necessidade de financiamento externo, mesmo na presença de inflação.

Mecanicamente, portanto, as três técnicas de previsão são equivalentes, e a escolha de qual delas usar depende do objetivo da previsão. Para a maioria dos fins de planejamento e para a análise de crédito, recomendo as demonstrações *pro forma* porque elas apresentam as informações de maneira adequada para que se façam análises adicionais. Para previsões a curto prazo e gestão de caixa, o orçamento de caixa é adequado. A previsão de fluxo de caixa fica entre os dois extremos: ela apresenta uma visão mais ampla das operações da empresa do que o orçamento de caixa e, para os iniciantes em contabilidade, é mais fácil de construir e interpretar do que os *pro formas*, apesar de ser menos informativa.

PLANEJAMENTO EM GRANDES EMPRESAS

Em uma empresa bem administrada, as previsões financeiras são apenas a ponta do *iceberg* do planejamento. Executivos espalhados por toda a organização dedicam muito tempo e esforço ao desenvolvimento de planos estratégicos e operacionais que acabam se tornando a base dos planos financeiros da empresa. Esse processo formal de planejamento é de especial importância em grandes empresas e com muitas divisões porque representa, frequentemente, um meio crucial de coordenação, comunicação e motivação para a organização.

Numa grande empresa, um planejamento eficaz costuma envolver três estágios formais que se repetem anualmente. Em uma perspectiva ampla, esses estágios podem ser vistos como um afunilamento progressivo das opções estratégicas em aberto. No primeiro estágio, os altos executivos e os administradores de divisões concebem uma estratégia corporativa. Isso inclui uma análise ampla das ameaças e oportunidades com que a empresa se depara no mercado, uma avaliação dos pontos fortes e fracos da própria empresa e o estabelecimento das metas de desempenho a serem buscadas pelas unidades de negócio da empresa. Nesse estágio inicial, o processo é criativo e predominantemente qualitativo. O papel das previsões financeiras se limita a delinear, em termos genéricos, as limitações de recursos a que a empresa está sujeita e a testar a viabilidade financeira de estratégias alternativas.

No segundo estágio, os gerentes de divisão e os encarregados dos departamentos traduzem as metas qualitativas e voltadas para o mercado estabelecidas no primeiro estágio em um conjunto de atividades internas da divisão, tidas como necessárias para atingir as metas estabelecidas e sobre as quais se chegou a um consenso. Por exemplo, se uma meta do estágio 1 for aumentar a participação de mercado (*market share*) do produto X em pelo menos 2% nos próximos 18 meses, os planos do estágio 2 definirão o que a administração da divisão precisará fazer para alcançar esse objetivo. Neste ponto, a alta administração terá, provavelmente, indicado em termos genéricos os recursos a serem alocados para cada divisão, embora ainda não tenham sido autorizados planos específicos de dispêndios. Assim, a administração divisional precisará preparar, pelo menos, previsões financeiras aproximadas para garantir que seus planos sejam consistentes de maneira geral com os recursos comprometidos pela alta administração.

No terceiro estágio do processo de planejamento, os departamentos desenvolvem um conjunto de planos e orçamentos quantitativos com base nas atividades definidas no estágio 2. Isso envolve, essencialmente, atribuir um preço às atividades definidas para a divisão. O preço constará de duas maneiras: orçamentos operacionais e orçamentos de capital. Embora cada empresa tenha sua própria definição de que despesas devem constar em cada orçamento, os orçamentos de capital normalmente incluem desembolsos com bens de custo elevado e longa duração, ao passo que os operacionais incluem despesas recorrentes como materiais, salários e assim por diante.

A integração, feita pela alta administração, desses orçamentos divisionais detalhados resulta na previsão financeira da empresa. Se a administração tiver sido realista quanto aos recursos disponíveis durante todo o processo de planejamento, a previsão conterá poucas surpresas. Se não, os executivos poderão descobrir que, no agregado, os planos de gastos das divisões superam os recursos disponíveis, tornando necessárias alterações nos orçamentos divisionais.

> **Um problema ligado à depreciação**
>
> A XYZ Corporation está prevendo suas necessidades de financiamento externo para o próximo ano. A previsão original mostra uma necessidade de financiamento externo de $10 milhões. Ao rever a previsão, o gerente de produção, que acabara de voltar de um seminário de contabilidade, recomenda aumentar a depreciação no ano seguinte – apenas para fins de publicação obrigatória, não para fins fiscais – em $1 milhão. Ele explica, com uma certa condescendência, que isso reduzirá o ativo fixo líquido em $1 milhão e, como a redução de um ativo é uma fonte de caixa, diminuirá o financiamento externo necessário na mesma medida. Explique por que ele está errado.
>
> *Resposta:* Aumentar a depreciação reduzirá o ativo fixo líquido. Mas também reduzirá a provisão para impostos e o lucro após impostos na mesma medida. Como essas duas contas pertencem ao passivo e a redução de um passivo é um uso de caixa, o exercício é fútil no que se refere à necessidade de financiamento externo. Isso condiz com o orçamento de caixa, que desconsidera a depreciação. Eis um exemplo numérico:
>
> | | Depreciação original | Aumento da depreciação | Variação da conta do passivo |
> |---|---|---|---|
> | Receita operacional | $10.000 | $10.000 | |
> | Depreciação | 4.000 | 5.000 | |
> | Lucro antes de impostos | 6.000 | 5.000 | |
> | Provisão para impostos, alíquota de 40% | 2.400 | 2.000 | – 400 |
> | Lucro após impostos | 3.600 | 3.000 | |
> | Dividendos | 1.000 | 1.000 | |
> | Acréscimo ao lucro retido | $ 2.600 | $ 2.000 | –$ 600 |
> | Variação total do passivo | | | –$1.000 |

À medida que os planos das empresas avançam de estratégias amplas para ordens concretas, as técnicas de previsão descritas neste capítulo assumem importância crescente, primeiro como meios de articular as implicações financeiras de uma determinada estratégia e, então, como veículo para testar estratégias alternativas. Colocada na devida perspectiva, portanto, a previsão financeira é uma família de técnicas para traduzir conceitos criativos em planos de ação concretos e, muito embora a boa técnica não seja garantia de sucesso, sua falta certamente aumenta a possibilidade de fracasso.

RESUMO

1. As demonstrações *pro forma*:
   - São os principais meios pelo quais os gestores podem prever as implicações financeiras de suas decisões.
   - Projetam como será a demonstração financeira da empresa no final do período de previsão.
   - São normalmente utilizadas para prever a necessidade futura de financiamento externo e uma ótima maneira de testar a viabilidade dos planos operacionais em vigor.
   - São, com frequência, baseadas nas previsões de percentual de vendas que admitem que muitas entradas de balanços e demonstrações de resultados variam constantemente com as vendas.
   - Envolvem quatro passos:
     - Revisão das demonstrações financeiras passadas para identificar quantidades que variam historicamente com as vendas.
     - Projeção cuidadosa de vendas futuras.
     - Preparação de projeções independentes de quantidade, como instalações e equipamentos fixos, que não variam historicamente com as vendas.
     - Teste da sensibilidade dos resultados da previsão a variações nas vendas projetadas.
   - Geram previsões estritamente aplicáveis somente nas datas de previsão e, assim, exigem cuidado ao lidar com negócios sazonais.
   - Contêm uma circularidade que envolve despesas financeiras e dívida total, que pode ser utilizada com uma planilha de computador criada para permitir o cálculo iterativo.
   - São grandes plataformas para um planejamento financeiro eficaz em que os administradores analisam cuidadosamente suas previsões para decidir se são aceitáveis ou se devem ser alteradas para prevenir problemas detectados.

2. As previsões de fluxo de caixa;
   - Projetam a necessidade de financiamento externo como a diferença entre fontes e usos de caixa previstos ao longo do período de previsão.
   - Produzem a mesma necessidade de financiamento externo como uma projeção *pro forma*, considerando as mesmas premissas.
   - São menos informativos que as previsões *pro forma*, porque não fornecem informações úteis para avaliar a melhor forma de atender a necessidade indicada de financiamento.

3. Os orçamentos de caixa;
   - Projetam a variação no saldo de caixa sobre o período de previsão, como a diferença entre os recebimentos e os desembolsos antecipados.
   - Dependem do regime de caixa e não do regime de competência da contabilidade de exercício.
   - Produzem a mesma necessidade de financiamento externo como uma projeção *pro forma*, considerando as mesmas premissas.
   - São normalmente utilizados para previsões a curto prazo, variando de um dia a um mês.
   - São menos informativos do que a projeção *pro forma*, mas mais fáceis para os contadores neófitos entenderem.

4. Três maneiras de lidar com a incerteza nas previsões financeiras:
   - Análise de sensibilidade: altere uma entrada incerta por vez e observe como a previsão responde.
   - Análise de cenário: faça alterações coordenadas em várias entradas para refletir a ocorrência de um cenário específico, como a perda de um cliente importante ou uma grande recessão.
   - Simulação: atribua distribuições de probabilidade para muitas entradas incertas e use o computador para gerar uma distribuição de resultados possíveis.

5. O processo de planejamento na maioria das grandes empresas:
   - Envolve três ciclos contínuos:
     – Um ciclo de planejamento estratégico no qual a administração sênior é mais ativa.
     – Um ciclo operacional no qual os administradores de divisão traduzem metas estratégicas qualitativas em planos concretos.
     – Um ciclo orçamentário que atribui, basicamente, um preço aos planos operacionais.
   - Depende mais das técnicas de previsão e planejamento financeiros em cada ciclo.

Leituras complementares

Benninga, Simon. *Financial Modeling*. 3ª ed. Cambridge, MA: The MIT Press, 2008, 1.133 p.

Abrange diversos modelos financeiros, inclusive a previsão *pro forma* e as técnicas de simulação, além de modelos mais avançados, como análise de carteiras, opções, duração e imunização. O Microsoft Excel é usado em toda a obra.

Mayes, Timothy R. e Todd M. Shank. *Financial Analysis with Microsoft Excel*. 5ª ed. South-Western College Publishing, 2009, 480 p.

Um panorama de nível introdutório ao uso do Excel na análise financeira. Não chega nem perto de ser tão sofisticado ou ambicioso quanto o livro de Benninga.

Software

Escrito para acompanhar este texto, o PROFORMA converte informações e premissas sobre uma empresa fornecidas pelo usuário em previsões financeiras *pro forma* para até cinco anos futuros. Também faz uma análise de índices e de crescimento sustentável dos resultados. Permite que análises de sensibilidade sejam facilmente realizadas. Para obter uma cópia gratuita, visite o *site* www.grupoa.com.br, encontre a página deste livro, procure o Material Complementar e clique em Conteúdo Online.

Websites

www.oracle.com/crystalball

Visite este *site* para baixar uma cópia completa e válida por 15 dias do Crystal Ball, um poderoso acréscimo ao Excel para a análise de simulação.

- No lado direito da primeira página, abaixo de "Downloads", selecione Oracle.
- Aceite os termos para fazer o download do Crystal Ball e clique em "File 1" abaixo.
- Entre com sua conta ou selecione o link à direita para criar uma conta complementar.
- Faça o download de uma pasta compactada contendo os arquivos do Crystal Ball.
- Extraia os arquivos ao clicar com o botão direito e selecionar "Extract All…"

http://Office.microsoft.com/en-us/excel-help/CH010369467.aspx

Verifique "Get to Know Excel 2010: Create your first spreadsheet" para uma introdução interativa ao Excel.

www.exinfm.com/free_spreadsheets.html

Links para 101 (e cada vez mais) programas em Excel para uso na análise de uma ampla variedade de questões financeiras. Organizados por um consultor financeiro.

Problemas

As respostas aos problemas de número ímpar constam no final do livro. Para mais problemas e suas respostas, acesse www.grupoa.com.br (encontre a página deste livro, procure o Material Complementar e clique em Conteúdo Online).

1. Suponha que você tenha construído um balanço *pro forma* de uma empresa e que a estimativa de necessidade de financiamento externo tenha sido negativa. Como você interpretaria esse resultado?

2. Por definição, as demonstrações financeiras *pro forma* são previsões das demonstrações financeiras de uma empresa em um momento futuro. Então, por que é importante analisar o desempenho histórico da empresa antes de construir as demonstrações financeiras *pro forma*?

3. Suponha que você tenha construído um balanço *pro forma* e um orçamento de caixa de uma empresa para um mesmo período, e que o financiamento externo necessário segundo a previsão *pro forma* seja maior do que o déficit estimado no orçamento de caixa. Como você interpretaria esse resultado?

4. As vendas da Diamond Window Corp, nos três últimos meses, com metade tendo sido feita à vista, foram:

Março	Abril	Maio
$140.000	$240.000	$160.000

   a. Estime as entradas de caixa em maio se o prazo médio de recebimento da Diamond for de 60 dias. E de 45 dias?

   b. Estime as entradas de caixa em maio se o prazo médio de recebimento da Diamond for de 45 dias.

   c. Qual seria o balanço de maio das contas a receber da Diamond Window se o prazo de recebimento da empresa fosse de 60 dias?

5. A Tabela 3.3 mostra o balanço e as demonstrações de resultados *pro forma* da R&E Supplies, Inc., de 31 de dezembro de 2012. O balanço *pro forma* mostra que a empresa necessitará de um financiamento externo bancário de $1,4 milhão. Entretanto, a empresa apresenta quase $1,3 milhão em caixa e em títulos a curto prazo. Por que pedir ao banco tal montante se a empresa tem a maior parte desse valor?

6. A Tabela 3.5 apresenta uma planilha eletrônica para estimar as necessidades de financiamento externo da R&E Supplies em 2012. O texto diz que, com modificações nas equações de patrimônio líquido e vendas líquidas, a previsão poderá ser facilmente estendida para 2013. Escreva as equações modificadas para o patrimônio líquido e as vendas líquidas.

7. Uma planilha Excel contendo a previsão *pro forma* da R&E Supplies para 2012, mostrada na Tabela 3.5, está disponível para download em **www.grupoa.com.br** (encontre a página deste livro, procure o Material Comple-

mentar e clique em Conteúdo Online). Utilizando essa planilha, as informações apresentadas a seguir e as equações modificadas no Problema 6, amplie para 2013 a previsão da R&E Supplies que consta na Tabela 3.5.

Premissas da R&E Supplies para 2013 ($ milhares)	
Taxa de crescimento das vendas líquidas	30,0%
Custo das mercadorias vendidas/vendas líquidas	86,0%
Despesas gerais, de vendas e administrativas/vendas líquidas	11,0%
Dívida a longo prazo	$560
Parcela corrente da dívida a longo prazo	$100
Taxa de juros	10,0%
Alíquota de imposto	45,0%
Dividendos/lucro após impostos	50,0%
Ativo circulante/vendas líquidas	29,0%
Ativo fixo líquido	$270
Passivo circulante/faturamento líquido	14,4%

a. Qual é o financiamento externo projetado necessário da R&E em 2013? Como esse número se compara à projeção de 2012?

b. Faça uma análise de sensibilidade nessa projeção. Como o financiamento externo projetado necessário da R&E muda se o índice custo das mercadorias vendidas/vendas líquidas diminuir de 86 para 84%?

c. Faça uma análise de cenário nessa projeção. Como o financiamento externo projetado necessário da R&E muda se uma grave recessão ocorrer em 2013? Admita que as vendas líquidas diminuam 5%, o custo das mercadorias vendidas aumente para 88% das vendas líquidas devido a cortes nos preços, e que o ativo circulante aumente para 35% das vendas líquidas, pois a administração não consegue cortar as compras prontamente em resposta às vendas em queda.

8. Este problema e os dois seguintes demonstram que a previsão *pro forma*, os orçamentos de caixa e as previsões de fluxo de caixa resultam nas mesmas estimativas de necessidade de financiamento externo – desde que não se cometam erros. Para os Problemas 8, 9 e 10, ignore os efeitos do maior endividamento sobre a despesa de juros.

O tesoureiro da Pepperton, Inc., distribuidora atacadista de eletrodomésticos, quer estimar os saldos de caixa de sua empresa nos três primeiros meses de 2012. Usando as informações adiante, construa um orçamento de caixa mês a mês da Pepperton de janeiro a março de 2012. Com base nos resultados obtidos, o tesoureiro deve se preocupar com o investimento do superávit de caixa ou com a obtenção de um empréstimo bancário?

Informações selecionadas da Pepperton	
Vendas (20% à vista, o restante a crédito com prazo de 30 dias)	
2011 Realizado	
Outubro	$ 360.000
Novembro	420.000
Dezembro	1.200.000
2012 Projetado	
Janeiro	$ 600.000
Fevereiro	$ 240.000
Março	240.000
Compras (todas a crédito com 60 dias para pagar):	
2011 Efetivo	
Outubro	$ 510.000
Novembro	540.000
Dezembro	1.200.000
2012 Projetado	
Janeiro	$ 300.000
Fevereiro	120.000
Março	120.000
Salários pagos mensalmente	$ 180.000
Pagamento do principal em março	210.000
Pagamento de juros em março	90.000
Pagamento de dividendos em março	300.000
Pagamento de impostos em fevereiro	180.000
Acréscimo à depreciação acumulada em março	30.000
Saldo de caixa em 1º de janeiro de 2012	$ 300.000
Saldo de caixa mínimo desejado	150.000

9. Dando continuidade ao Problema 8, seguem a demonstração anual de resultados e o balanço da Pepperton para 31 de dezembro de 2011. Informações adicionais sobre os métodos contábeis da empresa e as expectativas do tesoureiro para o primeiro trimestre de 2012 constam nas notas de rodapé.

   a. Use essas informações e as do Problema 8 para construir uma demonstração de resultados *pro forma* para o primeiro trimestre de 2012, e um balanço *pro forma* para 31 de março de 2012. Em quanto você estima a necessidade de financiamento externo em 31 de março?

b. A necessidade de financiamento externo estimada para 31 de março de 2012 é igual ao superávit (déficit) de caixa para a mesma data segundo seu orçamento de caixa do Problema 8? Deveria ser?

Demonstração anual de resultados da Pepperton 31 de dezembro de 2011 ($ milhares)	
Vendas líquidas	$6.000
Custo das mercadorias vendidas[a]	3.900
Lucro bruto	2.100
Despesas de vendas e administrativas[b]	1.620
Despesa de juros	90
Depreciação[c]	90
Lucro líquido antes de impostos	300
Impostos a 33%	99
Lucro líquido após impostos	$201
Ativo	
Caixa	$300
Contas a receber	960
Estoque	1.800
Total do ativo circulante	3.060
Ativo fixo bruto	900
Depreciação acumulada	150
Ativo fixo líquido	750
Total do ativo	$3.810
Passivo	
Empréstimo bancário	$ 0
Contas a pagar	1.740
Provisões diversas[d]	60
Parcela corrente da dívida a longo prazo[e]	210
Impostos a pagar	300
Total do passivo circulante	2.310
Dívida a longo prazo	990
Patrimônio líquido	510
Total do passivo e do patrimônio líquido	$3.810

[a] O custo das mercadorias vendidas consiste exclusivamente em itens comprados no primeiro trimestre.
[b] As despesas de vendas e administrativas consistem exclusivamente em salários.
[c] Depreciação de $30.000 por trimestre.
[d] Não se espera alteração das diversas provisões no primeiro trimestre.
[e] $210 devidos em março de 2012. Não haverá pagamentos no restante do ano.

c. Suas previsões *pro forma* lhe dizem mais do que o orçamento de caixa sobre as perspectivas financeiras da Pepperton?

d. O que sua demonstração de resultados e seu balanço *pro forma* lhe dizem a respeito da necessidade de financiamento externo da Pepperton em 28 de fevereiro de 2012?

10. Com base em suas respostas ao Problema 9, construa a previsão de fluxo de caixa da Pepperton para o primeiro trimestre de 2012.

11. A Toys-4-Kids fabrica brinquedos de plástico. As vendas e a produção são altamente sazonais. Veja, adiante, uma previsão *pro forma* trimestral que indica a necessidade de financiamento externo para 2012. As premissas estão entre parênteses.

Toys-4-Kids
Previsão trimestral *pro forma* para 2012 ($ milhares)

	1º Trim.	2º Trim.	3º Trim.	4º Trim.
Vendas líquidas	$ 300	$ 375	$3.200	$5.000
Custo das mercadorias vendidas (70% das vendas)	210	263	2.240	3.500
Lucro bruto	90	113	960	1.500
Despesas operacionais	560	560	560	560
Lucro antes de impostos	(470)	(448)	400	940
Imposto de renda	(188)	(179)	160	376
Lucro após impostos	$ 282)	($269)	$ 240	$ 564
Caixa (saldo mínimo = $200.000)	$1.235	$927	$ 200	$ 200
Contas a receber (75% das vendas trimestrais)	225	281	2.400	3.750
Estoque (saldo em 31/12/2011 = $500.000)	500	500	500	500
Ativo circulante	1.960	1.990	3.120	4.450
Instalações e equipamento, líquido	1.000	1.000	1.000	1.000
Total do ativo	$2.960	$2.708	$4.100	$5.450
Contas a pagar (10% das compras trimestrais)	30	38	320	500
Provisões para impostos (pagamento trimestral postecipado)	(188)	(179)	160	376
Passivo circulante	(158)	(142)	480	876
Dívida a longo prazo	400	400	400	400
Patrimônio líquido (em 31/12/2011 = $3.000.000)	2.718	2.450	2.690	3.254
Total do passivo e patrimônio líquido	$2.960	$2.708	$3.570	$4.530
Financiamento externo necessário	$0	$0	$530	$920

a. Como você interpreta os números negativos do imposto de renda nos dois primeiros trimestres?

b. Por que os saldos de caixa dos dois primeiros trimestres são maiores do que o mínimo exigido de $200.000? Como esses números foram determinados?

c. Como foi determinado o "financiamento externo necessário" que consta na parte inferior da previsão?

d. Em sua opinião, a Toys-4-Kids conseguirá obter o financiamento externo necessário indicado pela previsão?

12. Continuando com o caso da Toys-4-Kids apresentado no problema anterior, há anos o gerente de produção da empresa afirma ser ineficiente produzir sazonalmente. Ele acredita que a empresa deveria adotar uma produção uniforme durante o ano, acumulando estoques de produtos acabados nos dois primeiros trimestres para atender ao pico de vendas dos dois últimos. Ele acha que, com a produção uniforme, a empresa pode reduzir seu custo das mercadorias vendidas de 70 para 65%. (Lembre-se de que os gerentes de produção, em geral, querem restringir a produção somente para reduzir os custos.)

   a. Prepare uma previsão *pro forma* revista admitindo produção constante. Em sua previsão, admita que os saldos trimestrais de contas a pagar sejam equivalentes a 10% do faturamento *médio* do ano e ignore qualquer aumento da despesa de juros. Para estimar o estoque trimestral, use as duas fórmulas a seguir:

   $$\text{Estoque}_{fdt} = \text{Estoque}_{cdt} + \text{Produção trimestral} - \text{Custo trimestral das mercadorias vendidas}$$

   $$\text{Produção trimestral} = \text{Custo anual das mercadorias vendidas}/4$$

   onde fdt e cdt referem-se, respectivamente, ao fim do trimestre e ao começo do trimestre. Ignore o efeito do maior financiamento externo necessário sobre a despesa financeira.

   b. Qual é o efeito da passagem da produção sazonal para a uniforme sobre o lucro anual?

   c. Que efeito a mudança tem sobre o estoque final da empresa? E sobre sua necessidade de financiamento externo?

   d. Em sua opinião, a empresa conseguirá tomar o empréstimo no valor necessário para a produção uniforme? Que riscos de obsolescência ela corre ao acumular estoques na expectativa de vendas futuras? Isso poderia ser motivo de preocupação para os credores?

13. Este problema pede que você elabore previsões financeiras de um e cinco anos e realize algumas análises de sensibilidade e de cenário para a empresa Aquatic Supplies. Uma planilha do Excel com as demonstrações financeiras da empresa para 2011 e as projeções da administração está disponível para *download* no endereço **www.grupoa.com.br** (encontre a página deste livro, procure o Material Complementar e clique em Conteúdo Online). Use essas informações para responder às perguntas apresentadas na planilha.

14. As demonstrações financeiras e informações complementares da Noble Equipment Corp. constam no site **www.grupoa.com.br** (encontre a página deste livro, procure o Material Complementar e clique em Conteúdo Online). O ano fiscal da empresa termina em 30 de setembro. A administração da Noble quer estimar os saldos de caixa da empresa para os três últimos meses do ano-calendário de 2011, que são os três primeiros do ano

fiscal de 2012. As perguntas encontradas na planilha pedem que você prepare um orçamento de caixa mensal, demonstrações financeiras *pro forma* e uma previsão de fluxo de caixa para o período.

15. Este problema pede que você construa um modelo de simulação simples. Se não tiver seu próprio *software* de simulação, você pode baixar para seu computador uma versão gratuita e válida por uma semana do Crystal Ball. Visite o endereço **www.oracle.com/crystalball** e selecione a opção *download*.

   a. O Problema 7 pediu que você estendesse a previsão da R&E Supplies constante na Tabela 3.5 para o ano de 2013. Usando a mesma planilha, simule as necessidades de financiamento externo da empresa em 2013 sob as seguintes premissas.

      i. Represente a taxa de crescimento das vendas líquidas como uma distribuição triangular com média de 30% e amplitude de 25 a 35%.

      ii. Represente a taxa de juros como uma distribuição uniforme variando de 9 a 11%.

      iii. Represente a alíquota do imposto de renda como uma distribuição logarítmica normal com média de 45% e desvio-padrão de 2%.

   b. Se o tesoureiro quiser ter 95% de certeza de que poderá contar com uma quantia suficiente em 2013, quanto deve levantar? (Arraste o triângulo do gráfico de frequência da direita para a esquerda até que apareça o valor 95.00 na janela "Certainty".)

Capítulo 4

Administração do Crescimento

A estrada para o sucesso está sempre em manutenção.

Anônimo

O crescimento e sua administração levantam problemas específicos para o planejamento financeiro, em parte porque muitos executivos veem o crescimento como algo que deve ser maximizado. Eles simplesmente pensam que, com maior crescimento, a participação de mercado (*market share*) e o lucro da empresa também devem aumentar. Do ponto de vista financeiro, contudo, o crescimento nem sempre é uma bênção. O crescimento acelerado pode sobrecarregar os recursos da empresa e, a menos que a administração esteja ciente desse efeito e tome medidas ativas para controlá-lo, o crescimento acelerado pode levar à falência. As empresas podem, literalmente, crescer até quebrar. É uma triste verdade que o crescimento acelerado tenha levado tantas empresas à bancarrota quanto o crescimento lento. E é duplamente triste saber que essas empresas que cresceram rápido demais passaram no teste do mercado, fornecendo um produto que as pessoas queriam, e só fracassaram porque lhes faltou o conhecimento financeiro para administrar corretamente seu crescimento.

No extremo oposto do espectro, as empresas com crescimento muito lento enfrentam um conjunto diferente de desafios financeiros, mas não menos premente. Como veremos, se essas empresas não entenderem as implicações financeiras do crescimento lento, ficarão sob pressão crescente de acionistas enraivecidos e de potenciais *raiders* (investidores que querem tomar o controle adquirindo as ações em bolsa). Em um caso ou no outro, a administração financeira do crescimento é um assunto digno de um exame mais detido.

Começaremos nossa análise das dimensões financeiras do crescimento pela definição da *taxa de crescimento sustentável* da empresa. Esta é a taxa máxima à qual as vendas da empresa podem crescer sem esgotar os recursos financeiros. Em seguida, trataremos das opções disponíveis para a administração quando a meta de crescimento de uma empresa supera sua taxa de crescimento sustentável e quando, por outro lado, o crescimento fica abaixo dos níveis sustentáveis. Uma conclusão importante será a de que o crescimento não é, necessariamente, algo que se deva maximizar. Em muitas empresas, pode ser necessário limitar o crescimento para manter o vigor financeiro. Em outras, o dinheiro usado para financiar o crescimento que não é lucrativo seria melhor empregado se devolvido aos seus donos. A necessidade de limitar o crescimento é uma lição difícil para os administradores operacionais habituados a pensar que quanto mais, melhor;

mas é uma lição crítica porque os executivos de áreas operacionais têm grande responsabilidade na gestão do crescimento.

CRESCIMENTO SUSTENTÁVEL

Podemos argumentar que as empresas bem-sucedidas passam por um ciclo de vida previsível. O ciclo começa com uma fase inicial em que a empresa perde dinheiro enquanto desenvolve produtos e estabelece uma cabeça de ponte no mercado. A isso se segue uma fase de crescimento acelerado em que a empresa é lucrativa, mas cresce com tanta rapidez que precisa de infusões regulares de financiamento externo. A terceira fase é a maturidade, caracterizada por uma queda do crescimento e uma passagem da absorção de financiamento externo para a geração de mais caixa do que a empresa é capaz de investir de forma lucrativa. A última fase é o declínio, quando a empresa pode ter lucratividade marginal, gera mais caixa do que consegue investir internamente e apresenta vendas declinantes. As empresas antigas e em declínio frequentemente dedicam muito tempo e dinheiro na busca de oportunidades de investimento em novos produtos ou em empresas que ainda estejam crescendo.

Começaremos nosso estudo pela fase de crescimento, quando as necessidades de financiamento são mais prementes. Mais adiante, trataremos dos problemas ligados ao crescimento das empresas antigas e em declínio. Um ponto central de nossa discussão será o conceito de crescimento sustentável. Intuitivamente, crescimento sustentável é apenas uma versão formalizada do antigo adágio "é preciso dinheiro para fazer dinheiro". Um maior faturamento exige mais ativos de todos os tipos pelos quais é preciso pagar. O lucro retido e os novos empréstimos geram algum caixa, mas apenas em quantidades limitadas. A menos que a empresa esteja preparada para emitir ações ou se endividar em excesso, esse limite estabelece um teto para o crescimento que pode ser atingido sem forçar os recursos. Esta é a taxa de crescimento sustentável da empresa.

A equação do crescimento sustentável

Vamos começar com uma equação simples para explicar a dependência do crescimento com relação aos recursos financeiros. Para tanto, admitimos que:

- A empresa tem uma meta de estrutura de capital e uma meta de política de dividendos que pretende manter.
- A administração não pode ou não quer emitir novas ações.

Em breve voltaremos a essas premissas. Por enquanto, basta dizer que embora elas certamente não valham para todas as empresas, descrevem muitas delas.

A Figura 4.1 ilustra o problema da empresa em crescimento acelerado. Ela representa o balanço da empresa como dois retângulos, um para o ativo e o

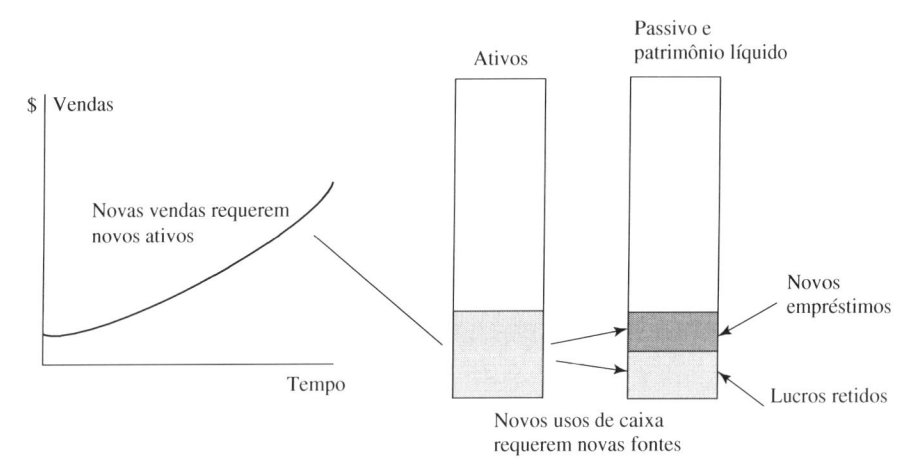

Figura 4.1 Novas vendas exigem novos ativos que precisam ser financiados.

outro para o passivo e o patrimônio líquido. Os dois retângulos compridos e claros representam o balanço no começo do ano. Os retângulos têm a mesma altura, é claro, porque o ativo deve ser igual à soma do passivo e do patrimônio líquido. Se a empresa quiser aumentar as vendas durante o ano, também precisará aumentar ativos como estoques, contas a receber e capacidade produtiva. A área sombreada ao lado do ativo da figura representa o valor dos novos ativos necessários para sustentar o aumento das vendas. Como a empresa, por premissa, não venderá ações, o caixa necessário para pagar por esse aumento do ativo deverá vir do lucro retido e de um aumento do passivo.

Queremos saber o que limita a taxa à qual a empresa da Figura 4.1 pode aumentar suas vendas. Admitindo, na prática, que todas as partes de uma empresa se expandam proporcionalmente, como um balão de gás, o que limita essa taxa de expansão? Para descobrir, vamos começar pelo canto inferior direito da figura que contém o patrimônio líquido. Com o crescimento do patrimônio líquido, a empresa pode tomar mais empréstimos sem alterar a estrutura de capital; juntos, o crescimento do passivo e o do patrimônio líquido determinam a taxa de expansão dos ativos. Isso, por sua vez, limita a taxa de crescimento das vendas. Então, no fim das contas, o que limita a taxa de crescimento das vendas é a taxa de expansão do patrimônio líquido. A taxa de crescimento sustentável de uma empresa, portanto, nada mais é do que a taxa de crescimento do patrimônio líquido.

Sendo g^* a taxa de crescimento sustentável,

$$g^* = \frac{\text{Variação do patrimônio líquido}}{\text{Patrimônio líquido}_{ide}}$$

onde ide representa o patrimônio líquido no início do exercício. Como, por premissa, a empresa não venderá quaisquer novas ações, a única fonte de novo patrimônio será o lucro retido, de modo que a expressão pode ser reescrita como:

$$g^* = \frac{R \times \text{Lucro}}{\text{Patrimônio líquido}_{ide}}$$

onde *R* é a "taxa de retenção" da empresa. R é a parcela dos lucros que fica retida no negócio, ou 1 menos a taxa de pagamento de dividendos. Se a política de meta de dividendos de uma empresa for distribuir 10% do lucro como dividendos, sua taxa de retenção será de 90%.

A proporção "Lucro/Patrimônio" desta expressão deve lhe parecer familiar: trata-se do rendimento do patrimônio da empresa, ou ROE. Assim,

$$g^* = R \times \text{ROE}_{ide}$$

Finalmente, recordando as alavancas de desempenho de que tratamos no Capítulo 2, podemos reescrever a expressão como

$$g^* = PRA\hat{T}$$

onde P, A e $\hat{T}$ são nossas velhas conhecidas do Capítulo 2, as alavancas de desempenho. Recordando, P é a margem de lucro, A é o índice de giro do ativo e $\hat{T}$ é o índice ativo/patrimônio líquido. O índice ativo/patrimônio líquido é apresentado aqui com circunflexo como lembrete de que se trata do ativo dividido pelo patrimônio líquido do *início do exercício*, e não do final, como definido no Capítulo 2.

Esta é a equação do crescimento sustentável. Vamos ver o que ela nos diz. Dadas as premissas indicadas, a equação diz que a taxa de crescimento sustentável das vendas de uma empresa, g^*, é igual ao produto de quatro índices: P, R, A e $\hat{T}$. Dois desses índices, P e A, resumem o desempenho operacional da empresa, ao passo que os outros dois descrevem suas principais políticas financeiras. Assim, a taxa de retenção, R, captura a atitude da administração quanto à distribuição de dividendos, e o índice ativo/patrimônio líquido, $\hat{T}$, reflete sua política quanto à alavancagem financeira.

Uma implicação importante da equação da taxa de crescimento sustentável é que *g^* é a única taxa de crescimento das vendas condizente com valores estáveis para os quatro índices*. Se uma empresa fizer crescer suas vendas a qualquer taxa que não a g^*, um ou mais índices *terão* que mudar. Isso significa que quando uma empresa cresce a uma taxa superior à sua taxa de crescimento sustentável, ela precisará melhorar suas operações (representadas por um aumento da margem de lucro ou do índice de giro do ativo) ou preparar-se para alterar suas políticas financeiras (representadas pelo aumento da taxa de retenção ou da alavancagem financeira).

CRESCIMENTO EXCESSIVO

Este é o ponto central do problema do crescimento sustentável das empresas em expansão acelerada: como nem sempre é possível aumentar a eficiência operacional e nem sempre é recomendável alterar as políticas financeiras, podemos perceber que é perfeitamente possível que uma empresa cresça rápido demais para seu próprio bem. Isso é particularmente verdadeiro no caso de pequenas empresas, que podem fazer um planejamento financeiro inadequado. Essas empresas veem o crescimento das vendas como algo a ser maximizado, e não pensam o suficiente nas consequências financeiras. Elas não percebem que o crescimento acelerado as coloca em uma esteira de corrida: quanto mais rápido crescem, mais necessitam de caixa, mesmo que sejam lucrativas. Elas podem fazer frente a essa necessidade por algum tempo ao aumentar a alavancagem, mas acabarão atingindo seu limite de endividamento, fazendo seus credores recusarem novas solicitações de crédito e vendo-se sem caixa para pagar as contas. Tudo isso pode ser evitado se os administradores entenderem que o crescimento superior à taxa de crescimento sustentável cria problemas financeiros que devem ser previstos e resolvidos.

Não estou sugerindo que a taxa de crescimento efetiva da empresa deva sempre se igualar, ou até mesmo se aproximar, de sua taxa de crescimento sustentável. Estou dizendo que a administração deve antecipar qualquer disparidade entre crescimento efetivo e sustentável e ter um plano para administrar essa disparidade. O desafio é, primeiro, reconhecer a disparidade e, segundo, criar uma estratégia viável para gerenciá-la.

Crescimento equilibrado

Eis outra maneira de considerar o crescimento sustentável. Lembrando que o retorno sobre o ativo (ROA) de uma empresa pode ser expresso como o produto de sua margem de lucro pelo seu giro do ativo, podemos reescrever a equação do crescimento sustentável como[1]

$$g^* = R\hat{T} \times \text{ROA}$$

Aqui, R e $\hat{T}$ refletem as políticas financeiras da empresa, enquanto o ROA resume seu desempenho operacional. Assim, se a taxa de retenção de uma empresa for de 25% e seu índice ativo/patrimônio líquido for de 1,6, sua equação de crescimento sustentável será simplesmente

$$g^* = 0,4 \times \text{ROA}$$

Essa equação diz que, considerando políticas financeiras estáveis, o crescimento sustentável varia em proporção linear com o retorno sobre o ativo. A Figura 4.2 representa essa relação, com o crescimento das vendas no eixo vertical, o ROA no

---

[1] Estritamente falando, esta equação deveria ser expressa em termos de retorno sobre o capital investido, não de retorno sobre o ativo, mas o ganho de precisão é modesto demais para justificar a maior complexidade matemática. Veja Gordon Donaldson, *Managing Corporate Wealth* (Nova York: Praeger, 1984), Capítulo 4, para uma discussão mais aprofundada.

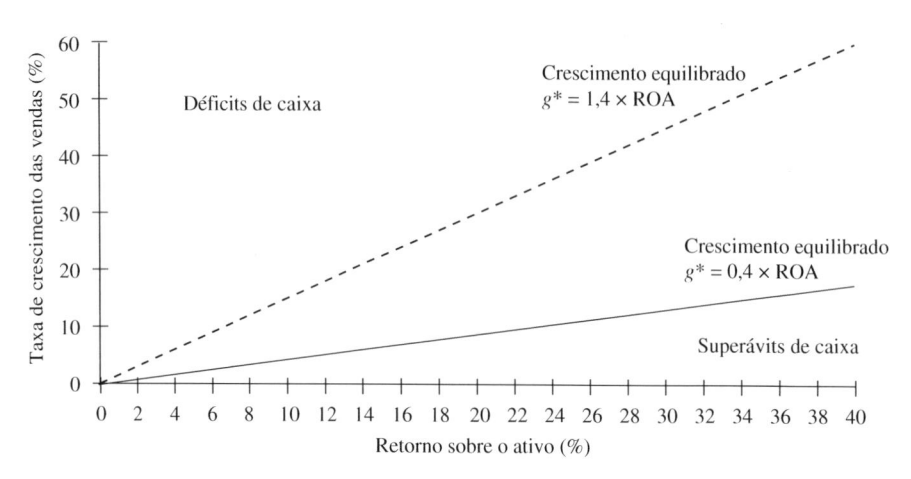

Figura 4.2 Representação gráfica do crescimento sustentável.

eixo horizontal e a equação do crescimento sustentável como a linha diagonal contínua de inclinação positiva. A linha é intitulada "Crescimento equilibrado" porque a empresa só é capaz de autofinanciar as combinações de crescimento e ROA que se encontram sobre essa linha. Todas as combinações de crescimento-retorno fora da linha geram déficits ou superávits de caixa. Assim, empresas com crescimento acelerado e lucratividade marginal serão representadas na parte superior esquerda do gráfico, implicando déficits de caixa, enquanto as empresas de crescimento lento e alta lucratividade constarão na parte inferior direita, indicando superávits de caixa. Devo enfatizar que o termo "autofinanciar" não implica dívida constante, mas um índice dívida/patrimônio líquido constante. A dívida pode aumentar, mas sempre proporcionalmente ao patrimônio líquido.

Quando uma empresa passa por um crescimento desequilibrado, seja com déficit, seja com superávit, pode se deslocar em direção à linha de crescimento equilibrado de três maneiras: mudando sua taxa de crescimento, alterando seu retorno sobre o ativo ou modificando suas políticas financeiras. Para exemplificar a última opção, suponhamos que a empresa com a linha de crescimento equilibrado da Figura 4.2 esteja na área deficitária do gráfico e deseje reduzir esse déficit. Uma estratégia seria aumentar sua taxa de retenção para, digamos, 50% e seu índice de ativo/patrimônio líquido para 2,8:1, modificando, assim, sua equação de crescimento sustentável para

$$g^* = 1,4 \times ROA$$

Na Figura 4.2, isso seria equivalente a fazer uma rotação da linha de crescimento equilibrado para a esquerda, para onde está a linha pontilhada. Agora, qualquer nível de lucratividade sustentará uma taxa de crescimento mais elevada do que antes.

Sob essa perspectiva, a taxa de crescimento sustentável é o nexo de todas as combinações de crescimento-retorno que geram crescimento equilibrado, e o problema do crescimento sustentável passa a ser o de administrar os superávits ou déficits causados pelo crescimento desequilibrado. Retornaremos às estratégias de administração do crescimento após analisar um exemplo numérico.

A taxa de crescimento sustentável da Medifast, Inc.

Para ilustrar o desafio de administrar o crescimento enfrentado por uma empresa em crescimento acelerado, vamos usar a Medifast, Inc., fabricante e comerciante das refeições para perda de peso Medifast 5&1, e de outros produtos de saúde e emagrecedores. A Tabela 4.1 apresenta as taxas de crescimento das vendas, efetivas e sustentáveis, da empresa de 2006 a 2010. Para cada ano, calculei a taxa de crescimento sustentável da Medifast, inserindo os quatro índices na equação do crescimento sustentável. Calculei os índices com base nas demonstrações financeiras da empresa, que não foram reproduzidas aqui. Observe que as vendas da Medifast cresceram mais de 45% ao ano no período, mais que o dobro da taxa média de crescimento sustentável da empresa.

Como a empresa lidou com esse crescimento acima dos níveis sustentáveis? Uma análise dos quatro índices revela que a empresa quase dobrou seu giro do ativo. A margem de lucro e a alavancagem financeira aumentaram ligeiramente no período, mas essas melhorias empalidecem em comparação às melhorias na utilização do ativo. Ilustrando a importância do aumento do giro do ativo da Medifast, é fácil mostrar que, na ausência dessa variação, a alavancagem financeira da empresa teria de subir para 3,93 vezes para produzir a mesma taxa de crescimento sustentável em 2010.[2] (Veja o Capítulo 6 para entender por que isso pode ser um nível de endividamento perigoso para uma empresa em rápido crescimento.)

Tabela 4.1 Análise de crescimento sustentável da Medifast, Inc., 2006-2010*

	2006	2007	2008	2009	2010
Índices necessários:					
Margem de lucro, $P(\%)$	6,0	7,0	4,6	5,2	7,2
Índice de retenção, $R(\%)$	99,5	100,0	100,0	100,0	100,0
Giro do ativo, $A(\times)$	1,33	2,02	1,92	2,07	2,64
Alavancagem financeira, $\hat{T}(\times)$	1,61	1,69	1,57	1,57	1,64
Taxa de crescimento sustentável da Medifast, $g^*(\%)$	12,8	23,9	13,9	16,9	31,2
Taxa de crescimento efetivo da Medifast, $g^*(\%)$	46,8	84,6	13,1	25,9	57,1
		E se?			
		Margem de lucro 8,2%	Alavancagem financeira 1,8 vez	Ocorrência das duas	
Taxa de crescimento sustentável da Medifast em 2010 (%)		35,5	34,3	39,1	

*Os totais podem não coincidir devido ao arredondamento.

---

[2] Admitindo que a margem de lucro, o índice de retenção e o giro do ativo da Medifast tivessem se mantido nos níveis de 2006, de 6,0% e 0,995 e 1,33 vez, respectivamente, e sendo Y igual à taxa de alavancagem financeira necessária para gerar a taxa de crescimento sustentável da empresa em 2010. 31,3% = 6,0% × 99,5% × 1,33 × Y. Solucionando para Y, Y = 3,93 vezes.

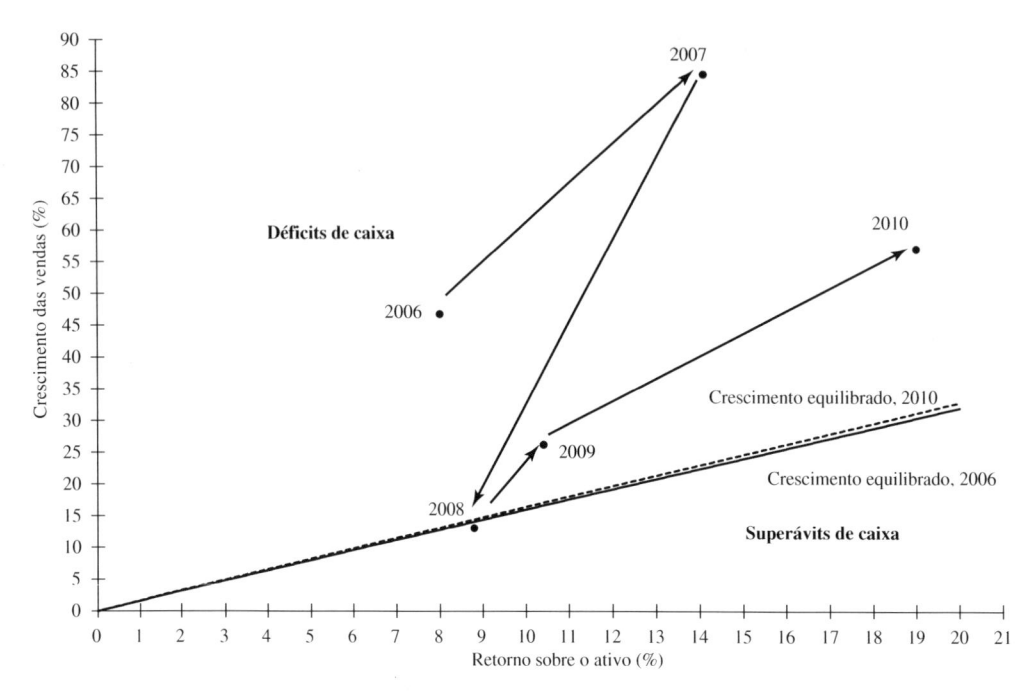

Figura 4.3 Desafios do crescimento sustentável da Medifast, Inc., 2006-2010.

A Figura 4.3 nos diz o mesmo sob uma forma gráfica, mostrando as linhas de crescimento equilibrado da Medifast em 2006 e 2010 e as combinações de crescimento-retorno obtidas pela empresa a cada ano. Apesar do aumento muito modesto da inclinação da curva de crescimento equilibrado da empresa produzido por um pequeno aumento na alavancagem financeira, a Medifast se manteve na parte de déficit de caixa do gráfico em todo o período, exceto em 2008, quando a recessão diminuiu o crescimento das vendas para "apenas" 13,1%. A diferença persistente entre as combinações anuais de crescimento-retorno e as curvas de crescimento equilibrado desde 2008 confirma que os desafios de crescimento rápido da Medifast permanecem.

Perguntas "E se"

Quando a administração enfrenta problemas de crescimento sustentável, a nossa equação pode ser útil na busca de soluções. Isso se faz mediante uma série de perguntas do tipo "e se", como mostra a parte inferior da Tabela 4.1. Veremos, por exemplo, que nos próximos anos, a Medifast pode aumentar sua taxa de crescimento sustentável para 35,5% ao elevar sua margem de lucro para 8,2%. Alternativamente, pode aumentar sua taxa de crescimento sustentável para 34,3% ao elevar sua alavancagem financeira para 1,8 vez. Fazer as duas coisas simultaneamente elevaria o crescimento sustentável para 39,1%.

O QUE FAZER QUANDO O CRESCIMENTO EFETIVO SUPERA O CRESCIMENTO SUSTENTÁVEL

Já desenvolvemos a equação do crescimento sustentável e exemplificamos seu uso para empresas em crescimento acelerado. A próxima pergunta é: o que a administração deve fazer quando o crescimento efetivo supera o sustentável? O primeiro passo é determinar por quanto tempo a situação deve perdurar. Se a taxa de crescimento tender a diminuir em um futuro próximo, com o amadurecimento da empresa, o problema é transitório e pode ser resolvido com a tomada de novos empréstimos. Então, no futuro, quando a taxa efetiva de crescimento ficar abaixo da sustentável, a empresa deixará de ser uma absorvente de caixa e passará a ser geradora de caixa, podendo, assim, pagar seus empréstimos. Para problemas de crescimento sustentável a longo prazo, será necessária a combinação das estratégias a seguir:

- emissão de novo capital
- aumento da alavancagem financeira
- redução do índice de distribuição de dividendos
- eliminação de atividades marginais
- terceirização de parte ou de toda a produção
- aumento dos preços
- fusão com uma empresa geradora de caixa, ou "*cash cow*"(vaca leiteira)

Vamos analisar mais detidamente cada uma dessas estratégias.

Emissão de novo capital

Se uma empresa quiser e conseguir levantar capital social por meio da venda de ações, seus problemas de crescimento sustentável desaparecerão. O maior patrimônio líquido e o endividamento adicional que ele torna possível serão fontes de caixa capazes de financiar o crescimento.

O problema dessa estratégia é o de ser inviável para muitas empresas e pouco atraente para outras. Na maioria dos países do mundo, os mercados de capitais são pouco desenvolvidos ou inexistentes. Para vender ações nesses países, as empresas precisam enfrentar a trabalhosa e dispendiosa tarefa de procurar, um a um, investidores interessados em comprar ações. Isso é difícil porque, sem uma negociação ativa no mercado de ações, os novos investidores serão proprietários minoritários de títulos ilíquidos. Eles estarão fazendo número, incapazes de guiar o navio da corporação e sem ter uma forma atraente de remover a água do fundo do navio. Consequentemente, os investidores interessados em comprar as novas ações estarão em grande parte limitados à família e aos amigos dos proprietários existentes.

Mesmo em países com mercados de ações desenvolvidos, como os Estados Unidos e a Grã-Bretanha, muitas empresas têm dificuldade para levantar novo capital. Isso se aplica principalmente a empreendimentos de menor porte que, a menos que disponham de um produto glamouroso, terão dificuldades para con-

> **O crescimento da Dell**
>
> Até uma empresa de 30 bilhões de dólares, famosa e bem-sucedida como a Dell Computer experimentou dores de crescimento potencialmente mortais. O jovem fundador da empresa, Michael Dell, admite hoje que, em 1993, o surto de crescimento da empresa se deu em detrimento de uma posição financeira sólida. Ele conta que as reservas de caixa da empresa chegaram, em um determinado momento, a $20 milhões. "Isso poderia ter sido consumido em um ou dois dias, e para uma empresa do tamanho da nossa, era ridículo. Percebi que precisávamos rever nossas prioridades."
>
> Se as prioridades da empresa tivessem continuado a ser "crescimento, crescimento e crescimento", ela talvez não estivesse mais entre nós. Michael Dell fundou a Dell Computer antes de completar 20 anos de idade. Depois de diversos anos de crescimento prodigioso e com sua empresa à beira do precipício financeiro, faltava-lhe a perícia para administrar o crescimento. Felizmente, ele teve o bom senso de contratar administradores mais experientes, que podiam acalmar os analistas financeiros e conduzir a Dell de uma maneira mais conservadora. Esses administradores redirecionaram o foco da empresa do crescimento das vendas para o lucro e a liquidez. A redução do crescimento em 1994 custou alguma perda de mercado para a empresa, mas também ajudou a converter o prejuízo apresentado no ano anterior em um lucro de $106,6 milhões. A companhia instituiu processos formais de planejamento e de elaboração de orçamento. Hoje, a Dell é uma das maiores fabricantes de computadores do mundo, com um balanço sadio, um crescimento sólido e saldos de caixa próximos de 40% dos ativos.

tratar os serviços de um banco de investimento para ajudar a fazer a colocação das suas ações. Sem essa ajuda, é como se a empresa estivesse em um país sem mercados desenvolvidos, já que a falta de negociação do título, mais uma vez, restringirá os compradores em potencial principalmente a parentes e amigos.

Finalmente, muitas das empresas que poderiam levantar capital social optam por não fazê-lo. Isso fica evidente na Tabela 4.2, quando mostramos as fontes de capital das empresas não financeiras dos Estados Unidos ao longo da última década. Observe que as fontes internas, a depreciação e o aumento do lucro retido foram, de longe, as principais fontes de capital das empresas, respondendo por 65% do total. No extremo oposto, as *novas emissões não foram uma fonte, mas um uso de capital*, ou seja, na média, as empresas norte-americanas tiraram de circulação mais ações do que as emitiram nesse período.

No fim do capítulo, voltaremos à intrigante questão de por que novas emissões não são feitas em maior escala pelas empresas. Por enquanto, vamos admitir que muitas empresas não podem ou não querem vender novas ações abordando outras estratégias para administrar um crescimento insustentavelmente acelerado.

Aumento da alavancagem

Se a venda de novas ações não é uma solução para os problemas de crescimento sustentável da empresa, duas outras soluções financeiras são possíveis. Uma é

Tabela 4.2 Fontes de capital para as empresas não financeiras dos Estados Unidos, 2001-2010

Internas	
Lucros retidos	17,9%
Depreciação	48,0%
Subtotal	65,9%
Externas	
Aumento do passivo	51,4%
Novas emissões de ações	-17,3%
Subtotal	34,1%
Total	100,0%

Fonte: Federal Reserve System, *Flow of Funds Accounts of the United States*.
Disponível em **www.federalreserve.gov/releases/z1/current/data.htm**.

cortar o índice de distribuição de dividendos, e a outra, aumentar a alavancagem financeira. Um corte no pagamento de dividendos eleva o crescimento sustentável ao aumentar a proporção dos lucros retidos na empresa, enquanto o aumento da alavancagem eleva o montante de dívida que a empresa pode agregar a cada dólar de lucros retidos.

Gosto de pensar no aumento da alavancagem como a opção "*default*" em dois sentidos da palavra. No sentido mais empregado em informática, um aumento da alavancagem será o que acontece por "*default*" (predefinido/padrão), ou seja, quando a administração não faz planos antecipados. Com o tempo, a empresa perceberá que não conta com caixa suficiente para pagar seus fornecedores no prazo, e as contas a pagar aumentarão por "*default*". O aumento da alavancagem também é a opção "*default*" no sentido financeiro de que os credores acabarão se assustando com os níveis crescentes de endividamento e forçando a empresa a entrar em "*default*" (falta de pagamento) – primeiro passo em direção à falência.

Teremos mais a dizer sobre a alavancagem financeira nos próximos capítulos. O que deve estar claro, entretanto, é que há um teto para o uso que uma empresa pode fazer do financiamento por endividamento. E parte do desafio da administração do crescimento é justamente identificar um grau adequado de alavancagem para uma empresa e garantir que esse limite não seja ultrapassado.

Redução da distribuição de dividendos

Assim como há um teto para a alavancagem, há um piso (de zero) para o índice de distribuição de dividendos de uma empresa, e a maioria das empresas já está nesse limite. Mais da metade de cerca de 10.000 empresas abertas, cujos dados estão disponíveis no serviço de dados Standard & Poor's Compustat, não pagou qualquer dividendo em 2010.[3] De maneira geral, o interesse dos proprietários no pagamento de dividendos é inversamente proporcional à percepção que têm das oportunidades de investimento da empresa. Se os proprietários acreditarem que os lucros retidos podem ser empregados de maneira produtiva, obtendo taxas de retorno atraentes, ficarão satisfeitos em abrir mão dos dividendos atuais em troca de dividendos maiores no futuro (tem havido algumas queixas entre os acionistas do Google sobre a falta de dividendos). Por outro lado, se as oportunidades de investimento da empresa não prometem retornos atraentes, um corte de dividendos irritará os acionistas, levando a uma queda do preço das ações. Outra preocupação para as empresas de capital fechado é o efeito da mudança dos dividendos sobre a renda dos proprietários e sobre suas obrigações tributárias.

Corte lucrativo

Além de modificar sua política financeira, uma empresa pode fazer diversos ajustes operacionais para administrar o crescimento acelerado. Um deles é conhecido como "corte lucrativo". Durante grande parte da década de 1960 e no começo da de 1970, alguns peritos em finanças enfatizaram os méritos da diversificação de produtos. A ideia era a de que as empresas poderiam reduzir o risco por meio da combinação dos fluxos de renda de negócios em mercados de diferentes produtos. Pensava-se que, desde que esses fluxos de renda não fossem afetados exatamente da mesma maneira por eventos econômicos, a variabilidade inerente a cada um deles seria neutralizada quando combinada com a de outros produtos. Agora sabemos que essa estratégia de diversificação traz dois problemas. Primeiramente, embora possa reduzir os riscos vistos pela administração, ela nada faz pelos acionistas. Se um acionista quiser diversificação, pode obtê-la por conta própria, bastando para isso comprar ações de diferentes empresas, independentes umas das outras. Em segundo lugar, como as empresas dispõem de recursos limitados, não podem ser competidoras relevantes em muitos mercados ao mesmo tempo. Pelo contrário, tendem a ser seguidoras em diversos mercados, incapazes de competir de maneira eficaz com as empresas dominantes.

O corte lucrativo é o oposto da fusão corporativa. Essa estratégia reconhece que, quando uma empresa distribui seus recursos por um número excessivo de produtos, pode se revelar incapaz de competir de maneira eficaz com qualquer um deles. O melhor é vender as operações marginais e reinvestir o dinheiro nas que restarem.

---

[3] Isso não implica que dividendos são, de alguma maneira, insignificantes ou irrelevantes na economia norte-americana. No mesmo ano em que menos da metade das empresas estava pagando dividendos, 77% das maiores empresas nacionais, representadas por membros do S&P 500 Index, distribuíram mais de $221 bilhões aos acionistas, uma soma equivalente a mais de um terço do lucro. A inferência correta é que as pequenas, as jovens empresas, tendem a não pagar dividendos, enquanto as grandes pagam, e há muito mais pequenas empresas em nossa economia do que as grandes, as maduras.

O corte lucrativo reduz os problemas de crescimento sustentável de duas maneiras: gera caixa diretamente, por meio da venda de unidades marginais, e reduz o crescimento do faturamento, ao eliminar algumas das suas fontes. Muitas empresas usaram essa estratégia com sucesso nos últimos anos, inclusive a Cooper Industries, uma grande empresa do Texas. A partir da década de 1970, a Cooper vendeu diversas de suas operações, não porque não fossem lucrativas, mas porque faltavam à empresa recursos para torná-la um fator dominante nos mercados em questão.

O corte lucrativo também é possível em empresas que só têm um produto. A ideia, nesse caso, é cortar clientes que demoram a pagar ou cortar estoques de giro lento. Isso reduz os problemas de crescimento sustentável de três maneiras: libera caixa, que pode ser usado para sustentar o novo crescimento; aumenta o giro do ativo; e reduz as vendas. As vendas diminuem porque as condições de pagamento mais rígidas e a redução da variedade de produtos oferecidos afastam alguns clientes.

Terceirização

A terceirização envolve decidir entre realizar uma atividade internamente ou adquiri-la de um fornecedor externo. Uma empresa pode aumentar seu crescimento sustentável se terceirizar mais e fizer menos internamente. Quando uma empresa terceiriza atividades, libera ativos que, do contrário, seriam utilizados na produção e, assim, aumenta o giro do ativo. Os dois resultados atenuam os problemas do crescimento. Um exemplo extremo dessa estratégia é o do franqueador que terceiriza praticamente todas as atividades de capital intensivo da empresa aos franqueados e, com isso, tem muito pouco investimento.

A chave para a terceirização eficaz está em determinar onde estão as habilidades específicas da empresa – ou, como dizem os consultores, suas *"core competencies"*. Se determinadas atividades podem ser realizadas por terceiros sem colocar em risco as *core competencies* da empresa, essas atividades serão candidatas à terceirização.

Política de preços

Há uma relação inversa óbvia entre preço e volume. Quando o crescimento das vendas é alto demais frente à capacidade de financiamento de uma empresa, pode ser necessário elevar os preços para reduzir o crescimento. Se os preços mais altos elevarem a margem de lucro, o aumento de preço também aumentará a taxa de crescimento sustentável.

De fato, o que se recomenda aqui é fazer do próprio crescimento uma variável no processo de decisão. Se o crescimento acelerado representa um problema, devemos atacá-lo diretamente, reduzindo-o. Embora baixar as portas quarta-feira sim, quarta-feira não, ou dispensar um cliente a cada 10 possam resolver a questão, a maneira mais eficaz de cortar o crescimento costuma ser elevando os preços.

Fusão é a resposta?

Quando todas as outras alternativas fracassarem, pode ser necessário procurar um parceiro com os bolsos recheados. As empresas capazes de fornecer o caixa necessário são de dois tipos. De um lado estão as empresas maduras, conhecidas como "*cash cows*", ou "vacas leiteiras", em busca de investimentos lucrativos para seu fluxo de caixa excedente; do outro, estão as empresas com financiamento conservador, capazes de contribuir para a união com liquidez e capacidade de endividamento. Adquirir ou ser adquirido por outra empresa é uma solução drástica para os problemas do crescimento, mas é melhor tomar uma decisão desse tipo enquanto a empresa ainda está financeiramente sólida do que esperar até que o crescimento excessivo transforme o assunto em algo inevitável.

BAIXO CRESCIMENTO

As empresas de crescimento lento – aquelas cujo crescimento sustentável supera seu crescimento efetivo – também têm problemas de administração do crescimento, mas de uma espécie diferente. Em vez de lutar constantemente por caixa para alimentar a fornalha do crescimento, essas empresas se deparam com o dilema do que fazer com o lucro que excede suas necessidades. Isso parece um problema trivial, ou mesmo invejável, mas para um número crescente de empresas, trata-se de um problema real e, por vezes, assustador.

Para entender melhor as dificuldades criadas pelo crescimento insuficiente, voltaremos nossa atenção para a Jos. A. Bank Clothiers, Inc., comerciante direto de roupas masculinas com 473 lojas de varejo em 42 Estados. A Tabela 4.3 apresenta uma análise de crescimento sustentável da J.A. Bank para cinco anos. Apesar das margens de lucro saudáveis e de um crescimento em vendas anual superior a 10%, a taxa de crescimento sustentável da empresa excedeu sua taxa de crescimento efetivo por uma margem considerável em cada ano. O que os administradores terão feito com o caixa? A exemplo da Sensient Technologies, discutida em capítulos anteriores, a utilização principal do caixa da empresa tem sido para reduzir a alavancagem financeira, acompanhada por um modesto declínio do giro do ativo. De 2006 a 2010, a alavancagem financeira

Tabela 4.3 Análise do crescimento sustentável da Jos. A. Bank Clothiers, Inc., 2006-2010*

	2006	2007	2008	2009	2010
Índices necessários:					
Margem de lucro, P(%)	7,9	8,3	8,4	9,2	10,0
Índice de retenção, R(%)	100,0	100,0	100,0	100,0	100,0
Giro do ativo, A ($\times$)	1,48	1,37	1,42	1,39	1,30
Alavancagem financeira $\hat{T}$($\times$)	2,40	2,11	1,88	1,73	1,68
Taxa de crescimento sustentável da J.A. Bank, g^*(%)	28,1	24,0	22,4	22,1	21,8
Taxa de crescimento efetivo da J.A. Bank, g (%)	17,6	10,5	15,2	10,7	11,4

*Os totais podem não coincidir devido ao arredondamento.

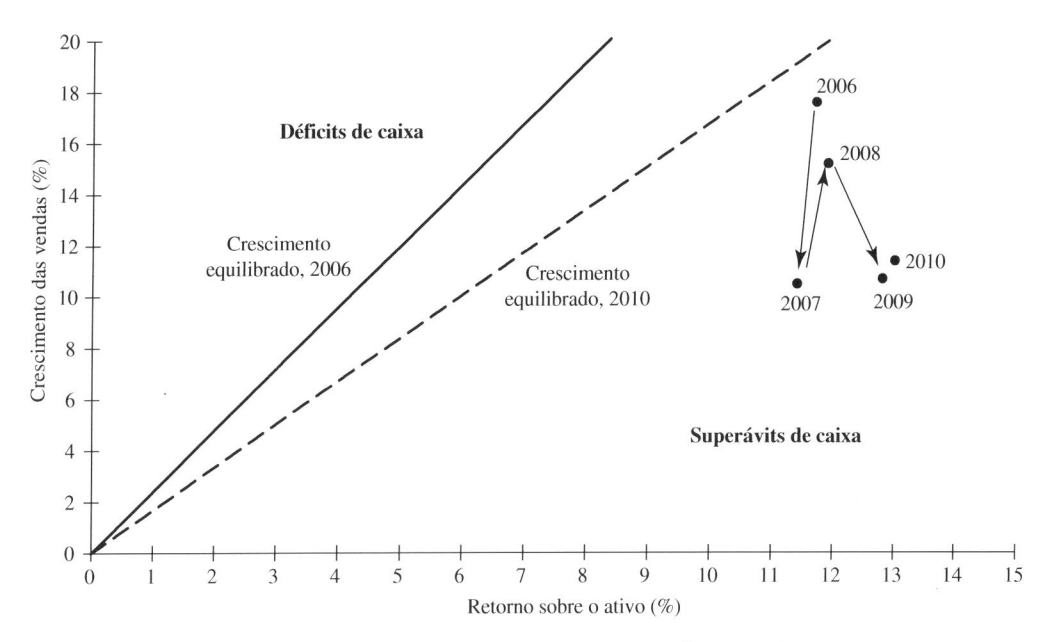

Figura 4.4 Desafios do crescimento sustentável da Jos. A. Bank Clothiers, Inc., 2006-2010.

caiu 30%. Na verdade, o balanço da empresa revela que a dívida com juros foi eliminada em 2006 e que caixa e títulos negociáveis, desde então, aumentaram drasticamente para 41% do ativo total. Não é à toa que o giro do ativo declinou. O que a J. A. Bank tem feito com o dinheiro? Tem, em grande parte, sentado sobre ele.

A Figura 4.4 indica o mesmo de forma gráfica. As taxas de crescimento e de retorno da J.A. Bank estão agrupadas no canto superior direito da figura, um ótimo lugar para estar se não fosse o fato de que elas continuam a gerar mais caixa do que o necessário para administrar a empresa. A redução da alavancagem financeira da empresa baixou visivelmente sua curva de crescimento equilibrado, mas o excesso de caixa continua. Hora de a administração decidir a melhor maneira de redistribuir o dinheiro.

O QUE FAZER QUANDO O CRESCIMENTO SUSTENTÁVEL SUPERA O CRESCIMENTO EFETIVO

O primeiro passo para lidar com problemas de crescimento inadequado é determinar se a situação é temporária ou a longo prazo. Se for temporária, a administração pode simplesmente continuar a acumular recursos, à espera do crescimento futuro.

Quando a dificuldade é de prazo mais longo, a questão passa a ser se a falta de crescimento afeta todo o setor – resultado natural, portanto, de um mercado maduro – ou apenas a empresa em questão. Na segunda hipótese, os motivos para o crescimento inadequado e as possíveis fontes de um maior crescimento devem ser encontrados na própria empresa. Nesse caso, a administração precisará analisar cuidadosamente seu desempenho para identificar e remover as restrições internas ao crescimento da empresa, um processo potencialmente doloroso que envolve mudanças organizacionais e maiores despesas de desenvolvimento. O aspecto mais grave dessa autoinvestigação é que as estratégias iniciadas para aumentar o crescimento precisam dar resultado em poucos anos, ou a administração terá que ir em busca de outras soluções, frequentemente mais drásticas.

Quando uma empresa é incapaz de gerar internamente um crescimento suficiente, ela tem três opções: ignorar o problema, devolver o dinheiro aos acionistas ou comprar crescimento. Vamos considerar rapidamente cada uma dessas alternativas.

Ignorar o problema

Esta reação pode assumir uma de duas formas: a administração pode continuar a investir em seu *core business*, apesar da falta de rendimentos atraentes, ou pode simplesmente ficar sentada em cima de uma pilha cada vez maior de recursos ociosos. A dificuldade de qualquer uma das duas abordagens está em que recursos subutilizados atraem tanta atenção quanto o mel atrai moscas. A má utilização de recursos deprime o preço das ações das empresas e faz delas alvos fáceis e atraentes para o *raider*. Se um *raider* tiver feito bem as contas, poderá remanejar os recursos da empresa e obter, com isso, um lucro substancial. E entre os primeiros recursos a serem remanejados em um ataque desse tipo estão os administradores, que subitamente se veem lendo os classificados de empregos. Mesmo que não haja uma aquisição hostil, os conselhos de administração e os acionistas institucionais tendem, cada vez mais, a dar cartão vermelho às administrações de fraco desempenho.

Outra maneira de caracterizar a relação entre investimento e crescimento é distinguir entre o bom crescimento e seu gêmeo maligno, o crescimento ruim. O bom crescimento ocorre quando a empresa investe em atividades que oferecem retorno superior ao custo, inclusive o custo do capital empregado. Ele beneficia os acionistas e é recompensado com maior preço por ação e menor ameaça de tomada do controle ou *take-over*. O mau crescimento envolve investimento em atividades com rendimento igual ou inferior ao custo. E como sempre há atividades pouco recomendáveis à disposição, é fácil implementar uma estratégia de crescimento ruim. Finalmente, uma empresa sempre pode pagar em excesso pelas vendas e pelos ativos de outro negócio. Tal estratégia consome o excesso de caixa e incha a empresa, mas esses resultados cosméticos apenas disfarçam o fato de que uma estratégia de crescimento ruim desperdiça recursos valiosos – e os mercados de ações distinguem cada vez melhor entre o crescimento bom e o ruim, punindo o segundo. A moral da história, portanto, é que não basta que as empresas de crescimento lento cresçam mais rapidamente: elas precisam crescer de uma maneira que beneficie seus acionistas. Todas as demais formas de crescimento são armadilhas e ilusão (falaremos mais das atividades de investimento criadoras de valor nos Capítulos 7 e 8).

Devolver dinheiro aos acionistas

A solução mais direta para o problema dos recursos ociosos é simplesmente devolver o dinheiro aos acionistas, aumentando os dividendos ou recomprando ações. Embora essa solução seja cada vez mais empregada, ainda não é a estratégia preferida de muitos executivos por diversas razões. Mais importante que isso, muitos executivos parecem ter um viés de crescimento, mesmo que ele crie pouco, ou nenhum, valor para os acionistas. No nível pessoal, muitos executivos resistem a pagar dividendos elevados porque a prática sugeriria fracasso. Os acionistas confiam aos administradores a tarefa de investir lucrativamente seu capital, e a devolução do dinheiro sugere incapacidade de realizar uma função gerencial básica. Um modo menos sutil de dizer a mesma coisa é que os dividendos reduzem o tamanho do império do administrador e caminham na contramão da natureza humana.

Gordon Donaldson também documentou, com outros autores, um viés de crescimento no nível organizacional.[4] Em uma análise e síntese cuidadosamente fundamentadas da tomada de decisão pelos executivos seniores de dezenas de grandes empresas, Donaldson observou que eles costumam optar pelo crescimento, mesmo que antieconômico, por uma preocupação com a viabilidade de suas organizações a longo prazo. Pela visão desses administradores seniores, o tamanho oferece alguma proteção contra as oscilações do mercado. Além disso, o crescimento contribui significativamente para o moral da empresa, criando oportunidades estimulantes de carreira para os empregados de toda a organização e, quando ele diminui, a empresa corre o risco de perder seus melhores funcionários.

Comprar crescimento

A terceira maneira de eliminar o problema do crescimento lento é comprar crescimento. Motivados pelo orgulho que têm de suas habilidades administrativas, pela preocupação com a retenção de empregados importantes e pelo medo dos *raiders*, os administradores muitas vezes reagem ao excedente de fluxo de caixa com uma tentativa de diversificação para novos negócios. A administração procura sistematicamente oportunidades vantajosas de crescimento em outros setores mais vibrantes. E, como o tempo é um fator importante, isso costuma envolver a compra de empresas existentes, e não começar outras do zero.

---

[4] Donaldson, *Managing Corporate Wealth*.

Conceber e implementar corretamente um programa de aquisição corporativa é uma tarefa desafiadora com a qual não devemos nos deter aqui. Mas há dois pontos dignos de nota. Primeiro, sob diversos aspectos importantes, os problemas de administração do crescimento de empresas maduras ou em declínio refletem os encontrados pelas empresas que apresentam crescimento excessivo. As empresas de crescimento lento normalmente estão em busca de aplicações produtivas para seu excesso de caixa, enquanto as de crescimento acelerado demais buscam caixa para financiá-lo. É natural, portanto, que as empresas de crescimento acelerado e baixo muitas vezes resolvam seus respectivos problemas de administração do crescimento por meio de fusões, de modo que o excesso de caixa gerado por uma possa financiar o crescimento acelerado da outra. Em segundo lugar, depois de um surto de otimismo na década de 1960 e no início da de 1970, evidências sugerem que, do ponto de vista dos acionistas, comprar crescimento é claramente inferior a devolver dinheiro aos proprietários. Com frequência, o potencial de crescimento das possíveis aquisições está plenamente refletido no preço de suas ações, de modo que depois de pagar um ágio considerável para adquirir outra empresa, o comprador fica com um investimento medíocre, ou pior. O conflito entre administradores e acionistas nesse campo é um dos tópicos do Capítulo 9.

Crescimento sustentável e inflação

O crescimento advém de duas fontes: aumento do volume e elevação dos preços. Infelizmente, o montante de dinheiro que uma empresa precisa investir para sustentar um dólar de crescimento inflacionário é aproximadamente o mesmo que o necessário para sustentar um dólar de crescimento real. Imagine uma empresa que não apresente qualquer crescimento real – produz e vende o mesmo número de itens todos os anos – mas que experimenta um crescimento inflacionário da ordem de 10%. Então, embora tenha o mesmo número de unidades em estoque, cada uma custará mais dólares para produzir, de modo que o investimento total em estoque será maior. O mesmo se dá com as contas a receber: o mesmo volume de clientes comprará o mesmo número de unidades, mas, por causa do maior preço unitário, o investimento total em contas a receber aumentará.

O investimento de uma empresa em ativo fixo se comporta de maneira semelhante na presença de inflação, mas com atraso. Quando a taxa de inflação aumenta, não há necessidade imediata de mais ativos fixos: os já existentes são capazes de produzir o mesmo número de unidades. Porém, com o desgaste dos ativos existentes e sua substituição a preços mais elevados, o investimento da empresa em ativo fixo aumenta.

Esse aumento inflacionário do ativo precisa ser financiado exatamente como se fosse crescimento real. É correto dizer, portanto, que a inflação agrava os problemas de crescimento de uma empresa em expansão acelerada. Quão graves eles serão dependerá da medida do entendimento que a administração e os credores têm do impacto da inflação sobre as demonstrações financeiras da empresa.

A inflação tem pelo menos dois efeitos sobre as demonstrações financeiras das empresas. Em primeiro lugar, como acabamos de ver, ela aumenta o montante de financiamento externo necessário. Em segundo, na falta de novo financiamento por emissão de novas ações, ela aumenta o índice dívida/patrimônio líquido da empresa *quando medido com base nas demonstrações financeiras ao custo histórico*. Essa combinação pode causar problemas. Se a administração ou os credores exigirem que o índice dívida/patrimônio líquido ao custo histórico da empresa se mantenha constante com o passar do tempo, a inflação reduzirá a taxa de crescimento real sustentável. Se a taxa de crescimento sustentável for de 15% sem inflação, a taxa de crescimento real sustentável cairá para cerca de 5% se a inflação for de 10%. Intuitivamente, na presença de inflação, o caixa que seria usado para sustentar o crescimento real precisa ser empregado para financiar o crescimento inflacionário.

Se os administradores e credores entenderem os efeitos da inflação, essa relação inversa entre inflação e taxa de crescimento sustentável não precisa existir. É verdade que o montante de financiamento externo necessário aumenta com a taxa de inflação, mas, como o valor real do passivo diminui quando as empresas passam a pagar o principal de seus empréstimos com dólares depreciados, o aumento *líquido* do financiamento externo pode ser pouco afetado pela inflação.

Em suma, com as demonstrações financeiras ao custo histórico, o crescimento inflacionário parece substituir o crescimento real quase à razão de um para um: cada ponto percentual de crescimento da inflação parece reduzir em igual medida a taxa de crescimento real sustentável. Porém, demonstrações financeiras mais precisas, corrigidas monetariamente, mostram que a inflação parece ter relativamente pouco efeito sobre o crescimento sustentável. Vamos esperar que os executivos consigam convencer seus bancos disso. Eu jamais consegui.

CRESCIMENTO SUSTENTÁVEL E DEMONSTRAÇÕES *PRO FORMA*

É importante manter o material aqui apresentado na devida perspectiva. Para mim, a comparação entre as taxas de crescimento efetivo e sustentável de uma empresa revela muito a respeito das preocupações financeiras enfrentadas pela alta administração. Quando o crescimento efetivo supera o sustentável, a administração se concentrará em obter caixa para financiar a expansão; quando o crescimento efetivo se mostrar inferior ao sustentável, a agenda financeira fará uma volta de 180°, procurando gastar eficientemente o fluxo de caixa excedente. A equação de crescimento sustentável também descreve a maneira como muitos executivos enxergam a sua missão: evitar financiamento externo e procurar equilibrar estratégias operacionais, metas de crescimento e políticas financeiras de modo que a disparidade entre crescimento efetivo e sustentável seja administrável. Finalmente, para as pessoas pouco inclinadas às finanças, a equação do crescimento sustentável é um meio útil de destacar o elo entre a taxa de crescimento de uma empresa e seus recursos financeiros.

Mas a equação do crescimento sustentável é, em essência, apenas uma simplificação das demonstrações *pro forma*. Se você quiser realmente estudar em detalhes os problemas de administração do crescimento de uma empresa, recomendo que se dê ao trabalho de construir demonstrações financeiras *pro forma*. A equação do crescimento sustentável pode ser ótima para olhar para a floresta, mas é bem menos útil quando queremos estudar árvores em separado.

FINANCIAMENTO POR NOVAS EMISSÕES

No começo do capítulo, observei que uma das premissas fundamentais da análise de crescimento sustentável seria a de que a empresa não pudesse, ou não quisesse, emitir novas ações. Nos termos dessa premissa, também observei na Tabela 4.2 que, nos últimos 20 anos, as novas emissões foram um uso – e não uma fonte – de caixa para as empresas norte-americanas, o que significa que elas retiraram de circulação mais ações do que emitiram. Agora é hora de explorar esse fenômeno mais detalhadamente, com ênfase especial na explicação de por que as empresas são tão reticentes quando se trata de vender novas ações.

A Figura 4.5 mostra o valor de novas emissões, líquido de recompras e retiradas de circulação, a cada ano para os Estados Unidos de 1975 a 2010. As novas emissões cresceram de forma inconstante até $28 bilhões em 1983, e então despencaram, tendo sido essencialmente negativas desde então. Em 2007, as novas emissões atingiram uma baixa recorde de $787 bilhões negativos, quando as empresas se aproveitaram dos fluxos de caixa internos saudáveis e das baixas taxas de empréstimos para recomprar ações de forma agressiva. No entanto, a farra da recompra terminou

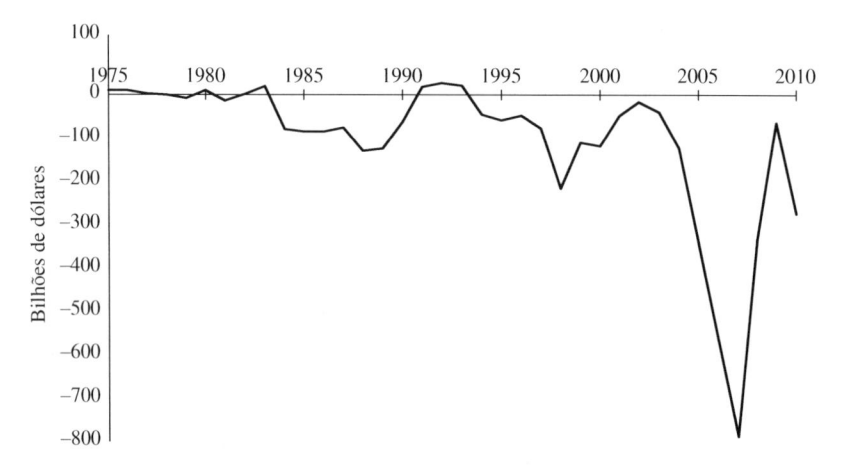

Figura 4.5 Novas emissões líquidas de ações, 1975-2010.

Fontes: Federal Reserve System, *Flow of Funds Accounts of the United States*, **www.federalreserve.gov/releases/z1/current/data.htm**.

abruptamente no ano seguinte, quando a recessão acentuada cortou os fluxos de caixa internos e aumentou a importância percebida da liquidez corporativa.

As empresas reduzem ações ordinárias em circulação de duas maneiras: por recompra de suas próprias ações ou por meio da aquisição das ações de outra empresa, à vista ou a prazo. As melhores evidências disponíveis sugerem que essa tremenda redução foi desencadeada pelas batalhas hostis de *take-over* que varreram a economia na segunda metade da década de 1980.

Nos últimos anos, a redução do capital social do conjunto das empresas norte-americanas parece ser atribuída à crescente popularidade da recompra de ações como meio de distribuir caixa aos acionistas e de manter o lucro declarado por ação. Se os analistas projetarem crescimento de 15% do lucro por ação, mas a administração acreditar que só pode trazer um aumento de 10%, uma maneira de atender à meta dos analistas é recomprar 5% das ações em circulação.

Esses dados, que sugerem que a emissão de novo capital social não representa uma fonte de financiamento para as empresas norte-americanas, condizem com as evidências de que, em um ano típico, apenas cerca de 5% das companhias abertas dos Estados Unidos vendem novas ações ordinárias. Isso significa que uma companhia aberta típica só levanta novo capital social a cada 20 anos.[5]

Como o estatístico que se afogou ao cruzar um rio porque havia ouvido dizer que a profundidade média era de um metro e meio, precisamos nos lembrar de que os valores patrimoniais aqui apresentados são o resultado líquido das novas emissões e das retiradas de circulação. A Figura 4.6 mostra o montante bruto das vendas de novas ações de empresas norte-americanas de 1980 a 2010. A média dos 30 anos é de $98,3 bilhões, e o pico, em 2009, foi de $234,0 bilhões. O pico na emissão de ações durante os anos de recessão recente foi devido ao frenético esforço para a angariação de fundos pelos bancos nacionais, responsáveis por quase três quartos do patrimônio total levantado, enquanto lutavam para evitar o colapso.

Para colocar estes números em perspectiva, a receita bruta de vendas de novas ações por empresas não financeiras, na última década, equiparou 4,0% do total das fontes de capital durante o período. O dado comparável, como uma porcentagem de fontes externas, foi de 11,6%.

A Figura 4.6 também mostra o dinheiro levantado com ofertas públicas primárias de ações (*initial public offerings*, ou "IPO") de 1980 a 2010. Observe que, apesar de toda a atenção que tem sido dedicada às IPO recentemente, o valor agregado obtido com elas é relativamente modesto, equivalente a cerca de um quarto do total bruto de novas ações no período. E mesmo em 2000, que foi também o pico das IPO, o total levantado representou apenas 5% do total das fontes corporativas externas de capital. O fato de os proventos das IPO terem tido tendência de queda na última década é uma fonte de preocupação crescente para muitos.

Esses gráficos são uma prova do dinamismo da economia norte-americana, em que muitas empresas estão retirando ações de circulação, enquanto outras estão fa-

---

[5] U.S. Securities and Exchange Commission, *Report of the Advisory Committee on the Capital Formation and Regulatory Process*, 24 de julho de 1996, Figura 4.

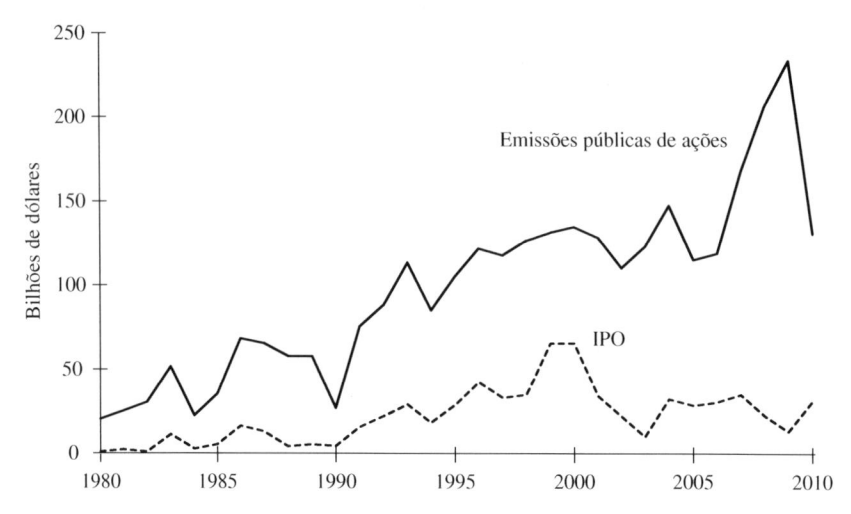

Figura 4.6 Emissões públicas de ações e ofertas públicas primárias de ações (IPO), 1980-2010.

Fontes: *Federal Reserve Bulletin*, Tabela 1.46, "New Security Issues U.S. Corporations", diversas edições para emissões públicas de ações; Jay Ritter, "Initial Public Offerings: Tables Updated Through 2010," Table 8. **bear.warrington.ufl.edu/ritter/IPOs2010statistics111.pdf**.

Nota: novas emissões de ações incluem as ações preferenciais. As IPO excluem opções de excesso de alocação, mas incluem o *tranche* internacional, caso haja.

zendo novas emissões. A conclusão parece ser a de que, embora o mercado de ações não seja uma fonte importante de capital para o universo das empresas norte-americanas, ele é crítico para algumas delas. As empresas que fazem grande uso do mercado de novas emissões são as que os corretores de valores costumam chamar de "*story papers*", empreendimentos com elevado potencial de crescimento que dispõem de um produto ou conceito que podem ser usados para convencer investidores receptivos (as palavras *biotecnologia* e *alta tecnologia são imediatamente evocadas*).

Por que as empresas norte-americanas não emitem mais ações?

Há diversos motivos pelos quais as empresas dos Estados Unidos não levantam mais capital social. Trataremos de alguns deles aqui e de outros no Capítulo 6, quando abordaremos em detalhes, as decisões de financiamento.

- Em primeiro lugar, parece que nos últimos anos o conjunto das empresas simplesmente não precisou de novo capital social. Os lucros retidos e novos empréstimos teriam sido suficientes.
- Em segundo lugar, a emissão de capital é dispendiosa. O custo de uma emissão costuma ficar entre 5 e 10% do valor levantado, e a porcentagem é ainda maior no caso de pequenas emissões. Isso representa praticamente o dobro do custo de uma emissão de dívida de montante comparável (por outro lado, o capital social pode ficar em circulação para sempre, de modo que seu custo anualizado efetivo é menos oneroso).

- Em terceiro lugar, muitos administradores, principalmente os norte-americanos, têm uma fixação nos lucros por ação (LPA). Eles traduzem um mundo complicado em um conceito simples de que tudo o que aumente o LPA só pode ser bom, e tudo o que o reduza deve ser ruim. Nesse ponto de vista, uma nova emissão de ações é ruim porque, pelo menos no início, o número de ações em circulação aumentará, mas o lucro, não. Diz-se, nesse caso, que o LPA foi *diluído*. Mais tarde, quando a empresa usar produtivamente o capital levantado, o lucro deve aumentar, mas, nesse meio tempo, o LPA sofre. Além disso, como veremos no Capítulo 6, o LPA é quase sempre mais alto quando se usa financiamento por dívida em vez de capital social.
- Um quarto motivo pelo qual as empresas não emitem mais ações é o que pode ser chamado de síndrome do "mercado não gosta de nós". Quando as ações de uma empresa são negociadas a $10 cada, a administração tende a acreditar que o preço será um pouco mais elevado no futuro, tão logo a estratégia atual comece a dar frutos. Quando o preço sobe para $15, a administração começa a pensar que isso é só o começo, e que o preço será ainda mais alto no futuro próximo. O entusiasmo natural dos administradores com as perspectivas de suas empresas produz uma sensação de que as ações da empresa estão sempre subvalorizadas, qualquer que seja o seu preço, e essa visão cria um viés para o eterno adiamento de novas emissões. Uma pesquisa de 2001 com 371 executivos financeiros e chefes de empresas norte-americanas, realizada por John Graham e Campbell Harvey, da Duke University, revela essa síndrome. Embora a Média Industrial Dow Jones estivesse se aproximando de uma nova alta recorde no momento do levantamento, menos de um terço dos entrevistados achavam que o mercado estava avaliando corretamente suas ações, apenas 3% achavam que suas ações estavam supervalorizadas e 69% acreditavam que elas estavam subvalorizadas.[6]
- Um quinto motivo pelo qual os administradores parecem afastar-se das novas emissões de capital é a sensação de que o mercado de ações é, fundamentalmente, uma fonte pouco confiável de financiamento. Além da incerteza quanto ao preço que uma empresa é capaz de obter por suas novas ações, os administradores também enfrentam a possibilidade de que, em períodos vindouros, o mercado não esteja aberto a novas emissões sob condições razoáveis. No jargão financeiro, diz-se que, nesses períodos, a "janela" está fechada. Naturalmente, os executivos relutam em conceber uma estratégia de crescimento que dependa de uma fonte de capital tão pouco confiável. Pelo contrário, a filosofia é formular planos de crescimento que possam ser financiados com lucros retidos e endividamento e relegar a emissão de novas ações a um papel secundário e de apoio. Voltaremos a este assunto mais adiante.

---

[6] John R. Graham e Campbell R. Harvey, "The Theory and Practice of Corporate Finance: Evidence from the Field", *Journal of Financial Economics*, maio-junho de 2001, p. 187-243.

RESUMO

1. A taxa de crescimento sustentável de uma empresa:
   - Lembra aos administradores que maior crescimento nem sempre é uma bênção e que empresas podem, literalmente, " crescer até quebrar".
   - É a taxa máxima em que uma empresa pode aumentar as vendas sem levantar capital novo ou aumentar sua alavancagem financeira.
   - Presume que a dívida da empresa aumenta em proporção ao patrimônio líquido.
   - É igual ao produto de quatro índices:
     - Margem de lucro.
     - Índice de retenção.
     - Giro do ativo.
     - Alavancagem financeira, definida como ativo dividido pelo patrimônio líquido do início do período.
   - Também é igual ao índice de retenção da empresa vezes o patrimônio líquido do início do período.
   - Diminui com a inflação sempre que os administradores e os credores não entenderem os efeitos da inflação sobre as demonstrações financeiras ao custo histórico.

2. O crescimento das vendas efetivas acima da zona de crescimento sustentável de uma empresa:
   - Altera um ou mais dos índices que o definem.
   - Deve ser antecipado e planejado.
   - Pode ser administrado por meio de:
     - Aumento da alavancagem financeira.
     - Redução da taxa de pagamento de dividendos.
     - Corte de atividades marginais, produtos ou clientes.
     - Terceirização total ou parcial da produção.
     - Aumento dos preços.
     - Fusão com uma "*cash cow*".
     - Venda de novas ações.

3. O crescimento das vendas efetivas abaixo da taxa de crescimento sustentável:
   - Produz excesso de caixa que pode aumentar o apelo de uma empresa como um alvo de *take-over*.
   - Força a administração a encontrar usos produtivos para o excesso de caixa, como:
     - Reduzir a alavancagem financeira.
     - Retornar o dinheiro para os acionistas.

- Cortar preços.
- "Comprar crescimento" pela aquisição de empresas em rápida expanção que precisam de caixa de crescimento.

4. Financiamento por novas emissões:
   - Tem sido, em média, o *uso* de caixa por empresas norte-americanas pelos últimos 25 anos, ou seja, as empresas tiraram de circulação mais ações do que emitiram.
   - É uma importante fonte de caixa para algumas pequenas e crescentes empresas com perspectivas animadoras.
   - Entre outras razões, é raramente usado, porque:
     - Empresas agregadas não precisavam de caixa adicional.
     - Os custos de emissão de ações são altos em relação aos da dívida.
     - A nova emissão tende a reduzir o lucro por ação, algo que a maioria dos administradores abomina.
     - Os gestores normalmente acreditam que o preço da ação circulante é muito baixo e que podem obter um valor melhor ao esperar.
     - A emissão é percebida como uma fonte não confiável de financiamento, algo que um gerenciador prudente não deve contar.

Websites

www.research.stlouisfed.org/fred2/

Inúmeros dados de qualidade sobre taxas de juros, emprego e mais. Uma arca do tesouro cheia de dados econômicos atuais e históricos.

www.pages.stern.nyu.edu/~adamodar/

Home page do Professor Aswath Damodaran, da NYU, esse *site* contém uma seleção exaustiva, mas sem excessos, de conjuntos de dados financeiros e planilhas, além de muito material acadêmico e educacional. Os conjuntos de dados abrangem *ratings* de bônus, de *spreads* e índices de cobertura de juros por empresa, retornos históricos de ações, debêntures e títulos do tesouro, retornos sobre o patrimônio líquido e alavancas de desempenho por setor.

Problemas

As respostas aos problemas de número ímpar constam no final do livro. Para mais problemas e suas respostas, visite **www.grupoa.com.br** (encontre a página deste livro, procure o Material Complementar e clique em Conteúdo Online).

1. Até que ponto você concorda ou discorda com a seguinte declaração? "Um importante trabalho da alta administração está em garantir que a taxa de crescimento efetivo de sua empresa e a taxa de crescimento sustentável fiquem tão próximas quanto possível."

2. Este capítulo distingue entre bom e mau crescimento. Como eles se diferem entre si e por que a distinção é importante?

3. As declarações a seguir são verdadeiras ou falsas? Explique por quê.

   a. A única forma de uma empresa crescer a uma taxa acima de sua taxa de crescimento sustentável atual é ao emitir novas ações.

   b. O mercado de ações é uma fonte prontamente acessível de novo capital quando uma empresa apresenta pesados prejuízos.

   c. As recompras de ações normalmente aumentam o lucro por ação.

   d. Muitas vezes as empresas recompram suas ações porque os administradores acreditam que elas estejam subvalorizadas.

   e. Só as empresas de crescimento acelerado enfrentam problemas de administração do crescimento.

   f. Um maior crescimento eleva o preço das ações.

4. A Tabela 3.1 do capítulo anterior apresenta as demonstrações financeiras da R&E Supplies de 2008 a 2011, e a Tabela 3.5 uma previsão financeira *pro forma* para 2012. Use as informações dessas tabelas para responder as perguntas a seguir.

   a. Calcule a taxa de crescimento sustentável da R&E Supplies para cada ano, de 2009 a 2012.

   b. Comparando a taxa de crescimento sustentável da empresa com o crescimento efetivo e projetado de suas vendas nesses anos, que problemas de crescimento a administração parece estar enfrentando nesse período?

   c. Como a empresa parece ter lidado com esses problemas? Você vê dificuldades na maneira como isso foi feito? Em caso positivo, quais são elas?

   d. Que conselho você daria à administração no que se refere à gestão do crescimento futuro?

5. Observando a Figura 4.5, descreva a tendência no financiamento por novas emissões líquidas nos Estados Unidos durante os últimos 30 anos. O que isso diz sobre o uso de financiamento de capital nas empresas norte-americanas?

6. Observando a Figura 4.6, descreva a tendência na emissão pública de ações e IPOs nos Estados Unidos durante os últimos 30 anos. Como você explica essa tendência, dado o que se observa na Figura 4.5?

7. A Biosite, Inc., é desenvolvedora, fabricante e comerciante de produtos para diagnóstico médico em San Diego, Califórnia. Se você quiser testar parasitas, abuso de drogas ou insuficiência cardíaca congestiva, seria prudente entrar em contato com a Biosite. A seguir, estão os dados financeiros da empresa para o período de 2000 a 2004.

	2000	2001	2002	2003	2004
Margem de lucro (%)	11,2	10,3	12,7	14,3	16,9
Índice de retenção (%)	100,0	100,0	100,0	100,0	100,0
Giro do ativo (×)	0,66	0,64	0,80	0,89	0,86
Ativos (de fim de ano, em milhões)	$83,0	$102,7	$131,3	$194,6	$283,5
Patrimônio líquido (de fim de ano, milhões)	$72,9	$90,9	$107,9	$152,9	$220,3
Taxa de crescimento em vendas (%)	25,8	19,4	60,3	64,8	41,3

   a. Calcule a taxa de crescimento sustentável da Biosite em cada ano, de 2001 a 2004.

   b. Comparando a taxa de crescimento sustentável da empresa com o crescimento efetivo de suas vendas, que problemas ela parece ter enfrentado no período?

   c. Como a empresa lidou com esses problemas?

8. A Genentech, Inc. é uma pioneira da biotecnologia. Com sede na Califórnia, foi recentemente adquirida pela gigante farmacêutica suíça Roche Holding AG, a qual pagou $46,8 bilhões à vista pelos 44% da Genentech que ainda não possuía, o que implica um valor de mercado de mais de $100 bilhões para toda a empresa. Observe os recentes desafios do crescimento sustentável da Genentech a partir dos seguintes dados financeiros selecionados:

	2003	2004	2005	2006	2007
Margem de lucro (%)	17,0	17,0	19,3	22,8	23,6
Índice de retenção (%)	100,0	100,0	100,0	100,0	100,0
Giro do ativo (×)	0,38	0,49	0,55	0,63	0,62
Alavancagem financeira (×)	1,64	1,44	1,79	1,99	2,00
Taxa de crescimento das vendas (%)	26,1	40,0	43,5	40,0	26,3

   a. Calcule a taxa de crescimento sustentável da Genentech de 2003 a 2007.

   b. A Genentech enfrentou um desafio na administração do crescimento durante esse período? Explique brevemente.

   c. Como a empresa parece ter lidado com esses problemas?

   d. Calcule a taxa de crescimento sustentável da Genentech em 2007, presumindo um giro do ativo de 0,72 vez. Calcule a taxa de crescimento sustentável da Genentech em 2007, presumindo uma alavancagem financeira de 2,20 vezes. Calcule a taxa de crescimento sustentável da Genentech em 2007, presumindo as duas variações.

9. A Harley Davidson, Inc., um ícone na fabricação de motocicletas, tem os seguintes índices para o período de 2000 a 2004:

	2000	2001	2002	2003	2004
Margem de lucro (%)	11,4	12,3	13,5	15,5	16,7
Índice de retenção (%)	91,3	91,9	92,8	92,2	86,6
Giro do ativo ($\times$)	1,25	1,14	1,11	1,00	0,97
Ativo (final do ano, em milhões)	$2.436	$3.118	$3.861	$4.923	$5.483
Patrimônio líquido (final do ano, em milhões)	$1.406	$1.756	$2.233	$2.958	$3.219
Taxa de crescimento em vendas (%)	17,8	16,4	21,4	14,0	8,5

a. Calcule a taxa de crescimento sustentável anual da Harley Davidson de 2001 a 2004.

b. A Harley Davidson estava enfrentando um problema de crescimento nesses anos?

c. Como ela parece ter lidado com seus problemas de crescimento sustentável?

10. Está disponível em **www.grupoa.com.br** uma planilha Excel com informações financeiras selecionadas da Tournament Sporting Goods (encontre a página deste livro, procure o Material Complementar e clique em Conteúdo Online). Usando essas informações, responda às perguntas que constam na planilha a respeito dos desafios de crescimento da administração da Tournament.

11. O Problema 13 do Capítulo 3 pede a construção de uma projeção financeira quinquenal para a Aquatic Supplies a partir de 2009. Com base em sua previsão ou na resposta sugerida no arquivo Excel C3_Problem_13_Answer. xlsx, disponível em **www.grupoa.com.br** (encontre a página deste livro, procure o Material Complementar e clique em Conteúdo Online), calcule as taxas de crescimento sustentável e efetivo da Aquatic Supplies nesses anos. O que esses números lhe sugerem?

PARTE III

Financiamento das Operações

Capítulo 5

Os Instrumentos Financeiros e os Mercados

> Não conte à minha mãe que eu trabalho em um banco de investimentos; ela ainda pensa que eu toco piano em um bordel.
>
> *Anônimo*

Uma parte muito importante do trabalho de qualquer executivo financeiro é levantar recursos para financiar as operações correntes e o crescimento futuro. Sob esse aspecto, o papel do administrador financeiro é parecido com o de um executivo de marketing. Existe um produto – direitos sobre o fluxo de caixa futuro da empresa – que precisa ser embalado e vendido de maneira a render o preço mais alto possível. Os clientes do administrador financeiro são os investidores (credores e acionistas) que colocam dinheiro na empresa na esperança de receberem fluxos de caixa futuros. Em troca, recebem um pedaço de papel como uma ação, um bônus, ou um contrato de mútuo, descrevendo a natureza do seu direito contra o fluxo de caixa futuro da empresa. Quando o papel pode ser comprado e vendido nos mercados financeiros, costuma ser chamado de *valor mobiliário financeiro*.

Ao embalar o produto, o executivo financeiro precisa escolher ou conceber um título financeiro que atenda às necessidades da empresa e seja atraente para os investidores potenciais. Para isso, é preciso conhecer os instrumentos financeiros, os mercados em que são negociados e os méritos de cada tipo de instrumento para a empresa emitente. Neste capítulo, trataremos dos dois primeiros tópicos: instrumentos e mercados financeiros. No próximo capítulo, examinaremos a escolha, pela empresa, do instrumento financeiro mais apropriado.

Embora as decisões de financiamento das empresas costumem ser responsabilidade dos altos executivos e de suas equipes financeiras, há diversos motivos pelos quais gestores em todos os níveis precisam entender o raciocínio em que se baseiam tais decisões. Primeiro, todos tomamos decisões financeiras semelhantes em nossas vidas pessoais sempre que pedimos um empréstimo para comprar uma casa, um carro, ou retomar os estudos. Segundo, na qualidade de investidores, muitas vezes somos consumidores dos títulos financeiros que as empresas emitem e é sempre bom ser um consumidor informado. Terceiro – e mais importante para os nossos fins – decisões financeiras sólidas são cruciais para a boa administração financeira. Isso se torna evidente quando consideramos o fato de que a alavancagem financeira é uma das alavancas de desempenho por meio das quais os administradores procuram gerar retornos competitivos e é um dos principais determinantes da taxa de crescimento sustentável de uma empresa. Assim, ao deixar de compreender o raciocínio que guia as decisões de financiamento, os gerentes operacionais se furtam a um entendimento pleno de sua empresa e dos desafios que ela enfrenta.

Antes de começar, vamos falar um pouco sobre o que este capítulo não aborda. "Mercados financeiros" é o nome dado a um sistema de distribuição dinâmico e heterogêneo por meio do qual entidades com superávit de caixa fornecem dinheiro a entidades com déficit de caixa. As empresas não são, de maneira alguma, os únicos agentes, ou mesmo os agentes mais importantes desse mercado. Outros participantes ativos são governos e agências federais, estaduais e municipais, fundos de pensão, fundações, pessoas físicas, bancos comerciais, seguradoras e muitos outros. Este capítulo não é um panorama equilibrado dos mercados financeiros: é, isso sim, uma visão concentrada dos instrumentos financeiros mais usados por empresas não financeiras e dos meios pelos quais eles são vendidos. Outra restrição é o fato de que não trataremos de instrumentos a curto prazo. Quando falamos dos mercados financeiros, é comum distinguir entre os *mercados de moeda*, em que os títulos vencem em menos de um ano, e os *mercados de capitais*, em que são comprados e vendidos instrumentos de prazo mais longo. Como as empresas não financeiras dependem muito mais dos mercados de capitais para se financiar, falaremos pouco dos mercados monetários, muito embora sejam maiores e mais líquidos (para um panorama equilibrado e abrangente dos mercados e instrumentos financeiros, veja algum dos livros recomendados ao fim deste capítulo).

INSTRUMENTOS FINANCEIROS

Felizmente, os advogados e os reguladores ainda não conseguiram acabar com toda a graça e o espaço para a criatividade que existe quando se levanta dinheiro. Ao escolher um instrumento financeiro para venda nos mercados de títulos, as empresas *não* têm sua liberdade significativamente restringida pela lei ou pela regulamentação: têm grande liberdade para escolher ou criar qualquer instrumento, desde que seja atraente para os investidores e atenda às necessidades da empresa. Os mercados de valores mobiliários dos Estados Unidos são regulados pela Securities and Exchange Commission (SEC) e, em menor grau, por autoridades estaduais. A regulamentação da SEC pode gerar burocracia e atrasos, mas a instituição não julga os méritos de um título como investimento. Só exige que os investidores tenham acesso a todas as informações relevantes para avaliar o título e as oportunidades adequadas para realizar essa avaliação antes da compra. Tal liberdade deu origem a situações estranhas, por exemplo, a ação preferencial conversível da Foote Minerals, $2,20 cumulativos (se convertida) e os bônus indexados pela prata da Sunshine Mining. O meu favorito é um bônus a 6% emitido pela Hungria, em 1983, que, além de pagar juros, incluía um compromisso de instalação de linha telefônica em um prazo de três anos. Dizem que, na época, o tempo de espera de um telefone era de até 20 anos. Em segundo lugar, vem um título proposto por um grupo de destilarias de vodca da Rússia. Conhecido como título *Lial*, ou "Litro", eles pagariam juros anuais de 20% em moeda forte ou de 25% em vodca. Segundo um dos promotores, "a vodca é moeda há 1.000 anos. O que fizemos foi apenas formalizar a relação."

Mas não vamos permitir que a grande variedade de títulos nos desvie do assunto principal. Ao conceber um instrumento financeiro, o executivo de finanças opera com três variáveis: os direitos dos investidores contra fluxos de caixa futuros, o direito que eles terão de participar das decisões da empresa e, finalmente, seus direitos contra os ativos da empresa em caso de liquidação. Passaremos, agora, a descrever os tipos mais populares de títulos em termos dessas variáveis. Ao ler as descrições, lembre-se de que as características de um instrumento financeiro são determinadas pelos termos contratuais entre o emitente e o comprador, e não por leis ou regulamentos. Assim, as descrições a seguir devem ser vistas como indicativas de tipos genéricos de títulos, não como definições exatas de instrumentos específicos.

Títulos de dívidas

Os economistas gostam de distinguir entre ativos físicos e ativos financeiros. Um ativo físico, como uma casa, uma empresa ou um quadro, é aquele cujo valor depende de suas propriedades físicas. Um ativo financeiro é um papel ou, mais formalmente, um título que representa um direito legal a distribuições futuras de caixa. A entidade que se dispõe a fazer a distribuição é o emitente e o recebedor da distribuição é o investidor. Às vezes é útil fazer mais uma distinção entre os ativos financeiros, com base em ser fixado o direito a pagamento futuro, em termos de montante e prazo, ou ser residual, o que quer dizer que o investidor recebe o caixa remanescente após a satisfação de todos os outros direitos. Instrumentos de dívida oferecem direitos fixados, ao passo que ações ordinárias oferecem direitos residuais. Sendo a criatividade humana o que é, ninguém deve se surpreender ao saber que alguns títulos, como as ações preferenciais conversíveis, não são nem uma coisa nem outra, e os direitos que tais títulos oferecem não são puramente fixos nem puramente residuais.

Derivativos, também conhecidos como direitos contingentes, constituem o terceiro tipo de título fundamental. Um título derivativo distingue-se pelo fato de seu direito a pagamentos futuros depender do valor de algum outro ativo subjacente. Por exemplo, uma opção de comprar ações da IBM é um derivativo porque seu valor depende da cotação dessas ações. A popularidade e a importância de derivativos têm crescido muito desde que Fisher Black e Myron Scholes propuseram pela primeira vez, em 1973, uma maneira rigorosa para opções de valor. O apêndice deste capítulo considera os derivativos como parte de uma discussão mais ampla de gestão de risco financeiro, e o Capítulo 8 revisita o tema no contexto de avaliação de oportunidades de investimento.

Um título, como qualquer outra forma de endividamento, é um título de *renda fixa*. O portador recebe um rendimento anual de juros especificado e um montante determinado na data de vencimento – nada mais, nada menos (a não ser que a empresa quebre). A diferença entre um título e as demais formas de endividamento, como o crédito mercantil, os empréstimos bancários e as colocações privadas, é o fato de que os títulos costumam ser oferecidos ao público em unidades de baixo valor, geralmente $1.000 por título. Após a emissão, os títulos podem ser negociados pelos investidores em bolsas de valores organizadas.

Vimos, no capítulo anterior, que o financiamento interno, em forma de lucros retidos e depreciação, forneceu cerca de 65% do dinheiro usado pelas empresas norte-americanas ao longo da última década. Os dados agregados indicam que, nos últimos anos, a maior parte do financiamento externo veio de títulos, representando cerca de 37% do total, enquanto os empréstimos e adiantamentos de diversos tipos contribuíram com mais 11%. Antes de descartar os empréstimos bancários como meramente secundários, é necessário lembrar que, embora não sejam uma grande fonte de financiamento no agregado, eles são importantes para as empresas de menor porte. Por exemplo, em 2010 a proporção entre os empréstimos bancários e o passivo total entre empresas industriais de mais de 1 bilhão de dólares era de apenas 8%, enquanto a mesma proporção para pequenos fabricantes com ativos de $25 milhões ou menos chegava a 34%.[1]

Os títulos são caracterizados por três variáveis: o *valor de face*, ou valor ao par, a *taxa* de *cupom* e a *data de vencimento*. Por exemplo, um título pode ter valor de face de $1.000, taxa de cupom de 7% e vencimento em 31 de dezembro de 2018. O valor de face é o montante que o portador receberá na data de vencimento. Por costume, o valor de face dos títulos emitidos nos Estados Unidos geralmente é de $1.000. O cupom é a porcentagem do valor de face que o emitente promete pagar anualmente ao investidor como receita de juros. O título a que nos referimos pagará $70 por ano em juros (7% × $1.000), em geral em dois pagamentos semestrais de $35. Na data de vencimento, a empresa pagará ao portador $1.000 por título e cessará os pagamentos de juros.

Na data de emissão, as empresas costumam procurar fixar a taxa de cupom do novo bônus em um nível semelhante ao de outros títulos de vencimento e qualidade semelhantes. Isso assegura que o preço inicial de mercado do título seja mais ou menos equivalente ao seu valor de face. Depois da emissão, o preço de mercado de um título pode divergir substancialmente do seu valor de face devido à variação das taxas de juros do mercado e de sua percepção do risco. Como veremos no Capítulo 7, quando as taxas de juros aumentam, o preço dos bônus cai e vice-versa.

A maioria das formas de endividamento a longo prazo exige amortização periódica do principal. Essa amortização é conhecida como *fundo de amortização ou sinking fund*. Os leitores que conhecem bastante contabilidade saberão que,

---

[1] U.S.Federal Reserve, "Flow of Funds Accounts of the United States" **www.federalreserve.gov/releases/z1/**. U.S. Census Bureau, "Quarterly Financial Report for Manufacturing, Mining, Trade, and Selected Service Industries: 2010", Tabelas 1.1 e 80.1. **www.census.gov/csd/qfr/qfr10q4.pdf**.

> **Nos investimentos externos, nem sempre o que se vê é o que se consegue**
>
> Uma taxa de juros de 10% sobre um título valorado em dólares não é comparável a uma taxa de 6% sobre um título em ienes ou uma taxa de 14% sobre um título em libras esterlinas. Para entender por que, vamos calcular a taxa de retorno sobre $1.000 investidos hoje em um título de um ano em libras esterlinas com rendimento de 14%. Suponhamos que a taxa de câmbio de hoje seja 1£ = $1,50 e que a taxa daqui a um ano seja 1£ = $1,35.
>
> Hoje $1.000 comprariam £666,67 ($1.000/1,50 = £666,67) e, daqui a um ano, os juros e o principal do título totalizarão £760 (£666,67 [1 + 0,14] = £760). Convertendo esse valor em dólares, teremos $1.026 em um ano (£760 × 1,35 = $1.026). Assim, o retorno sobre o investimento, em dólares, é de apenas 2,6% ([$1.026 − $1.000]/$1.000 = 2,6%).
>
> Por que o retorno em dólares é tão baixo? Porque investir em um ativo estrangeiro é, na verdade, fazer dois investimentos: a compra de um ativo em moeda estrangeira e a especulação sobre as variações futuras do valor em dólares da moeda estrangeira. Aqui, o ativo estrangeiro rende belos 14%, mas a libra sofre depreciação de 10% em relação ao dólar ([$1,50 − $1,35]/$1,50); assim, o rendimento combinado é, aproximadamente, a diferença entre as duas porcentagens. A relação exata é
>
> (1 + rendimento) = (1 + taxa de juros) (1 + variação da taxa de câmbio)
> (1 + rendimento) = (1 + 14%) (1 − 10%)
> Rendimento = 2,6%
>
> Sabemos que a libra esterlina sofreu depreciação em relação ao dólar durante o ano porque uma libra custava menos no fim do que no início do ano.

tecnicamente, fundo de amortização é um valor que a empresa provisiona para fazer frente a uma obrigação futura, e era bem assim que os títulos costumavam funcionar. Mas isso mudou. Hoje, um fundo de amortização de títulos é um pagamento feito diretamente aos investidores para reduzir o valor do principal. Dependendo do contrato, há diversas maneiras de uma empresa atender às suas obrigações de *fundo de amortização*. A empresa pode recomprar um determinado número de títulos nos mercados de títulos ou retirar um determinado número de títulos, pagando aos portadores o valor de face. Aqui, se a empresa puder escolher, ela naturalmente recomprará os títulos se o valor de mercado estiver inferior ao valor de face.

Acabei de descrever um título de renda prefixada. Uma alternativa mais comum de endividamento é o empréstimo a taxa flutuante, em que a taxa de juros está atrelada a uma taxa de juros a curto prazo, como a das *T-bills* de 90 dias. Se um instrumento de taxa flutuante prometer pagar, digamos, um ponto percentual a mais do que a *T-bill* de 90 dias, os juros devidos em cada data de pagamento serão recalculados acrescentando-se um ponto percentual à taxa de 90 dias vigente na data. Como os juros pagos sobre instrumentos de taxa flutuante acompanham a variação das taxas de juros ao longo do tempo, o valor de mercado do instrumento estará sempre próximo do seu valor principal.

Cláusula de resgate antecipado

Alguns títulos corporativos contêm uma cláusula (*call provision*) que confere à empresa emitente a opção de resgatá-los antes do vencimento. Em muitos casos, o preço de resgate para o resgate antecipado tem um pequeno ágio sobre o valor de face; ou o título pode ter também um *resgate postergado* (*delayed call*), o que significa que o emitente não pode fazer o resgate até o decurso de um determinado prazo a contar da emissão, geralmente 5 ou 10 anos.

As empresas desejam ter a opção de resgate em seus títulos por dois motivos óbvios. Um é o fato de que, se as taxas de juros caírem, a empresa poderá comprar os títulos existentes e emitir novos a um custo financeiro mais baixo. O outro é que a opção de resgate permite maior flexibilidade. Se uma mudança nas condições do mercado ou na estratégia da empresa exigir, a opção de resgate possibilita que a administração reorganize sua estrutura de capital.

À primeira vista, parece que a opção de resgate só traz benefícios para a empresa emitente. Se as taxas de juros caírem, a empresa pode fazer o resgate dos títulos e se refinanciar a uma taxa mais baixa. Mas, se os juros aumentarem, os investidores não terão uma opção equivalente: terão que aceitar os juros mais baixos ou vender seus títulos com prejuízo. Do ponto de vista da empresa emitente, parece uma situação do tipo "se der cara, eu ganho; se der coroa, você perde", mas o fato é que os investidores não são tão inocentes assim. De modo geral, quanto mais atraentes forem as condições de resgate para o emitente, maior será a taxa de cupom do título.

Cláusulas (covenants)

Em condições normais, os credores – inclusive portadores de títulos – não têm voz ativa no que tange às decisões da empresa devedora. Os portadores de títulos e outros credores a longo prazo exercem controle por meio de *cláusulas restritivas* especificadas no contrato de investimento. Alguns exemplos dessas restrições são um piso para o índice de liquidez corrente da empresa, um teto para o índice dívida/patrimônio líquido ou uma exigência de que a empresa não compre ou venda ativos de monta sem aprovação prévia dos credores. Os credores não poderão influir nas operações da empresa desde que esta esteja em dia com suas obrigações de juros e amortização e não tenha violado quaisquer das cláusulas restritivas. Se a empresa atrasar pagamentos ou infringir uma cláusula, entrará em inadimplência e seus credores adquirirão poderes consideráveis. Em casos extremos, os credores podem pedir a falência da empresa e, possivelmente, liquidá-la. Em uma liquidação, o Judiciário supervisiona a venda dos ativos da empresa e a distribuição dos proventos aos diversos detentores de direitos.

Direitos da liquidação

A distribuição dos proventos da liquidação em caso de falência é determinada por aquilo que chamamos *direitos de prioridade absoluta*. O primeiro da fila, naturalmente, é o governo, para receber os impostos em atraso. Entre os investidores, os primeiros a serem pagos são os credores *seniores*, seguidos dos credores *gerais* e, finalmente, dos credores *subordinados*. Os acionistas preferenciais e ordinários vêm no fim da fila. Como cada categoria de interessados tem seus direitos plenamente satisfeitos antes que a categoria seguinte receba qualquer coisa, muitas vezes os acionistas nada recebem em uma liquidação.

Credores garantidos (secured creditors)

Um *crédito garantido* é um tipo de crédito sênior em que o empréstimo tem por garantia um ativo ou grupo de ativos específicos da empresa. Na liquidação, os proventos da venda desse ativo vão exclusivamente para o credor garantido. Se o caixa gerado pela venda superar o valor da dívida com esse credor, o restante entra para a massa falida a ser distribuída aos credores em geral. Se o caixa não for suficiente, o credor se tornará credor geral no que se refere ao remanescente do seu crédito. As hipotecas são exemplos comuns de crédito garantido em que o ativo dado em garantia é um bem imóvel.

Títulos como investimento

Durante muitos anos, os investidores viram os títulos como investimentos muito seguros. Afinal, a receita de juros é determinada e as chances de quebra são remotas. Mas esse raciocínio desconsiderava os efeitos perniciosos da inflação sobre os títulos de renda fixa. Isso porque, embora o rendimento *nominal* dos títulos prefixados seja especificado, o valor dos pagamentos de juros e do principal resultantes para o investidor é muito mais baixo em caso de inflação elevada. Cria-se, então, a necessidade de que os investidores se preocupem com o rendimento *real*, ou corrigido pela inflação, de um ativo, e não com seu rendimento nominal. Segundo essa nova medida, até mesmo os títulos livres de risco de inadimplência podem ser muito arriscados em períodos de inflação elevada ou volátil.

A Tabela 5.1 apresenta a taxa nominal de rendimento que os investidores obtiveram sobre títulos selecionados de 1900 a 2010. Observando o rendimento dos títulos corporativos a longo prazo, vemos que, se um investidor tivesse comprado uma carteira típica desses títulos em 1899 e a mantivesse até 2010, (reinvestindo todos os pagamentos de juros e principal em títulos semelhantes), o rendimento anual teria sido de 5,7% ao longo de todo o período de 111 anos. Para efeitos de comparação, o rendimento anual sobre um investimento em tí-

Tabela 5.1 Taxa de retorno de títulos selecionados, 1900-2010

Título	Retorno*
Ações ordinárias	11,4%
Títulos corporativos a longo prazo	5,7
Títulos governamentais a longo prazo	5,2
Notas governamentais a curto prazo	4,0
Índice de preços ao consumidor	3,1

*Média aritmética dos rendimentos anuais, desconsiderando impostos e admitindo reinvestimento dos juros e dividendos.
Fonte: Elroy Dimson, Paul Marsh e Mike Staunton. *Credit Suisse Global Investment Returns Sourcebook* Copyright © 2011 Elroy Dimson, Paul Marsh e Mike Staunton. Retorno sobre os títulos corporativos de longo prazo estimados pelo autor.

tulos a longo prazo do governo norte-americano teria sido de 5,2% no mesmo período. Podemos atribuir essa diferença de 0,5% a um "prêmio pelo risco", o rendimento adicional que os investidores em títulos corporativos obtêm sobre os títulos do governo como remuneração pelo risco de que as empresas deixem de honrar suas obrigações ou façam o resgate de seus títulos antes do vencimento.

A última linha da Tabela 5.1 contém a variação percentual anual do índice de preços ao consumidor no período. Subtraindo a taxa anual de inflação de 1900 a 2010 de 3,1% dos rendimentos nominais apresentados, temos um rendimento real, ou ajustado pela inflação, de 2,6% para os títulos corporativos e de 2,1% para os do governo.[2] Os títulos a longo prazo pouco mais fizeram do que acompanhar a inflação no período.

Classificação (rating) dos títulos

Há diversas empresas que analisam as qualidades do investimento em muitos títulos negociados no mercado e publicam suas conclusões em forma de classificações (*ratings*) para os títulos. Um *rating* de um título é uma nota, como AA, por exemplo, atribuída a uma emissão para refletir a avaliação que o analista fez do risco de inadimplência do título. Os analistas determinam esses *ratings* por meio de muitas das técnicas descritas nos capítulos anteriores, inclusive análise dos índices de endividamento da empresa e de seus índices de cobertura em relação aos da concorrência. A Tabela 5.2 mostra como a Standard & Poor's, uma das maiores empresas de *rating*, define alguns dos índices que utiliza. E a Tabela 6.5, no próximo capítulo, mostra as diferenças entre os principais índices de desempenho por categoria de *rating*.

Títulos de alto risco (junk bonds)

O *rating* dos títulos de uma empresa é importante porque afeta a taxa de juros que a empresa precisa oferecer. Além disso, muitos investidores institucionais são proibidos de investir em títulos com *rating* inferior ao chamado "grau de investimento" (*investment grade*), geralmente definido como BBB – ou pior. Assim, houve períodos em que as empresas com títulos de *ratings* mais baixos tiveram grandes dificuldades para levantar crédito junto ao público. Os títulos de *rating* inferiores ao grau de investimento são conhecidos por diversos nomes, como *títulos de alto risco*, *títulos de alto rendimento* ou, simplesmente, *junk bonds*.

Até o surgimento de um mercado vibrante de títulos de alto risco, nos anos de 1980, os mercados abertos de dívida eram, em grande medida, limitados às enormes corporações de primeira linha (*blue-chip*). Excluídas dos mercados públicos, as empresas menores e menos conhecidas que precisassem se financiar com dívida eram forçadas a recorrer a empréstimos de bancos e seguradoras. Embora os mercados de títulos ainda estejam fechados para a maioria das em-

---

[2] Esses valores são aproximados. A equação exata é $i_r = (1 + i_n)/(1 + p) - 1$, sendo i_r = retorno real, i_n = retorno nominal e p = taxa de inflação. Aplicando essa equação, os retornos reais dos títulos corporativos e governamentais são de 2,5% e 2,0%, respectivamente.

Tabela 5.2 Definições selecionadas de *ratings* da Standard & Poor's

Um *rating* de crédito emitido pela Standard & Poor's é um parecer atualizado sobre a qualidade de crédito de um devedor em relação a uma obrigação específica, a uma categoria específica de obrigações financeiras ou a um programa financeiro específico... leva em conta a qualidade de crédito dos avalistas, seguradores ou outros garantidores da obrigação e a moeda em que a obrigação está denominada. O *rating* de crédito emitido não representa recomendação de compra, venda ou manutenção de uma obrigação financeira na medida em que não faz comentários sobre o preço de mercado ou a adequação a um investidor específico.

Os *ratings* baseiam-se, em diferentes graus, nas seguintes considerações:

(1) Probabilidade de inadimplência – capacidade e disposição do devedor quanto ao pagamento com pontualidade dos juros e do principal nos termos da obrigação.
(2) Natureza e condições da obrigação.
(3) Proteção oferecida à obrigação e sua posição relativa de recebimento em caso de quebra, reorganização ou outro procedimento nos termos das leis falimentares e outras leis que afetem os direitos dos credores.

AAA As dívidas classificadas como 'AAA' gozam do mais elevado *rating* atribuído pela S&P. A capacidade de pagamento dos juros e do principal é extremamente elevada.

•
•

BBB As dívidas classificadas como 'BBB' são consideradas portadoras de capacidade adequada de pagamento dos juros e do principal. Embora normalmente apresentem parâmetros apropriados de proteção, condições econômicas adversas ou mudanças conjunturais têm maior probabilidade de levar a uma redução da capacidade de pagamento dos juros e do principal da dívida nessa categoria do que nas de *rating* mais elevado.

•
•

CCC Uma obrigação classificada como 'CCC' encontra-se vulnerável à inadimplência e depende de condições empresariais, financeiras e econômicas favoráveis para honrar o compromisso financeiro que representa. Em caso de condições empresariais, financeiras e econômicas adversas, o devedor provavelmente carecerá de capacidade de honrar o compromisso financeiro a que está sujeito.

•
•

D As dívidas de *rating* 'D' estão inadimplentes. A categoria 'D' é usada quando os pagamentos de uma obrigação não ocorrem na data devida, mesmo durante a vigência do prazo de carência, a menos que a Standard & Poor's acredite que os pagamentos venham a ser efetuados durante esse prazo. O *rating* 'D' também é usado quando é protocolado um pedido de falência ou uma medida assemelhada caso os pagamentos referentes a uma obrigação se vejam ameaçados.

Mais (+) ou menos (−): os *ratings* de 'AA' a 'CCC' podem ser modificados por meio do acréscimo de um sinal de mais ou de menos para indicar a situação relativa dentro das maiores categorias de *rating*.

Fonte: Standard & Poor's Long-Term Issue Credit Ratings, **www.standardpoors.com**.

presas de pequeno porte, o mercado de *junk bonds* foi uma bênção para muitas empresas de médio porte ou emergentes, que agora veem na oferta pública de *dívida uma alternativa atraente ao financiamento bancário tradicional*. O mercado também tem sido uma importante fonte de financiamento para *raiders* corporativos e investidores em empresas fechadas (*private equity*), que se utilizam dele em transações altamente alavancadas.

> **O que a classificação dos títulos diz aos investidores sobre a possibilidade de inadimplência?**
>
> Observe os valores a seguir que mostram as taxas de inadimplência pela categoria de *rating* e pelo horizonte de investimento. Os números da Moody's Investors Service abrangem os anos de 1970 a 2006. Note, por exemplo, que, em média, apenas 0,52% dos títulos AAA foram classificados como inadimplentes ao longo de um período de 10 anos, enquanto o valor para todos os títulos C foi de 69,25%. A inadimplência é uma possibilidade distinta entre as obrigações com *rating* inferior: não é à toa que têm juros mais altos.
>
> O fato de as taxas de inadimplência subirem consistentemente enquanto os *ratings* caem oferece provas convincentes de que os *ratings* são, de fato, úteis preditores de inadimplência. Observe, também, a ruptura entre grau de investimento e grau especulativo. Digamos que, em um horizonte de investimento de cinco anos, a taxa de inadimplência dos títulos Baa – a mais baixa do investimento – é um pouco menos de 2%, enquanto o valor de títulos Ba – a mais alta classificação especulativa – é superior a 10%.
>
> **Média histórica da horas cumulativas de inadimplência de títulos corporativos 1970–2006**
>
> | *Rating* | Horizonte de tempo (Anos) | | |
> |---|---|---|---|
> | | 1 | 5 | 10 |
> | Aaa | 0,00% | 0,10% | 0,52% |
> | Aa | 0,01% | 0,18% | 0,52% |
> | A | 0,02% | 0,47% | 1,29% |
> | Baa | 0,18% | 1,94% | 4,63% |
> | Ba | 1,20% | 10,21% | 19,10% |
> | B | 5,24% | 26,79% | 43,32% |
> | Caa-C | 19,47% | 52,66% | 69,25% |
>
> Fonte: Richard Cantor, David T. Hamilton e Jennifer Tennant, Exhibit 2, "Confidence Intervals for Corporate Default Rates," 2007. Disponível em **ssrn.com/abstract995545**.

As agências de *rating* têm sido criticadas justamente por terem fomentado a recente crise financeira, quando sua avaliação dos complexos títulos hipotecários provou ser muito otimista. Elas parecem ter cometido dois erros notórios. Em primeiro lugar, com base na revisão de evidências históricas limitadas em um mercado em rápida variação, as agências não contaram com a possibilidade de que os preços da habitação pudessem cair em todo o país. Seus modelos convenceram-nas de que qualquer declínio nos preços da habitação seria apenas regional, não nacional. Conforme disse mais tarde Mark Adelson, ex-diretor sênior da agência de *rating* Moody's, o método era "como observar 100 anos do clima na Antártida para fazer a previsão do tempo no Havaí".[3] Em segundo lugar, quase todas as agências ignoraram a possibilidade de que os padrões de origem de empréstimo se deteriorassem, supondo que a qualidade de crédito das hipotecas que sustentam os títulos a serem avaliados fosse constante ao longo do tempo. Acreditavam que não era

---

[3] Roger Lowenstein, "Triple-A-Failure", *New York Times Magazine*, 27 abril de 2008.

apropriado estudar os arquivos de empréstimos individuais, porque seu trabalho era avaliar a qualidade dos títulos, não das hipotecas subjacentes. Conforme Claire Robinson, veterana com 20 anos de Moody's, "Não somos agentes de empréstimo. Nossa expertise é como estatísticos em uma base agregada".[4]

Ações ordinárias

Uma ação ordinária é um título de *renda residual*. O acionista tem direito aos resultados da empresa remanescentes após o pagamento de todas as obrigações, inclusive juros sobre a dívida. Se a empresa prosperar, os acionistas serão os principais beneficiados; se fracassar, serão os grandes perdedores. O montante de dinheiro que um acionista recebe anualmente depende dos dividendos que a empresa decide distribuir, e o conselho de administração, que é quem toma essa decisão a cada trimestre, não tem obrigação de determinar a distribuição de quaisquer dividendos.

Controle acionário

Pelo menos em tese, os acionistas exercem controle sobre os negócios da empresa por meio do seu poder de eleger o conselho administrativo. Nos Estados Unidos, a pulverização da propriedade sobre as ações e as leis que regem a eleição do conselho frequentemente se combinam para reduzir esse poder, embora já se façam sentir os ventos da mudança. Em algumas empresas, a mera propriedade de 10% do capital social já é suficiente para controlar todo o conselho. Em outras, não há um grupo dominante de acionistas e a administração executiva tem sido capaz de controlar o conselho, mesmo sendo proprietária de poucas ou nenhuma ação.

Isso não significa que os administradores dessas empresas possam ignorar totalmente os interesses dos acionistas, porque seus atos estão sujeitos a pelo menos duas limitações potenciais. Uma é criada pela necessidade de competir nos mercados de bens e serviços. Se a administração não oferecer um produto ou serviço de maneira eficiente e não os vender a um preço competitivo, a empresa perderá participação de mercado para concorrentes mais agressivas e acabará sendo forçada a sair do setor. As medidas que os administradores tomam para competir com eficiência nesses mercados condizem com os interesses dos acionistas.

Os mercados de títulos são uma segunda limitação à liberdade da administração. Se uma empresa quiser levantar dívida ou capital acionário no futuro, precisará manter sua lucratividade para atrair dinheiro dos investidores. Além disso, se os administradores ignorarem os interesses dos acionistas, o preço das ações cairá e a empresa poderá tornar-se alvo de uma aquisição hostil. E, mesmo na ausência da ameaça de uma aquisição, um número crescente de conselhos de administração, muitas vezes incentivados por grandes investidores institucionais, tem sido mais diligente no monitoramento do desempenho da administração e na substituição de executivos de fraco desempenho. Nos últimos anos, mais de 20% das saídas dos principais executivos foram forçadas pelo conselho.[5] Falaremos mais das tomadas de controle e da evolução do papel do conselho de administração no Capítulo 9.

---

[4] Ibid.
[5] "CEO Turnover Rate" *The Economist*, 20 de maio de 2010.

Os acionistas alemães e japoneses têm controle muito mais direto sobre a administração das empresas do que seus pares norte-americanos ou ingleses. Na Alemanha, a permissão legal para que os bancos detenham quantidades ilimitadas de participação acionária em empresas industriais, combinada com a histórica insignificância dos mercados financeiros abertos, levou a fortes concentrações da propriedade nas empresas de grande porte. Os bancos são os acionistas controladores de muitas empresas alemãs, com representação no conselho de administração e controle efetivo sobre o acesso das empresas aos mercados de dívida e de ações. Os administradores alemães tendem, assim, a pensar duas vezes antes de ignorar os interesses dos acionistas.

Como seus pares nos Estados Unidos, os bancos japoneses são proibidos de reter mais de 5% das ações de empresas industriais e os mercados de capitais do Japão são mais desenvolvidos do que os da Alemanha. Ainda assim, a forma de organização conhecida como *keiretsu* produz resultados semelhantes aos das organizações da Alemanha. Como observamos no apêndice do Capítulo 2, um *keiretsu* é um grupo de empresas – que normalmente inclui um grande banco – que compra participações consideráveis entre si como forma de sedimentar relações empresariais importantes. Quando a maior parte das ações de uma empresa está nas mãos de parceiros e associados por meio de participações cruzadas, os administradores correm riscos ao ignorar os interesses dos acionistas.

A questão de o controle mais direto exercido pelos acionistas alemães e japoneses ser economicamente melhor do que o controle mais indireto que há nos Estados Unidos está em aberto. Embora os modelos alemão e japonês deem aos acionistas voz mais ativa nos negócios da empresa, também tendem a incentivar uma abordagem mais fechada e menos imparcial à governança corporativa, podendo ser contrária à mudança e à inovação. Além disso, há indícios crescentes de que as abordagens alemã e japonesa à governança estão em declínio. Na Alemanha, um interesse cada vez maior das empresas por levantar capital junto aos mercados públicos, em vez de junto aos bancos, tem minado a autoridade dos bancos, ao passo que, no Japão, uma ênfase crescente no desempenho do preço das ações (em oposição a relacionamentos empresariais) como principal critério para a manutenção de ações em carteira tem levado a um declínio das participações cruzadas.

Ações ordinárias como investimento

Os acionistas ordinários recebem dois tipos de retorno sobre seu investimento: dividendos e o possível aumento do preço da ação. Sendo d_1 o dividendo por ação durante o ano e p_0 e p_1, respectivamente, o preço da ação no começo e no fim do ano, o *rendimento anual* obtido pelo acionista será:

$$d_1 + p_1 - p_0$$

Dividindo-se pelo preço da ação no início do ano, o *retorno anual* será:

$$\frac{\text{Retorno}}{\text{anual}} = \frac{\text{Taxa de rendimento}}{\text{dos dividentos}} + \frac{\text{Variação percentual}}{\text{no preço da ação}}$$

$$= \frac{d_1}{p_0} + \frac{p_1 - p_0}{p_0}$$

No período de 1928 a 2010, os investidores em ações ordinárias de grandes empresas obtiveram retorno médio de dividendo de 3,9% e valorização média do capital de 7,2%. Ao longo da última década, esses valores têm sido de 1,9 e 1,7%, respectivamente.

As ações ordinárias são um direito de propriedade contra ativos predominantemente reais, ou produtivos. Se as empresas puderem manter margens de lucro durante períodos inflacionários, os lucros, quando ajustados para descontarem os efeitos da inflação, serão poucos afetados. Durante muitos anos, esse raciocínio levou à crença de que as ações ordinárias ofereciam uma forma de proteção contra a inflação, mas isso se revelou falso durante o surto de inflação elevada dos anos de 1970. Voltando à Tabela 5.1, vemos que, se um investidor tivesse comprado uma carteira típica de ações ordinárias em 1899 e reinvestido todos os dividendos recebidos na mesma carteira, seu retorno anual médio em 2010, referente a todo o período de 111 anos, teria sido de 11,4%. Todavia, de 1973 a 1981, período em que os preços aumentaram em média 9,2% ao ano, o retorno nominal médio anual das ações ordinárias foi de apenas 5,2%. Isso implica um rendimento *real* negativo de aproximadamente 4%. Os valores comparáveis dos títulos corporativos no período foram retorno nominal de 2,5% e rendimento real negativo de cerca de 6,7%.

O retorno de 11,4% das ações ordinárias entre 1900 e 2010 se compara a um rendimento de 5,2% dos títulos governamentais no mesmo período. A diferença de 6,2% entre os dois valores pode ser vista como um *prêmio pelo risco*, ou seja, o rendimento adicional obtido pelos acionistas ordinários em troca do maior risco em que incorreram. Comparando o retorno das ações ordinárias com a variação percentual anual do índice de preços ao consumidor, vemos que o rendimento *real* para os investidores em ações ordinárias foi de aproximadamente 8,3% no período (11,4% − 3,1%).

A Figura 5.1 apresenta as mesmas informações de maneira mais enfática, mostrando a saúde financeira de um investidor no final de 2010 se ele tivesse investido $1 em diferentes ativos no fechamento de 1899. As ações ordinárias são, evidentemente, as vencedoras. Em 2010, o investimento original de $1 em ações ordinárias teria crescido para incríveis $21.766. Por outro lado, $1 investido em títulos governamentais a longo prazo valeria apenas $191 em 2010. Refletindo

---

Os dividendos aumentam o retorno anual?

A equação mostrada anteriormente parece indicar que o retorno anual aumenta com os dividendos. Mas a vida não é tão simples assim. Um aumento dos dividendos atuais pode significar uma de duas coisas: a empresa terá menos dinheiro para investir, ou terá que levantar mais dinheiro de fontes externas para fazer os mesmos investimentos. Seja como for, um aumento dos dividendos atuais reduz proporcionalmente a participação dos acionistas nos fluxos de caixa futuros, o que diminui a valorização das ações. Dependendo do efeito predominante, os retornos anuais podem ou não aumentar com o crescimento dos dividendos.

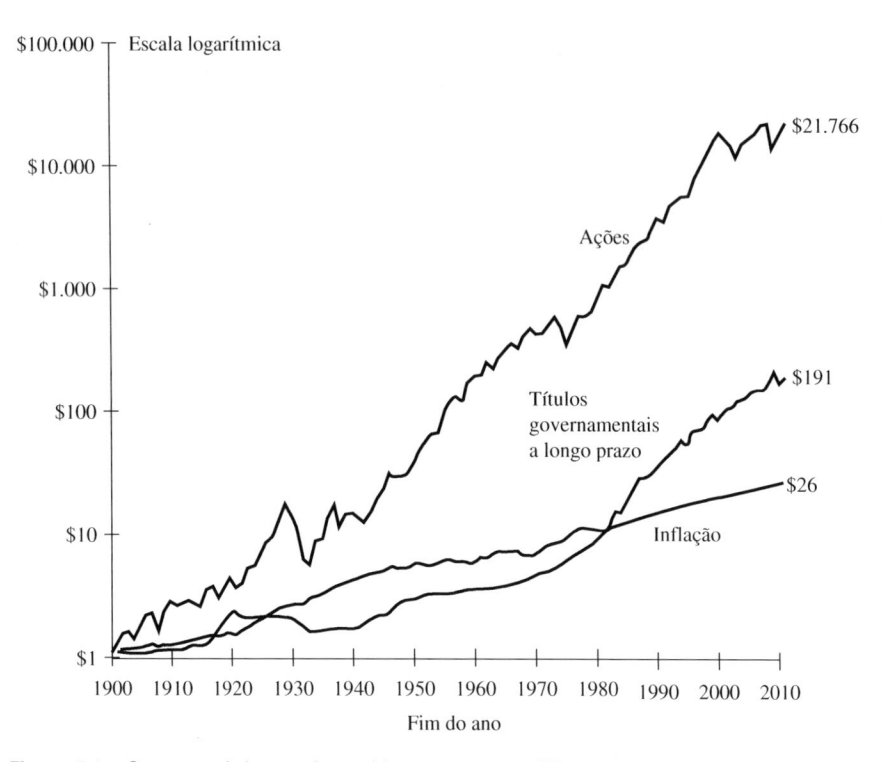

Figura 5.1 Se sua avó tivesse investido somente um dólar em 1900; retorno nominal de títulos norte-americanos, 1900/2010.

(Admitindo-se investimento inicial de $1 no final de 1899; inclui reinvestimento dos rendimentos.)

Fonte: Elroy Dimson, Paul Marsh e Mike Staunton. *Credit Suisse Global Investment Returns Sourcebook. 172. Copyright © 2011 E. Dimson, P. Marsh e M. Staunton. Uso com permissão.*

os efeitos perniciosos da inflação, os valores reais correspondentes são $850,70 para as ações ordinárias e $7,50 para os títulos do governo. As ações ordinárias, contudo, são um investimento muito mais volátil do que os títulos, como atesta a Figura 5.2.

Ações preferenciais

Uma ação preferencial é um título híbrido: semelhante à dívida em alguns aspectos, semelhante à ação ordinária em outros. Assim como a dívida, as ações preferenciais são títulos de renda fixa. Prometem ao investidor um dividendo anual fixo igual à taxa de cupom do título multiplicada pelo seu valor de face. Como no caso das ações ordinárias, o conselho de administração não é obrigado a distribuir esses dividendos, a menos que opte por fazê-lo. Também como acontece com as ações ordinárias, os pagamentos de dividendos preferenciais *não* são despesa dedutível do imposto de renda da pessoa jurídica. Para uma mesma taxa de cupom, isso faz o custo *pós-tributação* dos títulos ser de aproximadamente dois terços do custo das ações preferenciais. Outra semelhança com as

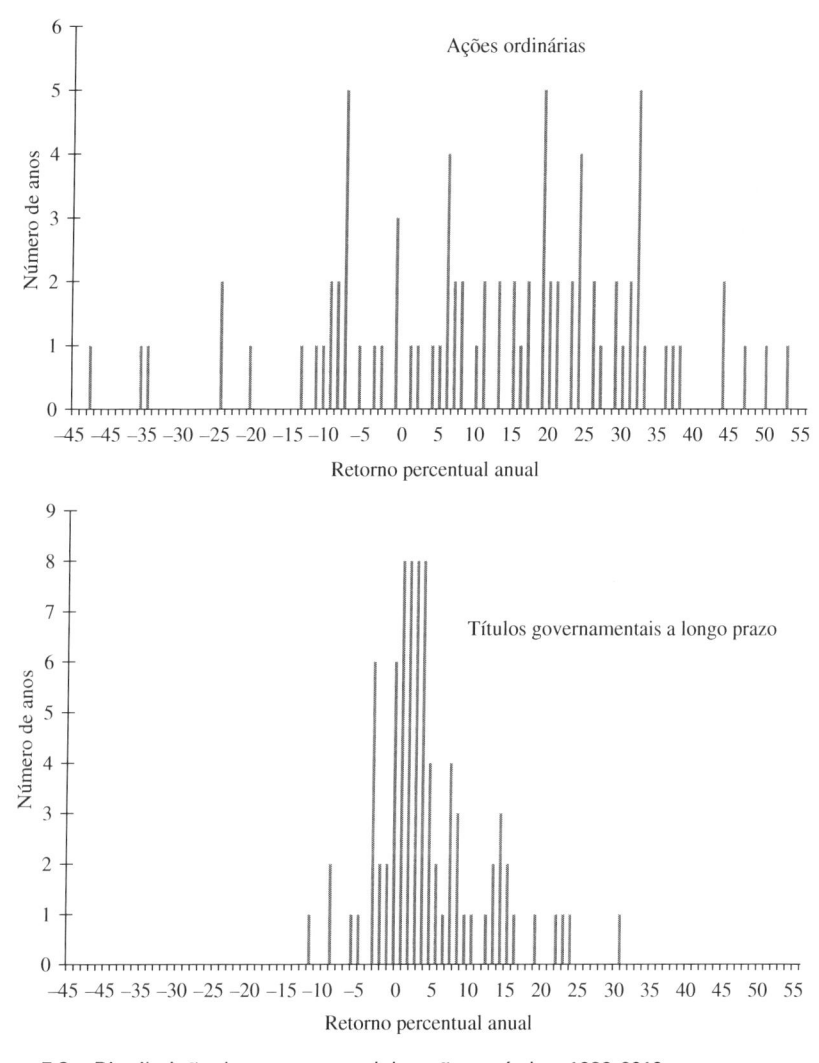

Figura 5.2 Distribuição do retorno anual de ações e títulos, 1928-2010.
Fonte: *Website* do professor Aswath Damodaran, **pages.stern.nyu.edu/~adamodar/**.

ações ordinárias é o fato de que, embora as ações preferenciais possam conter uma opção de resgate, elas muitas vezes não têm vencimento. As ações preferenciais estão em circulação indefinidamente, a menos que a empresa decida exercer seu direito de resgate.

Preferenciais cumulativas

Os conselhos de administração das empresas têm dois fortes incentivos para o pagamento de dividendos aos acionistas preferenciais. O primeiro é o fato de estes terem prioridade em relação aos acionistas ordinários no que se refere à distribuição de dividendos. Os proprietários de ações ordinárias não podem receber quaisquer dividendos até que os acionistas preferenciais tenham tido seus direitos plenamente satisfeitos. O segundo é o fato de praticamente todas as ações preferenciais serem *cumulativas*. Se uma empresa deixar de pagar um dividendo preferencial, o que deixou de ser pago se acumula e precisa ser plenamente satisfeito antes que a empresa possa retomar o pagamento de dividendos ordinários.

O controle que os acionistas preferenciais têm sobre as decisões administrativas varia. Em alguns casos, é necessária a sua aprovação em decisões importantes; em outros, os acionistas preferenciais não têm voz ativa na administração, a menos que o pagamento de seus dividendos esteja em atraso.

As ações preferenciais não são uma maneira comum de financiamento. Alguns administradores veem as ações preferenciais como uma *forma barata* de capital social. Eles observam que as ações preferenciais conferem à administração muito da flexibilidade oferecida pelas ações ordinárias em relação a distribuição de dividendos e datas de vencimento. Mas, como as ações preferenciais não dão o direito de participação no crescimento futuro, são consideradas menos dispendiosas do que o capital social ordinário. A maioria dos administradores, contudo, enxerga as ações preferenciais como *dívida com uma desvantagem fiscal*. Como poucas empresas omitiriam um pagamento de dividendos preferenciais a menos que não tivessem outra escolha, a maioria dos administradores atribui pouco valor à flexibilidade que as ações preferenciais oferecem. Para eles, o importante é que os pagamentos de juros dos títulos são dedutíveis dos impostos e os pagamentos de dividendos sobre ações preferenciais não.

MERCADOS FINANCEIROS

Tendo discutido os tipos básicos de títulos, vamos agora voltar a atenção para os mercados em que esses títulos são emitidos e negociados. De especial interesse será o provocante conceito de eficiência dos mercados.

Em termos gerais, os mercados financeiros são os canais por meio dos quais os investidores fornecem dinheiro às empresas. Como esses canais variam muito dependendo da natureza da empresa e dos títulos em questão, podem ser mais bem descritos com base nas necessidades de financiamento de três empresas típicas: uma *start-up* (ou nascente), uma candidata à oferta pública primária inicial e uma multinacional. Embora não sejam suficientes para exaurir o assunto, as descrições a seguir proporcionam um panorama útil dos mercados financeiros e de seus principais participantes.

Financiamento de *private equity*

Janet Holmes desenvolveu um novo e promissor dispositivo clínico e quer fundar uma empresa para lucrar com o resultado de suas pesquisas. Seu problema é onde encontrar financiamento. Após uma rápida investigação, ela descobre que as fontes convencionais de financiamento, como empréstimos bancários e a emissão pública de ações ou títulos, estão fora de questão. Seu empreendimento é arriscado demais para se qualificar para um empréstimo bancário e pequeno demais para atrair o interesse dos mercados mobiliários. Um banco demonstrou interesse em um pequeno empréstimo garantido por contas a receber, máquinas e quaisquer ativos pessoais que ela possua, mas isso não chegaria nem perto do necessário. Em vez disso, para financiar sua empresa, ela precisará recorrer principalmente à sua poupança pessoal, a amigos e parentes e a investidores estratégicos, também chamados de investidores de capital de risco, de quem a Sra. Holmes pode, legitimamente, aspirar a levantar até $15 milhões em troca de uma grande fração, possivelmente o controle acionário de sua nova empresa.

Os investidores estratégicos são empresas em atividade – muitas vezes concorrentes potenciais – que fazem significativos investimentos em participação acionária em empresas nascentes como meio de obter acesso a novos produtos e tecnologias. Alguns investidores estratégicos, inclusive a Microsoft, a Intel e a Cisco Systems, passaram a encarar o investimento em participação como uma forma alternativa de pesquisa e desenvolvimento. Em vez de desenvolverem internamente todos os novos produtos e serviços, essas empresas distribuem dinheiro a diversas *startups* promissoras na esperança de adquirir algo bem-sucedido.

Os investidores de capital de risco são de duas espécies: pessoas ricas, muitas vezes chamadas de "anjos", e empresas especializadas em capital de risco. Os detentores de capital de risco realizam investimentos de alto risco em participação em empreendimentos considerados capazes de gerar crescimento acelerado e alto retorno. Eles compram uma parcela significativa da empresa e assumem um papel ativo em sua administração. Seu objetivo é liquidar o investimento em cinco ou seis anos, quando a empresa abrir seu capital ou for vendida a outra organização. As empresas de capital de risco frequentemente analisam dezenas de empresas para cada uma em que investem e estão preparadas para aceitar diversos fracassos para cada investimento bem-sucedido. Em troca, esperam que as vencedoras lhes proporcionem um retorno de 5 a 10 vezes maior que o investimento inicial. A maioria dos investimentos ocorre em algum tipo de empresa de tecnologia.

As empresas de capital de risco são exemplos eminentes daquilo que chamamos de empresas de "*private equity*". Embora essas empresas costumem investir em uma ampla variedade de oportunidades, inclusive novos empreendimentos, aquisições alavancadas e empresas em dificuldades, elas compartilham duas características importantes: seus investimentos são de risco elevado e elas utilizam um tipo pouco comum de organização societária conhecido como sociedade gestora de fundos de investimento em *private equity* (*private equity partnerships*). Em vez de usar a forma convencional de companhia aberta, as *private equity partnerships* são sociedades limitadas com duração determinada de 10 anos ou menos. Na qualidade de sócia gestora (*general partner*), uma empresa de capital de risco levanta recursos junto aos membros da sociedade, principalmente investidores institucionais, como fundos de pensão, fundações universitárias e seguradoras. Nessa qualidade, os investidores institucionais gozam da mesma proteção por responsabilidade limitada conferida aos acionistas em sociedades abertas. A empresa de capital de risco então investe o dinheiro em empresas nascentes, gerencia e finalmente liquida a carteira de investimentos, devolvendo os proventos aos sócios. Em troca, cobra belas tarifas, inclusive uma taxa de administração anual igual a 1 ou 2% do investimento original, mais o que é conhecido como *taxa de desempenho (carried interest)*, que costuma ser de 20% do ganho de capital obtido com as empresas da carteira. Por exemplo, a taxa de desempenho de uma carteira de $1 bilhão posteriormente liquidada por $3 bilhões seria de $400 milhões ($400 milhões = 20% × [$3 bilhões − $1 bilhão]). Em um dado momento qualquer, uma empresa de investimento em *private equity* pode estar administrando diversas sociedades gestoras de fundos de investimento em *private equity* de diferentes portes e vencimentos.

As sociedades de *private equity* estão se tornando cada vez mais populares como veículos de investimento porque parecem lidar com diversos problemas de incentivo inerentes a formas mais convencionais de investimento.

- A forma de sociedade minimiza quaisquer diferenças entre os proprietários e os gestores. Na qualidade de proprietários informados e ativos, os investidores em *private equity* deixam claro que o objetivo da administração não é atender metas de lucros artificiais a curto prazo, mas criar valor para os proprietários.
- A duração de prazo determinado da sociedade impõe aos gestores uma atitude agressiva de comprar, consertar e vender, incentivando-os a agir de forma decisiva.
- Como diria Dave Barry, o horizonte também garante aos investidores que eles acabarão recebendo seu dinheiro de volta, em vez de ficar olhando enquanto os gestores fazem o que bem entendem com os recursos.

Quão grande é o negócio de *private equity*? Grande. Malcolm Gladwell, em sua história nova-iorquina sobre o resgate da General Motors, observa: Nos últimos 25 anos, *private equity* ressuscitou da obscuridade para se tornar uma das forças mais poderosas da economia norte-americana."[6] De acordo com a *The Economist*, "Quando o Service Employees International Union (SEIU) somou o número de trabalhadores das entidades nos portfólios das empresas de *private equity*, verificou-se que cinco dos 10 maiores empregadores norte-americanos eram empresas de *private equity*. A KKR, com 826.710 trabalhadores em seu domínio (desde a gigante de assistência à saúde HCA até a varejista Toys "R" Us), perde apenas para a Walmart, maior varejista do mundo, que tem 1,9 milhão de funcionários em todo o mundo".[7]

Ofertas públicas iniciais

A Genomic Devices começou há seis anos, quando levantou $15 milhões junto a três empresas de capital de risco. Depois de mais duas rodadas de financiamento do mesmo tipo, totalizando $40 milhões, a Genomic é agora uma empresa de âm-

---

[6] Malcolm Gladwell, "Overdrive: Who Really Rescued General Motors?", *The New Yorker*, 1º de novembro de 2010.
[7] "Face value: Bashing the Barbarians", *The Economist*, 2 de agosto de 2008.

bito nacional, com vendas de $125 milhões e taxa anual de crescimento superior a 40%. Para financiar esse crescimento acelerado, a administração estima que a empresa precise de uma injeção de capital de mais $25 milhões. Ao mesmo tempo, seus fundadores e investidores de capital de risco estão ansiosos por receber algum dinheiro em troca de seus anos de esforços. Isso levou à séria avaliação de uma oferta pública primária inicial ("IPO", de *initial public offering*) de ações ordinárias. Ao colocar as ações da empresa no mercado aberto, uma IPO fornecerá aos proprietários a liquidez desejada e, à empresa, os fundos de que necessita.

Bancos de investimento

O primeiro passo da Genomic Devices em direção a uma IPO será realizar o que no mercado se costuma chamar de *"bake-off"*, o que envolve uma análise das propostas de diversos bancos de investimento, com detalhes sobre como cada um procederia à venda das novas ações e sobre o grande trabalho que estaria fazendo à empresa. Os bancos de investimento podem ser vistos como a graxa que mantém a engrenagem dos mercados financeiros funcionando. São especialistas financeiros que ajudam as empresas a levantar recursos. Outras atividades que esses bancos desempenham são corretagem de ações e títulos, assessoria em investimentos, análise de fusões e aquisições e consultoria empresarial. Alguns bancos de investimento, como o Bank of America, empregam milhares de corretores e têm escritórios em todo o mundo. Outros, como o Lazard Ltd., especializam-se em trabalhar junto a empresas e a negociar títulos, de modo que não são tão conhecidos do público geral. Quanto à variedade de serviços oferecidos, a melhor definição é a que deu H.F. Saint em seu *Memoirs of an Invisible Man*, romance de mistério ambientado em Wall Street: "[os bancos de investimento] prestam serviços e fazem todo tipo de coisas interessantes – na verdade, qualquer serviço ou coisa que se possa fazer vestindo um terno, sendo essa a única limitação que a sua ética profissional impõe".[8]

Quando uma empresa está prestes a levantar novo capital, as responsabilidades de um banco de investimento são como as tarifas que cobra: muitas e diversas. (As práticas para levantar capital variam muito de país para país, dependendo dos costumes e da legislação. Por causa do espaço limitado e pedindo desculpas aos leitores que não sejam norte-americanos, restringirei meus comentários ao que acontece nos Estados Unidos.) O vencedor do *bake-off* recebe o título de administrador da subscrição (*managing underwriter*) e passa imediatamente a assessorar a empresa quanto ao detalhamento da emissão. Esse administrador, então, ajuda a empresa a registrar a emissão junto à Securities and Exchange Commission. Isso costuma levar 30 a 90 dias e inclui divulgação pública e ampla de informações sobre as finanças da empresa, a remuneração de seus executivos, seus planos e assim por diante – informações que algumas administrações prefeririam manter sob sigilo.

Enquanto o pedido de registro caminha em direção à aprovação, o banco organiza o *"road show"* durante o qual os principais executivos da empresa apresentam

---

[8] H. F. Saint, *Memoirs of an Invisible Man* (Nova York: Dell, 1987), p. 290.

a emissão a investidores institucionais de Nova York e de outros centros financeiros. O Banco também organiza um *grupo de venda* e um *grupo de subscritores*. Um grupo, nesse caso, é um conglomerado de até 100 ou mais bancos de investimento que unem forças por um breve intervalo para vender novos títulos. Cada membro do grupo de venda aceita a responsabilidade de vender uma determinada fração da emissão a investidores. Já os membros do grupo de subscrição agem como atacadistas, comprando todos os títulos da empresa a um preço garantido e procurando vendê-los ao público a um preço mais elevado. As "Regras de Prática Justa" da National Association of Securities Dealers proíbem que os subscritores vendam novos títulos ao público a um preço mais alto do que o que informaram à empresa que iriam praticar. Se necessário, contudo, o grupo pode vender a um preço mais baixo.

Dados a volatilidade dos mercados de ações e o prazo necessário para o cumprimento dos requisitos de registro, parece que os subscritores enfrentam riscos consideráveis ao garantir ao emitente um preço fixo pelas ações. Mas não é bem assim que o mundo funciona. Os subscritores não estabelecem um preço para os novos títulos até algumas horas antes da venda e, se tudo sair como planejado, a nova emissão será toda vendida ao público no primeiro dia da oferta. Quem arca com o risco de que as condições de venda dos títulos mudem durante o registro é a empresa, não os subscritores.

Grupos têm vida curta: formam-se alguns meses antes de uma emissão com o objetivo de "montar o livro", ou seja, fazer a pré-venda da emissão, e se desfazem assim que os títulos são vendidos. Mesmo no caso de emissões malsucedidas, o grupo se desfaz algumas semanas depois da data de emissão, deixando a cada um dos subscritores a tarefa de colocar as ações não vendidas no mercado por conta própria. Voltarei a falar dos custos das emissões e da precificação das IPO alguns parágrafos adiante.

Emissões primárias

Nosso terceiro exemplo de empresa necessitando financiamento é a Trilateral Enterprises, uma multinacional de bens de consumo com faturamento anual de quase $ 90 bilhões, que quer levantar $200 milhões em um novo endividamento. Ela reduziu suas escolhas a uma *shelf registration* nos Estados Unidos, a uma coloração privada ou a uma emissão internacional realizada por intermédio de sua subsidiária nas Antilhas Holandesas.

Shelf registration

As *shelf registration*, autorizadas a partir de 1982, permitem às empresas que fazem emissões frequentes evitar o trabalhoso processo tradicional de registros, apresentando um registro genérico, com validade de dois anos, indicando em termos gerais os títulos que poderá vir a emitir. Uma vez aprovado o registro pela SEC, e desde que ele seja periodicamente atualizado, a empresa pode deixar o registro "na prateleira" (*shelf*, em inglês), pronto para uso quando desejar. Uma *shelf registration* reduz o intervalo entre a decisão de emitir um título e a entrada dos proventos de diversos meses para até 48 horas. Como 48 horas é um prazo curto para que os bancos de investimento formem um sindicato, as *shelf registrations* tendem a ser transações fechadas, em que um só banco compra toda a emissão na esperança de revendê-la com lucro no varejo. Além disso, como a empresa emitente pode obter propostas de mais de um banco com igual facilidade, as *shelf registrations* aumentam a probabilidade de lances concorrentes de diferentes bancos de investimento. Com isso, os custos de emissão de uma *shelf registration* são de 10 a 50% mais baixos que os das emissões tradicionais, dependendo do tipo de título e de outros fatores.[9]

As emissões de ações *shelf-registered* também são possíveis. Quando autorizadas pela primeira vez, em 1990, essas emissões eram bastante raras, mas dados recentes indicam que estão crescendo rapidamente em popularidade e agora respondem por algo como a metade de todo o dinheiro levantado em emissões primárias.[10] A emissão primária, ou SEO, refere-se a uma emissão de ação por uma empresa que já está aberta, e contrasta com uma oferta pública inicial realizada por uma empresa privada. As empresas parecem atraídas pelo patrimônio *shelf-registered*, pois permite-lhes programar as emissões em resposta a movimentos temporários de preços. Além disso, o advento dos *shelf registrations* "universais", abrangendo a dívida e a emissão de ações, permite ao emissor adiar a escolha de emitir títulos de dívida ou de capital próprio, e possibilita que a administração evite sinalizar aos investidores que está até pensando em uma emissão de capital. Terei mais a dizer sobre a sinalização do mercado no próximo capítulo.

Colocação privada (private placement)

Se desejar, a Trilateral Enterprises pode evitar o registro pela SEC, ao colocar sua dívida privativamente com um, ou mais, grande investidor institucional. A SEC não regula essas colocações privadas na expectativa de que grandes investidores, como companhias de seguros e fundos de pensão, possam cuidar de si mesmos, sem a proteção do governo. Como as colocações privadas não são regulamentadas, não há números precisos sobre a dimensão do mercado. As melhores estimativas são de que, excluindo os empréstimos bancários, as colocações privadas ocupam cerca de metade dos mercados públicos em termos de total de recursos fornecidos.[11]

---

[9] Robert J. Rogowski e Eric H. Sorensen, " Deregulation in Investment Banking, Shelf Registrations, Structure, and Performance", *Financial Management*, primavera de 1985, p. 5-15. Veja também Sanjai Bhagat, M. Wayne Marr e G. Rodney Thompson, "The Rule 415 Experiment: Equity Markets", *Journal of Finance*, dezembro de 1985, p. 1385-1402.

[10] Bernardo Bortolotti, William L. Megginson e Scott B. Smart, "The Rise of Accelerated Seasoned Equity Underwritings," FEEM Working Paper, January 11, 2007. **ssrn.com/abstract957389**. Veja também Don Autore, Raman Kumar e Dilip Shome, "The Revival of Shelf-Registered Corporate Equity Offerings," *Journal of Corporate Finance*, Vol.14 No.1, 2008.

[11] Stephen D. Prowse, "The Economics of Private Placements: Middle-Market Corporate Finance, Life Insurance Companies, and a Credit Crunch," *Economic Review*, Federal Reserve Bank of Dallas, Third Quarter 1997, p. 12–24. **www.dallasfed.org/research/er/1997/er9703b.pdf**.

As colocações privadas são especialmente atraentes para as empresas menores, menos conhecidas e chamadas de empresas de "informação problemática", cujas estruturas de organização ou necessidades de financiamento complexo as tornam difíceis para que os investidores individuais as avaliem. As colocações privadas também podem ser feitas sob medida para as necessidades específicas da empresa, dispostas de forma rápida e renegociadas conforme necessário, com relativa facilidade.

A grande desvantagem das colocações privadas tem sido, tradicionalmente, o fato de os títulos não registrados pela SEC terem proibidas sua compra ou sua venda nos mercados financeiros públicos. Como resultado, os emitentes historicamente acham necessário oferecer condições mais favoráveis nas colocações privadas do que nas emissões públicas para compensar sua falta de liquidez. Isso começou a mudar, pelo menos para os emitentes de menor informação problemática, em 1990, quando a SEC lançou a Regra 144A, permitindo a troca de colocações privadas entre os grandes investidores institucionais. A Regra 144A faz parte de um esforço determinado pela SEC para incentivar o que essencialmente são dois mercados paralelos para os títulos corporativos: um mercado público bem regulamentado para os investidores individuais e um mercado privado mais frouxamente monitorado para os investidores institucionais.

Mercados internacionais

Grandes empresas podem levantar dinheiro em qualquer um de três tipos de mercado: *interno*, *estrangeiro* ou *internacional*. O mercado financeiro interno é o mercado do país da empresa emitente, ao passo que os mercados estrangeiros são os mercados internos de outros países. Os mercados financeiros norte-americanos, portanto, são internos para a IBM e a General Motors e estrangeiros para a Sony Corporation e a British Petroleum; os mercados japoneses são internos para a Sony, mas estrangeiros para a IBM, a General Motors e a British Petroleum.

As empresas consideram atraente levantar dinheiro em mercados estrangeiros por vários motivos. Quando o mercado interno é pequeno ou pouco desenvolvido, uma empresa pode concluir que só os mercados estrangeiros são grandes o bastante para absorver a emissão pretendida. As empresas também podem desejar títulos valorados em moeda estrangeira em vez da sua própria. Por exemplo, quando a Walt Disney se expandiu para o Japão, buscou obrigações valoradas em ienes para reduzir o risco cambial criado por suas receitas em ienes. Finalmente, os emitentes podem achar que as obrigações em moeda estrangeira serão mais baratas do que as internas por causa de mudanças previstas nas taxas de câmbio.

O acesso aos mercados financeiros estrangeiros é, historicamente, algo eventual. Os governos suíço e japonês muitas vezes restringiram o acesso a seus mercados ao limitar o montante que estrangeiros podiam levantar em um determinado período ou ao impor limites quanto ao porte e à classificação de crédito dos emitentes estrangeiros. Até os mercados norte-americanos, os maiores e tradicionalmente os mais abertos do mundo, nem sempre ofereceram acesso irrestrito a estrangeiros. A partir do final dos anos 1960 e durante quase 10 anos, os tomadores estrangeiros nos Estados Unidos estavam sujeitos a uma sobretaxa denominada imposto de equalização de juros (IET, *interest equalization tax*). O imposto tinha por objetivo declarado compensar as baixas taxas de juros vigentes no país, mas a maioria dos observadores o considerou uma tentativa de fortalecer um dólar fraco nos mercados de câmbio por meio da restrição à tomada de empréstimos por estrangeiros.

O terceiro tipo de mercado em que as empresas podem levantar dinheiro, os mercados financeiros internacionais, é melhor visto como uma resposta da livre iniciativa às restrições regulamentares endêmicas nos mercados interno e estrangeiro. Dizemos que uma transação realizou-se no mercado internacional quando a moeda empregada está além do controle da autoridade monetária do país que a emitiu. Um empréstimo em dólares para uma empresa norte-americana em Londres, um empréstimo em euros para uma empresa japonesa em Cingapura e uma emissão em libras esterlinas de uma empresa holandesa subscrita em Frankfurt são exemplos de transações no mercado financeiro internacional. Em cada caso, a transação se dá em um local que está além da jurisdição reguladora direta da autoridade monetária emitente. Assim, o Federal Reserve dos Estados Unidos encontra dificuldades para regular as atividades bancárias em Londres, mesmo que envolvam uma empresa norte-americana e sejam valoradas em dólares. Da mesma maneira, o Banco Central Europeu tem dificuldades para regular atividades em euro realizadas em Cingapura.

Os mercados financeiros internacionais tiveram início em Londres pouco após a Segunda Guerra Mundial e originalmente limitavam-se a transações em dólares realizadas na Europa. Partindo daí, os mercados cresceram enormemente, abrangendo as principais moedas e os centros financeiros do mundo. Hoje, os mercados financeiros internacionais dão às empresas acesso a grandes volumes de capital a preços altamente competitivos, com exigências mínimas quanto a regulamentações e publicações obrigatórias.

Dois motivos importantes pelos quais os mercados internacionais têm sido capazes de oferecer financiamento a um custo mais baixo do que os mercados internos são a ausência de exigências de reservas sobre depósitos bancários internacionais e a capacidade de emitir títulos *ao portador*. Nos Estados Unidos e em muitos outros mercados internos, os bancos são obrigados a respeitar exigências de reservas que determinam que parte de cada depósito recebido seja destinada a contas especiais, muitas vezes sem juros, nos bancos centrais. Como essas reservas amarram recursos sem fornecer rendimento competitivo, os empréstimos internos precisam alcançar taxas de juros mais elevadas do que os internacionais para fornecerem o mesmo lucro.

O grande atrativo dos títulos ao portador está no fato de que facilitam o não pagamento de impostos sobre a renda financeira por parte dos investidores. A empresa emitente de um título ao portador não sabe quem detém seus títulos e apenas efetua pagamentos dos juros e do principal a quem quer que apresente o cupom certo no momento certo. Por outro lado, o emitente de um título nominativo mantém registros sobre os proprietários e sobre os pagamentos efetuados. Como os títulos ao portador facilitam a evasão de impostos, são proibidos nos Estados Unidos. É por isso que a Trilateral Enterprises os quer colocar junto a investidores não residentes nos Estados Unidos, por meio de sua subsidiária nas Antilhas Holandesas. O uso de títulos ao portador nos mercados internacionais significa que os títulos internacionais pagam taxas de cupom menores do que os títulos internos comparáveis, mas, ainda assim, propiciam o mesmo retorno pós-tributação.

A capacidade dos mercados internacionais de atrair negócios em detrimento dos mercados internos acelerou em muito a desregulamentação dos mercados financeiros nacionais. Enquanto as empresas e os investidores puderem evitar as onerosas regulamentações nacionais, bastando para isso migrar para os mercados internacionais, os reguladores enfrentarão uma escolha difícil: eliminar as regras em questão ou ficar olhando enquanto os mercados internacionais crescem à custa dos mercados internos. O imposto de equalização de juros é um bom exemplo: quando foi criado, teve o efeito desejado de restringir o acesso das empresas estrangeiras a financiamento em dólares. Com o tempo, contudo, os tomadores perceberam que podiam fugir do imposto indo aos mercados internacionais. O efeito a longo prazo do IET, portanto, foi deslocar negócios para fora dos Estados Unidos sem afetar em grande medida o volume total de financiamento em dólares. Com efeito, uma das metas declaradas por ocasião da eliminação do IET foi a de tornar os mercados norte-americanos mais competitivos em relação aos mercados internacionais.

Alguns se perguntam se estamos começando um caminho semelhante com a recente legislação destinada a reforçar o mercado norte-americano. A preocupação é que o efeito a longo prazo de iniciativas regulatórias, incluindo a lei Sarbanes-Oxley, de 2002, e o Dodd-Frank Wall Street Reform and Consumer Protection Act, de 2010, será simplesmente o de levar os negócios para o exterior e para os mercados privados. Embora amplamente circunstanciais, evidências consistentes com essa preocupação estão se acumulando. Isso inclui a diminuição das atividadea de IPO ao longo da última década,[12] o aparente aumento da popularidade de transações de fechamento de capital entre empresas públicas menores,[13] o crescimento dos mercados privados não regulamentados, chamados de "shadow markets ", no qual os investidores podem comprar ações de comércio e de empresas privadas, e as decisões de Facebook, Twitter e de outras empresas com bons prospectos de IPO para adiar as emissões públicas.

É claro que nem todas as regulamentações são ruins. A supervisão reguladora dos mercados financeiros e a disposição dos governos para combater pânicos financeiros vêm estabilizando bastante os mercados e as economias nos últimos 70 anos. A questão no momento é se a recente onda de novas regulamentações melhora o mercado aberto ou impulsiona as empresas para locais mais obscuros e com menos restrições. Fique atento!

---

[12] Craig Doidge, George Karolyi e Rene Stulz, "The U.S. Left Behind: The Rise of IPO Activity Around the World," artigo do Charles A. Dice Center, 25 de março de 2011. **ssrn.com/abstract=1795423**.

[13] Ellen Engel, Rachel Hayes e Xue Wang "The Sarbanes-Oxley Act and Firms' Going-Private Decisions," *Journal of Accounting and Economics*, setembro de 2007.

Custos de emissão

Os títulos financeiros impõem ao emitente custos de dois tipos: custos anuais, como despesa de juros, e custos de emissão. Trataremos mais adiante dos custos anuais, que são mais importantes. Os custos de emissão são aqueles em que o emitente e seus acionistas incorrem quando da venda inicial. Em transações privadas, o único custo substancial é a tarifa cobrada pelo banco de investimento na qualidade de agente. Em uma emissão pública, há despesas jurídicas, contábeis e de impressão, além das tarifas pagas ao administrador da subscrição. Este estabelece a sua remuneração em forma de um *spread*. Para exemplificar, suponha que a ABC Corporation seja uma companhia aberta que deseja vender 10 milhões de novas ações ordinárias por meio de procedimentos tradicionais de registro e que suas ações estejam sendo negociadas a $20 na Bolsa de Valores de Nova York. Algumas horas antes da venda, o administrador da subscrição poderia informar à administração da ABC que, "dada a atual condição dos mercados, podemos vender as novas ações a um preço de emissão de $19 e *spread* de $1,50, o que daria um valor líquido para a empresa de $17,50 por ação". Isso significa que o banco de investimento pretende *descontar* a emissão em $1 ($20 do preço de mercado menos $19 do preço de emissão) e cobrará por seus serviços uma tarifa de $1,50 por ação, ou $15 milhões. Esta tarifa será dividida entre o subscritor e os membros do grupo, mediante acordo prévio acerca da importância de cada banco nos grupos.

Descontar uma emissão significa vender as novas ações a um preço inferior ao das ações existentes ou, no caso de uma IPO, abaixo do preço de mercado alcançado pelas ações pouco depois da conclusão da emissão. Um motivo óbvio pelo qual os bancos de investimento depreciam o preço é facilitar seu próprio trabalho. Vender algo que vale $20 por $19 é bem mais fácil do que vender por $20. Mas parece que há algo mais nessa prática. Em qualquer venda pública de títulos, *insiders* bem informados estão vendendo papéis de valor incerto a *outsiders* menos informados. Uma maneira de atenuar a natural preocupação dos *outsiders* com a possibilidade de serem logrados pelos *insiders* é depreciar consistentemente as novas emissões. Isso dá aos compradores desinformados a expectativa de que as ações têm mais chance de subir do que de descer após a emissão. E isso não representa um custo em forma de desembolso para a empresa, mas é um custo para seus acionistas. Quanto maior a depreciação, mais títulos a empresa precisará vender para levantar uma determinada quantia. Se os títulos forem de dívidas (debêntures), isso representará uma maior despesa financeira e, se forem ações, ocorrerá uma diminuição na porcentagem da propriedade para os acionistas já existentes.

Estudos empíricos dos custos de emissão confirmam a presença de dois padrões eminentes. Primeiro, levantar capital acionário sai muito mais caro do que levantar dívida. O custo médio do levantamento de capital nos mercados de bolsas, ignorando a depreciação, é de 2,2% para títulos de dívida, 3,8% para títulos conversíveis e 7,1% para ofertas de ações por companhias abertas. Esse valor aumenta para 11,0% no caso de uma IPO. Em segundo lugar, os custos de emissão de todos os tipos de título aumentam rapidamente em proporção inversa à do volume da emissão. Os custos da emissão como percentual dos proventos brutos, no caso de ações, podem ser tão baixos como 3% no caso de emissões de mais de $100 milhões, mas sobem para mais de 20% quando se trata de emissões inferiores a $500.000. Os valores comparáveis para o financiamento por dívida vão de menos de 0,9% para grandes emissões a mais de 10% para emissões muito pequenas.[14]

EFICIÊNCIA DOS MERCADOS

Uma questão recorrente no levantamento de novo capital é o *timing*. Naturalmente, as empresas anseiam por vender novos títulos quando os preços estão altos. Para isso, os administradores frequentemente dedicam tempo e dinheiro consideráveis à previsão de tendências futuras de preços nos mercados financeiros.

A preocupação com o *timing* correto das emissões de títulos é natural, mas há, entre acadêmicos e profissionais do mercado, a impressão de que as tentativas de prever os preços futuros dos mercados financeiros não têm chance de dar certo. Esse pessimismo decorre do conceito de *eficiência dos mercados*, tópico que tem sido objeto de debates e controvérsias nas últimas décadas. Uma discussão detalhada da eficiência dos mercados nos levaria longe demais, mas o assunto merece alguma atenção por causa das implicações que traz.

A eficiência dos mercados é controversa, em grande parte, porque muitos de seus defensores têm exagerado a importância das evidências a seu favor e têm representado de maneira enganosa suas implicações. Para evitar esse problema, vamos combinar duas coisas desde já. Em primeiro lugar: a eficiência dos mercados não é algo preto no branco mas sim, em várias tonalidades de cinza. Um mercado não é eficiente ou ineficiente, mas *mais* ou *menos* eficiente. Além disso, o grau de eficiência é uma questão empírica que só pode ser respondida por meio do estudo de cada mercado específico. Em segundo lugar, a eficiência dos mercados é uma questão de perspectiva. A Bolsa de Valores de Nova York pode ser eficiente para um dentista de Des Moines que não saiba distinguir um agente financeiro de um agente funerário; ao mesmo tempo, pode ser altamente *ineficiente* para um especialista do pregão da Bolsa que disponha de informações detalhadas tanto sobre os compradores e os vendedores de cada ação quanto de cotações atualizadas a cada segundo.

---

[14] Wayne H. Mikkelson e M. Megan Partch, "Valuation Effects of Security Offerings and the Issuing Process", *Journal of Financial Economics*, janeiro-fevereiro de 1986; Inmoo Lee, Scott Lockhead, Jay Ritter e Quanshui Zhao, "The Cost of Raising Capital", *Journal of Financial Research*, primavera de 1996; Securities and Exchange Commission, "Report of the Advisory Committee on the Capital Formation and Regulatory Process" (Washington, D.C.: U.S. Government Printing Office, 24 de julho de 1996).

O que é um mercado eficiente?

A eficiência dos mercados descreve a maneira como os preços nos mercados competitivos reagem a novas informações. A chegada de novas informações a um mercado competitivo pode ser comparada à chegada de um pedaço de carne para um cardume de tubarões esfomeados, onde os investidores são (em uma metáfora bastante plausível) os tubarões. Assim que cai na água, a carne parece ferver enquanto os peixes a devoram. Quando a carne acaba, deixando para trás apenas um osso inútil, a água logo volta ao normal. Da mesma maneira, quando novas informações chegam a um mercado competitivo, há um grande tumulto, enquanto os investidores compram e vendem títulos em resposta às novidades, alterando os preços. Uma vez que os preços tenham se ajustado, o que resta das informações é só o osso inútil. Não importa quanto o osso seja roído, nada mais de carne haverá e estudo algum das informações antigas poderá render algo mais de valor.

Um mercado eficiente, portanto, é aquele em que os preços se ajustam rapidamente a novas informações e em que os preços vigentes refletem plenamente as informações disponíveis sobre os ativos negociados. "Refletir plenamente" significa que os investidores atiram-se com rapidez sobre as novas informações, analisando-as, reveem suas expectativas e compram ou vendem títulos com base nas expectativas revistas. Eles continuam a comprar ou vender títulos até que as variações de preços eliminem o incentivo a novas transações. Em um ambiente assim, os preços vigentes refletem o julgamento acumulado dos investidores; *refletem plenamente* as informações disponíveis.

O grau de eficiência apresentado por um mercado específico depende da velocidade a que os preços se ajustam às notícias e do tipo de notícias a que reagem. É comum falar em três níveis de eficiência informacional:

1. Um mercado é eficiente *de forma fraca* se os preços vigentes refletirem plenamente todas as informações sobre os preços antigos.
2. Um mercado é eficiente *de forma semiforte* se os preços vigentes refletirem plenamente todas as informações disponíveis ao público.
3. Um mercado é eficiente *de forma forte* se os preços vigentes refletirem plenamente todas as informações, públicas ou privadas.

Testes abrangentes realizados em muitos mercados financeiros sugerem que, com poucas exceções, a maioria dos mercados financeiros é eficiente de forma semiforte, mas não de forma forte. Em outras palavras, geralmente não é possível ganhar dinheiro com informações públicas; o *insider trading*, contudo, baseado em informações reservadas, pode ser lucrativo. Essa afirmativa precisa ser qualificada sob dois aspectos. Em primeiro lugar, há a questão da perspectiva. A afirmativa refere-se ao investidor típico, sujeito a taxas de corretagem e carente de equipamentos especiais para a coleta de informações. *Não* se aplica aos formadores de mercados (*market makers*). Em segundo lugar, é impossível testar a eficiência de todos os tipos e combinações concebíveis de informações públicas. Tudo o que podemos dizer é que os tipos mais plausíveis de informação testados com as técnicas mais avançadas disponíveis indicam eficiência. Isso não exclui a possibilidade de que um mercado seja ineficiente no que se refere a alguma fonte

A que velocidade os preços das ações se ajustam a novas informações?

A Figura 5.3 dá uma indicação da velocidade a que os preços das ações ordinárias se ajustam a novas informações. É o resultado do que conhecemos como *estudo de evento*. Nesse caso, o pesquisador, Michael Bradley, está estudando o efeito de ofertas de aquisição sobre o preço da ação da empresa-alvo. É mais fácil pensar inicialmente no gráfico como uma plotagem dos preços diários das ações de uma só empresa-alvo em um período que vai de 40 dias antes do anúncio da oferta de aquisição a 40 dias após a oferta. Uma oferta de aquisição é sempre uma boa notícia para os acionistas da empresa-alvo, porque a oferta é feita a um preço bastante superior ao preço que as ações da empresa vêm obtendo no mercado; assim, é de se esperar que o preço da ação da empresa-alvo aumente após o anúncio. A dúvida é: a que velocidade? A resposta que o gráfico nos dá é: com muita rapidez. Vemos que o preço da ação tende para cima antes do anúncio, dispara no dia do anúncio e depois fica à deriva, subindo e descendo, após o anúncio. É claro que, se você ler sobre o anúncio no jornal vespertino e comprar a ação na manhã seguinte, perderá o grande salto de preço. O mercado já terá reagido à nova informação. Em outro estudo, Louis Ederington e Jae Ha Lee, da Universidade de Oklahoma, observam as respostas de preços a comunicados à imprensa programados sobre várias taxas de juros e mercados cambiais de acordo com o setor. Eles constatam que as alterações de preços começam em até 10 segundos do comunicado à imprensa e são basicamente concluídas em 40 segundos.[a] Se você quer ganhar dinheiro com informações divulgadas dos mercados financeiros, é melhor não demorar.

A tendência de elevação do preço da ação antes do anúncio tem três explicações possíveis: (1) *insiders* estão comprando ações em antecipação ao anúncio; (2) os analistas de títulos são muito bons na previsão de quais empresas serão alvos de aquisição e quando a oferta será feita; ou (3) as empresas adquirentes tendem a anunciar ofertas depois que o preço da ação da empresa-alvo aumenta por diversas semanas. Tenho as minhas próprias opiniões sobre o assunto, mas deixarei a cargo de cada leitor decidir por si mesmo qual é a explicação mais plausível.

Há um antigo provérbio judaico que diz "por exemplo não é prova". Se o padrão de preços representado no gráfico se aplicasse a uma só empresa, seria apenas uma curiosidade. Para evitar esse problema, Bradley estudou os padrões de preços de 161 empresas-alvo envolvidas em aquisições bem-sucedidas que ocorreram em um período de 15 anos. Os preços que vemos são um índice composto dos preços das 161 empresas e a escala de tempo é em "tempo do evento", não em tempo do calendário. Aqui, o evento é o anúncio da aquisição, definido como dia 0, e todas as demais datas são em relação a essa data-evento. O padrão observado descreve, portanto, uma experiência generalizada, não um caso isolado.

Nos últimos anos, os acadêmicos realizaram inúmeros estudos de evento a respeito de diferentes mercados e eventos e a maioria desses estudos indica que os mercados norte-americanos reagem com muita rapidez a novas informações divulgadas publicamente.

---

[a] Louis H. Ederington e Jae Ha Lee, "The Short-Run Dynamics of the Price Adjustment to New Information," Journal of Financial and Quantitative Analysis, março de 1995, p. 117–34.

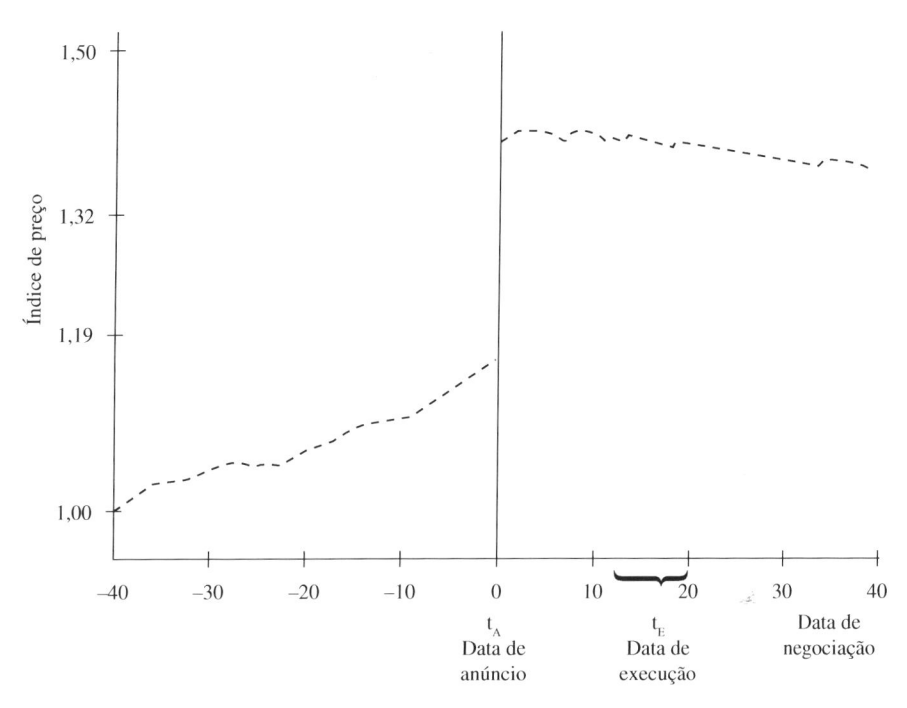

Figura 5.3 Séries temporais do índice de preço médio das ações de 161 empresas-alvo envolvidas em ofertas bem-sucedidas de aquisição.

Fonte: Michael Bradley, "Interfirm Tender Offers and the Market for Corporate Control", *Journal of Business* 53, nº 4 (1980).

ainda não testada de informação. E nem a possibilidade de que os pesquisadores que encontrem indícios de ineficiências prováveis optem por explorá-las, em vez de publicar suas descobertas.

Implicações da eficiência

Se os mercados financeiros são eficientes de forma semiforte, as seguintes afirmativas são verdadeiras:

- Informações disponíveis ao público não ajudam a prever os preços futuros.
- Na ausência de informações privadas, a melhor previsão de preço futuro é o preço atual, possivelmente ajustado para as tendências a longo prazo.
- Na falta de informações privadas, uma empresa não tem como melhorar as condições sob as quais vende seus títulos ao tentar escolher o melhor momento para efetuar a venda.
- Sem informações privadas ou na ausência de disposição para aceitar um risco maior, os investidores não devem esperar obter ganhos consistentes superiores à taxa média de rendimento do mercado.

A crença na eficiência do mercado contribuiu para a crise financeira?

A eficiência do mercado não se saiu bem na crise financeira recente. Entre outros epitáfios, os comentaristas rotularam o conceito de "incrivelmente impreciso" e "uma panaceia acadêmica" que causou "uma combinação mortalmente perigosa de bolhas de ativos, controles frouxos, incentivos perniciosos e instrumentos perversamente complicados (que) levaram à nossa situação atual".[a]

Tal causticidade é justificada? Será que a convicção de que os mercados são eficientes contribuiu para a crise? Minha resposta é "sim e não". Como observou Meir Statman, da Universidade de Santa Clara, há pelo menos duas definições de eficiência do mercado em uso corrente.[b] A modesta definição aqui utilizada diz que os mercados eficientes são os mercados imbatíveis, no sentido de que é muito difícil para os investidores superarem consistentemente as médias do mercado em uma base ajustada pelo risco. Os preços dos mercados sem concorrência respondem muito rapidamente às novas informações, e sua resposta é nem muito grande nem muito pequena. Pois se qualquer uma dessas condições não se mantivesse, os mercados já não seriam imbatíveis. É importante ressaltar que a modesta definição de eficiência nada diz sobre se a resposta dos preços às novas informações é necessariamente correta ou não. Em vez disso, diz apenas que a resposta vai refletir o sentimento prevalecente do investidor, que poderia muito bem ser equivocado. Isso significa que os preços poderiam se desviar de seus valores intrínsecos em mercados eficientes, e bolhas de preços são eminentemente possíveis.

Em contrapartida, a definição ambiciosa é que os mercados eficientes são não somente imbatíveis, mas também racionais no sentido de que os preços sempre se igualam aos valores intrínsecos. Como resultado, os preços nos mercados eficientes são sempre "certos", e as bolhas não podem ocorrer. Apesar das inúmeras evidências em contrário, a definição ambiciosa se provou intoxicante para alguns defensores da não regulamentação do mercado financeiro, que parecem acreditar que os mercados desregulamentados também são necessariamente mercados racionais.

Quanta culpa a noção de eficiência do mercado assume pela crise financeira? Na verdade, os primeiros defensores acadêmicos da eficiência do mercado se inclinaram pela definição de mercados racionais, então, devem ter alguma responsabilidade por, inicialmente, sobreinterpretar o significado de suas descobertas. Mas isso foi há décadas. Hoje, estudiosos das finanças concordam com a modesta e imbatível definição dos mercados de eficiência. Na verdade, a disciplina acadêmica cada vez mais popular, conhecida como "finanças comportamentais", é, em essência, o estudo de como o sentimento do mercado pode desviar os preços sistematicamente de seus valores intrínsecos.

Muito mais culpa recai sobre aqueles que continuam a acreditar que os mercados eficientes são equivalentes aos mercados racionais. Seja por preguiça intelectual ou por um compromisso filosófico primordial com a desregulamentação, a convicção generalizada de que os mercados desregulamentados são necessariamente racionais poderia muito bem ter contribuído para a combinação mortalmente perigosa de fatores que levou ao pânico financeiro de 2008.

[a] Jeremy Grantham citado por Joe Nocera, "Poking Holes in a Theory of the Markets," *The New York Times*, 5 de junho de 2009 e Roger Lowenstein, "On Wall Street, the Price Isn't Right," *The Washington Post*, 7 de junho de 2009.
[b] Meir Statman, "Efficient Markets in Crisis," SCU Leavey School of Business. **Disponível em ssrn. com/abstract=1543507**.

As pessoas que não contam com informações privadas têm duas opções: podem admitir que os mercados sejam eficientes e desistir de tentar prever os preços dos títulos, ou podem tentar tornar o mercado ineficiente, partindo de sua própria perspectiva. Isso implica adquirir o melhor sistema de coleta de informações que houver, na esperança de ficar sabendo dos acontecimentos antes das demais pessoas. Uma variação (geralmente ilegal) dessa estratégia é buscar informações privilegiadas. Ou, como dizem há anos os biscoitos da sorte chineses, "um amigo no mercado é melhor do que dinheiro na carteira". Uma terceira alternativa usada por alguns investidores é comprar as previsões de consultorias de prestígio. A principal vantagem dessa abordagem parece ser o fato de haver alguém em quem jogar a culpa se as coisas derem errado. Afinal, se as previsões servissem para alguma coisa, as consultorias poderiam ganhar dinheiro negociando no mercado, eliminando, com isso, a necessidade de serem simpáticas com clientes potenciais.

Como sugerem esses comentários, a eficiência do mercado é um conceito sutil e provocador que traz diversas implicações importantes para investidores e empresas. O tratamento que demos ao assunto aqui foi necessariamente breve, mas deve ter sido suficiente para sugerir que, a menos que disponham de *inside information* ou sistemas superiores de coleta e análise de informações, os executivos podem ter pouco a ganhar com tentativas de prever os preços dos mercados financeiros. Essa conclusão se aplica a muitos dos mercados de que as empresas participam, inclusive os mercados de títulos governamentais e corporativos, os mercados de moedas estrangeiras e os mercados de mercadorias (*commodities*).

Há, contudo, uma importante observação a ser feita sobre essa conclusão. Como evidentemente dispõem de informações reservadas a respeito de suas empresas, os administradores devem ter alguma capacidade de prever os preços futuros de seus próprios títulos. Isso significa que seus esforços para determinar o momento de novas emissões com base no conhecimento interno da empresa e de seus relatórios podem, de fato, ser adequados. Mas é importante observar a distinção. A decisão de adiar uma emissão de títulos porque o presidente acredita que a empresa vai superar significativamente as expectativas dos analistas no ano seguinte é perfeitamente defensável no mundo dos mercados eficientes de forma semiforte, mas a decisão de adiar uma emissão porque o tesoureiro acha que as ações em geral aumentarão de preço não é. A primeira decisão se baseia em *insider information*; a segunda, não.

Apêndice

Utilizando instrumentos financeiros para administrar riscos

O fracasso do Bretton Woods Agreement, fixando as taxas de câmbio no início de 1970, mudou de forma irrevogável o trabalho do administrador financeiro.

Os grandes aumentos de volatilidade entre as taxas de câmbio, as taxas de juros e os preços das commodities despertou o interesse empresarial em utilizar instrumentos financeiros, em especial títulos derivativos, para controlar os riscos decorrentes. A utilização inicial foi fragmentada porque as empresas reagiam às ameaças individuais à medida que apareciam. Mas, à medida que os executivos se familiarizavam mais com os instrumentos e as técnicas e o volume de negociação aumentava, as atitudes se tornaram mais proativas.

Na verdade, uma visão emergente da parte de alguns executivos foi a de que um elemento importante da empresa moderna estava sendo pago para assumir riscos inteligentes, enquanto, com destreza, evitava outros. De acordo com esse ponto de vista, uma siderúrgica está bem posicionada para gerir os caprichos das mudanças na demanda de aço, mas mal equipada para lidar com a volatilidade das taxas de juros ou taxas de câmbio. A resposta lógica, então, é que a empresa utilize instrumentos financeiros de forma sistemática para contornar esses riscos indesejados, permitindo se concentrar melhor nas atividades em que se destaca.

Apesar de sua complexidade ocasional, os executivos operacionais precisam entender o básico da gestão de riscos financeiros por, pelo menos, três razões:

- As estatísticas colocam o valor total dos contratos de derivativos de todos os tipos em circulação, em meados de 2000, em $583 *trilhões*.[15] Embora o montante em dinheiro realmente em risco esteja próximo de "apenas" $10 *trilhões*, os mercados são enormes por qualquer medida, e o porte por si só garante uma familiaridade básica.
- O fato de uma série de empresas sofisticadas, incluindo Procter & Gamble e Volkswagen, terem relatado perdas multimilionárias em atividades originalmente destinadas à redução de risco destaca os danos que os títulos derivativos podem causar em mãos erradas. Todos os executivos precisam apreciar os riscos do mau uso de derivativos e a melhor forma de evitá-los.
- A administração de risco financeiro é uma atividade indiscutivelmente valiosa, mas não é uma panaceia. Os executivos de toda a empresa precisam de uma compreensão clara do que as técnicas podem e não podem fazer, se quiserem usá-las de forma eficaz.

Este apêndice descreve sucintamente as armas importantes no arsenal de gestão de risco do gestor: os contratos a termo e as opções. Começamos analisando o uso dessas armas para implementar uma técnica de gestão de risco simples, conhecida como hedge. O apêndice conclui com uma visão breve dos determinantes do valor de uma opção e como precificá-la. Em prol da brevidade, vou limitar a discussão de hedge à tarefa de gerenciar riscos cambiais, embora poderia muito bem ter focado em taxas de juros, preços de commodities ou riscos de crédito. A história, em cada caso, seria a mesma. (Para uma análise mais

---

[15] Bank for International Settlements, Table 19: Amounts outstanding of over-the-counter (OTC) derivatives, **www.bis.org/statistics/derstats.htm**.

aprofundada sobre a gestão de riscos financeiros, recomendo os livros indicados na nota de rodapé.[16])

Mercados a termo

A maioria dos mercados é *spot* (à vista), ou seja, mercados nos quais os preços são estabelecidos hoje para transferências imediatas. Em um mercado *a termo*, os preços são estabelecidos hoje, mas a transferência se dá em uma data futura estipulada. Comprar pão no supermercado é uma transação no mercado *spot*, enquanto uma reserva de um quarto de hotel para ser paga mais adiante é uma transação em um mercado a termo. A maioria dos ativos negociados nos mercados a termo também é negociada nos mercados *spot*. Para exemplificar, o preço *spot* de um euro hoje nos mercados de câmbio é de $1,4892, o que significa que o pagamento dessa quantia comprará um euro para entrega imediata. Por outro lado, a taxa futura de 180 dias é de $1,4805, isto é, o pagamento dessa quantia um pouco menor em 180 dias comprará um euro para entrega nesse prazo. Uma transação futura envolve um contrato irretratável, geralmente com um banco, em que as partes fixam hoje um preço ao qual trocarão euros por dólares em uma data futura.

Especulação nos mercados a termo

Embora nosso foco neste Apêndice seja a prevenção do risco, começaremos pelo extremo oposto do espectro, tratando da especulação no mercado a termo. Como veremos, a especulação – principalmente o uso criativo de uma especulação para contrabalançar outra – é a essência das técnicas de gerenciamento de risco que serão descritas. Para demonstrar esse importante fato, imagine que você sinta um impulso incontrolável de fazer uma segunda hipoteca de sua casa e apostar $100.000 na vitória do New York Knicks sobre o Boston Celtics. Sua mãe, contudo, não gosta nem um pouco de saber da aposta e ameaça com graves consequências, a menos que você cancele imediatamente a aposta. Mas, como todos sabemos, é difícil cancelar uma aposta sem sair com uma ou as duas pernas quebradas.

Então, o que fazer? Uma proteção (*hedge*) da aposta. Percebendo que sua mãe esteve errada todos esses anos – um erro pode, sim, justificar outro –, você faz uma segunda aposta, mas agora na vitória do Celtics sobre o Knicks. Agora, não importa quem ganhe o jogo, os proventos de sua aposta vencedora cobrirão o custo da perdedora e, salvo pela comissão do *corretor*, é como se a primeira aposta jamais tivesse sido feita. Sua aposta foi coberta. As empresas usam "apostas" nos mercados financeiros de maneira análoga para gerenciar riscos comerciais inevitáveis.

Indo mais fundo na especulação no mercado a termo, suponha que o tesoureiro da American Merchandising Inc. (AMI) acredite que o euro vá se enfra-

---

[16] Michael Crouhy, Dan Galei e Robert Mark, *Essentials of Risk Management* (Nova York: McGraw-Hill, 2005). Steven Allen, *Financial Risk Management: A Practitioner's Guide to Managing Market and Credit Risk* (Nova York: John Wiley & Sons, 2003).

quecer de maneira significativa nos próximos seis meses. Os mercados a termo de câmbio oferecem um meio simples para que o tesoureiro aposte neste seu palpite, executando uma pequena variação da velha estratégia de "comprar na baixa e vender na alta". Aqui, ele primeiro venderá na alta para depois comprar na baixa: venderá hoje euros a termo por $1,4805, esperará 180 dias, enquanto a moeda despenca, e então comprará euros no mercado *spot* para honrar o termo. Se o tesoureiro estiver certo, o preço futuro a que vender os euros hoje será mais alto do que o preço *spot* pelo qual os comprará daqui a seis meses e ele lucrará com a diferença. É claro que também pode acontecer o contrário: se o euro ficar mais forte em relação ao dólar, o preço de venda do contrato a termo terá sido mais baixo que o preço de compra *spot*, e o tesoureiro perderá dinheiro.

Colocando isso em forma de equação, o lucro ou prejuízo do tesoureiro em uma venda futura de, digamos, 1 milhão de euros será

$$\text{Lucro ou perda} = (F - \tilde{S}) \, \text{€} \, 1 \text{ milhão}$$

sendo F o preço a termo de 180 dias e $\tilde{S}$ o preço *spot* daqui a 180 dias. O preço *spot* é encimado por um til como lembrete de que é desconhecido no presente.

Um meio conveniente de representar tais transações é um *diagrama de posição* que mostra o lucro ou prejuízo da transação em um eixo vertical como função de uma determinada taxa *spot* futura. Como mostra a Figura 5A.1(a), a aposta do tesoureiro será vencedora quando o preço *spot* no futuro for inferior à taxa futura de hoje e será perdedora quando o preço *spot* for superior à taxa futura de hoje. Vamos nos referir a esse diagrama de posição e a outros semelhantes em todo o Apêndice.

Hedge nos mercados a termo

Agora estamos preparados para ver como a especulação com moedas pode reduzir o risco de prejuízo em transações internacionais. Deixando de lado, por um instante, a aposta do tesoureiro contra o euro, vamos supor que a AMI tenha efetuado uma venda de 1 milhão de euros a um comprador alemão, com pagamento a ser recebido em 180 dias. O valor em dólar dessa conta a receber depende, é claro, da futura taxa de câmbio. Simbolicamente,

$$\text{Valor em \$ do recebível da AMI} = \tilde{S} \, (\text{€} \, 1 \text{ milhão}),$$

sendo $\tilde{S}$, novamente, a taxa de câmbio *spot*. A AMI se depara com um risco – ou exposição – cambial porque o valor em dólares do recebível em euros daqui a seis meses depende da futura taxa *spot*, que é incerta.

A Figura 5A.1(b) é um diagrama de posição da conta a receber da AMI e mostra a variação do valor em dólares do recebível da AMI com a variação da taxa de câmbio. Se a taxa *spot* se mantiver em $1,4892, o recebível não ganhará nem perderá valor, mas, com a mudança do preço do euro, o valor do recebível também mudará. Mais especificamente, uma infeliz queda do euro nos próximos meses pode transformar em prejuízo o lucro previsto na venda à Alemanha – o que em nada ajuda o moral de quem se esforçou tanto para fazer a venda.

Capítulo 5 • Os Instrumentos Financeiros e os Mercados

(a) Venda a termo de 1 milhão de euros.

Preço no mercado futuro

(b) Contas a receber em euros.

Taxa hoje

(c) *Hedge* do recebível no mercado futuro em euros.

Venda no mercado futuro

Recebível

Recebível com *hedge*

a
b
c

Taxa de câmbio ($/€)

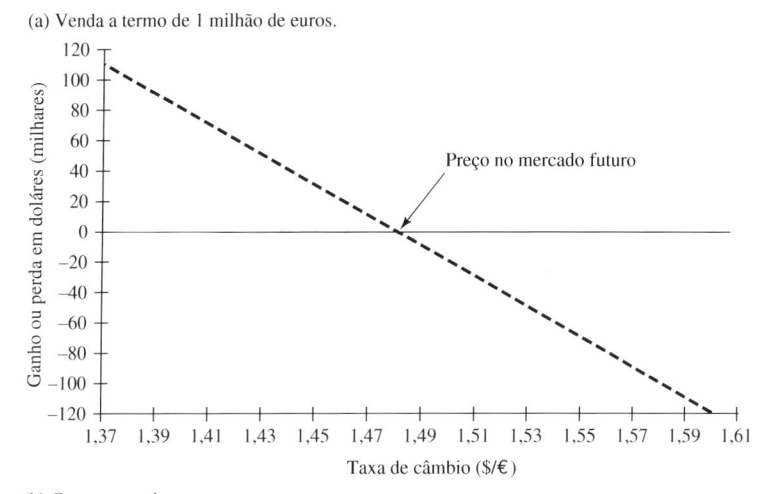

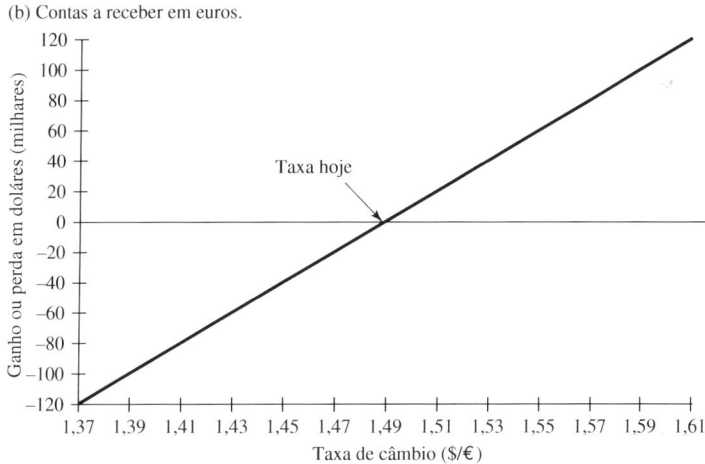

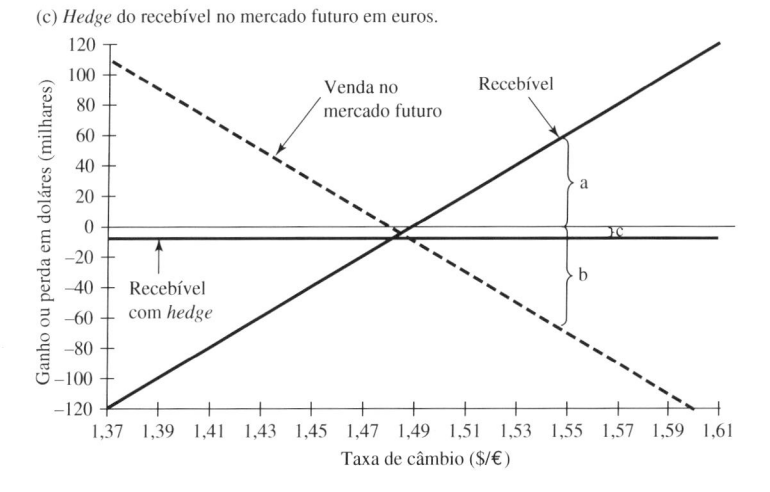

Figura 5A.1 *Hedge* no mercado a termo.

Ao gerar uma conta a receber em euros, a AMI apostou, sem querer, no fortalecimento dessa moeda. Se quiser se livrar desse risco, a AMI conseguirá isso com facilidade, instruindo o tesoureiro a fazer uma aposta inversa no mercado futuro. Nesse caso, o tesoureiro precisa vender 1 milhão de euros no mercado a termo de 180 dias, como no caso anterior. Somando o lucro ou prejuízo da venda no mercado futuro ao valor em dólar da conta a receber, a AMI "travou" um valor de $1.480.500 para a venda à Alemanha:

$$\begin{array}{c}\text{Ganho ou perda}\\ \text{na venda de futuros}\end{array} + \begin{array}{c}\text{Valor em \$}\\ \text{do recebível}\end{array}$$

$$(F - \tilde{S})\text{ 1 milhão de euros } + (\tilde{S})\text{1 milhão de euros}$$

$$= (F)\text{ 1 milhão de euros}$$

$$= (1{,}4805)\text{ 1 milhão de euros}$$

$$= \$1.480.500$$

A eliminação do $\tilde{S}$ da equação indica que a inteligente combinação feita pelo tesoureiro entre duas apostas contrárias elimina a exposição cambial da AMI. Agora, independentemente do que venha a acontecer com a taxa *spot*, a AMI receberá $1.480.500 daqui a 180 dias. O tesoureiro executou um *hedge no mercado a termo*, cujo efeito é substituir uma futura taxa *spot* desconhecida por uma taxa de mercado futuro conhecida para determinar o valor da venda em dólares. Assim, a AMI trava a taxa futura.

Em que o *hedge* no mercado futuro difere da especulação no mercado futuro descrita anteriormente? Em nada; as transações são idênticas. A única diferença é a intenção. Na especulação, o tesoureiro pretende se beneficiar de sua crença na queda do euro. No *hedge*, o tesoureiro não tem, em tese, opinião sobre o preço futuro do euro e só quer evitar o risco de perder dinheiro com a conta a receber. Quando uma mesma transação pode ser tanto uma especulação arriscada quanto um *hedge* atenuante do risco, dependendo apenas da intenção da pessoa que joga os dados, não surpreende que as empresas muitas vezes tenham dificuldade de controlar suas atividades de gerenciamento de risco.

A Figura 5A.1(c) representa graficamente o *hedge* no mercado a termo. A linha contínua de inclinação positiva é o lucro ou prejuízo do recebível sem *hedge* de (b), enquanto a linha pontilhada de inclinação negativa é o diagrama no mercado de venda futuro de (a). A linha horizontal representa o efeito combinado do recebível e da venda no mercado futuro. Quando as duas se combinam, o resultado *líquido* independe da futura taxa *spot*. O *hedge* no mercado futuro elimina o risco da mesma maneira que fazer apostas contrárias no jogo do Celtics contra o Knicks.

Em vez de manipular equações para determinar o efeito líquido de um *hedge*, costuma ser mais fácil fazer o equivalente gráfico, sobrepondo o diagrama de posição de uma aposta ao da outra para cada taxa de câmbio. Por exemplo, ao somar o lucro sobre o recebível representado por *a* na Figura 5A.1(c) ao prejuízo na venda de futuros, *b*, chega-se ao resultado líquido *c*. O fato de os resultados líquidos para todas as taxas de câmbio se encontrarem em uma mesma linha horizontal confirma que o valor do recebível com *hedge* independe da taxa *spot* futura. Em outras palavras, o *hedge* elimina o risco cambial.[17]

Hedge nos mercados monetários e de capitais

O tesoureiro eliminou o risco cambial do ativo em euros da AMI criando um passivo em euros de porte e prazo idênticos. No jargão dos corretores, ele cobriu a *posição longa* da empresa por meio da criação de uma *posição curta* contrária, no qual a posição longa se refere a um ativo em moeda estrangeira, e a posição curta, a um passivo em moeda estrangeira. Contrabalançando um com o outro, ele *equilibrou* a posição.

Outra maneira de criar uma posição curta em euros é tomar um empréstimo em euros hoje, prometendo pagar 1 milhão de euros daqui a 180 dias, e trocar os euros por dólares imediatamente no mercado *spot*. Então, daqui a 180 dias, o 1 milhão de euros recebido no pagamento da conta a receber pode ser usado para pagar o empréstimo. No fim das contas, esse *hedge* no *mercado monetário* permite à AMI receber hoje um valor em dólar conhecido em troca de 1 milhão de euros daqui a 180 dias. Como seria de se esperar dos mercados eficientes, o custo do *hedge* nos mercados futuros e nos mercados monetários e de capitais é praticamente idêntico.

Hedge com opções

As opções são para quem cansou da roleta russa – a não ser, é claro, quando são uma das pontas de um *hedge*. Uma *opção* é um título que confere ao portador o direito de comprar ou vender um ativo-objeto a um preço especificado durante um prazo especificado. Há dois tipos de opções: as *de venda* (ou *put*) conferem o direito de vender o ativo-objeto, ao passo que as *de compra* (*call*) conferem o direito de comprá-lo. Para exemplificar, mediante um pagamento de $48.800 hoje, você pode comprar opções de venda de euro que dão direito a vender 1 milhão de euros a $1,49 cada a qualquer momento nos próximos 180 dias. Quanto à semântica, o valor de $1,49 é conhecido como preço de *exercício*, ou preço *strike*, da opção e 180 dias é seu *vencimento* ou *prazo de maturidade*. O preço de compra de $48.800 a ser pago hoje é chamado de *prêmio*.

A Figura 5A.2(a) mostra o diagrama de posição dessas opções de venda no vencimento para diferentes taxas de câmbio. A linha pontilhada, mais abaixo, inclui o prêmio, enquanto a linha contínua o omite. Concentrando a atenção na linha contínua, vemos que as opções de venda não têm qualquer valor no vencimento quando a taxa de câmbio supera o preço de exercício da opção. O direito

---

[17] A posição *hedge* na Figura 5A.1 (c) parece resultar em uma perda, mas isso não é correto. Em vez disso, a perda aparente é o resultado mecânico do fato de o euro estar com um desconto futuro ao dólar, o que, por sua vez, é devido ao fato de a taxa de juros da zona do euro estar acima das taxas norte-americanas. Se o euro não estivesse em um desconto futuro, os investidores norte-americanos poderiam ganhar lucros arbitrários sem risco ao emprestar dólares, comprar euros, investir os euros a taxas atraentes e vender os proventos futuros por dólares. Portanto, o euro deve vender com um desconto futuro. O hedge envolve uma perda esperada somente quando a taxa futura está abaixo do ponto da taxa *futura esperada*, não da taxa atual. A figura pressupõe que o ponto da taxa futura esperada seja igual ao ponto atual, o que claramente não precisa ser verdadeiro.

(a) Opção de venda de 1 milhão de euros.

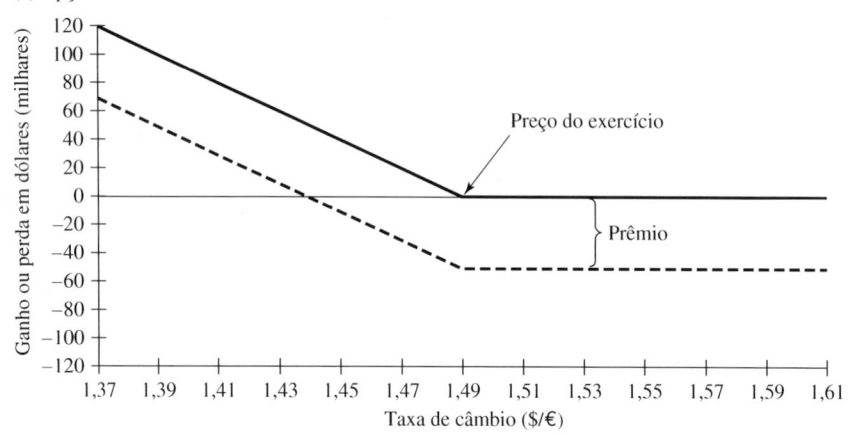

(b) Opção de compra de 1 milhão de euros.

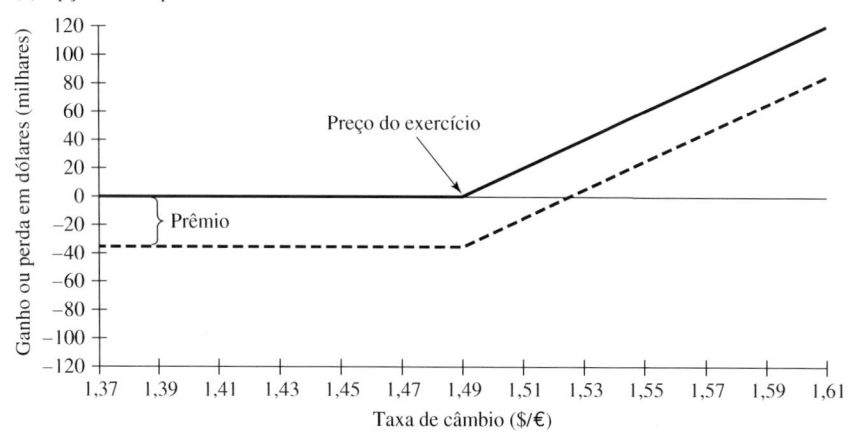

(c) *Hedge* de recebível no mercado de opções

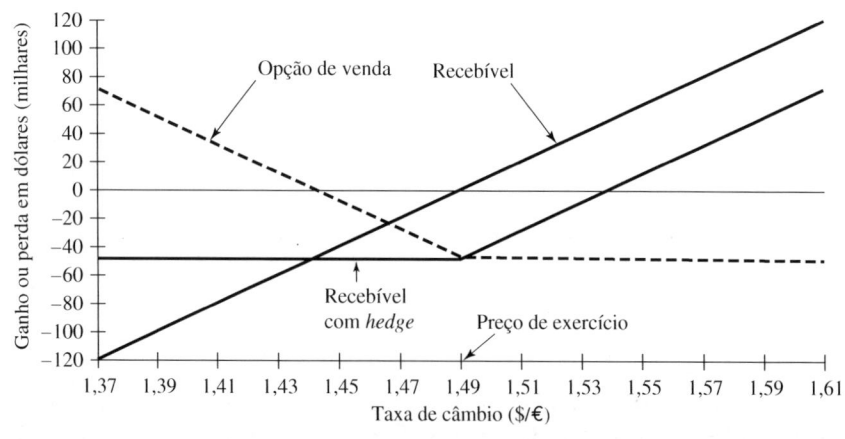

Figura 5A.2 *Hedge* no mercado de opções.

de vender euros a $1,49 obviamente não será muito atraente quando a moeda traz um preço melhor no mercado à vista. Nesse caso, a opção vencerá sem ter qualquer valor e os $48.800 do prêmio terão sido gastos à toa. O resultado é muito diferente, no entanto, quando a taxa de câmbio fica abaixo do preço de exercício no vencimento. Se a taxa de câmbio cair para $1,45, por exemplo, a opção de vender 1 milhão de euros a 1,49 valerá $40.000 e esse valor aumentará rapidamente à medida que o euro se aproxima de zero. Na melhor das hipóteses (desde que você não seja europeu), o euro não terá qualquer valor e suas opções de venda lhe renderão $1,49 milhão – nada mal para uma aposta de $48.800.

O diagrama de posição das opções de compra é exatamente o inverso do usado para as de venda. Com base nos preços de fechamento de hoje, as opções de compra de 180 dias para 1 milhão de euros com preço de exercício de $1,49 podem ser compradas por um prêmio de $37.100. Como mostra a Figura 5A.2(b), essas opções de compra terão valor nulo no vencimento a menos que o preço no mercado à vista fique acima do preço de exercício; o direito de comprar alguma coisa a um preço de exercício maior que o preço à vista não tem qualquer valor. Mas uma vez superado o de exercício, o valor das opções de compra aumenta um *cent* para cada *cent* de aumento da taxa de câmbio.

Para entender por que as opções são atraentes para quem leva a especulação a sério, imagine que você acredita que o valor do euro aumentará para $1,55 em seis meses. Usando o mercado a termo para especular com essa crença, você pode comprar hoje 1 milhão de euros no mercado por $1,4805 cada e vendê-los daqui a seis meses por $1,55, gerando, assim, um rendimento de 4,4% [(1,55 − 1,4805)/1,4805 = 4,4%]. Alternativamente, você poderia comprar as opções de compra por $37.100, e daqui a seis meses exercê-las e vender imediatamente os euros por $1,55 cada, produzindo, com isso, um estonteante rendimento de 62% [(1,45 − 1,49) × 1 milhão − $37.100]/$37.000 = 62%) – mais de 10 vezes mais do que o obtido com a especulação no mercado a termo. É claro que o risco de perda é igualmente estimulante: uma queda do euro para $1,43 geraria uma perda de apenas 3,2% no mercado a termo, contra 262% no mercado de opções.

De que maneira a AMI poderia usar opções para reduzir o risco de câmbio do seu recebível alemão? Como o recebível deixa a empresa com um grande lastro em euros, o tesoureiro pode criar uma posição curta para contrabalançar. Ou seja, comprará opções de venda. As de compra só aumentariam o risco cambial da AMI.

Analisando graficamente o *hedge*, a Figura 5A.2(c) mostra o efeito combinado do recebível alemão da AMI e da compra das opções de venda já descritas. Como antes, a linha contínua de inclinação positiva representa o lucro ou prejuízo no valor em dólares do recebível e a linha "quebrada" e pontilhada representa o rendimento das opções, incluindo o prêmio. A soma das duas para cada taxa de câmbio resulta na linha contínua e quebrada que representa o risco de câmbio da AMI após o *hedge* feito com opções.

Comparando o *hedge* no mercado futuro da Figura 5A.1 com o *hedge* de opções, vemos que as opções funcionam mais como uma apólice de seguro limitando o prejuízo da AMI em caso de enfraquecimento do euro, mas ainda permitindo que a empresa se beneficie caso esta moeda fique mais forte. O custo da apólice é o prêmio da opção.

As opções são veículos de *hedge* particularmente atraentes em duas situações. Uma ocorre quando quem vai fazer o *hedge* tem uma opinião sobre a direção em que as moedas se moverão, mas é medroso demais para especular abertamente. As opções permitem que o interessado se beneficie se estiver certo mas, ao mesmo tempo, reduzem seu prejuízo se estiver errado. As opções também são interessantes quando a exposição ao risco é condicional. Quando uma empresa faz um lance por um contrato internacional, sua exposição ao câmbio dependerá, obviamente, da aceitação de sua oferta. Fazer *hedge* dessa exposição condicional nos mercados futuros resultará em uma exposição inversa indesejada e possivelmente dispendiosa se a oferta for recusada. Mas, com um *hedge* em opções, o pior resultado possível é a perda do prêmio.

Limitações do *hedge* nos mercados financeiros

Como os recém-iniciados no mundo do *hedging* muitas vezes superestimam o poder da técnica, é justo fazer algumas reflexões de alerta sobre as severas limitações dos *hedges* nos mercados financeiros.

Antes que os riscos comerciais possam ser objeto de *hedges* eficazes nos mercados financeiros é preciso que duas condições sejam satisfeitas. Uma é que o ativo gerador do risco, ou outro que tenha forte correlação com ele, seja negociado nos mercados financeiros. Em nosso exemplo, isso significa que os euros precisam ser uma moeda negociada. Por isso, uma exposição em rúpias indianas é muito mais difícil de gerenciar do que uma em euros.

A segunda condição necessária para *hedging* de câmbio eficaz nos mercados financeiros é que o montante e o momento do fluxo de caixa sejam conhecidos com razoável grau de certeza. Isso não costuma representar um problema quando o fluxo de caixa é uma conta a receber ou a pagar em moeda estrangeira, mas quando se trata de um fluxo de caixa operacional, tais como expectativas de vendas, de custo das vendas ou de lucro, a coisa muda de figura. Suponha, por exemplo, que a tesoureira de uma empresa norte-americana que exporta para a Alemanha preveja lucro de 1 milhão de euros no ano que vem e que queira travar o valor desse lucro em dólares de hoje. O que ela deve fazer? À primeira vista, a resposta parece óbvia: vender 1 milhão de euros futuros em troca de dólares. Mas uma avaliação mais detida revelará graves problemas com essa estratégia. Em primeiro lugar, a posição favorável em euros da exportadora não é representada pelo lucro do ano que vem, mas sim pelas suas vendas, um valor muito maior. Segundo, em vez de fazer um *hedge* para um futuro fluxo de caixa que é conhecido, como no nosso exemplo com contas a receber, o exportador teria que fazer o *hedge* para uma quantia desconhecida. Além disso, como as variações da taxa de câmbio dólar-euro afetarão a competitividade dos produtos da empresa norte-americana na Alemanha, sabemos que a própria expectativa de faturamento depende da taxa de câmbio futura. Em termos de um diagrama de posição, isso significa que o fluxo de caixa em moeda estrangeira para o qual queremos fazer um *hedge* não pode ser representado por uma linha reta, o que complica muito qualquer estratégia de *hedging*. Terceiro, se a empresa norte-americana quiser continuar a exportar para a Alemanha no

> ### *Swaps* de moeda e taxa de juros
>
> Outro derivativo, conhecido como *swap* (que significa "troca"), alterou a maneira como muitos executivos financeiros pensam na emissão e administração da dívida das empresas. Um *swap* é um pedaço de papel que documenta a troca de fluxos de caixa futuros entre duas partes, em que cada uma se compromete a pagar ou receber os fluxos de caixa da outra. O valor de mercado de um *swap* em um ponto qualquer no tempo é igual à diferença entre o valor dos fluxos de caixa trocados. Um *swap cambial* envolve a troca de passivos denominados em moedas diferentes, enquanto um *swap de taxa de juros* envolve a troca de pagamentos à taxa fixa por pagamentos à taxa flutuante. Os *swaps* não constam nos balanços das empresas participantes e os credores não costumam estar cientes de que houve um *swap*. Os *swaps* tornaram-se tão corriqueiros que há hoje um mercado ativo em que *swaps* padronizados são comprados e vendidos por telefone, como se fossem ações e títulos. Se sua empresa tem uma dívida de 10 anos em francos suíços e você preferir um passivo denominado em dólares, ligue para um corretor de *swaps* para obter uma cotação.
>
> À primeira vista, os *swaps* parecem exóticos, até meio patológicos, mas o conceito que os sustenta é elementar. Sempre que cada uma de duas partes tem algo que a outra quer, um intercâmbio pode ser benéfico para as duas. Um *swap* é um intercâmbio nesses moldes, em que os itens trocados são pagamentos futuros de juros e principal. Alguns *swaps*, denominados *swaps* de ativos, envolvem o direito de *receber* pagamentos futuros, enquanto os *swaps* de passivos, mais comuns, envolvem a obrigação de *efetuar* pagamentos futuros.
>
> Os *swaps* se mostram ferramentas financeiras úteis por pelo menos dois motivos. Primeiro, eles ajudam a resolver um problema fundamental que muitas empresas enfrentam ao levantar capital. Antes do advento dos *swaps*, a decisão de uma empresa sobre que tipo de dívida emitir muitas vezes envolvia encontrar um meio-termo entre o que a empresa realmente desejava e o que os investidores estavam dispostos a comprar. Um emitente poderia desejar dívida a uma taxa prefixada em francos franceses, mas precisava contentar-se com dívida a uma taxa flutuante em dólares canadenses por causa de melhores termos. Com os *swaps*, o emitente pode ficar com o melhor dos dois mundos. Basta emitir dívida à taxa flutuante em dólar canadense e fazer imediatamente um *swap* por dívida à taxa prefixada em francos franceses. Na prática, os *swaps* permitem que o emitente separe as preocupações com o tipo de dívida que a empresa deseja das preocupações com o tipo de dívida que os investidores querem comprar, simplificando muito a decisão de emissão e reduzindo os custos de tomada de crédito.
>
> Uma segunda virtude dos *swaps* é o fato de serem uma ótima ferramenta para o gerenciamento dos riscos de taxa de juros e câmbio. Você está preocupado que o franco suíço logo ficará mais forte, aumentando o peso em dólares da dívida em francos suíços da sua empresa? Sem problema: faça um *swap* de francos por dólares. Você está preocupado com uma queda nas taxas de juros, deixando sua empresa com um monte de dívidas de alto custo e prefixadas? Fácil: basta fazer um *swap* passando para taxa flutuante e ficar assistindo enquanto os custos da dívida caem junto com as taxas.

futuro previsível, sua exposição irá muito além das vendas do ano que vem. Assim, mesmo que a empresa tenha sucesso no *hedge* das vendas do ano que vem, isso representa uma pequena fração da exposição total em euros da empresa. Concluímos que fazer *hedge* dos riscos de transações individuais, como as que geram contas a receber, é relativamente simples, mas fazê-lo para os riscos mais amplos inerentes aos fluxos de caixa operacionais é uma tarefa complexa e praticamente impossível.

Nossa última observação sobre os *hedges* no mercado financeiro é mais filosófica. Estudos empíricos sugerem que os mercados de câmbio, de *commodities* e de dívida são "jogos de soma zero", o que significa que a probabilidade de se beneficiar de variações inesperadas dos preços nesses mercados é aproximadamente igual à probabilidade de sair perdendo. Nesse caso, as empresas que se deparam constantemente com exposições cambiais ou que têm diversas exposições em moedas diferentes podem ignorar completamente os *hedges* com base no argumento de que, a longo prazo, os prejuízos acabarão sendo iguais aos lucros. Segundo essa filosofia, os *hedges* no mercado financeiro só se justificam quando a empresa raramente enfrenta exposições em moeda estrangeira, quando o prejuízo potencial é grande demais para ser absorvido pela empresa ou quando a eliminação da exposição ao câmbio render benefícios administrativos, como uma avaliação mais precisa do desempenho ou melhor moral dos empregados.

Avaliação de opções

Com o aumento da popularidade das opções de compra de ações para os empregados, cresceu também o interesse dos executivos pela avaliação de opções. A pergunta "quanto será que eu valho?" revelou-se um poderoso incentivo ao aprendizado. Vamos, então, concluir com uma breve introdução à avaliação de opções.

Suponha que você receba hoje uma opção de cinco anos para comprar 100 ações da Cisco Systems por $27 cada, e que a ação esteja sendo negociada hoje a $25. Você quer saber quanto essa opção vale. É claro que a opção nada valeria se tivesse que ser exercida imediatamente, porque o privilégio de pagar $27 por algo que pode ser comprado livremente por $25 não é muito valorizado. Diz-se que essa opção está "fora do dinheiro" ("*out of the money*"). Mas, felizmente, a opção não precisa ser exercida já. Você pode esperar até cinco anos e, na verdade, pode até estar proibido de exercer a opção antes que decorra um determinado prazo. Prospectivamente, há boas chances de que a ação da Cisco seja negociada por mais de $27 antes do vencimento da opção. Nesse caso, a opção estará então "dentro do dinheiro" ("*in the money*") e você poderá exercê-la e vender as ações com lucro. Concluímos que o valor presente de uma opção depende fundamentalmente de duas coisas: da probabilidade de que o preço da ação da Cisco suba além do preço de exercício antes do vencimento e de quanto, potencialmente, ele poderia superar o preço de exercício. O desafio na avaliação de uma opção é estimar o valor dessas duas coisas.

As opções existem há muitos anos, mas só em 1973 é que Fisher Black e Myron Scholes ofereceram a primeira solução prática a esse desafio de avaliação. Sua solução é notável tanto pelo que contém quanto pelo que omite. Black e Scholes demonstraram que o valor de uma opção depende de apenas cinco variáveis, quatro das quais podem ser facilmente encontradas nos jornais. As quatro variáveis facilmente observáveis são:

- O preço atual do ativo-objeto (a ação da Cisco, nesse exemplo).
- O prazo até o vencimento da opção.

- O preço de exercício da opção.
- A taxa de juros.

Como seria de se esperar, o valor de uma opção de compra aumenta com o preço do ativo-objeto e com o prazo até o vencimento, mas diminui com o preço de exercício. A opção de compra da Cisco é mais valiosa com a ação da empresa negociada a $50 do que a $25 e com o prazo de vencimento de 10 anos em vez de 5. Mas vale menos quando o preço de exercício é $40 do que quando é $27. O valor de uma compra aumenta com o valor das taxas de juros, porque uma opção pode ser vista como um adiamento da aquisição do ativo-objeto, e quanto maior a taxa de juros, mais valioso se torna esse privilégio de adiamento.

O determinante não observável do valor de uma opção é a volatilidade esperada do retorno do ativo-objeto. Traduzindo: o valor da opção da Cisco depende do grau de incerteza dos investidores a respeito do retorno da ação da empresa durante a vida da opção. A abordagem normal para a estimativa dessa variável é o cálculo da volatilidade passada da ação, medida pelo desvio-padrão dos rendimentos passados (o desvio-padrão é uma medida estatística de dispersão muito usada e trataremos disso em mais detalhes no Capítulo 8). Se o desvio-padrão do rendimento da ação da Cisco no passado recente for de 25%, essa será uma estimativa plausível da sua volatilidade futura.

O que intriga na volatilidade é o fato de o valor da opção **aumentar** com a volatilidade. Em outras palavras, uma opção de compra de uma ação especulativa vale mais do que uma opção semelhante de uma *blue chip*. É isso mesmo. As opções vão contra a intuição e contra a maior parte do universo das finanças, no qual a volatilidade representa risco e risco é ruim. No caso das opções, a volatilidade é boa. Para entender o porquê, lembre-se de que uma opção permite que seu portador passe incólume quando as coisas andam mal. Em nosso exemplo, se a ação da Cisco nunca passar de $27, o pior que pode acontecer é você ficar com uma pilha de papéis para decorar sua parede. Isso significa que o portador de uma opção só se preocupa com o resultado positivo potencial, e quanto maior a volatilidade, maior esse potencial. Se recebesse um dólar todas as vezes em que um rebatedor acertasse um *home run*, você não preferiria um jogador inconstante a outro que sempre acertasse somente *singles*? O mesmo se aplica às opções. A incerteza é boa para as opções.

A variável que surpreende por não fazer parte da fórmula Black-Scholes é o valor futuro previsto do ativo-objeto. Em nosso exemplo, não há necessidade de prever o valor da ação da Cisco pelos próximos cinco anos para avaliar a opção. O resultado é uma precisão muito maior na avaliação das opções.

De posse da fórmula Black-Scholes de precificação de opções, avaliar uma opção passa a ser um processo simples, dividido em três passos. Primeiro, encontre os valores atuais das quatro variáveis observáveis. Segundo, estime a volatilidade futura do rendimento do ativo-objeto, geralmente por extrapolação da volatilidade passada. E, terceiro, jogue os números na fórmula Black-Scholes ou em uma de suas variantes mais recentes e espere que o computador despeje uma resposta. Por exemplo, vamos avaliar a opção da Cisco com as seguintes condições:

Preço de exercício da opção	$27
Vencimento da opção	5 anos
Preço atual da ação da Cisco	$25
Cinco anos de taxa de juros	2,5%
Volatilidade da ação da Cisco	22,02%

Minha estimativa de volatilidade vem da Robert's Online Option Pricer, empresa de assessoria de investimento pela Internet que fornece as volatilidades históricas de diversas ações. O valor utilizado é a volatilidade histórica anual da Cisco dos meses anteriores a 9 de maio de 2011. Em vez de manipular eu mesmo a fórmula Black-Scholes – uma tarefa desafiadora –, usarei o Robert's Option Pricer. Inserindo os cinco valores no *option pricer*, vemos que o valor estimado da opção para 100 ações da Cisco é de $539. A uma volatilidade de 35%, o valor salta para $806.[18]

O crescimento do setor de opções desde a introdução do modelo Black-Scholes faz pensar na frase de Mark Twain: "Se a única ferramenta que você tem é um martelo, logo tudo no mundo começará a se parecer com um prego". A capacidade de medir com razoável precisão o valor das opções levou a um crescimento notável do volume e da variedade das opções negociadas, inclusive as opções de taxas de juros, ações, índices de ações, câmbio e uma ampla variedade de *commodities*. Além das opções negociadas, descobrimos a presença de opções embutidas em muitos instrumentos financeiros convencionais, como hipotecas residenciais e empréstimos bancários comerciais. No passado, essas opções eram ignoradas ou refletiam-se de maneira grosseira no preço do instrumento. Agora é possível avaliar cada opção em separado e atribuir a ela um preço correspondente. Partindo da descoberta de opções embutidas em instrumentos convencionais, não demorou para que se criassem instrumentos inovadores que incluem opções indisponíveis anteriormente. Finalmente, nos últimos tempos começamos a perceber que muitas decisões de investimento das empresas, como a decisão de lançar ou não um novo produto, contêm opções embutidas que, pelo menos em tese, podem ser precificadas por meio das técnicas aqui descritas. Alguns exemplos daquilo que conhecemos como *opções reais* são as decisões de expandir e encerrar a produção ou alterar o mix de produtos. A capacidade de precificar essas opções promete melhorar muito a tomada de decisões de investimentos empresariais (falaremos mais disso no Capítulo 8). Uma vez que se saiba como precificar as opções, tudo no mundo parece ser uma opção.

---

[18] O Robert's Online Applications está disponível em: **www.intrepid.com/robertl/index.html**. Em nome da simplicidade, tomei algumas liberdades com o material desta seção. Em primeiro lugar, a fórmula de precificação usada no Robert's Option Pricer é uma extensão da fórmula de Black-Scholes. Além das cinco variáveis aqui discutidas, a fórmula exige o rendimento dos dividendos, que é de zero no caso da Cisco. Também é necessário especificar que a opção da Cisco é uma opção norte-americana, podendo ser exercida antes do vencimento.

RESUMO

1. Os instrumentos financeiros:
   - São os créditos para os fluxos de caixa e os ativos de uma empresa concebidos para satisfazer as necessidades de financiamento da empresa e para atrair investidores.
   - Não estão muito limitados por leis ou regulamentos, mas estão sujeitos a requisitos de divulgação completa.
   - São frequentemente agrupados em quatro categorias:
     - Títulos de renda fixa conhecidos como títulos de dívidas.
     - Títulos de renda residual conhecidos como ações ordinárias.
     - Títulos híbridos com características de títulos e de ações.
     - Títulos derivativos, cujo valor depende de algum ativo subjacente.

2. Os retornos realizados em ações ordinárias dos Estados Unidos ao longo dos anos, desde 1900, têm:
   - Estado na média de 11,4% ao ano.
   - Ultrapassado a inflação, em média, 8,1% ao ano.
   - Estado mais voláteis e, portanto, mais arriscados do que os retornos dos títulos.
   - Excedido o retorno dos títulos do governo por uma média de 6,2% ao ano.

3. Os mercados financeiros:
   - São os canais pelos quais as empresas vendem instrumentos financeiros para os investidores.
   - Incluem diversos segmentos, como:

– Financiamento de private equity:	onde empresas de capital de risco, organizadas como sociedades limitadas, fazem investimentos de alto risco e a médio prazo.
– Ofertas públicas iniciais:	onde as empresas privadas, com a ajuda de bancos de investimento, vendem participações a investidores públicos.
– Emissões primárias:	onde grandes empresas públicas usam técnicas especializadas, como colocações privadas, *shelf registration* e a oferta da regra 144A para levantar dinheiro.
– Financiamento nos mercados internacionais:	onde grandes empresas levantam dinheiro nos mercados financeiros de outros países, ou em mercados internacionais, que são considerados uma resposta do mercado livre às restrições regulatórias impostas no mercado interno.

4. Os mercados eficientes:
   - São mercados em que os preços respondem rapidamente às novas informações de tal forma que os preços atuais refletem completamente as informações disponíveis sobre os ativos negociados.
   - Normalmente, apreendem novas informações nos preços em questão de segundos.
   - Muitas vezes, são divididos em três categorias:
     - Eficiente de forma fraca: quando os preços atuais refletem completamente todas as informações sobre os preços passados.
     - Eficiente de forma semiforte: quando os preços atuais refletem todas as informações disponíveis publicamente.
     - Eficiente de forma forte: quando os preços atuais refletem todas as informações públicas ou privadas.
   - Termo relativo, pois o mesmo mercado pode ser simultaneamente eficiente para os investidores de varejo e ineficiente para os especialistas do mercado.
5. Em mercados eficientes de forma semiforte, na ausência de informações confidenciais:
   - Informações publicamente disponíveis não são úteis na previsão de preços futuros.
   - A melhor previsão de preço futuro é o preço atual, talvez ajustada para uma tendência de longo prazo.
   - A empresa não pode melhorar as condições em que vende os títulos ao tentar programar a emissão.
   - Os investidores não devem esperar ganhar consistentemente retornos acima da média sem aceitar riscos acima da média.

Leituras complementares

Dimson, Elroy, Paul Marsh e Mike Staunton. *Triumph of the Optimists: 101 Years of Global Investment Returns*. Princeton, NJ: Princeton University Press, 2002, 302 p.

Um livro elegante, escrito por três acadêmicos britânicos, que traz informações detalhadas sobre os retornos proporcionados pelos instrumentos financeiros em 16 países durante o século XX. Uma respeitável fonte de informações valiosas. Atualizado anualmente no *Credit Suisse Global Investment Returns Yearbook*.

Fox, Justin. *The Myth of the Rational Market: A History of Risk, Reward, and Delusion on Wall Street*. Nova York: Harper Paperbacks, 2011, 416 p.

Conta a história da ascensão e queda da hipótese dos mercados racionais. Uma excelente história intelectual das finanças modernas. Livro notável do *New York Times* de 2009.

Gladstone, David e Laura Gladstone. *Venture Capital Handbook: An Entrepreneur's Guide to Raising Venture Capital*, edição revista. Londres: Financial Times Prentice Hall, 2002, 448 p.

Se você quer levantar capital de risco ou se tornar um investidor em *venture capital*, leia esse livro.

Malkiel, Burton G. *A Random Walk Down Wall Street*. Edição totalmente revista. Nova York: W.W. Norton & Company, 2007, 445 p.

Um *best-seller* introdutório à eficiência dos mercados e aos investimentos pessoais, escrito por alguém que conhece os dois lados da história: o acadêmico e o profissional.

Mishkin, Frederic S. e Stanley G. Eakins. *Financial Markets and Institutions*. 6ª ed. Reading, MA: Addison Wesley, 2008, 752 p.

Uma introdução ao mercado financeiro, incluindo dinheiro, títulos, ações, hipoteca e mercado de câmbio estrangeiro. Também abrange a administração das instituições financeiras e a condução da política monetária.

Reinhart, Carmen M. e Kenneth Rogoff. *This Time is Different: Eight Centuries of Financial Folly*. Princeton, N.J.: Princeton University Press, 2009, 512 p.

Uma valiosa perspectiva histórica por dois economistas sobre a ilusão e as falhas econômicas recorrentes que já afligiram a sociedade ao longo de muitos anos.

Websites

www.cboe.com

A *homepage* da Bolsa de Opções de Chicago. O *site* inclui preços de opções, um dicionário e cursos gratuitos *online*.

www.intrepid.com/robertl/index.html

Robert's Option Applications. Muitas informações sobre opções e tópicos correlatos. Basta dar ao *option pricer* as cinco informações necessárias para precificar uma opção e o sistema fornece o preço estimado. Também contém informações sobre a volatilidade dos preços das ações. Consulte "About options" na parte inferior da página do *option pricer* e veja uma divertida introdução às opções. Qualquer um que dê à pergunta "Como as opções são precificadas?" a resposta "Normalmente, com muita dificuldade" merece ser lida.

www.sandhillecon.com/

Criadores do índice Dow Jones de venture capital destinado a revelar o retorno e a volatilidade do investimento de risco. O *site* possui uma série de estudos interessantes e minuciosos sobre tais investimentos.

www.vnpartners.com

Inclui uma informativa introdução ao capital de risco.

Problemas

As respostas aos problemas de número ímpar constam no final do livro. Para mais problemas e suas respostas, acesse **www.grupoa.com.br** (encontre a página deste livro, procure o Material Complementar e clique em Conteúdo Online).

1. A Tabela 5.1 indica que a taxa média anual de retorno de ações ordinárias, por muitos anos, ultrapassou o retorno dos títulos do governo nos Estados Unidos. Por que observamos este padrão?

2. Suponha que a taxa realizada de retorno dos títulos do governo ultrapassou o retorno de ações ordinárias de um ano. Como você interpreta esse resultado?

3. O que é mais importante para os investidores: o número de ações de uma empresa que eles detêm? O preço das ações da empresa? Ou o percentual do patrimônio líquido da empresa que eles detêm? Por quê?

4. Dois títulos de 20 anos são idênticos em todos os aspectos, exceto que um permite ao emissor comprar o título de volta por $ 1.000 à vista, em qualquer momento depois de cinco anos, enquanto o outro não contém disposições de compras. O rendimento até o vencimento sobre os dois títulos difere? Se assim for, qual será o mais elevado? Por quê?

5. O retorno que um investidor obtém sobre um título em um determinado período é conhecido como *retorno sobre o período de manutenção*, definido como a receita de juros de cupom mais ou menos a variação do preço do *bond*, tudo dividido pelo preço inicial do título.
    a. Qual é o retorno sobre o período de manutenção de um título com valor de face de $1.000 e taxa de cupom de 6% se o preço no início do ano era de $1.050 e o preço no fim do ano era de $940? Admita que os juros de cupom sejam pagos anualmente.
    b. Você é capaz de indicar dois motivos pelos quais o preço do título pode ter diminuído durante o ano?

6. Há, informações sobre três títulos a seguir:

	Preço no início do ano	Preço no fim do ano	Juros/dividendos pagos
Ação 1	$ 42,50	$ 46,75	$ 1,50
Ação 2	$ 1,25	$ 1,36	$ 0,00
Título 1	$1.020	$1.048	$41,00

    a. Supondo que os juros e dividendos sejam pagos anualmente, calcule o retorno sobre o período de manutenção anual sobre cada título.
    b. Durante o ano, a administração da Ação 2 gastou $10 milhões, ou $0,50 por ação, recomprando $7,7 milhões das ações da empresa. Se assim for, como essa informação afeta o cálculo do retorno sobre o período de manutenção da Ação 2?

7. Uma empresa deseja levantar $500 milhões por meio de uma emissão de novas ações. O banco de investimento da empresa indica que uma venda de novas

ações exigirá um deságio de 8% e *spread* de 7% (Dica: o deságio é de 8% em relação ao preço atual da ação e o *spread* é de 7% do preço da emissão.)

a. Supondo que o preço da ação não mude em relação ao preço atual de $75 por ação, quantas ações a empresa precisará emitir e a que preço?

b. Quanto os grupos formados pelos bancos de investimento ganharão com a venda?

c. O deságio de 8% é um fluxo de caixa? É um custo? Em caso positivo, para quem?

8. Por que você acha que as empresas menores tendem a contar com financiamento bancário, enquanto as grandes empresas estão mais aptas a vender títulos nos mercados financeiros?

9. Você lê um artigo no jornal que detalha o desempenho dos fundos de investimento ao longo dos últimos cinco anos. No estudo, dos 5.600 fundos de investimento ativamente administrados, 104 superaram o mercado em cada um dos últimos cinco anos. O autor do artigo defende que esses fundos de investimento são exemplos da ineficiência do mercado. "Se os mercados fossem eficientes, seria de se esperar que os fundos de investimento superassem o mercado por curtos períodos de tempo. Mas quando mais de 100 fundos de investimento são capazes de superar o mercado em cada um dos últimos cinco anos, você não pode mais supor que os mercados são verdadeiramente eficientes. Obviamente, esses 100 administradores devem ter descoberto uma maneira de vencer o mercado a cada ano". Você acha que isso é prova de que os mercados não são eficientes?

10. Suponha que, na Figura 5.3, os preços das ações das empresas-alvo de aquisições reajam aos anúncios de aquisição ao longo de um intervalo de três dias, em vez de quase instantaneamente.

a. Você descreveria tal mercado como eficiente? Por quê?

b. Você é capaz de imaginar uma estratégia de negociação para aproveitar a reação atrasada?

c. Se você e muitas outras pessoas seguirem essa estratégia, o que acontecerá com a reação do preço aos anúncios de aquisição?

d. Há quem diga que as ineficiências do mercado contêm as sementes da sua própria destruição. De que maneira sua resposta a esse problema ilustra o raciocínio dessa afirmativa?

e. Imediatamente após alguns anúncios de fusão, o preço da ação da empresa-alvo pula para um nível mais alto do que o preço de oferta. Isso é prova da ineficiência do mercado? O que poderia explicar esse padrão de preço?

11. a. Suponha que o preço da ação da Liquid Force diminua sempre, na data de pagamento de dividendos, em uma medida igual à metade dos dividendos distribuídos. Desconsiderando os impostos, você é capaz de conceber uma estratégia de investimento que permita tirar proveito dessa informação?

b. Se você e muitas outras pessoas seguirem essa estratégia, o que acontecerá com o preço das ações da Liquid Force na data de pagamento de dividendos?

c. Suponha que o preço da Liquid Force diminua sempre, na data de pagamento de dividendos, em uma medida igual ao dobro dos dividendos distribuídos. Desconsiderando os impostos, você é capaz de conceber uma estratégia de investimento que permita tirar proveito dessa informação?

d. Se você e muitas outras pessoas seguirem essa estratégia, o que acontecerá com o preço das ações da Liquid Force na data de pagamento de dividendos?

e. Em um mercado eficiente, desconsiderando impostos e custos de transação, como você imagina que os preços das ações variarão nas datas de pagamento dos dividendos?

f. Dado que os investidores obtêm retornos sobre as ações ordinárias em forma de dividendos e apreciação do capital, você acredita que o aumento dos dividendos beneficiará os investidores na ausência de impostos e de custo de transação?

12. Se o mercado de ações nos Estados Unidos é eficiente, como você explica o fato de algumas pessoas terem altos retornos? Seria mais difícil conciliar alto retorno com mercado eficiente se as mesmas pessoas tivessem extraordinários retornos ano após ano?

Os Problemas 13 e 14 servem para testar sua compreensão do Apêndice do capítulo.

13. Algumas pessoas referem-se às ações ordinárias como opções sobre os ativos de uma empresa. Você vê alguma lógica nesse argumento? Qual é a lógica, caso haja?

14. As ações ordinárias da Fortune Brands, Inc. (FO), proprietária de diversas marcas, inclusive os *bourbons* Knob Creek, os vinhos Wild Horse, os produtos para golfe Titleist e os grampeadores Swingline, estão sendo negociadas hoje na NYSE a $54,04 cada. Você tem opções de compra destinadas a funcionários de 1.000 ações da FO a $54 cada. A opção vence daqui a três anos. A volatilidade anualizada da ação da FO, de acordo com o Chicago Board Option Exchange (CBOE, *www.cboe.com/data/historicalvolatility. aspx*), nos últimos meses foi de 19,846%. O dividendo atual da empresa é de 1,41% e a taxa de juros é de 2,5%. (Considere que as opções sejam europeias, exercíveis somente na data de vencimento.)

a. Essa opção é de compra ou de venda?

b. Usando o Robert's Option Pricer em *www.intrepid.com/robertl/option-pricer1.html* ou outro de sua preferência, estime o valor de suas opções da FO.

c. Qual é o valor estimado das opções se seu vencimento for daqui a cinco meses, e não três anos? Por que, quando o prazo até o vencimento diminui, o valor das opções também diminui?

d. Qual é o valor estimado das opções se o vencimento for daqui a três anos, mas a volatilidade for de 45%? Por que o valor das opções aumenta quando aumenta a volatilidade?

Capítulo 6

A Decisão de Financiamento

> Capital próprio: o mínimo possível de dinheiro que os proprietários devem investir numa empresa para que ela não perca o acesso ao crédito.
>
> *Michael Sperry*

No capítulo anterior, começamos nossa investigação a respeito do financiamento de uma empresa mostrando os instrumentos financeiros e os mercados em que eles são negociados. Neste capítulo, examinaremos a escolha dos instrumentos financeiros adequados por parte das empresas.

Escolher os instrumentos financeiros é um processo em duas etapas. A primeira é decidir a quantidade necessária de capital externo. Muitas vezes, isso é resultado direto do processo de previsão e elaboração do orçamento descrito no Capítulo 3. A administração estima o crescimento das vendas, a necessidade de novos ativos e o dinheiro disponível internamente. Quaisquer necessidades monetárias remanescentes precisarão ser satisfeitas a partir de fontes externas. Em muitos casos, contudo, isso é apenas o começo do exercício. Em seguida vem uma avaliação cautelosa dos mercados financeiros e das condições sob as quais a empresa pode levantar capital. Se a administração não acreditar que é capaz de levantar a soma necessária sob condições aceitáveis, terá início uma modificação nos planos operacionais, para alinhá-los com as restrições orçamentárias.

Uma vez determinado o montante de capital externo a ser levantado, a segunda etapa é escolher – ou, melhor dizendo, projetar – o instrumento a ser vendido. Isso é o núcleo da decisão de financiamento. Como indicou o capítulo anterior, um emitente tem à sua disposição uma enorme variedade de títulos financeiros. Uma escolha correta proporcionará à empresa o caixa de que necessita sob condições atraentes. Uma decisão incorreta resultará em custos excessivos, risco desnecessário ou incapacidade de vender os títulos. Nesse contexto, é importante ter em mente que a maioria das empresas não financeiras ganha dinheiro por meio da aquisição e da administração criativas de seus ativos e não da invenção de meios engenhosos de financiar tais ativos. Isso significa que o foco da decisão de financiamento deve se dar, em geral, tendo em mente a sustentação da estratégia de negócios da empresa, e que é preciso ter cuidado para evitar decisões que tenham a menor chance de desarmar tal estratégia. É melhor fazer do financiamento da empresa uma dama de companhia da estratégia operacional do que pôr em risco essa estratégia em nome de custos de financiamento marginalmente menores. Isso se aplica, especialmente, às empresas de crescimento acelerado, para as quais escolhas agressivas de financiamento podem ser muito dispendiosas.

Para simplificar, nos concentraremos em uma só decisão de financiamento: a XYZ Company precisa levantar $200 milhões este ano: ela deve vender títulos de dívida ou ações? Mas não vamos permitir que esse foco limitado obscureça a complexidade da questão. Em primeiro lugar, títulos e ações são apenas os exemplos extremos de todo um espectro de títulos. Felizmente, as conclusões extraídas a respeito desses extremos aplicam-se, com modificações, a outros instrumentos ao longo do espectro. Em segundo lugar, diversas empresas, principalmente as de menor porte, muitas vezes não conseguem ou não querem vender ações. Para elas, a decisão de financiamento não se refere à escolha entre vender dívida e ações, mas sim à quantidade de dívida que deve ser vendida. Como ficará claro adiante, a incapacidade de levantar capital próprio força as empresas a lidar com as decisões de financiamento como parte do desafio mais amplo do gerenciamento do crescimento. Em terceiro lugar – e o mais importante –, as decisões de financiamento raramente são eventos que acontecem uma única vez. Pelo contrário, levantar dinheiro a qualquer momento é apenas uma ocorrência de uma estratégia evolutiva de financiamento. Sim, a XYZ Company precisa de $200 milhões hoje, mas provavelmente precisará de $150 milhões daqui a dois anos e de uma quantia indeterminada em anos posteriores. Consequentemente, um dos principais elementos da decisão atual de financiamento da XYZ é o efeito que ela terá sobre a capacidade futura da empresa de levantar capital. Em última análise, portanto, a estratégia financeira de uma empresa está intimamente associada às suas metas competitivas a longo prazo e à maneira como ela pretende gerenciar seu crescimento.

Antes de começarmos, um alerta: as questões sobre como financiar melhor uma empresa lembram o aviso que os professores dão a seus alunos antes de discussões de casos: "Vocês verão que não há respostas certas para esses casos, mas que há muitas respostas erradas." No decorrer deste capítulo, veremos que não há respostas certas para as questões sobre como financiar uma empresa, mas também veremos que há diretrizes importantes, que ajudam a evitar as muitas respostas erradas.

Este capítulo começa com o estudo de um tópico crucial em finanças, conhecido como DdO: Dinheiro dos Outros. Primeiramente, veremos como o uso do DdO afeta o risco e o retorno com que se deparam os proprietários de qualquer ativo de risco. Em seguida, examinaremos diversas ferramentas práticas para medir esses efeitos de risco-retorno em um ambiente empresarial, finalizando com uma revisão do pensamento atual sobre os determinantes do uso ideal do endividamento em uma empresa. No decorrer desse processo, consideraremos as implicações tributárias de diversos instrumentos financeiros, o custo da dificuldade financeira que as empresas enfrentam quando dependem demais do DdO, os efeitos do incentivo da alta alavancagem, os desafios a que se expõem quando são incapazes de vender novas ações e aquilo que conhecemos como efeitos de sinalização, que se referem à maneira como o preço da ação de uma empresa reage a notícias de que ela pretende vender um instrumento financeiro específico. O Apêndice do capítulo trata de um elemento conceitual importante das finanças, conhecido como a proposição da irrelevância, ou teorema de M&M.

ALAVANCAGEM FINANCEIRA

Na física, uma alavanca é um dispositivo usado para aumentar a força à custa de maior movimento. Em negócios, o DdO, mais comumente chamado de *alavancagem financeira*, é um dispositivo que aumenta o retorno esperado pelos proprietários à custa de um maior risco. Mecanicamente, a alavancagem financeira envolve a substituição do capital próprio por dívida a longo prazo e, como essa dívida traz despesas financeiras fixas, decorre que a alavancagem financeira aumenta a variabilidade do retorno dos proprietários. Ela é, portanto, uma faca de dois gumes, que aumenta tanto o risco como o retorno dos proprietários.

A Tabela 6.1 ilustra esse ponto fundamental com um investimento de risco extremamente simples. Desconsiderando impostos, o investimento exige um desembolso imediato de $1.000 em troca de iguais chances de receber $900 ou $1.400 daqui a um ano. Estamos interessados em como o retorno esperado e o risco dos investidores variam com as mudanças no tipo de financiamento. O Painel A, no topo da tabela, admite financiamento totalmente por capital próprio. Observe que o investimento promete chances iguais de retorno de – 10% ou + 40% (um lucro de $400 sobre um investimento de $1.000 implica um rendimento de 40%). Voltando a atenção para os valores em negrito do Painel A, vemos que eles implicam um retorno esperado sobre o investimento de 15%, com uma faixa de resultados possíveis entre – 10% e + 40%.

Tabela 6.1 O financiamento por dívida aumenta o retorno e o risco para os proprietários

O investimento: pagar $1.000 hoje, com iguais chances de receber $900 ou $1.400 em um ano.

Painel A: Financiamento 100% por capital próprio. Os proprietários investem $1.000

Resultado do investimento	Probabilidade	Para os proprietários	Rendimento para os proprietários	Rendimento probabilisticamente ponderado
$ 900	0,50	$ 900	**– 10%**	– 5%
1.400	0,50	1.400	**40%**	20%
			Retorno esperado =	**15%**

Painel B: financiamento 80% por dívida. Empréstimo de um ano a 10%. Os proprietários investem $200

Resultado do investimento	Probabilidade	Devido aos credores	Para os proprietários	Rendimento para os proprietários	Rendimento probabilisticamente ponderado
$ 900	0,50	$ 880	$ 20	**– 90%**	– 45%
1.400	0,50	880	520	**160%**	80%
				Retorno esperado =	**35%**

Agora vamos acumular dívida e ver o que acontece. Vamos admitir que financiamos 80% do custo do mesmo investimento com um empréstimo de $800 com vencimento em um ano e à taxa de 10%. Isso reduz o investimento do proprietário para $200. O Painel B da Tabela 6.1 mostra que, embora os fluxos de caixa do investimento se mantenham inalterados, os fluxos de caixa residuais para os proprietários mudam muito. Como os proprietários precisam pagar aos credores $880 em principal e juros antes de receber qualquer coisa, agora eles têm igual chance de receber $20 ou $520 sobre seu investimento de $200. Voltando aos números em negrito do Painel B, isso se traduz em um interessante rendimento esperado de 35% e em uma vasta faixa de resultados possíveis, de −90% a +160%.

Esse exemplo demonstra com clareza que o financiamento por dívida faz duas coisas: aumenta o retorno esperado dos proprietários e aumenta, também, seu risco. O exemplo também ilustra que um só investimento de risco pode ser convertido em uma ampla variedade de combinações de risco-retorno, bastando para isso variar o meio de financiamento. Quer minimizar o risco e o retorno de um investimento? Financie com capital próprio. Quer apostar? Faça o mesmo investimento, mas financie parcialmente com dívida. Quer apostar de verdade? Jogue a alavancagem lá para cima. As mesmas observações se aplicam tanto a empresas quanto a investimentos específicos: a alavancagem financeira aumenta o retorno esperado e o risco dos acionistas e as empresas podem, variando a maneira como sse financiam, gerar um largo espectro de combinações de risco-retorno. (Incidentalmente, se você estiver preocupado com o que acontece com os $800 que sobram para os proprietários no Painel B, esqueça. Chegaremos às mesmas conclusões se os proprietários combinarem $1.000 de patrimônio com $4.000 emprestados para investir $5.000 no ativo de risco. Todos os valores monetários do Painel B aumentam, mas os rendimentos se mantêm.)

Outra maneira de ver a alavancagem financeira é observar que ela é parente próxima da *alavancagem operacional*, definida como a substituição de métodos de produção de custo fixo por outros de custo variável. Substituir trabalhadores horistas por um robô aumenta a alavancagem operacional porque o custo inicial do robô empurra o custo fixo para cima, enquanto sua capacidade de trabalhar mais horas sem pagamento adicional reduz os custos variáveis. Isso produz dois efeitos: as vendas necessárias para cobrir o custo fixo aumentam, mas uma vez atingido o ponto de equilíbrio, o lucro cresce mais rapidamente com o aumento das vendas. De maneira análoga, a substituição de financiamento com capital próprio por dívida aumenta o custo fixo sob a forma de maiores pagamentos de juros e principal, mas, como os credores não participam dos lucros da empresa, também reduz o custo variável. Assim, uma maior alavancagem financeira também tem dois efeitos: é preciso maior resultado operacional para cobrir os custos financeiros fixos, mas, uma vez atingido o ponto de equilíbrio, os lucros crescem mais rapidamente com o crescimento do resultado operacional.

Para entender melhor esses efeitos, vamos analisar a influência da alavancagem financeira no índice de retorno sobre o patrimônio líquido (ROE) de uma empresa. Como vimos no Capítulo 2, apesar de alguns problemas, o ROE é a medida mais difundida de desempenho financeiro, definido como o lucro após impostos dividido pelo patrimônio líquido. Como mostra a nota de rodapé adiante, o ROE pode ser escrito, para nossos fins, como

$$ROE = ROIC + (ROIC - i') D/E$$

onde ROIC é o retorno sobre o capital investido da empresa (definido no Capítulo 2 como EBIT após impostos dividido por todas as fontes de caixa sobre as quais é preciso obter rendimento), i' é a taxa de juros após impostos $[=(1-t) \times i]$, D é a dívida onerosa e E é o valor contábil (*book value*) do patrimônio líquido.[1] Podemos encarar o ROIC como o retorno que uma empresa obtém antes de serem considerados os efeitos da alavancagem financeira. Quanto a i', lembre-se de que, como os juros são uma despesa dedutível dos impostos, os impostos devidos pela empresa diminuem sempre que sua despesa financeira aumenta; i' captura esse efeito.

Para ilustrar a equação, podemos escrever o ROE da Sensient Technologies Corporation em 2010 como

$$ROE = 9,0\% + (9,0\% - 3,7\%) \$349,9/\$983,8$$
$$10,9\% = 9,0\% + 1,9\%$$

onde 3,7% é a taxa de tomada de empréstimo da Sensient após impostos, $349,9 milhões é sua dívida onerosa e $983,8 milhões é o valor contábil de seu patrimônio líquido. A Sensient obtém retorno básico de 9,0% sobre seus ativos, que alavancou para um retorno sobre o patrimônio de 10,9% ao substituir por dívida $349,9 milhões do patrimônio líquido em sua estrutura de capital.

Esta expressão revista do ROE é reveladora: ela demonstra claramente que o impacto da alavancagem financeira sobre o ROE depende do porte do ROIC em relação a i'. Se o ROIC for maior do que i', a alavancagem financeira, medida como D/E, aumentará o ROE. O inverso também se aplica: se o ROIC for menor do que i', a alavancagem reduzirá o ROE. Traduzindo, a equação diz que quando uma empresa ganha mais sobre o dinheiro emprestado do que o que paga de juros, o retorno sobre o patrimônio líquido aumentará e vice-

---

[1] Escreva o lucro após impostos como $(EBIT - iD)(1 - t)$, onde EBIT é o lucro antes de juros e impostos, iD é a despesa financeira – escrita como a taxa de juros, i, vezes a dívida onerosa, D – e t é a alíquota de imposto a que a empresa está sujeita. Essa equação reflete os passos que um contabilista segue para calcular o lucro após impostos a partir do EBIT. O restante é mera álgebra.

$$ROE = \frac{(EBIT - iD)(1-t)}{E} = \frac{EBIT(1-t)}{E} - \frac{iD(1-t)}{E} = ROIC \times \frac{D+E}{E} - i' \frac{D}{E},$$

Que é igual à equação acima.

-versa. Assim, a alavancagem melhora o desempenho financeiro quando as coisas vão bem, mas o mesmo não ocorre quando elas vão mal. É o típico amigo das boas horas.

E para que você não pense que obter um rendimento acima do custo do empréstimo é fácil, saiba que em 2010 apenas 43% das companhias abertas não financeiras acompanhadas pela Standard & Poor's cumpriram tal feito. E mesmo entre empresas menores, com faturamento menor que $200 milhões, apenas 60% o fizeram. Nos negócios, como em tantas outras áreas da vida, as expectativas muitas vezes não se realizam.

A Figura 6.1 mostra como o ROE muda com a alavancagem. A curva contínua de elevação acentuada representa uma distribuição típica dos ROE possíveis para uma empresa inteiramente financiada com capital próprio. Observe que o ROE esperado é de 10% e que a faixa de resultados possíveis vai de uma perda de cerca de 12% a um ganho de 35%. A curva pontilhada mais aplainada representa os ROE possíveis para a mesma distribuição de retornos quando o índice dívida/patrimônio líquido da empresa é de 2,0 e a taxa de juros após impostos é de 4%. O financiamento por meio de dívida alavanca o ROE esperado de 10 para 22%, mas também amplia muito a faixa de resultados possíveis. Agora, pode ocorrer uma perda de até 40% ou um ganho de mais de 80%.

Por pelo menos dois motivos, podemos pensar no intervalo de ROE possíveis como uma medida do risco. Em primeiro lugar, um maior intervalo de resultados possíveis significa maior incerteza quanto ao ROE da empresa. Em se-

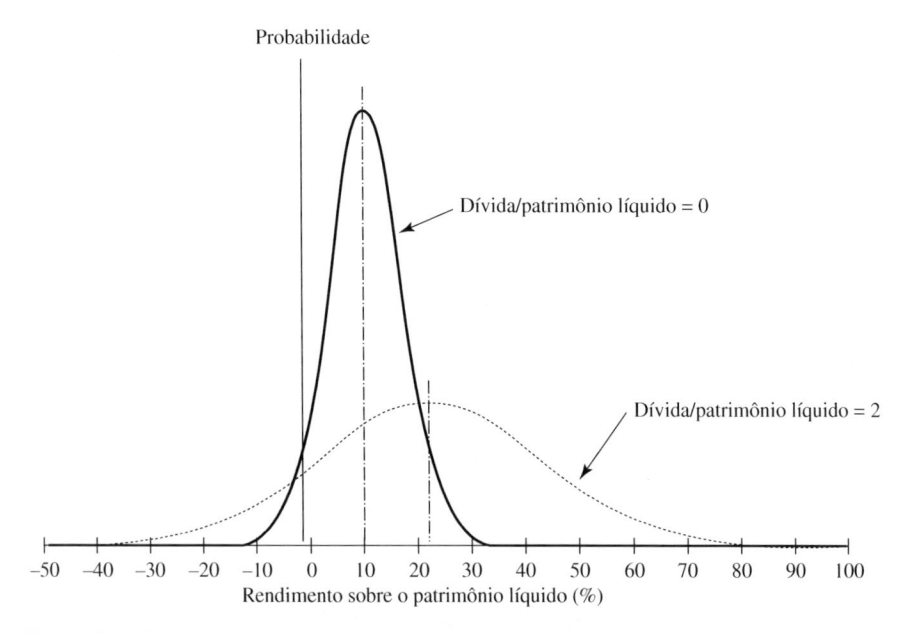

Figura 6.1 A alavancagem aumenta o risco e o retorno esperado.

gundo, esse intervalo maior significa uma chance maior de quebra. Olhando para as caudais esquerdas das duas distribuições, percebemos que, com alavancagem zero, o pior resultado possível para a empresa é um retorno negativo de 12% sobre o patrimônio líquido. Com um índice de dívida/patrimônio líquido de 2 para 1, contudo, o mesmo nível de resultado operacional gera uma perda três vezes maior, de aproximadamente 40%. Nessa situação, o resultado operacional não é suficiente para cobrir a despesa financeira, e a dívida amplia o prejuízo. Se o prejuízo for muito grande ou persistente, pode sobrevir quebra. Em resumo, a alavancagem financeira aumenta tanto o retorno esperado quanto o risco para os acionistas.

MENSURAÇÃO DOS EFEITOS DA ALAVANCAGEM SOBRE UMA EMPRESA

Para se ter um exemplo prático da mensuração dos riscos e retornos do financiamento por dívida, vamos considerar o problema enfrentado pela Sensient Technologies Corporation, em 2010. Lembre-se, do Capítulo 2, de que a Sensient é uma empresa estável, conservadoramente financiada, com um desempenho em evolução, mas ainda medíocre. Seu principal desafio financeiro é o que fazer com o excesso de caixa que está gerando. Recentemente, a empresa vem pagando as dívidas de longo prazo, mas, com o ritmo atual, a dívida desaparecerá completamente em cinco anos.

Aqui está meu relato ficcional de uma decisão de financiamento importante enfrentada pela empresa. Suponha que, no final de 2010, a Sensient chegue a um acordo preliminar para comprar um divisão da General Electric Company que tem sido cobiçada por vários anos. O preço acordado é de $450 milhões, e Richard Hobbs, diretor financeiro da Sensient, deve decidir a melhor forma de financiá-lo. Os bancos de investimento da empresa indicaram que ele poderia levantar dinheiro de duas maneiras:

- Vendendo $12 milhões de novas ações ordinárias ao preço líquido de $37,50 por ação.
- Vendendo $450 milhões de títulos de dívida com uma taxa de juros de 6%, com 10 anos de vencimento. Os títulos levariam um fundo de amortização anual de $25 milhões, com o principal remanescente de $200 milhões devido em um pagamento único no vencimento.

Historicamente, a empresa procurara limitar seus gastos de capital a um montante que pudesse ser financiado com recursos gerados internamente e empréstimos externos modestos. Mas o conselho de administração considerava que os investimentos atuais eram importantes demais para serem adiados e instruíra Hobbs a preparar uma recomendação de financiamento, a ser avaliada na próxima reunião do conselho. O que complicava a decisão de Hobbs era o fato de diversos dos membros mais jovens da alta administração terem criticado, recentemente, o que consideravam uma política de financiamento tímida demais. Em suas palavras: "Quando deixamos de alavancar o negócio, estamos deixando dinheiro na mesa e prejudicando nossos acionistas." Uma fonte desse entusiasmo pelo financiamento por dívida parecia ser a impressão de que uma maior alavancagem aumentaria o lucro por ação, um determinante fundamental dos bônus dos executivos da empresa. Eles viam na situação atual uma oportunidade ideal para corrigir as coisas mediante um financiamento com dívida. Hobbs não tinha tanta certeza.

Olhando para o futuro, Hobbs acreditava que o programa de expansão aumentaria o lucro antes de juros e impostos (EBIT) da Sensient para aproximadamente $250 milhões em 2011. Como demonstram os números a seguir, o EBIT fora bastante estável no passado recente. O Sr. Hobbs previa, ainda, que a necessidade de capital externo nos próximos anos seria bastante modesta, a menos que surgisse a outra oportunidade de aquisição. A empresa espera pagar dividendos anuais de 85 *cents* por ação em 2011, e Hobbs acredita que o conselho relutaria em reduzir esse montante nos próximos anos.

	2003	2004	2005	2006	2007	2008	2009	2010	2011 P
EBIT ($ milhões)	131	129	112	129	147	162	158	173	250 P

P = previsão.

A Tabela 6.2 apresenta informações selecionadas sobre as duas opções de financiamento em 2011, e mostra que, na falta de qualquer novo financiamento, a Sensient teria $300 milhões em dívida, despesa financeira de $17 milhões e um pagamento de principal de $20 milhões. Todos esses valores aumentam abruptamente com mais $450 milhões em um novo financiamento por dívida. As novas ações, por outro lado, deixariam esses valores intactos, mas o número de ações ordinárias em circulação aumentaria de 50 para 62 milhões, e o total de dividendos pagos de $43 para $53 milhões.

Tabela 6.2 Informações selecionadas sobre as alternativas de financiamento da Sensient Technologies em 2011 ($ milhões)

	Projetados para 2011		
	Antes do novo financiamento	Financiamento com ações	Financiamento por títulos de dívida
Dívida onerosa em circulação	$ 300	$ 300	$ 750
Despesa de juros	17	17	44
Pagamentos do principal	20	20	45
Patrimônio líquido (valor contábil)	1.100	1.550	1.100
Ações ordinárias em circulação	50	62	50
Dividendos pagos a $0,85 por ação	43	53	43

Alavancagem e risco

A primeira tarefa de Hobbs na análise das decisões de financiamento disponíveis para a Sensient seria decidir se a empresa poderia suportar, com segurança, o ônus financeiro imposto pela dívida. A melhor maneira de fazer isso é comparar os fluxos de caixa operacionais projetados da empresa com o ônus financeiro anual imposto pela dívida. Isso pode ser feito de duas maneiras: construindo projeções financeiras *pro forma* do tipo apresentado no Capítulo 3, possivelmente aprimoradas por meio de análise de sensibilidade e simulações, ou, mais simplesmente, calculando diversos índices de cobertura. Para dar uma ideia da análise sem repetir excessivamente o Capítulo 3, limitarei nossa discussão aqui aos índices de cobertura, ficando entendido que se estivéssemos trabalhando com dinheiro de verdade, a ordem do dia seria traçar projeções financeiras detalhadas. Como tratamos dos índices de cobertura no Capítulo 2, nossa discussão poderá ser abreviada.

Os encargos das obrigações financeiras da Sensient antes e depois dos impostos com cada uma das duas opções de financiamento constam na parte superior da Tabela 6.3. Lembre-se de que, como queremos comparar essas obrigações financeiras com o EBIT, um valor antes de impostos, precisamos converter os valores após impostos em seus equivalentes antes de impostos. Isso exige dividir os valores após impostos por $(1 - t)$, onde t é a alíquota de impostos a que a empresa está sujeita. Para a Sensient, $t = 40\%$.

Tabela 6.3 Obrigações financeiras e índices de cobertura da Sensient Technologies em 2011 ($ milhões)

EBIT Esperado = $250;   alíquota = 40%

Obrigações financeiras

	Ações		Títulos	
	Após impostos	Antes dos impostos	Após impostos	Antes dos impostos
Despesa financeira		$17		$44
Pagamento de principal	$20	$33	$45	$75
Dividendos	$53	$88	$43	$72

Índices de cobertura

	Ações		Títulos	
	Cobertura	Queda percentual possível do EBIT	Cobertura	Queda percentual possível do EBIT
Índice de cobertura de juros	14.7	93%	5.7	82%
Índice de cobertura de encargos financeiros	5.0	80%	2.1	52%
Índice de cobertura de encargos financeiros mais dividendos	1.8	45%	1.3	24%

Três índices de cobertura, correspondentes ao acréscimo progressivo de cada uma das obrigações financeiras indicadas na Tabela 6.3, constam na parte inferior da tabela, pressupondo-se um EBIT de $250 milhões. Para exemplificar, o cálculo do índice de cobertura dos encargos financeiros mais dividendos é igual ao EBIT de $250 milhões, dividido pela soma dos três encargos em dólares antes de impostos. (No caso dos títulos, 1,3 = 250/[44 + 75 + 72]). Observe que essa análise não é incremental. Estamos interessados no encargo total criado pelas dívidas novas *e* preexistentes, e não apenas no criado pelas novas.

A coluna "Queda percentual possível do EBIT" oferece uma segunda maneira de interpretar os índices de cobertura. Trata-se aqui do quanto, em termos percentuais, o EBIT pode cair em relação ao seu nível esperado antes que a cobertura caia para 1,0. Por exemplo, a despesa de juros com financiamento por títulos é de $44 milhões; assim, o EBIT pode diminuir de $250 milhões para $44 milhões, ou 87%, antes que o índice de cobertura de juros caia para 1,0. Uma cobertura de 1,0 é crítica porque qualquer coisa inferior a isso significa que o resultado operacional será insuficiente para cobrir o encargo financeiro em questão, e que será necessária outra fonte de caixa.

Como seria de se esperar, esses dados confirmam o maior risco inerente ao financiamento por dívida. Em todo caso, a cobertura das obrigações financeiras da Sensient será pior com o financiamento por dívida do que sem. De fato, com o financiamento por dívida, uma queda de apenas 24% do EBIT em relação ao nível esperado ameaçará os dividendos da empresa. Embora deixar de honrar um pagamento de dividendos seja menos catastrófico do que perder um pagamento de juros ou de principal, ainda assim é algo que a maioria das empresas preferiria evitar. Ao mesmo tempo, esse risco pode ser totalmente gerenciável para a Sensient à luz de sua estabilidade operacional previamente observada. Na verdade, os números anteriores revelam que a queda mais acentuada da empresa no EBIT desde 2003 foi de apenas 13%, apesar da recessão severa dos últimos anos.

Para colocar esses números em seu contexto e ajudar na interpretação, Hobbs deverá, a seguir, compará-los com diversos dados setoriais. Para exemplificar, a Tabela 6.4 mostra os índices de dívida/ativo e de cobertura de juros para as empresas do Standard & Poor's 500 de 2001 a 2010 e para setores selecionados em 2010. Observe que ambos os índices mostram queda do endividamento até 2007, quando o enfraquecimento da economia e as taxas de juros atraentes levaram a uma inversão da tendência. Em geral, esses números demonstram que os balanços das empresas nunca mostraram os níveis de endividamento extremos característicos dos consumidores e governos e que, até 2010, os números estavam voltando aos níveis pré-recessão. Hobbs estará especialmente interessado nos números para o setor de "materiais", do qual a Sensient faz parte. O índice de cobertura de juros projetado da Sensient de 5,7 vezes com o financiamento por dívida será um pouco abaixo do valor da indústria de 5,9,

Tabela 6.4 Média não financeira dos índices de dívida (2001 – 2010) e índices de dívida da indústria (2010)

Companhias não financeiras da Standard & Poor's 500 e componentes da indústria, médias ponderadas pelo tamanho. (Os números entre parênteses são o número de companhias na amostragem).

	2001	2002	2003	2004	2005	2006	2007	2008	2009	2010
Standard & Poor's 500										
Dívida/ativo total* (%)	27	28	26	23	22	22	24	28	28	27
Índice de cobertura de juros	5,5	5,7	6,5	7,8	8,1	8,8	8,1	6,7	5,2	7,0

Índice de dívida da indústria (2010)		
	Dívida/ativo total (%)	**Índice de cobertura de juros**
Consumo discricionário (80)	32	5,4
Bens de consumo corrente (41)	29	9,4
Energia (41)	16	11,1
Assistência médica (52)	21	14,1
Industriais (59)	41	4,7
Tecnologia da informação (74)	13	26,0
Materiais (30)	27	5,9
Serviços de telecomunicação (8)	28	4,0
Utilitários (33)	35	3,2

*Dívida onerosa; todas as quantidades foram medidas ao valor contábil.

enquanto o número correspondente para o financiamento por ações de 14,7 vezes será bem acima.

A Tabela 6.5 fornece uma comparação um pouco mais favorável, demonstrando a variação dos principais índices de desempenho entre as categorias de *rating* de títulos da Standard & Poor's no período de 2007 a 2009. Observe que a mediana do índice de cobertura de juros cai com as categorias de *rating*, de um máximo de 30,5 para as empresas AAA, para 1,4 para as B. Por esse parâmetro, o índice de cobertura de 5,7 que a Sensient poderia obter a colocaria na faixa BBB, na fronteira entre investimento e grau especulativo.

Alavancagem e lucro

Nossa breve análise dos índices de cobertura da Sensient sob cada um dos dois esquemas de financiamento sugere que a oferta de $450 milhões em títulos de dívidas seja, no mínimo, factível. A próxima tarefa será ver como os dois esquemas afetarão os resultados publicados. Hobbs pode realizar essa tarefa com facilidade, observando a demonstração projetada de resultados da empresa para cada um dos dois esquemas. Desconsiderando, por enquanto, a possibilidade de que a forma de financiamento escolhida pela empresa afete suas vendas ou sua receita operacional, Hobbs pode começar sua análise pelo EBIT projetado. A Tabela 6.6 mostra a parte inferior de uma demonstração de resultados *pro forma* da Sensient para 2011 sob condições favoráveis e desfavoráveis. As desfavoráveis correspon-

Tabela 6.5 Valores medianos dos índices-chave por categoria de *rating* da Standard & Poor's

Dívida da indústria a longo prazo, 2007 a 2009

	AAA	AA	A	BBB	BB	B
Índice de cobertura de juros (×)	30,5	18,3	11,0	5,8	3,5	1,4
Índice de cobertura de juros pelo EBITDA (×)	33,5	20,5	14,3	7,6	5,2	2,3
Fluxo de fundos operacional/dívida total (%)	200,7	73,4	53,0	34,0	25,3	12,0
Retorno sobre o capital antes dos impostos (%)	34,2	25,4	21,1	14,1	12,2	8,3
Dívida/capital a longo prazo (%)	15,1	34,7	35,7	44,7	50,4	73,1
Número de empresas	4	16	92	213	245	325
Porcentagem das empresas da amostra	0,4	1,8	10,3	23,8	27,4	36,3

Definições das variáveis
EBITDA = Lucro antes de juros, impostos, depreciação e amortização.
Fluxo de fundos operacional = Resultado operacional líquido mais depreciação, amortização, imposto de renda diferido e outros itens não monetários.
Retorno do capital, antes de impostos = EBIT/Média do capital inicial e final, inclusive dívida a curto prazo, vencimentos correntes, dívida a longo prazo (inclusive montante para o equivalente em dívida do arrendamento mercantil), impostos diferidos não correntes e patrimônio líquido.
Dívida/capital a longo prazo = Dívida a longo prazo (inclusive montante para o equivalente em dívida do arrendamento mercantil)/Dívida a longo prazo + patrimônio líquido (inclusive ações preferenciais) mais interesses minoritários.

Esses valores não pretendem representar padrões setoriais. Os dados das empresas são ajustados para eliminar resultados extraordinários e incluir um montante para o equivalente em dívida do arrendamento mercantil.
Fonte: David Lugg e Paulina Grabowiec, "CreditStats: 2009 Adjusted Key U.S.and European Industrial and Utility Financial Ratios," copyright 2009 de Standard & Poor's. Reproduzido com permissão da Standard & Poor's, uma divisão da McGraw-Hill Companies, Inc.

Tabela 6.6 Demonstrações de resultados *Pro Forma* da Sensient Technologies Corporation em 2010 sob condições desfavoráveis e favoráveis ($ milhões, exceto LPA)

	Desfavoráveis		Favoráveis	
	Ações	Títulos	Ações	Títulos
EBIT	$ 100	$ 100	$ 400	$ 400
Despesa de juros	17	44	17	44
Lucro antes de impostos	83	56	383	356
Imposto a 40%	33	22	153	142
Lucro após os impostos	$ 50	$ 34	$ 230	$ 214
Número de ações (milhões)	62	50	62	50
Lucro por ação	$ 0,80	$ 0,67	$ 3,71	$ 4,27
Valor contábil sobre patrimônio líquido (milhões)	1.550	1.100	1.550	1.100
Retorno sobre o patrimônio líquido	3,2%	3,1%	14,8%	19,4%

dem a um EBIT de $100 milhões, e as favoráveis, a um EBIT extremamente sadio de $400 milhões.

Há diversas observações dignas de nota quanto a esses valores. Uma tem a ver com a vantagem fiscal do financiamento por dívida. Observe que o imposto a pagar da empresa é sempre $11 milhões menor com financiamento por dívida do que por ações, deixando mais caixa para ser dividido entre os proprietários e os credores. É como se o governo pagasse um subsídio à empresa, sob a forma de menos impostos, para encorajar o financiamento por dívida. Sendo t a alíquota do imposto da empresa e I sua despesa de juros, o subsídio será igual a $ tI anuais. Muitos acreditam que esse subsídio, frequentemente chamado de benefício fiscal (*tax shield benefit*), seja a principal vantagem do financiamento por dívida. Ele está disponível para qualquer empresa que use o financiamento por dívida, desde que a empresa tenha renda tributável suficiente para se proteger.

Uma segunda observação é o fato de o financiamento por dívida reduzir lucro após impostos, uma aparente desvantagem à dívida. Entretanto, é importante perceber que isso é apenas uma parte da história, pois, embora o financiamento da dívida reduza o lucro depois de impostos, ele também reduz o investimento dos acionistas na empresa. E, pessoalmente, prefiro ganhar $90 em um investimento de $500 a ganhar $100 em um investimento de $1.000. Nós nos concentraremos aqui no lucro por ação e no retorno sobre o patrimônio líquido. Voltando a atenção para as condições favoráveis da Tabela 6.6, podemos perceber o impacto esperado da alavancagem: o LPA com financiamento por dívida é 15% maior do que com capital próprio, enquanto o ROE é 31% maior. Sob condições desfavoráveis, entretanto, dá-se o contrário: O financiamento por ações em tempos difíceis produz LPA e ROE maior do que a dívida. Isso corresponde ao nosso exemplo anterior quando o retorno em capital investido (ROIC) foi menor do que a taxa de juros após impostos.

Para apresentar esses dados de maneira mais informativa, Hobbs pode construir um gráfico de intervalos de lucros. Para tanto, basta plotar os pares de EBIT-LPA ou ROE calculados na Tabela 6.6 e ligar os pontos com linhas retas. A Figura 6.2 mostra o gráfico de intervalos de lucro resultante para a Sensient Technologies, apresentando o ROE que a empresa terá para qualquer nível de EBIT sob cada um dos dois planos de financiamento. De forma condizente com os *pro forma* favoráveis e desfavoráveis que geramos, observe que a linha de financiamento por dívida passa por um ROE de 3,1% com EBIT de $100 milhões e um ROE de 19,4% com EBIT de $400 milhões, ao passo que os valores correspondentes para o financiamento com ações são de 3,2 e 14,8%, respectivamente.

O Sr. Hobbs estará especialmente interessado em dois aspectos do gráfico de intervalos de lucro. Um deles é o aumento do ROE que a Sensient terá no nível esperado do EBIT se a empresa optar pelos títulos em vez das ações para se finan-

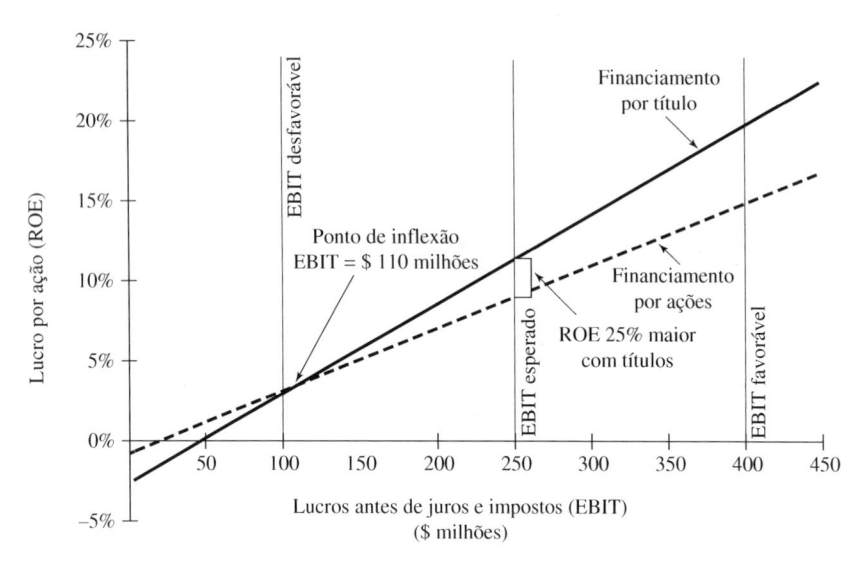

Figura 6.2 Gráfico de intervalos de lucro da Sensient Technologies Corporation.

ciar. Como mostra o gráfico, esse aumento será de atraentes 25% com um EBIT esperado de $250 milhões. O Sr. Hobbs também observará que, além de gerar um aumento imediato do ROE, esse tipo de financiamento põe a Sensient em uma trajetória de crescimento mais acelerado. Isso é representado pela maior inclinação da linha de financiamento por títulos. Para cada dólar que a empresa acrescentar ao seu EBIT, o ROE crescerá mais com os títulos do que com o financiamento por ações. Infelizmente, o oposto também se aplica: para cada dólar de redução do EBIT, o ROE diminuirá mais com os títulos do que com as ações.

O segundo aspecto do gráfico que atrairá a atenção de Hobbs é o fato de o financiamento por títulos nem sempre resultar em maior ROE. Se o EBIT da Sensient cair para aquém de um valor de aproximadamente $110 milhões, o ROE será maior com o financiamento por ações. O EBIT esperado da empresa está, hoje, bem acima desse valor de inflexão e o EBIT passado está estável, mas não há garantias. Um maior ROE com financiamento por títulos não é uma certeza.

QUANTO PEDIR EMPRESTADO

Os índices de cobertura, as previsões *pro forma* e os gráficos de intervalos de lucro proporcionam informações importantes sobre a capacidade da Sensient Technologies de suportar diversos montantes de endividamento e sobre o efeito de diferentes níveis de endividamento sobre os ganhos para seus acionistas. Partindo disso, é chegada a hora de dar uma resposta à pergunta crucial deste capítulo: como determinar o nível de financiamento ideal para uma empresa? Como Richard Hobbs decidirá se a Sensient deve emitir dívida ou patrimônio? Existe um consenso geral de que o objetivo da decisão de financiamento de uma empresa deve ser aumentar o valor para o acionista. Mas em que implica esse objetivo quando se trata de decisões específicas de financiamento? Como observamos anteriormente, a situação atual dos conhecimentos não permite uma solução precisa para o problema. Mas podemos identificar as principais variáveis decisórias e sugerir orientações práticas para as deliberações de Hobbs.

Irrelevância

Falando em termos genéricos, há dois meios possíveis pelos quais as decisões de financiamento afetam o valor para o acionista: aumentando o valor que os acionistas atribuem a um dado fluxo de caixa operacional ou aumentando o nível dos fluxos de caixa propriamente ditos. Há alguns anos, dois economistas eliminaram o primeiro canal aparentemente mais promissor. Franco Modigliani e Merton Miller, hoje conhecidos em todo o mundo como M&M, demonstraram que, sob determinadas condições, o montante de dívida mantido por uma empresa não tem qualquer efeito sobre o valor dessa empresa e, portanto, não deve preocupar os administradores e proprietários. Nas palavras dos próprios autores, "a decisão sobre a estrutura de capital é irrelevante" quando os fluxos de caixa são constantes. Em termos de risco e retorno, M&M demonstraram que o importante é o valor agregado de cada um, e não como eles são divididos entre os acionistas e os credores.

Ver **http://www.dfaus.com/2009/05/an-interview-with-merton-miller.html**. para uma entrevista franca de Merton Miller sobre a teoria M & M e sua filosofia de investimento pessoal. Veja também entrevistas de Gene Fama e Rex Sinquefield.

Observe a ironia. As questões de risco e retorno são de fundamental importância para as pessoas. As pessoas com forte aversão ao risco preferirão financiamento patrimonial, ao passo que as pessoas indiferentes ao risco preferirão dívida. E se as decisões de financiamento são tão importantes no nível pessoal, parece natural concluir que devam ser de igual importância no nível de mercado. Mas essa conclusão não é necessariamente verdadeira. Com efeito, o aspecto genial da proposição de irrelevância de M&M é demonstrar que, sob determinadas condições, as escolhas de financiamento não afetam o valor – apesar de sua importância para cada pessoa. Estudiosos de lógica diriam que a proposição da irrelevância corrige uma falácia da composição – ou seja, o ato de extrair conclusões acerca de um todo com base nas características de seus componentes.

Intuitivamente, o argumento da irrelevância de M&M reduz-se a isso: as empresas detêm ativos físicos, como caminhões e prédios, e passivos escriturais, como ações e títulos de dívida. Os ativos físicos das empresas são os verdadeiros criadores de valor e, desde que os fluxos de caixa por eles produzidos se mantenham constantes, é difícil imaginar como simplesmente renomear os direitos aos fluxos de caixa poderia criar valor. A empresa não vale mais com um conjunto de passivos do que com qualquer outro.

Apenas para uma boa medida, aqui está um segundo argumento intuitivo para apoiar a proposição da irrelevância de M&M, com base no que é conhecido como alavancagem "caseira". Ele se apoia na observação de que os investidores têm duas maneiras para alavancar um investimento: eles podem contar com a empresa para pedir dinheiro emprestado ou podem pedir dinheiro emprestado eles mesmos e comprar as ações na margem. É como um barco com dois lemes, e qualquer rumo na alavancagem que a empresa tomar com sua decisão de financiamento corporativo, o investidor poderá substituir com sua decisão caseira. Mas se os investidores podem facilmente substituir a alavancagem caseira pela alavancagem corporativa, por que se importariam com o quanto de dívida a empresa emprega? Como a alavancagem da empresa poderia afetar o seu valor? (Veja o apêndice deste capítulo para saber mais sobre a proposição de irrelevância e a alavancagem caseira, incluindo um exemplo numérico.)

Nenhum executivo racional acredita que a proposição da irrelevância de M&M seja literalmente verdadeira, mas a maioria reconhece que seja o ponto de partida para a consideração prática de como as decisões financeiras afetam o valor da empresa. Ao demonstrar que apenas renomear os direitos aos fluxos de caixa da empresa não afeta o valor, M&M direcionam nossa atenção para o segundo canal pelo qual as decisões de financiamento afetam o valor da empresa. Eles confirmam que as decisões de financiamento das empresas são de suma importância na medida em que afetam o *montante* de seus fluxos de caixa, e que a melhor estrutura de capital é aquela que maximiza esses fluxos. Para decidir se a Sensient Technologies deve emitir dívida ou capital próprio, Richard Hobbs precisa considerar como a variação da dívida afetará os fluxos de caixa da empresa.

Nas páginas a seguir, examinaremos cinco maneiras pelas quais a decisão de financiamento de uma empresa pode afetar seus fluxos de caixa. Com agradecimentos a Michael Porter, a Figura 6.3 apresenta essas forças como parte de algo

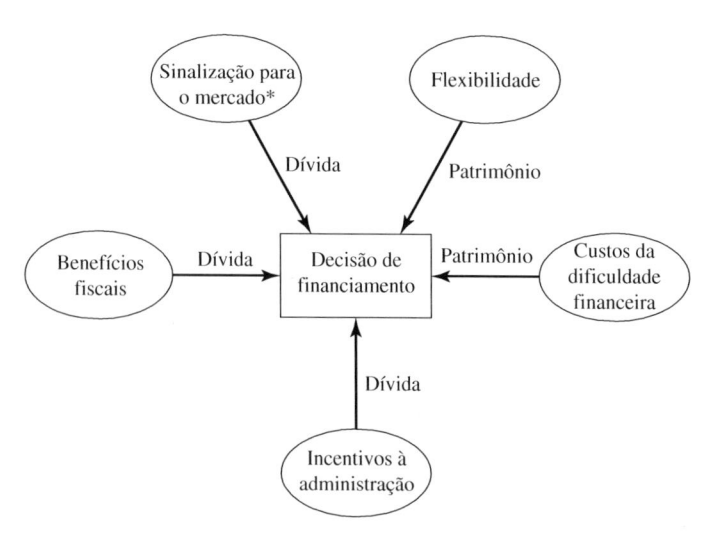

Figura 6.3 Modelo dos cinco fatores de Higgins para decisões financeiras.

*Em termos técnicos, a sinalização para o mercado afeta a percepção que os investidores têm dos fluxos de caixa da empresa, não os fluxos de caixa propriamente ditos. Entretanto, essa distinção não é importante para a presente análise.

que chamo, com toda a modéstia, de Modelo de 5 Fatores de Higgins. A figura também mostra a direção da influência de cada fator quando tomado isoladamente. Assim, os benefícios fiscais, por si só, sugerem maior financiamento por dívida, enquanto os custos de dificuldade financeira recomendam mais financiamento por patrimônio. A tarefa de Hobbs é considerar cada um desses cinco fatores à luz da situação específica da Sensient e chegar a uma decisão informada quanto a seu efeito combinado sobre os fluxos de caixa da empresa.

Benefícios fiscais

As vantagens fiscais do financiamento por dívida são evidentes. Como vimos na Tabela 6.6, o imposto devido pela Sensient cai em $11 milhões anuais quando a dívida aumenta em $450 milhões – um claro benefício para a empresa e seus proprietários. Como bem disse Warren Buffett quando a alíquota das pessoas jurídicas chegava a 48%: "Se pudermos eliminar o governo como sócio em 48% de nossas empresas, elas valerão muito mais." Com a redução dos impostos devidos, o fluxo de caixa disponível para ser distribuído entre os proprietários e os credores aumenta a cada dólar.

Custos de dificuldades financeiras

Uma perspectiva popular ao escolher o nível adequado de endividamento enfoca a decisão como um dilema entre as vantagens fiscais que acabamos de discutir e os diversos custos incorridos pelas empresas quando assumem dívida em excesso. Coletivamente, esses custos são conhecidos como custos de *dificuldades financeiras*. Segundo esse enfoque, os benefícios fiscais do financiamento por dívida predominam em baixos níveis de endividamento, mas, com o aumento da dívida, os custos de dificuldades financeiras aumentam até superar esses benefícios. O nível adequado de endividamento, portanto, envolve uma comparação atenta entre esses custos e os benefícios opostos.

Os custos de dificuldades financeiras são mais difíceis de quantificar do que os benefícios fiscais, mas não menos importantes para as decisões de financiamento. Tais custos ocorrem de pelo menos três maneiras, de que trataremos rapidamente sob os títulos de custos de falência, custos indiretos e conflitos de interesses.

Custos de falência

O custo esperado da falência é igual à probabilidade de que a falência ocorra multiplicada pelos custos que seriam incorridos se ela se verificasse. Como podemos ver por meio dos índices de cobertura da Sensient, um problema óbvio do financiamento por dívida agressivo é que os níveis crescentes de endividamento aumentam a possibilidade de que a empresa seja incapaz de honrar suas obrigações financeiras. Com dívida elevada, o que poderia ser uma modesta queda dos lucros pode transformar-se em um processo litigioso de falência, causado pela incapacidade da empresa de satisfazer em tempo hábil seus pagamentos de juros e principal.

> **Mudança das atitudes em relação à falência**
>
> Nas últimas décadas, o objetivo público dos processos de falência nos Estados Unidos deslocou-se um pouco da proteção dos direitos dos credores em direção à proteção dos direitos dos trabalhadores, das comunidades e da sociedade como um todo. Duas coisas mudaram por causa disso. Uma foi o fato de que os credores incluíram a possibilidade de maiores perdas causadas por falências nos preços que cobram por seus empréstimos, exigindo taxas de juros maiores. A outra foi que muitos administradores mudaram de atitude em relação à falência. As falências eram vistas como buracos negros em que as empresas eram brutalmente desmembradas em benefício dos credores e os acionistas perdiam tudo. Hoje, alguns executivos as veem como um refúgio pacífico onde os tribunais mantêm os credores à distância, enquanto a administração resolve seus problemas. A Manville Corporation foi a primeira empresa a enxergar as virtudes da falência quando, em agosto de 1982, embora solvente segundo qualquer definição convencional, declarou falência, prevendo enormes processos de responsabilidade civil envolvendo o uso de amianto. A Continental Airlines foi a seguinte, em setembro de 1983, usando a proteção falimentar para anular contratos trabalhistas que considerava ruinosos. Mais adiante, a A.H. Robbins e a Texaco, entre outras, encontraram na falência um porto seguro e convidativo enquanto lutavam, respectivamente, contra processos de responsabilidade civil e uma enorme condenação judicial. Em todos esses casos, as empresas esperavam emergir da falência com mais saúde financeira e valor do que quando entraram.

Embora este não seja o lugar adequado para um panorama da legislação e dos procedimentos falimentares, há dois pontos que devemos observar. Em primeiro lugar, a falência nos Estados Unidos não implica necessariamente liquidação. Muitas empresas que se declaram falidas são capazes de continuar a operar enquanto se reorganizam e acabam deixando a situação falimentar para retomar uma vida normal. Em segundo lugar, nesse país, a falência é um processo altamente incerto. Por um lado, durante uma falência, o destino da empresa depende de um juiz de falências e de uma multidão de advogados, cada um representando uma parte interessada e determinado a defender os interesses de seu cliente até que a justiça seja feita ou o dinheiro acabe. Hoje, um processo de falência é como um jogo de pôquer com cacife elevado, em que os únicos que têm vitória garantida são os advogados. E, dependendo da sua sorte, os administradores e os proprietários podem sair da mesa com uma empresa revitalizada ou com quase nada.

O aumento da dívida aumenta claramente a probabilidade de falência, mas isso não é tudo. Outra consideração importante é o custo para a empresa caso ela ocorra. Assim, se uma situação falimentar envolver apenas algumas reuniões amigáveis com os credores para modificar o vencimento da dívida, não há grandes motivos para limitar o endividamento em prol de uma menor probabilidade de falência. Por outro lado, se a falência implicar liquidação imediata a um preço de banana, é claro que um endividamento agressivo será arriscado. Um fator-chave na determinação do custo da falência para uma empresa qualquer é o que podemos chamar de valor de "revenda" de seus ativos. Isso é explicado com dois exemplos simples.

Primeiro, suponha que o principal ativo da ACE Corporation seja um complexo de apartamentos e que, devido ao excesso de construções na região e a um uso exageradamente agressivo de financiamento por dívida, a ACE tenha sido levada à falência. Como prédios de apartamentos podem ser facilmente vendidos, o resultado provável do processo será a venda do complexo a um novo proprietário e a distribuição dos proventos aos credores. Nesse caso, o custo da falência será correspondentemente modesto, consistindo nos honorários advocatícios e periciais e nas custas processuais, além dos abatimentos de preços necessários para vender os apartamentos. Em suma, como a falência terá pequeno efeito sobre o resultado operacional gerado pelo prédio de apartamentos, os custos de falência serão relativamente baixos e a ACE tem como justificar um financiamento por dívida agressivo.

Observe que os custos de falência aqui *não* incluem a diferença entre o que a ACE e seus credores originalmente pensavam que os apartamentos valiam e o seu valor imediatamente antes da quebra. Esse prejuízo se deve ao excesso de construções, não à falência, e será incorrido pela empresa independentemente de sua forma de financiamento ou de declarar falência ou não. Nem mesmo o financiamento integral com capital próprio evitará essa perda, embora possa impedir uma falência.

No extremo oposto, a Moletek é uma empresa de engenharia genética cujos principais ativos são uma brilhante equipe de pesquisadores e oportunidades atraentes de crescimento. Se a Moletek quebrar, o custo provavelmente será muito alto. Vender os ativos da empresa individualmente em uma liquidação gerará pouco caixa porque os ativos são intangíveis em sua maioria. Também será difícil realizar valor mantendo a empresa intacta, seja como empresa independente, seja nas mãos de um novo proprietário, porque em um ambiente tão instável será difícil manter os empregados-chave e levantar os recursos necessários para explorar oportunidades de crescimento. Como a falência afetará negativamente o resultado operacional da Moletek, os custos de falência provavelmente serão muito elevados e a empresa deve, portanto, usar endividamento com parcimônia.

Em suma, nosso breve panorama dos custos de falência sugere que eles podem variar com a natureza dos ativos da empresa. Se o valor de revenda dos ativos for elevado, seja em liquidação, seja na venda da empresa intacta a novos proprietários, os custos de falência serão correspondentemente modestos. Devemos esperar de empresas nessa situação que façam uso liberal do financiamento por dívida. Por outro lado, quando o valor de revenda é baixo porque os ativos são intangíveis e porque seria difícil vender a empresa intacta, os custos de falência são comparativamente elevados. As empresas com esse perfil devem usar um financiamento mais conservador.

Outra maneira de dizer a mesma coisa é sugerir que o valor de uma empresa é composto de dois tipos de ativos: ativos físicos no local e opções de crescimento. As opções de crescimento são as oportunidades de investimento interessantes que a empresa está posicionada a empreender nos próximos anos. Enquanto os ativos físicos tendem a reter valor em tempos de dificuldades financeiras, as opções de crescimento não. Consequentemente, as empresas com valiosas opções de crescimento são mal aconselhadas a usar um financiamento por dívida agressivo.

Custos indiretos

Além dos custos diretos de falência, um aumento da probabilidade de que ela venha a acontecer faz as empresas muitas vezes incorrerem em diversos custos indiretos mais sutis. Tais custos são particularmente incômodos porque podem reforçar uns aos outros, criando uma reação em cadeia em que um custo alimenta-se de outro. Internamente, eles incluem perda de oportunidades de lucro por causa da redução do investimento, de P&D e do esforço de marketing por parte da administração para poupar caixa. Externamente, incluem vendas perdidas, porque os clientes estão preocupados com a disponibilidade futura de peças e de serviço; maiores custos de financiamento, porque os investidores estão preocupados com pagamentos futuros; e maiores custos operacionais, porque os fornecedores relutam em assumir compromissos a longo prazo ou fornecer crédito mercantil. A perda de vendas e o aumento dos custos, por sua vez, pressionam a administração para que ela seja ainda mais conservadora, correndo o risco de aumentar as perdas. Como se não bastasse, os concorrentes, sentindo o cheiro de sangue, ficam inclinados a lançar guerras de preços e a competir mais agressivamente pelos clientes da empresa.

Os credores mercantis de determinados setores demonstram especial propensão para fugir de barcos que estejam fazendo água. Dispondo de carteiras que podem ter milhares de pequenos recebíveis a serem administrados, esses fornecedores não têm interesse em trabalhar com clientes em dificuldades e, pelo contrário, saem correndo ao primeiro sinal de problemas. Com uma administração conservadora, clientes inquietos, concorrentes agressivos e fornecedores fujões, a ladeira que separa a saúde financeira da quebra pode ser muito escorregadia.

Conflitos de interesse

Administradores, proprietários e credores de empresas sadias costumam compartilhar um mesmo objetivo: ver a empresa prosperar. Quando uma empresa enfrenta dificuldades financeiras, contudo, essa harmonia pode desaparecer, enquanto as diversas partes começam a se preocupar mais consigo mesmas do que com a empresa. Os conflitos de interesses resultantes são uma terceira fonte em potencial de custos do financiamento agressivo por dívida. Eis um exemplo de tal conflito, conhecido como problema do sobreinvestimento.

A empresa XYZ está em sérias dificuldades financeiras devido ao excesso de endividamento e seu patrimônio líquido é quase inútil. Percebendo que os acionistas estão prestes a ser dizimados, um banqueiro oportunista propõe um esquema de investimento muito arriscado. Em condições normais, a empresa nunca consideraria o investimento, mas, no momento, parece uma atração irresistível: uma pequena chance em um grande retorno. Os acionistas olham o esquema e racionalizam: "Este é verdadeiramente um mau investimento, mas se nada fizermos, nossas ações provavelmente se tornarão sem valor, e se fizermos este investimento, há pelo menos uma pequena chance de recebermos uma bolada. Então, poderemos quitar nossas dívidas e ir embora com alguma coisa para nós mesmos. O que temos a perder?". Este raciocínio descreve a economia dos Estados Unidos e o setor de empréstimo no final de 1980, quando muitos proprietários, confrontados com a quase certeza de que seu patrimônio logo seria eliminado, assumiram riscos selvagens com o dinheiro dos depositantes na esperança de um grande *score*.[2]

Mas, afinal, que implicações essas conjecturas sobre a importância relativa dos impostos e dos custos de dificuldade financeira trazem para a decisão de como financiar um negócio? Nossa análise sugere que os administradores deveriam considerar três fatores específicos para cada empresa antes de tomar decisões de financiamento:

1. A capacidade da empresa de aproveitar os benefícios fiscais durante a vigência da dívida.
2. O maior risco de falência criado pela maior alavancagem.
3. O custo para a empresa em caso de falência.

Aplicando esta *checklist* ao caso da Sensient Technologies, podemos dizer que a primeira consideração não deve representar barreira para um maior endividamento na medida em que a empresa parece ser capaz de utilizar todo benefício fiscal contra impostos que puder criar. Da mesma forma, a estabilidade de renda do passado da empresa sugere que o aumento da possibilidade de incorrer em dificuldades financeiras devido ao nível de dívida nova e maior provavelmente não seja excessiva. Finalmente, os custos de dificuldades financeiras da Sensient, se tivesse dificuldade de manter a nova dívida, parecem moderados. A empresa não é sazonal nem dependente de créditos de fornecedores potencialmente nervosos. Além disso, uma guerra de preços não é provável uma vez que a qualidade, a inovação e a consistência do produto parecem pontos de venda mais importantes do que o preço. Por outro lado, os altos custos de troca do cliente poderiam criar alguns problemas; o pensamento entre os clientes existentes de que mesmo uma ligeira mudança na cor dos salgadinhos de tortilha magenta, resultante de uma troca de fornecedor, tem de ser um pesadelo recorrente. Isso sugere que os clientes da Sensient fornecedor provavelmente aguentariam até o amargo fim. Da mesma forma, no entanto, os novos clientes em potencial podem hesitar em assinar um contrato de fornecimento a longo prazo com uma Sensient financeiramente enfraquecida.

Flexibilidade

A perspectiva benefícios fiscais *versus* custos de dificuldades financeiras trata as decisões de financiamento como se não fossem acontecimentos recorrentes.

---

[2] Problemas de subinvestimento também podem surgir em empresas quase falimentares, nas quais os gerentes se recusam propositadamente a realizar investimentos atrativos porque benefícios em demasia acumulam-se para os credores e não para os acionistas.

Hoje, a Sensient deve levantar caixa por meio da venda de ações ou de títulos de dívida? Uma perspectiva mais ampla enfoca essas decisões individuais dentro do contexto de uma estratégia de financiamento de mais longo prazo, moldada, em grande parte, pelo potencial de crescimento da empresa e por seu acesso aos mercados de capitais ao longo do tempo.

Em um extremo, se a empresa tiver à disposição o raro luxo de poder sempre levantar dívida ou capital próprio sob condições aceitáveis, a decisão será simples. A empresa pode simplesmente escolher uma estrutura-alvo de capital, baseada nos benefícios fiscais e nos custos de dificuldade financeira a longo prazo, e fazer escolhas específicas entre as duas fontes de financiamento com base na proximidade da atual estrutura de capital em relação à meta. Assim, se o índice dívida/capital próprio atual da Sensient estiver abaixo da meta, o financiamento por dívida será a escolha óbvia a fazer.

No caso mais realista de o acesso continuado aos mercados de capitais não ser garantido, a decisão passa a ser mais complexa. Então, a administração precisa se preocupar não apenas com as metas a longo prazo, mas também com a maneira como a decisão tomada poderá afetar o acesso futuro da empresa aos mercados de capital. É esse o conceito de flexibilidade financeira: a preocupação de que a decisão atual não ponha em perigo as opções de financiamento futuras.

Para ilustrar a importância da flexibilidade financeira para certas empresas, considere os desafios enfrentados pela XYZ Enterprises, uma empresa de rápido crescimento em contínua necessidade de financiamento externo. Mesmo quando uma emissão de dívida imediata parece atraente, a administração da XYZ deve entender que a dependência excessiva do financiamento da dívida, "fechará o topo", indicando que o financiamento da dívida já não estará disponível sem um aumento proporcional no capital próprio. (aqui, "topo" é uma referência à posição ocupada pelas dívidas no lado do passivo em um balanço norte-americano. Os ingleses apresentam o patrimônio líquido acima do passivo em seus balanços, mas eles também dirigem do lado contrário da rua). Tendo assim atingido sua capacidade de endividamento, a Sensient se veria dependente do mercado de ações para obter qualquer financiamento externo adicional nos próximos anos. Trata-se de uma situação precária, porque o capital próprio pode ser uma fonte inconstante de financiamento. Dependendo das condições do mercado e do desempenho recente da empresa, pode não ser possível obter capital próprio a um preço razoável – ou a qualquer preço. E a Sensient seria, então, forçada a abrir mão de oportunidades de investimento atraentes por falta de caixa. Isso seria muito dispendioso, porque a incapacidade de fazer os investimentos que a competição exige pode resultar em uma perda permanente de posição no mercado. E, indo agora pelo lado pessoal, se a administração se vir forçada a admitir que a Sensient precisa deixar passar oportunidades de investimento lucrativas porque ele não consegue levantar dinheiro para financiá-las, o fato não será bem visto por seus colegas. Consequentemente, uma preocupação com o financiamento do crescimento futuro sugere que a empresa deva emitir ações agora, enquanto pode, mantendo assim a flexibilidade financeira necessária para enfrentar contingências futuras.

A situação é mais complicada para as pequenas empresas e para muitas outras, de maior porte, que não podem ou não querem vender novas ações. Para elas, a decisão financeira não é entre emitir dívida ou ações, mas entre emitir dívida ou restringir o crescimento. Tais empresas precisam, necessariamente, colocar suas decisões de financiamento no contexto mais amplo da gestão do crescimento. Como vimos no Capítulo 4, quando uma empresa não pode ou não quer vender novas ações, sua taxa de crescimento sustentável é

$$g^* = PRA\hat{T}$$

onde P, R, A e $\hat{T}$ são a margem de lucro, a taxa de retenção, o giro do ativo e a alavancagem financeira, respectivamente. Nessa equação, P e A são determinados pelo lado operacional do negócio. O desafio financeiro que essas empresas enfrentam é desenvolver estratégias de dividendos, financiamento e crescimento que permitam sua expansão a um ritmo adequado sem usar dívida em excesso ou recorrer a financiamento por meio de ações ordinárias.

Um de meus alunos me disse uma vez que eu jamais seria empreendedor "porque sei demais sobre o que pode dar errado". No caso do financiamento por dívida, tendo a concordar. Um número excessivo de empreendedores, convencidos do eventual sucesso de seus investimentos, parece ver na dívida uma bênção irrestrita. Aos seus olhos, o único atributo do endividamento é permitir-lhes aumentar o porte de seu império; assim, sua estratégia de gestão do crescimento limita-se a tomar todo o dinheiro que os credores estiverem dispostos a emprestar. Em outras palavras, maximizam $\hat{T}$ na equação acima. Delegar a decisão de financiamento aos credores simplifica a vida, sem dúvida, mas também é um

---

Engenharia reversa da decisão de estrutura de capital

A maioria das empresas escolhe uma estrutura de capital específica (ou tropeça nela) e depois reza para que as agências de *rating* as tratem com condescendência ao classificar a dívida. Um número crescente de empresas, contudo, está seguindo o caminho inverso nesse processo: primeiro escolhem o *rating* que desejam para seus títulos e depois trabalham com ele em mente para estimar o montante máximo de dívida condizente com o *rating* escolhido. Diversas empresas de consultoria facilitam esse processo, vendendo modelos – baseados no padrão observado em decisões passadas das agências de *rating*. Esses modelos preveem o *rating* que os títulos de uma empresa receberão para diferentes níveis de endividamento.

O apelo da engenharia reversa da decisão de estrutura de capital é duplo. Primeiramente, ela revela quanto a mais de dívida uma empresa pode assumir antes de sofrer um rebaixamento de *rating*. Essa é uma informação importante para as empresas preocupadas com o uso excessivo de endividamento e para as que estão interessadas em criar os benefícios fiscais associados ao financiamento por dívida. Em segundo lugar, ela elimina toda a especulação a respeito de como os investidores reagirão a uma decisão de financiamento, permitindo que os executivos se concentrem, em vez disso, na questão mais concreta de qual *rating* de crédito é adequado para a empresa, dadas suas perspectivas e sua estratégia.

erro porque transfere uma decisão administrativa crucial para terceiros, que têm interesses próprios. Uma abordagem mais inteligente é escolher uma estrutura de capital prudente e administrar a taxa de crescimento da empresa de maneira a ficar dentro desse padrão.

Sinalização para o mercado

A preocupação com a flexibilidade financeira futura costuma pesar a favor do financiamento com dinheiro dos acionistas no presente. Uma réplica convincente contra o financiamento, contudo, é a provável reação do mercado acionário. No Capítulo 4, mencionamos que, em média, as empresas norte-americanas não fazem uso extensivo de financiamento por novas ações e sugerimos diversas explicações para essa aparente distorção. É chegada a hora de discutir mais uma delas.

Os pesquisadores acadêmicos exploraram a reação do mercado acionário a diversos anúncios de empresas sobre financiamento futuro e os resultados são fascinantes. Em um estudo, Paul Asquith e David Mullins, que então lecionavam em Harvard, interessaram-se pelo que acontecia com o preço da ação de uma empresa quando ela anunciava uma venda de novas ações.[3] Para descobrir, realizaram um estudo de eventos, semelhante ao descrito no capítulo anterior, com 531 ofertas de ações ordinárias entre 1963 e 1981. Definindo a data do evento como o primeiro dia de anúncio de venda, Asquith e Mullins concluíram que 80% das empresas industriais apresentavam queda do preço de suas ações na data do evento e que, para a amostra como um todo, tal queda não poderia ser atribuída ao mero acaso. Além disso, a queda observada não parecia ser recuperada nos pregões seguintes: pelo contrário, permanecia como perda permanente de riqueza para os proprietários existentes.

O porte da perda causada pelo anúncio foi surpreendente, *superando*, em média, *30%* do montante da nova emissão. Para colocar esse valor na devida perspectiva, uma perda de 30% significa que a empresa poderia esperar sofrer uma perda permanente do valor de mercado das ações existentes de aproximadamente $30 milhões na data do anúncio de uma emissão de $100 milhões (0,30 × $100 milhões = $30 milhões).

Para completar o quadro, estudos semelhantes sobre anúncios de emissão de dívida não revelaram a reação adversa em termos de preço verificada em relação ao financiamento por ações. Além disso, parece que os anúncios a respeito de ações funcionam nos dois sentidos, ou seja, o anúncio de que uma empresa recomprará parte de suas ações costuma ser acompanhado por um aumento significativo do preço da ação.

Por que essas reações acontecem? Há diversas explicações. Uma, sugerida com frequência por executivos e pessoas atuantes no mercado, atribui as reações observadas à diluição. Segundo esse raciocínio, uma nova emissão de ações corta

---

[3] Paul Asquith e David W. Mullins, Jr., "Equity Issues and Offering Dilution", *Journal of Financial Economics*, janeiro-fevereiro de 1986, p. 61-89.

o bolo corporativo em mais fatias e reduz o tamanho da fatia que pertence aos atuais proprietários. É natural, portanto, que as ações que pertencem aos atuais acionistas passem a valer menos. Da mesma forma, quando uma empresa recompra suas ações, cada ação remanescente representa a propriedade sobre uma parcela maior da empresa e, portanto, vale mais.

Outros observadores, inclusive o que escreve, mantêm o ceticismo em relação a esse raciocínio, observando que, embora uma emissão de ações possa ser análoga a cortar um bolo em mais fatias, nesse caso o bolo também cresce, em decorrência da emissão de ações. Quando uma empresa levanta $100 milhões em emissão de ações, obviamente vale $100 milhões mais do que antes da emissão. E não há motivo para imaginar que um pedaço menor de um bolo maior valha menos; e nem para esperar que os acionistas remanescentes saiam ganhando com uma recompra de ações. De fato, cada ação após a recompra representa um maior direito percentual de propriedade, mas a recompra também diminui o porte da empresa.

Uma explicação mais intrigante envolve o que conhecemos como *sinalização para o mercado*. Com a suposição de que a alta administração da Sensient Technologies saiba muito mais sobre a empresa do que os investidores externos (o que é bastante plausível), voltemos ao gráfico de intervalos de lucros da empresa, na Figura 6.2. Vamos começar refletindo sobre a opção de financiamento que você recomendaria, na qualidade de diretor financeiro da Sensient, se estivesse altamente otimista quanto ao futuro da empresa. Após uma análise detida do mercado para os produtos da Sensient e de seus concorrentes, você confia que o EBIT só poderá crescer durante a próxima década, e que isso provavelmente se dará em um ritmo acelerado. Se você não estava dormindo durante as últimas páginas, já sabe que a escolha lógica nessas condições é o financiamento por dívida. A dívida produz um maior ROE hoje, e coloca a empresa em uma trajetória de crescimento mais acentuada. Além disso, o crescimento dos resultados facilitará sustentar o maior encargo financeiro da dívida.

Vamos agora inverter o raciocínio e considerar a opção de financiamento que você recomendaria se estivesse preocupado com as perspectivas da Sensient, temendo que o EBIT futuro pudesse cair. Nesse cenário, o financiamento por ações será o vencedor, por causa de sua melhor cobertura e maior ROE no caso de baixos níveis operacionais.

Mas, se aqueles que mais sabem sobre uma empresa financiam com dívida quando o futuro parece brilhante, e com ações quando há nuvens no horizonte, o que um anúncio de emissão de ações diz aos investidores? Exato: ele sinaliza para o mercado que a administração está preocupada com o futuro e optou pela escolha mais segura de financiamento. Será surpresa, então, que o preço da ação caia após o anúncio e que muitas empresas relutem, portanto, em até mesmo tocar no assunto, quanto mais em efetivamente vender ações?

O sinal transmitido para o mercado por um anúncio de recompra de ações é exatamente o inverso. A alta administração está otimista em relação às perspectivas futuras da empresa e acredita que o preço atual das ações esteja inexplicavelmente baixo, tanto que a recompra é um negócio irresistível. Assim, um anúncio de recompra sinaliza boas novas para os investidores, e o preço da ação aumenta.

Uma visão mais maquiavélica, que, contudo, leva à mesma conclusão, representa a administração como explorando os investidores, vendendo ações quando elas estiverem supervalorizadas no mercado e comprando-as na situação inversa. Mas, independentemente de a administração optar por vender novas ações por estar preocupada com o futuro da empresa ou porque quer explorar novos investidores, o sinal dado é o mesmo: anúncios de novas emissões são más notícias, e anúncios de recompra de ações são boas novas.

A necessidade de vender ações com desconto é um exemplo do que os economistas chamam de "problema dos limões". Sempre que o vendedor de um ativo sabe mais sobre ele do que um comprador, o comprador, temendo que a ele esteja sendo oferecido um limão, só vai comprar o ativo a um preço de banana. E, quanto maior o disparate de informações entre o comprador e o vendedor, maior terá de ser o desconto. Seu vizinho, que está tentando vender seu Mercedes, pode estar dizendo a verdade quando diz que só quer vendê-lo porque sua esposa não gosta da cor. Mas, novamente, talvez não esteja. Talvez o carro tenha sérios problemas que ele não quer revelar. Talvez seja um limão. Para se proteger contra esta possibilidade, o comprador sábio, mas mal-informado, só vai comprar o carro com um grande desconto do preço original. Além disso, os sábios vendedores, sabendo que só podem vender carros quase novos com um grande desconto, vão dizer a suas esposas para se acostumarem com a cor, o que, por sua vez, só aumenta as chances de que os carros quase novos restantes para venda sejam realmente limões.

Stewart Myers, do MIT, argumenta que o problema dos limões incentiva as empresas a adotar o que ele chama de abordagem ao financiamento por "ordem de escolha" (*pecking order*).[4] No topo da ordem, como meio preferido de financiamento, estão fontes internas, lucros retidos, depreciação e superávit de caixa acumulado a partir de retenções de lucros passados. As empresas preferem as fontes internas de financiamento porque assim evitam o problema dos limões. As fontes externas ficam em segundo lugar na ordem de preferência, com o financiamento por dívida sobrepondo-se à emissão de ações porque tem menores chances de gerar um sinal negativo. Dito de outro forma: a dívida é preferida às ações porque a disparidade de informações entre vendedor e comprador é menor com a dívida, resultando em um menor problema dos limões. Assim, a decisão de financiamento envolve, essencialmente, ir de cima para baixo segundo essa ordem, em busca da primeira fonte factível. Myers observa, também, que os índices dívida/patrimônio líquido das empresas, segundo essa ordem de escolha, são menos o produto de uma ponderação racional das vantagens e desvantagens da dívida em relação ao patrimônio líquido, e representam mais o resultado acumulado ao longo do tempo da lucratividade da empresa em relação às suas necessidades de investimento. Dessa maneira, empresas de crescimento modesto e margem

---

[4] Stewart C. Myers, "The Capital Structure Puzzle", *Journal of Finance*, julho de 1984, p. 575-592.

de lucro elevada conseguem operar com pouco ou nenhum endividamento, enquanto empresas com margens menores e expansão mais acelerada podem ver-se forçadas a conviver com índices de alavancagem mais altos.

Incentivos à administração

Os efeitos de incentivo não são importantes para a maioria das decisões de financiamento, mas quando são relevantes, sua influência pode ser dominante.

Os administradores de muitas empresas gozam de autonomia em relação aos proprietários. E sendo a natureza humana o que é, estarão inclinados a usar essa autonomia para defender seus próprios interesses, não os dos proprietários. Essa separação entre propriedade e controle permite que os administradores cedam às suas preferências pessoais no que se refere a coisas como reter lucros em vez de devolvê-los aos proprietários, buscar o crescimento à custa da lucratividade e aceitar um desempenho satisfatório em vez da excelência.

Uma virtude do financiamento agressivo por dívida, em alguns casos, é o fato de ele reduzir o abismo entre os interesses dos proprietários e os dos administradores. A mecânica do processo é simples: quando os encargos de juros e principal de uma empresa são elevados, até o mais recalcitrante dos administradores entenderá que precisa gerar fluxos de caixa sadios ou correr o risco de pôr a perder tanto a empresa quanto o emprego. Com os credores em seu encalço, os administradores logo percebem que não há espaço para investimentos descuidados ou um esforço menor do que o máximo. Como veremos com mais detalhes no Capítulo 9, as empresas especializadas em aquisições alavancadas descobriram que um financiamento agressivo por dívida, principalmente quando combinado com uma forte participação acionária por parte dos administradores, pode gerar um grande incentivo para um melhor desempenho. A participação na propriedade de tais empresas altamente alavancadas serve como isca para incentivar um desempenho superior, enquanto o alto nível de endividamento é um chicote que pune o desempenho inferior.

A decisão de financiamento e o crescimento

Examinamos cinco maneiras pelas quais as decisões de financiamento de uma empresa podem afetar seu valor. A arte de tomar decisões de financiamento está em comparar a importância relativa de cada uma dessas cinco forças para a empresa em questão. Para exemplificar o processo, vejamos o que essas forças sugerem sobre como os níveis de endividamento devem variar com o crescimento da empresa.

Crescimento acelerado e as virtudes do conservadorismo

Uma avaliação do efeito provável das cinco forças sobre empresas em crescimento acelerado sugere que alto crescimento e alto endividamento são uma combinação perigosa. Em primeiro lugar, o motor mais potente de criação de valor em uma empresa em crescimento acelerado é o novo investimento, não os benefícios fiscais ou os efeitos de incentivo que podem acompanhar o financiamento por dívida. É melhor, portanto, fazer do financiamento um empregado passivo do crescimento, procurando manter acesso irrestrito aos mercados financeiros. Isso implica um financiamento por dívida modesto. Em segundo lugar, na medida em que as empresas de crescimento acelerado geram fluxos de renda voláteis, a probabilidade de que surjam dificuldades financeiras aumenta rapidamente com a redução da cobertura dos juros. Em terceiro lugar, como grande parte do valor de uma empresa em expansão acelerada é representada por oportunidades de crescimento intangíveis, os custos esperados de insolvência são grandes.

Essas considerações sugerem as seguintes políticas de financiamento para empresas em crescimento acelerado:

- Manter um índice de alavancagem conservador com grande capacidade não utilizada de endividamento para garantir acesso continuado aos mercados financeiros.
- Adotar uma política modesta de distribuição de dividendos que permita à empresa financiar internamente a maior parte de seu crescimento.
- Usar caixa, títulos negociáveis e capacidade não utilizada de endividamento como amortecedores temporários de liquidez para proporcionar financiamento nos anos em que as necessidades de investimento superarem as fontes internas.
- Se for necessário financiamento externo, levantar dívida, mas somente até o ponto em que o índice de alavancagem começar a ameaçar a flexibilidade financeira.
- Vender ações em vez de restringir o acesso aos mercados financeiros e reduzir o crescimento somente em último caso, depois de exauridas todas as demais alternativas.

O baixo crescimento e o apelo do financiamento agressivo

As decisões de financiamento são muito mais fáceis para as empresas de crescimento lento. Como seu principal problema financeiro é dar fim ao fluxo de caixa operacional excedente, as preocupações com flexibilidade financeira e sinalização adversa para o mercado lhes são estranhas. Mas, além de simplesmente eliminar um problema, essa situação cria uma oportunidade que muitas empresas exploraram com sucesso. O raciocínio é o seguinte. Aceite o fato de que a empresa tem poucas oportunidades atraentes de investimento e procure criar valor para os acionistas por meio do uso agressivo do financiamento por dívida. Use o saudável fluxo de caixa operacional da empresa como ímã para tomar emprestado o máximo de dinheiro possível e, com os proventos, recompre ações.

Tal estratégia promete pelo menos três vantagens possíveis para os proprietários. Primeiro: o maior benefício fiscal proporcionado pelos juros reduz o imposto de renda, deixando mais dinheiro para os investidores. Segundo: o anúncio de recompra de ações deve gerar um sinal positivo para o mercado. Terceiro: a alta alavancagem financeira pode melhorar significativamente os incentivos para os administradores. Assim, o ônus que a alavancagem financeira elevada impõe à administração para que efetue grandes e recorrentes pagamentos de juros e de principal, ou que então enfrente a falência, pode ser justamente o elixir que a fará extrair mais fluxo de caixa da empresa.

> **Não fale de sinalização para o mercado com a Deere & Company**
>
> As experiências que a Deere & Company, a maior fabricante de equipamentos agrícolas do mundo, teve no fim da década de 1970 e no começo da de 1980 oferecem uma lição prática marcante para grande parte deste capítulo. Entre as lições exemplificadas estão o valor da flexibilidade financeira, o uso das finanças como uma arma competitiva e o poder da sinalização para o mercado.
>
> A partir de 1976, o aumento dos preços do petróleo, as taxas de inflação elevadas e crescentes e as taxas de juros recordes levaram o setor de máquinas agrícolas a entrar em parafuso. Muito mais conservadora do que suas principais rivais, a Massey Ferguson e a International Harvester, a Deere escolheu esse momento para usar a força de seu balanço como arma competitiva. Enquanto as concorrentes se entrincheiravam sob o peso das elevadas taxas de juros e de pesados encargos de dívida, a Deere tomou empréstimos com liberalidade para financiar um grande programa de investimento de capital e sustentar concessionárias em dificuldades financeiras. A estratégia viu a participação da Deere nesse mercado de três empresas aumentar de 38% em 1976 para 49% em 1980; esse foi o valor da maior flexibilidade financeira da Deere.
>
> Mas, no final de 1980, com sua capacidade de endividamento se esgotando e o mercado de equipamentos agrícolas ainda deprimido, a empresa enfrentou a difícil escolha entre reduzir seu programa predatório de expansão e emitir novas ações durante uma depressão setorial. Em 5 de janeiro de 1981, ela anunciou uma emissão de $172 milhões, e só pôde ficar olhando enquanto o valor de mercado de suas ações existentes caiu $241 milhões. O efeito do anúncio foi tamanho que os acionistas já existentes da empresa perderam mais valor do que ela poderia levantar com a emissão.
>
> Apesar da reação negativa do mercado, os administradores da Deere estavam tão convencidos das virtudes de sua estratégia a longo prazo que engoliram o choro, emitiram as ações e usaram os proventos para reduzir o endividamento. Com isso, a empresa recuperou a capacidade de endividamento e a flexibilidade financeira de que precisava para continuar a crescer, enquanto suas rivais permaneceram imersas em dificuldades financeiras.

Em suma, um antigo credo entre os tomadores de empréstimos é o de que as únicas empresas a quem os bancos estão dispostos a emprestar são as que não precisam de empréstimos. Agora vemos que a mesma dinâmica pode estar em ação do lado dos devedores. As empresas de crescimento lento, que não precisam de financiamento externo, podem considerar atraente financiar-se de forma agressiva, enquanto as empresas de crescimento acelerado, que precisam de caixa externo, veem benefícios na manutenção de estruturas de capital conservadoras.

Estudos empíricos recentes dão sustentação à sabedoria dessa perspectiva. Em seu estudo da correlação entre o valor da empresa e o uso de financiamento por dívida, John McConnell e Henri Servaes concluíram que, para as empresas de alto crescimento, aumentar a alavancagem reduz o valor da empresa, ao passo que o contrário ocorre com as empresas de crescimento lento.[5]

---

[5] John J. McConnell e Henri Servaes, "Equity Ownership and the Two Faces of Debt", *Journal of Financial Economics*, setembro de 1995 p. 131-57.

> **A experiência da Colt Industries com o financiamento agressivo**
>
> A recapitalização da Colt Industries no final de 1986 ilustra o potencial do financiamento agressivo em empresas maduras. Deparando-se com um aumento dos fluxos de caixa em suas operações aeroespaciais e automotivas e com uma falta de oportunidades atraentes de investimento, a Colt decidiu recapitalizar seu negócio oferecendo aos acionistas $85 em dinheiro e mais uma ação da empresa recapitalizada em troca de cada ação mantida anteriormente.
>
> Para financiar o pagamento de $85 à vista, ela tomou $1,4 bilhão em empréstimos, elevando a dívida total a longo prazo para $1,6 bilhão e reduzindo o valor contábil do patrimônio líquido para $157 milhões *negativos*. Em outras palavras, após a recapitalização, o passivo da Colt superava o valor de seus ativos em $157 milhões, levando ao patrimônio líquido negativo. Estamos falando aqui de uma senhora alavancagem. Mas o valor contábil é de importância secundária para os credores quando o devedor tem fluxo de caixa para honrar suas obrigações e foi aqui que os sadios fluxos de caixa operacionais da empresa foram críticos. A disposição da administração para comprometer praticamente todo o seu fluxo de caixa futuro com o serviço da dívida permitiu que a empresa obtivesse o financiamento necessário.
>
> E como os acionistas se saíram? Muito bem, obrigado. Logo antes do anúncio da oferta de troca, as ações da Colt eram negociadas a $67 e imediatamente após a conclusão da troca, as ações da empresa recém-recapitalizada eram negociadas a $10. Assim, a oferta representava: $85 em dinheiro mais uma nova ação no valor de $10 em troca de cada ação antiga no valor de $67. Isso representa para os proprietários um ganho extraordinário de $28 por ação, ou 42% ($28 = $85 + $10 − $67).

Qual é a implicação disso tudo para a decisão da Sensient Technologies? É uma escolha difícil, mas, com base nas informações disponíveis, meu conselho é emitir dívida. O benefício fiscal de $11 milhões ao ano do financiamento por dívida cairia bem, enquanto o custo de sinalização do financiamento patrimonial de $135 milhões teria efeitos negativos, (135 = 30% × $ 450). Em um futuro próximo, a empresa não prevê levantar capital de fontes externas novamente, então, a flexibilidade não é uma preocupação importante. Além disso, o aumento do interesse e as principais exigências da nova dívida podem incentivar a administração a trabalhar de forma mais dura e mais inteligente. Quanto aos riscos, o histórico muito estável do fluxo de caixa da Sensient sugere que os custos esperados das dificuldades financeiras permanecerão modestos, mesmo com os índices de cobertura de juros mais baixos criados pelo financiamento por dívida. Finalmente, o financiamento por dívida ajudará a resolver problemas recorrentes da Sensient sobre o que fazer com o excesso de caixa gerado. No futuro, podem usá-lo para servir a nova dívida. Em suma, um bom pacote.

ESCOLHENDO UMA ESTRUTURA DE VENCIMENTOS

Depois que uma empresa decide levantar dívida, surge a pergunta: qual deve ser o vencimento da dívida? A empresa deve tomar um empréstimo de um ano, vender títulos de 7 anos ou emitir títulos de 30 anos? Analisando a estrutura de capital da empresa como um todo, a estrutura de vencimentos de mínimo risco ocorre quando o vencimento do passivo é igual ao do ativo, já que, em tal configuração, o caixa gerado com as operações dos anos que virão deverá ser suficiente para honrar o passivo existente à medida que vença. Em outras palavras, o passivo será autoliquidante. Se o vencimento das obrigações for anterior ao dos ativos, a empresa incorrerá um risco de refinanciamento, porque alguns dos passivos vencidos terão que ser pagos com os proventos de novos levantamentos de capital. Além disso, como vimos no Capítulo 5, a rolagem da dívida vincenda não é uma característica automática dos mercados de capitais. Já quando o vencimento do passivo é posterior ao do ativo, o caixa proporcionado pelas operações deve ser mais do que suficiente para honrar todas as obrigações à medida que vençam. Isso proporciona uma margem extra de segurança, mas também significa que a empresa pode ficar com caixa em excesso em alguns períodos.

Se casar os vencimentos leva ao risco mínimo, por que adotar qualquer outro procedimento? Por que permitir que o vencimento do passivo seja anterior ao do ativo? As empresas adotam o "descasamento" ou porque não há dívida a longo prazo sob condições aceitáveis, ou porque a administração prevê que o "descasa-mento" possa reduzir o custo total do endividamento. Por exemplo, se o tesoureiro acreditar que as taxas de juros cairão no futuro, uma estratégia óbvia será usar dívida a curto prazo por enquanto, e esperar ser capaz de, futuramente, fazer rolagem para dívida de prazo mais longo a taxas menores. Mas é claro que os proponentes da eficiência do mercado criticariam tal estratégia, com o argumento de que o tesoureiro não tem uma base para a sua crença de que é capaz de prever as taxas de juros futuras.

Inflação e estratégia de financiamento

Um antigo adágio financeiro diz que é bom ser devedor durante a inflação porque o devedor paga a dívida com dólares depreciados. É importante que se compreenda, contudo, que esse ditado só se aplica quando a inflação é inesperada. Quando os credores esperam a inflação, a taxa de juros cobrada aumentará para compensar a queda esperada do poder de compra do principal do empréstimo. Isso significa que não é necessariamente vantajoso tomar empréstimos sob inflação. Na verdade, se a inflação cair inesperadamente durante a vigência do empréstimo, pode prejudicar o devedor. O antigo adágio deveria, portanto, dizer que é bom ser devedor durante a inflação **inesperada**.

Apêndice

O argumento da irrelevância

Este apêndice demonstra o argumento da irrelevância da estrutura de capital mencionado neste capítulo e ilustra com mais detalhes por que a dedutibilidade da despesa de juros favorece o financiamento por dívida. O argumento da irrelevância sustenta que, mantidos constantes os fluxos de caixa esperados, a maneira como uma empresa financia suas operações não tem efeito sobre o valor da empresa ou o valor para o acionista. No que diz respeito aos proprietários, uma empresa pode usar tanto 90% de dívida quanto 10%.

O argumento da irrelevância é de interesse não por descrever a realidade, mas por dirigir a atenção para o que é importante nas decisões de financiamento: a compreensão de como as escolhas financeiras afetam os fluxos de caixa da empresa. Além disso, ele é, por si só, um quebra-cabeças estimulante.

Ausência de impostos

Diz a lenda que, certa vez, uma garçonete perguntou em quantos pedaços Yogi Berra* queria que ela cortasse sua *pizza*, e ele respondeu: "É melhor cortar em seis: acho que não estou com fome o bastante para comer oito pedaços." Na ausência de impostos e custos de dificuldade financeira, a decisão de financiamento de uma empresa pode ser comparada à *pizza* de Yogi: não importa como se fatiem os direitos contra os lucros da empresa, ela ainda assim será a mesma, com o mesmo potencial de lucratividade e o mesmo valor de mercado. Nesse mundo, os benefícios do maior retorno para os acionistas, decorrentes da maior alavancagem, são exatamente contrabalançados pelos maiores riscos, de modo que o valor de mercado não é afetado pela alavancagem.

Segue um exemplo para demonstrar essa posição aparentemente extrema. Seu corretor de ações acaba de propor dois investimentos possíveis, a Tímida S/A e a Cia. Corajosa. As duas parecem ser idênticas sob todos os aspectos, a não ser pelo fato de que a Tímida não usa financiamento por dívida e a Corajosa usa 80% de endividamento a juros de 10% ao ano. Cada uma tem $1.000 em ativos e gera lucro anual esperado de $400 em perpetuidade. Para simplificar, vamos supor que ambas distribuam todos os seus lucros sob a forma de dividendos.

As duas primeiras colunas da Tabela 6A.1 representam a parte inferior das demonstrações de resultados das duas empresas na ausência de impostos. Observe que a Tímida S/A tem lucro maior porque não tem despesa de juros. Comparando o lucro anual de $400 da Tímida com seu possível investimento de $1.000, temos um retorno anual de 40%. Nada mal! Mas seu corretor recomenda a Cia. Corajosa, observando que, por causa do uso agressivo que faz de financiamento por dívida, é possível comprar todo o seu patrimônio com $200. Comparando o resultado anual de $320 da Corajosa com um investimento de $200, temos um rendimento anual esperado de 160% ($320/$200 = 160%). Excelente!

Mas você deve ter estudado finanças o bastante para saber que o retorno esperado sobre o patrimônio quase sempre aumenta com o financiamento por dívida, de modo que esse resultado não é particularmente surpreendente.

---

*N. de R. T.: jogador norte-americano de beisebol, famoso por seus comentários ingênuos.

Tabela 6A.1 Na ausência de impostos, o financiamento por dívida não afeta nem o resultado nem o valor da empresa; na presença de impostos, um financiamento prudente por dívida aumenta o resultado e o valor da empresa

	Ausência de impostos		Alíquota de 40% (pessoa jurídica)	
	Tímida S/A	Cia. Corajosa	Tímida S/A	Cia. Corajosa
Resultado da pessoa jurídica				
EBIT	$ 400	$ 400	$ 400	$400
Despesa de juros	0	80	0	80
Lucro antes dos impostos	400	320	400	320
Imposto pessoa jurídica	0	0	160	128
Lucro após os impostos	$ 400	$ 320	$ 240	$192
Investimento	$1.000	$200	$1.000	$200
Taxa de retorno	**40%**	**160%**	**24%**	**96%**
Renda pessoal (pessoa física)				
Dividendos recebidos	400	320	240	192
Despesa de juros	80	0	80	0
Renda total	$320	$320	$160	$192
Patrimônio investido	$200	$200	$200	$200
Taxa de retorno	**160%**	**160%**	**80%**	**96%**
Imposto pessoa física a 33%				
Lucro antes dos impostos			160	192
Imposto pessoa física			53	63
Renda após os impostos			$107	$129
Patrimônio investido			$200	$200
Taxa de retorno			**54%**	**64%**

Além disso, um momento de reflexão deve ser suficiente para convencê-lo de que é incorreto comparar os retornos de dois investimentos sujeitos a riscos diferentes. Se o retorno sobre o investimento A é maior que o do investimento B e os dois têm o mesmo risco, A será a melhor escolha. Mas se A tem maior retorno e maior risco, como nesse caso, a coisa muda de figura. Jogadores de pôquer e pilotos de caça poderiam preferir o investimento A, apesar de seu maior risco, enquanto nós, almas mais tímidas, poderíamos chegar à conclusão oposta.

Além do mais, é importante observar que você não depende da Cia. Corajosa para se alavancar. Você pode tomar um empréstimo por conta própria para ajudar a pagar a compra das ações da Tímida e, com isso, replicar com exatidão os valores da Corajosa. A parte inferior das duas colunas à esquerda da Tabela 6A.1, intitulada renda pessoal, mostra os resultados de sua tomada de um empréstimo de $800 a 10% de juros para financiar a compra das ações da Tímida. Subtraindo $80 de juros e comparando sua renda total com seu investimento patrimonial de

$200, vemos que seu rendimento alavancado sobre as ações da Tímida é, agora, de 160%. Você pode gerar exatamente o mesmo rendimento com qualquer um dos dois investimentos, desde que esteja disposto a substituir a dívida da empresa por endividamento pessoal.

E o que provamos com isso? Demonstramos que quando os investidores podem substituir a alavancagem corporativa pela alavancagem própria, na ausência de impostos e custos de dificuldade financeira, a maneira como uma empresa se financia não afeta o retorno total para os proprietários. E se o retorno total não é afetado, o valor da empresa também não será. O valor da empresa independe do financiamento. Se os investidores puderem replicar por conta própria os efeitos de alavancagem dos empréstimos da empresa, não haverá motivo para pagarem mais por uma empresa alavancada do que por outra que não é. (Se o raciocínio aqui parece ir contra a intuição, você ficará feliz em saber que Franco Modigliani e Merton Miller ganharam prêmios Nobel, em grande parte, por terem-no explicado.)

Impostos

Agora vamos repetir essa nossa saga em um mundo mais interessante, onde existam impostos. Os dados do canto superior direito da Tabela 6A.1 apresentam os lucros após impostos da Tímida e da Corajosa na presença de uma alíquota de 40%. Como antes, se você, investidor, não tomar empréstimo, a Corajosa continuará a oferecer um retorno mais atraente de 96%, contra os 24% da Tímida. Mas, ao contrário do que ocorre na ausência de impostos, substituir o endividamento da empresa por endividamento pessoal não elimina a diferença. Mesmo depois de tomar emprestados $800 para ajudar a financiar a compra da Tímida, seu rendimento ainda será de apenas 80%, contra os 96% das ações da Corajosa. A empresa alavancada oferece, agora, maior retorno e, portanto, é mais valiosa do que sua prima não alavancada.

Por que o financiamento por dívida aumenta o valor de uma empresa quando há impostos? Veja o imposto a pagar das duas empresas. A Tímida paga $160, enquanto a Corajosa paga apenas $128, poupando $32. Três partes compartilham dos frutos do sucesso de uma empresa: os credores, os proprietários e o fisco. Nosso exemplo demonstra que o financiamento por dívida, com sua despesa dedutível de juros, reduz a parte do fisco em favor dos proprietários. Em outras palavras, a decisão de financiamento aumenta o fluxo de caixa esperado para os proprietários.

A parte inferior da Tabela 6A.1 é para os leitores desconfiados, que acham que esses resultados dependem da omissão dos impostos das pessoas físicas. Aqui, vemos que a imposição da alíquota de 33% de imposto de renda para a pessoa física reduz a vantagem anual após impostos do financiamento por dívida de $32 para $22, mas não a elimina. Observe, ainda, que a conclusão se mantém para qualquer alíquota de imposto de renda de pessoa física, desde que a alíquota seja a mesma para as duas empresas. Como muitos investidores, como fundos mútuos e fundos de pensão, não pagam impostos, a convenção é evitar o problema da definição de uma alíquota adequada para pessoas físicas, concentrando a atenção no lucro após impostos da pessoa jurídica, mas antes dos da pessoa física. Aqui, seguiremos com prazer essa convenção.

Devo observar que a presença de uma distorção tributária em favor do financiamento por dívida é, em grande parte, um resultado típico dos Estados Unidos. Na maioria dos demais países industrializados, os impostos de PJ e PF são pelo menos parcialmente integrados, o que significa que os recebedores de dividendos obtêm no mínimo um crédito parcial em seus impostos pessoais a pagar por conta de impostos que a pessoa jurídica paga sobre os lucros distribuídos. Como em nosso exemplo livre de impostos, o financiamento por dívida não afeta o valor da empresa quando os impostos das pessoas jurídica e física estão integrados.

Na presença de impostos no estilo norte-americano, portanto, embaralhar os direitos escriturais de maneira a incluir mais endividamento efetivamente cria valor – pelo menos do ponto de vista dos acionistas, ainda que não do Tesouro norte-americano – porque aumenta o fluxo de caixa disponível para os investidores privados. O montante do aumento da renda anual para os acionistas criado pelo financiamento por dívida é igual à alíquota de imposto da pessoa jurídica vezes a despesa de juros, ou aquilo a que nos referimos anteriormente como benefícios fiscais. Em nosso exemplo, o lucro anual da empresa após impostos mais a despesa de juros aumenta \$32 ao ano (\$192 + \$80 − \$240 = \$32), o que equivale à alíquota de 40% multiplicada pela despesa de juros de \$80.

Dizendo o mesmo com símbolos, sendo V_L o valor da empresa quando alavancada e V_U o seu valor quando não alavancada, nosso exemplo diz que

$$V_L = V_U + \text{Valor } (tI)$$

onde t é a alíquota da pessoa jurídica, I é a despesa financeira anual em dólares e Valor (tI) representa o valor presente de todos os futuros benefícios fiscais proporcionados pela despesa de juros. Colocando em palavras, nossa equação diz que o valor de uma empresa alavancada é igual ao valor da mesma empresa não alavancada mais o valor presente dos benefícios fiscais futuros.

À primeira vista, este Apêndice sugere uma conclusão inquietante: o valor de uma empresa é maximizado quando ela é inteiramente financiada com endividamento. Mas sabemos, depois de ter lido o capítulo, que isso é só o começo da história. Porque, assim como a dedutibilidade da despesa de juros aumenta o valor da empresa com a alavancagem, os custos da dificuldade financeira diminuem esse valor. Somando a isso preocupações com flexibilidade financeira, sinalização do mercado e efeitos de incentivo, e temperando com uma pitada de crescimento sustentável, teremos a receita da visão moderna das decisões de financiamento corporativo. Pode não ser um banquete, mas dá uma bela entrada.

RESUMO

1. A alavancagem financeira:
   - É uma variável financeira fundamental que afeta o retorno sobre o patrimônio líquido e o crescimento sustentável.
   - Envolve a substituição do custo variável do patrimônio líquido pelo custo fixo do financiamento por dívida.
   - Assim como a alavancagem operacional, ela aumenta as vendas de equilíbrio, mas aumenta a taxa de lucro por ação, uma vez que o equilíbrio seja alcançado.
   - Aumenta o retorno esperado e o risco para os proprietários.
   - Aumenta o ROE e o LPA esperados, bem como a sua variabilidade.
   - Cria uma grande variedade de combinações de risco-retorno de um único investimento de risco, dependendo da quantidade de alavancagem financeira utilizada.

2. Para medir o efeito da alavancagem sobre o risco da empresa:
   - Enfatize as previsões *pro forma* de teste.
   - Estime índices de cobertura em diferentes níveis de dívida.
   - Interprete índices de cobertura, tendo em conta a variabilidade dos resultados operacionais, os índices de cobertura de pares e as diferentes classificações de títulos.

3. Para medir o efeito da alavancagem sobre os retornos da empresa:
   - Avalie a demonstração de resultados projetada sob diferentes condições econômicas.
   - Prepare um gráfico de intervalos de lucros, observando o aumento do ROE e do LPA no nível EBIT projetado e a proximidade do EBIT esperado ao valor de inflexão.

4. A proposição de irrelevância:
   - Argumenta que sob condições idealizadas e admitindo que a alavancagem não afeta o lucro operacional, as decisões de financiamento não afetam o valor da empresa ou do acionista.
   - Implica que as decisões de financiamento são importantes na medida em que elas afetam o resultado operacional.

5. O modelo de 5 fatores de Higgins:
   - Identifica cinco maneiras de como o financiamento da empresa afeta o lucro operacional:
     – Benefícios fiscais: devido à dedutibilidade fiscal dos juros
     – Custos de dificuldades: imposta por várias partes quando surgem preocupações sobre a capacidade da empresa de honrar suas obrigações financeiras.

- Flexibilidade financeira: a possibilidade de que altos níveis de endividamento limitarão as opções de financiamento futuras.
- Sinalização para o mercado: os gerentes de informações comunicam quando optam por uma forma de financiamento em detrimento de outra.
- Incentivos para a administração: o aumento da pressão para gerar fluxo de caixa para atender a obrigações de serviço de dívida elevadas

- Enfatiza que a decisão de financiamento envolve uma avaliação cuidadosa de cada fator em função de circunstâncias específicas da empresa.
- Sugere que as empresas que crescem rapidamente são sábias ao manter a estrutura de capital conservadora, enquanto as empresas de crescimento lento podem querer considerar a estratégia oposta.

Leituras complementares

Andrade, Gregor e Steven N. Kaplan, "How Costly is Financial (Not Economic) Distress? Evidence from Highly Leveraged Transactions that Became Distressed", *Journal of Finance*, outubro de 1998, p. 1443-1493.

Os autores analisam 31 transações altamente alavancadas, que se tornaram complicadas devido à dívida excessiva e estimam que os custos de execução financeira estão na faixa de 10 a 20% do valor da empresa.

Asquith, Paul e David W. Mullins, Jr. "Signaling with Dividends, Stock Repurchases, and Equity Issues", *Financial Management*, p. 27-44, outono de 1986.

Resumo bem escrito de um estudo empírico sobre a mensuração da reação dos mercados de capitais a importantes anúncios relacionados à emissão de ações. Uma excelente introdução à sinalização para o mercado.

Hovakimian, Armen, Tim Opler e Sheridan Titman. "The Debt-Equity Choice", *Journal of Financial and Quantitative Analysis*, março de 2004.

Apresenta evidências de que as opções quanto à estrutura de capital condizem com a teoria da ordem de escolha a curto prazo, mas que a teoria da escolha entre benefícios fiscais e custos de dificuldade financeira é mais importante a longo prazo.

Parsons, Christopher A. e Sheridan Titman, "Empirical Capital Structure: A Review", *Foundations and Trends in Finance*, 2008, 92. Disponível em: **ssrn.com/abstract=1405562**.

Uma pesquisa acessível e com orientação acadêmica de trabalhos empíricos sobre as decisões de estrutura de capital dividida em três partes: as características das empresas associadas com diferentes estruturas de capital, fatores que afastam as empresas de suas metas de estrutura de capital e as consequências das escolhas de alavancagem para o comportamento da empresa.

Stern, Joel M. e Donald H. Chew, Jr., eds,. *The Revolution in Corporate Finance*, 4ª ed., Malden, MA: Blackwell Publishing, 2003. 631 p.

Uma coletânea de artigos voltados para profissionais da área, muitos deles escritos por acadêmicos, publicados originalmente no *Journal of Applied Corporate Finance*. Ver, principalmente, "The Modigliani-Miller proposition after 30 Years", de Merton Miller; "Raising Capital: Theory and Evidence", de Clifford W. Smith Jr. e "Still Searching for Optimal Capital Structure", de Stewart C. Myers.

Websites

www.abiworld.org

O *site* do American Banruptcy Institute, com artigos e estatísticas sobre muitos aspectos da falência e da insolvência civil.

Problemas

As respostas aos problemas de número ímpar constam no final do livro. Para mais problemas e suas respostas, visite **www.grupoa.com.br** (encontre a página deste livro, procure o Material Complementar e clique em Conteúdo Online).

1. Olhando a Tabela 6.4, por que as empresas de energia elétrica têm um índice de cobertura de juros tão baixo? Por que o índice para as empresas de tecnologia da informação é tão alto?

2. O que é alavancagem operacional? Como ela se assemelha à alavancagem financeira? Se uma empresa tem alta alavancagem operacional, você espera que ela tenha uma alavancagem financeira alta ou baixa? Explique seu raciocínio.

3. Explique por que o aumento da alavancagem financeira aumenta o risco assumido pelos acionistas.

4. Explique como uma empresa pode incorrer em custos de dificuldade financeira sem jamais quebrar. Qual é a natureza desses custos?

5. Uma recomendação neste capítulo é que as empresas com oportunidades de investimento promissoras devem se esforçar para manter uma estrutura de capital conservadora. Ainda assim, vários pequenos negócios promissores estão com grandes dívidas.

    a. Por que as empresas com oportunidades de investimento promissoras devem se esforçar para manter estruturas de capital conservadoras?

    b. Por que você acredita que vários pequenos negócios promissores aparentemente não seguem essa recomendação?

6. Por que pode fazer sentido para uma empresa madura e de crescimento lento apresentar um elevado índice de endividamento?

7. Você, na qualidade de vice-presidente financeiro da Progressive Media, dispõe das seguintes informações:

Lucro líquido esperado após impostos no próximo ano antes de novo financiamento	$50 milhões
Pagamentos devidos no próximo ano sobre a dívida existente	$17 milhões
Juros devidos no próximo ano sobre a dívida existente	$18 milhões
Alíquota do imposto de renda	35%
Preço por ação ordinária	$25
Ações ordinárias em circulação	20 milhões

   a. Calcule o índice de cobertura de juros para o ano seguinte, admitindo que a empresa levante $50 milhões em nova dívida a uma taxa de juros de 7%.

   b. Calcule o índice de cobertura de dívida do ano seguinte, admitindo que os pagamentos anuais da nova dívida sejam de $8 milhões.

   c. Calcule o lucro por ação do ano seguinte, admitindo que a Progressive levante $50 milhões em novas dívidas.

   d. Calcule os índices de cobertura de juros e de cobertura de dívida e o lucro por ação do ano que vem se a Progressive vender 2 milhões de novas ações a $20 por ação, em vez de assumir nova dívida.

8. Um corretor quer vender a um cliente um investimento custando $100 com um retorno esperado em um ano de $106. O cliente indica que um retorno de 6% não é muito atraente. O corretor responde ao sugerir que o cliente tome emprestado $90 por um ano a juros de 4% para ajudar a pagar o investimento.

   a. Qual é o retorno esperado do cliente se ele fizer o empréstimo?

   b. O empréstimo torna o investimento mais atraente?

   c. O que a proposição da irrelevância diz sobre a possibilidade de o empréstimo tornar o investimento mais atraente?

9. Explique como cada uma das mudanças a seguir afetaria o gráfico de intervalos de lucro de uma empresa, conforme a Figura 6.2. Que mudanças tornariam o financiamento por dívida mais atraente? E menos atraente?

   a. Um aumento da taxa de juros da dívida.

   b. Um aumento do preço da ação da empresa.

   c. Maior incerteza quanto ao lucro futuro da empresa.

   d. Aumento dos dividendos das ações ordinárias.

   e. Aumento do montante da dívida já existente da empresa.

10. A FARO Technologies, cujos produtos incluem equipamentos de mensuração tridimensional, tem 400 milhões de ações em circulação, negociadas a $5 cada. A empresa anuncia sua intenção de levantar $200 milhões por meio da venda de novas ações.

   a. O que os estudos de sinalização para o mercado sugerem que acontecerá com o preço da ação da FARO na data de anúncio? Por quê?

   b. Qual é o tamanho do ganho ou da perda que os estudos de sinalização para o mercado sugerem que os acionistas existentes da FARO terão na data do anúncio?

   c. Que porcentagem representa tal ganho ou perda sobre o montante que a FARO pretende levantar?

   d. Que porcentagem representa tal ganho ou perda sobre o valor do patrimônio líquido da FARO anterior ao anúncio?

   e. A que preço a FARO deve esperar que suas ações existentes passem a ser negociadas na bolsa imediatamente após o anúncio?

11. Este problema é mais difícil, mas informativo. A James Brodick & Sons, Inc. está crescendo rapidamente e, se possível, gostaria de financiar seu crescimento sem vender novas ações. A seguir, há informações selecionadas da previsão financeira para cinco anos da empresa.

Ano	1	2	3	4	5
Lucro após impostos (milhões)	$100	$130	$170	$230	$300
Investimento (milhões)	$175	$300	$300	$350	$440
Índice dívida/patrimônio líquido (%)	120	120	120	120	120
Índice de distribuição de dividendos (%)	?	?	?	?	?
Títulos negociáveis (milhões)	$200	$200	$200	$200	$200
(Títulos negociáveis do ano 0 = $200 milhões)					

   a. Segundo essa previsão, que dividendos a empresa poderá distribuir anualmente sem levantar mais capital acionário? Qual será o índice de distribuição de dividendos anuais? (Dica: lembre-se de que as fontes de caixa devem ser iguais ao uso em todos os momentos.)

   b. Admita que a empresa deseje manter um índice de distribuição estável ao longo do tempo e pretenda usar sua carteira de títulos negociáveis como amortecedor para absorver variações anuais de lucro e investimentos. Calcule o índice anual de distribuição de dividendos como o valor da soma dos dividendos pagos em cinco anos (conforme você estabeleceu na parte A desta questão) dividido pelo lucro total. Mostre, então, qual seria o saldo da carteira de títulos negociáveis da empresa a cada ano.

c. Suponha que o lucro fique abaixo do previsto em todos os anos. Que opções a empresa terá para continuar a financiar seus investimentos?

d. O que a teoria da ordem de escolha tem a dizer a respeito de como a administração deve classificar essas opções?

e. Por que a administração poderia estar inclinada a seguir tal ordem de escolha?

12. Uma empresa totalmente financiada com capital próprio tem 100 milhões de ações em circulação à venda por $ 20 a ação. A administração acredita que as taxas de juros são excessivamente baixas e decide executar uma recapitalização de dividendos (a repescagem). Ela vai levantar $ 1 bilhão em dívidas e recomprar 50 milhões de ações.

    a. Qual é o valor de mercado da empresa antes da repescagem? Qual é o valor de mercado das ações?

    b. Admitindo a validade da proposição da irrelevância, qual é o valor de mercado da empresa após a repescagem? Qual é o valor de mercado do capital social?

    c. Os acionistas parecem ter ganhado ou perdido como resultado da repescagem? Por favor, explique.

    d. Suponha agora que a repescagem aumente os fluxos de caixa totais, o que acrescenta $ 100 milhões ao valor da empresa. Agora, qual é o valor de mercado da empresa? Qual é o valor de mercado das ações?

    e. Os acionistas parecem ter ganho ou perdido como resultado da repescagem neste cenário revisto?

13. Este problema pede que você analise a estrutura da HCA, Inc., a maior empresa privada de serviços de saúde em todo o mundo. Em 2006, um consórcio de empresas de *private equity* comprou a empresa por $ 31,6 bilhões e fechou seu capital. Em novembro de 2010, quando as taxas de juros atingiram baixos níveis recordes, a empresa anunciou uma recapitalização de dividendos em que distribuiria um dividendo extraordinário de $ 2 bilhões financiado em grande parte por uma oferta de títulos de $ 1,53 bilhão.

    Uma planilha do Excel com as demonstrações financeiras da HCA para 2005-2009 e perguntas específicas está em: **www.grupoa.com.br** (encontre a página deste livro e procure o Material Complementar e clique em Conteúdo Online).

14. Este problema pede que você avalie um grande aumento da alavancagem financeira da Avon Products, Inc. As demonstrações financeiras da empresa para 2001 a 2003, junto com perguntas específicas, estão disponíveis para *download* no endereço **www.grupoa.com.br** (encontre a página deste livro e procure o Material Complementar e clique em Conteúdo Online). Você também poderá achar útil consultar os relatórios anuais (10-K) da empresa, disponíveis em **www.secinfo.com**.

15. O problema 13, item f, do Capítulo 3 pede que você construa uma projeção financeira de cinco anos para a Aquatic Supplies a partir de 2012. Com base em sua previsão, ou na resposta sugerida em C3_Problem_13_Answer.xlsx, responda as seguintes perguntas. O arquivo está disponível em **www.grupoa.com.br** (encontre a página deste livro, procure o Material Complementar e clique em Conteúdo Online).

    a. Calcule o índice de cobertura de juros da empresa para o período projetado.

    b. Calcule o quanto o EBIT pode cair percentualmente antes que a cobertura de juros fique abaixo de 1,0 em cada ano da projeção.

    c. Consultando a tabela 6.5 do texto, que *rating de títulos* a Aquatic Supplies teria em 2011 se o *rating* se baseasse apenas na taxa de cobertura de juros da empresa?

    d. Com base nesse *rating*, um aumento significativo da alavancagem financeira seria uma estratégia prudente para a Aquatic Supplies?

PARTE IV

Avaliando Oportunidades de Investimento

Capítulo 7

Técnicas de Fluxo de Caixa Descontado

Um centavo por perto vale mais do que um dólar distante.

Anônimo

O principal determinante daquilo que uma empresa se tornará é o investimento que ela faz hoje. A geração e avaliação de propostas criativas de investimento é uma tarefa importante demais para ser deixada a cargo de especialistas em finanças; pelo contrário, é responsabilidade de todos os administradores da organização. Em empresas bem administradas, o processo inicia-se no nível estratégico, quando a alta administração especifica as atividades em que a empresa concorrerá e determina as metas estratégicas. Os administradores das áreas operacionais, então, traduzem essas metas estratégicas em planos de ação concretos que envolvem propostas específicas de investimento. Um aspecto fundamental desse processo é a avaliação financeira das propostas de investimento, ou o que costumamos chamar de orçamento de capital (*capital budgeting*). O alcance de um objetivo exige desembolso de dinheiro hoje na expectativa de maiores benefícios futuros. Antes de mais nada, é preciso decidir se os benefícios futuros previstos são grandes o bastante, diante dos riscos, para justificar o desembolso no presente; em segundo lugar, é preciso decidir se o investimento proposto é a maneira mais eficaz em termos de custos para alcançar o objetivo. Este capítulo e o próximo abordam estas questões.

Em termos amplos, as técnicas de fluxo de caixa descontado abordadas aqui e nos próximos capítulos são relevantes sempre que uma empresa esteja considerando uma ação que envolva custos ou benefícios que vão além do presente exercício. Isso inclui muitas coisas, inclusive tópicos tão diversos quanto a precificação de ações e títulos de dívida, a análise da aquisição ou da venda de equipamentos, a escolha entre diferentes tecnologias de produção, a decisão de lançar ou não um novo produto, a avaliação de divisões ou de empresas inteiras para compra ou venda, a análise de campanhas de marketing ou programas de P&D e até a concepção de uma estratégia corporativa. Com efeito, não seria exagero dizer que a análise de fluxo de caixa descontado é a espinha dorsal das finanças na atualidade e até mesmo da moderna atividade empresarial.

INDICADORES DE VALOR

A avaliação financeira de qualquer oportunidade de investimento envolve três passos distintos:

1. Estimativa dos fluxos de caixa relevantes.
2. Cálculo de um indicador de valor para o investimento.
3. Comparação do indicador de valor com um critério de aceitação.

Um *indicador de valor* é um número que resume o valor econômico de um investimento. Um indicador de valor comum é a taxa de retorno. Assim como os outros indicadores de valor que discutiremos, a taxa de retorno traduz as complicadas entradas e saídas de caixa associadas a um investimento em um só número que resume o valor econômico do investimento em questão. Um *critério de aceitação*, por outro lado, é um padrão de comparação que ajuda o analista a determinar se o indicador de valor de um investimento é atraente o bastante para justificar sua aceitação. É como um pescador que, após a pesca, só pode ficar com os peixes que medirem mais de 25 centímetros. Para o pescador, o comprimento do peixe é um indicador de valor relevante e 25 centímetros é o critério de aceitação.

Embora a determinação de indicadores de valor e critérios de aceitação pareça, à primeira vista, algo difícil, o primeiro passo, estimar os fluxos de caixa relevantes, é, na prática, o maior desafio. Ao contrário dos problemas fundamentalmente mecânicos encontrados no cálculo de indicadores de valor e critérios de aceitação, a estimativa dos fluxos de caixa se aproxima de uma arte e muitas vezes exige conhecimento profundo dos mercados, da posição competitiva e das intenções a longo prazo de uma empresa. As dificuldades vão de preocupações ordinárias com depreciação, custos de financiamento e investimentos em capital de giro a questões mais avançadas, como recursos compartilhados, excesso de capacidade e oportunidades contingenciais. E o tópico todo é permeado pelo fato de que muitos custos e benefícios importantes não podem ser medidos em termos monetários e, portanto, precisam ser avaliados qualitativamente.

Neste capítulo, de início deixaremos de lado as questões dos fluxos de caixa relevantes e dos critérios de aceitação para nos concentrar nos indicadores de valor. Mais adiante, retomaremos a estimativa dos fluxos de caixa relevantes. Os critérios de aceitação serão tratados no capítulo seguinte, sob o título genérico "Análise de Risco em Decisões de Investimento".

Para começar nossa discussão dos indicadores de valor, vamos considerar um exemplo numérico simples. A Pacific Rim Resources, Inc. está considerando a construção de um píer de embarque de contêineres em Seattle. A melhor estimativa dos fluxos de caixa associados à construção e à operação do píer por um prazo de 10 anos consta na Tabela 7.1.

A Figura 7.1, por sua vez, apresenta as mesmas informações em forma de um *diagrama de fluxo de caixa*, que nada mais é que uma representação gráfica dos custos e benefícios do píer distribuídos ao longo do tempo. Apesar de não

Tabela 7.1 Fluxos de caixa do píer de embarque de contêineres ($ milhões)

Ano	0	1	2	3	4	5	6	7	8	9	10
Fluxo de caixa	($40)	7,5	7,5	7,5	7,5	7,5	7,5	7,5	7,5	7,5	17

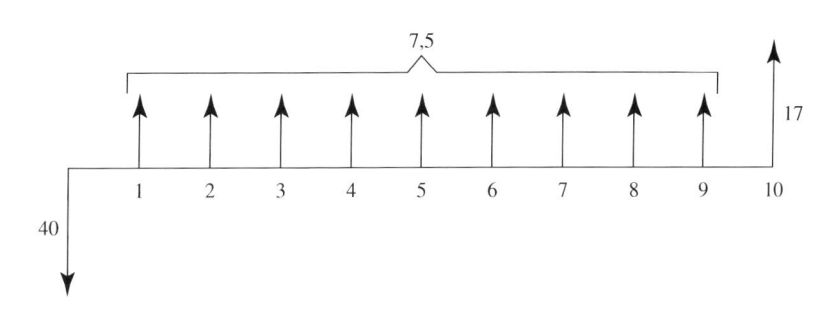

Figura 7.1 Diagrama de fluxo de caixa do píer de embarque de contêineres.

ser sofisticado, percebo que muitos erros comuns podem ser evitados por meio da preparação desse tipo de diagrama, até mesmo quando são analisadas as mais elementares oportunidades de investimento. Podemos ver que a construção do píer custará $40 milhões e deve gerar fluxos de caixa de $7,5 milhões ao ano durante 10 anos. Além disso, a empresa espera vender o píer como sucata por $9,5 milhões ao fim de sua vida útil, elevando para $17 milhões o fluxo de caixa do décimo ano.

O prazo de *payback* e a taxa contábil de retorno

A administração da Pacific quer saber se os benefícios previstos do píer justificam o custo de $40 milhões. Como veremos em breve, uma resposta adequada a essa questão deve refletir o *valor do dinheiro no tempo*. Antes de abordar este tema, porém, vamos considerar dois indicadores de valor de uso comum e simples que, apesar de sua popularidade, apresentam grandes imperfeições. Um, conhecido como *prazo de payback*, é definido como o tempo que a empresa precisa esperar para recuperar seu investimento original. O prazo de *payback* do píer é de 5 1/3 anos, o que quer dizer que a empresa precisará esperar que transcorra esse tempo para recuperar seu investimento original (5 1/3 = 40/7,5).

O segundo indicador de valor popular, ainda assim deficiente, é a *taxa contábil de retorno*, definida como

$$\text{Taxa contábil de retorno} = \frac{\text{Entrada de caixa anual média}}{\text{Saída de caixa total}}$$

A taxa contábil de retorno é de 21,1% ([(7,5 × 9 + 17)/10]/40).

O problema da taxa contábil de retorno é a insensibilidade desta ao momento dos fluxos de caixa. Por exemplo, um adiamento de todas as entradas de caixa geradas pelo píer para o ano 10, evidentemente reduz o valor do investimento, mas não afeta a taxa contábil de retorno. Além de ignorar o momento dos fluxos de caixa anteriores à data de *payback*, o prazo de *payback* é insensível a todos os fluxos de caixa que ocorram após essa data. Assim, um aumento no valor do píer como sucata de $9,5 milhões para $90,5 milhões certamente tornaria o investimento mais atraente. Mas, como qualquer outra variação dos fluxos de caixa do sexto para o décimo ano, esse aumento não tem qualquer efeito sobre o prazo de *payback*.

Em defesa do prazo de *payback*, devo acrescentar que, embora este seja um indicador claramente inadequado do valor de um investimento, mostrou-se útil como medida grosseira do risco do investimento. Na maioria das situações, quanto maior o tempo necessário para recuperar o investimento original, maior o risco. Isso se aplica especialmente a ambientes de alta tecnologia, nos quais a administração só pode fazer projeções para alguns poucos anos. Em tais circunstâncias, um investimento que não prometa se pagar dentro do horizonte de previsibilidade é como uma noite em Las Vegas sem direito ao *show*.

O valor do dinheiro no tempo

Um indicador de valor preciso deve refletir o fato de que um dólar vale mais hoje do que no futuro. É esse o conceito do valor do dinheiro no tempo, que existe por pelo menos três motivos. Um é o fato de a inflação reduzir o poder de compra do dinheiro futuro em relação ao dinheiro de hoje; outro é que, na maioria dos casos, a incerteza quanto ao recebimento de um dólar aumenta à medida que a data de recebimento se distancia no futuro. Assim, uma promessa de receber $1 em 30 dias costuma valer mais do que uma promessa de receber $1 em 30 meses, simplesmente porque a primeira costuma ser mais certa.

Um terceiro motivo que faz o dinheiro ter valor no tempo envolve o importante conceito de custo de oportunidade. Por definição, o *custo de oportunidade* de qualquer investimento é o retorno que se poderia obter com a próxima melhor alternativa. Um dólar vale mais hoje do que daqui a um ano porque o dólar de hoje pode ser investido produtivamente, tornando-se, em um ano, mais do que um dólar. Esperar até o ano que vem para receber o dólar traz um custo de oportunidade igual ao retorno do investimento que deixou de ser feito. Como sempre há oportunidades produtivas de investimento de dinheiro, todos os investimentos envolvem um custo de oportunidade.

Capitalização e desconto

Como o dinheiro tem valor no tempo, não podemos simplesmente combinar os fluxos de caixa ocorridos em diferentes datas, como fazemos ao calcular o prazo de *payback* e a taxa contábil de retorno. Para ajustar os fluxos de caixa do investimento aos seus diferentes valores no tempo, precisamos usar os conceitos de capitalização e desconto. Qualquer pessoa que já tenha tido uma conta bancária sabe, intuitivamente, o que é capitalização. Suponha que você mantenha uma conta que paga 10% de juros ao ano e que você deposite nela $1 no começo do ano. Qual será o valor no fim do ano? Evidentemente, $1,10. Agora, suponha que você deixe o dinheiro na conta por dois anos. Qual será, então, o valor? Essa pergunta é um pouco mais difícil, mas a maioria de nós percebe que, como você ganha juros sobre os juros, a resposta é $1,21. *Capitalização* é o processo de determinação do valor futuro de uma soma presente. O diagrama de fluxo de caixa simples, a seguir, resume o exercício. E observe o padrão: assim como o número dos anos aumenta, o mesmo acontece com a potência pela qual aumentamos o prazo da taxa de juros (1 + 0,10). Consequentemente, o valor futuro de $ 1,00 em, digamos, 19 anos a 10% de juros será, portanto, $F_{19} = \$1(1 + 0,10)^{19} = \$6,12$.

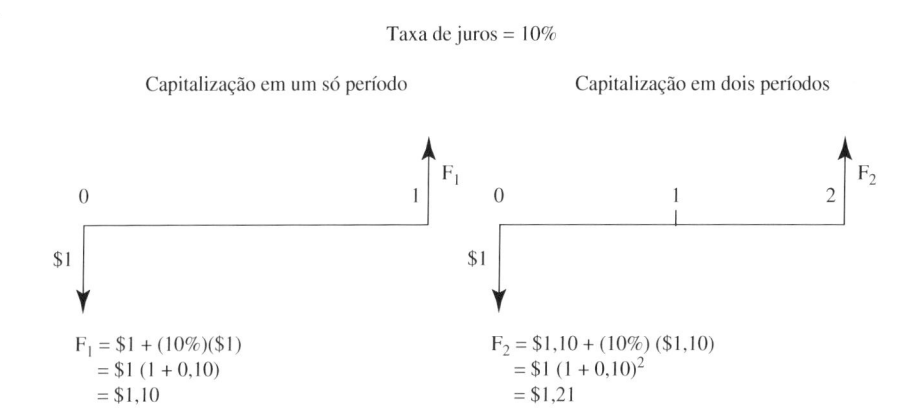

Taxa de juros = 10%

Capitalização em um só período

0   1 F_1

$1

$F_1 = \$1 + (10\%)(\$1)$
     $= \$1 (1 + 0,10)$
     $= \$1,10$

Capitalização em dois períodos

0   1   2 F_2

$1

$F_2 = \$1,10 + (10\%) (\$1,10)$
     $= \$1 (1 + 0,10)^2$
     $= \$1,21$

Desconto nada mais é que a capitalização de trás para a frente: é o processo de identificação do valor presente de uma soma futura. Apesar das óbvias semelhanças, muita gente acha o desconto algo misterioso. E, sendo o mundo como é, acontece que convencionou-se usar o desconto, não a capitalização, para analisar as oportunidades de investimento.

Eis como funciona o desconto. Suponhamos que você possa investir dinheiro para obter um retorno anual de 10% e lhe seja prometido $1 daqui a um ano. Qual é o valor dessa promessa, hoje? É claro que tem que ser menos do que $1, mas o valor exato provavelmente não é algo que lhe salte imediatamente aos olhos. Na verdade, a resposta é $0,909. Esse é o *valor presente* do $1 a ser recebido daqui a um ano, porque se você tivesse $0,909 hoje, poderia investir a juros de 10% e receber $1 daqui a um ano [$1,00 = $0,909 (1 + 0,10)].

Agora, se complicarmos um pouco mais e perguntarmos qual é o valor de um dólar a ser recebido daqui a dois anos, a intuição faltará à maioria de nós. Sabemos que a resposta deve ser menos do que $0,909, mas, além disso, as coisas são nebulosas. Aqui, a resposta é $0,826. Esse valor, investido por dois anos a juros de 10%, crescerá, ou se capitalizará, chegando a $1. Os diagramas de fluxo de caixa a seguir ilustram esses problemas de desconto. Observe a semelhança formal com a capitalização. A única diferença é que, na capitalização, sabemos o valor presente e queremos descobrir o valor futuro, ao passo que, no desconto, sabemos o valor futuro e queremos chegar ao valor presente.

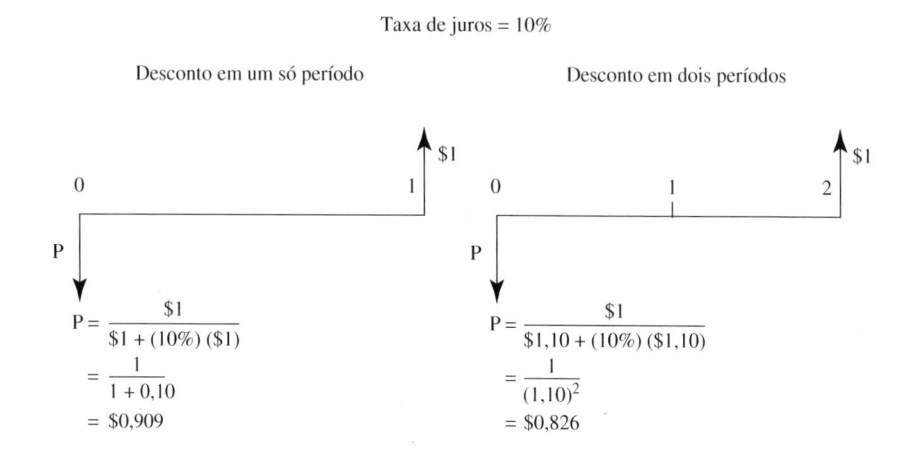

Taxa de juros = 10%

Desconto em um só período

$$P = \frac{\$1}{\$1 + (10\%)(\$1)}$$
$$= \frac{1}{1 + 0{,}10}$$
$$= \$0{,}909$$

Desconto em dois períodos

$$P = \frac{\$1}{\$1{,}10 + (10\%)(\$1{,}10)}$$
$$= \frac{1}{(1{,}10)^2}$$
$$= \$0{,}826$$

Cálculo do valor presente

Como saber as respostas aos problemas de desconto? Eu poderia ter feito as contas de qualquer uma entre três maneiras: usar um computador para solucionar as fórmulas abaixo dos diagramas de fluxo de caixa; procurar as respostas no Apêndice A, no fim do livro; ou digitar os números necessários em uma calculadora financeira. Nesse caso, optei por uma calculadora, mas a escolha deve ser guiada principalmente pela conveniência.

O Apêndice A, no fim do livro, é conhecido como *tabela de valor presente* e mostra o valor presente de $1 a ser recebido ao final de qualquer período individual de 1 a 50 e com taxas de juros de 1 a 50% por período. Os valores presentes encontrados na tabela foram gerados por meio da aplicação das fórmulas apresentadas anteriormente para diferentes períodos e taxas de juros. Pode ser interessante consultar o Apêndice A por um momento para confirmar os valores presentes recém-mencionados.

Por uma questão de semântica, a taxa de juros dos cálculos de valor presente é frequentemente denominada *taxa de desconto* e pode ser interpretada de duas maneiras. Se uma empresa já tem caixa, a taxa de desconto é a taxa de retorno disponível para investimentos alternativos de risco semelhante. Em outras palavras, é o *custo de oportunidade do capital* da empresa. Se uma empresa precisa levantar caixa por meio da venda de títulos, a taxa de desconto é a taxa de retorno esperada pelos compradores desses títulos. Em outras palavras, é o *custo de oportunidade do capital* dos investidores. Como veremos no próximo capítulo, a taxa de desconto é frequentemente usada para ajustar os fluxos de caixa do investimento em função do risco e, portanto, também é conhecida como taxa de desconto *ajustada pelo risco*.

O Apêndice B, no fim do livro, é um parente próximo do Apêndice A e mostra o valor presente do conjunto formado por recebimentos de $1 ao final de *cada período*, desde 1 até 50 períodos e com taxas de desconto que vão de 1 a 50% por período. Quando os fluxos de caixa são os mesmos por diversos períodos, como nesse apêndice, eles são conhecidos como *anuidades*. Para exemplificar os dois apêndices, suponha que o time de beisebol Cincinnati Reds contrate um jovem rebatedor, prometendo-lhe $2 milhões ao ano por quatro anos. Vamos calcular quanto o contrato vale hoje se o jogador tiver oportunidades de investimento de risco semelhante com rendimento de 15% ao ano.

O diagrama de fluxo de caixa para o contrato é:

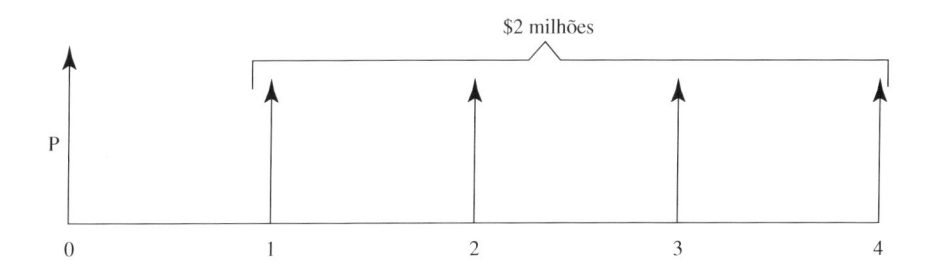

Para encontrar o valor presente P usando o Apêndice A, precisamos encontrar o valor presente a 15% de cada pagamento. Aritmeticamente,

Valor presente do contrato = 0,870 × $2 milhões + 0,756 × $2 milhões
+ 0,658 × $2 milhões + 0,572 × $2 milhões
= $5.710.000

Uma abordagem muito mais simples é reconhecer que, como o valor em dólares é o mesmo em todos os anos, podemos usar o Apêndice B. Ao consultar o Apêndice B, vemos que o valor presente de $1 por período por quatro períodos a uma taxa de desconto de 15% é $2,855. Assim, o valor presente de $2 milhões por ano é

Valor presente do contrato = 2,855 × $2 milhões = $5.710.000

Embora o jogador espere receber um total de $8 milhões durante os próximos quatro anos, o valor presente desses pagamentos é pouco mais que $5,7 milhões. É assim que funcionam os juros compostos.

Uma calculadora financeira é, basicamente, uma família de tabelas de valor presente automatizadas para as quais fornecemos as informações e a calculadora faz as contas. Cinco teclas são importantes para os cálculos de fluxo de caixa descontado: n, o número de períodos; i, a taxa de juros; PV, um fluxo de caixa presente; PMT, um fluxo de caixa em anuidade; e FV, um fluxo de caixa futuro. O diagrama a seguir mostra como essas quantidades se relacionam umas com as outras.

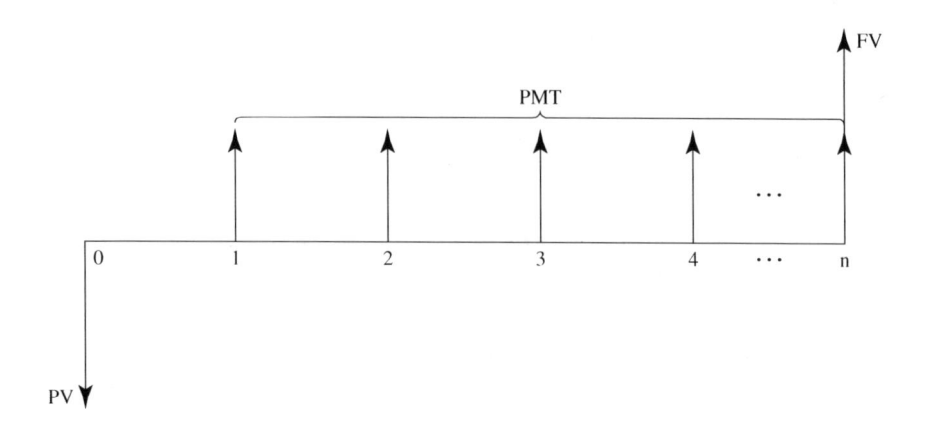

Eis uma representação esquemática simples que ilustra o uso de uma calculadora financeira para encontrar o valor presente do contrato do rebatedor. Começamos digitando a duração do contrato, a taxa de juros e o caixa a ser recebido anualmente, em qualquer ordem. Em seguida, pedimos à calculadora que encontre o valor presente e ela fornecerá imediatamente a resposta, que traz um sinal negativo, o que indica que esse é o valor que seria preciso pagar para receber hoje o valor do contrato.

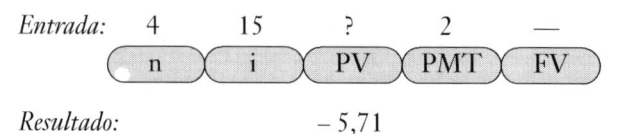

Entrada: 4   15   ?   2   —
             n   i   PV PMT FV

Resultado: − 5,71

Por conveniência, utilizo essa representação esquemática para descrever os cálculos dos descontos de fluxo de caixa subsequentes, sem sugerir que este é o único caminho para realizar isso.

Equivalência

O importante a respeito do valor presente dos fluxos de caixa futuros é que a soma presente é *equivalente* em valor a esses fluxos futuros. É equivalente porque se você dispusesse hoje do valor presente, poderia transformá-lo nos fluxos de caixa futuros, investindo-o à taxa de desconto. Para confirmar esse importante fato, a tabela a seguir mostra os fluxos de caixa envolvidos na transformação dos $5.710.000 de hoje no contrato do jogador de beisebol de $2 milhões por ano pelos próximos quatro anos. Começamos investindo o valor presente a juros de 15%. No fim do primeiro ano, o investimento terá crescido para mais de $6,5 milhões, mas o pagamento do primeiro salário de $2 milhões reduz o valor do principal para pouco mais de $4,5 milhões. No segundo ano, o investimento aumenta para cerca de $5,2 milhões, mas a segunda parcela do salário traz o principal para apenas cerca de $3,2 milhões. E assim vai, até que, ao fim de quatro anos, o pagamento da última parcela de $2 milhões simplesmente esgota a conta. Assim, do ponto de vista do jogador, $5.710.000 hoje têm valor equivalente a $2 milhões por ano durante quatro anos, porque ele pode facilmente converter um valor no outro ao investir a 15%.

Ano	Principal no início do ano	Juros de 15%	Principal ao final do ano	Retirada
1	$ 5.710.000	$ 856.500	$ 6.566.500	$ 2.000.000
2	4.566.500	684.975	5.251.475	2.000.000
3	3.251.475	487.721	3.739.196	2.000.000
4	1.739.196	260.879	2.000.075	2.000.000

Observação: os $75 restantes na conta após a última retirada devem-se ao erro de arredondamento das tabelas de valor presente.

O valor presente líquido

Agora que já sabemos o que é capitalização, desconto e equivalência, vamos usar esses conceitos para analisar o investimento no píer para contêineres. Mais especificamente, vamos substituir os fluxos de caixa futuros que constam na Figura 7.1 por um único fluxo de caixa de valor equivalente e que ocorra hoje. Como todos os fluxos de caixa estarão então em dólares atuais, teremos eliminado a dimensão do tempo da decisão e poderemos proceder a uma comparação direta do valor presente das entradas de caixa com o valor presente das saídas de caixa.

Eis como a coisa funciona na prática. Admitindo-se que haja outras oportunidades de investimento de risco semelhante com rendimento anual de 10%, o valor presente das entradas de caixa do investimento no píer é de $49,75 milhões.

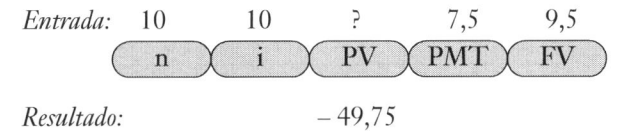

Entrada: 10   10   ?   7,5   9,5
            (n)(i)(PV)(PMT)(FV)

Resultado: – 49,75

Observe que aqui o fluxo de caixa do ano 10 se compõe de uma anuidade de $7,5 milhões e de uma quantia futura de $9,5 milhões, totalizando $17 milhões.

Os diagramas de fluxo de caixa a seguir fornecem uma representação esquematizada desse cálculo. O cálculo do valor presente transforma a bagunça dos fluxos de caixa originais à esquerda nos dois fluxos de caixa de valor equivalente à direita, ambos havidos no momento zero. E nossa decisão passa a ser elementar: a Pacific deve investir $40 milhões hoje para obter fluxos de caixa que valem $49,75 milhões? É claro que sim! Pagar $40 milhões por algo que vale $49,75 milhões faz muito sentido.

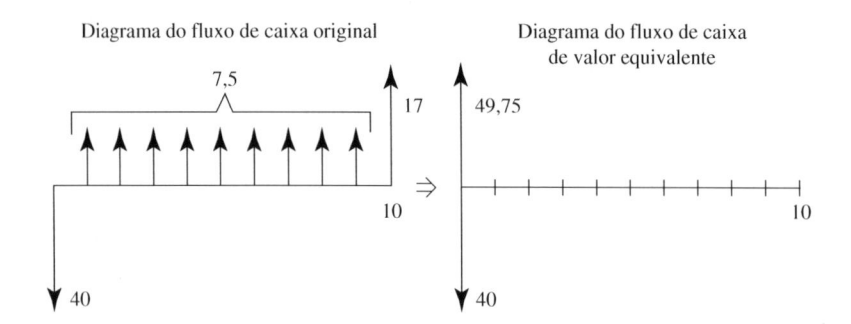

O que acabamos de fazer foi calcular o *valor presente líquido*, ou *VPL*, do píer, um importante indicador de valor de investimento:

$$\text{VPL} = \text{Valor presente das entradas de caixa} - \text{Valor presente das saídas de caixa}$$

O VPL do píer para contêineres é de $9,75 milhões.

VPL e criação de valor

A declaração de que o VPL de um investimento é de $9,75 milhões pode não gerar muito entusiasmo na hora do cafezinho, de modo que é importante fornecer uma definição mais atraente do conceito. O VPL de um investimento nada mais é que uma medida de quanto você enriquecerá ao fazer o investimento. Assim, a riqueza da Pacific aumentará $9,75 milhões ao construir o píer porque a empresa paga $40 milhões por um ativo que vale $49,75 milhões.

Trata-se de uma percepção importante. Há anos, um mantra comum a acadêmicos, gurus da administração e um número crescente de executivos experientes tem sido o de que o objetivo de vida dos administradores deve ser criar valor para os proprietários. Uma grande realização das finanças foi fazer a criação de valor passar de um *slogan* administrativo para uma ferramenta de tomada de decisão prática que não só indica quais atividades criam valor, como também estima o montante do valor criado. Quer criar valor para os proprietários? Eis como: adote atividades de VPL positivo – quanto mais alto o VPL, melhor – e abandone as atividades de VPL negativo. Trate as atividades de VPL zero como marginais, porque nem criam nem destroem riqueza.

Por meio de símbolos, quando

VPL > 0, aceitar o investimento.
VPL < 0, rejeitar o investimento.
VPL = 0, o investimento é marginal.

A relação custo-benefício

O valor presente líquido é um indicador de valor perfeitamente aceitável e, se tudo o que você quer é uma maneira de analisar oportunidades de investimento, fique à vontade para saltar algumas linhas e ir direto à "Determinação dos Fluxos de Caixa Relevantes". Por outro lado, se você quiser estar apto a se comunicar com outras pessoas que usem indicadores de valor diferentes mas igualmente aceitáveis, e se quiser diminuir o trabalho associado à análise de determinados tipos de investimento, precisará estudar mais algumas páginas.

Outro indicador de valor ajustado pelo tempo, popular nos setores governamentais, é a *relação custo-benefício* (*RCB*), também conhecida como *índice de lucratividade* e definida como

$$RCB = \frac{\text{Valor presente das entradas de caixa}}{\text{Valor presente das saídas de caixa}}$$

A RCB do píer é de 1,24 ($49,75/$40). É claro que um investimento será atraente se sua RCB for maior que 1,0 e não o será se a RCB for menor que 1,0.

A taxa interna de retorno

O indicador de valor mais popular entre os executivos é, sem dúvida, um parente próximo do VPL conhecido como *taxa interna de retorno*, ou *TIR*. Para exemplificar a TIR e demonstrar sua relação com o VPL, vamos acompanhar as fantásticas aventuras do gerente da Pacific Rim Resources para a área de Seattle enquanto tenta obter aprovação para o investimento no píer. Após determinar que o VPL do píer é positivo à taxa de desconto de 10%, o gerente encaminha sua análise ao tesoureiro da empresa, com pedido de aprovação. O tesoureiro responde que está impressionado com a metodologia do gerente, mas acredita que, no atual ambiente de juros, uma taxa de desconto de 12% seria mais apropriada. Então, o gerente calcula um novo VPL com taxa de desconto de 12% e conclui que este é de $5,44 milhões – ainda positivo, mas consideravelmente menor do que o valor original de $9,75 milhões ($5,44 milhões = $45,44 milhões, como vemos a seguir, – $40 milhões).

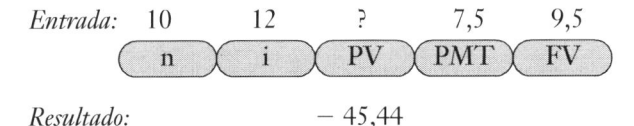

Entrada: 10   12   ?   7,5   9,5
            n   i   PV   PMT   FV

Resultado: – 45,44

Frente a esse dado, o tesoureiro concorda, relutante, em aceitar o projeto e encaminha a proposta ao diretor de finanças. (O fato de o VPL cair com o aumento da taxa de desconto não deve surpreender, já que todas as entradas de caixa do píer se dão no futuro e uma taxa de desconto mais elevada reduz o valor presente dos fluxos futuros.)

O diretor de finanças, que é ainda mais conservador que o tesoureiro, também louva a metodologia, mas argumenta que, com todos os riscos envolvidos e com a dificuldade de levantar dinheiro, será necessário adotar uma taxa de desconto de 18%. Após fazer, mais uma vez, todos os seus cálculos, o infeliz gerente de área de Seattle vê que, à taxa de desconto de 18%, o VPL passa a ser de −$4,48 milhões (−$4,48 milhões = $35,52 milhões, como vemos adiante, −$40 milhões).

Entrada: 10   18   ?   7,5   9,5

| n | i | PV | PMT | FV |

Resultado: − 35,52

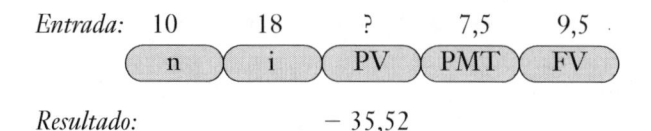

Como o VPL agora é negativo, o diretor de finanças, revelando seu passado de gerente de crédito em um banco, rejeita alegremente a proposta. Os esforços do gerente foram infrutíferos, mas pelo menos ele nos ajudou a entender a TIR.

A Tabela 7.2 sintetiza os cálculos do gerente. Com base nessa figura, fica claro que algo de crítico se dá com o valor do píer como investimento à medida que a taxa de desconto passa de 12 para 18%. Em algum lugar desse intervalo, o VPL passa de positivo para negativo e o investimento se torna inaceitável. A taxa de desconto crítica em que ocorre essa mudança é a TIR do investimento.

Formalmente, a TIR de um investimento é definida como

TIR = Taxa de desconto à qual o VPL de um investimento é igual a zero

A TIR é mais um indicador de valor. O critério de aceitação a que a TIR deve ser comparada é o custo de oportunidade do capital do investimento. Se a TIR do investimento for superior ao custo de oportunidade do capital, o investimento será atraente, e vice-versa. Se a TIR for igual ao custo do capital, o investimento será marginal.

Mais uma vez usando símbolos, sendo K o custo de oportunidade do capital, se

TIR > K, aceitar o investimento.
TIR < K, rejeitar o investimento.
TIR = K, o investimento é marginal.

O leitor ficará feliz em saber que na maioria dos casos (mas, infelizmente, nem sempre), a TIR e o VPL rendem as mesmas recomendações de investimento. Ou seja, na maioria dos casos, se um investimento for atraente com base em sua TIR, também apresentará um VPL positivo, e vice-versa. A Figura 7.2 ilustra a relação entre o VPL do píer e sua TIR, ao plotar as informações da Tabela 7.2. Observe que o VPL do píer é igual a 0 a uma taxa de desconto de aproximadamente 15%, sendo essa, por definição, a TIR do projeto. A qualquer custo do capital abaixo de 15%, o VPL será positivo e a TIR também excederá o custo

Tabela 7.2 VPL do píer de contêineres a diferentes taxas de desconto

Taxa de desconto	VPL
10%	$9,75 milhões
12	5,44
	← TIR = 15%
18	− 4,48

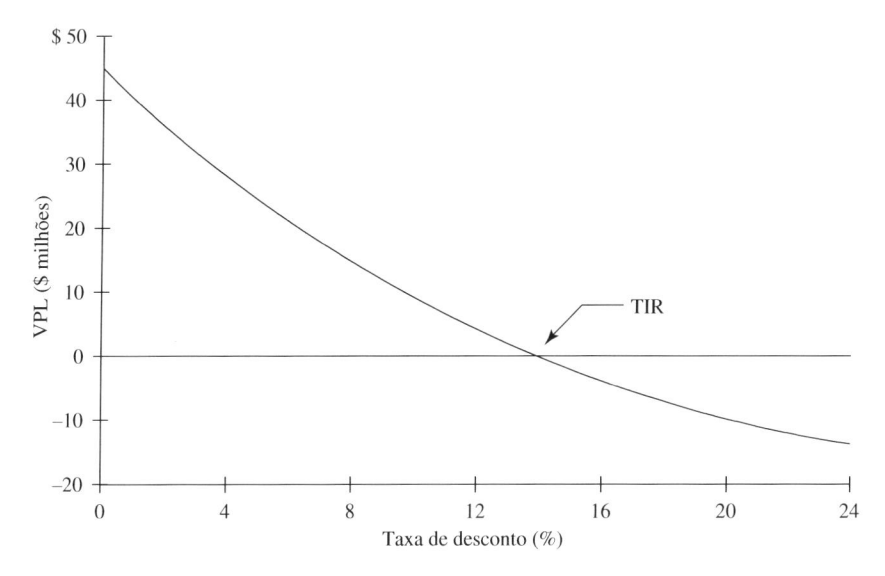

Figura 7.2 VPL do píer de contêineres a diferentes taxas de desconto.

do capital, de modo que, pelas duas perspectivas, o investimento será aceitável. Quando o custo do capital supera 15%, temos o resultado inverso e o investimento será inaceitável pelos dois critérios.

A Figura 7.2 sugere diversas maneiras informativas de interpretar a TIR de um investimento. Uma é que a TIR seria uma taxa de *break-even* no sentido de que a todos os custos de capital abaixo da TIR, o investimento será atraente, mas a todos os custos de capital acima da TIR, não o será. Outra interpretação, mais importante, é que a TIR é a taxa à qual o dinheiro remanescente em um investimento aumenta, ou se capitaliza. Assim, a TIR é comparável, sob todos os aspectos, à taxa de juros de um empréstimo bancário ou depósito de poupança. Isso quer dizer que podemos comparar a TIR de um investimento diretamente com o custo percentual anual do capital a ser investido. Não podemos dizer o mesmo de outras medidas mais simples de retorno, como a taxa contábil de retorno, porque não incorporam adequadamente o valor do dinheiro no tempo.

Calcular uma TIR costuma envolver uma busca por tentativa e erro pelo número certo. Isso pode causar problemas quando usamos tabelas de valor presente, mas não apresenta qualquer dificuldade quando optamos por um computador ou uma calculadora – embora você possa perceber uma pausa mais significativa com a calculadora, enquanto ela busca o valor correto. O cálculo a seguir confirma que a TIR do píer é de 15%.

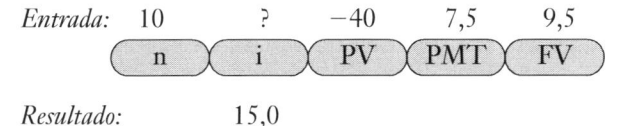

Entrada:	10	?	−40	7,5	9,5
	n	i	PV	PMT	FV

Resultado: 15,0

> **O investimento no píer para contêineres equivale economicamente a uma conta bancária que pague juros anuais de 15%**
>
> Para confirmar que a TIR de um investimento é equivalente à taxa de juros de uma conta bancária, suponha que, em vez de construir o píer, a Pacific Rim Resources deposite os $40 milhões do custo de construção em uma conta bancária que renda 15% de juros ao ano. A tabela a seguir mostra que a Pacific pode, então, usar essa conta para replicar com precisão os fluxos de caixa proporcionados pelo píer e que, tal como no caso do investimento, a conta vai se exaurir em 10 anos. Em outras palavras, ignorando diferenças de risco, o fato de que a TIR do píer é de 15% significa que o investimento é economicamente equivalente a uma conta de poupança que pague essa taxa.
>
> | | ($ milhões) | | | |
> |---|---|---|---|---|
> | Ano | Principal no início do período | Juros recebidos a 15% | Principal no fim do período | Retiradas = fluxos de caixa do investimento |
> | 1 | $40,0 | $6,0 | $46,0 | $7,5 |
> | 2 | 38,5 | 5,8 | 44,3 | 7,5 |
> | 3 | 36,8 | 5,5 | 42,3 | 7,5 |
> | 4 | 34,8 | 5,2 | 40,0 | 7,5 |
> | 5 | 32,5 | 4,9 | 37,4 | 7,5 |
> | 6 | 29,9 | 4,5 | 34,4 | 7,5 |
> | 7 | 26,9 | 4,0 | 30,9 | 7,5 |
> | 8 | 23,4 | 3,5 | 26,9 | 7,5 |
> | 9 | 19,4 | 2,9 | 22,3 | 7,5 |
> | 10 | 14,8 | 2,2 | 17,0 | 17,0 |

A Tabela 7.3 exemplifica os cálculos referentes ao píer em uma planilha Excel. As três células da coluna intitulada "Equação" normalmente não apareceriam em uma planilha eletrônica: são as equações que criei para programar o computador a fim de calcular os indicadores de valor apresentados na coluna "Resposta". Cada equação explora o fato de que todas as planilhas eletrônicas contêm embutidas diversas funções que realizam diferentes cálculos financeiros. A função VPL calcula o valor presente dos fluxos de caixa que aparecem no intervalo que vai de C3 até L3, à taxa de juros especificada na célula C5. Desse valor presente, subtraí a despesa inicial de $40 milhões que consta na célula B3 para calcular o valor presente líquido desejado. A função TIR calcula a taxa interna de retorno dos valores que constam nas células B3 até L3. Para ajudar na procura iterada pela TIR, a função pede uma estimativa inicial de qual seria a TIR; usei aqui 12%.

Um erro comum que deve ser evitado: a função VPL calcula o valor presente líquido de um intervalo numérico qualquer *para um período antes da ocorrência do primeiro fluxo de caixa*. Isso quer dizer que se eu tivesse digitado "vpl (C5, B3:L3)", o computador calcularia o VPL no período –1. Para evitar esse proble-

Tabela 7.3 Cálculos de VPL, TIR e RCB estimados do píer com uma planilha eletrônica

	A	B	C	D	E	F	...	K	L
1	FLUXO DE CAIXA ANUAL ESTIMADO ($ milhões)								
2	Ano		0	1	2	3	4	...	9	10
3	Fluxo de caixa	($40)	7,5	7,5	7,5	7,5	...	7,5	17
4									
5	Taxa de desconto:		10%						
6									
7					Equação			Resposta	
8	Valor presente líquido (VPL)				= VPL (C5, C3:L3) + B3			$9,75	
9									
10	Relação custo-benefício (RCB)				= VPL (C5, C3:L3) / − B3			1,24	
11									
12	Taxa interna de retorno (TIR)				= TIR (B3: L3, 0.12)			15%	

ma, calculei o VPL dos fluxos de caixa dos anos 1 a 10 e depois somei o fluxo de caixa do período 0.

Algumas aplicações e extensões

Os conceitos de fluxo de caixa descontado são as bases de grande parte das finanças. Para demonstrar sua versatilidade, aguçar seu domínio dos conceitos e introduzir alguns tópicos a que nos referiremos mais adiante, quero considerar diversas aplicações e extensões úteis.

Avaliação de títulos de renda fixa

Os investidores usam regularmente as técnicas de fluxos de caixa descontado para avaliar títulos. Por exemplo, suponhamos que os títulos da ABC Corporation tenham um cupom de 8% ao ano, valor ao par de $1.000 e nove anos até o vencimento. Um investidor quer determinar o máximo que deveria pagar pelos títulos se quisesse ganhar pelo menos 7% sobre seu investimento. O diagrama de fluxos de caixa é:

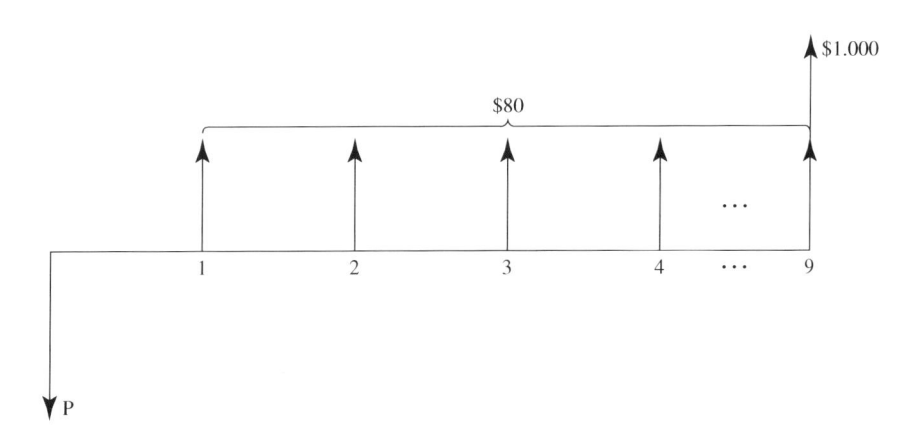

Essencialmente, o investidor quer encontrar P tal que seja equivalente ao valor dos recebimentos futuros de caixa descontados a 7%. Calculando o valor presente, vemos que é igual a $1.065,15, o que significa que o retorno que ele obterá em 9 anos será exatamente de 7% quando ele pagar esse valor pelo título.

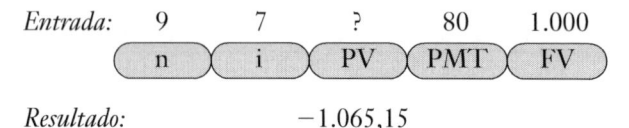

Entrada:	9	7	?	80	1.000
	n	i	PV	PMT	FV

Resultado: −1.065,15

Além disso, sabemos que seu retorno será menor que 7% quando ele pagar mais que isso e maior que 7% quando ele pagar menos.

O mais comum é um investidor saber o preço de um título e querer saber o retorno nele implícito. Se os títulos da ABC Corp. estão sendo vendidos a $1.030, o investidor quer saber o retorno que obterá se os comprar e retiver até o vencimento. No jargão do mercado, ele quer saber o *yield to maturity* do título. Fazendo os cálculos necessários, vemos que o *yield to maturity (YTM)*, ou TIR no vencimento, do título é de 7,53%.

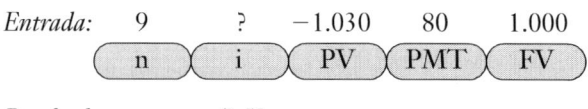

Entrada:	9	?	−1.030	80	1.000
	n	i	PV	PMT	FV

Resultado: 7,53

TIR de uma perpetuidade

Alguns títulos dos governos britânico e francês não têm data de vencimento e simplesmente prometem eternamente a taxa de juros neles declarada. Anuidades que duram para sempre são chamadas de *perpetuidades*. Muitas ações preferenciais são perpetuidades. Mais adiante, no Capítulo 9, quando avaliarmos empresas, iremos de tempos em tempos achar conveniente pensar nos fluxos de caixa da empresa como se fossem perpetuidades.

Como calcular o valor presente de uma perpetuidade? Na verdade é tão simples que chega a ser embaraçoso. Começamos pela observação de que o valor presente de uma anuidade que pague $1 por ano por 100 anos, descontada a, digamos, 12%, é de apenas $8,33!

Entrada:	100	12	?	1	—
	n	i	PV	PMT	FV

Resultado: −8,33

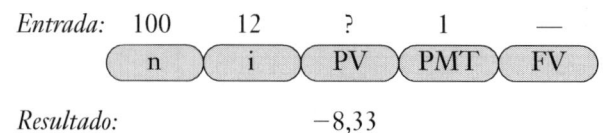

Imagine só: apesar de o portador receber um total de $100, o valor presente é de menos que $9. Por quê? Porque se o investidor colocar, hoje, $8,33 em uma conta bancária que renda 12% ao ano, poderá retirar aproximadamente $1 em juros a cada ano *para sempre*, sem tocar no principal (12% × $8,33 = $0,9996). Consequentemente, $8,33 hoje têm aproximadamente o mesmo valor que $1 por ano para sempre.

Isso sugere a seguinte fórmula simples para o valor presente de uma perpetuidade. Seja A o recebimento anual, r a taxa de desconto e P o valor presente:

$$P = \frac{A}{r}$$

e

$$r = \frac{A}{P}$$

Para exemplificar, suponha que uma ação preferencial seja vendida a $480 e prometa um dividendo anual de $52 eternamente. Então, sua TIR será de 10,8% (52/480). Como as equações são muito simples, as perpetuidades são utilizadas para precificar ativos de vida longa e em muitos exemplos dados em livros-texto.

Custo anual equivalente

Na maioria dos cálculos de fluxo de caixa descontado, procuramos um valor presente ou uma taxa interna de retorno, mas nem sempre este será o caso. Suponhamos, por exemplo, que a Pacific Rim Resources esteja considerando alugar por $40 milhões seu píer de contêineres para uma grande armadora coreana por um prazo de 12 anos. A Pacific Rim acredita que o píer terá valor residual de $4 milhões ao fim desse período. Para consumar a transação, a empresa precisa saber o valor anual que precisa cobrar para recuperar seu investimento, inclusive o custo de oportunidade dos recursos empregados. Essencialmente, a Pacific Rim precisa de um número que converta o dispêndio inicial e o valor residual em um pagamento anual de igual valor. À taxa de juros de 10% e desconsiderando os impostos, o aluguel anual necessário é de $5,68 milhões.

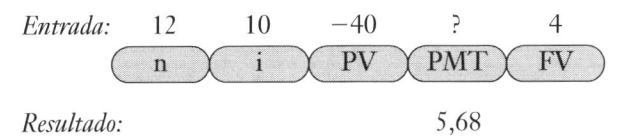

Entrada: 12   10   −40   ?   4
             n   i   PV   PMT   FV

Resultado: 5,68

Essa quantidade, conhecida como *custo anual equivalente* do investimento, é o custo anual efetivo do píer ajustado em relação ao tempo. O cálculo nos diz que se a Pacific Rim estabelecer o aluguel no mesmo nível do custo anual equivalente do píer, obterá TIR de exatamente 10% sobre o investimento. Teremos mais a dizer sobre os custos anuais equivalentes no Apêndice deste capítulo.

Alternativas mutuamente excludentes e racionamento de capital

Agora vamos tratar brevemente de dois fatos comuns que muitas vezes complicam a seleção de investimentos. O primeiro é conhecido como *alternativas mutuamente excludentes*. Frequentemente há mais de um meio de alcançar um objetivo, e o problema de investimento passa a ser escolher a melhor alternativa. Nesse caso, dizemos que os investimentos são mutuamente excludentes. Há muitos exemplos de alternativas mutuamente excludentes, inclusive a

Nota sobre diferentes períodos de composição

Para simplificar, admiti que o período de composição de todos os cálculos de fluxo de caixa descontado fosse de um ano. Mas, claro, isso nem sempre é verdade. Nos Estados Unidos e na Inglaterra, os juros dos *títulos* são calculados e pagos semestralmente; muitos emitentes de cartões de crédito usam composição mensal e alguns instrumentos de poupança anunciam composição diária.

A existência de diferentes períodos de composição nos força a distinguir entre duas taxas de juros: uma taxa de juros de cotação, frequentemente chamada de *taxa percentual anual*, ou APR (de *annual percentage rate*), e uma taxa verdadeira, conhecida como taxa efetiva anual, ou EAR (de *effective annual rate*.)

Para entender a diferença, sabemos que se colocarmos $1 para trabalhar a juros de 10% compostos anualmente, o investimento valerá $1,10 em um ano. Mas quanto valerá se o período de composição for semestral? Para descobrir, precisamos dividir a taxa de juros declarada por 2 e dobrar o número de períodos de composição. Assim, ao fim de seis meses, o investimento valerá $1,05 e, ao fim do ano, valerá $1,1025 ($1,05 + 0,05 × $1,05). Com a composição semestral, os juros ganhos no primeiro período de composição rendem juros no segundo, levando a um valor final um pouco maior. Assim, embora a taxa declarada de juros seja de 10%, a composição semestral eleva o rendimento efetivo para 10,25%. A APR da conta é de 10%, mas sua EAR é de 10,25%.

Sendo *m* o número de períodos de composição em um ano, podemos generalizar esse exemplo com a seguinte expressão:

$$EAR = \left(1 + \frac{APR}{m}\right)^m - 1$$

Assim, a taxa de juros anual efetiva de uma conta de poupança a 6% com composição diária será de $(1 + 0,06/365)^{365} - 1 = 6,18\%$, enquanto a taxa efetiva de juros de um empréstimo no cartão de crédito que cobre 18%, compostos mensalmente, será de $(1 + 0,18/12)^{12} - 1 = 19,56\%$.

Essa história tem duas morais. Primeiro, quando o período de composição de um instrumento é inferior a um ano, sua taxa de juros efetiva é a EAR, não a APR. Segundo, ao comparar instrumentos com diferentes períodos de composição, é preciso analisar suas EAR, não suas APR. Isso poderia ser de pouca importância, não fosse pelo fato de a prática normal, fortemente amparada pela legislação norte-americana de proteção ao devedor (*Federal Truth in Lending laws*), enfatizar as APR e praticamente ignorar as EAR.

---

opção entre construir uma estrutura de madeira ou de alvenaria, ou ir para o trabalho de carro ou de ônibus, ou construir um prédio de 30 ou de 40 andares. Embora cada uma das opções em cada par cumpra o objetivo e possa ser individualmente atraente, não faz sentido, do ponto de vista econômico, adotar mais de uma delas. Se você decidir ir para o trabalho de ônibus, dirigir até o escritório ao mesmo tempo seria um feito notável. Ao deparar com alternativas mutuamente excludentes, portanto, não basta decidir se cada uma é atraente: é preciso determinar qual é a melhor. Os investimentos mutuamente excludentes contrastam com os investimentos independentes, nos quais o problema de análise de investimentos é simplesmente aceitar ou rejeitar um investimento único.

Quando os investimentos são independentes, os três indicadores de valor apresentados anteriormente – VPL, RCB e TIR – gerarão a mesma decisão, mas isso não se aplica mais quando os investimentos são mutuamente excludentes. Em todos os exemplos dados, supomos a independência.

Um segundo complicador em muitas avaliações de investimento é conhecido como *racionamento de capital*. Até aqui supomos haver dinheiro bastante para permitir à empresa adotar todas as oportunidades atraentes. Por outro lado, sob o racionamento de capital, o tomador de decisões tem um orçamento de investimento fixo que pode ser imposto externamente pela indisposição dos investidores de fornecer mais dinheiro, ou internamente pela alta administração às unidades operacionais de uma empresa, como meio de controlar o montante que cada unidade investe. Seja em um caso ou no outro, a decisão de investimento, sob racionamento de capital, exige que o analista *classifique* as oportunidades de acordo com o seu valor como investimento e aceite apenas as melhores entre elas.

Tanto as alternativas mutuamente excludentes quanto o racionamento de capital exigem a classificação dos investimentos, mas as semelhanças param por aí. Com os investimentos mutuamente excludentes, há dinheiro disponível, mas, por razões tecnológicas, só podem ser aceitos alguns dos investimentos; com o racionamento de capital, o complicador é a escassez de dinheiro. Além disso, até mesmo os critérios usados para classificar os investimentos variam de um caso para o outro, de modo que o melhor investimento entre alternativas mutuamente excludentes pode não ser o melhor em condições de racionamento de capital. O Apêndice deste capítulo trata desses aspectos técnicos e indica quais indicadores de valor são apropriados a cada situação.

A taxa interna de retorno em perspectiva

Antes de tratar da determinação dos fluxos de caixa relevantes na análise de investimentos, quero oferecer mais algumas reflexões sobre a TIR. Essa taxa tem duas vantagens claras em relação ao VPL e à RCB. Primeiro, ela é mais atraente em termos intuitivos. A afirmação de que a TIR de um possível investimento é de 45% tem maior probabilidade de causar animação do que a exclamação de que o VPL é de $12 milhões ou de que a RCB é de 1,41. Segundo, a TIR às vezes permite desconsiderar a difícil tarefa de determinar a taxa de desconto apropriada para um investimento. Assim, quando a TIR de um possível investimento de risco normal é de 80%, teremos certeza de que haverá um vencedor a qualquer taxa de desconto dentro do razoável. E quando a TIR é de 2%, teremos igual certeza de que um perdedor, independentemente da taxa. Os únicos casos em que temos que nos preocupar com uma taxa de desconto precisa são aqueles em que a TIR está na faixa marginal de, digamos, 5 a 25%.

Isso difere do VPL e da RCB, nos quais a taxa de desconto é, necessariamente, um pré-requisito para a análise.

Infelizmente, a TIR também é afetada por diversos problemas técnicos que comprometem seu uso e, embora este livro não seja o foro adequado para uma descrição detalhada desses problemas, é bom que você saiba que eles existem. (Para mais informações, ver um dos livros citados no final deste capítulo.) Uma dificuldade é que, em alguns casos raros, um só investimento pode ter múltiplas TIR, ou seja, seu VPL pode ser igual a zero para duas ou mais taxas de desconto. Outros investimentos podem não ter TIR; seus VPL são sempre positivos (ou também sempre negativos) a quaisquer taxas. Outro problema, mais sério, que será discutido no Apêndice, é o fato de que a TIR é inválida como elemento de análise de alternativas de investimento mutuamente excludentes ou em condições de racionamento de capital.

Portanto, de maneira geral, a TIR é como muitos políticos: interessantes mas com limitações. Embora um técnico diligente possa superar cada um dos problemas apresentados, pergunto-me se isso vale a pena quando o VPL oferece uma alternativa simples e direta. Em minha opinião, o que se deve ter em mente quanto à TIR é que é bom reconhecer seu apelo intuitivo, mas também é bom ler a bula antes de usar.

DETERMINAÇÃO DOS FLUXOS DE CAIXA RELEVANTES

Agora é hora de deixar a calculadora de lado e enfrentar a etapa mais difícil ao avaliar oportunidades de investimento. O cálculo de um indicador de valor exige compreensão do valor do dinheiro no tempo e da equivalência, e de um pouco de álgebra também. Mas isso não é nada frente às dificuldades existentes na estimativa dos fluxos de caixa relevantes de um investimento. O cálculo dos indicadores de valor só exige competência técnica; a determinação dos fluxos de caixa relevantes requer capacidade de julgamento e perspectiva empresarial.

São dois os princípios que regem a determinação dos fluxos de caixa relevantes. Ambos são óbvios quando declarados de modo abstrato, mas podem ser muito difíceis de aplicar na prática:

1. *O princípio do fluxo de caixa:* como o dinheiro tem valor no tempo, é preciso registrar os fluxos de caixa de um investimento quando o dinheiro é efetivamente movimentado, não quando o contador diz que esses fluxos ocorrem com base no conceito de competência. E, se o dinheiro não se movimentar, não deve ser contado.

2. *O princípio do com ou sem:* imagine dois mundos, um em que o investimento é feito e outro em que não é. Todos os fluxos de caixa que diferem nesses dois mundos são relevantes para a decisão e todos os que são iguais são irrelevantes.

O exemplo a seguir ilustra a aplicação prática desses princípios a diversos problemas comuns de estimativa de fluxo de caixa.

Nina Sanders, recém-nomeada gerente-geral da divisão de dispositivos móveis da Plasteel Communications, está com um problema. Antes de sua nomeação, os executivos da divisão haviam proposto a criação de uma nova e inovadora linha de telefones celulares. Os valores gerados pelos analistas da divisão pareciam excelentes, mas, quando a proposta foi apresentada ao Comitê de Avaliação de Investimentos da empresa, foi atacada por todos os lados. Um membro do Comitê disse que era "amadorística"; outro acusou a divisão de Sanders de "tentar roubar" seus ativos. Surpreso pelo conteúdo emocional das manifestações e ansioso para evitar novos confrontos, o presidente do Comitê logo suspendeu a proposta, na pendência de maior análise e provável revisão por parte de Sanders. Sua tarefa, agora, era ratificar ou corrigir o trabalho de seus subordinados.

A Tabela 7.4 apresenta os custos e benefícios estimados do novo produto tal como apresentados ao Comitê, com destaque para os itens mais contestados. A

Tabela 7.4 Análise financeira da nova linha de telefones celulares ($ milhões)

	Ano					
	0	1	2	3	4	5
Instalações e equipamento	$(30)					$15
Aumento do capital de giro	(14)					
Engenharia preliminar	(2)					
Excesso de capacidade	0					
Investimento total	$(46)					
Valor residual total						$15
Vendas		$60	$82	$140	$157	$120
CMV		26	35	60	68	52
Lucro bruto		34	47	80	89	68
Despesa de juros		5	4	4	3	3
Despesas alocadas		0	0	0	0	0
Despesas administrativas e de vendas		10	13	22	25	19
Despesa operacional total		14	17	26	28	22
Lucro operacional		20	29	54	61	46
Depreciação		3	3	3	3	3
Lucro antes dos impostos		17	26	51	58	43
Imposto a 40%		7	11	20	23	17
Lucro líquido		$10	$16	$30	$35	$26
Fluxo de caixa livre	$(46)	$10	$16	$30	$35	$41
Valor presente líquido, 15%	$35					
Relação custo-benefício	1,76					
Taxa interna de retorno	37%					

Os totais podem não coincidir devido ao arredondamento.

parte superior da tabela mostra o investimento inicial e o valor residual estimado de resultado líquido daqui a cinco anos. O negócio de telefones celulares estava mudando com tanta rapidez que os executivos acreditavam que, em cerca de cinco anos, aparelhos melhores tornariam obsoleto o produto proposto. A parcela central da tabela é, essencialmente, um demonstrativo de resultados projetados para o novo produto, enquanto a parte inferior, começando por "Fluxo de caixa livre", contém a análise financeira. Segundo esses valores, a nova linha custará $46 milhões e promete taxa interna de retorno de 37%.

O fluxo de caixa livre (FCL) é a *bottom line* das projeções de investimento. É a estimativa de caixa total a ser consumido ou gerado a cada ano pelo investimento e, como tal, é o fluxo de caixa que descontamos para calcular o VPL ou a TIR do investimento. Uma definição genérica poderia ser

FCL = Lucro após impostos + Encargos não monetários − Investimento

onde veríamos o valor residual de um projeto como investimento negativo. Trataremos mais do FCL nos próximos capítulos.

Depreciação

O primeiro ponto contestado na reunião foi o tratamento que a divisão dera à depreciação. Como mostra a Tabela 7.4, os analistas da divisão seguiram a prática contábil normal de subtrair a depreciação do lucro bruto para calcular o lucro líquido. Um membro do conselho reagiu a isso afirmando que a depreciação era um encargo não monetário e, portanto, irrelevante para a decisão, ao passo que outros participantes acreditavam na relevância da depreciação, mas sustentavam que a abordagem adotada pela divisão estava incorreta. Caberia a Sanders determinar a abordagem certa.

O tratamento que os contadores dão à depreciação se parece com a maneira como os suíços contam suas vacas: contando as patas e dividindo por quatro. O problema é resolvido, mas não necessariamente da maneira mais direta. Os analistas da divisão estão certos ao observar que a deterioração física dos ativos é uma realidade econômica que precisa ser incluída na avaliação do investimento. Mas eles já o fizeram ao prever que o valor residual das novas instalações e equipamentos seria menor que o custo original. Assim, as novas instalações e equipamentos construídos hoje por $30 milhões e vendidos daqui a cinco anos por $15 milhões incluem, evidentemente, uma previsão de depreciação. Tendo incluído a depreciação por meio de um valor residual inferior ao custo original, subtrair um valor anual do resultado operacional, como querem os contadores, seria, evidentemente, dupla contagem.

E a história terminaria aqui, não fosse pelo fisco. Embora a depreciação anual seja um encargo não monetário e, portanto, irrelevante para a análise de investimentos, ela afeta o imposto devido pela empresa. E impostos *são* relevantes. Assim, precisamos adotar o seguinte procedimento em duas etapas: (1) usar técnicas contábeis por competência, inclusive o tratamento da depreciação como custo, para calcular o imposto devido; e, então, (2) acrescentar de volta o valor da depreciação ao lucro líquido para calcular o fluxo de caixa líquido FCPT ou

FCL do investimento. O FCPT é a medida correta do fluxo de caixa operacional de um investimento. Note que o FCPT é igual aos dois primeiros termos na expressão do fluxo de caixa livre recém-definida, em que a depreciação é o encargo não monetário mais comum.

A Tabela 7.4 mostra que os analistas da divisão procederam ao primeiro passo, mas não ao segundo. Deixaram de somar o valor da depreciação ao lucro líquido para calcular o FCPT. Dadas as suas estimativas, o valor apropriado para o primeiro ano seria

Fluxo de caixa líquido = Lucro líquido + Depreciação
$13 = $10 + $3

Devo acrescentar que, no decorrer das próximas páginas, faremos mais correções na tabela, resultando em outras modificações do fluxo de caixa líquido. Mas, falando estritamente da depreciação, o valor correto é de $13 milhões.

Depreciação como um benefício fiscal

Eis outra maneira de enxergar a relação entre depreciação e fluxo de caixa líquido:

A forma recomendada de calcular o fluxo de caixa líquido de um investimento é somar a depreciação ao lucro líquido:

$$FCPT = (R - C - D)(1 - T) + D$$

sendo R a receita, C o custo em forma de caixa das operações, D a depreciação e T a alíquota de impostos a que a empresa está sujeita. Combinando os termos da depreciação, a expressão pode ser escrita como

$$FCPT = (R - C)(1 - T) + TD$$

sendo o último termo conhecido como *benefício fiscal da depreciação*.

Essa expressão é interessante sob diversos aspectos. Primeiro, mostra sem qualquer ambiguidade que, se não fosse pelos impostos, a depreciação anual seria irrelevante para a estimativa do fluxo de caixa líquido de um investimento. Assim, se T for zero na expressão, a depreciação desaparecerá completamente.

Em segundo lugar, a expressão mostra que o fluxo de caixa líquido aumenta com a depreciação. Quanto mais depreciação uma empresa lucrativa puder declarar, maior será seu fluxo de caixa líquido. Por outro lado, se uma empresa não estiver pagando impostos, acrescentar a depreciação não tem qualquer valor.

Em terceiro lugar, a expressão é útil para avaliar uma categoria de investimentos conhecida como *decisões de substituição*, em que um novo item de equipamento é considerado para substituir outro antigo. Nesses casos, os custos operacionais de caixa e a depreciação podem variar entre as diversas opções de equipamento, mas a receita se mantém constante. Como a receita não muda de uma opção de equipamento para outra, o princípio com/sem nos diz que elas não são relevantes para a decisão. Atribuindo o valor zero a R, acima,

$$FCPT = (-C)(1 - T) + TD$$

Em outras palavras, os fluxos de caixa relevantes para as decisões de substituição são os custos operacionais após impostos mais o benefício fiscal da depreciação.

A seguinte tabela mostra todo o processo em duas etapas para o cálculo do fluxo de caixa líquido do primeiro ano:

Lucro operacional	$20	
Menos: Depreciação	3	
Lucro antes dos impostos	17	
Menos: Imposto a 40%	7	
Lucro líquido	10	
Mais: Depreciação	3	
Fluxo de caixa líquido	$13	

Observe a subtração da depreciação para calcular o resultado tributável e o posterior acréscimo da depreciação para o cálculo do fluxo de caixa líquido.

A tabela também sugere uma segunda maneira de calcular o FCPT:

$$\text{Fluxo de caixa líquido} = \text{Lucro operacional} - \text{Impostos}$$
$$\$13 = \$20 - \$7$$

Essa formulação mostra que a depreciação é irrelevante no que se refere ao cálculo do fluxo de caixa líquido, a não ser na medida em que afeta os impostos.

Capital de giro e fontes espontâneas

Além de aumentar o ativo fixo, muitos investimentos, especialmente aqueles feitos em novos produtos, exigem o aumento de itens de capital de giro, como estoque e contas a receber. De acordo com o princípio do com ou sem, as variações do capital de giro que sejam resultado de uma decisão de investimento são relevantes. Com efeito, em muitos casos, eles são os maiores fluxos de caixa envolvidos.

Os analistas da divisão estão, portanto, certos ao incluir em sua planilha um lançamento para variações do capital de giro. Mas os investimentos em capital de giro têm diversas características peculiares que não foram captadas pelos cálculos da divisão. Primeiro, os investimentos em capital de giro costumam aumentar e diminuir com o volume de vendas do novo produto. Em segundo lugar, são reversíveis no sentido de que, ao fim da vida útil do investimento, a liquidação dos itens de capital de giro comumente gera entradas de caixa de porte semelhante ao das saídas de caixa originais. Ou, em outras palavras, os investimentos em capital de giro costumam ter um valor residual elevado. A terceira característica típica é que muitos investimentos que exigem aumento do capital de giro também geram *fontes espontâneas* de caixa que surgem naturalmente da realização de negócios e que não têm custo explícito. São exemplos os aumentos de praticamente todos os passivos não onerosos a curto prazo, como contas a pagar, salários e impostos provisionados. O tratamento adequado para essas fontes espontâneas é subtraí-las dos aumentos do ativo circulante ao calcular o investimento em capital de giro do projeto.

Para ilustrar, a tabela a seguir mostra uma estimativa revisada do investimento em capital de giro necessário para sustentar o novo produto da divisão, admitindo (1) novos ativos circulantes líquidos de fontes espontâneas iguais a 20% do faturamento e (2) plena recuperação do capital de giro ao fim da vida útil do produto. Observe que o investimento anual é igual à variação anual do capital de giro, de modo que aumenta e diminui com as vendas.

Ano	0	1	2	3	4	5
Vendas de novos telefones	$0	$60	$82	$140	$157	$120
Capital de giro, 20% das vendas	0	12	16	28	31	24
Variação do capital de giro	0	12	4	12	3	−7
Recuperação do capital de giro						24
Investimento total de capital de giro	$0	$(12)	$(4)	$(12)	$(3)	$31

Custos já incorridos (*sunk costs*)

Um *custo já incorrido* é um custo que aconteceu anteriormente e que, segundo o princípio do com ou sem, não é relevante para as decisões do momento. Por esse critério, a inclusão de $2 milhões em despesas preliminares de engenharia já incorridas está claramente incorreta e deve ser eliminada. A resposta da divisão, de que "precisamos registrar esses custos em algum lugar, pois do contrário os engenheiros de pré-produção começarão a gastar como se dinheiro nascesse em árvore" tem seus méritos. Mas o lugar certo para reconhecer essas despesas é um orçamento em separado, não a proposta de um novo produto. Ao tomar decisões de investimento, é importante ter em mente que somos profissionais em busca da verdade, não auditores controlando custos ou administradores medindo o desempenho. Não somos, assim, reféns dos sistemas de controle ou de avaliação de desempenho adotados pela empresa.

Isso pode parecer fácil, mas eis dois exemplos em que ignorar os custos já incorridos é psicologicamente difícil. Suponhamos que você tenha comprado algumas ações ordinárias há um ano por $100 cada e que essas ações estejam sendo negociadas a $70. Embora acredite que $70 por ação é um excelente preço tendo em vista os prospectos da empresa, você estaria preparado para assumir seu erro e vender imediatamente, ou ficaria tentado a manter as ações na esperança de recuperar seu investimento original? O princípio do com ou sem diz que o preço de $100 é um custo em que já se incorreu e, portanto, irrelevante, salvo por possíveis efeitos fiscais, de modo que o certo seria vender as ações. A natural e humana relutância em admitir erros e a perspectiva assustadora de precisar justificar o erro perante um cônjuge ou um chefe cético muitas vezes turvam o raciocínio.

Outro exemplo: suponha que o departamento de P&D de uma empresa tenha investido 10 anos e $10 milhões no aperfeiçoamento de uma nova lâmpada de longa duração. A estimativa original era de prazo de desenvolvimento de dois anos e custo de $1 milhão e, a cada ano, o P&D ampliou o prazo e o custo de desenvolvimento. Agora, a estimativa é de apenas mais um ano e despesa adicional de apenas $1 milhão. Como o valor presente dos benefícios dessa lâmpada é de somente $4 milhões, há na empresa a forte sensação de que o projeto deve ser encerrado e que, seja quem for que venha aprovando os aumentos de orçamento ano após ano, deve ser demitido.

Em retrospecto, é claro que a empresa jamais deveria ter dado início aos trabalhos ligados a essa nova lâmpada. Mesmo que o projeto seja bem-sucedido, o custo terá sido bem superior aos benefícios. Mas em qualquer ponto do processo de desenvolvimento, inclusive a decisão de hoje, pode ter sido racional dar continuidade aos esforços. Os desembolsos do passado estão perdidos, de modo que a única questão em aberto é determinar se os benefícios previstos superam os custos *restantes* necessários para concluir o desenvolvimento. As despesas já incorridas só são relevantes na medida em que influenciam a avaliação que se faz sobre a estimativa dos custos remanescentes ser correta ou não. Assim, se você acreditar nas atuais estimativas, o projeto da lâmpada deve prosseguir por mais um ano.

Custos alocados

O correto tratamento da depreciação, do capital de giro e do custo já incorrido na avaliação de investimentos é comparativamente simples. Mas agora as coisas vão ficar um pouco mais complicadas. Segundo o *Manual de Análise de Investimentos* da Plasteel Communications,

> Novos investimentos que aumentem as vendas devem arcar com a justa parcela das despesas corporativas indiretas (*overhead*). Assim, todas as propostas de novos produtos, sem exceção, devem incluir um encargo anual de *overhead* igual a 14% das vendas.

Mas, como mostra a Tabela 7.4, os analistas da divisão ignoraram essa diretriz em sua análise do novo aparelho. Eles fizeram isso com base na ideia de que o manual estaria errado, e que alocar despesas de *overhead* a novos produtos violaria o princípio do com ou sem e sufocaria a criatividade. Em suas palavras, "se projetos entusiasmantes como este tiverem que arcar com os custos de peso morto do *overhead* corporativo, jamais seremos competitivos nesse mercado".

A questão aqui refere-se a se despesas não diretamente associadas a um novo investimento, como o salário do presidente e as despesas dos departamentos jurídico e contábil, são relevantes para a decisão. Uma leitura direta do princípio do com ou sem nos diz que, se o salário do presidente não mudar por causa do novo investimento, ele é irrelevante, assim como as despesas dos departamentos contábil e jurídico, se se mantiverem inalteradas. Até aí, tudo está claro: se não mudarem, não são relevantes.

Mas quem disse que essas despesas não mudarão com o novo investimento? De fato, parece ser uma realidade inevitável que, com o passar do tempo e o crescimento das empresas, os salários de seus presidentes aumentam, junto com as despesas dos departamentos jurídico e contábil. A questão, portanto, não se refere à alocação das despesas, mas a se elas variam ou não com o porte da empresa. Embora seja impossível identificar uma relação direta de causa e efeito entre essas despesas e o aumento das vendas, é provável que exista uma relação de mais longo prazo entre as duas coisas. Consequentemente, faz sentido exigir que todos os investimentos que aumentam as vendas arquem com uma parte daqueles custos alocados que também aumentam com as vendas. Lembre-se de que custos alocados não são necessariamente custos fixos.

Um problema correlato surge com investimentos para a redução de custos. Para exemplificar, muitas empresas alocam custos de *overhead* a departamentos ou divisões proporcionalmente às despesas de salários em que a unidade já incorreu diretamente. Suponhamos que um gerente de departamento que opere em um ambiente como esse tenha a oportunidade de investir em um ativo que poupará trabalho. Da perspectiva do departamento, esse ativo oferece dois benefícios: (1) uma redução da despesa salarial direta e (2) uma redução dos custos de *overhead* alocados ao departamento. Mas, do ponto de vista da empresa como um todo e da perspectiva econômica correta, só conta como benefício a redução do trabalho direto, já que o *overhead* da empresa como um todo não é afetado pela decisão. O *overhead* é apenas realocado de um centro de custos para outro.

Canibalização

Durante a reunião, o gerente de produto de outra divisão argumentou que a nova proposta de telefone era "incompleta e excessivamente otimista". Ele ressaltou dois pontos. Primeiro, a decisão deveria ser feita a partir de uma perspectiva empresarial, não a partir de uma limitação divisional. Em segundo lugar, a partir dessa perspectiva, os fluxos de caixa projetados devem refletir a realidade de que o novo telefone canibalizará as vendas das ofertas existentes. Ou seja, o novo telefone atrairá um número de clientes que, de outra forma, adquiririam um dos produtos existentes da empresa. Segundo seus cálculos, o novo telefone atrairia cerca de 10% da base de clientes de sua divisão, resultando em fluxos de caixa perdidos de aproximadamente $7 milhões por ano. Ele argumentou que, no mínimo, esse valor deve aparecer como um custo anual nos fluxos de caixa projetados do novo telefone.

O gerente de produto está certo: a decisão deve ser tomada a partir de uma perspectiva empresarial. Além disso, o princípio com ou sem parece apoiar sua afirmação de que o novo produto deve arcar com todos os custos da canibalização. Mas será isso mesmo? A Plasteel Communications certamente não é a única inovadora entre os fabricantes de telefones celulares. Suponha, por exemplo, que HTC ou Nokia provavelmente introduzam um novo telefone semelhante, quer a Plasteel faça isso ou não. Nessa circunstância, as vendas em questão serão perdidas independentemente do que a Plasteel decida fazer, não sendo, então, relevantes para a decisão. Enfim, se as perdas devido à canibalização são articulações relevantes no grau da concorrência, o mantra adequado em mercados competitivos é "melhor comermos nosso almoço do que o de nossos concorrentes". Acredito que Nina Sanders esteja correta ao ignorar os custos da canibalização na Tabela 7.4. Do contrário, seria erguer uma barreira perigosa à inovação.

O tratamento da canibalização nas decisões de alocação de recursos pode ter implicações estratégicas importantes. Com frequência, as empresas dominantes em um setor são relutantes em adotar novas e rompentes tecnologias devido à preocupação com a canibalização das atividades lucrativas existentes. Esta relutância em inovar pode abrir a porta para novas entrantes menores, que não têm essas preocupações, para competir com eficácia contra gigantes entrincheiradas. Um caso em questão é o próprio setor de telefonia celular, em que a insignificante McCaw Cellular Communications concorreu de igual para igual contra a gigante AT&T durante muitos anos, em grande parte porque a AT&T estava preocupada que as receitas de telefonia celular somente canibalizariam as receitas das linhas fixas a nenhum ganho líquido. Apenas em 1994, quando o setor de telefonia celular realmente ameaçou comer o almoço da AT&T, essa gigante agiu ao comprar a McCaw por mais de $10 bilhões.

Excesso de capacidade

O debate mais acirrado sobre o novo produto proposto envolve o plano da divisão de dispositivos móveis de usar a capacidade de produção ociosa de outra divisão. Três anos antes, a divisão de interruptores acrescentara uma nova linha de produção, que agora está operando a apenas 50% da sua capacidade. Os analistas da divisão de dispositivos móveis acharam que poderiam dar bom uso a essa capacidade ociosa, fabricando ali diversos subcomponentes do seu novo aparelho de telefone. Do ponto de vista desses analistas, o uso da capacidade ociosa evitaria uma grande despesa de capital e pouparia dinheiro da empresa. Assim, eles atribuíram custo zero ao uso da capacidade ociosa. O gerente-geral da divisão de interruptores discordava. Argumentava, veementemente, que os ativos eram seus, que ele pagara por eles e não os entregaria de mão beijada. Exigia que a divisão de dispositivos móveis comprasse sua capacidade ociosa por um preço justo ou construísse sua própria linha de produção. Ele estimava que a capacidade ociosa valesse pelo menos $20 milhões. Os analistas da divisão de dispositivos móveis diziam que isso era bobagem. A capacidade ociosa já estava paga e era, portanto, um custo já incorrido para a decisão em questão.

Por motivos técnicos, muitas vezes é necessário adquirir mais capacidade do que o necessário para cumprir uma determinada tarefa, e isso levanta a questão de como lidar com o excesso de capacidade. Nesse caso, como em tantos outros, a resposta depende dos planos da empresa para o futuro. Se a divisão de interruptores não tiver uso alternativo para a capacidade ociosa, seja agora ou no futuro, não serão desencadeados quaisquer fluxos de caixa quando a divisão de dispositivos móveis a utilizar. A capacidade ociosa terá, então, custo zero. Se, por outro lado, a divisão de interruptores tiver usos alternativos imediatos para seu excesso de capacidade, ou se for precisar da capacidade no futuro, haverá custos associados a seu uso por parte da divisão de dispositivos móveis e esses custos deverão constar na proposta do novo produto.

Para dar um exemplo concreto, suponhamos que a divisão de interruptores estime que precisará da capacidade ociosa daqui a dois anos para acomodar seu próprio crescimento. Nesse caso, será adequado atribuir custo zero à capacidade pelos primeiros dois anos, mas exigir que o novo produto da divisão de dispositivos móveis arque com o custo da nova capacidade a partir do final do segundo ano. Embora a divisão de dispositivos móveis possa acabar não ocupando essa nova capacidade, a sua aquisição depende da decisão de hoje e é, portanto, relevante para essa decisão. No fim das contas, a divisão de dispositivos móveis se beneficia da capacidade temporariamente ociosa, diferindo por dois anos o investimento em nova capacidade.

Esse tipo de compartilhamento de recursos entre divisões levanta inúmeras questões contábeis: como a primeira divisão deve remunerar a segunda pelos recursos usados? Como a transação afetará as medidas de desempenho das divisões? Como será registrado o custo da nova capacidade daqui a dois anos? Mas, como nenhuma dessas questões envolve movimentação de caixa para dentro ou para fora da empresa, elas não são relevantes para a decisão. Assim, a regra deve ser tomar a decisão de investimento correta hoje e preocupar-se com questões contábeis como essas mais adiante.

Também surge o problema da capacidade ociosa reversa: uma empresa está considerando a compra de um ativo grande demais para suas necessidades atuais e precisa decidir como tratar a capacidade ociosa criada. Por exemplo, suponhamos que uma empresa esteja pensando em comprar um aerobarco para transportar passageiros em um lago, mas o uso eficaz da embarcação exija a construção de dois píeres especiais e muito caros. Cada píer terá capacidade de abrigar 10 aerobarcos e, por motivos técnicos, não será prático construir píeres menores. Se todo o custo dos dois píeres precisar ser sustentado pela única embarcação que está sendo considerada, seu VPL será grande e negativo, sugerindo a rejeição da proposta. Mas, se só for atribuído ao aerobarco 1/10 dos custos dos píeres, seu VPL será positivo. Como tratar os custos dos píeres?

O tratamento correto desses custos depende, mais uma vez, dos planos futuros da empresa. Se a empresa não previr comprar mais aerobarcos no futuro, o custo total dos píeres será relevante para a decisão do momento. Por outro lado, se o aerobarco for apenas o primeiro de uma futura frota de embarcações do tipo, será adequado considerar hoje apenas uma fração dos custos dos píeres. Em termos mais genéricos, o problema enfrentado pela empresa é uma questão de definição do investimento. O que importa não é se a empresa deve ou não comprar um aerobarco, mas sim se deve ou não entrar no negócio de transportes com aerobarcos. Essa questão mais ampla força a empresa a analisar o investimento por um período mais longo e considerar explicitamente o número de embarcações a ser adquirido.

Custos de financiamento

Os *custos de financiamento* referem-se a quaisquer pagamentos de dividendos, juros ou principal associados aos meios específicos pelos quais uma empresa pretende financiar um investimento. Como mostra a Tabela 7.4, os analistas da divisão de dispositivos móveis preveem financiar uma parcela significativa do custo do novo produto com dívida e incluíram em suas projeções uma linha para o custo dos juros sobre a dívida. Nina Sanders percebeu que, de acordo com o princípio do com ou sem, os custos de financiamento de certo modo são relevantes para a decisão; o dinheiro raramente vem de graça. Mas ela não tinha certeza de que seus analistas tivessem dado o tratamento correto à questão.

Sanders está certa em sua intuição. Seus analistas de fato erraram ao incluir despesas de juros entre os fluxos de caixa. Os custos de financiamento são relevantes para as decisões de investimento, mas é preciso tomar cuidado com a dupla contagem. Como veremos no próximo capítulo, a taxa de desconto mais comumente empregada no cálculo de qualquer dos indicadores de valor recomendados é igual ao custo do capital para a empresa. Obviamente, subtrair os custos financeiros das entradas anuais de caixa e ainda assim esperar que o investimento registre um retorno maior do que o custo do capital empregado será dupla contagem. O procedimento-padrão, portanto, é refletir o custo do dinheiro na taxa de desconto e ignorar todos os custos de financiamento ao estimar os fluxos de caixa de um investimento. Voltaremos a abordar esse problema no próximo capítulo.

A Tabela 7.5 apresenta os valores da proposta do novo produto, agora revistos por Sanders. A nova linha de celulares ainda parece atraente, com a TIR de 30%, e Sanders agora tem motivos para esperar uma recepção mais cordial por parte de seus colegas do Comitê de Avaliação de Investimentos.

Espero que esses exemplos tenham mostrado ao leitor os desafios que os executivos enfrentam ao identificar os custos e benefícios relevantes em novas oportunidades de investimento e o porquê de essa tarefa caber aos administradores operacionais e não aos especialistas em finanças.

Tabela 7.5 Análise financeira revista da nova linha de telefones celulares ($ milhões)

Premissas:	
Aumento do capital de giro	20% das vendas, recuperação plena ao fim do quinto ano
Engenharia preliminar	Já foi gasto – custo ocorrido
Excesso de capacidade	$20 milhões – custo da nova capacidade no segundo ano, $2 milhões de depreciação anual
Despesa financeira	Presumida na taxa de desconto
Despesas alocadas	Custos variáveis alocados equivalentes a 14% do faturamento

	Ano					
	0	1	2	3	4	5
Instalações e equipamento	$(30)					15
Aumento do capital de giro	**0**	**(12)**	**(4)**	**(12)**	**(3)**	**31**
Engenharia preliminar	**0**					
Excesso de capacidade			**(20)**			**14**
Custo total	$(30)	$(12)	$(24)	$(12)	$(3)	
Valor residual total						$60
Vendas		$60	$82	$140	$157	$120
CMV		26	35	60	68	52
Lucro bruto		34	47	80	89	68
Despesa de juros		**0**	**0**	**0**	**0**	**0**
Despesas alocadas		**8**	**11**	**20**	**22**	**17**
Despesas administrativas e de vendas		10	13	22	25	19
Despesa operacional total		18	25	42	47	36
Lucro operacional		16	22	38	42	32
Depreciação		**3**	**3**	**5**	**5**	**5**
Lucro antes do imposto		13	19	33	37	27
Imposto a 40%		5	8	13	15	11
Lucro líquido		$8	$11	$20	$22	$16
Soma-se de volta à depreciação		**3**	**3**	**5**	**5**	**5**
Fluxo de caixa líquido		$11	$14	$25	$27	$21
Fluxos de caixa totais	$(30)	$(1)	$(10)	$13	$24	$82
Valor presente líquido, 15%	$25					
Relação custo-benefício*	1,67					
Taxa interna de retorno	30%					

Os totais podem não coincidir devido ao arredondamento.
*RCB = $VP_{entradas}/VP_{saída}$ = $63,0/$38,4 = 1,64.

Apêndice

Alternativas mutuamente excludentes e racionamento de capital

Observamos de passagem, no corpo do capítulo, que a presença de alternativas mutuamente excludentes ou do racionamento de capital complica a análise de investimentos. Este apêndice explica como analisar os investimentos nestes casos.

Dois investimentos são mutuamente excludentes quando a aceitação de um exclui a possibilidade de aceitação do outro. As escolhas entre construir uma ponte de aço ou de concreto, entre construir um duto de 12 polegadas em vez de oito, ou de ir para Boston de carro, e não de avião, são exemplos de alternativas mutuamente excludentes. Em todos estes casos, há mais de uma maneira de realizar uma tarefa e o objetivo é escolher a melhor entre elas. Os investimentos mutuamente excludentes opõem-se aos investimentos independentes, nos quais cada oportunidade pode ser analisada por si só, sem referência a outros investimentos.

Quando os investimentos são independentes e a decisão envolve apenas aceitação ou rejeição, o VPL, a RCB e a TIR representam indicadores de valor igualmente satisfatórios. Você chegará à mesma decisão de investimento, independentemente do indicador de valor empregado. Quando os investimentos são mutuamente excludentes, a coisa se complica. Vamos estudar um exemplo. Suponhamos que a Petro Oil and Gas Company esteja considerando dois projetos alternativos para novos postos de gasolina e deseje avaliá-los usando uma taxa de desconto de 10%. Como mostram os diagramas de fluxo de caixa da Figura 7A.1, a opção mais barata envolve o investimento presente de $522.000 em troca de $100.000 ao ano por 10 anos; a opção mais cara custa $1,1 milhão, mas, por causa de seu maior apelo ao consumidor, deve render $195.000 ao ano por 10 anos.

A Tabela 7A.1 apresenta os três indicadores de valor de cada investimento. Todos os indicadores de valor indicam que as duas opções são atraentes: os VPL são positivos, as RCB são maiores que 1,0 e as TIR superam o custo de oportunidade do capital da Petro. Se fosse possível, a empresa deveria realizar os dois investimentos; mas, como ambos são mutuamente excludentes, isso não faz sentido

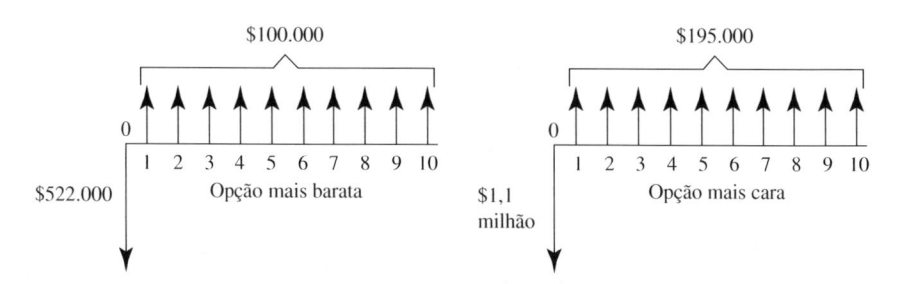

Figura 7A.1 Diagramas de fluxo de caixa de projetos alternativos de postos de gasolina.

Tabela 7A.1 Indicadores de valor de investimento

	VPL a 10%	RCB a 10%	TIR
Opção mais barata	$92.500	1,18	14%
Opção mais cara	98.200	1,09	12

do ponto de vista técnico. Assim, em vez de simplesmente aceitar ou rejeitar os investimentos, a empresa precisa classificá-los e escolher o melhor. Mas, quando se trata de classificar alternativas, os três indicadores de valor deixam de fornecer o mesmo sinal, uma vez que, embora a opção mais barata tenha RCB e TIR mais elevadas, seu VPL é menor que o da opção mais cara.

Para decidir qual indicador de valor é o mais adequado para alternativas mutuamente excludentes, só precisamos nos lembrar de que o VPL é uma medida direta do aumento previsto da riqueza causado pelo investimento. Como a opção mais cara aumentará a riqueza em $98.200, contra apenas $92.500 da opção mais barata, a opção mais cara é evidentemente superior.

O problema da RCB e da TIR no que se refere a alternativas mutuamente excludentes está no fato de serem insensíveis à escala do investimento. Para dar um exemplo extremo, o que você preferiria: um rendimento de 80% sobre um investimento de $1 ou um rendimento de 50% sobre um investimento de $1 milhão? É claro que, quando os investimentos são mutuamente excludentes, a escala passa a ser relevante e isso leva ao uso do VPL como indicador de valor adequado.

O que aconteceu com os outros $578.000?

Alguns leitores talvez pensem que o raciocínio anterior está incompleto porque nada dissemos a respeito do que a Petro faria com os $578.000 que pouparia ao escolher a opção mais barata. Pode parecer que, se essa poupança fosse investida a um retorno atraente o bastante, a opção mais barata poderia acabar sendo a mais vantajosa. Abordaremos essa questão na seção intitulada "Racionamento de capital". Por hora, basta dizer que o problema só surge quando há limites fixados para o montante que a empresa tem disponível para investir. Quando a empresa tem dinheiro bastante para fazer todos os investimentos de VPL positivo, o melhor uso de qualquer dinheiro poupado por meio da escolha da opção mais barata será investir em oportunidades de VPL zero. E como os investimentos de VPL zero não aumentam a riqueza, o dinheiro poupado ao escolher a opção mais barata não altera a decisão.

Vidas úteis desiguais

O exemplo da Petro Oil and Gas admitiu, convenientemente, que as duas opções de postos de gasolina tivessem a mesma vida útil de 10 anos. Mas é claro que nem sempre é assim. Quando as alternativas têm vidas úteis diferentes, uma comparação simples dos VPL costuma ser inadequada. Vamos considerar o problema enfrentado por uma empresa que quer decidir entre construir uma ponte de madeira ou de aço:

- A ponte de madeira tem custo inicial de $125.000, exige gastos anuais de manutenção de $15.000 e durará 10 anos.
- A ponte de aço custa $200.000, exige manutenção anual no valor de $5.000 e durará 40 anos.

Qual é a melhor opção? A uma taxa de desconto de, digamos, 15%, o valor presente do custo da ponte de madeira em seus 10 anos de duração é de $200.282 ($125.000 de custo inicial + $75.282 do valor presente dos dispêndios, como indicado a seguir:

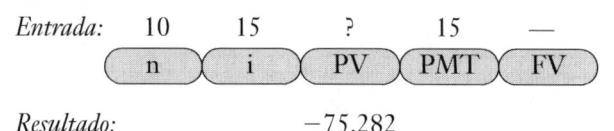

Entrada: 10   15   ?   15   —
              n   i   PV   PMT   FV

Resultado: −75.282

O valor correspondente para a ponte de aço em seus 40 anos é de $233.209 ($200.000 de custo inicial + $33.209 do valor presente das despesas de manutenção, como indicado a seguir):

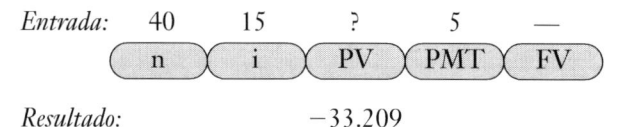

Entrada: 40   15   ?   5   —
              n   i   PV   PMT   FV

Resultado: −33.209

Assim, se o objetivo é minimizar o custo da ponte, uma simples comparação dos valores presentes sugeriria que a estrutura de madeira é sem dúvida a vencedora. Mas isso evidentemente desconsidera a diferença entre as expectativas de vida das duas pontes, supondo que, se a empresa construir a ponte de madeira, não precisará de uma ponte após 10 anos.

A mensagem é clara: ao comparar alternativas mutuamente excludentes com vidas úteis diferentes, é necessário que essa diferença esteja refletida na análise. Uma abordagem é examinar cada alternativa em relação a um mesmo horizonte de tempo de investimento. Por exemplo, suponhamos que nossa empresa acredite que precisará da ponte por 20 anos; devido à inflação, reconstruir a ponte de madeira daqui a 10 anos custará $200.000; e o valor da ponte de aço como sucata daqui a 20 anos será de $90.000. Os diagramas de fluxo de caixa das opções são os seguintes:

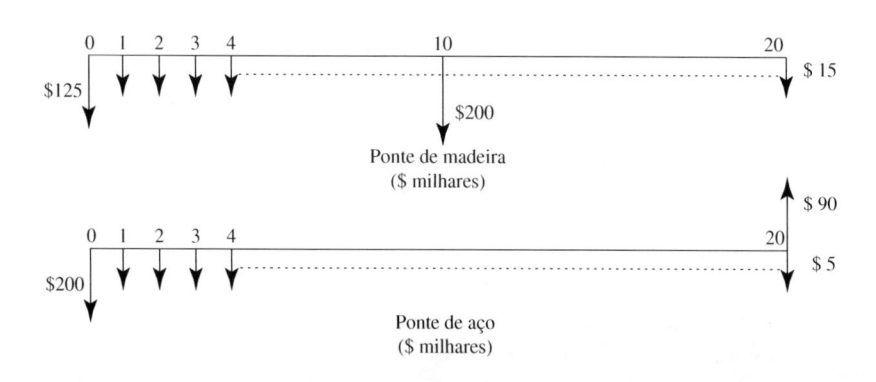

Agora o valor presente do custo da ponte de madeira é de $268.327 ($125.000 do custo inicial + 93.890 do valor presente das despesas de manutenção, como vemos a seguir + $49.437 do custo ao valor presente da nova ponte daqui a 10 anos como vemos a seguir):

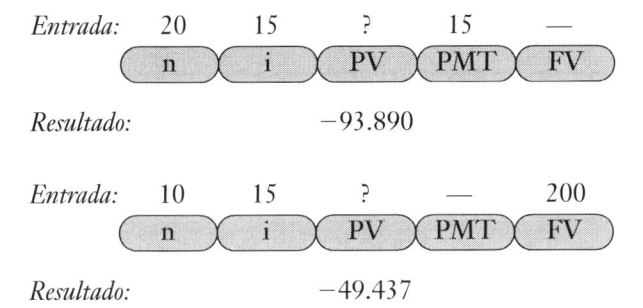

Entrada: 20 15 ? 15 —
              n   i   PV PMT FV

Resultado: −93.890

Entrada: 10 15 ? — 200
              n   i   PV PMT FV

Resultado: −49.437

E o custo da ponte de aço é de $225.798 ($200.000 do custo inicial + $25.798 do valor presente dos custos de manutenção líquidos do valor residual).

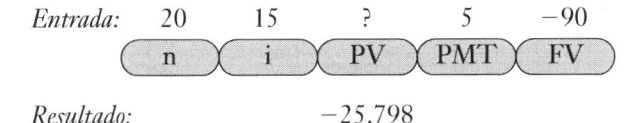

Entrada: 20 15 ? 5 −90
              n   i   PV PMT FV

Resultado: −25.798

Na comparação com um horizonte de tempo comum de 20 anos, a ponte de aço tem o menor custo ao valor presente e, portanto, o maior valor.

Outra maneira de optar entre alternativas mutuamente excludentes com diferentes vidas úteis é calcular o custo anual equivalente de cada uma delas. Eis os cálculos para as duas pontes.

Ponte de madeira

Entrada: 10 15 200.282 ? —
              n   i   PV   PMT FV

Resultado: −39,9

Ponte de aço

Entrada: 40 15 233.209 ? —
              n   i   PV   PMT FV

Resultado: −35,1

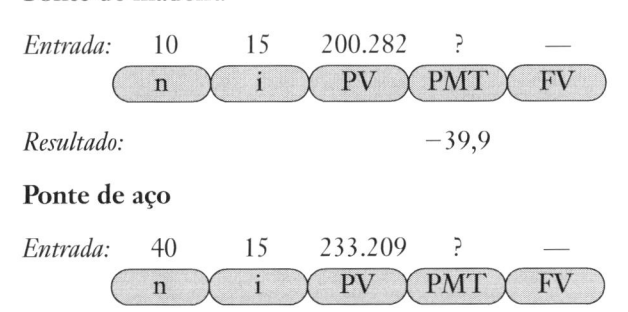

Distribuindo o custo ao valor presente de $200.282 da ponte de madeira pela sua expectativa de vida de 10 anos, vemos que o custo anual equivalente é de $39.900, ao passo que o valor análogo para a ponte de aço com sua vida útil de 40 anos é de apenas $35.100. Analisando a decisão pelo horizonte de tempo de 40 anos, e admitindo que não haja alteração do custo de uma nova ponte de madeira a cada 10 anos, nossa decisão passa a ser óbvia. Como podemos ter a ponte de aço a um custo anual equivalente inferior ao da ponte de madeira, a ponte de aço é a melhor escolha.

Mas observe a premissa necessária para chegar a essa conclusão. Se, por causa de avanços tecnológicos, acreditarmos que o custo de substituição da ponte de madeira diminuirá com o tempo, seu maior custo anual equivalente poderá muito bem ser contrabalançado pelos menores custos anuais em décadas vindouras, deslocando a balança em favor da ponte de madeira. Da mesma forma, se acreditarmos que a inflação elevará o custo de manutenção da ponte de madeira com o tempo, seu custo anual equivalente na primeira década será, novamente, uma informação insuficiente para tomar uma decisão racional. Concluímos que o custo anual equivalente é uma boa maneira de analisar alternativas mutuamente excludentes com vidas úteis diferentes quando os preços são constantes. Mas é muito mais difícil aplicar a técnica quando os preços mudam.

Racionamento de capital

Até aqui, esteve implícita em nossa discussão a premissa de que há dinheiro prontamente disponível para as empresas a um custo igual à taxa de desconto. O extremo oposto é o racionamento de capital. Em condições de *racionamento de capital*, a empresa tem um orçamento fixo de investimentos que não pode ser superado. Assim como as alternativas mutuamente excludentes, o racionamento de capital exige que classifiquemos os investimentos, em vez de simplesmente aceitá-los ou rejeitá-los. Apesar dessa semelhança, é preciso saber que as duas condições são fundamentalmente diferentes. Quando há alternativas mutuamente excludentes, há dinheiro disponível, mas, por questões técnicas, a empresa não é capaz de realizar todos os investimentos. Sob o racionamento de capital, pode ser tecnologicamente possível realizar todos os investimentos, mas não há dinheiro suficiente para isso. Essa diferença é mais do que meramente semântica, já que, como mostra o exemplo a seguir, a natureza do processo de classificação difere radicalmente nos dois casos.

Suponhamos que a Sullivan Electronics Company tenha um orçamento de investimentos limitado em $200.000 e que a administração tenha identificado as quatro oportunidades de investimento independentes que constam na Tabela 7A.2. De acordo com os três indicadores de valor, todos os investimentos deveriam ser realizados, mas isso não é possível porque o custo total dos quatro supera o orçamento da Sullivan. Avaliando a classificação dos investimentos, o critério de VPL dá o primeiro lugar ao investimento A, seguido de B, C e D, nessa ordem, enquanto a RCB e a TIR dão a vitória ao C, seguido de D, B e A. Assim, sabemos que A ou é o melhor investimento, ou é o pior deles.

Para entender essas classificações, precisamos nos lembrar de que o objetivo subjacente da avaliação de oportunidades de investimento é aumentar a riqueza. Sob o racionamento de capital, isso quer dizer que a empresa deve fazer o *pacote* de investimentos que gere o maior VPL *total*. Como fazer isso? Um jeito

Tabela 7A.2 Quatro oportunidades independentes de investimento sob racionamento de capital (orçamento de capital = $200.000)

Investimento	Custo inicial	VPL a 12%	RCB a 12%	TIR
A	$200.000	$10.000	1,05	14,4%
B	120.000	8.000	1,07	15,1
C	50.000	6.000	1,12	17,6
D	80.000	6.000	1,08	15,5

é analisar todos os pacotes de investimento com custo total inferior à limitação orçamentária e escolher o pacote que tenha o maior VPL *total*. Um atalho é classificar os investimentos por suas RCB e seguir a lista pela ordem, aceitando investimentos até que o dinheiro acabe ou até que a RCB fique abaixo de 1,0. Isso sugere que a Sullivan deve aceitar os projetos C, D e 7/12 de B, resultando em um VPL total de $16.670 [(6.000 + 6.000 + 7/12 × 8.000)]. Só devem ser realizados 7/12 de B porque só restam à empresa $70.000 após a aceitação de C e D.

Por que é errado classificar os investimentos por seu VPL quando há racionamento de capital? Porque, nesse caso, estamos interessados no resultado por dólar investido, não só no resultado em si. O exemplo da Sullivan ilustra esse ponto. O investimento A tem o maior VPL, de $10.000, mas o menor VPL por dólar investido. Como o número de dólares passíveis de investimento é limitado quando há racionamento de capital, precisamos analisar o benefício por dólar investido ao classificar os investimentos. E é isso o que faz a RCB.

Há mais dois detalhes dignos de nota. No exemplo citado, a TIR fornece a mesma classificação que a RCB e, embora geralmente seja isso o que acontece, nem sempre é assim. Quando essas duas classificações divergem, a RCB será o indicador de valor correto a ser utilizado. Não vale a pena analisar aqui o porquê da divergência e da superioridade da RCB. Basta saber que, se a classificação seguir a TIR em vez da RCB, você às vezes estará errado. Outro detalhe é que, quando não é possível fracionar os investimentos – quando não faz sentido para a Sullivan investir em 7/12 do projeto B –, as classificações obtidas por qualquer indicador de valor serão indignas de confiança e será preciso recorrer ao tedioso método de avaliação de todos os possíveis pacotes de investimentos em busca do maior VPL total.

O problema das oportunidades futuras

Está implícita na discussão anterior a premissa de que, desde que um investimento tenha VPL positivo, será melhor realizá-lo do que deixar o dinheiro parado. Mas, em condições de racionamento de capital, isso pode não ser verdadeiro. Para exemplificar, imagine que o executivo financeiro da Sullivan Electronics acredite que, em seis meses, os cientistas da empresa desenvolverão um novo produto ao custo de $200.000 e VPL de $60.000. Nesse caso, a melhor estratégia para a empresa será abrir mão de todos os investimentos que estão sendo considerados e guardar o dinheiro para o novo produto.

Esse exemplo ilustra que a avaliação de investimentos em condições de racionamento de capital exige mais do que uma mera avaliação das oportunidades existentes; envolve, também, uma comparação entre as oportunidades presentes e as perspectivas futuras. A dificuldade dessa comparação, no nível prático, é que não é razoável esperar que um administrador tenha qualquer coisa além de uma vaga impressão quanto aos investimentos que podem surgir no futuro. Consequentemente, é impossível decidir com alguma grande certeza se é melhor investir em projetos existentes ou esperar por oportunidades futuras melhores. Ou seja, na prática, a avaliação de investimentos em condições de racionamento de capital envolve, necessariamente, um alto grau de julgamento subjetivo.

Uma árvore de decisão

As alternativas de investimento mutuamente excludentes e o racionamento de capital complicam um assunto que já é confuso. Para fornecer um resumo e um panorama, a Figura 7A.2 apresenta uma árvore de decisão de análise de investimentos. Essa árvore de decisão mostra o indicador ou os indicadores de valor adequados sob as diversas condições discutidas no capítulo. Por exemplo, seguindo o ramo inferior da árvore, vemos que, ao avaliarmos investimentos independentes e fracionáveis sob o racionamento de capital, a técnica adequada é a classificação pela RCB. Para rever até que ponto você compreendeu a matéria, veja se é capaz de explicar por que os indicadores de valor recomendados são apropriados para as condições indicadas e os demais, não.

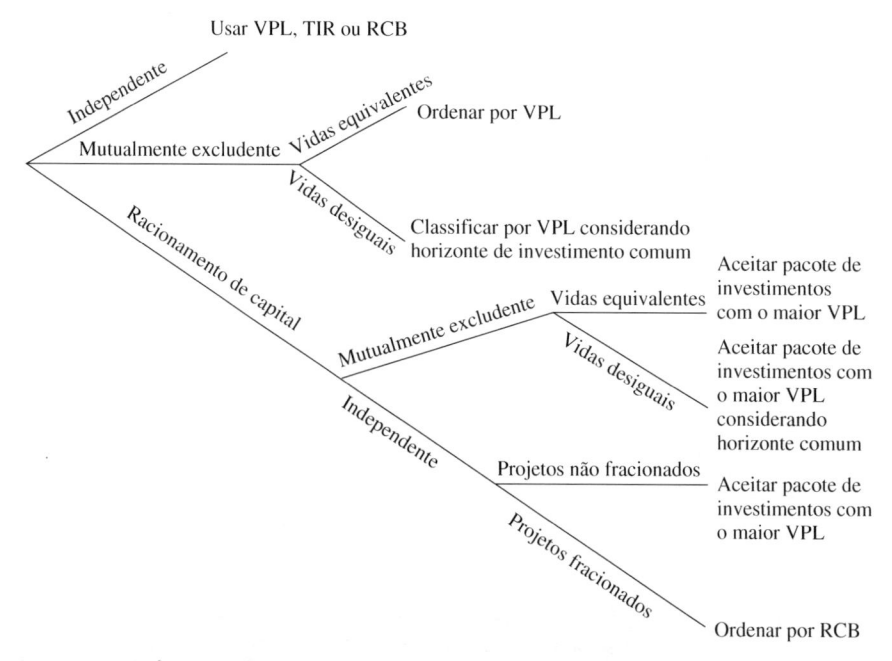

Figura 7A.2 Árvore de decisão de análise de investimentos.

RESUMO

1. A avaliação de oportunidades de investimento envolve três etapas:
   - Estimar os fluxos de caixa relevantes.
   - Calcular um indicador de valor.
   - Comparar o indicador de valor com um critério de aceitação.

2. O dinheiro tem valor no tempo porque:
   - Caixa diferido impõe um custo de oportunidade.
   - A inflação reduz o poder de compra ao longo do tempo.
   - O risco normalmente aumenta com a futuridade de um fluxo de caixa.

3. Equivalência:
   - Diz que uma quantia presente e fluxos de caixa futuros têm o mesmo valor quando a quantia presente pode ser investida à taxa de desconto para replicar os fluxos de caixa futuros.
   - Permite o uso de composição e desconto para eliminar a dimensão de tempo da análise de investimentos.

4. Valor presente líquido (VPL):
   - Equivale à diferença entre o valor presente das entradas de caixa e o valor presente das saídas de caixa.
   - É um indicador de valor válido de um investimento.
   - Indica, quando positivo, que o investimento deve ser empreendido.
   - É uma estimativa do esperado aumento ou diminuição da riqueza que resultam para o investidor.
   - Fornece um guia prático de decisão para os gestores que procuram criar valor para o acionista.

5. Taxa interna de retorno (TIR):
   - É a taxa de desconto que torna o VPL do investimento igual a zero.
   - É a taxa em que o dinheiro retido em um investimento está crescendo.
   - É uma taxa de *break-even*, indicando que, na maioria dos casos, um investimento deveria ser realizado sempre que sua TIR excede a taxa de desconto, e vice-versa.
   - É um parente próximo do VPL e, em muitas circunstâncias, um indicador de valor válido.

6. Estimativa dos fluxos de caixa relevantes:
   - É a tarefa mais difícil na avaliação de oportunidades de investimento.
   - É guiada por dois princípios gerais:
     - O princípio do fluxo de caixa: se o dinheiro se move, conte-o, caso contrário, não.

- O princípio com ou sem: todos os fluxos de caixa que são diferentes com ou sem o investimento são relevantes, todos os outros não são.

- Apresenta recorrentes desafios que envolvem:
  - Depreciação anual: apenas relevante para estimar os impostos.
  - Capital de giro e fontes espontâneas: montante líquido relevante, inclusive o valor residual.
  - Custos já incorridos: não relevante.
  - Custos alocados: relevantes quando variáveis.
  - Canibalização: raramente relevante em mercados competitivos.
  - Excesso de capacidade: relevante se usado alternativamente agora ou no futuro.
  - Custos de financiamento: relevantes, mas normalmente capturados na taxa de desconto, não nos fluxos de caixa.

Leituras complementares

Bierman, Harold e Seymour Smidt. *The Capital Budgeting Decision*, 9th ed. Filadélfia, PA: Taylor & Francis, Inc., 2006, 402 p.

Os nomes de Bierman e Smidt, ambos membros do corpo docente da Cornell University, têm sido sinônimo de orçamento de capital por muitos anos. Esta edição é uma introdução clara e concisa de um tema complexo. Disponível em brochura. (Veja também *Advanced Capital Budgeting Refinements in The Economic Analysis of Investment Projects*, dos mesmos autores, 2007, 392 p.)

Titman, Sheridan e John D. Martin. *Valuation: The Art and Science of Corporate Investment Decisions*, 2nd ed. Upper Saddle River, NJ: Prentice Hall, 2010, 520 págs.

Um inovador texto sobre finanças com foco na avaliação, escrito por dois respeitados acadêmicos. Os tópicos incluem análise do FCD, avaliação de empresas e análise de opções reais, entre outros.

Software

Escrito para acompanhar este livro, o DCF faz análises de fluxo de caixa descontado de valores fornecidos pelo usuário. Os resultados consistem em seis indicadores de valor de investimento, inclusive VPL e TIR, um gráfico de perfil de valor presente e um diagrama de fluxo de caixa. Obtenha sua cópia gratuita em **www.grupoa.com.br** (encontre a página deste livro, procure o Material Complementar e clique em Conteúdo Online).

Websites

hadm.sph.sc.edu/courses/econ/tutorials.html

Uma série de aulas interativas bem preparadas, com testes sobre diversos tópicos empresariais, como VPL, TIR e risco.

www.berkshirehathaway.com

Conta com mais de 20 anos das lendárias cartas de Warren Buffet a acionistas e dá a oportunidade de comprar uma camisa de golfe estampada com o logotipo da Berkshire Hathaway. Veja o "Manual do Proprietário", de Buffett, uma sucinta explicação dos princípios econômicos operacionais da Berkshire. Quando eu for gente grande, quero saber escrever como o Warren Buffett.

Problemas

As respostas aos problemas de número ímpar constam no final do livro. Para mais problemas e suas respostas, visite **www.grupoa.com.br** (encontre a página deste livro, procure o Material Complementar e clique em conteúdo Online).

Há vários modos de fazer os cálculos necessários para responder essas perguntas. Aconselho a usar microsoft Excel, por sua flexibilidade e disponibilidade. Para um toturial sobre o uso do Excel em cálculos financeiros, veja o arquivo C7_Excel_Tutorial.docx disponível em **www.grupoa.com.br** (encontre a página deste livro, procure o Material Complementar e clique em Conteúdo Online)

1. Responda às perguntas abaixo admitindo que a taxa de juros seja de 8%.

    Problemas sobre o valor do dinheiro no tempo

    a. Qual é o valor presente de $1.000 daqui a 4 anos?

    b. Qual é o valor presente de $1.000 daqui a 8 anos? Por que o valor presente diminui com o aumento do número de anos?

    c. Qual será, daqui a 7 anos, o valor de $12.000 investidos hoje?

    d. Quanto você pagaria pelo direito de receber $5.000 ao fim do primeiro ano, $4.000 ao fim do segundo ano e $8.000 ao fim do décimo ano?

    e. Quanto tempo levará para que um investimento de $2.000 dobre de valor?

    f. Qual será, daqui a 20 anos, o valor de $500 investidos ao fim de cada ano pelos próximos 20 anos?

    g. Um casal quer ter poupado $250.000 ao final de 18 anos para garantir a faculdade de seu filho. Que valor anual uniforme eles devem depositar ao fim de cada ano para alcançar esse objetivo?

    h. Quanto tempo deve durar um fluxo de recebimentos de $600 para justificar um preço de compra de $7.500,00? Suponha, depois, que o fluxo dure apenas cinco anos. De que montante deveria ser o recebimento final para justificar o investimento de $7.500,00?

Problemas sobre taxa de retorno

i. Um investimento de $1.300 hoje se transforma em $61.000 ao final de 50 anos. Qual é a taxa interna de retorno deste investimento?

j. Um investimento custa $750.000 hoje e promete um pagamento único de $11,2 milhões em 23 anos. Qual é a taxa de retorno prometida, TIR, deste investimento?

k. Qual é o retorno obtido se você pagar $22.470 por um fluxo de pagamentos de $5.000 durante 10 anos? O que significaria pagar menos que $22.470 por esse fluxo? E mais de $22.470?

l. Um investimento promete dobrar seu dinheiro em cinco anos. Qual é a TIR do investimento?

m. O fluxo de caixa projetado de um investimento aparece a seguir. Qual é a TIR do investimento?

Ano	0	1	2	3	4	5
Fluxo de caixa	−$460	−28	75	160	280	190

n. Em 1987, um quadro de Van Gogh, *Girassóis* (que não é considerado um de seus melhores trabalhos), foi vendido em leilão, líquido de comissões, por $36 milhões. Em 1889, 98 anos antes, o mesmo quadro foi vendido por $125. Calcule a taxa de retorno desse investimento para o vendedor. O que isso sugere a respeito do mérito das belas-artes como investimento?

Problemas sobre empréstimo bancário, títulos de dívidas e ações.

o. Quanto você pagaria por um título com 10 anos até o vencimento, com valor de face de $1.000 e juros de cupom de 7%? Suponha que os juros sejam pagos anualmente.

p. Quanto você pagaria por uma ação preferencial que paga, em perpetuidade, dividendos anuais de $5 por ação?

q. Uma empresa pretende reservar dinheiro para pagar $150 milhões em títulos que vencerão daqui a 8 anos. Quanto a empresa precisa reservar ao fim de cada ano pelos próximos 8 anos para saldar os títulos quando eles vencerem? Em que sua resposta mudaria se o dinheiro fosse depositado no início de cada ano?

r. Uma pessoa quer tomar um empréstimo de $120.000 de um banco e pagar em seis prestações iguais vincendas ao final de cada ano, incluindo juros. Se o banco quiser obter um retorno de 8% sobre o empréstimo, de quanto deverá ser cada pagamento? Ignore os impostos e o risco de inadimplência.

2. Se a National HealthCare Corp. declarou lucro por ação de $5,82 em 2000 e de $21,26 em 2011, a que taxa anual o lucro por ação cresceu no período?

Capítulo 7 • Técnicas de Fluxo de Caixa Descontado

3. Uma incorporadora oferece lotes à venda por $60.000, sendo $10.000 à vista e $10.000 a serem pagos no fim de cada um dos próximos 5 anos, "sem juros". Ao discutir uma possível compra, você descobre que pode adquirir o mesmo lote à vista por $48.959. Descobre ainda que, na compra a prazo, há um encargo de $2.000 na data da compra para cobrir despesas jurídicas, administrativas e outras do gênero. Qual é a taxa de juros antes dos impostos aproximada que será efetivamente paga se o lote for comprado pelo plano de prestações?

4. Você está querendo comprar o último modelo BMW 750 sedan de luxo. O preço do carro é de $82.000. No entanto, você negocia um empréstimo de seis anos, sem entrada e para começar a pagar em um ano. Após o primeiro ano, você pagará $1.500 por mês durante os cinco anos seguintes, com um pagamento único no final para cobrir o principal remanescente do empréstimo. A taxa de juros APR do empréstimo, com composição mensal, é de 7%. Qual será o montante do pagamento daqui a seis anos?

5. Uma universidade local quer estabelecer, perpetuamente, uma bolsa de estudos para um estudante a cada ano. Para se preparar adequadamente para a administração da bolsa de estudos, a universidade começará a concessão em três anos. O custo total estimado de um aluno para este ano é de $45.000 e deverá manter-se constante, em termos reais, no futuro. Se o investimento na bolsa de estudos deve ter um retorno real anual de 5%, quanto o doador precisa contribuir, hoje, para financiar integralmente a bolsa?

6. Você está vendendo um produto por comissão a uma taxa de $1.000 por venda. Até o momento, você gastou $800 promovendo uma determinada venda futura. Você está confiante de que pode concluir esta venda com as despesas de uma despesa adicional de alguma quantia indeterminada. Qual é o valor máximo, para além daquilo que você já utilizou, que você deve estar disposto a gastar para garantir a venda?

7. Há um ano, a Caffe Vita Coffee Roasting Co. (CVCRC) comprou três pequenas torrefadoras por $3,3 milhões. Agora, em 2010, a empresa descobre que há novas torrefadoras disponíveis que oferecem vantagens significativas. Elas podem ser compradas por $4,5 milhões e não têm valor residual. Prevê-se que tanto as novas quanto as antigas torrefadoras durarão até 2020. Espera-se que as novas torrefadoras gerem uma margem bruta de $1,2 milhão ao ano, de modo que, usando depreciação em linha reta, a renda tributável anual será de $750.000.

Espera-se que a torrefadora atual gere uma margem bruta de $600.000 ao ano e, admitindo uma vida econômica de 11 anos e depreciação em linha reta, lucros antes dos impostos de $300.000. O valor atual de mercado da torrefadora existente é de $1,5 milhão. A alíquota de imposto de renda a que a CVCRC está sujeita é de 45% e seu custo de capital líquido é de 10%.

Ignorando possíveis impostos sobre a venda de equipamentos usados e que os valores residuais sejam zero ao fim das vidas econômicas das torrefadoras, a CVCRC deve substituir sua torrefadora atual?

8. As coisas andam difíceis para a Auger Biotech. Após levantar $85 milhões em sua oferta pública inicial, no início do ano, a empresa está prestes a finalmente lançar seu produto. Mas as previsões exuberantes e otimistas daquela época agora parecem ser difíceis de realizar. Se a Auger fizer uma campanha promocional que custe $60 milhões, seu fluxo de caixa líquido pelos próximos 5 anos ainda assim será de apenas $700.000. Se a empresa não fizer a campanha, prevê que seu fluxo de caixa líquido seja de $85 milhões *negativos* por ano no mesmo período. Admitindo que a empresa tenha decidido executar o lançamento, a campanha vale a pena, sabendo que a taxa de desconto é de 10%? Por quê?

9. Considere as seguintes oportunidades de investimento:

Custo inicial no tempo 0	$15	milhões
Receitas anuais com início no tempo 1	$20	milhões
Custos operacionais anuais exclusivos de depreciação	$13	milhões
Expectativa de vida do investimento	5	anos
Valor residual após impostos	$ 0	
Depreciação anual para fins fiscais	$ 3	milhões
Alíquota de imposto	40%	

Qual é a taxa de retorno desse investimento? Supondo que o investidor queira ganhar pelo menos 10% depois das taxas corporativas, esse investimento é atrativo?

10. (Leia o Apêndice do capítulo antes de tentar resolver este problema.) Uma empresa está considerando as seguintes oportunidades de investimento.

Investimento	A	B	C
Custo inicial ($ milhões)	$5,5	$3,0	$2,0
Vida esperada	10 anos	10 anos	10 anos
VPL a 15%	$340.000	$300.000	$200.000
TIR	20%	30%	40%

a. Se a empresa puder levantar grandes montantes de dinheiro a um custo anual de 15% e se os investimentos forem independentes uns dos outros, quais devem ser realizados?

b. Se a empresa puder levantar grandes quantidades de capital a um custo anual de 15% e os investimentos forem mutuamente excludentes, qual deve ser realizado?

c. Se a empresa tiver um orçamento de capital fixado em $5,5 milhões e os investimentos forem independentes uns dos outros, qual (ou quais) deles deve(m) ser realizado(s)?

11. O que está errado com este quadro?

Na discussão a seguir, veja quantos erros você consegue destacar e explique brevemente cada um deles. Não é necessário corrigi-los.

"Loretta, acho que temos um vencedor aqui. Dê uma olhada nestes números!

	($000 omitidos)				
Ano	0	1	2	3	...	10
Custo inicial	−$1.000				
Unidades vendidas		100	100	100	...	100
Preço/unidade		15	15	15	...	15
Receita total		1.500	1.500	1.500	...	1.500
Custo dos produtos vendidos		800	800	800	...	800
Lucro bruto		700	700	700	...	700
Despesas operacionais					
depreciação		100	100	100	...	100
despesa de juros		100	100	100	...	100
Lucro antes dos impostos		500	500	500	...	500
Imposto de 40%		200	200	200	...	200
Lucro após impostos		$300	$300	$300	...	$300

"Agora, Loretta, aqui está como resolvo: o chefe diz que nossa meta corporativa deve ser aumentar os lucros em pelo menos 15% a cada ano, e esse projeto certamente aumenta os lucros. Ele adiciona $300.000 ao lucro após impostos a cada ano.

Minha fiel calculadora diz que a taxa de retorno deste projeto é de 30% ($300/$1.000), bem acima da nossa meta de retorno mínimo de 10%. E se você quiser usar o valor presente líquido, seu VPL descontado em 10% é de $843,50."

"Então, o que você acha, Loretta?"

"Bem, Denny, parece muito bom, mas tenho algumas perguntas."

"Diga, Loretta."

"OK. E sobre o aumento das contas a receber e coisas do tipo?"

"Não é relevante! Receberemos esse dinheiro de volta quando o projeto terminar, por isso é equivalente a um empréstimo sem juros, que é mais um benefício do que um custo."

"Mas, Denny, e sobre os custos extras de vendas e administrativos? Você não deixou isso tudo de fora?"

"Essa é a beleza disso tudo, Loretta. Dada a recente recessão, acho que podemos lidar com o negócio adicional com o mesmo pessoal. Na verdade, uma das virtudes da proposta é sermos capazes de manter algumas pessoas que, de outra forma, teriam de ser dispensadas."

"Bem, você me convenceu, Denny. Agora, acredito que será justo se o chefe colocar você no comando deste novo e empolgante projeto".

12. Leia as informações sobre um possível novo investimento disponíveis em **www.grupoa.com.br** (encontre a página deste livro, procure o Material Complementar e clique em Conteúdo Online)

    a. Complete a planilha para estimar os fluxos de caixa anuais líquido do projeto.

    b. Qual é o valor presente líquido do investimento a um taxa de desconto de 10%?

    c. Qual é a taxa interna de retorno do investimento?

    d. Como essa taxa interna de retorno mudará se a taxa de desconto passar para 20%?

    e. Como a taxa interna de retorno mudará se a taxa de crescimento do lucro antes dos juros e antes dos impostos for de 8%, em vez de 3%?

13. A planilha deste problema fornece um breve panorama de funções selecionadas do Excel e faz diversas perguntas sobre créditos hipotecários que exigem pagamentos mensais. A planilha está disponível em **www.grupoa.com.br** (encontre a página deste livro, procure o Material Complementar e clique em Conteúdo Online)

14. Este problema pede que você avalie duas alternativas de investimento mutuamente excludentes com expectativas de vida diferentes sob diversas condições, inclusive racionamento de capital. Informações relevantes e perguntas específicas são encontradas em **www.grupoa.com.br** (encontre a página deste livro, procure o Material Complementar e clique em Conteúdo Online)

15. Você trabalha para a Mattel e está negociando com a Warner Brothers os direitos de fabricar e vender lancheiras de Harry Potter (sendo que sua empresa já vende bonecos da série). Seu departamento de marketing estima que seja possível vender $500 milhões em lancheiras por ano por 3 anos, a contar do ano que vem. No fim do terceiro ano, você liquidará o ativo da empresa. Mais informações estão em **www.grupoa.com.br** (encontre a página deste livro, procure o Material Complementar e clique em Conteúdo Online). De posse dessas informações, identifique os fluxos de caixa relevantes e calcule o valor presente líquido do investimento, sua relação custo-benefício e sua taxa interna de retorno.

Capítulo 8

Análise de Risco em Decisões de Investimento

> É preciso apostar pelo menos uma vez por dia, do contrário, você pode estar andando por aí com sorte e nem saber.
>
> *Jimmy Jones, treinador de cavalos*

A maioria das pessoas, e até alguns banqueiros de investimento, sabe que todas as decisões financeiras interessantes envolvem tanto risco quanto retorno. Por sua própria natureza, os investimentos em empresas exigem dispêndio de uma determinada soma de dinheiro hoje, na expectativa de benefícios futuros incertos. Consequentemente, para que as técnicas de fluxo de caixa descontado discutidas no capítulo anterior tenham alguma utilidade na avaliação de situações reais de investimentos, elas devem considerar, além do retorno, o risco. Nesse sentido, duas considerações são importantes. Em um nível aplicado, o risco aumenta a dificuldade de estimar os fluxos de caixa relevantes. Mais importante em um nível conceitual, o próprio risco funciona como determinante fundamental do valor do investimento. Assim, se dois investimentos apresentarem o mesmo retorno esperado, mas riscos diferentes, a maioria de nós preferirá a alternativa de menor risco. No jargão econômico, somos *avessos ao risco* e, por isso, o risco reduz o valor do investimento.

A aversão ao risco entre pessoas e empresas cria o padrão de risco e retorno do investimento conforme apresentado na Figura 8.1. A figura mostra que, para investimentos de baixo risco, como títulos do governo, o retorno esperado é baixo, mas, com o aumento do risco, deve aumentar também o retorno antecipado. Digo "deve aumentar" porque o que o padrão risco-retorno mostra é mais do que um pensamento otimista. A menos que os investimentos de maior risco prometam maiores retornos, você e eu, na qualidade de investidores avessos ao risco, não os queremos.

Essa escolha de risco e retorno é fundamental para grande parte das finanças. Nas últimas quatro décadas, os pesquisadores mostraram que, em condições ideais e com o risco definido de maneira específica, a escolha entre risco e retorno é representada por uma linha reta, como mostra a figura. Essa linha é conhecida como *linha do mercado* e representa uma combinação de risco e retorno esperados para uma economia em funcionamento adequado.

Não precisamos nos deter aqui nos detalhes da linha de mercado. O que importa é perceber que saber qual é o retorno esperado de um investimento

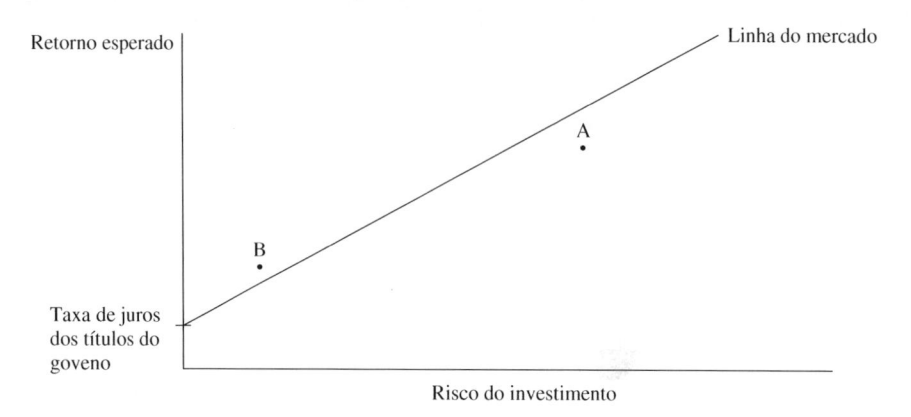

Figura 8.1 A escolha entre risco e retorno.

não basta para determinar seu valor. Pelo contrário, a avaliação de investimentos é uma tarefa bidimensional, que envolve o equilíbrio entre risco e retorno. A pergunta certa a ser feita ao avaliar oportunidades de investimento não é "Qual é a taxa de retorno?", mas sim, "O retorno é suficiente para justificar o risco?". Os investimentos representados por A e B na Figura 8.1 ilustram esse ponto. O investimento A tem maior retorno esperado do que B. Ainda assim, B é o melhor investimento. Apesar de seu retorno modesto, B está acima da linha de mercado, o que significa que promete um maior retorno do que as alternativas disponíveis de mesmo risco. Já o investimento A está abaixo da linha de mercado, o que quer dizer que há outros investimentos disponíveis de risco equivalente e retorno mais elevado.[1]

Este capítulo examina a incorporação do risco à avaliação de investimentos. Um aspecto central da discussão das técnicas de fluxo de caixa descontado do capítulo anterior era um número chamado alternativamente de taxa de juros, taxa de desconto e custo de oportunidade do capital. Enquanto acentuávamos que este número de alguma maneira refletia o risco do investimento e o valor do dinheiro no tempo, fui intencionalmente vago a respeito de sua origem. Agora é chegada a hora de corrigir essa omissão, explicando como incorporar o risco do investimento à taxa de desconto. Após definir os termos em mais detalhes, vamos estimar o custo do capital para a Sensient Technologies Corporation, a empresa que apresentamos em capítulos anteriores, e examinar os pontos fortes e fracos do custo de capital como taxa de desconto ajustada pelo risco. O capí-

---

[1] Dizendo a mesma coisa de maneira mais analítica, sabemos, com base em nossa análise anterior da alavancagem financeira, que os proprietários do ativo B não precisam se contentar com retornos seguros e baixos. Em vez disso, eles podem usar financiamento por dívida para alavancar o retorno esperado e o risco do ativo B para patamares mais elevados. De fato, a linha do mercado nos diz que, com a quantidade exata de financiamento por dívida, os proprietários do ativo B podem obter o retorno esperado maior do ativo A e, o que é melhor, sem maior risco. B é, portanto, o melhor investimento.

> **Você é avesso ao risco?**
>
> Eis um teste simples para descobrir se você é ou não avesso ao risco. Qual das oportunidades de investimento mostradas a seguir você escolheria?
>
> 1. Pagar $10.000 hoje e tirar cara ou coroa daqui a um ano para determinar se receberá $50.000 ou *pagará* mais $20.000.
> 2. Pagar $10.000 hoje para receber $15.000 daqui a um ano.
>
> Se o investimento 2 lhe parece melhor do que o 1, junte-se ao time: você é avesso ao risco. Ainda que os dois investimentos custem $10.000 e ofereçam o pagamento esperado de $15.000 daqui a um ano, ou rendimento de 50%, estudos indicam que a maioria das pessoas, quando sóbrias e fora das dependências de um cassino, preferem a certeza da opção 2 à incerteza da opção 1. A presença do risco reduz o valor da opção 1 em relação à opção 2.
>
> Para fazer um teste simples de sua tolerância ao risco da Rutgers University, veja njaes.rutgers.edu/money/riskquiz.

tulo encerra-se com uma análise das diversas armadilhas que devemos evitar ao avaliar oportunidades de investimento e com um panorama do valor econômico adicionado, um dos assuntos em voga no mundo da avaliação de desempenho. O apêndice do capítulo trata de dois prolongamentos lógicos do material apresentado neste capítulo, conhecidos como beta do ativo e análise do valor presente ajustado, ou VPA.

Você deve saber, desde o início, que os tópicos deste capítulo não são simples, pois a adição de toda uma segunda dimensão à análise de investimento na forma de risco introduz uma série de complexidades e ambiguidades. O capítulo, portanto, oferecerá um roteiro geral de como proceder e uma apreciação das técnicas disponíveis, em vez de um conjunto detalhado de respostas. Mas veja o lado bom: se as decisões de investimento fossem simples, haveria menos demanda por gestores bem-educados e aspirantes a escritores financeiros.

DEFINIÇÃO DE RISCO

Em termos gerais, o risco de um investimento apresenta dois aspectos: a *dispersão* dos possíveis retornos de um investimento e a *correlação* desses retornos com aqueles disponíveis em outros ativos. Tratando primeiro da dispersão, a Figura 8.2 mostra as taxas de retornos possíveis de dois investimentos como curvas em forma de sino. Segundo a figura, o retorno esperado do investimento A é de cerca de 12%, enquanto o correspondente ao investimento B é de 20%.

O risco relacionado à dispersão capta o conceito intuitivamente atraente de que o risco está associado à faixa de resultados possíveis ou, alternativamente, à incerteza quanto ao resultado. Assim, como o investimento A apresenta uma considerável concentração de retornos possíveis em torno do rendimento esperado, seu risco é baixo. O investimento B, por outro lado,

Parte IV • Avaliando Oportunidades de Investimento

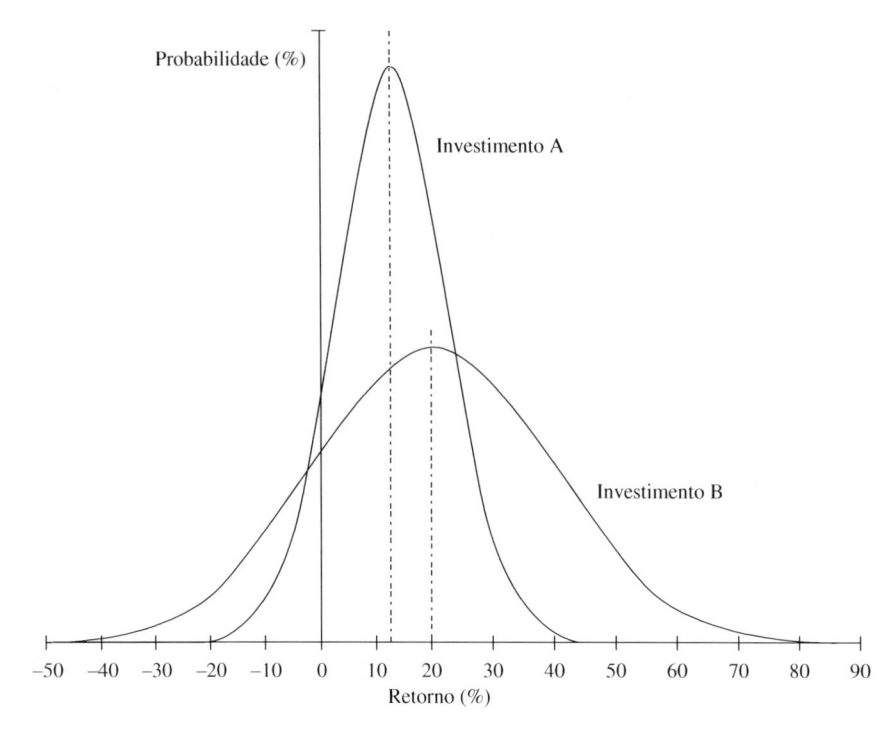

Figura 8.2 Ilustração do risco de investimento: o investimento

apresenta uma concentração consideravelmente menor e, portanto, maior risco. Tomando emprestado técnicas da estatística, uma maneira de medir essa tendência de concentração é calcular o desvio-padrão dos retornos. Não precisamos nos preocupar aqui com os detalhes do cálculo do retorno esperado e do desvio padrão de um investimento.[2] Basta saber que o risco está relaciona-

---

[2] O retorno esperado de um investimento é a média dos retornos possíveis ponderada pelas respectivas probabilidades de ocorrência dos retornos possíveis. Se forem possíveis três retornos – 8, 12 e 18% – e a chance de que cada um ocorra seja de 40, 30 e 30%, respectivamente, o retorno esperado do investimento será

$$\text{Retorno esperado} = 0{,}40 \times 8\% + 0{,}30 \times 12\% + 0{,}30 \times 18\% = 12{,}2\%.$$

O desvio-padrão dos retornos é a média ponderada dos desvios dos retornos possíveis em relação ao retorno esperado pelas respectivas probabilidades. Para exemplificar, as diferenças entre os retornos possíveis e o retorno esperado em nosso exemplo são de (8% – 12,2%), (12% – 12,2%) e (18% – 12,2%). Como algumas dessas diferenças são positivas e outras são negativas, elas tendem a se cancelar se as somarmos diretamente. O que fazemos, então, é elevá-las ao quadrado para garantir que tenham o mesmo sinal, calcular a média ponderada dos quadrados dos desvios pela probabilidade e, então, calcular sua raiz quadrada.

$$\text{Desvio-padrão} = [0{,}4(8\% - 12{,}2\%)^2 + 0{,}3(12\% - 12{,}2\%)^2 + 0{,}3(18\% - 12{,}2\%)^2]^{1/2} = 4{,}1\%$$

A diferença média, ponderada pela probabilidade, entre os retornos possíveis do investimento e o seu retorno esperado é de 4,1 pontos percentuais.

Tabela 8.1 A diversificação reduz o risco

Investimento	Tempo	Probabilidade	Retorno do investimento	Resultado ponderado
Barraca de sorvete	Sol	0,50	**60%**	30%
	Chuva	0,50	**− 20**	− 10
			Resultado esperado =	20
Loja de guarda-chuvas	Sol	0,50	− 30	− 15
	Chuva	0,50	50	25
			Resultado esperado =	10
Carteira:				
½ barraca de sorvete e	Sol	0,50	15	7,5
loja de guarda-chuva	Chuva	0,50	15	7,5
			Resultado esperado =	15%

do à dispersão, ou à incerteza, dos possíveis resultados e que há técnicas para medir essa dispersão.

Risco e diversificação

O risco associado à dispersão, como acabamos de ver, é frequentemente conhecido como *risco total* de um investimento ou, em uma expressão mais pitoresca, risco Robinson Crusoé. É o risco que um proprietário enfrentaria se estivesse só, em uma ilha deserta, incapaz de comprar quaisquer outros ativos. Mas a coisa muda drasticamente uma vez que o proprietário consiga sair da ilha e possa, novamente, manter uma carteira diversificada. Porque, nesse caso, o risco de ter um ativo costuma ser inferior ao risco total do mesmo ativo − e frequentemente bem inferior. Em outras palavras, há mais − ou, melhor dizendo, menos − a arriscar do que a mera dispersão dos resultados possíveis.

Para entender por que, a Tabela 8.1 apresenta informações sobre dois investimentos de risco extremamente simples: a compra de uma barraca de sorvete e a de uma loja de guarda-chuvas.[3] Para simplificar, vamos considerar apenas duas situações climáticas possíveis para o tempo amanhã: sol ou chuva. Comprar uma barraquinha de sorvete é, evidentemente, um empreendimento de risco, já que o investidor tem 60% a ganhar se fizer sol, mas 20% a perder se chover. A loja de guarda-chuvas também é arriscada porque o investidor perderá 30% se amanhã fizer sol, mas ganhará 50% se chover.

Apesar de os investimentos serem arriscados quando analisados isoladamente, não o são quando vistos como integrantes de uma carteira que contenha os dois. Em uma carteira, os lucros e prejuízos dos dois investimentos se compensam em cada situação climática, de modo que, independentemente do tempo que faça amanhã, o resultado será de 15% (por exemplo, se amanhã fizer

---

[3] Eu achava esse exemplo um pouco forçado até perceber a rapidez com que os camelôs de Washington D.C. alternam entre a venda de refrigerantes e guarda-chuvas, dependendo do tempo.

sol, a barraquinha de sorvete ganhará 60% sobre metade da carteira e a loja de guarda-chuvas perderá 30% sobre a outra metade, resultando em um total de 15% [15% = 0,5 × 60% + 0,5 × – 30%]). O resultado esperado da carteira é a média dos resultados esperados de cada investimento, mas o risco da carteira é zero. Deter os dois ativos elimina a dispersão dos retornos possíveis. Apesar do que você possa ter ouvido dizer por aí, em finanças há, sim, almoço de graça: chama-se de diversificação.

Esse é um exemplo extremo, mas ilustra um fato importante: quando se tem uma carteira de ativos, a medida de risco não é o risco do ativo isolado – seu risco Robinson Crusoé – mas seu risco como parte da carteira. E, como mostra o exemplo, a diferença entre essas duas perspectivas pode ser substancial.

O risco de um ativo isoladamente é maior do que o seu risco quando participa de uma carteira sempre que os retornos do ativo e os retornos da carteira não estejam perfeitamente correlacionados. Nessa situação corriqueira, parte da variabilidade dos retornos do ativo é contrabalançada pela variabilidade dos retornos da carteira, e o risco a que o investidor se sujeita diminui. Voltemos à Tabela 8.1. O retorno da barraquinha de sorvete é altamente variável, mas, porque ele atinge um mínimo precisamente quando o retorno da loja de guarda-chuvas atinge seu máximo, a variabilidade nos retornos para os dois ativos combinados desaparece. Faça chuva ou faça sol, a carteira ganhará 15%. Em outras palavras, quando ativos em uma carteira são combinados, ocorre um processo de convergência à média que reduz o risco.

Como a maioria dos investimentos de empresas depende, em alguma medida, das mesmas forças econômicas, é muito difícil encontrar oportunidades de investimento com retornos que apresentem correlação perfeitamente inversa, como no caso da barraquinha de sorvete e da loja de guarda-chuvas. Ainda assim, o efeito de diversificação que descrevi anteriormente se manifesta. Sempre que os retornos ou fluxos de caixa dos investimentos forem menos do que perfeita ou positivamente correlacionados – quando os investimentos específicos são singulares em determinados aspectos –, o risco de um investimento no contexto de uma carteira será menor que a dispersão de seus retornos possíveis.

Dizendo o mesmo de maneira mais formal, é possível dividir o risco total de um investimento em duas partes, como se vê a seguir:

$$\text{Risco total} = \text{Risco sistêmico} + \text{Risco não sistêmico}$$

O risco sistêmico reflete a exposição a eventos que afetem a economia como um todo, como mudanças das taxas de juros e ciclos de negócio, e que não possam ser reduzidos por meio de diversificação. O risco não sistêmico, por outro lado, reflete eventos especificamente ligados ao investimento, como incêndios e processos judiciais, que podem ser eliminados por meio de diversificação. Como os investidores sábios mantêm carteiras de investimento diversificadas, só o risco sistêmico é relevante para avaliar as oportunidades de investimento. O resto pode ser eliminado por diversificação.

A Figura 8.3 demonstra o poder da diversificação em carteiras de ações ordinárias, mostrando a relação entre a variabilidade dos retornos da carteira medida

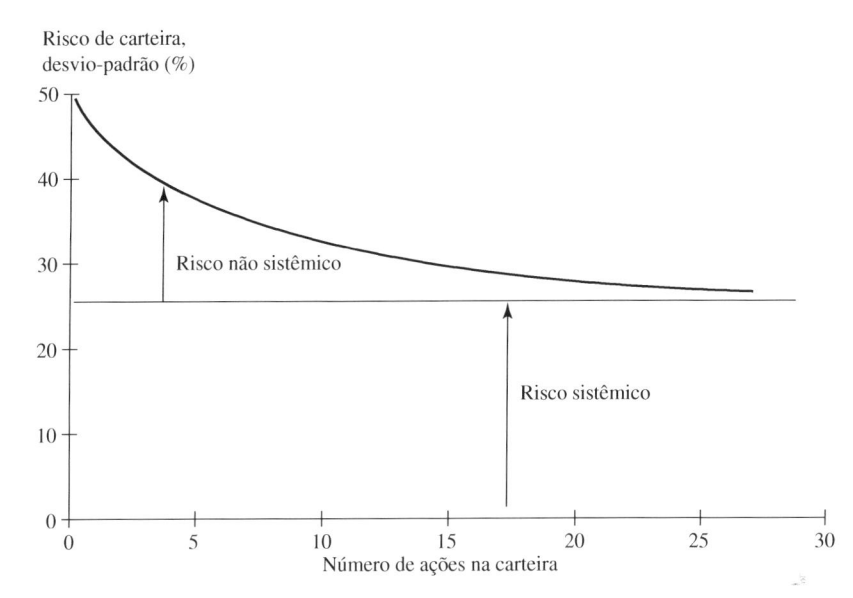

Figura 8.3 O poder da diversificação em carteiras de ações ordinárias.

pelo desvio-padrão do retorno e o número de ações aleatoriamente escolhidas presentes na carteira. Observe que a variabilidade é alta quando o número de ações é baixo, mais cai rapidamente com o aumento do número de ações. Com esse aumento, ocorre o efeito "convergência à média" e o risco não sistêmico diminui. Estudos sugerem que o risco não sistêmico praticamente desaparece quando o tamanho da carteira supera 30 ações aleatoriamente escolhidas e que a diversificação elimina aproximadamente metade do risco total.[4]

ESTIMATIVA DO RISCO DE UM INVESTIMENTO

Tendo definido risco e aversão a ele pelo menos em termos gerais, vamos agora tratar de como podemos estimar o montante de risco presente em uma oportunidade de investimento qualquer. Em algumas situações negociais, o risco de um investimento pode ser calculado objetivamente com base em evidências científicas ou históricas. É o caso, por exemplo, de poços de prospecção de petróleo e gás natural. Uma vez que uma empresa exploradora tenha encontrado um campo e mapeado sua configuração geral, a probabilidade de que um poço perfurado dentro dos limites do campo seja comercialmente bem-sucedida será determinada com razoável precisão.

Às vezes a história pode servir como guia. Uma empresa que tenha aberto 1.000 restaurantes de *fast-food* em todo o mundo deve ter uma boa ideia

---

[4] Meir Statman, "How Many Stocks Make a Diversified Portfolio?" *Journal of Financial and Quantitative Analysis* 22 (setembro de 1987), p. 353-63.

> **Risco sistêmico e diversificação de conglomerados**
>
> Alguns executivos agarram-se ao conceito de que a diversificação reduz o risco para justificar a diversificação de conglomerados. Mesmo quando uma fusão não promete qualquer aumento da lucratividade, diz-se que é benéfica porque a diversificação resultante reduzirá o risco para os fluxos de caixa da empresa. Como os acionistas são avessos ao risco, diz-se que essa redução aumenta o valor da empresa.
>
> Esse raciocínio está incompleto, na melhor das hipóteses. Se os acionistas desejassem o benefício de redução de risco de tal fusão, poderiam obtê-lo com muito mais facilidade, simplesmente mantendo em suas carteiras ações das duas empresas independentes. Os acionistas não dependem da administração das empresas para a obtenção de tais benefícios. Os executivos decididos a comprar outras empresas precisam procurar outra justificativa para seus atos.

do retorno esperado e do risco de sua 1001ª loja. Da mesma maneira, se você estiver pensando em comprar ações da IBM, o registro histórico da variabilidade passada dos retornos anuais para os acionistas da empresa é um ponto de partida importante para estimar o risco dessas ações. Terei mais a dizer sobre o risco sistêmico de ativos negociados, como as ações da IBM, daqui a algumas páginas.

Esses são os casos simples. Normalmente, as oportunidades de negócio são investimentos singulares cuja estimativa de risco deverá ser altamente subjetiva. Quando uma empresa, por exemplo, está pensando em investir em um novo produto, frequentemente há poucos dados técnicos ou históricos que sirvam de base para estimar o risco de investimento. Nesse caso, a avaliação do risco depende da percepção dos administradores que participam da decisão, do conhecimento que eles têm dos aspectos econômicos do setor e de sua compreensão das ramificações do investimento.

Três técnicas de estimativa do risco de investimento

As três técnicas mencionadas anteriormente – análise de sensibilidade, análise do cenário e simulação – são úteis para fazer estimativas subjetivas quanto ao risco do investimento. Embora nenhuma ofereça uma medida objetiva do risco de investimento, todas ajudam os executivos a considerar de maneira sistemática as fontes de risco e seus efeitos sobre o retorno do projeto. Fazendo uma rápida revisão, a TIR ou o VPL de um investimento dependem de diversos fatores econômicos incertos, como o preço de venda, a quantidade vendida, a vida útil, etc. A análise de sensibilidade envolve uma estimativa de como a medida de valor de um investimento varia com as alterações de um desses fatores incertos. Uma abordagem comum é calcular três retornos, correspondentes a uma previsão otimista, uma pessimista e uma mais provável, das variáveis incertas. Isso dá uma indicação da amplitude de resultados possíveis. Essa abordagem tem uma modesta extensão na análise de cenários técnica que altera diversas das variáveis incertas de maneira coerente a fim de descrever um evento específico.

No Capítulo 3, analisamos com razoável nível de detalhe a simulação como ferramenta de planejamento financeiro. Lembre-se de que a simulação é uma ampliação das análises de sensibilidade e de cenário em que o analista atribui uma distribuição probabilística a cada fator incerto, especifica qualquer interdependência que haja entre os fatores e pede reiteradamente ao computador que escolha valores para os fatores de acordo com sua probabilidade de ocorrência. Para cada conjunto de valores escolhido, o computador calcula um resultado específico. O resultado é um gráfico – semelhante ao da Figura 3.1 – que representa os retornos possíveis do projeto em relação à frequência de ocorrência. Os principais benefícios da análise de sensibilidade, da análise de cenários e da simulação estão no fato de que eles forçam o analista a considerar sistematicamente os determinantes econômicos individuais do risco do investimento, a indicar a sensibilidade do retorno do investimento a cada um desses determinantes e a fornecer informações quanto ao espectro de retornos possíveis.

INCLUSÃO DO RISCO NA AVALIAÇÃO DE INVESTIMENTOS

Uma vez que você tenha alguma ideia do risco inerente a um investimento, o passo seguinte será incorporar essa informação à avaliação que você faz da oportunidade.

Taxas de desconto ajustadas pelo risco

O jeito mais comum de proceder é aumentar a taxa de desconto, ou seja, descontar o valor esperado dos fluxos de caixa, que são incertos, a uma taxa que inclua um prêmio (ágio) pelo risco. Ou podemos comparar a TIR de um investimento, baseada nos fluxos de caixa esperados, com uma taxa de retorno mínima que novamente inclua um prêmio pelo risco. O montante do prêmio aumenta naturalmente com o risco percebido do investimento.

Para exemplificar o uso dessas taxas de desconto ajustadas pelo risco, imagine um investimento de $10 milhões que prometa fluxos de caixa de risco com valor esperado de $2 milhões ao ano durante 10 anos. Qual é o VPL do investimento quando a taxa de juros livre de risco é de 5% e a administração decidiu usar um prêmio pelo risco de 7% para compensar a incerteza dos fluxos de caixa?

À taxa de desconto ajustada pelo risco de 12%, o VPL do projeto é de $1,3 milhão ($11,3 milhões do valor presente dos fluxos de caixa futuros menos $10 milhões do custo inicial). Como o VPL do investimento é positivo, o investimento é atraente mesmo após o ajuste pelo risco. Uma abordagem equivalente é calcular a TIR do investimento, usando os fluxos de caixa esperados, e compará-la à taxa ajustada pelo risco. Como a TIR de 15,1% do investimento supera 12%, novamente concluímos que o investimento é atraente, apesar do risco.

Observe como a taxa de desconto ajustada pelo risco reduz a atratividade do investimento. Se o investimento fosse livre de risco, seu VPL à taxa de desconto de 5% seria de $5,4 milhões. Mas, como julgamos apropriada uma taxa de desconto ajustada pelo risco mais elevada, o VPL cai em mais de $4 milhões. Essencialmente, a administração exigirá uma compensação de pelo menos um valor idêntico a este antes de realizar o investimento.

Uma virtude das taxas de desconto ajustadas pelo risco está em que a maioria dos executivos tem, pelo menos, uma noção aproximada de como a taxa de retorno exigida de um investimento deve variar com o risco. Em outras palavras, eles têm uma noção básica da posição da linha de mercado da Figura 8.1. Por exemplo, sabem, com base nos dados históricos da Tabela 5.1 do Capítulo 5, que no decorrer de muitos anos, as ações ordinárias têm apresentado um retorno anual médio aproximadamente 6,2 pontos percentuais superior ao retorno dos títulos governamentais. Se o retorno atual dos títulos do governo for de 4%, é plausível esperar que um investimento com risco semelhante ao das ações ordinárias ofereça um retorno de aproximadamente 10,2%. Da mesma forma, os executivos sabem que um investimento que prometa um retorno de 40% é atraente, a menos que o risco seja excepcionalmente elevado. É claro que esse raciocínio é impreciso; ainda assim, ele confere alguma objetividade à avaliação do risco.

O CUSTO DO CAPITAL

Tendo apresentado as taxas de desconto ajustadas pelo risco e ilustrado seu uso, o desafio que nos resta é identificar a taxa apropriada para um investimento específico. Basta somar 7 pontos percentuais à taxa de juros livre de risco, ou há um processo mais objetivo?

Há um processo mais objetivo que se baseia no conceito de *custo do capital*. Quando os credores e os proprietários investem em uma empresa, eles incorrem em custos de oportunidade iguais aos rendimentos que poderiam ter obtido sobre investimentos alternativos de risco semelhante. Juntos, esses custos de oportunidade definem a taxa mínima de rendimento que a empresa precisa obter sobre os ativos existentes para atender às expectativas de seus fornecedores de capital. Esse é o custo do capital da empresa. Se pudermos estimar essa taxa mínima de rendimento necessária, teremos uma taxa de desconto ajustada pelo risco objetivamente determinada, adequada para avaliar os investimentos típicos, ou de risco médio, feitos por uma empresa. Em vez de depender do "instinto" dos administradores, a metodologia do custo do capital permite olhar para os mercados financeiros em busca de informações valiosas sobre a mais adequada taxa de desconto ajustada pelo risco.

Além disso, uma vez que saibamos como estimar o custo do capital de uma empresa, poderemos usar a mesma técnica para estimar a taxa de desconto ajustada pelo risco de uma ampla variedade de riscos de projeto. O truque está em raciocinar por analogia, como segue: se o Projeto A parece ter risco similar ao da Empresa 1, usamos o custo do capital da Empresa 1 como retorno necessário do Projeto A, ou, melhor ainda, usamos uma média do custo do capital da Empresa 1 e de suas semelhantes. Assim, se uma empresa farmacêutica tradicional estiver considerando um investimento no setor de biotecnologia, uma taxa de retorno necessária adequada para esta decisão seria o custo médio do capital para as empresas existentes de biotecnologia. Nos parágrafos a seguir, definiremos mais precisamente o custo do capital, estimaremos o custo do capital da Sensient Technologies e discutiremos seu uso como veículo de ajuste ao risco.

Definição de custo do capital

Suponha que queiramos estimar o custo do capital da XYZ Corporation e que disponhamos das seguintes informações:

	Passivo e capital próprio da XYZ	Custo de oportunidade do capital
Dívida	$100	10%
Capital próprio	200	20

Vamos discutir as origens dos custos de oportunidade do capital adiante. Por enquanto, vamos admitir que, dadas as oportunidades alternativas de investimento, os credores esperam receber pelo menos 10% sobre seus empréstimos e os acionistas esperam receber pelo menos 20% sobre as ações que possuem da XYZ. De posse dessas informações, precisamos responder a duas perguntas simples para calcular o custo do capital da XYZ:

1. *Quanto dinheiro a XYZ precisa ganhar anualmente com os ativos existentes para atender às expectativas dos credores e acionistas?*

Os credores esperam um retorno de 10% sobre seu empréstimo de $100, ou $10. Mas, como os pagamentos de juros são dedutíveis do imposto de renda, o custo efetivo líquido para uma empresa lucrativa que esteja, digamos, na alíquota de 50% é de apenas $5. Os proprietários esperam 20% sobre seu investimento de $200, ou $40. Assim, no total, a XYZ precisa ganhar $45 [$45 = (1 − 0,5)(10%) $100 + (20%) $200].

2. *Que taxa de retorno a empresa deve obter sobre os ativos existentes para atender às expectativas dos credores e acionistas?*

Está investido na XYZ um total de $300 sobre o qual a empresa precisa ganhar $45, de modo que a taxa de retorno necessária é de 15% ($45/$300). Esse é o custo do capital da XYZ.

Vamos repetir esse raciocínio usando símbolos. O montante que a XYZ precisa ganhar por ano sobre seu capital existente é

$$(1 - t) K_D D + K_E E$$

sendo t a alíquota do imposto, K_D o retorno esperado sobre a dívida, ou seja, o custo da dívida, D o montante da dívida onerosa na estrutura de capital da XYZ, K_E o retorno esperado sobre o capital próprio (dos acionistas), ou seja, o custo do patrimônio líquido, e E o montante de capital próprio na estrutura de capital da empresa. De modo semelhante, o retorno anual que a XYZ precisa obter sobre seu capital existente é:

$$K_W = \frac{(1 - t)K_D D + K_E E}{D + E} \qquad (8.1)$$

sendo K_w o custo do capital.

Extraindo os dados do exemplo anterior,

$$15\% = \frac{(1 - 50\%)10\% \times \$100 + \$20\% \times \$200}{\$100 + \$200}$$

Em palavras, o custo do capital de uma empresa é o custo das fontes individuais de capital ponderadas por sua importância na estrutura de capital da empresa. O subscrito W surge na expressão para indicar que o custo do capital é um custo médio ponderado. É por isso, também, que o custo do capital é frequentemente representado pela sigla CMPC (custo médio ponderado de capital). Para demonstrar que K_w é um custo médio ponderado, observe que um terço do capital da XYZ vem da dívida e dois terços vêm do capital próprio, de modo que seu CMPC é um terço do custo da dívida mais dois terços do custo do capital próprio:

$$15\% = (1/3 \times 5\%) + (2/3 \times 20\%)$$

O custo do capital e o preço das ações

Há um elo importante entre o custo do capital de uma empresa e o preço de suas ações. Para perceber essa ligação, pergunte-se o que aconteceria quando a XYZ Corporation obtivesse um retorno sobre seus ativos existentes superior ao custo de seu capital. Como o retorno para os credores é fixado por contrato, o excedente iria para os acionistas. E como a empresa é capaz de render mais do que o custo de oportunidade do capital dos acionistas, o preço da ação da XYZ aumentaria com a atração de novos investidores pelo retorno excedente. Inversamente, se a XYZ tivesse um retorno inferior ao custo de seu capital, os acionistas não receberiam o retorno esperado e o preço da ação cairia. E continuaria a cair até que o retorno esperado pelos novos compradores fosse igual ao custo de oportunidade de quem investe em ações da empresa. Outra definição de custo do capital, portanto, é *o retorno que uma empresa precisa obter sobre seus ativos existentes para manter constante o preço de suas ações*. Finalmente, do ponto de vista do valor para o acionista, a administração cria valor quando obtém retornos superiores ao custo do capital da empresa e destrói valor quando obtém retornos inferiores a essa meta.

Custo do capital da Sensient Technologies Corporation

Para usar o custo do capital como taxa de desconto ajustada pelo risco, precisamos ter a capacidade de medi-lo. Isso envolve atribuir valores a todas as quantidades do lado direito da equação 8.1. Para ilustrar o processo, vamos estimar o custo do capital da Sensient Technologies no final de 2010.

Os pesos

Começamos medindo os pesos D e E. Há duas maneiras de fazer isso, mas apenas uma delas é correta: devemos usar o valor contábil da dívida e do patrimônio líquido constantes no balanço da empresa ou usar o valor de mercado. Por *valor de mercado*, refiro-me ao preço dos títulos e das ações ordinárias da empresa nos mercados de títulos multiplicado pela quantidade de cada título em circulação. Como mostra a Tabela 8.2, os valores contábeis da dívida e das ações no fim de 2010 eram de $349,9 e de $983,8 milhões, respectivamente. O valor da dívida inclui apenas a dívida onerosa porque os demais passivos são ou o resultado de impostos acumulados que entram na estimativa do fluxo de caixa líquido ou fontes espontâneas de caixa, que são parte do capital de giro nos fluxos de caixa do investimento. A tabela indica ainda que os valores de mercado da dívida e do patrimônio da Sensient na mesma data eram de $349,9 milhões e de $1.821,8 bilhão, respectivamente.

Como se costuma fazer, admiti que o valor de mercado da dívida da Sensient fosse igual ao seu valor contábil. É bem provável que essa premissa seja incorreta, mas é bem provável também que a diferença entre o valor de mercado e o valor contábil da dívida será pequena frente à diferença entre os valores contábil e de mercado do capital próprio. O valor de mercado das ações da Sensient é o preço por ação de $36,73 ao final do ano multiplicado pelas 49,6 milhões de ações ordinárias em circulação. O valor de mercado das ações supera o seu valor contábil em uma proporção de 2 para 1 porque os investidores estão otimistas quanto ao futuro da empresa.

Para decidir se os pesos de mercado ou contábeis são os mais adequados à mensuração do custo do capital, considere a analogia a seguir. Suponha que há 10 anos você tenha investido $20.000 em uma carteira de ações ordinárias que, sem qualquer esforço de sua parte, hoje valha $50.000. Após conversar com corretores e consultores de investimentos, você acredita que um retorno razoável para a carteira, dadas as condições atuais do mercado, seja de 10% ao ano. Você se satisfaria com um retorno de 10% sobre o custo original da carteira, de $20.000, ou esperaria obter 10% sobre o valor atual de mercado de $50.000? É claro que o valor atual de mercado é o que importa para a tomada de decisões: o custo original é um custo em que já se incorreu e, portanto, é irrelevante. Da mesma maneira, os proprietários e credores da Sensient Te-

Tabela 8.2 Valores contábil e de mercado da dívida e do capital próprio da Sensient Technologies Corporation (31 de dezembro de 2010)

Fonte de caixa	Valor contábil		Valor de mercado	
	Quantia (em milhões)	Porcentagem do total	Quantia (em milhões)	Porcentagem do total
Dívida	$ 349,9	26,2%	$ 349,9	16,1%
Capital próprio	983,8	73,8%	1.821,8	83,9%
Total	$1.333,7	100,0%	$2.171,7	100,0%

chnologies têm investimentos no valor de $1.821,8 bilhão e $349,9 milhões, respectivamente, sobre os quais esperam obter retornos competitivos. Portanto, usar os valores de mercado da dívida e do capital próprio é adequado para medir o custo do capital.

O custo da dívida

Essa análise é fácil. Títulos com vencimentos semelhantes aos da Sensient apresentavam um retorno de aproximadamente 6,1% em dezembro de 2010 e a alíquota marginal de IR da empresa era de cerca de 35%. Consequentemente, o custo da dívida líquida para a Sensient era de 4,0% [(1 − 35%) × 6,1%]. Alguns novatos em finanças ficarão tentados a usar a taxa de cupom da dívida em vez da taxa vigente do mercado nesse cálculo. Mas o cupom é, evidentemente, um custo em que já se incorreu. Além disso, como queremos usar o custo do capital para avaliar novos investimentos, precisamos usar o custo de novas dívidas.

O custo do capital próprio

Estimar o custo do capital próprio é tão difícil quanto foi fácil estimar o custo da dívida. No caso da dívida ou das ações preferenciais, a empresa promete ao portador um fluxo específico de pagamentos futuros. Sabendo de quanto são esses pagamentos e qual é o valor do preço vigente do título, é fácil calcular o retorno esperado. Foi o que fizemos no capítulo anterior, ao calcular o retorno até o vencimento de um título. Mas a coisa se complica no caso das ações ordinárias. Como a empresa não faz qualquer promessa quanto a pagamentos futuros aos acionistas, não há um meio simples de estimar o retorno esperado.

Presumir uma perpetuidade

Um jeito de resolver o dilema lembra a anedota do químico, do físico e do economista que se viram presos no fundo de um poço de 12 metros de profundidade. Depois do fracasso de diversas soluções baseadas em seus conhecimentos de química e física para tentar sair do buraco, os dois primeiros finalmente se voltam, desesperados, para o economista e lhe perguntam se há algo em seu treinamento profissional que possa ajudar a inventar um jeito de escapar. "Ora, claro que sim", responde o economista. "O problema é bastante elementar. Basta presumir uma escada." Aqui, nossa "escada" é uma premissa a respeito dos pagamentos futuros esperados pelos acionistas. Depois desse heroico ponto de partida, o problema de fato passa a ser elementar. Para exemplificar, suponha que quem investe capital próprio da empresa espera receber um dividendo anual de d por ação, para sempre. Como conhecemos P e presumimos um fluxo de pagamentos futuros, o que falta é identificar a taxa de desconto que iguala o valor presente do fluxo de pagamentos ao valor do preço atual. Com base no capítulo anterior, sabemos que o valor presente de tal perpetuidade, a uma taxa de desconto K_E, é

$$P = \frac{d}{K_E}$$

e, solucionando para a taxa de desconto,

$$K_E = \frac{d}{p}$$

Em outras palavras, se você estiver disposto a admitir que os investidores esperam que a ação de uma empresa se comporte como uma perpetuidade, o custo do capital próprio será simplesmente o retorno de dividendos (*dividend yield*).

Crescimento perpétuo

Uma premissa um pouco mais plausível é a de que os acionistas que esperam um dividendo por ação de $d no próximo ano esperam ainda que esse dividendo cresça à taxa de g% por ano *perpetuamente*. Felizmente, o fato é que esse problema de fluxo de caixa descontado também tem uma solução de rara simplicidade. Sem pretender entediar você com detalhes aritméticos, o valor presente do fluxo de pagamentos presumido, a uma taxa de desconto de K_E é:

$$P = \frac{d}{K_E - g}$$

e, solucionando para a taxa de desconto,

$$K_E = \frac{d}{P} + g$$

Essa equação indica que, estando correta a premissa quanto à taxa perpétua de crescimento, o custo do capital próprio será igual ao retorno de dividendos da empresa (d/P) mais a taxa de crescimento dos dividendos. A isso chamamos de *equação de crescimento perpétuo* para K_E.

O problema de usar o crescimento perpétuo para a estimativa de K_E é que a qualidade depende da premissa em que se baseia. Para empresas maduras, como estradas de ferro, distribuidoras de energia elétrica e siderúrgicas, pode ser razoável admitir que as taxas observadas de crescimento perdurem indefinidamente. Nesses casos, a equação de crescimento perpétuo rende uma estimativa plausível do custo do capital próprio. Em outros casos, quando não é plausível pensar que a empresa possa manter sua atual taxa de crescimento indefinidamente, a equação superestima o custo do capital próprio.

Deixe-se guiar pela história

Uma segunda abordagem, mais produtiva, para a estimativa do custo do capital próprio trata da estrutura dos retornos esperados nos investimentos de risco. De maneira geral, o retorno esperado de qualquer ativo de risco se compõe de três fatores:

Retorno esperado do ativo de risco = Taxa de juros livre de risco + Prêmio pela inflação + Prêmio pelo risco

A equação mostra que o portador de um ativo de risco deve esperar obter retorno a partir de três fontes. A primeira é a remuneração pelo custo de oportunidade incorrido ao manter o ativo. Essa é a taxa de juros livre de risco. A segunda é a remuneração pela queda do poder de compra do investimento com o passar do tempo. Esse é o prêmio pela inflação. A terceira é a remuneração por suportar o risco sistêmico do ativo. Esse é o prêmio pelo risco. Felizmente, não precisamos tratar os dois primeiros termos como fatores independentes porque, juntos, eles correspondem ao retorno de um título livre de inadimplência, como as letras do tesouro. Como podemos determinar facilmente a taxa de juros de um título governamental, o único desafio será estimar o prêmio pelo risco.

Quando o ativo de risco é uma ação ordinária, é útil deixar que a história nos guie e lembrar, com base na Tabela 5.1, que na média, durante o século passado, o retorno anual das ações ordinárias norte-americanas superou o dos títulos governamentais em 6,2 pontos percentuais. Como recompensa pelo risco maior, os acionistas obtiveram um retorno anual 6,2 pontos percentuais maior do que o obtido pelos detentores de títulos governamentais. Tratando esse valor como prêmio pelo risco e somando-o à taxa de 4,2% que rende um título a longo prazo do governo norte-americano em 2010, temos uma estimativa de 10,4% como custo do capital próprio de uma empresa típica.

Qual é a lógica de tratar o retorno excedente histórico de 6,2% como prêmio pelo risco? Essencialmente, no decorrer de um prazo longo o bastante, os retornos que os investidores efetivamente recebem e o que esperam receber devem ficar próximos um do outro. Por exemplo, suponhamos que os investidores esperem um retorno adicional de 20% por investir em ações ordinárias, mas que o retorno efetivo insista em ficar nos 3 pontos percentuais. Duas coisas deverão acontecer: os investidores devem reduzir suas expectativas e as vendas feitas por investidores descontentes aumentarão os retornos realizados subsequentes. No final, as expectativas e a realidade devem ficar em níveis aproximadamente iguais.

Agora temos uma estimativa do custo do capital próprio de uma empresa de "médio risco", mas é claro que poucas empresas têm risco exatamente igual à média. Como, então, personalizar nossa expressão do custo médio para que reflita o risco de uma empresa específica? A resposta é inserir um "fator de ajuste", conhecido como *beta da empresa*, deixando a expressão assim:

$$\text{Custo do capital próprio} = \text{Taxa de juros de um título governamental} + \beta_e \left(\text{Retorno excedente histórico das ações ordinárias} \right)$$

Ou, simbolicamente,

$$K_E = i_g + \beta_e \times R_p \qquad (8.2)$$

onde i_g é a taxa de um título do governo, β_e é o beta do patrimônio líquido da empresa visada e R_p é o rendimento excedente das ações ordinárias. Pense no β_e como um fator de escala que reflita o risco sistêmico das ações de uma empresa específica em relação ao de uma ação média. Quando o risco sistêmico da ação é igual ao da ação média, β_e é igual a 1,0 e o prêmio pelo risco histórico se aplica diretamente. Mas, para ações de maior risco, β_e será maior que 1,0 e o prêmio aumentará proporcionalmente. Pelo mesmo raciocínio, ações de menor risco terão β_e menor que 1,0 e só será aplicável uma fração do prêmio pelo risco histórico.

Estimativa do beta

Você pode estar se perguntando: "Como estimar o beta de uma empresa?". É bem simples. A Figura 8.4 fornece tudo o que é necessário para estimar o beta da Sensient Technologies. Ela apresenta os retornos mensais realizados, inclusive dividendos, das ações ordinárias da Sensient em relação aos retornos do índice de ações Standard & Poor's 500 nos últimos 60 meses. Por exemplo, em outubro de 2008, o índice S&P caiu 17%, enquanto as ações da Sensient caíram 10%. Esse par de retornos constitui um ponto do gráfico. O índice S&P 500 é uma carteira altamente diversificada que contém muitas ações ordinárias; assim, seu risco sistêmico substitui razoavelmente o risco sistêmico de uma ação média e o do mercado como um todo. A figura também apresenta uma reta de melhor ajuste que indica a relação média entre os pares de retornos (se você estiver familiarizado com a análise de regressão, trata-se de uma linha de regressão simples).

A inclinação dessa linha é a estimativa de beta que desejamos, e mede a sensibilidade dos retornos das ações da Sensient aos movimentos do índice S&P. A inclinação indicada de 0,92 significa que, em média, o rendimento das ações da Sensient cai ou sobe 0,92% para cada ponto percentual de mudança do índice, indicando que o patrimônio da Sensient é menos arriscado do que a média. Evi-

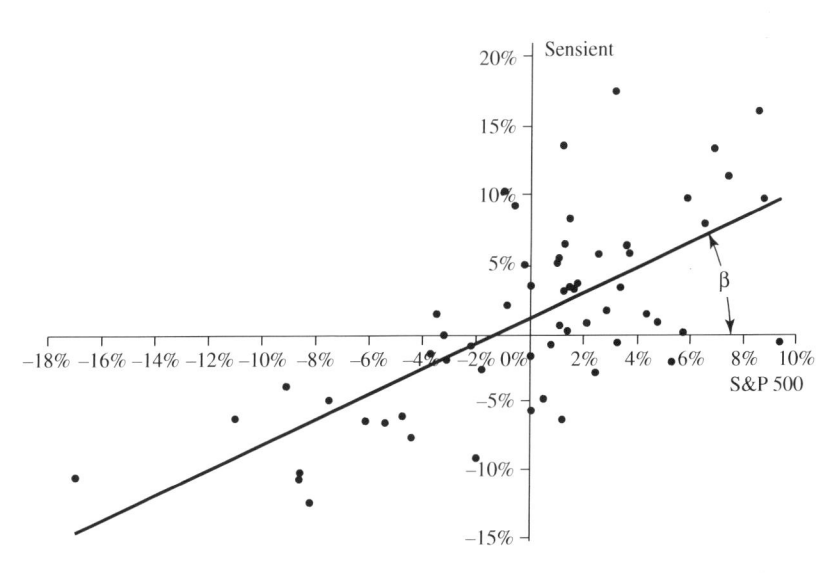

Figura 8.4 O beta da Sensient Technologies é a inclinação da reta de melhor ajuste

Rendimento Mensal da Sensient Technologies Corporation e do S&P 500, 60 meses até dezembro de 2010.

> **Uma virtude estatística**
>
> Muitos dos conceitos discutidos neste capítulo podem ser descritos de forma simples com a ajuda de um pouco de estatística. Como já vimos, o *risco total* de um investimento se refere à dispersão dos retornos possíveis e é comumente representado pelo desvio-padrão dos retornos, enquanto seu *risco sistêmico* depende da correlação entre os retornos do investimento com os de uma carteira amplamente diversificada. Podemos, assim, representar o risco sistêmico de um investimento *j* como
>
> $$\text{Risco sistêmico} = \rho_{jm}\sigma_j$$
>
> Onde ρ_{jm} é o coeficiente de correlação entre o investimento *j* e a carteira diversificada *m* e σ_j é o desvio-padrão dos retornos do investimento *j*. O coeficiente de correlação é, claro, um número sem dimensão entre +1 e −1, sendo que +1 caracteriza retornos perfeitamente correlacionados e −1 indica retornos perfeita e positivamente correlacionados. Para a maioria dos investimentos empresariais, ρ_{jm} está na faixa entre 0,5 e 0,8, indicando que entre 20 e 50% do retorno do investimento podem ser eliminados por diversificação.
>
> O *beta do patrimônio líquido* de uma ação ordinária é igual ao seu risco sistêmico em relação àquele de uma carteira bem diversificada ou, simbolicamente, o beta do patrimônio líquido da ação *j* é
>
> $$\beta_j = \frac{\rho_{jm}\sigma_j}{\rho_{mm}\sigma_m}$$
>
> Mas, como qualquer variável precisa estar perfeitamente correlacionada consigo mesma, essa expressão se reduz a
>
> $$\beta_j = \frac{\rho_{jm}\sigma_j}{\sigma_m}$$
>
> Além de representar o beta do patrimônio líquido para a ação *j*, essa expressão corresponde ao coeficiente angular (inclinação) da reta de regressão de r_j em r_m, onde r_j e r_m são, respectivamente, os retornos realizados da ação *j* e os retornos realizados da carteira diversificada.

dentemente, se essa linha fosse menos inclinada, a ação da Sensient seria menos sensível aos movimentos do mercado ou, alternativamente, aos eventos da economia, e, portanto, de menor risco. Uma linha de maior inclinação indicaria o contrário, é claro. O fato de que todos os pares de retornos plotados na figura não estão exatamente sobre a linha reflete a importância do risco não sistêmico para determinar os retornos mensais da Sensient. Lembre-se de que, como o risco não sistêmico não pode ser eliminado por diversificação, ele não deve ter importância na determinação dos retornos ou preços exigidos.

Felizmente, não precisamos nos preocupar em calcular nós mesmos os betas. O risco beta é um fator tão importante para a análise de títulos que muitas corretoras de valores e assessorias de investimentos publicam regularmente os betas de praticamente todas as ações ordinárias de companhias abertas. A Tabela 8.3 apresenta os betas recentes de uma amostra variada de empresas. Observe

Tabela 8.3 Betas de empresas representativas

Empresa	Beta	Empresa	Beta
Advanced Micro Devices	2,19	Costco Wholesale	0,74
Amazon.com	1,17	Cummins	1,96
American Electric Power	0,59	Dean Foods	0,70
American International Group	3,75	Dell	1,38
Apple	1,38	Duke Energy	0,43
AT&T INC	0,67	Exxon Mobil	0,49
Avon Products	1,50	Goldman Sachs	1,40
Bank of New York	0,73	H & R Block	0,52
Baxter International	0,51	IBM	0,73
Berkshire Hathaway	0,46	Intel	1,10
Boeing	1,25	JDS Uniphase	2,30
Carmax	1,32	Microsoft	1,08
Caterpillar	1,74	Safeway	0,71
CBS	2,05	Southern Company	0,36
Chevron	0,75	Southwest Airlines	1,10
Coca-Cola	0,60	Wellpoint	0,97
Consolidated Edison	0,31	Wells Fargo Bank	1,38

Fonte: Standard & Poor's Compustat.

que os betas vão de um mínimo de 0,31 para a Consolidated Edison, empresa de fornecimento de energia elétrica, até uma alta de 3,75 para o American International Group, a famigerada seguradora resgatada pelo governo na crise recente. Observe ainda que os números são intuitivamente plausíveis, com empresas de risco elevado, como as de tecnologia e Internet, apresentando betas elevados, enquanto empresas de baixo risco, como indústrias de alimentos e supermercados, apresentando betas menores.

Inserindo o beta estimado para o patrimônio da Sensient de 0,92 na equação 8.2, temos o seguinte custo de capital:

$$K_E = 4,2\% + 0,92 \times 6,2\% = 9,9\%$$

Custo médio ponderado do capital da Sensient Technologies

O que falta agora é fazer os cálculos. A Tabela 8.4 apresenta a tabulação da minha estimativa do custo do capital da Sensient. O custo médio ponderado do capital da empresa é de 8,9%. Isso significa que, no fim de 2010, a empresa teria que obter pelo menos esse retorno percentual sobre o valor de mercado dos seus ativos para atender às expectativas dos credores e dos acionistas e, por inferência, manter o preço de suas ações. Em forma de equação,

$$K_W = \frac{(1 - 0,35)(6,1\%)(\$349,9 \text{ milhões}) + (9,9\%)(\$1.821,8 \text{ milhão})}{\$349,9 \text{ milhões} + \$1.821,8 \text{ milhão}}$$

$$= 8,9\%$$

Tabela 8.4 Cálculo do custo médio ponderado do capital da Sensient*

Fonte	Montante ($ milhões)	Porcentagem do total	Custo líquido	Custo ponderado
Dívida	$ 349,9	16,1%	3,9%	0,6%
Capital próprio	1.821,8	83,9%	9,9%	8,3%
			Custo médio ponderado do capital =	8,9%

* Os totais podem não coincidir devido ao arredondamento.

Antes de encerrar nossa discussão dos betas, devo observar que embora a motivação dada para a Equação 8.2 seja predominantemente intuitiva, a equação tem uma sólida base conceitual, conhecida como Modelo de Precificação de Ativos de Capital, ou CAPM (de *Capital Asset Pricing Model*). Segundo o CAPM, a Equação 8.2 nada mais é que a equação da linha do mercado apresentada anteriormente na Figura 8.1. Como tal, descreve a relação de equilíbrio entre o retorno esperado de qualquer ativo de risco e seu risco sistêmico. Em outras palavras, a Equação 8.2 define a taxa mínima de retorno aceitável que um investidor exigiria sobre um ativo de risco.

O custo do capital na avaliação de investimentos

O fato de o custo do capital ser o retorno que uma empresa precisa obter sobre seus *ativos existentes* para atender às expectativas de seus credores e acionistas é um detalhe interessante, mas estamos atrás de coisas mais importantes: queremos usar o custo do capital como critério de aceitação para *novos investimentos*.

Haverá problemas com a aplicação de um conceito derivado para ativos existentes a novos investimentos? Não, se verificarmos uma premissa crítica: o novo investimento deve ter o mesmo risco que os ativos existentes. Se tiver, o novo investimento será uma cópia dos ativos existentes e o custo do capital servirá adequadamente como taxa de desconto ajustada pelo risco. Se não tiver, devemos prosseguir com mais cautela.

A linha de mercado da Figura 8.5 ilustra com clareza a importância da premissa de igualdade de risco, enfatizando que a taxa de retorno esperada por pessoas avessas ao risco aumenta com o risco enfrentado. Isso significa, por exemplo, que a administração deve exigir um retorno esperado maior ao lançar um novo produto do que quando substitui equipamentos antigos, uma vez que o novo produto é presumivelmente de maior risco e, portanto, justifica um maior retorno. A figura também mostra que o custo do capital de uma empresa é apenas uma das muitas taxas de desconto possíveis ajustadas pelo risco, sendo a que corresponde ao risco dos ativos existentes da empresa. Concluímos que o custo do capital só representa um critério de aceitação adequado quando o risco do novo investimento é igual ao dos ativos existentes. Para os demais investimentos, o custo do capital não é apropriado. Mas não se desespere: mesmo quando inadequado por si só, o conceito de custo do capital é fundamental para identificar a taxa ajustada ao risco correta.

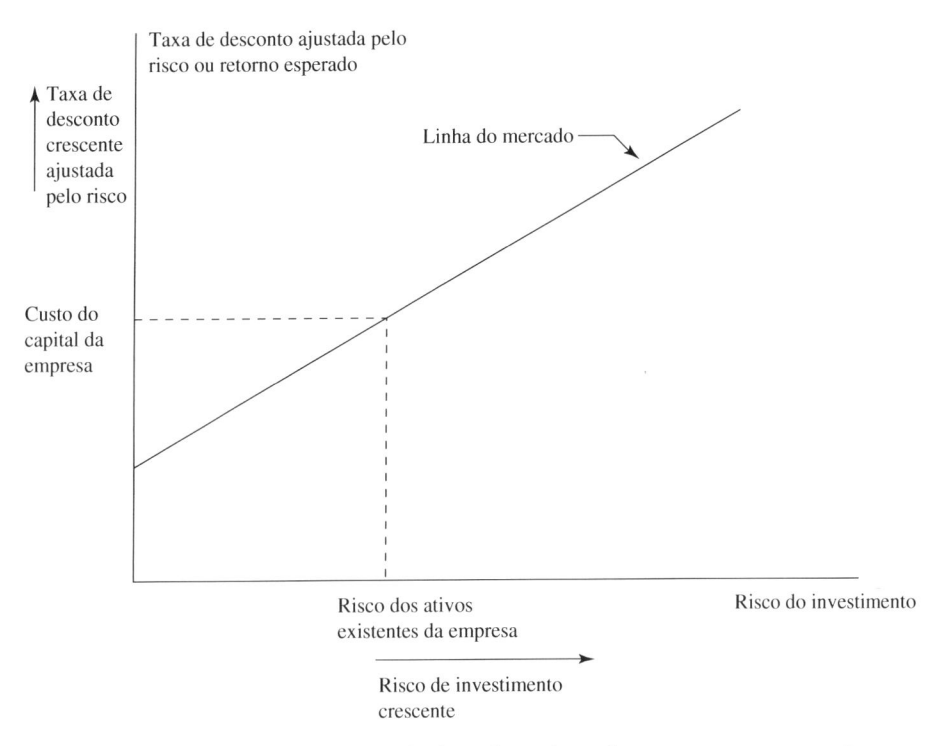

Figura 8.5 A taxa de desconto ajustada pelo risco de um investimento aumenta com o risco.

Várias taxas mínimas de atratividade (*Hurdle Rates*)

As empresas ajustam suas taxas mínimas de atratividade para diferentes riscos de investimento de pelo menos três maneiras. As duas primeiras são simples extensões do custo do capital. Para projetos de grande porte, a abordagem envolve identificar um setor em que o investimento em análise fosse considerado de médio risco, estimar o custo médio ponderado do capital para diversas empresas do setor e usar uma média dessas estimativas como a taxa de retorno exigida do projeto. Por exemplo, quando uma farmacêutica considera um investimento em biotecnologia, uma taxa de atratividade razoável para a decisão seria uma média dos custos do capital das empresas de biotecnologia existentes.

Um desafio do uso dessa abordagem é decidir quais empresas incluir na amostra. O custo do capital de uma empresa diversificada é a média ponderada dos custos do capital incidentes sobre cada uma de suas unidades. Isso quer dizer que, mesmo quando uma empresa diversificada é uma competidora importante no setor visado, seu custo do capital pode não refletir com precisão o risco do negócio. Com isso, as melhores candidatas a fazerem parte da amostra são as empresas "puras", que competem unicamente no negócio visado. Mas nem sempre há empresas puras disponíveis e, na sua falta, é preciso aplicar uma boa dose de julgamento e um pouco de talento para selecionar a amostra e decidir como melhor ponderar seus dados.

> **O custo do capital para uma empresa fechada**
>
> Há dois obstáculos à estimativa do custo do capital de uma empresa de capital fechado. O primeiro é conceitual. Alguns proprietários dessas empresas argumentam que, como seus títulos não são negociados nos mercados abertos, qualquer custo do capital baseado nesses mercados não se aplica a eles. Esse raciocínio está incorreto. Os mercados financeiros definem os custos de oportunidade incorridos por todos os indivíduos ao tomarem decisões de investimento, independentemente de serem esses investimentos em companhias abertas ou não. É claro que seria tolice o proprietário de uma empresa de capital fechado fazer um investimento que prometesse um retorno de 5% quando há investimentos comparáveis com um retorno de 15% disponíveis nos mercados abertos.
>
> O segundo obstáculo é uma questão de mensuração. Na falta de valores de mercado para a dívida da empresa e sem o retorno sobre o patrimônio necessário para basear uma estimativa de beta, o que fazer? Recomendo a estratégia descrita anteriormente para estimar os custos do capital de projetos e divisões. Identifique uma ou mais concorrentes que sejam companhias abertas, estime seu custo do capital e use a média resultante para representar o custo do capital da empresa fechada. Nos casos em que a estrutura de capital da empresa privada seja muito diferente da apresentada pelas suas concorrentes abertas, pode ser necessário fazer alguns ajustes do tipo descrito no apêndice. Quando a empresa fechada é muito menor do que suas concorrentes abertas, também pode ser o caso de ajustar o custo do capital para mais, em, digamos, dois pontos percentuais, a fim de refletir os maiores riscos enfrentados por pequenas empresas.

Outra técnica de ajuste do risco usada por empresas multidivisionais é calcular um custo do capital separado para cada divisão. Como acabamos de ver, o custo do capital de uma empresa multidivisional será a média dos custos do capital de cada linha de negócio. Quando empresas desse tipo usam um só custo do capital para todas as divisões, correm o risco de cometer dois tipos de erro. Nas divisões de baixo risco, elas tendem a rejeitar investimentos de baixo risco e que valem a pena por falta de retorno esperado, enquanto nas divisões de risco elevado, tendem a fazer o contrário: aceitar investimentos antieconômicos e de risco elevado por causa dos prospectos de retorno. Com o tempo, essas empresas verão suas divisões de baixo risco definhar por falta de capital, enquanto suas divisões de risco mais elevado são alimentadas à força com capital em excesso.

Para evitar esse dilema, muitas empresas multidivisionais usam os métodos que acabamos de descrever para estimar uma taxa de atratividade para cada divisão. Começam pela identificação de diversas concorrentes das divisões – com sorte, isso incluirá algumas empresas "puras". Em seguida, estimam o custo médio ponderado do capital dessas concorrentes e usam uma média desses valores como custo do capital da divisão.

A terceira abordagem é mais *ad hoc*. Muitas empresas fazem o ajuste a diferentes riscos de projeto ao definir diversos níveis de risco e atribuir uma taxa de atratividade diferente a cada nível. Por exemplo, a Sensient poderia usar os quatro níveis a seguir.

Tipo de investimento	Taxa de desconto (%)
Reposição ou reparo	6,5
Redução de custos	7,0
Expansão	8,9
Novo produto	14,0

Os investimentos para o aumento da capacidade para os produtos existentes são, essencialmente, cópias em carbono dos investimentos existentes, de modo que suas taxas de atratividade são iguais ao custo do capital da empresa. Outros tipos de investimento podem estar sujeitos a taxas de atratividade maiores ou menores, dependendo de seu risco em relação aos investimentos em expansão. Investimentos em reposição ou reparos são os mais seguros porque praticamente todos os fluxos de caixa são conhecidos em decorrência da experiência passada. Investimentos em redução de custos têm risco um pouco maior porque a magnitude da redução potencial é incerta. Os investimentos em novos produtos são os mais arriscados, porque todas as receitas e todos os custos são incertos.

As diversas taxas de atratividade condizem com a aversão ao risco e com a linha de mercado, mas o montante do ajuste da taxa para cada nível de risco é bastante arbitrário. Se a taxa de atratividade para os novos investimentos deve ser de 3 ou 6 pontos percentuais acima do custo do capital da Sensient não pode ser determinado objetivamente.

QUATRO ARMADILHAS NO USO DAS TÉCNICAS DE FLUXO DE CAIXA DESCONTADO

Agora você já conhece os fundamentos da análise de investimentos: estimar os fluxos de caixa anuais esperados do projeto e trazê-los para o presente por meio de uma taxa de desconto ajustada pelo risco que seja adequada ao risco dos fluxos de caixa. Quando o projeto é um investimento "cópia", o custo médio ponderado do capital da empresa será a taxa de desconto aplicável. Em outros casos, faz-se necessário um ajuste desse custo do capital para mais ou para menos.

Em nome da transparência, vou mencionar cautelosamente quatro armadilhas existentes na aplicação prática das técnicas de fluxo de caixa descontado. As duas primeiras podem ser facilmente evitadas uma vez que se conheça sua existência; as duas últimas destacam importantes limitações das técnicas de fluxo de caixa descontado, quando empregadas de modo convencional. Tomadas em seu conjunto, essas armadilhas significam que você precisará aprender diversos outros temas antes de tentar se fazer passar por um *expert* na matéria.

A perspectiva do empreendimento *versus* a perspectiva do acionista

Qualquer investimento corporativo financiado em parte com dívida pode ser analisado de duas perspectivas: a da empresa, muitas vezes chamada de perspectiva do *empreendimento*, ou a dos proprietários, chamada de perspectiva do *acionista*. Como mostra o exemplo adiante, ambas são funcionalmente equivalentes no

> **A falácia do custo marginal do capital**
>
> Alguns leitores, principalmente os engenheiros, olharão para a equação 8.1 e concluirão, ingenuamente, que é possível reduzir o custo médio ponderado do capital de uma empresa usando mais da fonte mais barata de financiamento – a dívida – e menos da fonte mais cara – o capital social. Em outras palavras, concluirão que um aumento da alavancagem reduzirá o custo do capital. Mas esse raciocínio indica uma compreensão imperfeita da alavancagem. Como vimos no Capítulo 6, o aumento da alavancagem aumenta o risco enfrentado pelos acionistas. Por serem avessos ao risco, eles reagirão exigindo um maior retorno sobre seu investimento. Assim, K_E e, em menor medida, K_D aumentam com a alavancagem. Isso quer dizer que aumentar a alavancagem afeta o custo do capital de uma empresa de duas maneiras opostas: o maior uso da dívida barata reduz K_W, mas o aumento de K_E e K_D que acompanha a maior alavancagem elevará K_W.
>
> Para rever o raciocínio, pergunte-se como você responderia a um subordinado que argumentasse em favor de um investimento: "Sei que o custo do capital da empresa é de 12% e que a TIR desse investimento cópia é de apenas 10%. Mas na última reunião da diretoria decidimos financiar os investimentos desse ano com nova dívida. Como a nova dívida tem um custo líquido de apenas 4%, é claro que interessa aos nossos acionistas investir dinheiro a 4% para obter um rendimento de 10%".
>
> O raciocínio do seu subordinado está incorreto. Financiar com dívida significa aumentar a alavancagem e K_E. Somando a variação de K_E aos 4% do custo financeiro, vemos que o verdadeiro custo *marginal* da dívida é bem superior ao custo financeiro. Na verdade, provavelmente está bem próximo de K_W.

sentido de que, quando corretamente aplicadas, resultam na mesma decisão de investimento – mas ai de quem as confundir.

Suponhamos que a ABC Enterprises tenha uma estrutura de capital composta de 40% de dívida ao custo de 5% líquido e 60% de capital próprio ao custo de 20%. Seu CMPC, portanto, será

$$K_W = 5\% \times 0{,}40 + 20\% \times 0{,}60 = 14\%$$

A empresa está avaliando um investimento de risco médio ao custo de $100 milhões e que promete fluxo de caixa líquido de $14 milhões ao ano, perpetuamente. Se optar por realizar o investimento, a ABC pretende financiá-lo com $40 milhões em novos empréstimos e $60 milhões com capital próprio. A empresa deve fazer o investimento?

A perspectiva do empreendimento

O lado esquerdo do diagrama adiante mostra os fluxos de caixa do investimento sob a perspectiva do empreendimento. Aplicando nossa abordagem, agora padrão, o investimento é uma perpetuidade com 14% de taxa interna de retorno. Comparando esse retorno com o custo médio ponderado do capital da ABC, também de 14%, concluímos que o investimento é marginal. Sua realização não criará, nem destruirá valor para o acionista.

A perspectiva do acionista

O lado direito do diagrama mostra o mesmo investimento do ponto de vista dos acionistas. Como $40 milhões do custo inicial serão financiados com dívida, o desembolso de capital próprio será de apenas $60 milhões. Da mesma maneira, como $2 milhões líquidos devem ser pagos aos credores por ano a título de juros, o fluxo de caixa residual para o acionista será de apenas $12 milhões. A taxa interna de retorno do investimento, da perspectiva do acionista, será, portanto, de 20%.

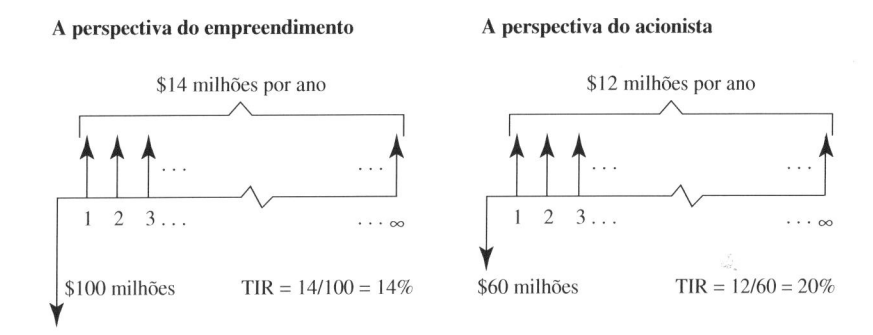

A perspectiva do empreendimento

$14 milhões por ano

1 2 3 . . .   . . . ∞

$100 milhões   TIR = 14/100 = 14%

A perspectiva do acionista

$12 milhões por ano

1 2 3 . . .   . . . ∞

$60 milhões   TIR = 12/60 = 20%

O fato de o retorno ser, agora, de 20% significa que o investimento se tornou subitamente atraente? Claro que não. Como os fluxos de caixa para os acionistas são alavancados, estão sujeitos a um risco maior do que os fluxos de caixa originais e, portanto, exigem uma taxa de desconto ajustada pelo risco mais elevada. De fato, o critério de aceitação adequado para esses fluxos de caixa é o custo do capital próprio da ABC, ou 20%. (Lembre-se de que a taxa de desconto deve refletir o risco dos fluxos de caixa a serem descontados.) Comparando a TIR para os acionistas de 20% com o custo do capital próprio da ABC, concluímos, novamente, que o investimento é meramente marginal.

Não é por acaso que as duas perspectivas rendem o mesmo resultado. Como o custo médio ponderado do capital é definido de maneira a garantir que cada provedor de capital receba retorno equivalente ao seu custo de oportunidade, sabemos que um investimento da ABC com retorno de 14%, sob a perspectiva do empreendimento, renderá o bastante para pagar o serviço da dívida e gerar uma TIR de 20% sobre o capital próprio investido. Só surgem problemas quando se misturam as duas perspectivas, usando K_E para descontar os fluxos de caixa da empresa ou, o que é mais comum, K_W para descontar os fluxos de caixa para os acionistas.

Qual é a melhor perspectiva? Alguns de meus melhores amigos usam a perspectiva do acionista, mas acredito que a perspectiva do empreendimento seja mais fácil de aplicar na prática. O problema da perspectiva do acionista é que tanto a TIR para o capital próprio quanto a taxa de desconto ajustada pelo risco apropriada variam com o montante de alavancagem financeira empregado. A TIR para o capital próprio do investimento da ABC Enterprises é de 20% com

$40 milhões de financiamento por dívida, mas salta para 95% com $90 milhões de endividamento e atinge o infinito com financiamento integral por dívida.

É fácil lidar com a interdependência entre os meios de financiamento e a taxa de desconto ajustada pelo risco em sala de aula, mas quando há dinheiro de verdade em jogo, muitas vezes ficamos tão fascinados pelo aspecto alavancador da dívida que nos esquecemos de que a taxa de retorno exigida também aumenta. Além disso, mesmo quando nos lembramos de que a alavancagem aumenta tanto o risco quanto o retorno, é muito difícil estimar com exatidão em que medida o custo do capital próprio deve aumentar com a alavancagem.

Como a vida é curta, recomendo evitar complicações desnecessárias, usando a perspectiva do empreendimento sempre que possível. Avalie o mérito econômico de um investimento sem se importar com a maneira como ele será financiado ou como o espólio será dividido. Se o investimento passar por esse teste fundamental, então você poderá se voltar para os detalhes mais sutis de como melhor financiá-lo.

Inflação

A segunda armadilha tem a ver com a abordagem inadequada da inflação. Muitas vezes os administradores ignoram a inflação ao estimar os fluxos de caixa de um investimento, mas a consideram, sem perceber, em suas taxas de desconto. O efeito desse descasamento é tornar as empresas excessivamente conservadoras em suas avaliações de investimentos, em especial no que tange a ativos de vida útil longa. A Tabela 8.5 ilustra a questão. Uma empresa que tenha custo de capital de 15% está considerando um investimento cópia de $10 milhões. O investimento tem vida útil de quatro anos e projeta-se que aumentará a capacidade de produção em 10.000 unidades por ano. Como o produto é vendido a $900, a empresa estima que a receita anual aumente em $9 milhões ($900 × 10.000 unidades), o que, após subtrair os custos de produção, resulta em um aumento anual dos fluxos de caixa, líquido, de $3,3 milhões. A TIR do investimento foi calculada em 12% – menor, portanto, que o custo do capital da empresa.

Percebeu o erro? Ao admitir o preço de venda e os custos de produção como constantes durante os próximos quatro anos, a administração implicitamente estimou os fluxos de caixa reais, ou em dólares constantes, ao passo que o custo do capital, do modo como foi calculado anteriormente neste capítulo, é nominal. É nominal porque tanto o custo da dívida quanto o custo do capital social embutem um prêmio pela expectativa de inflação.

A chave para a análise de investimento durante períodos de inflação é sempre comparar itens semelhantes. Quando os fluxos de caixa estiverem em dólares nominais, use uma taxa de desconto nominal. Quando os fluxos de caixa estiveram em valores reais, ou constantes, use uma taxa de desconto real. A parte inferior da Tabela 8.5 ilustra uma avaliação do investimento correta. Após incluir um aumento anual de 5% do preço de venda e nos custos variáveis de produção, os fluxos de caixa nominais esperados do investimento são

Tabela 8.5 Ao avaliar investimentos com inflação, sempre compare fluxos de caixa nominais com uma taxa de desconto nominal ou fluxos de caixa reais com uma taxa de desconto real ($ milhões)

(a) Avaliação de investimento incorreta que compara fluxos de caixa reais com uma taxa de desconto nominal

	2009	2010	2011	2012	2013
Fluxo de caixa líquido	($10,0)	$3,3	$3,3	$3,3	$3,3
		TIR = 12%			
		K_W = 15%			
		Decisão: **rejeitar**			

(b) Avaliação de investimento correta que compara fluxos de caixa nominais com uma taxa de desconto nominal

	2009	2010	2011	2012	2013
Fluxo de caixa líquido	($10,0)	$3,5	$3,8	$4,0	$4,3
		TIR = 20%			
		K_W = 15%			
		Decisão: **aceitar**			

os apresentados. Como seria de se esperar, os fluxos de caixa nominais superam os fluxos de caixa em dólares constantes por uma margem maior a cada ano. A TIR desses fluxos é de 20%, passando, portanto, a superar o custo do capital da empresa.[5]

Opções reais

A terceira armadilha envolve a possível omissão de opções gerenciais importantes inerentes a muitas oportunidades de investimento. A análise de fluxo de caixa descontado convencional não consegue captar essas opções porque, de forma implícita, ignora a flexibilidade gerencial, ou seja, a capacidade de alterar um investimento em resposta a mudanças nas circunstâncias. Essa omissão pode ser uma premissa adequada quando os investimentos em questão são ações e títulos, mas pode ser perigosamente incorreta em outros casos, por exemplo, quando os administradores têm a capacidade de alterar um projeto durante a sua vida útil. Alguns exemplos daquilo que chamamos *opções reais*, por causa de sua equivalência formal às opções financeiras negociadas no mercado, são

- a opção de abandonar um investimento se os fluxos de caixa não atenderem às expectativas;
- a opção de fazer investimentos posteriores se a iniciativa inicial for bem-sucedida, e
- a opção de reduzir a incerteza ao adiar os investimentos.

---

[5] Uma abordagem alternativa seria calcular o custo real do capital da empresa e compará-lo com uma TIR real. Mas, como essa abordagem é mais trabalhosa e eivada de erros potenciais, recomendo trabalhar, em vez disso, com os fluxos de caixa nominais e com uma taxa de desconto nominal.

Em cada caso, a opção dá aos administradores a capacidade de escolher a cereja: agir quando as probabilidades estão a seu favor, mas ir embora quando não estão. (O apêndice do Capítulo 5 fornece uma visão geral das opções de financiamento, e as leituras recomendadas no final do capítulo oferecem tratamentos mais rigorosos de opções reais e sua valorização.)

A análise formal das opções reais tem tido uma adoção lenta em muitas empresas, principalmente devido à sua complexidade.[6] Em um nível mais informal, no entanto, a percepção de que muitos investimentos corporativos contêm opções embutidas potencialmente valiosas alterou a forma como os executivos pensam acerca dessas oportunidades. Um item cada vez mais comum na lista de um analista é identificar qualquer opção real embutida em um projeto e estimar, pelo menos qualitativamente, o seu significado para a empresa. As próximas páginas oferecem um olhar intuitivo sobre três opções reais comuns enfrentadas pelas empresas e exemplificam como uma compreensão das opções reais pode aguçar o pensamento sobre as decisões de investimento das empresas.

Árvores de decisão

A General Design Corporation está considerando investir $100 milhões no desenvolvimento de uma nova linha de semicondutores de alta velocidade baseada em uma tecnologia emergente de filmes de diamante. Este é um investimento de risco. A administração pensa que a probabilidade de sucesso é cerca de 50% e decidiu aplicar uma taxa de desconto de alto risco de 25% em suas análises. A parte (a) da Tabela 8.6 mostra que, se bem-sucedido, o valor presente da entrada de caixa livre esperada ao longo da vida do projeto totalizará $134 milhões, mas se não for bem-sucedido, o valor será negativo de $27milhões. A General Design deve investir?

A parte (a) contém uma análise de fluxo de caixa descontado convencional do investimento em forma de "árvore de decisão", uma técnica gráfica simples para retratar uma decisão incerta. As árvores de decisão são especialmente úteis quando a decisão envolve várias decisões inter-relacionadas e eventos fortuitos. Os nós quadrados na árvore representam as decisões, enquanto os nós circulares denotam os eventos fortuitos. Há somente uma decisão, investir ou não, e apenas um evento fortuito, sucesso ou fracasso. As árvores de decisão são desenhadas a partir da esquerda, começando com a decisão mais imediata, e se movendo para a direita ao longo de vários ramos de eventos, decisões e resultados subsequentes. A análise de uma árvore de decisão, no entanto, se move na direção oposta – da direita para a esquerda. Ela começa nos resultados mais distantes, decide o que isso implica para as decisões mais distantes e trabalha progressivamente para trás ao longo dos ramos para a decisão atual.

Os dois resultados mais à direita, na parte (a), prometem fluxos de caixa de $134 milhões e de –$27 milhões com igual probabilidade, de modo que, a partir da esquerda ao longo dos ramos "sucesso" e "fracasso", é fácil calcular que o nó

---

[6] Edward Teach, "Will Real Options Take Root? Why Companies Have Been Slow to Adopt the Valuation Technique," *CFO Magazine*, julho de 2003, p. 1-4.

Capítulo 8 • Análise de Risco em Decisões de Investimento

de probabilidade tenha um valor esperado de $54 milhões ($54 = 0,50 × $134 − 0,50 × $27). Combinar esta entrada esperada com o investimento de $100 milhões que está sob o ramo "Investir" gera um valor presente líquido de –$46 milhões.

A opção de abandono

O projeto do filme de diamante é claramente inaceitável de acordo com a análise convencional. Mas, depois de analisar a árvore de decisão por um instante, um executivo da General Design observa: "esta árvore de decisão nos compromete a fabricar os novos semicondutores, mesmo depois de saber que o produto é um fracasso. Não seríamos mais espertos nesse cenário se apenas encerrássemos a linha e vendêssemos a fábrica?". Em essência, o executivo está sugerindo que a

Tabela 8.6 Projeto de filmes de diamante da General Design ($ milhões)*

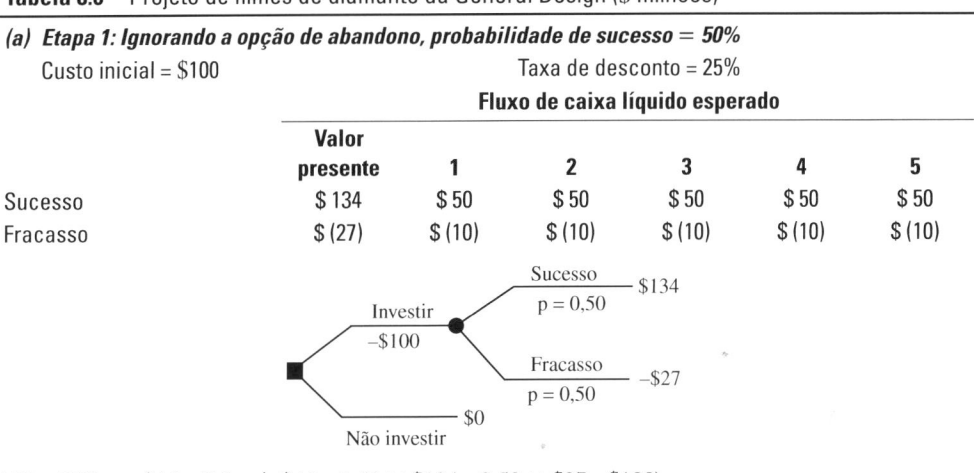

(a) Etapa 1: Ignorando a opção de abandono, probabilidade de sucesso = 50%

Custo inicial = $100   Taxa de desconto = 25%

	Valor presente	\multicolumn{5}{c}{Fluxo de caixa líquido esperado}
		1	2	3	4	5
Sucesso	$ 134	$ 50	$ 50	$ 50	$ 50	$ 50
Fracasso	$ (27)	$ (10)	$ (10)	$ (10)	$ (10)	$ (10)

```
                       Sucesso
                       p = 0,50  — $134
           Investir  ●
           −$100      Fracasso
                       p = 0,50  — −$27
        ■
           ——————— $0
           Não investir
```

VPL a 25% = − $46 milhões (− $46 = 0,50 × $134 − 0,50 × $27 − $100)

(b) Etapa 1: Incluindo a opção de abandono

Vender fábrica no ano 3 por $50 milhões

	Valor presente	\multicolumn{5}{c}{Fluxo de caixa líquido esperado}
		1	2	3	4	5
Sucesso	$ 134	$ 50	$ 50	$ 50	$ 50	$ 50
Fracasso	$ 11	$ (10)	$ (10)	$ 50	$ —	$ —

```
                       Sucesso
                       p = 0,50  ———————————— $134
           Investir  ●                    Continuar
           −$100      Fracasso                      −$27
                       p = 0,50  ●
        ■                            Abandonar
           ——————— $0                           $11
           Não investir
```

VPL a 25% = − $27 milhões (− $27 = 0,50 × $134 + 0,50 × $11 − $100)

(continua)

Tabela 8.6 Projeto de filmes de diamante da General Design ($ milhões)* (*continuação*)

(c) Etapa 2: Opção de expansão. probabilidade de sucesso (supondo que a Etapa 1 tenha sido bem-sucedida) = 90%

Investir $500 milhões no ano 2 se a Etapa 1 for bem-sucedida (valor presente a 25% = $320))

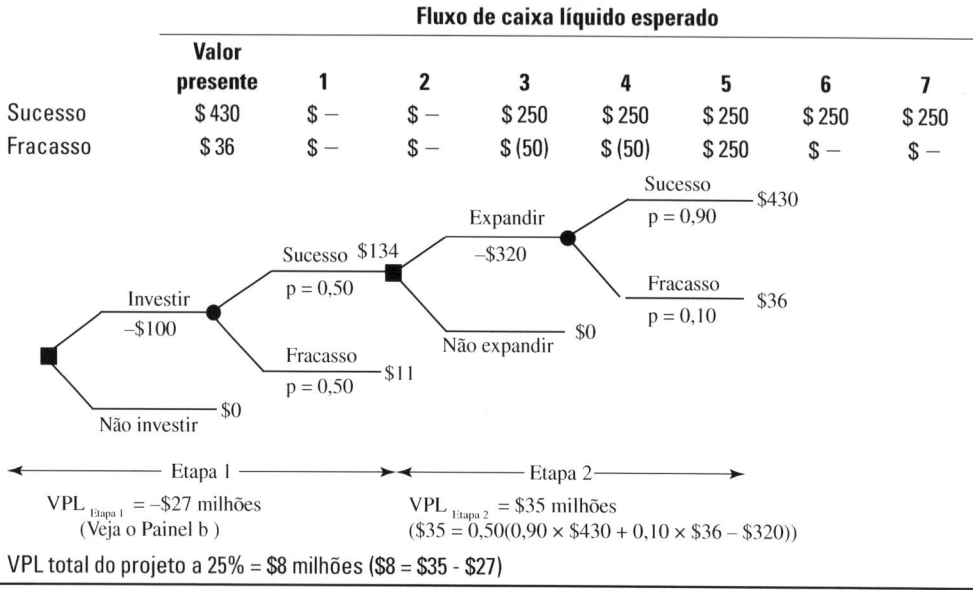

Fluxo de caixa líquido esperado

	Valor presente	1	2	3	4	5	6	7
Sucesso	$ 430	$ –	$ –	$ 250	$ 250	$ 250	$ 250	$ 250
Fracasso	$ 36	$ –	$ –	$ (50)	$ (50)	$ 250	$ –	$ –

```
                         Sucesso $134      Expandir        Sucesso   $430
                         p = 0,50          –$320           p = 0,90
           Investir                                        Fracasso  $36
           –$100                            Não expandir $0 p = 0,10
                         Fracasso  $11
                         p = 0,50
           $0
           Não investir
```

←———— Etapa 1 ————→←———— Etapa 2 ————→

VPL$_{Etapa\ 1}$ = –$27 milhões   VPL$_{Etapa\ 2}$ = $35 milhões
(Veja o Painel b)   ($35 = 0,50(0,90 × $430 + 0,10 × $36 – $320))

VPL total do projeto a 25% = $8 milhões ($8 = $35 - $27)

* Os totais podem não coincidir devido ao arredondamento

---

análise convencional na parte (a) ignora uma opção de abandono potencialmente valiosa: o direito de encerrar o projeto sempre que o valor de revenda da fábrica excede o valor presente dos fluxos de caixa operacionais gerados por ela.

Supondo que a General Design abandone o projeto, após dois anos de perdas, e venda a fábrica por $50 milhões, a árvore de decisão na parte (b), da Tabela 8.6, adiciona essa opção de abandono à árvore anterior. Começando pela direita, a General Design vai querer continuar a fazer os semicondutores enquanto as vendas estiverem em alta, mas deverá abandonar o projeto quando elas estiverem em baixa. Segundo os dados, incluir a opção de abandono aumenta o valor presente líquido do projeto em $19 milhões para ainda $27 milhões negativos (VPL revisto = 0,50 × $134 + 0,50 × $11 – $100 = –$27). Reconhecer que a empresa tem a opção de abandonar o projeto, quando as condições garantirem, acrescenta $19 milhões ao seu valor. Esse é o valor da opção de abandono e também o montante pelo qual a análise de investimento convencional subestima o valor do projeto.

Antes de considerar o segundo tipo de opções reais com que as empresas frequentemente se deparam, é apropriado dizer algumas palavras sobre os pontos fortes e fracos das árvores de decisão para analisar as opções reais. As árvores de decisão são uma ferramenta útil para ilustrar a natureza combinada e condicionada de muitas decisões de investimento, e ajudam a demonstrar como a flexibilidade na administração pode agregar valor às oportunidades de investimento. No entanto, elas também têm várias fraquezas evidentes. Uma delas é que as árvores de decisão rapidamente se transformam de árvores bem-comportadas em arbustos rebeldes quando as decisões se tornam mais complexas e os eventos fortuitos geram mais resultados possíveis. As árvores de decisão são incapazes de lidar com decisões contínuas em oposição a resultados separados e quando a incerteza é solucionada gradualmente ao longo do tempo, em vez de forma integral em uma data específica. Mas a fraqueza mais grave é que a técnica de solução de calcular valores esperados ponderados pela probabilidade de resultados distantes e lançar os resultados de volta para o presente é apenas aproximadamente correta ao avaliar opções reais.[7] Tomadas em conjunto, essas observações são um lembrete de que a nossa discussão aqui é apenas um resumo introdutório, e que a análise rigorosa de opções reais requer técnicas de modelagem e de avaliação que estão além do escopo deste livro.

A opção de crescimento

O principal atrativo de muitos investimentos em novas tecnologias é o fato de que o sucesso, hoje, cria amanhã a opção de fazer investimentos lucrativos a ele relacionados, investimentos que só se tornaram possíveis porque a administração correu um risco inteligente. Para ilustrar, suponha que a General Design acredite que o sucesso inicial em semicondutores de filme de diamante abrirá as portas para um investimento de continuação no estágio 2, em dois anos, que será cinco vezes maior do que o investimento no estágio 1 de hoje e que custa $500 milhões – o que, a uma taxa de desconto de 25%, é equivalente ao custo ao valor presente de $320 milhões.

A probabilidade de sucesso atribuída ao segundo estágio é crucial. Aos olhos da administração, se os investimentos do segundo estágio fossem feitos hoje, provavelmente não teriam probabilidade de sucesso maior do que a do primeiro estágio; afinal de contas, o estágio 2 envolve a mesma tecnologia e a única diferença é ser cinco vezes maior. Mas a administração não precisa tomar hoje a decisão de realizar o estágio 2: tem a opção de postergar a decisão até que conte com os resultados iniciais do estágio 1 e, assim, fazer uma escolha sedimentada em mais informações. O investimento no estágio 1 efetivamente compra para a empresa uma opção de crescimento se as condições futuras se mostrarem atraentes.

A parte (c) da Tabela 8.6 expande a árvore de decisão de modo a incluir a opção de crescimento do estágio 2. Presume-se que o estágio 2 só será realizado se o estágio 1 for bem-sucedido e que a administração acredita que a chance de o estágio 2 ter sucesso, dado que o estágio 1 foi bem-sucedido, é de 90%. Começando de novo pela extrema direita, o valor presente das entradas de caixa esperadas no nó do estágio 2 equivale a $391 milhões e, depois de subtrair o custo ao valor presente de $320 milhões do investimento no estágio

---

[7] O problema está com a taxa de desconto ajustada pelo risco, que varia de formas complexas em toda a árvore, dependendo de quais opções são exercidas.

2, o VPL do estágio 2 é de $71 milhões ($71 = 0,90 × $430 + 0,10 × $36 − $320). Reconhecendo que só existe uma chance em 50% de o investimento no estágio 2 ser feito, seu VPL esperado é de $35 milhões ($35 = 0.50 × $71). Finalmente, adicionar este valor ao VPL de −$27 milhões do estágio 1 gera um VPL combinado dos dois estágios de $8 milhões. A consideração explícita da opção de expandir acrescenta $35 milhões ao valor do investimento e o transforma em um projeto aceitável.

A opção de espera (timing)

A terceira das opções reais das empresas comuns é conhecida como opção de espera (*timing*). Além dos gestores passivos, a análise de fluxo de caixa descontado convencional também supõe que as decisões de investimento sejam "agora ou nunca". Fazemos o investimento de imediato ou não? Muitas decisões empresariais, no entanto, são de uma variedade mais sutil, isto é, "agora ou mais tarde". Investimos hoje ou esperamos uma data futura mais propícia? Apresentamos a seguir um exemplo de opção de espera.

A Wind Resources, Inc. (WRI) projeta, constrói e vende parques eólicos para os investidores financeiros interessados em fluxos de caixa estáveis e benefícios fiscais lucrativos. A chave para o preço que a WRI pode cobrar por um parque eólico completo é o contrato de longo prazo que ela consegue negociar com uma concessionária de energia elétrica para comprar a energia do parque eólico. Os termos desse contrato dependem, por sua vez, do preço vigente do gás natural, a fonte de energia alternativa mais comum da concessionária. A WRI está pensando em desenvolver um atraente parque eólico em uma propriedade que possui no sul da Califórnia. O consultor estima que no atual preço do gás natural de 6¢/kWh (centavos por quilowatt/hora), o desenvolvimento imediato renderá um lucro de $10 milhões.

Vários executivos da empresa endossam a análise do consultor e recomendam o desenvolvimento imediato. No entanto, um deles, o mais jovem, discorda, argumentando que, apesar do lucro de $10 milhões do desenvolvimento imediato, ele prefere esperar por um tempo. Seu raciocínio é que os preços do gás natural podem aumentar no futuro, permitindo que a WRI obtenha um melhor preço de venda se esperar. Os outros discordam, argumentando que, no futuro, "o preço do gás pode tanto cair quanto subir e que a WRI não está no ramo da especulação sobre os preços do gás natural". O dissidente responde que há mais fatores envolvidos do que apenas ter sorte nos preços do gás, e oferece o seguinte exemplo.

Considere a escolha entre desenvolver o parque ou em um ano. O preço do gás natural é bastante volátil, por isso suponha que o preço em um ano será de 8¢/kWh ou 4¢/kWh com igual probabilidade. Um gráfico no relatório do consultor indica que a um preço de 8¢/kWh, o lucro da WRI pulará para $30 milhões, e a um preço de 4¢/kWh, representará uma perda de $10 milhões. Como a empresa não vai receber esses lucros por um ano, descontemos no presente a uma alta taxa ajustada pelo risco de 25%. Isso gera um lucro ao valor presente de $24 milhões ou de −$8 milhões.

O que a WRI deve fazer? A análise simples do valor esperado sugere que desenvolver agora a um lucro de $10 milhões é melhor do que desenvolver em um ano a um lucro esperado de apenas $8 milhões ($8 = 0,50 × $24 − 0,50 × $8). Mas, claro, como um momento de reflexão confirmará, a WRI nunca desenvolveria a propriedade somente para vendê-la por uma perda. Em vez disso, se os preços do gás natural caírem, a empresa apenas adiará o desenvolvimento até que melhore um, e se não melhorarem, a WRI não se desenvolverá.

A árvore de decisão da Figura 8.6 mostra a decisão de espera com mais detalhes. Se o preço do gás aumentar, a WRI desenvolverá o parque eólico em um ano a um lucro ao valor presente de $24 milhões, mas se cair, adiará o desenvolvimento para uma data futura sem custo. O lucro esperado para a alternativa "esperar" é, portanto, de $12 milhões, $2 milhões a mais do que o caminho "desenvolver agora". O valor da opção de espera da WRI neste cenário é, então, de $2 milhões, mesmo com uma taxa de desconto de 25%. Observe, também, que o valor da opção aumenta com a incerteza, de modo que quanto maior a dispersão nos preços futuros do gás natural, maior será para a WRI o valor da opção de esperar. Como mencionado no apêndice do Capítulo 5, é uma característica importante de todas as opções – de que o valor aumenta com a volatilidade do ativo subjacente.

A observação de que a capacidade de adiar um investimento é valiosa levanta uma questão óbvia. Se a WRI não deve investir agora, deve investir quando? Quando a administração deveria parar de enrolar e construir o parque eólico? Ironicamente, a resposta a essa pergunta, em muitos casos, é que a empresa deve esperar o maior tempo possível. Como uma opção de espera pode ser exercida apenas uma vez e por isso destrói o seu valor, o desenvolvimento só deve ocorrer quando o ganho resultante exceder o valor da opção sacrificada. Com algumas oportunidades, a administração pode querer investir imediatamente para aproveitar as oportunidades de lucro de curta duração, para captar as vantagens dos pioneiros ou para evitar o aumento dos custos de construção. Mas, a menos que esses custos de espera excedam o valor da opção destruída,

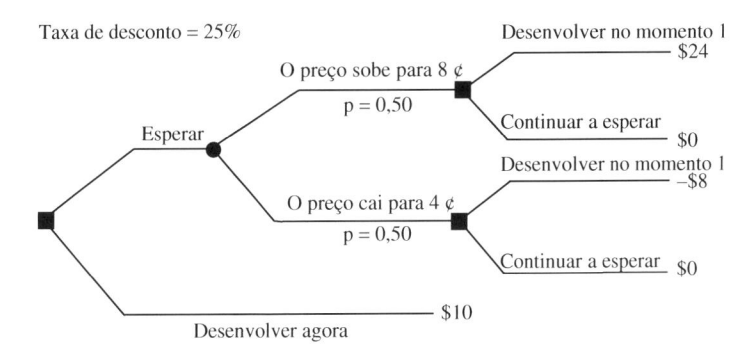

$VPL_{esperar}$ = $12 milhões ($12 = 0,50 × $24 − 0,50 × $0)

Figura 8.6 Opção de espera da Wind Resources Investment ($ milhões).

faz sentido esperar. No caso da WRI, os únicos custos significativos de espera parecem ser a ameaça de declínio dos subsídios do governo e do aumento dos custos de construção.

Em suma, essa síntese das opções reais demonstrou diversos fatos importantes:

- A análise do FCD padrão de investimentos que contêm opções embutidas subestima sistematicamente o seu valor.
- O VPL de tais investimentos é igual a seu VPL ignorando as opções mais o VPL das opções.
- Quando as oportunidades contêm opções de espera, pode fazer sentido adiar o investimento mesmo quando o VPL do investimento imediato for positivo.
- Como os valores de opção sobem com a incerteza, o incentivo à aquisição de opções de crescimento por meio de pesquisa e desenvolvimento, ou outras formas, sobe com a incerteza, assim como o incentivo para atrasar o investimento em oportunidades que contêm opções de espera.
- A lógica e o vocabulário de opções reais estão cada vez mais permeando o pensamento corporativo e a discussão, mesmo na ausência de análises quantitativas rigorosas.
- Os gestores inteligentes pensam sistematicamente sobre a presença de opções embutidas e avaliam o seu valor pelo menos em termos qualitativos.
- As empresas inteligentes percebem que opções embutidas são valiosas e trabalham sistematicamente para mantê-las e adquiri-las.

A moral deve ser clara: não conseguir apreciar o valor das opções reais incorporadas em algumas oportunidades de investimento corporativas leva à tomada de decisão imprecisa e à desnecessária timidez diante de certas oportunidades de alto retorno e de alto risco.

Ajuste excessivo ao risco

Nossa última armadilha é sutil e diz respeito ao bom uso das taxas de desconto ajustadas pelo risco. Acrescentar um incremento à taxa de desconto para ajustá-la ao risco de um investimento faz sentido do ponto de vista intuitivo. Contudo, é preciso estar ciente de que, quando você aplica essa taxa de desconto a fluxos de caixa mais distantes, a aritmética do processo acaba causando o crescimento geométrico do ajuste ao risco. A Tabela 8.7 ilustra o efeito, mostrando o valor presente de $1 em 1 ano e em 10 anos, primeiro a uma taxa de desconto livre de risco de 5% e, depois, a uma taxa ajustada pelo risco de 10%. Comparando os valores presentes, vemos que o acréscimo do prêmio pelo risco retira apenas 4 *cents* do valor de um dólar em um ano, mas consideráveis 23 *cents* após 10 anos. Fica claro que o uso de uma taxa constante de desconto ajustada pelo risco só é apropriado quando o risco de um fluxo de caixa aumenta à medida que o fluxo de caixa se distancia no futuro.

Para muitos, se não a maioria, dos investimentos empresariais, a premissa de que o risco aumenta com a distância de um fluxo de caixa é perfeitamente apro-

Tabela 8.7 O uso de uma taxa constante de desconto ajustada pelo risco implica aumento do risco com o distanciamento de um fluxo de caixa (taxa isenta de risco = 5%; taxa ajustada pelo risco = 10%)

	Valor presente de $1	
	Recebido daqui a 1 ano	Recebido daqui a 10 anos
Livre de risco	$0,95	$0,61
Ajustado pelo risco	0,91	0,39
Redução do valor presente devido ao risco	$0,04	$0,23

priada. Mas, como veremos ao examinar novamente o caso do projeto de filmes de diamante da General Design, isso nem sempre é verdade.

Lembre-se de que a General Design está considerando um possível investimento em dois estágios. O primeiro estágio, ao custo de $100 milhões, é atraente basicamente porque confere à administração a opção de fazer um investimento posterior muito mais lucrativo. Como os dois estágios dependem de uma nova tecnologia de filme de diamante que ainda não foi testada, a taxa de desconto usada em toda a análise foi a TMA de alto risco da empresa de 25%.

Dada a natureza bastante incerta do investimento, muitos executivos argumentariam ser perfeitamente adequado aplicar uma elevada taxa de desconto ajustada pelo risco a todo o processo. Mas será mesmo? O investimento evidentemente envolve risco elevado, mas como a maior parte desse risco será resolvida nos primeiros dois anos, o uso de uma taxa constante de desconto ajustada pelo risco é demasiadamente conservador.

Para entender a lógica do raciocínio, suponhamos que você esteja no momento 2, que o estágio 1 tenha sido bem-sucedido e que a empresa esteja pronta para lançar o estágio 2. Como os fluxos de caixa do estágio 2 são, agora, relativamente garantidos, seu valor em T_2 é o valor dos fluxos de caixa esperados, como mostra a parte *c* da Tabela 8.6, agora descontados a 15%, a taxa aplicável a investimentos de risco moderado. Isso representa $263 milhões.[8]

Vista do presente, portanto, a decisão da General Design de investir no estágio 1 representa uma probabilidade de 50% de realizar daqui a dois anos um investimento correlato no valor de $263 milhões. E como os dois anos seguintes serão de risco elevado, faz sentido avaliarmos hoje o estágio 2 ao descontar esta soma do presente a uma taxa de 25% e, então, aplicar uma probabilidade de 50%. Isso produz um VPL revisado do estágio 2 de $84 milhões.

Acrescentando essa soma ao VPL do estágio 1 de – $27 milhões, temos um VPL total de $57 milhões, $49 milhões mais alto do que o valor anterior.

---

[8] O valor presente do "sucesso" dos fluxos de caixa no momento 2 descontado em 15% é de $836 milhões. O valor correspondente ao "fracasso" dos fluxos de caixa é de $83 milhões. Em uma chance de sucesso de 90%, o valor presente esperado das entradas de caixa é $763 milhões ($763 = 0,90 × $836 + 0,10 × $83). Subtraindo o custo inicial de $500 milhões, rende $263 milhões.

Recapitulando, sempre que se deparar com um investimento que tenha duas ou mais fases de risco distintas, tenha cuidado ao usar uma taxa de desconto ajustada pelo risco constante: embora possam ser relativamente raros, esses investimentos são também o tipo de oportunidade que as empresas não devem se dar ao luxo de perder.

VALOR ECONÔMICO ADICIONADO

No fim de 1993, a revista *Fortune* publicou uma matéria de capa intitulada "A verdadeira chave para a criação de valor", que gritava aos quatro ventos: "Recompensados por resultados estrondosos, administradores e investidores estão se debruçando sobre o âmago daquilo que dá valor às empresas, usando uma ferramenta chamada Valor Econômico Adicionado".[9] Com uma publicidade assim e um fluxo constante de artigos elogiosos desde então, não surpreende que muitos executivos e investidores, antes pacatos, estejam interessados no que a *Fortune* descreveu como "a ideia financeira mais quente do momento e que esquenta mais a cada dia".

Tendo dominado os detalhes do custo do capital, você verá que o valor econômico adicionado, ou EVA (*economic value added*), é pouco mais que uma nova maneira de colocar o que já sabemos. A ideia central deste capítulo e do anterior é a de que um investimento só cria valor para seus proprietários quando o retorno esperado supera o custo do capital. Essencialmente, o EVA apenas traz o uso dessa máxima para a avaliação de desempenho, e diz que uma empresa ou unidade de negócios só cria valor para seus proprietários quando seu resultado operacional supera o custo do capital empregado. Usando símbolos,

$$\text{EVA} = \text{EBIT}(1 - \text{Alíquota de imposto}) - K_W C$$

sendo EBIT(1 − Alíquota de imposto) o resultado operacional líquido da unidade, K_W o custo de capital médio ponderado e C é o capital empregado na unidade. $K_W C$ representa, portanto, um encargo anual de capital. A variável capital empregada, C, é igual ao dinheiro investido por credores e proprietários na unidade ao longo do tempo. Como primeira aproximação, C é a soma da dívida onerosa e do valor contábil do capital próprio ou, de modo mais geral, todas as fontes de capital sobre as quais a empresa precise obter retorno.[10]

Inserindo na expressão os dados da Sensient Technologies para 2010, temos que

$$\text{EVA}_{10} = 173{,}2(1 - 30{,}5\%) - 8{,}9\%(\$349{,}9 + \$983{,}8) = \$1{,}6 \text{ milhão}$$

Embora estimar valores econômicos a partir de dados contábeis seja sempre problemático, esses números sugerem que a Sensient ganhou, em 2010, apenas o

---

[9] Shawn Tully, "The Real Key to Creating Wealth", *Fortune*, 20 de setembro de 1993, p. 38,.
[10] Para mais detalhes, veja G. Bennett Stewart III, *The Quest for Value* (Nova York: Harper Business, 1991).

suficiente para cobrir o custo do capital empregado e criou $1,6 milhão em novo valor para os acionistas – um desempenho marginal.

EVA e análise de investimentos

Um atributo importante do valor econômico adicionado é que o valor presente dos fluxos anuais de EVA de um investimento é igual ao VPL do investimento. Isso nos permite falar da avaliação de investimentos em termos de EVA em vez de VPL – admitindo-se, é claro, que haja algo a ganhar com isso. O exemplo numérico da Tabela 8.8 mostra essa igualdade. A parte *a* da tabela é uma análise convencional de valor presente líquido de um investimento muito simples. O investimento exige desembolso inicial de $100, a ser depreciado em linha reta até zero em quatro anos. Acrescentando a depreciação à perspectiva de lucro líquido e descontando o fluxo de caixa resultante líquido a 10%, chegamos a um VPL de $58,50.

A parte *b* da tabela apresenta o mesmo investimento tratado pelo prisma do EVA descontado. Para calcular o EVA, precisamos de um valor para o custo de oportunidade do capital empregado. Isso é igual ao custo percentual do capital vezes o valor contábil do investimento no início de cada ano. Subtraindo essa quantidade do EBIT, temos o EVA anual do projeto, o qual, descontado a 10%, resulta em um EVA descontado de $58,50 – exatamente o VPL calculado na parte *a*. Assim, outra maneira de avaliar oportunidades de investimento, o que equivale à análise de VPL, é calcular o valor presente dos EVA anuais do investimento. Ainda resta esclarecer por que alguém preferiria calcular o EVA descontado em vez do VPL.[11]

O apelo do EVA

Se o EVA lhe parece um tanto familiar, nada mais natural. O fato de o capital fornecido por credores e proprietários ter custo e de esse custo ser relevante para a mensuração do desempenho econômico já é reconhecido há muitos anos. De fato, falamos disso no Capítulo 1, quando observamos que o resultado contábil superestima o verdadeiro resultado econômico porque ignora o custo do capital próprio. Assim, o fator novidade não é capaz de explicar o apelo do EVA, nem sua superioridade em relação ao retorno sobre o capital investido, ROI, como medida do desempenho empresarial, uma vez que os problemas do ROI (definido como resultado operacional sobre ativo opera-

---

[11] Por que a igualdade? A diferença entre as duas abordagens está no tratamento dado ao investimento inicial. O VPL registra o pleno custo do investimento no momento zero. O EVA ignora o custo inicial, mas registra um encargo de depreciação anual mais um custo de carregamento equivalente ao CMPC vezes o valor não depreciado do ativo. Acontece que o valor presente desses dois encargos anuais é igual ao custo inicial do investimento, independentemente do método de depreciação empregado. Assim, os dois métodos devem levar ao mesmo resultado.

Tabela 8.8 O EVA descontado dos fluxos anuais de investimento é equivalente ao cálculo do VPL do investimento

(a) Análise padrão de VPL

	Ano				
	0	1	2	3	4
Investimento inicial	− $100,00				
Receita		$80,00	$80,00	$80,00	$80,00
Dinheiro gasto		13,33	13,33	13,33	13,33
Depreciação		25,00	25,00	25,00	25,00
Impostos antes dos rendimentos		41,67	41,67	41,67	41,67
40% em impostos		16,67	16,67	16,67	16,67
Impostos depois dos rendimentos		25,00	25,00	25,00	25,00
Depreciação		25,00	25,00	25,00	25,00
Fluxo de caixa após os impostos	− $100,00	$50,00	$50,00	$50,00	50,00
VPL em 10%	$ 58,50				

(b) Análise do EVA descontado

	Ano				
	0	1	2	3	4
Capital empregado		$100,00	$75,00	$50,00	$25,00
K_W		0,10	0,10	0,10	0,10
$K_W \times$ Capital		10,00	7,50	5,00	2,50
EBIT $(1-t)$		25,00	25,00	25,00	25,00
$-K_W \times$ Capital		10,00	7,50	5,00	2,50
EVA		$15,00	$17,50	$20,00	$22,50
EVA descontado a 10%	$ 58,50				

cional) também são conhecidos há bastante tempo.[12] Então, por que o EVA tornou-se tão atraente depois de tantos anos?

Creio que a resposta esteja no fato de o EVA, em sua versão atual, atacar um problema empresarial comum, que prejudicou a aceitação das finanças modernas por muitos administradores. O apelo do EVA está em integrar três funções administrativas cruciais: análise de investimento, avaliação de desempenho e remuneração por incentivos. Juntas, essas funções têm por objetivo influenciar positivamente o comportamento da administração, mas muitas vezes operam em sentidos opostos, enviando aos administradores sinais confusos e aparentemente

---

[12] Eis um dos problemas do ROI: imagine uma divisão com ROI de apenas 2% e pergunte-se que tipos de investimento o diretor dessa divisão tenderá a preferir. Encarregado de aumentar o ROI da divisão, ele naturalmente preferirá quaisquer investimentos que prometam ROI superior a 2%, independentemente do VPL. No mesmo sentido, os administradores de divisões com ROI elevado serão muito conservadores em suas decisões de investimento por medo de reduzir seu ROI. Uma empresa em que as divisões mal-sucedidas invistam agressivamente enquanto as bem-sucedidas o fazem de forma conservadora provavelmente não é aquilo que seus acionistas gostariam de ver.

conflitantes sobre o que fazer. Assim, na ausência do EVA, os administradores recebem instruções ao usar o VPL, a TIR ou a RCB ao analisar oportunidades de investimento, mas usar o ROE, o ROI ou o lucro por ação ao avaliar o desempenho de unidades de negócio. Enquanto isso, o plano de remuneração da empresa depende de outras medidas, só pode ser entendido por quem fez pós-graduação e muda mais que o governo da Itália. Não surpreende, então, que muitos gerentes operacionais, ao se depararem com essa confusão, não levem qualquer dessas medidas a sério e fiem-se no bom senso para fazer avanços.

Comparemos isso com a administração baseada no EVA. A meta empresarial é criar EVA. As decisões de investimento baseiam-se no EVA descontado a um custo do capital adequado. O EVA unitário, ou variação do EVA, mede o desempenho das unidades de negócio e a remuneração por incentivos depende do EVA unitário relacionado a uma meta adequada – claro, simples e direto. A empresa de consultoria Stern Stewart & Company até desenvolveu um método inteligente para distribuir a bonificação dos administradores por diversos exercícios, conhecido como banco de bonificações, que atribui aos gerentes de médio escalão um risco semelhante ao que enfrentam os proprietários e ajuda a evitar a tomada de decisões míopes, adequadas para um exercício apenas.[13]

O EVA também tem seus defeitos, é claro, e algumas de suas virtudes são mais cosméticas do que efetivas. Mas a medida ataca uma importante barreira à aceitação, em muitas empresas, do modo financeiro de pensar e somente por isso já é merecedora de nossa atenção. Ou, como diria a *Fortune* em seu estilo característico, "o EVA promete concluir a transformação da criação de valor de um simples *slogan* em uma poderosa ferramenta administrativa, capaz de finalmente transportar as finanças modernas das salas de aula para os Conselhos de Administração – e talvez até para as linhas de montagem!".

UMA NOTA DE CAUTELA

Um perigo constante de usar técnicas analíticas ou numéricas na tomada de decisões é que os "fatos" assumem uma importância exagerada frente a questões mais qualitativas, e a manipulação desses fatos pode vir a substituir o trabalho criativo. É importante ter em mente que números e teorias não realizam coisa alguma: as pessoas, sim. E os melhores investimentos fracassarão a menos que haja trabalhadores competentes dedicados ao seu sucesso. Como disse Barbara Tuchman em outro contexto, "nas Forças Armadas, como em outras questões humanas, é a vontade que faz as coisas acontecerem. Há circunstâncias que podem modificá-la ou anulá-la, mas seja para a defesa, seja para o ataque, sua presença é essencial, e sua ausência, fatal".[14]

---

[13] Veja Stewart, *The Quest for Value*, Capítulo 6.
[14] Barbara W. Tuchman, *Stilwell and the American Experience in China 1911-1945*. Nova York: Bantam Books, 1971 p. 561-62.

Apêndice

Beta dos ativos e valor presente ajustado

A maioria das empresas tem dois betas: um beta do patrimônio líquido observável, que discutimos mais detidamente neste capítulo, e um beta do ativo não observável. O beta do patrimônio líquido mede o risco sistêmico das ações de uma empresa, enquanto o beta do ativo mede o risco sistêmico dos seus ativos. Nos raros casos em que uma empresa é totalmente financiada com patrimônio líquido, o risco de suas ações é igual ao do ativo e o beta do patrimônio líquido é igual ao beta do ativo. Por isso, o beta do ativo é também chamado de beta *desalavancado* da empresa. É o beta do patrimônio líquido que uma empresa apresentaria se fosse inteiramente financiada com capital próprio.

Uma aplicação importante do beta do ativo é aumentar a precisão com que medimos os betas do patrimônio líquido. Para exemplificar, quando estimei o beta do patrimônio líquido da Sensient Technologies por meio da regressão dos rendimentos mensais realizados da empresa em relação aos do índice de ações S&P 500, calculei um beta do patrimônio líquido de 0,92, como vimos no corpo do capítulo. Mas também encontrei um erro-padrão da estimativa igual a 0,13. O erro-padrão é um indicador matemático da precisão da estimativa do beta. Como regra, quando os desvios das observações em relação à linha de regressão estão normalmente distribuídos, em forma de sino, sabemos que há dois terços de chance de que a verdadeira inclinação da curva de regressão esteja dentro do intervalo de mais ou menos um erro-padrão da inclinação observada: isto é, podemos dizer, com razoável confiança, que o beta do patrimônio líquido da Sensient está em algum ponto na faixa entre 0,79 e 1,05 – o que não é uma conclusão especialmente reconfortante.

Outra aplicação importante do beta do ativo se dá em conjunto com uma técnica de valor presente líquido chamada *Valor Presente Ajustado*, ou *VPA*. Juntos, o beta do ativo e o VPA representam uma alternativa flexível à abordagem baseada em CMPC de avaliação de investimentos descrita no capítulo. Essa alternativa é especialmente interessante ao avaliarmos oportunidades de investimento complexas.

Beta e alavancagem financeira

Nosso ponto de partida para o beta do ativo e o valor presente ajustado é o efeito da alavancagem financeira sobre o beta. Lembrando de nossa discussão sobre decisões de financiamento, no Capítulo 6, vimos que os acionistas deparam-se com dois riscos distintos: o risco básico do negócio inerente aos mercados em que a empresa opera e o risco financeiro adicional criado pelo uso de financiamento por dívida. O beta do ativo mede o risco do negócio, enquanto o beta da ação reflete o efeito combinado do risco do negócio e do risco financeiro. Para entender a ligação entre o beta da ação e a alavancagem financeira, lembre-se de que, como vimos no Capítulo 6, o financiamento por dívida aumenta a dispersão dos rendimentos possíveis para os acionistas, o que, por sua vez, aumenta o beta do patrimônio líquido da empresa.

Como a maioria das empresas é alavancada, costuma ser impossível estimar diretamente o beta do seu ativo. Mas, com a ajuda da equação a seguir, podemos calcular facilmente o beta do ativo dado o beta da ação e vice-versa.[15]

$$\beta_A = \frac{E}{V}\beta_E$$

onde β_A é o beta do ativo, β_E é o beta do patrimônio líquido e E/V é o índice patrimônio líquido/valor da empresa medido ao valor do mercado. Essa equação nos diz que $\beta_A = \beta_E$ quando a dívida é zero e que β_E é maior do que β_A quando a alavancagem aumenta. Inserindo na equação os números da Sensient, vemos que, se o beta do patrimônio líquido da Sensient for de 0,92, seu beta do ativo deve ser 0,77 [0,77 = ($1.821,8 / $2.171,7) × 0,92]. Calcular o beta do ativo a partir do beta do patrimônio líquido dessa maneira é conhecido no mercado como *desalavancar* o beta, enquanto aplicar a equação invertida para calcular o beta do patrimônio líquido a partir do beta do ativo é chamado de *realavancar* o beta.

---

[15] Podemos expressar o valor de mercado de uma empresa alavancada de duas maneiras: como o valor de mercado de sua dívida mais o valor de mercado de suas ações e como o valor da mesma empresa desalavancada mais o valor presente dos benefícios fiscais do financiamento por dívida. Igualando as duas expressões,

$$D + E = V_u + tD$$

sendo D a dívida onerosa, E o valor de mercado das ações, V_u o valor da empresa sem a alavancagem e t a alíquota marginal de impostos.

Uma propriedade importante do β é que o β de uma carteira é a média ponderada dos β dos ativos que a compõem. Pensando na empresa como uma carteira e aplicando esse *insight* aos dois lados da equação anterior,

$$\frac{D}{D+E}\beta_D + \frac{E}{D+E}\beta_E = \frac{V_u}{V_u + tD}\beta_A + \frac{tD}{V_u + tD}\beta_{ITS}$$

sendo β_D o beta da dívida, β_E o beta da ação, β_A o beta da empresa desalavancada, ou seu beta do ativo, e β_{ITS} o beta dos benefícios fiscais de juros da empresa.

Admitindo, para simplificar, (1) que a dívida da empresa seja livre de risco, $\beta_D = 0$, e (2) que o risco dos benefícios fiscais por despesa financeira seja igual ao risco dos fluxos de caixa desalavancados da empresa, $\beta_{ITS} = \beta_A$, essa equação será simplificada e passará a ser a que consta no texto.

Uma premissa alternativa possível é a de que $\beta_{ITS} = \beta_D = 0$, o que resulta em uma expressão mais complexa. Para mais detalhes, ver Richard S. Ruba, "Capital Cash Flows: A Simple Approach to Valuing Risky Cash Flows", *Financial Management*, verão de 2002, p. 85-103.

Uso do beta do ativo para estimar o beta do patrimônio líquido

A capacidade de alavancar e desalavancar o beta cria uma segunda maneira, geralmente mais confiável, de estimar o beta do patrimônio líquido. O processo se dá em três etapas:

- Identificar os concorrentes da empresa em questão e calcular o beta do ativo de cada um por meio da desalavancagem do seu beta do patrimônio líquido.
- Tirar a média desses betas, ou usar seu valor mediano, para estimar um beta do ativo setorial.
- Realavancar esse beta do ativo setorial para a estrutura de capital da empresa em questão.

A lógica dessa abordagem é que empresas de um mesmo setor devem enfrentar riscos de negócio semelhantes e, portanto, devem ter betas do ativo também semelhantes. Desalavancar os betas do patrimônio líquido observados elimina os efeitos diferenciais da alavancagem financeira sobre cada empresa, permitindo que estimemos um beta do ativo setorial com base na observação de diversas empresas. Então, realavancar esse beta do ativo para atingir a estrutura de capital da empresa visada produz um beta do patrimônio líquido condizente com sua estrutura de capital específica. A vantagem dessa abordagem é que basear as estimativas de beta das ações do patrimônio líquido em dados de diversas empresas deve reduzir o ruído inevitável inerente à abordagem convencional baseada em uma só empresa.

A Tabela 8A.1 ilustra a mecânica da abordagem pelo beta do ativo, apresentando uma estimativa do beta do ativo setorial da Sensient com base em dados de cinco concorrentes. Para evitar atribuir peso indevido a empresas de menor porte, ponderei os betas do ativo das empresas pelo valor de mercado de suas ações ordinárias ao calcular o valor para o setor. O beta do ativo setorial resultante foi de 0,83. Realavancando esse beta setorial para que reflita a estrutura de capital específica da Sensient, temos um beta do patrimônio

Tabela 8A.1 Estimativa do beta do ativo setorial para a Sensient Technologies Corporation

Empresa	Beta do patrimônio líquido	Patrimônio/ valor da empresa	Beta do ativo	Valor de mercado do patrimônio líquido	Porcentagem do valor total de mercado	Beta do ativo ponderado
Albemarle Corporation	1,49	86%	1,27	$5.109	24%	0,30
Cabot Corporation	1,67	79%	1,32	$2.461	11%	0,15
Corn Products Int'l	1,20	66%	0,80	$3.497	16%	0,13
Intl Flavors & Fragrances	0,92	83%	0,76	$4.459	21%	0,16
McCormick & Company	0,41	88%	0,36	$6.193	29%	0,10
					Beta do ativo setorial	**0,83**

líquido de 0,99, cerca de 8% acima do valor indicado no capítulo, [0,99 = ($2.171,7/$1.821,8) × 0,83].

Beta do ativo e valor presente ajustado

Segundo a abordagem tradicional à avaliação de investimentos baseada no CMPC, descrita no capítulo, pedimos que o custo médio ponderado do capital cumpra duas funções: fazer o ajuste ao risco dos fluxos de caixa que estão sendo descontados e captar as vantagens de benefício fiscal do financiamento por dívida onerosa usado pela empresa. Refletimos as vantagens desses benefícios por meio do uso do custo da dívida após impostos no cálculo da média ponderada. Na maioria dos casos, isso não causa problemas; mas podem surgir dificuldades quando a estrutura de capital da empresa muda com o passar do tempo ou quando a capacidade de dívida do projeto difere da que está implícita no CMPC.

Nessas situações, vale a pena usar uma abordagem pelo Valor Presente Ajustado, aquilo a que por vezes chamamos de "avaliação por partes". Primeiro, abstraímos totalmente qualquer coisa parecida com financiamento por dívida, estimando o VPL do projeto como se fosse inteiramente financiado por capital próprio. Depois, captamos os efeitos de benefício fiscal e quaisquer outros "efeitos colaterais" nos termos adicionais em separado. Se a soma desses termos separados de valor presente for positiva, a oportunidade é financeiramente atraente e vice-versa. Simbolicamente.

$$VPA = VPL_{\text{financiamento totalmente por capital próprio}} + VP_{\text{benefícios fiscais}} + VP_{\text{todos os outros efeitos colaterais}}$$

Em sua essência, o VPA nada mais é que uma formalização da ideia de que, ao avaliar oportunidades de investimento, o todo deve ser igual à soma das partes.

O beta do ativo e o VPA caem como uma luva um para o outro porque o beta do ativo permite estimar a taxa de desconto apropriada à avaliação de investimentos que sejam inteiramente financiados por capital próprio. Uma breve revisão da equação do CMPC no corpo do capítulo convencerá o leitor de que, na ausência de financiamento por dívida, o CMPC se reduz ao custo do capital próprio. A taxa de desconto para a avaliação de investimentos totalmente financiados por capital próprio, portanto, é representada pela Equação 8.2 do capítulo, substituindo β_E por β_A.

$$K_A = i_g + \beta_A \times R_p$$

onde i_g é a taxa de um título do governo, β_A é o beta do ativo do investimento e R_p é o prêmio pelo risco, que geralmente aproximamos como o rendimento excedente das ações da empresa em relação aos títulos do governo.

Para ilustrar o uso combinado do VPA e do beta do ativo, considere a oportunidade de investimento em análise pela Delaney Pumps, que fabrica e distribui uma ampla linha de sistemas de irrigação agrícola. Nos últimos anos, os sistemas de controle computadorizados empregados para automatizar a irrigação e economizar água adquiriram importância crescente na venda de sistemas de alto nível. E a administração da Delaney está pensando seriamente em investir $160 milhões no desenvolvimento de um controlador computadorizado de ponta que promete superar todos os concorrentes. O serviço de desenvolvimento seria confiado a uma empresa de *software* com base em um contrato de custo acrescido de uma taxa. A receita viria de uma nova linha de produtos equipados com o controlador e de taxas de licenciamento cobradas de concorrentes que optassem por incluir o controlador em seus produtos. Os fluxos de caixa projetados para o investimento estão na Tabela 8A.2. As projeções são apenas para quatro anos porque a administração prevê que, depois desse período, haverá outros controladores mais avançados.

A administração da Delaney enfrenta dois desafios. Como o controlador digital parece muito mais arriscado do que os investimentos de capital normais da empresa, os administradores não estavam à vontade com o custo médio ponderado do capital de 10% como taxa mínima de atratividade. Além disso, a Delaney tradicionalmente financiava suas atividades com o objetivo de manter um índice lucro/despesa financeira de 3/1. Mas, como esse projeto consistia quase totalmente em um código computacional intangível e por causa da incerteza quanto aos seus fluxos de caixa, o tesoureiro da Delaney achou prudente buscar, nesse projeto, uma maior cobertura dos juros, de 10/1.

Para enfrentar esses desafios, o tesoureiro decidiu fazer uma análise de VPA. Imaginando que o controlador digital provavelmente seria um investimento de risco médio para empresas de *software*, ele identificou cinco companhias abertas e pequenas especializadas em *software* de automação de negócios. Então, desalavancou os betas do patrimônio líquido dessas empresas e calculou um beta do ativo setorial médio de 2,41, confirmando sua intuição de que o *software* de automação é um negócio arriscado. Combinando na equação anterior esse beta do ativo com uma taxa de tomada de empréstimo livre de risco de 4,2% e um prêmio histórico pelo risco de 6,2%, ele calculou uma taxa de atratividade para investimentos desalavancados em *software* de automação de 19,1% (19,1% = 4,2% + 2,41 × 6,2%). Usando essa taxa para descontar os fluxos de caixa livres da Tabela 8A.2, ele concluiu que o VPL do projeto, admitindo financiamento só por capital próprio, seria de $20,1 milhões.

O principal efeito colateral do investimento estava nos benefícios fiscais gerados ao longo do tempo. A um índice lucro/despesa financeira de 10 para 1 e uma alíquota de 40%, a despesa de juros anual constante na tabela corresponde a um décimo do EBIT projetado, ao passo que o benefício fiscal correspondente é 40% desse montante. A taxa de desconto usada para calcular o valor presente desses benefícios fiscais deve, é claro, refletir o risco dos fluxos de caixa que estão sendo descontados. Alguns executivos argumentam que, como os benefícios fiscais da despesa de juros são semelhantes à dívida em termos de risco, devem ser descontados a uma taxa de dívida corporativa. Outros sustentam que, embora os contratos de dívida individuais possam gerar fluxos de caixa previsíveis, a dívida total de uma empresa varia com seu porte e seus fluxos de caixa, caso em que seria apropriada uma taxa de desconto mais próxima de K_A. Aqui, como os

Tabela 8A.2 Análise de valor presente ajustado do controlador automatizado de irrigação ($ milhões)

		Ano			
	0	1	2	3	4
Lucro antes de juros e impostos		$50,0	$150,0	$80,0	$30,0
Fluxo de caixa livre esperado	$ (160,0)	30,0	120,0	60,0	70,0
Despesa de juros		5,0	15,0	8,0	3,0
Benefício fiscal da dívida à alíquota de 40%		2,0	6,0	3,2	1,2
Beta do ativo	2,41				
VPL do patrimônio líquido	20,1				
VP benefícios fiscais	8,4				
VPA	**$ 28,5**				

benefícios fiscais estão mecanicamente atrelados à receita operacional, K_A é a taxa correta. Descontando a essa taxa, os benefícios fiscais valem $8,4 milhões, de modo que o VPA do investimento é de atraentes $28,5 milhões.

$$VPA = VPL_{\text{financiamento totalmente por capital próprio}} + VP_{\text{benefícios fiscais da dívida}}$$

$$\$28,5 \text{ milhões} = \$20,1 \text{ milhões} + \$8,4 \text{ milhões}$$

Observe bem nessa análise que os cálculos de benefício fiscal do tesoureiro nada têm a ver com a maneira como a Delaney pretende financiar o investimento e tudo a ver com quanta dívida o tesoureiro acredita que o projeto possa suportar com prudência. Por motivos táticos, as empresas costumam financiar alguns investimentos inteiramente com dívida e outros inteiramente com lucros retidos, mas essas informações são irrelevantes para o julgamento da capacidade de dívida de um projeto e com seu consequente direito a benefícios fiscais. Pensar de outra maneira seria cometer uma variante da "falácia do custo marginal do capital".

Esse exemplo lida com um investimento simples dotado de um só efeito colateral, mas espero que sirva para mostrar o poder dessa técnica. A perspectiva de dividir para conquistar do VPA permite desmembrar problemas complexos em uma série de problemas menores e mais palatáveis, solucionando o problema maior por meio da ligação das soluções dos menores. Podemos, assim, analisar um investimento transnacional que envolva diversas moedas e financiamento subsidiado como a soma dos cálculos separados do VPL dos fluxos de caixa de cada moeda traduzidos para a moeda nacional às taxas de câmbio vigentes, mais um termo em separado que capte o valor do financiamento subsidiado. Podemos até criar uma taxa de atratividade separada e personalizada para cada fluxo de caixa. Em um mundo complicado, o VPA e seu primo, o beta do ativo, são felizes acréscimos à nossa caixa de ferramentas.

RESUMO

1. O risco total de um investimento:
   - Refere-se à gama de possíveis retornos.
   - Pode ser estimado para os ativos negociados como o desvio-padrão dos retornos.
   - Pode ser evitado, em certa medida, por meio da diversificação.

2. O risco sistemático:
   - É a parte do total de risco que não pode ser evitada por meio da diversificação.
   - Equivale à cerca de metade do risco total, em média, para as ações.
   - É a única parte do risco total que deve afetar os preços dos ativos e retornos.
   - Está positivamente relacionada com o retorno exigido pelos investidores avessos ao risco.
   - Pode ser estimado como o produto do risco total e do coeficiente de correlação entre os retornos do ativo e aqueles de uma carteira bem diversificada.

3. O custo do capital:
   - É uma taxa de desconto ajustada ao risco.
   - Iguala o valor médio ponderado dos custos de oportunidade incorridos pelos proprietários e pelos credores.
   - É o retorno que uma empresa deve ganhar sobre os ativos existentes para, pelo menos, manter o preço das ações.
   - É relevante para as empresas privadas e sem fins lucrativos, bem como para as empresas abertas.
   - É a taxa mínima de atrativivade apropriada para a avaliação de investimentos "cópia".
   - Pode ser uma taxa mínima de atrativivade adequada para avaliar os investimentos que não são "cópia", quando é o custo do capital de outras empresas para as quais o investimento *é* considerado "cópia".

4. O custo do capital próprio:
   - É o custo de oportunidade incorrido pelos proprietários.
   - É a variável mais difícil de estimar ao medir o custo do capital de uma empresa.
   - É mais aproximada pela soma de uma taxa de juros sobre os títulos do governo mais um prêmio de risco.
   - Aumenta com a alavancagem financeira.

5. O beta:
   - Mede o risco sistemático relativo de um ativo.
   - Pode ser estimado pela regressão dos retornos realizados periódicos de um ativo com os de uma carteira bem diversificada.
   - Quando multiplicado pelo excesso de retorno realizado sobre ações em relação a títulos, gera um prêmio de risco adequado para estimar o custo do capital próprio.
   - Aumenta com a alavancagem financeira.

6. As quatro armadilhas para evitar na análise de fluxo de caixa descontado são:
   - Confundir a perspectiva empresarial com a perspectiva de patrimônio.
   - Usar uma taxa de desconto nominal para avaliar fluxos de caixa reais, ou vice-versa.
   - Ignorar as opções reais possivelmente valiosas embutidas em investimentos da empresa.
   - Esquecer que a taxa de desconto constante implica risco crescente com a futuridade do fluxo de caixa.

7. O valor econômico agregado:
   - É uma medida popular do desempenho da empresa ou da divisão.
   - É o lucro operacional da unidade após impostos menos uma taxa anual para o capital empregado.
   - Ajuda a unificar três temas aparentemente díspares:
     - Análise de investimentos
     - Avaliação de desempenho
     - Remuneração por incentivo

Leituras complementares

Bernstein, Peter L. *Against the Gods: The Remarkable Story of Risk*. Nova York: John Wiley and Sons, 1998, 383 p.

Uma estimulante história da tentativa do homem de lidar com o risco nos *affairs* humanos desde o século XIII até os dias atuais. Bernstein explica muito bem as principais ferramentas da gestão de riscos em termos não matemáticos e as coloca em seu contexto histórico. Acredite, é uma excelente leitura.

Bruner, Robert F., Kenneth M. Eades, Robert S. Harris e Robert C. Higgins. "Best Practices in Estimating the Cost of Capital: Survey and Synthesis." *Financial Practice and Education*, primavera-verão de 1998, p. 13-27.

Uma visão dos desafios práticos da estimativa dos custos de capital e de como algumas das principais empresas e bancos de investimento dos Estados Unidos lidam com eles.

Copeland, Tom e Vladimir Antikarov. *Real Options: A Practitioner's Guide*. Edição revisada, Nova York: Texere, 2003. 384 p.

Uma excelente introdução prática às opções reais, com ênfase nas árvores de decisão binomiais.

Dixit, Avinash K. e Robert S. Pindyck. *Investment under Uncertainty*. Nova Jersey: Princeton University Press, 1994, 476 p.

Uma criteriosa introdução matemática à análise de opções reais.

Dixit, A. K. e R. S. Pindyck, "The Options Approach to Capital Investment," *Harvard Business Review*, maio-junho de 1995, p. 105-115.

Um panorama das implicações práticas da perspectiva das opções reais para o orçamento de capital.

Luehrman, Timothy A. "Using APV: A Better Tool for Valuing Operations." *Harvard Business Review*, maio-junho de 1997, p. 132-54.

Uma introdução ao valor presente ajustado, uma variante simples útil do VPL para a análise de investimentos complexos.

Trigeorgis, Lenos. *Real Options: Managerial Flexibility and Strategy in Resource Allocation*. Massachusetts: The MIT Press, 1996, 427 p.

Uma introdução criteriosa começando com o valor presente líquido e procedendo de forma sistemática por meio de árvores de decisão para a análise de opções reais. Menos matemático do que Dixit e Pindyck e com mais informações sobre as implicações estratégicas e competitivas da perspectiva das opções reais.

Websites

Finance.yahoo.com

O *site* de finanças do Yahoo! contém muitas informações, desde que você as consiga encontrar. A página oferece uma das poucas fontes de betas de empresas disponíveis na rede. Para encontrar uma estimativa do beta do patrimônio líquido de uma empresa, digite o nome da empresa e selecione "*key statistics*".

www.real-options.com

Pule a propaganda do livro e vá direto para "additional resources".

oyc.yale.edu

Cursos gratuitos de vídeo com inscrições abertas pela distinta faculdade de Yale. Os cursos de economia são Teoria dos Jogos, Teoria Financeira e Mercados Financeiros.

Problemas

As respostas dos problemas de número par constam no final do livro. Para mais problemas e suas respostas, acesse **www.grupoa.com.br** (encontre a página deste livro, procure o Material Complementar e clique em Conteúdo Online).

1. Diga se cada uma das afirmativas a seguir é verdadeira ou falsa. Explique suas respostas.

   a. Usar a mesma taxa de desconto ajustada pelo risco para descontar todos os fluxos de caixa futuros desconsidera o fato de que os fluxos de caixa mais distantes muitas vezes têm risco maior do que os que se verificam mais cedo.

   b. O custo do capital, ou CMPC, *não* é a taxa de desconto correta a ser empregada para todos os projetos realizados por uma empresa.

   c. Se você puder tomar emprestado, a uma taxa de 6%, todo o dinheiro de que precisa para um projeto, o custo do capital desse projeto será de 6%.

   d. A melhor maneira de estimar o custo de capital de terceiros para uma empresa é dividir a despesa de juros da demonstração de resultados pela dívida onerosa do balanço.

   e. Uma estimativa confiável do beta do capital de uma empresa privada é a média dos betas de capital de vários concorrentes de capital aberto.

2. O desvio-padrão anual do retorno sobre o patrimônio líquido da Ação A é de 37% e o coeficiente de correlação desses retornos, com os de uma carteira bem diversificada, é de 0,62. Os números comparáveis da Ação B são 34% e 0,94. Qual ação é mais arriscada? Por quê?

3. Um empresário quer comprar uma pequena empresa. O preço pedido é de $5 milhões. Ele espera melhorar as operações da empresa durante um período de cinco anos e vendê-la a um lucro considerável. Para ajudá-lo a alcançar esse objetivo, uma tia rica está disposta a emprestar ao empresário os $5 milhões por cinco anos com 0% de juros. Dado este empréstimo, qual é a menor taxa de retorno que o empresário deve estar disposto a aceitar na compra da empresa? Por quê?

4. O custo médio ponderado do capital de sua empresa é de 11%. Você acha que a empresa deve fazer um determinado investimento, mas sua taxa interna de retorno é de apenas 14%. Que argumentos lógicos você usaria para convencer seu chefe a fazer o investimento, apesar da baixa taxa de retorno? É possível que investimentos com retorno superior ao custo do capital destruam valor? Em caso positivo, como?

5. Olhando para a Figura 8.1, explique por que uma empresa deve rejeitar oportunidades de investimento que estejam abaixo da linha do mercado e aceitar as que estejam acima dela.

6. Você dispõe das seguintes informações a respeito da Burgundy Basins, uma fabricante de pias.

Ações ordinárias em circulação	20 milhões
Preço por ação	$40,00
Retorno da dívida até o vencimento	7,5%
Valor contábil da dívida onerosa	$320 milhões
Juros de cupom da dívida	4,8%
Valor de mercado da dívida	$290 milhões
Valor contábil do capital social	$500 milhões
Custo do capital próprio	14%
Alíquota	35%

A Burgundy está avaliando um investimento de risco médio para a empresa ao custo de $40 milhões e que promete um fluxo de caixa anual líquido em perpetuidade de $6,4 milhões.

a. Qual é a taxa interna de retorno do investimento?

b. Qual é o custo médio ponderado do capital da Burgundy?

c. Se for realizado, o investimento deverá beneficiar os acionistas? Por quê?

7. Como um aumento da alavancagem financeira afetará o custo do capital próprio de uma empresa? Como afetará o beta da sua ação?

8. Qual é o valor presente de um fluxo de caixa de $1.000 ao ano durante 15 anos que, depois disso, aumenta 4% ao ano em perpetuidade, sabendo que a taxa de desconto é de 13%?

9. Você é um corretor de imóveis comerciais ansioso por vender um prédio de escritórios. Há uma investidora interessada, mas ela exige um retorno de 20% sobre seu investimento com dinheiro próprio. O preço de venda do prédio é de $25 milhões e promete fluxos de caixa líquidos de $3 milhões ao ano perpetuamente. Há disponibilidade de financiamento a juros de 8%, sem exigência de pagamento do principal. A alíquota de impostos é de 50%.

a. Proponha um pacote de financiamento e de investimento com dinheiro próprio que atenda à meta de retorno do cliente.

b. Proponha um pacote de financiamento e de investimento com capital próprio que atenda à meta do investidor quando este exige retorno sobre o capital próprio de 90%.

c. Por que um investidor aceitaria retorno de 20% sobre esse investimento quando pode obter até 90%?

10. Um analista de títulos fez uma regressão dos retornos mensais das ações da Berkshire Hathaway ao longo dos últimos cinco anos contra as do índice de ações da S&P 500 do mesmo período. A equação de regressão resultante é $r_{BH} = 0,04 + 0,72\, r_{SP}$. Use esta equação, e qualquer outra informação que considere adequada, para estimar o beta do patrimônio da Berkshire Hathaway.

11. Uma empresa financiada totalmente por capital próprio todo seu patrimônio tem um custo de capital de 10%. Possui um ativo: uma mina capaz de gerar $100 milhões em fluxo de caixa livre a cada ano, por cinco anos, quando que será abandonada. Uma empresa propõe sua aquisição por $400 milhões financiados com $350 milhões em dívida a ser paga em cinco parcelas iguais, ao fim do ano, com uma taxa de juros de 6%.

   a. Calcule os pagamentos do serviço da dívida anuais exigidos sobre a dívida.

   b. Ignorando os impostos, estime a taxa de retorno para a empresa compradora na aquisição depois do serviço da dívida.

   c. Supondo que o custo de capital da empresa seja de 10%, a aquisição parece atraente? Por quê?

12. Estão disponíveis as seguintes informações a respeito de uma oportunidade de investimento. O investimento se dará em tempo zero e as vendas começarão em tempo 1.

Custo inicial	$28 milhões
Vendas unitárias	400.000
Preço de venda por unidade	$60,00
Custo variável por unidade	$42,00
Expectativa de vida	8 anos
Valor de liquidação	$0
Depreciação	Linha reta
Alíquota de imposto	37%
Taxa de desconto nominal	10,0%
Taxa de desconto real	10,0%
Taxa de inflação	0,0%

    a. Prepare uma planilha para estimar os fluxos de caixa anuais líquidos do projeto.

    b. Calcule a taxa interna de retorno e o VPL do investimento.

    c. Como suas respostas às partes *a* e *b* mudariam pressupondo uma inflação uniforme de 8% ao ano pelos próximos 10 anos? (Use a equação a seguir para calcular a taxa de desconto nominal. $i_n = (1 + i_r)(1 + p) - 1$, sendo i_n a taxa de desconto nominal, i_r a taxa de desconto real e p a inflação esperada.)

    d. Como você explica o fato de a inflação aumentar a taxa interna de retorno e diminuir o valor presente líquido?

    e. A inflação torna esse investimento mais ou menos atraente? Por quê?

13. O capítulo discute a opção da General Design para ampliar seu projeto de filmes de diamante.

    a. A opção é de compra ou de venda?
    b. Qual é o preço de exercício da opção?

14. (Este problema testa sua compreensão do Apêndice deste capítulo.) A Dome Appliance, Inc., uma empresa fechada que produz eletrodomésticos, contratou você para estimar o beta da empresa. Você obteve os seguintes betas para ações de companhias abertas que também fabricam eletrodomésticos.

		($ milhões)	
Empresa	Beta	Dívida	Valor de mercado do capital próprio
Black & Decker	1,19	$4.100	$6.300
Fedders Corp.	1,20	5	200
Helen of Troy Corp.	2,14	380	530
Salton, Inc.	3,25	375	115
Whirlpool	1,83	10.600	9.100

    a. Estime um beta do ativo para a Dome Appliance.
    b. Que preocupações você teria (se é que teria) quanto ao uso dos betas dessas empresas para estimar o beta do ativo da Dome Appliance?

15. Após voltar de um seminário estimulante ressaltando as virtudes do valor econômico adicionado na tomada de decisões estratégicas, o vice-presidente de desenvolvimento corporativo da Venture Telecomunications, Inc., pede que sua assistente colete os dados necessários para calcular o EVA do ano passado para duas divisões da empresa. A divisão Voice abriga os negócios tradicionais da empresa, enquanto a divisão Data assume as iniciativas mais recentes da empresa. A Voice é muito maior do que a Data, mas a Data está crescendo mais rapidamente.

    A assistente tem dúvidas sobre a melhor forma de medir o capital dedicado a cada divisão, mas decide usar os ativos da divisão, conforme apresentados no relatório anual da empresa. Para estimar o custo de capital de cada divisão, ela usa o custo médio do capital de vários concorrentes puros de cada divisão. A taxa de imposto marginal da empresa é de 40%.

    A tabela a seguir contém as informações compiladas pela assistente.

	($ em milhões)	
	Divisão Voice	Divisão Data
Lucro antes de juros e impostos	$ 220	$130
Ativos da divisão	$1.000	$600
Custo do capital da divisão	10%	15%

Poucos minutos depois de ver esses números, o vice-presidente de desenvolvimento exclama: "Eu sabia. A divisão Data está nos secando. Vou recomendar que acabem com essa divisão imediatamente".

a. Estime o EVA de cada divisão.

b. Você concorda com o vice-presidente de desenvolvimento em que a empresa deve eliminar imediatamente a divisão Data? Por quê?

16. Este problema testa a sua compreensão do apêndice deste capítulo. Um grupo de investidores tem a intenção de comprar uma empresa de capital aberto, e quer estimar o preço mais alto que puder para justificar o pagamento. O beta do capital da empresa-alvo é de 1,20 e sua relação de valor dívida/empresa, medida utilizando valores de mercado, é de 60%. Os investidores pretendem melhorar o fluxo de caixa e vendê-la por 12 vezes o fluxo de caixa livre no quinto ano. Os fluxos de caixa livres projetados e o preço de venda são os seguintes:

	($ em milhões)				
Ano	1	2	3	4	5
Fluxos de caixa livres	$25	$40	$45	$50	$50
Preço de venda					$600
Fluxos de caixa livres totais	$25	$40	$45	$50	$650

Para financiar a compra, os investidores negociaram um empréstimo de $400 milhões por cinco anos, a juros de 8%, a ser pago em cinco parcelas iguais, no final de cada ano, acrescido de juros sobre o saldo decrescente. Essa será a única dívida onerosa remanescente após a aquisição.

Informações adicionais selecionadas	
Alíquota de imposto	40 %
Taxa de juros livre de risco	3 %
Prêmio de risco de mercado	5 %

a. Estime o beta dos ativos da empresa-alvo.

b. Estime o custo do capital desalavancado (K_A) da empresa alvo.

c. Estime o valor presente de todos os capitais próprios do alvo.

d. Estime o valor presente dos benefícios fiscais sobre a dívida da aquisição descontada a K_A.

e. Qual é o preço mais alto que os investidores podem justificar o pagamento pela empresa-alvo?

f. O que seu preço de aquisição máximo estimado na questão (e) pressupõe sobre os custos de dificuldades financeiras?

17. A planilha para este problema fornece fatos e pressupostos relativos à Kroger Company, uma grande rede de supermercados, em 12 de dezembro de 2007 e está disponível em **www.grupoa.com.br** (encontre a página deste livro, procure o Material Complementar e clique em Conteúdo Online). Usando essas informações:

    a. Estime o custo do capital próprio da Kroger.

    b. Estime o custo médio ponderado do capital da Kroger. Prepare uma planilha ou tabela apresentando as variáveis relevantes.

18. A planilha para este problema contém informações sobre a Kroger Company e quatro concorrentes do setor em 2007 e está disponível em **www.grupoa.com.br** (encontre a página deste livro, procure o Material Complementar e clique em Conteúdo Online). Usando essas informações:

    a. Estime o beta do ativo do setor, ponderando cada empresa pela sua proporção do valor total de mercado do patrimônio líquido.

    b. Realavanque o beta do ativo setorial para que reflita a estrutura de capital da Kroger e para fazer outra estimativa (baseada no setor) do beta do patrimônio líquido da Kroger.

Capítulo 9

Avaliação de Empresas e Reestruturação Corporativa

Para concluir nossa negociação sobre a fusão, meus advogados, agora, marcarão seu escritório com o cheiro deles.

Fortune

Em 19 de janeiro de 2010, depois de uma batalha contenciosa de quatro meses pelo controle, Roger Carr, presidente da Cadbury Plc, anunciou que seu conselho estava recomendando aos acionistas a aceitação de uma grande oferta de compra da gigante em alimentos norte-americana, Kraft Foods, Inc. A aquisição hostil, no valor de £14 bilhões ($22,9 bilhões), foi uma das primeiras grandes aquisições iniciadas após a recessão de 2008-2009, e criou uma gigante com quase $50 bilhões em receita. Ela escanteou a Mars/Wrigley, formada há três anos, para se tornar a maior empresa de confeitos do mundo. A Kraft pagou 40% em novas ações e 60% em dinheiro – $3,7 bilhões que vieram da venda de última hora de suas operações da DiGiorno Pizza para a Nestlé S.A.

A Cadbury Plc é uma célebre empresa britânica de confeitos, de 186 anos de idade, famosa pelos seus chocolates Cadbury, bem como as gomas de mascar Trident e Dentyne e as balas Halls. Embora, em tese, seja uma empresa britânica, 80% dos negócios da Cadbury e 85% de seus trabalhadores estão fora do Reino Unido. Em 2008, a Cadbury tinha 45.000 funcionários e apresentou uma receita de £5,4 bilhões, quase a metade vinda de seu chocolate. A Kraft Foods é a maior empresa de alimentos dos Estados Unidos. Em 2009, tinha cerca de 100.000 trabalhadores, $40,4 bilhões em receita e $3 bilhões em lucro líquido. A Kraft possui 10 marcas com receita superior a $1 bilhão, incluindo nomes como queijos Kraft, carnes Oscar Mayer, biscoitos Oreo e chocolates Toblerone.

Ainda vai levar anos antes que possamos afirmar, categoricamente, que a compra da Cadbury pela Kraft foi uma medida acertada, mas alguns dos primeiros vencedores já são aparentes. Entre eles estão os acionistas da Cadbury que venderam suas ações por £8,50, uma bolada 62% superior ao preço imediatamente antes de os rumores de uma possível oferta começarem a circular. Com a ação vendendo a cerca de £5,25 antes do lance e o 1,4 bilhão de ações em circulação da Cadbury, houve um ganho em libra esterlina para os acionistas de £4,6 bilhões ($7,4 bilhões) (£4,6 = 62% × 5,25 × 1,4). Outros vencedores são os banqueiros e os advogados que facilitaram a transação. As estimativas são de que a equipe da Kraft, com Lazard, Citigroup, Deutsche Bank e a butique de investimentos Centerview Partners, dividiu de $53 a $58 milhões em honorários de consultoria, e outros $26 a $32 milhões por arranjar o financiamento. Os conselheiros da Cadbury, Morgan Stanley, Goldman Sachs e UBS, embolsaram cerca de $15 milhões cada. Ao todo, a Kraft pagou cerca de $390 milhões em taxas, e a conta da Cadbury foi de $50 a $56 milhões. Além disso, Todd Stitzer, presidente-executivo da Cadbury, registrou cerca de $30 milhões em ações e opções, enquanto a executiva-chefe da Kraft, Irene Rosenfeld, recebeu um prêmio de $26,3 milhões pela "liderança excepcional" logo após a transação ter sido fechada.

A aquisição da Cadbury pela Kraft ilustra um fenômeno importante dos negócios, conhecido, em termos gerais, como *reestruturação corporativa*. Guiados, em tese, pelos princípios financeiros examinados nos capítulos anteriores, os altos executivos tomam importantes decisões quanto ao *mix* de ativos, à estrutura de capitais ou à composição acionária de uma empresa em busca de um valor maior. Além de aquisições hostis como a da Cadbury pela Kraft, a reestruturação corporativa inclui as aquisições de alavancagem (ou LBO), fusões amigáveis, as compras ou vendas de unidades operacionais, grandes recompras de ações ordinárias, alterações profundas da alavancagem financeira, cisões (*spin-offs*) e *carveouts*. (Em uma cisão, a matriz distribui ações de uma subsidiária a acionistas como se fosse um dividendo e a subsidiária torna-se uma empresa independente. Em um *carveout*, a matriz vende parte ou toda uma subsidiária ao público em troca de caixa.)

A transação Kraft-Cadbury e muitas outras reestruturações apresentam questões importantes para quem estuda finanças e, na verdade, para todos os executivos. No caso da compra da Cadbury, essas questões são:

1. O que levou Irene Rosenfeld a acreditar que a Cadbury valia £8,50 por ação?
2. Se Rosenfeld estava disposta a pagar £8,50 por ação da Cadbury, por que o preço de mercado estava em £5 durante as negociações? Será que o mercado de ações erra tanto na precificação das empresas, ou há algo mais aqui?
3. Se a ação da Cadbury valia, de fato, £8,50, por que os executivos da empresa, que certamente sabiam mais sobre ela do que Rosenfeld, não perceberam esse fato e não fizeram algo para garantir que o valor se refletisse no preço de suas ações?
4. Finalmente, quem deve decidir os méritos das reestruturações corporativas: a administração ou os proprietários? No caso da aquisição da Cadbury, os acionistas da Cadbury votaram a favor da transação, mas os acionistas da Kraft não foram perguntados. Em termos mais amplos, quem efetivamente controla as grandes corporações de hoje e quem deve controlá-las? Serão os acionistas que, em conjunto arcam com o risco financeiro, ou serão os administradores que, pelo menos em tese, trabalham para os acionistas?

Este capítulo aborda essas questões e, no processo, examina as principais dimensões financeiras da reestruturação corporativa. Começaremos por uma análise da avaliação de empresas, uma família de técnicas para estimar o valor de uma empresa ou divisão. Em seguida nos voltaremos para o que é conhecido como "mercado de controle corporativo", e consideraremos por que uma empresa pode ser racional ao pagar um prêmio pela aquisição de outra e como estimar o preço máximo de aquisição que uma potencial compradora deve ofertar. Examinaremos, depois, três motivações predominantemente financeiras para as reestruturações corporativas, baseadas nas virtudes de maiores benefícios fiscais, maiores incentivos à administração e controle do fluxo de caixa livre pelos acionistas. O capítulo se encerra com uma breve análise das evidências sobre os méritos econômicos das fusões e das aquisições alavancadas e com uma avaliação mais detida do casamento Kraft-Cadbury. O Apêndice do capítulo examina o método de avaliação do capital de risco.

AVALIANDO UMA EMPRESA

A avaliação de empresas é merecedora de atenção porque é a disciplina fundamental para uma ampla variedade de atividades financeiras importantes. Além de serem utilizados na estruturação de fusões e aquisições alavancadas, os princípios da avaliação de empresas orientam os analistas de títulos na busca por ações subavaliadas. Os bancos de investimento utilizam os mesmos conceitos para precificar as ofertas públicas iniciais de ações e os empreendedores dependem deles para avaliar novas oportunidades de investimento. Empresas decididas a recomprar suas ações também usam, com frequência, as técnicas de avaliação para definir o momento da transação. Os princípios de avaliação de empresas estão até se infiltrando na estratégia corporativa, sob a bandeira da administração pelo valor, uma filosofia difundida por consultores que requer que os executivos avaliem estratégias de negócio alternativas segundo o efeito que teriam sobre o valor de mercado da empresa. Assim, não seria exagerado dizer que, embora o vocabulário e os detalhes difiram de acordo com o ambiente, os princípios de avaliação de empresas fazem parte de inúmeros negócios modernos.

O primeiro passo para avaliar qualquer empresa é decidir com exatidão aquilo que se quer avaliar. Isso exige dar resposta a três perguntas básicas:

- Queremos avaliar o ativo da empresa ou o seu patrimônio líquido?
- A empresa será avaliada como em operação ou sendo liquidada?
- Desejamos avaliar uma participação minoritária ou controladora na empresa?

Vamos responder a uma pergunta de cada vez.

Ativo ou patrimônio líquido?

Quando uma empresa adquire outra, pode fazê-lo comprando seus ativos ou seu patrimônio líquido. Quando compra o patrimônio líquido da adquirida, a adquirente é obrigada a assumir o passivo desta. Assim, quando a Kraft adquiriu a Cadbury, pagou £11,9 bilhões pelo seu patrimônio líquido e assumiu mais £2,1 bilhões em dívida onerosa, elevando o preço total de compra dos ativos da Cadbury para £14 bilhões. Embora seja comum dizer que a Kraft pagou £11,9 bilhões pela Cadbury, isso é incorreto. O verdadeiro custo econômico da aquisição para os acionistas da Kraft foi de £14 bilhões, tendo incorrido em £11,9 bilhões em forma de novos certificados de ações e dinheiro e £2,1 bilhões em forma de compromisso legal de honrar o passivo existente da Cadbury. O efeito da assunção da dívida da Cadbury sobre os acionistas da Kraft é equivalente a pagar £14 bilhões pelos ativos da empresa e financiar £2,1 bilhões desse preço de compra com a emissão de nova dívida. Nos dois casos, é bom que os ativos da Cadbury valham pelo menos £14 bilhões, pois, do contrário, os acionistas da Kraft terão feito um mau investimento. Eis uma analogia: se você comprasse uma casa por $100.000 em dinheiro mais a assunção da dívida hipotecária de $400.000 do vendedor, seria pouco provável que você dissesse ter comprado a casa por $100.000: você a teria comprado por $500.000, com $100.000 pagos à vista. De maneira análoga, a Kraft comprou a Cadbury por £14 bilhões, sendo £11,9 bilhões à vista.

A maioria das aquisições de empresas de qualquer porte é estruturada como uma aquisição do patrimônio líquido; assim, o valor do patrimônio líquido do vendedor é o objetivo final da avaliação e o foco das negociações. Mas nunca perca de vista o fato de que o verdadeiro custo de aquisição para o comprador é o custo do patrimônio líquido mais o valor de todo o passivo assumido.

Morta ou viva?

As empresas podem gerar valor para os proprietários de duas maneiras: na liquidação ou em atividade. O *valor de liquidação* é o caixa gerado pelo encerramento de uma empresa e pela venda individual de seus ativos, ao passo que o *valor em atividade* é o valor presente dos fluxos de caixa futuro esperados gerados pelo negócio. Na maioria dos casos, estaremos naturalmente interessados no valor da empresa em atividade.

Será útil definir o *valor justo de mercado* (VJM) de um ativo como o preço ao qual o ativo seria negociado entre dois indivíduos racionais, cada qual de posse de todas as informações necessárias para precificar o ativo e nenhum deles sujeito a qualquer pressão para concretizar o negócio. De modo geral, o VJM de uma empresa é ou o seu valor de liquidação ou o seu valor em atividade, dos dois o maior. A Figura 9.1 ilustra essa relação. Quando o valor presente dos fluxos de caixa futuros é baixo, a empresa vale mais morta do que viva e o VJM é igual ao seu valor de liquidação. À medida que aumentam os fluxos de caixa futuros esperados, o valor de liquidação vai se tornando cada vez menos relevante e o VJM passa a depender quase totalmente do valor em atividade. Também pode ser que alguns dos ativos ou algumas das divisões de uma empresa valham mais em liquidação e outros sejam mais valiosos em atividade. Neste caso, o VJM da empresa será uma combinação dos valores de liquidação e em atividade aplicáveis a cada ativo.

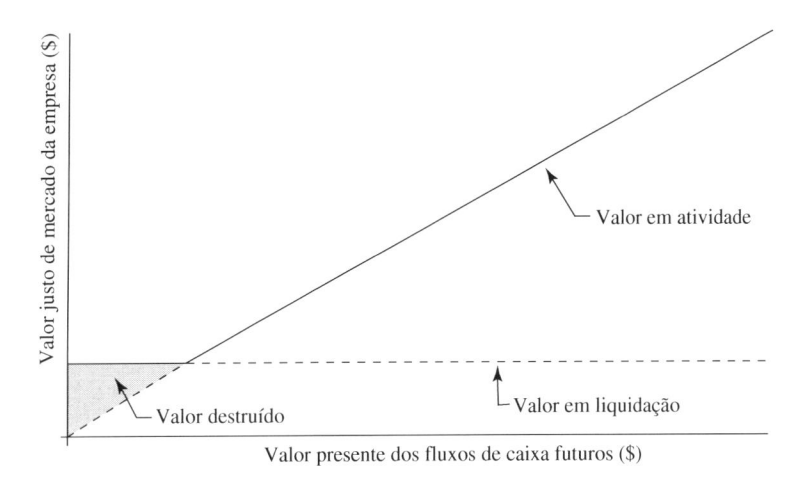

Figura 9.1 O valor justo de mercado de uma empresa costuma ser ou seu valor de liquidação ou seu valor em atividade, dos dois o maior.

Uma exceção à regra de que o VJM é o que for maior entre o valor de liquidação e o valor em atividade se dá quando as pessoas que controlam a empresa – talvez após terem refletido sobre suas perspectivas futuras de emprego e sobre os prazeres proporcionados pelo iate da empresa – optam por não liquidar, embora a empresa valha mais morta do que viva. Então, como os investidores minoritários não podem forçar a liquidação, o VJM de uma participação minoritária pode ficar abaixo do valor de liquidação. Isso é representado na figura pelo triângulo sombreado intitulado "valor destruído". Há um valor latente maior, mas, como os minoritários não têm como chegar a ele, o valor não tem efeito sobre o preço que eles estão dispostos a pagar pelas ações. Do ponto de vista dos minoritários, as pessoas que controlam a empresa estão destruindo valor ao se recusarem a liquidar. Mais adiante veremos outros casos em que o preço, tal como determinado pelos minoritários, não reflete o pleno valor.

Quando falamos de controle, é importante observar que a propriedade das ações de uma empresa e o controle sobre ela são coisas completamente diferentes. A menos que um acionista detenha ou possa influenciar pelo menos 51% das ações com direito a voto, não há qualquer garantia de que ele tenha voz ativa nos assuntos da empresa. Além disso, na maioria das grandes companhias abertas dos Estados Unidos, não há qualquer acionista ou grupo coeso de acionistas que possua ações o bastante para exercer controle sobre as votações, e o controle efetivo recai sobre o conselho de administração e os administradores executivos. Nesses casos, os acionistas são meros expectadores.

Participação minoritária ou controle?

Oscar Wilde observou que "os economistas sabem o preço de tudo e o valor de nada". E, em certo sentido, ele está certo, já que para os economistas o valor de um ativo nada mais é que o preço ao qual compradores e vendedores informados estão dispostos a negociar. Os economistas, assim, contentam-se em deixar a cargo dos filósofos a questão de um ativo ter valor além de seu preço de venda.

Se valor é sinônimo de preço de venda, então um indicador óbvio do valor de uma empresa é o seu valor de mercado, o preço agregado pelo qual suas ações e sua dívida são negociados nos mercados financeiros. Dessa maneira, um pouco antes de a Kraft e a Cadbury anunciarem sua intenção de fusão, em 2009, a Cadbury tinha cerca de 1,4 bilhão de ações em circulação, cada qual negociada a £5,25, e £2,1 bilhões em dívida. Seu valor de mercado, portanto, era de £9,5 bilhões (£9,5 bilhões = £1,4 bilhão × £5,25 + £2,1 bilhões).

Como observamos em capítulos anteriores, o valor de mercado de uma empresa é um indicador importante do seu desempenho e um determinante crucial do custo de seu capital. Mas é preciso perceber que o valor de mercado mede o valor da empresa para os investidores *minoritários*. O preço da ação usado para calcular o valor de mercado de uma empresa é o preço ao qual foram negociados pequenos lotes de ações e, portanto, é um indicador pouco confiável do preço a que seria negociada uma participação controladora. A distinção entre participação minoritária e participação controladora fica muito clara no caso da Cadbury, em que o valor de mercado da empresa era de apenas £9,5 bilhões, mas a participação controladora atingiu £14 bilhões.

Outros casos em que o valor de mercado é inadequado à tarefa de avaliação das empresas incluem: a adquirida tem capital fechado, de modo que não há valor de mercado; as ações da adquirida são negociadas tão raramente ou em volumes tão pequenos, que não representam indicador confiável do valor; as ações da adquirida são ativamente negociadas, mas o analista deseja comparar o valor de mercado com uma estimativa de valor independente em busca de ações erroneamente precificadas.

Em suma, podemos dizer que o valor de mercado só tem relevância direta para a avaliação de empresas quando o objetivo é avaliar uma participação minoritária em uma companhia aberta. Em todos os demais casos, o valor de mercado pode representar uma boa referência geral, mas não pode, por si só, responder à maioria das perguntas sobre avaliação. Para isso, é preciso pensar melhor nos determinantes do valor da empresa.

AVALIAÇÃO PELO FLUXO DE CAIXA DESCONTADO

Tendo examinado a avaliação de empresas em termos gerais, podemos agora nos voltar para a tarefa específica de estimar o valor de uma empresa em atividade. Para simplificar, vamos começar considerando o valor de uma participação minoritária em uma empresa de capital fechado.

Na ausência de preços de mercado, o meio mais direto – embora nem sempre mais prático – de estimar o valor em atividade é pensar na empresa-alvo como se nada mais fosse que uma gigantesca oportunidade de investimento de capital. Assim como qualquer bem de capital, o investimento em uma empresa exige desembolso de dinheiro hoje na antecipação de benefícios futuros, e a questão central é determinar se os benefícios de amanhã justificam os custos de hoje. Tal como na análise de investimento, podemos responder a essa pergunta calculando o valor presente dos fluxos de caixa futuros esperados para os proprietários e os credores. Quando esse valor excede o preço de aquisição, a compra tem valor presente líquido positivo e é, portanto, atraente. Pelo mesmo raciocínio, quando o valor presente líquido dos fluxos de caixa futuros é menor que o preço de aquisição, a compra não é atraente.

Colocando em uma equação

VJM da empresa = VP {Fluxos de caixa líquidos esperados

para proprietários e credores}

Essa fórmula quer dizer que o preço máximo que se deve pagar por uma empresa é igual ao valor presente dos fluxos de caixa esperados para os fornecedores de capital, descontados a uma taxa ajustada ao risco apropriada. Além disso, como em qualquer outra aplicação das taxas de desconto ajustadas ao risco, sabemos que a taxa deve refletir o risco dos fluxos de caixa que são objeto do desconto. Como os fluxos de caixa aqui são para os proprietários e os credores da empresa-alvo, decorre que a taxa de desconto deve ser o custo médio ponderado do capital da empresa-alvo.

Uma pergunta legítima neste ponto é: por que perder tempo estimando o valor da empresa quando a meta final do exercício costuma ser avaliar o patrimônio líquido? A resposta é simples quando nos lembramos de que o valor do patrimônio líquido está estreitamente ligado ao valor da empresa. Como equação, temos nossa velha amiga:

Valor do patrimônio líquido = Valor da empresa – Valor da dívida

Para determinar o valor do patrimônio líquido de uma empresa, portanto, precisamos apenas estimar o valor da empresa e subtrair a dívida onerosa. Além disso, como o valor de mercado e o valor contábil da dívida costumam ser aproximadamente semelhantes, estimar o valor da dívida envolve nada mais que retirar alguns dados do balanço da empresa.[1] Se o valor justo de mercado de uma empresa for de $4 milhões e a empresa tiver $1,5 milhão em dívida, seu patrimônio líquido valerá $2,5 milhões. Simples, não é?[2] (Ignoramos a dívida não onerosa,

---

[1] Há dois casos em que o valor de mercado e o valor contábil da dívida serão significativamente diferentes: quando a dívida foi reclassificada depois de sua emissão e quando a dívida é a taxa fixa e as taxas de juros mudaram significativamente desde a emissão. Nesses casos, vale a pena estimar independentemente o valor de mercado da dívida.

[2] Outra abordagem para a avaliação do capital próprio é estimar o valor presente dos fluxos de caixa esperados para o capital próprio, descontados ao custo do capital próprio da empresa-alvo. Quando executada de forma correta, essa abordagem do acionista fornece os mesmos resultados que a abordagem do empreendimento descrita anteriormente, mas acho mais difícil aplicá-la na prática. Para mais detalhes, veja a seção "Perspectiva do empreendimento *versus* perspectiva do acionista", no Capítulo 8.

como contas a pagar e impostos diferidos, porque é tratada como parte do fluxo de caixa livre, que será descrito a seguir.)

Fluxo de caixa livre

Assim como em qualquer decisão de investimento, o maior desafio prático em uma avaliação de empresa é estimar os fluxos de caixa relevantes que devem ser descontados. No Capítulo 7, vimos que os fluxos de caixa relevantes para uma oportunidade de investimento são os fluxos de caixa livres do projeto (FCL) definidos como EBIT pós-tributação mais depreciação menos investimentos. Ao avaliar uma empresa, isso se traduz em:

$$\text{Fluxo de caixa livre} = \text{EBIT}(1 - \text{Alíquota de impostos}) + \text{Depreciação} - \text{Investimentos de capital} - \text{Aumento do capital de giro líquido}$$

em que EBIT é o lucro antes dos juros e do imposto de renda.

O raciocínio por trás do uso do fluxo de caixa livre é o seguinte: o EBIT é o resultado da empresa independentemente de como ela é financiada; assim, EBIT (1 – Alíquota) é o resultado pós-tributação, desconsiderados os efeitos do financiamento por dívida. Acrescentando a depreciação e outros itens não monetários significativos, temos o FCPT usado na análise de investimentos. Se a administração quisesse esgotar a empresa, poderia distribuir esse fluxo de caixa entre proprietários e credores e acabar a história por aí. Mas, na maioria das empresas, a administração retém parte desse fluxo de caixa para arcar com novos investimentos em ativo fixo e aumentar o capital de giro líquido O fluxo de caixa anual disponível para distribuição aos proprietários e acionistas é o fluxo de caixa pós-tributação, menos investimentos de capital e investimento em capital de giro líquido.

O termo capital de giro dessa expressão pode ser traiçoeiro. O investimento em capital de giro é igual ao aumento do ativo circulante necessário para sustentar as operações, menos quaisquer aumentos correspondentes do passivo circulante não oneroso, aquilo que chamei, no Capítulo 7, de "fontes espontâneas". Essa diferença é igual ao investimento líquido em ativos circulantes que precisa ser financiado pelos credores e proprietários. Um segundo desafio é como tratar qualquer caixa excedente que uma empresa acumule além do montante necessário para sustentar as operações. Aconselho, nesses casos, a omitir o excedente da avaliação pelo fluxo de caixa descontado e tratá-lo como um termo adicional em separado.

O valor terminal

Chegamos, agora, a um sério problema prático. Nossa equação diz que o VJM de uma empresa é igual ao valor presente de todos os fluxos de caixa livres futuros. Mas, como as empresas costumam ter uma expectativa de vida indefinidamente longa, a aplicação literal dessa equação nos levaria a estimar fluxos de caixa livres para centenas de anos em um futuro distante – uma tarefa evidentemente incomcebível.

A maneira mais comum de contornar esse impasse é pensar no futuro da empresa como se fosse composto de dois períodos distintos. Durante o primeiro período, de 5 a 15 anos, presume-se que a empresa tenha um padrão de fluxo de caixa e uma só trajetória de crescimento que procuramos captar por meio da estimativa de fluxos de caixa anuais individuais, como sugere a equação. Ao fim desse período de previsão, contudo, admitimos que a empresa tenha perdido sua individualidade – tenha atingido a maturidade – e se tornado uma empresa estável, de crescimento lento. Desse ponto em diante, vamos parar de nos preocupar com os fluxos de caixa anuais e estimar, em vez disso, um *valor terminal* que represente o valor de todos os fluxos de caixa subsequentes. Se o período de previsão inicial for de, digamos, 10 anos, a equação de avaliação passará a ser:

VJM da empresa = VP (FCL anos 1 a 10 + Valor terminal no ano 10)

É claro que introduzir o valor terminal apenas troca um problema por outro, já que agora precisamos saber como estimar o valor terminal da empresa. Gostaria de poder dizer que os economistas já resolveram esse problema e apresentar uma expressão simples e precisa do valor terminal, mas não posso. O melhor que posso fazer é oferecer várias alternativas de estimativas plausíveis e alguns conselhos genéricos sobre como proceder.

Seguem cinco meios alternativos de estimar o valor terminal de uma empresa, com os respectivos comentários e observações. Para usar bem essas estimativas, observe que nenhuma delas é sempre a melhor: pelo contrário, cada uma é mais ou menos apropriada, dependendo das circunstâncias. Assim, o valor de liquidação pode ser de grande relevância ao avaliar a operação de uma mineradora com 10 anos de reservas, mas totalmente irrelevante quando avaliamos uma empresa de *software* de crescimento acelerado. Em segundo lugar, resista à tentação natural de escolher aquela que parece ser a melhor técnica para a situação em questão, ignorando todas as demais. Evite também simplesmente tirar a média de várias estimativas. Em vez disso, calcule algumas estimativas de valor terminal e pergunte-se por que elas diferem. Em alguns casos, as diferenças serão facilmente explicáveis. Em outros, você pode considerar necessário rever suas premissas para conciliar os valores divergentes. Então, uma vez entendido o porquê das diferenças e estando você à vontade com sua magnitude, escolha um valor terminal baseado em sua avaliação dos méritos relativos de cada estimativa para a empresa-alvo.

Cinco estimativas de valor terminal

Valor de liquidação   Altamente relevante quando se considera a liquidação ao fim do período de previsão, o valor de liquidação costuma subestimar grosseiramente o valor terminal de uma empresa saudável.

Valor contábil   Talvez popular entre contadores, o valor contábil costuma fornecer uma estimativa bastante conservadora do valor terminal.

Múltiplo preço/lucro "garantido" Para implementar essa abordagem, multiplique o lucro estimado para as ações ordinárias da empresa-alvo no fim do período de previsão por um índice preço/lucro "garantido". Em seguida, some o passivo oneroso projetado para estimar o valor terminal da empresa. Como índice preço/lucro "garantido", considere os múltiplos de companhias abertas que, em sua opinião, representem como será a empresa-alvo ao fim do período de previsão.[3] Se, por exemplo, a empresa-alvo for iniciante mas você acreditar que ela será semelhante a outras empresas maduras do setor ao fim do período de previsão, o múltiplo preço/lucro atual desse setor pode ser um índice apropriado. Outra estratégia é "ir cercando" o valor, experimentando com múltiplos de, por exemplo, 10 e 20 vezes. A abordagem pode ser facilmente generalizada para outros índices "garantidos", como o valor de mercado/contábil, o preço/ fluxo de caixa ou o preço/vendas.

Perpetuidade de crescimento zero Vimos, no Capítulo 7, que o valor presente de uma perpetuidade de crescimento zero é o fluxo de caixa anual dividido pela taxa de desconto. Isso sugere a seguinte estimativa de valor terminal:

$$\text{Valor terminal da empresa de crescimento zero} = \frac{\text{FCF}_{T+1}}{K_W}$$

em que FCL_{T+1} é o fluxo de caixa livre do primeiro ano após o período de previsão e K_W é o custo médio ponderado do capital da empresa. Para apurar a análise, podemos observar que, quando uma empresa não cresce, seus investimentos em ativo fixo devem ser aproximadamente iguais aos seus encargos anuais de depreciação, e seu capital de giro líquido não deve nem aumentar, nem diminuir com o tempo; assim, o fluxo de caixa livre seria simplificado para EBIT(1 – Alíquota de imposto).

Como a maioria das empresas se expande com o tempo, ainda que devido apenas à inflação, a maioria dos analistas acredita que essa equação subestime o valor terminal de uma empresa típica. Sou mais cético. Afinal, como já vimos repetidas vezes em outros capítulos, o crescimento só cria valor quando gera retornos superiores ao custo do capital; e, em mercados de produtos competitivos a longo prazo, tal desempenho é uma exceção, não a regra. Assim, ainda que muitas empresas sejam capazes de expansão, elas podem não valer nada mais que suas semelhantes de crescimento zero. A implicação é que a equação de crescimento zero se aplica também a mais empresas do que se poderia supor inicialmente. Isso me recorda a observação do economista Kenneth Boulding de que "Qualquer um que acredite que o crescimento exponencial pode durar para sempre em um mundo finito só pode ser louco ou economista".

Crescimento perpétuo Vimos, no Capítulo 8, que o valor presente de um fluxo de caixa livre em crescimento perpétuo é igual ao fluxo de caixa do próximo

---

[3] Para índices setoriais de preço/lucro, veja pages.stern.nyu.edu/~adamodar/. Selecione "Updated Data" e, no menu "Data Sets", escolha "multiples".

ano dividido pela diferença entre a taxa de desconto e a taxa de crescimento. Assim, outra estimativa do valor terminal é:

$$\text{Valor terminal da empresa de crescimento perpétuo} = \frac{FCF_{T+1}}{K_W - g}$$

sendo g a taxa de crescimento perpétuo do fluxo de caixa livre.

Algumas palavras de cautela em relação a essa popular expressão. Basta saber um pouco de aritmética para entender que uma empresa que cresça para sempre mais do que a economia acabará um dia tornando-se a economia (quando fiz recentemente essa observação durante um seminário na Microsoft, a resposta imediata foi "Isso! Isso! Podemos fazer isso!"). A conclusão, para as empresas que são meras mortais, é que o teto absoluto de g deve ser a taxa de crescimento a longo prazo da economia, ou seja, 2 a 3% ao ano mais a expectativa de inflação. Além disso, como até o crescimento inflacionário exige, invariavelmente, maiores investimentos em ativos e um aumento do capital de giro, o fluxo de caixa livre diminui com o aumento de g. Isso implica que, a menos que se tenha em mente essa relação inversa, a expressão mostrada pode perfeitamente superestimar o valor terminal de uma empresa – mesmo que a taxa de crescimento perpétuo seja mantida em um valor baixo.[4]

Horizonte de previsão

Os valores terminais das empresas em crescimento podem facilmente superar 60% do valor da empresa, de modo que nem é preciso dizer que escolher bem o horizonte de previsão e o valor terminal é crucial para a aplicação bem-sucedida das abordagens à avaliação de empresas por fluxo de caixa descontado. Como a maioria das estimativas de valor terminal palatáveis supõe que a empresa seja madura, uma perpetuidade de crescimento lento ou zero da data em questão em diante, é importante estender o horizonte de previsão o suficiente em direção ao futuro para que essa premissa se aplique de forma plausível. Ao avaliar uma empresa em crescimento acelerado, essa perspectiva sugere estimar por quanto tempo se deve esperar que a empresa mantenha seu crescimento acima do nor-

---

[4] Eis uma versão um pouco mais complexa da expressão de crescimento perpétuo da qual sou parcial:

$$\text{Valor terminal} = \frac{EBIT_{T+1}(1 - \text{Alíquota})(1 - g/r)}{K_W - g}$$

sendo r a taxa de retorno do novo investimento. Uma virtude dessa expressão é o fato de o crescimento não agregar valor, a menos que o retorno supere o custo do capital. Para confirmar, estabeleça $r = K_W$ e observe que a expressão se reduz à equação de crescimento zero. Uma segunda virtude é o fato de o crescimento não ser gratuito, já que com ele devem aumentar os investimentos em ativo fixo e o capital de giro líquido. Na equação, o maior g reduz o numerador, o que equivale a reduzir o fluxo de caixa livre. Veja a página 39 do livro de Koller, Goedhart e Wessels indicado no fim deste capítulo para uma demonstração de que a expressão é matematicamente equivalente à equação de crescimento perpétuo anterior.

mal antes de atingir a maturidade e, então, fixar o horizonte de previsão nessa data ou depois dela.

Um exemplo numérico

A Tabela 9.1 oferece uma rápida visão de uma avaliação por fluxo de caixa descontado de nossa velha amiga dos capítulos anteriores, a Sensient Technologies Corporation. Nem é necessário dizer que se eu estivesse sendo pago por hora para avaliar a Sensient e o leitor estivesse sendo remunerado da mesma maneira para ler a respeito dela, nós dois procederíamos de maneira muito mais detida e deliberada. Mais especificamente, quereríamos saber muito mais sobre os produtos, mercados e competidores da empresa, já que uma avaliação pelo fluxo de caixa descontado é tão boa quanto as projeções em que se baseia. Ainda assim, a tabela proporciona um entendimento básico acerca de como realizar uma avaliação pelo fluxo de caixa descontado.

Tabela 9.1 Avaliação pelo fluxo de caixa descontado da Sensient Technologies Corporation em 31 de dezembro de 2010 ($ milhões, exceto valores por ação)

	Ano					
	2011	2012	2013	2014	2015	2016
Vendas	$1.421	$1.520	$1.627	$1.741	$1.863	
EBIT	185	198	211	226	242	
Imposto a 31%	57	61	66	70	75	
Lucro pós-tributação	127	136	146	156	167	
+ Depreciação	48	52	55	59	63	
− Despesas de capital	57	61	65	70	75	
− Aumento no capital de giro	20	21	23	24	26	
Fluxo de caixa livre	$ 99	$ 106	$ 113	$ 121	$ 130	$135
$VP_{a\,8,9\%}$ dos FCL 11-15	$ 439					

Estimativas de valor terminal:		Valor terminal em 2015
Crescimento perpétuo a 4% [$FCL_{16}/K_W - g$)]		$2.755
VM justificado da empresa/EBIT (1 − alíquota) em 2015 = 17 ×		2.839
Valor contábil "projetado" da dívida e do patrimônio líquido em 2015		1.871
Melhor estimativa do valor terminal		2.800
VP do valor terminal	**$ 1.828**	
Valor da empresa estimado	**$ 2.267**	
Valor da dívida	350	
Valor do capital próprio	$ 1.917	
Ações em circulação	49,6 milhões	
Valor estimado por ação	**$ 38,66**	

A data da avaliação é 31 de dezembro de 2010. Os fluxos de caixa livres que aparecem na tabela são projeções de porcentagem das vendas, supondo 7% de crescimento anual de vendas para os próximos cinco anos. As porcentagens utilizadas na previsão são baseadas em uma revisão criteriosa da análise vertical das demonstrações financeiras históricas, que aparecem no Capítulo 2, Tabela 2.3, enquanto a taxa de crescimento reflete as expectativas dos analistas de títulos[5]. O valor presente destes fluxos de caixa descontados ao custo médio ponderado de capital da Sensient de 8,9%, estimado no último capítulo, é de $439 milhões.

A avaliação considera três estimativas de valor terminal. A primeira baseia-se na equação de crescimento perpétuo e supõe que, a partir de 2016, os fluxos de caixa livres da Sensient passem a crescer 4% ao ano por prazo indeterminado. O fluxo de caixa livre de 2016 será, portanto, de $135 milhões [$135 = $130 × (1 + 0,04)]. Inserindo esses valores na equação de crescimento perpétuo, uma estimativa do valor terminal da Sensient ao fim de 2015 é

$$\text{Valor terminal} = \frac{\text{FCL em 2016}}{K_W - g} = \frac{\$135 \text{ milhões}}{0,089 - 0,04} = \$2.755 \text{ bilhões}$$

A segunda estimativa do valor terminal admite que, ao final do horizonte de previsão, a Sensient Technologies apresente um múltiplo preço/lucro de 17 vezes o EBIT pós-tributação, um valor que reflete as avaliações atuais de empresas comparáveis. Voltaremos a falar desse valor na próxima seção. Aplicando esse índice preço/lucro garantido ao resultado da Sensient em 2015, temos uma segunda estimativa de valor terminal:

$$\text{Valor terminal} = 17 \times \$167 \text{ milhões} = \$2.839 \text{ bilhões}$$

(Deixarei que você decida se esse valor terminal está tão perto por eu ser muito bom ou se é por sorte. Sei onde está meu voto favorável.)

Finalmente, o valor contábil projetado em 2015 da dívida onerosa e do patrimônio líquido da Sensient é de $1.871 bilhão. Isso representa uma terceira estimativa do valor terminal da empresa, embora seja, provavelmente, baixa.

Após refletir sobre os méritos relativos dessas três estimativas, acho que a Sensient Technologies valerá $2.800 bilhões em 2015. Para fazer essa estimativa, dei peso algo maior ao valor pelo crescimento perpétuo do que ao valor pelo preço-lucro ajustado e praticamente desconsiderei o valor contábil. Descontando $2.800 para 2010 e acrescentando o valor presente dos fluxos de caixa livres dos primeiros cinco anos, temos um valor sugerido para a Sensient, em 31 de dezembro de 2010, de $2.267 bilhões:

$$\text{VJM}_{\text{empresa}} = \$439 \text{ milhões} + \$1.828 \text{ bilhão} = \$2.267 \text{ bilhões}$$

---

[5] Veja **www.reuters.com/finance/stocks** e **Yahoo.finance.com**.

> **O problema do crescimento e da vida longa**
>
> Em muitas decisões de investimento que envolvem ativos de vida longa, é comum circundar o problema da previsão de fluxos de caixa do futuro distante ignorando todos os fluxos além de um determinado horizonte longínquo. A justificativa dessa prática está no fato de que o valor presente de fluxos de caixa muito distantes será muito pequeno. Quando o fluxo de caixa é crescente, contudo, o crescimento contrabalança o efeito do desconto e até fluxos de caixa muito distantes podem contribuir significativamente para o valor presente. Eis um exemplo.
>
> O valor presente de $1 por ano em perpetuidade descontado a 10% é $10 ($1/0,10). O valor presente de $1 por ano por 20 anos à mesma taxa de desconto é $8,51. Assim, ignorar todos os fluxos de caixa da perpetuidade após o 20º ano reduz o valor presente calculado em apenas 15% ($8,51 contra $10,00).
>
> Mas as coisas mudam quando o fluxo de caixa é crescente. Usando a equação de crescimento perpétuo, o valor presente de $1 por ano crescendo 6% ao ano eternamente é $25 [$1/(0,10 − 0,06)], ao passo que o valor presente do mesmo fluxo por 20 anos é de apenas $13,08. Assim, ignorar os fluxos de caixa além do 20º ano reduz o valor presente em quase metade ($13,08 contra $25,00).
>
> **O problema da sensibilidade**
>
> A uma taxa de desconto de 10%, o valor justo de mercado de uma empresa que prometa fluxos de caixa livres no ano que vem de $1 milhão, crescendo 5% ao ano eternamente, é de $20 milhões [$1 milhão/(0,10 − 0,05)].
>
> Admitindo que a taxa de desconto e a taxa de crescimento possam estar erradas em até 1 ponto percentual, quais são os VJM máximo e mínimo para a empresa? O que se pode concluir disso?
>
> **Resposta:** O máximo é $33,3 milhões [$1 milhão/(0,09 − 0,06)] e o mínimo é $14,3 milhões [$1 milhão/(0,11 − 0,04)]. Mas seria difícil cobrar honorários muito elevados de um cliente por lhe dizer que uma empresa vale algo entre $14,3 e $33,3 milhões.

O resto é pura aritmética. O patrimônio líquido da Sensient vale $2.267 bilhões menos $350 milhões em dívida onerosa, ou $1.917 bilhão. Com 49,6 milhões de ações em circulação, isso representa um preço estimado por ação de $38,66.

Nossa avaliação pelo fluxo de caixa descontado indica, portanto, que a Sensient vale $38,66 por ação, desde que os fluxos de caixa projetados reflitam com precisão o desempenho futuro esperado. Tomo o fato de que o preço efetivo da ação na data da avaliação era de $36,73 como sinal de que os investidores estavam menos entusiasmados do que eu em relação ao futuro da empresa.

Problemas com as abordagens de avaliação pelo valor presente

Se você está um pouco hesitante quanto à sua capacidade de aplicar essas técnicas de fluxo de caixa descontado a qualquer coisa que não exemplos de livros-texto, bem-vindo à turma! Embora as abordagens pelo FCD de avaliação de empresas estejam conceitualmente corretas, são incrivelmente difíceis de aplicar na prática. Avaliar uma empresa pode ser conceitualmente equivalente a avaliar qualquer outra decisão de investimento de capital, mas na prática há algumas diferenças fundamentais:

1. A oportunidade de investimento típica tem uma expectativa de vida finita – e geralmente breve –, enquanto a expectativa de vida de uma empresa é indefinida.
2. A oportunidade de investimento típica promete fluxos de caixa estáveis ou decrescentes com o passar do tempo, ao passo que a capacidade das empresas de reinvestir os resultados costuma produzir um fluxo de caixa crescente.
3. Os fluxos de caixa de um investimento típico pertencem ao proprietário, ao passo que os fluxos de caixa gerados por uma empresa só vão para o proprietário quando a administração decide pela sua distribuição. Se a administração optar por investir em minas de diamante no México em vez de pagar dividendos, os acionistas minoritários terão poucas opções a não ser vender suas ações.

Como ilustram os problemas dos quadros a seguir, essas diferenças práticas introduzem erros potencialmente grandes no processo de avaliação e podem tornar as estimativas de VJM altamente sensíveis a pequenas variações da taxa de desconto e da taxa de crescimento empregadas.

AVALIAÇÃO COM BASE EM COMPARÁVEIS

Dado que as abordagens de avaliação de empresas pelo fluxo de caixa descontado são conceitualmente corretas, mas de difícil aplicação, haverá alternativas? Uma técnica popular envolve a comparação da empresa-alvo com companhias semelhantes, cujas ações sejam negociadas na Bolsa. Imagine que você esteja comprando um carro usado. O momento da verdade surge quando o comprador encontra um carro interessante, vê o preço que é pedido e pensa em quanto oferecer ao vendedor. Uma estratégia, análoga à abordagem pelo fluxo de caixa descontado, é estimar o valor do trabalho e das matérias-primas presentes no carro, remarcar para refletir custos de *overhead* e pelo lucro e subtrair um montante equivalente à depreciação. Uma abordagem mais produtiva é comparar preços: desenvolver uma estimativa do valor justo de mercado por meio da comparação do carro em que estamos interessados com outros semelhantes que tenham sido vendidos recentemente ou estejam disponíveis. Se três Thunderbirds 1982 de qualidade semelhante foram vendidos recentemente por $3.000 a $3.500, o comprador tem motivos para crer que outro carro semelhante tenha o mesmo valor. É claro que comparar preços não fornece informações sobre se os T-Birds efetivamente valem $3.000 a $3.500 em qualquer sentido fundamental; limita-se apenas a apontar o preço vigente. Isso ficou mais do que provado durante a bolha das pontocom, quando saber que a Infospace estava com um preço justo em relação à AOL, Amazon e Webvan não impediu que os acionistas da Infospace perdessem tudo quando a bolha estourou. Mas, na maioria dos demais casos, saber o valor relativo é o bastante. (Outra tática recomendada por alguns é pular a etapa de avaliação e passar direto para a negociação, perguntando ao vendedor quanto quer pelo carro e respondendo: "De jeito nenhum! Te pago metade disso". Essa abordagem provavelmente funciona melhor com carros usados do que com empresas, mas não a descarte inteiramente.)

O uso de comparáveis para avaliar empresas é uma ciência e uma arte em iguais proporções. Primeiro, é necessário decidir quais companhias negociadas na Bolsa são as mais parecidas com a empresa-alvo e, então, determinar o que os preços das ações dessas companhias abertas acarretam para o VJM da empresa em questão. As equações de avaliação pelo fluxo de caixa descontado que acabamos de ver são um bom ponto de partida. Elas sugerem que empresas comparáveis devem oferecer padrões de fluxo de caixa futuro e riscos operacionais e financeiros semelhantes. Os riscos devem ser parecidos para que a mesma taxa de desconto se aplique aproximadamente a todas as empresas.

Na prática, essas diretrizes sugerem que comecemos nossa busca por empresas comparáveis àquelas que estejam no mesmo setor (ou em um setor assemelhado) e com perspectivas de crescimento e estruturas de capital semelhantes. Com um pouco de sorte, o resultado desse exercício será diversas companhias abertas mais ou menos comparáveis. Então, será necessária considerável capacidade de julgamento para determinar o que as empresas comparáveis, como um grupo, implicam para o valor justo de mercado da empresa-alvo.

Para exemplificar, a Tabela 9.2 apresenta uma avaliação da Sensient Technologies por ações comparáveis. A data da avaliação é, novamente, 31 de dezembro de 2010 e as empresas comparáveis são as cinco concorrentes representativas de "produtos químicos especiais e setores relacionados" apresentadas no Capítulo 2. Assim como a Sensient, a International Flavors & Fragrances (IFF) e a McCormick and Company (MKC) negociam para as empresas de alimentos e parecem ser mais ou menos semelhantes uma com a outra, enquanto a comparabilidade das outras três empresas é um pouco mais tênue. A Sensient é a menor empresa entre o grupo, embora nenhuma delas seja propriamente grande. O primeiro conjunto de números na Tabela 9.2 mostra o crescimento da Sensient e o risco financeiro em relação a seus pares. Os números indicam que o crescimento nas vendas, em cinco anos, da Sensient tem sido bastante semelhante ao da IFF e da MKC, mas um pouco abaixo das outras três. O crescimento da Sensient no lucro em cinco anos parece melhor, mas o recente desempenho da maioria das empresas tem sido tão volátil, que estou relutante em colocar muito peso nesta comparação. Os analistas de título parecem um pouco menos entusiasmados com as perspectivas futuras de crescimento da Sensient, embora os números estejam mais uma vez perto da IFF e da MKC. (O *site* fornecendo estas taxas de crescimento projetadas não indica a que se referem ou o tamanho da projeção.) Observando a alavancagem financeira, a Sensient tem os índices de cobertura de juros mais baixos, embora todos eles pareçam bastante saudáveis.

O segundo conjunto de números da tabela mostra seis possíveis indicadores de valor das empresas comparáveis. Em termos genéricos, cada indicador expressa quanto os investidores estão pagando por dólar de lucro, vendas ou capital investido de cada empresa comparável. Assim, o primeiro indicador diz que $1,00

Tabela 9.2 Uso de companhias comparáveis negociadas na Bolsa para avaliar a Sensient Technologies Corporation (31 de dezembro de 2010)

	Sensient	ALB	CBT	CPO	IFF	MKC	Excluindo a Sensient	
		\multicolumn{5}{c}{Ticker symbols*}	Mediana	Média
Comparação da Sensient com empresas pares:								
Taxas de crescimento, riscos financeiros, porte								
Taxa de crescimento das vendas em 5 anos (%)	5,5	3,1	8,8	13,2	5,8	5,2	5,8	7,2
Taxa de crescimento do LPA em 5 anos (%)	19,7	28,9	NA	70,9	11,1	12,4	20,6	30,8
Cresc. Médio I/B/E/S 5 anos (%) **	7,0	12,5	15,0	10,0	6,9	8,3	10,0	10,5
Taxa de cobertura de juros (×)	8,5	15,8	7,3	8,5	8,8	10,5	8,8	10,2
Passivo total/ativo (×)	0,38	0,52	0,51	0,61	0,65	0,57	0,57	0,57
Ativo total ($ milhões)	1.599	3.068	2.886	5.071	2.872	3.420	3.068	3.463
Indicadores de valor								
Preço/lucro (×)		15,8	16,0	20,7	16,9	16,7	16,7	17,2
VM empresa/EBIT(1 – Alíquota de impostos) (×)		18,0	11,8	19,8	17,2	17,2	17,2	16,8
Preço/vendas (×)		2,2	0,7	0,8	1,7	1,8	1,7	1,4
VM empresa/vendas (×)		2,5	1,0	1,1	2,1	2,0	2,0	1,7
VM capital próprio/VC capital próprio (×)		3,6	1,6	1,8	4,5	4,0	3,6	3,1
VM empresa/VC empresa (×)		1,9	1,0	1,0	1,9	2,0	1,9	1,6

Minha estimativa de indicadores de valor da Sensient Technologies		Valor implícito por ação ordinária da Sensient Technologies	
Preço/lucro (×)	16,5	$35,66	= 16,5 × lucro líquido/ Nº de ações
VM da empresa/EBIT(1 − alíquota) (×)	17,0	$34,20	= [17,0 × EBIT(1 − Alíquota) − Dívida]/ Nº de ações)
Preço/vendas (×)	1,4	$37,49	= 1,4 × Vendas/ações
VM empresa/vendas (×)	1,5	$41,31	= [1,5 × Vendas − Dívida]/ Nº de ações
VM capital próprio/VC capital próprio	2,5	$49,59	= 2,5 × VC capital próprio/Nº de ações
VM empresa/VC empresa	1,6	$44,54	= [1,6 × VC empresa − Dívida]/ Nº de ações
Minha melhor estimativa		$36,00	
Preço efetivo da ação		$36,73	

* ALB = Albemarle Corp., CBT = Cabot Corp. = CPO Corn Products Intl, IFF = International Flavors & Fragrances, MKC = McCormick & Company.
** Valor médio das estimativas de crescimento de longo prazo de analistas de títulos.
VM = Valor de mercado; VC = Valor contábil. O valor de mercado é estimado como o valor contábil da dívida onerosa + o valor de mercado do capital próprio. Os lucros são por exercício fiscal de 12 meses.

do lucro atual da Albemarle Corporation (ALB) custa $15,80, enquanto $1,00 do lucro da Corn Products International (CPO) sai por $20,70. Da mesma maneira, o terceiro indicador diz que $1,00 dos custos de vendas da IFF custa $1,70. O último indicador diz que $1,00 dos ativos da MKC medidos ao valor contábil custa $2,00. Os indicadores ímpares concentram-se nos valores relacionados ao capital próprio, enquanto os pares referem-se ao valor da empresa.

Refletindo sobre como a Sensient se compara às demais em termos de crescimento e risco, o desafio da avaliação é decidir quais indicadores são adequados para a empresa. O terceiro conjunto de valores da Tabela 9.2 representa minhas estimativas, necessariamente subjetivas. Para chegar a elas, levei em consideração diversos fatores. Primeiro, acredito que os dois primeiros indicadores de valor costumam ser melhores do que os demais, porque relacionam o valor de mercado ao lucro, e não às vendas ou ao ativo. Com raras exceções, os investidores estão interessados no potencial de lucratividade da empresa quando compram as suas ações, e não nas suas vendas ou nos ativos que a empresa possui. Os indicadores de valor baseados em ativos são mais relevantes em caso de liquidação. Os indicadores baseados nas vendas tendem a ser interessantes quando os lucros atuais não representam bem o potencial de lucros a longo prazo ou quando os investidores perdem a confiança na precisão dos lucros declarados. Isso não significa que as vendas sejam imunes a manipulações, mas apenas que são um pouco menos manipuláveis do que os lucros.

Em segundo lugar, ao escolher entre indicadores que se concentram no valor do capital próprio, e indicadores de valor da empresa, prefiro estes últimos porque são menos afetados pela maneira como uma empresa se financia. O problema com a abordagem do patrimônio líquido é que a alavancagem afeta o índice preço/lucro da empresa de formas complexas, de modo que, por exemplo, inferir um índice preço/lucro de uma empresa altamente alavancada a partir de seus pares mais modestamente alavancados pode levar a erros.

Em terceiro lugar, faz sentido atribuir maior importância aos indicadores de valor relativamente mais estáveis entre as empresas comparáveis. Se o valor calculado de um indicador for de 10,0 para todas as empresas comparáveis, eu o consideraria mais confiável do que outro que variasse entre 1,0 e 30,0. Aqui os dois primeiros índices, com base nos lucros, são visivelmente mais estáveis do que os outros.

Em quarto lugar, o menor porte da Sensient, a taxa de crescimento esperado marginalmente mais baixa e a estrutura de capital um pouco mais precária sugerem que a empresa deve estar na metade inferior da faixa de avaliação indicada. Por outro lado, a estabilidade notável anteriormente observada dos fluxos de caixa da empresa, por meio da recente recessão acentuada, fala em seu favor. Selecionei múltiplos para as duas primeiras relações que estão um pouco abaixo dos valores de IFF e MKC, e também modestamente abaixo das medianas do grupo de pares. Como a Sensient tem margens operacionais mais baixas do que a de seus pares, espero que os investidores paguem menos por dólar de vendas para a Sensient do que para as outras empresas, resultando em um valor abaixo da média para os próximos dois múltiplos baseados em vendas. Por fim, escolhi valores igualmente conservadores para os dois múltiplos de valor contábil restantes.

O conjunto inferior de números, na Tabela 9.2, apresenta o preço da ação da Sensient implícito em cada indicador de valor escolhido. À direita de cada preço está uma equação que ilustra como traduzi o indicador de valor em questão em um preço implícito da ação. Para exemplificar a segunda equação, estimei que o valor de mercado da Sensient devesse ser 17 vezes seu EBIT pós-tributação. O EBIT pós-tributação da Sensient em 2010 era de $120,4 milhões, de modo que seu valor de mercado implícito seria de $2.046,4 bilhões. Subtraindo a dívida onerosa de $349,9 milhões e dividindo por 49,6 milhões de ações, temos um preço implícito da ação de $34,20. Os demais preços implícitos foram calculados de maneira análoga. Refletindo sobre essas observações, minha melhor estimativa de um preço justo para a ação da Sensient Technologies na data de avaliação é $36,00, cerca de 2% menos do que o preço efetivo de $36,73. (Não costumo chegar tão perto... me pergunto se é tarde demais para mudar de profissão.)

Falta de negociabilidade

Uma diferença importante entre ter ações de uma companhia negociada na Bolsa e de uma empresa de capital fechado é que as ações negociadas na Bolsa têm maior liquidez e, assim, podem ser facilmente vendidas à vista sem significativa perda de valor. Como a liquidez é uma característica valiosa de qualquer ativo, é necessário reduzir o VJM de uma empresa fechada estimado com referência a companhias negociadas na Bolsa comparáveis. Sem desgastar o leitor com detalhes, o deságio típico pela falta de negociabilidade é da ordem de 25%.[6] É claro que, se o objetivo da avaliação é precificar uma oferta pública inicial de ações ordinárias, estas logo terão liquidez, de modo que não há necessidade de aplicação do deságio.

Outro ajuste possível ao usar a abordagem de avaliação por comparáveis é o prêmio pelo controle. Os preços cotados na Bolsa das ações das companhias abertas são, invariavelmente, referentes a uma participação minoritária na empresa, ao passo que a avaliação de empresas fechadas muitas vezes envolve transações em que o controle operacional passa do vendedor para o comprador. Como o controle é valioso, é preciso, nesses casos, acrescentar um prêmio ao valor estimado da empresa-alvo, para refletir o valor do controle. Nossa próxima tarefa será estimar o montante desse prêmio. Mas primeiro quero chamar sua atenção para uma variante da avaliação por ações comparáveis, chamada de *transações* comparáveis, que substitui as cotações na Bolsa pelos preços fechados em fusões ou aquisições recentes. Os preços das transações são, evidentemente, muito mais raros do que os das ações e muitas vezes são sigilosos. Apesar disso, com frequência refletem melhor o valor inerente a uma aquisição do que os preços

---

[6] Shannon P. Pratt, Robert F. Reilly e Robert P. Schweihs. *Valuing a Business: The Analysis and Appraisal of Closely Held Companies*, 4ª edição. (Nova York: Irwin/McGraw-Hill, 2000).

das ações. Mais especificamente, os preços das transações incluem um prêmio pelo controle.

O MERCADO DE CONTROLE

Observamos em diversas ocasiões que comprar uma participação minoritária em uma empresa difere fundamentalmente de comprar o controle sobre essa empresa. Com uma participação minoritária, o investidor é um observador passivo; com o controle, tem total liberdade para mudar a maneira como a empresa opera e aumentar significativamente seu valor. De fato, as duas situações são tão diversas que é apropriado dizer que as ações são negociadas em dois mercados diferentes: aquele em que você e eu negociamos direitos minoritários sobre fluxos de caixa futuros e aquele em que a Kraft Foods e outras adquirentes negociam o direito de controlar a empresa. Este último, o *mercado de controle*, envolve uma venda dupla. Além do direito aos fluxos de caixa futuros, o adquirente obtém o privilégio de estruturar a empresa como bem quiser. Como são, na verdade, ativos diferentes, as ações negociadas nos dois mercados são naturalmente negociadas a preços diferentes.

O prêmio pelo controle

A Figura 9.2 ilustra esse mercado de duas camadas. Do ponto de vista dos investidores minoritários, o valor justo de mercado do capital próprio de uma empresa, representado por m, é o valor presente dos fluxos de caixa para o capital próprio dadas a administração e a estratégia atuais. Para uma empresa ou pessoa física que busque o controle, contudo, o VJM é c, que pode perfeitamente ser superior a m. A diferença $(c - m)$ é o valor do controle: é o prêmio máximo além do valor justo de mercado do minoritário que um adquirente deve pagar para obter o controle. É, também, o aumento esperado do valor para o acionista criado pela aquisição. Quando um adquirente paga o VJM_c por uma empresa-alvo, todo o aumento do valor será realizado pelos acionistas da empresa-alvo, enquanto a qualquer preço inferior, parte do aumento caberá aos acionistas da adquirente. O VJM_c é, portanto, o preço máximo de aquisição que um comprador pode justificar. Em outras palavras, é o preço em que o valor presente líquido da aquisição é zero para o adquirente.

Que preço pelo controle?

Há duas maneiras de determinar o montante do prêmio pelo controle que um adquirente pode se dar ao luxo de pagar. A abordagem pela força bruta primeiro avalia a empresa admitindo que a fusão ocorra e, depois, admitindo que não ocorra. A diferença entre esses dois valores é o prêmio máximo que o adquirente pode justificar. Uma segunda abordagem, essa mais prática, concentra-se nos ganhos esperados da fusão. Como equação,

$$VJM_c = VJM_m + \text{Melhoras}$$

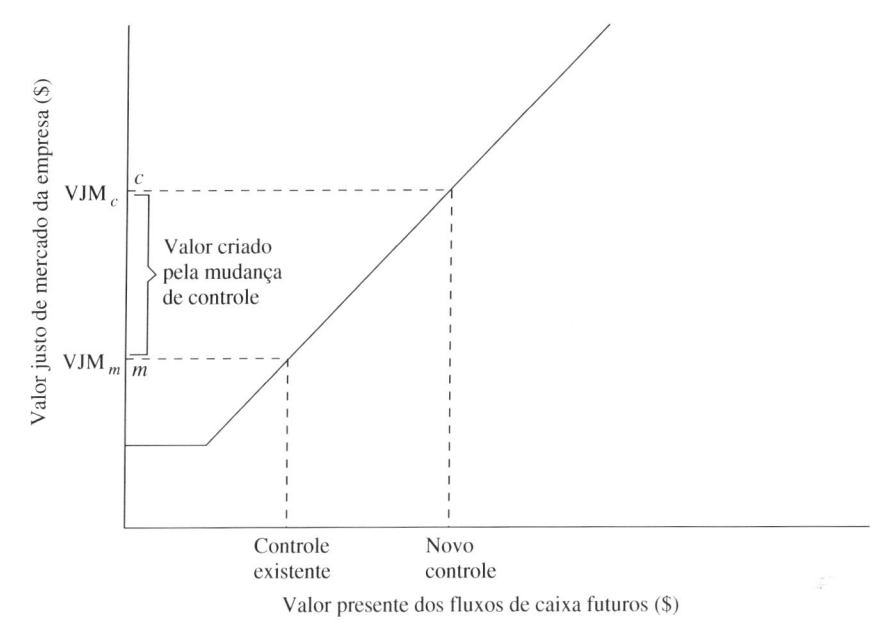

Figura 9.2 O VJM de uma empresa para investidores que buscam o controle pode exceder o VJM para investidores minoritários.

em que c e m mais uma vez denotam, respectivamente, as participações controladora e minoritária. Essa expressão diz que o valor da participação controladora em uma empresa é igual ao seu VJM sob a atual administração, ou o que é muitas vezes chamado de valor isolado (*stand alone*) da empresa, mais quaisquer melhoras de valor que o comprador preveja. Se ele não quiser fazer quaisquer mudanças na empresa, seja hoje ou no futuro, as melhoras são zero e não é possível justificar qualquer prêmio além do valor isolado. Se, por outro lado, o comprador acreditar que a fusão das duas empresas criará enormes oportunidades de lucro, as melhoras podem ser bem grandes.

Atribuir um preço ao valor das melhoras decorrentes de uma aquisição é, em termos conceituais, uma tarefa simples e direta: basta fazer uma lista de todas as maneiras como a aquisição aumentará o fluxo de caixa ou reduzirá os riscos, estimar a magnitude e o momento dos fluxos de caixa envolvidos, calcular seus valores presentes e somar:

Melhoras = VP{todas as mudanças criadoras de valor decorrentes da aquisição}

O controle em uma companhia aberta

É possível fazer uma simplificação importante da expressão do VJM_c quando a alienante é uma companhia negociada na Bolsa. Se estivermos dispostos a admitir que o preço da ação da empresa-alvo antes da aquisição seja razoavelmente próximo do VJM_m, ou pelo menos quando não somos capazes de determinar se a aproximação foge ao razoável, a expressão se reduz para

$$VJM_c = \text{Valor de mercado da empresa} + \text{Melhoras}$$

onde o valor de mercado da empresa é nosso velho conhecido, o valor do capital próprio no mercado de ações mais dívida. Uma virtude dessa fórmula para a avaliação de candidatas à aquisição é o fato de que concentra a atenção nas melhoras específicas que se espera da aquisição e no preço máximo que se deve pagar por elas, uma perspectiva que reduz a possibilidade de que um comprador exuberante se empolgue demais durante uma batalha acalorada de lances e acabe pagando mais do que pode justificar. Em outras palavras, mantêm-se os instintos animais sob controle durante o processo de negociação.

A necessidade de refrear ocasionalmente esses instintos é sugerida pela Tabela 9.3, que mostra o número de fusões nos Estados Unidos de 1992 a 2010 e a mediana do prêmio pago. Observe que o número de aquisições veio de uma baixa cíclica de 2.600 em 1992 para um recorde absoluto de mais de 10.600 em 2006 e, em seguida, caiu cerca de 40% durante a recessão. Além disso, o número de compras de valor superior a $1 bilhão seguiu um padrão semelhante, subindo para 250 em 2007 e, em seguida, caindo bruscamente. Analisando os prêmios, vemos que a mediana do preço de aquisição foi 20 a 40% superior ao preço da ação adquirida cinco dias antes do anúncio da transação. Evidentemente, os compradores têm muita confiança em sua capacidade de extrair grandes melhoras de suas aquisições.

Motivações financeiras da reestruturação

Concluímos (ou eu, pelo menos, concluo) que a melhor maneira de avaliar uma companhia aberta para fins de aquisição é acrescentar o valor presente de todos os benefícios que podem ser atribuídos à aquisição ao atual valor de mercado da empresa-alvo. "Então", perguntaria o leitor atento, "que tipos de benefícios poderiam motivar uma aquisição ou outro tipo de reestruturação?". A lista é extensa, indo de ganhos em manufatura, marketing, distribuição ou *overhead* até a um melhor acesso aos mercados financeiros e a melhores oportunidades de investimento; e as fontes percebidas de valor variam de fusão para fusão. Assim, em vez de tentar catalogar os incontáveis benefícios possíveis da reestruturação, vou me concentrar em três melhoras potenciais ligadas ao aspecto financeiro que são comuns e controversas o bastante para merecer investigação. Vou me referir a elas como *benefícios fiscais, efeitos de incentivo* e *controle do fluxo de caixa livre*.

Benefícios fiscais

Diversas fusões e aquisições, especialmente as que envolvem empresas maduras e de crescimento lento, se devem em parte ao desejo de utilizar melhor os benefícios fiscais da despesa de juros. Como vimos no Capítulo 6, o fato de que

Tabela 9.3 Número de fusões e mediana dos prêmios de aquisição, 1992-2010

Ano	Número de transações*	Número superior a $1 bilhão	Mediana do prêmio em 5 dias: (%)[†]
1992	2.574	18	34,7
1993	2.663	27	33,0
1994	2.997	51	35,0
1995	3.510	74	29,2
1996	5.848	94	27,3
1997	7.800	120	27,5
1998	7.809	158	30,1
1999	9.278	195	34,6
2000	9.566	206	41,1
2001	8.290	121	40,5
2002	7.303	72	34,4
2003	7.983	88	31,6
2004	9.783	134	23,4
2005	10.332	170	24,1
2006	10.660	216	23,1
2007	10.559	250	24,7
2008	7.807	97	36,5
2009	6.796	78	39,8
2010	9.116	153	34,6

Fonte: *2010 Mergerstat Review*, FactSet Mergerstat, LLC, Santa Monica, 2010
Factset Mergerstat Global Mergers and Acquisitions Information. Santa Monica, CA. 800- 455-8871 www.mergerstat.com, www.factset.com.
* Número líquido de transações anunciadas.
† Prêmios em cinco dias pagos apenas pelas transações que revelam informações o bastante para calcular o prêmio. Isso costuma se referir a 30% das transações.

a depreciação e a despesa de juros podem ser deduzidas dos impostos reduz o imposto a pagar das empresas e pode, portanto, agregar valor.

Para ilustrar a atração dos benefícios fiscais, consideremos a reestruturação da Matura, Inc. (2M). Os dados da 2M, uma companhia aberta madura, são:

Matura, Inc. ($ milhões)	
EBIT anual	$25
Valor de mercado do capital próprio	200
Dívida onerosa	0
Alíquota	40%

A Global Investing Corporation acreditava que a administração da 2M poderia estar interessada em uma aquisição alavancada (*leveraged buyout* – LBO) e a abordou com uma proposta de formação de uma nova empresa, chamada CIA-NOVA, para comprar todo o patrimônio líquido da 2M. Como os fluxos de caixa

> **Beijando sapos**
>
> Warren Buffett, o Oráculo de Omaha, atribui a inclinação dos executivos a pagar grandes prêmios pelo controle a três fatores humanos básicos: instinto animal abundante, uma ênfase injustificada no porte da empresa em vez de na sua lucratividade e um excesso de exposição, na infância, à "história do belo príncipe que é libertado do corpo de um sapo pelo beijo de uma linda princesa. [Partindo dessa fábula, os executivos] estão certos de que seu beijo empresarial fará maravilhas pela lucratividade da empresa-alvo". Por que outra razão, pergunta Buffett, uma empresa adquirente pagaria um prêmio para controlar outra quando pode evitar inteiramente esse prêmio, bastando para isso comprar uma participação minoritária?
>
> "Em outras palavras, os investidores sempre podem comprar sapos ao preço vigente. Se eles, em vez disso, financiarem princesas que querem pagar o dobro pelo direito de beijar o sapo, é bom que esses beijos sejam de tirar o fôlego. Já observamos muitos beijos, mas poucos milagres. Ainda assim, muitas princesas da administração continuam serenamente confiantes no poder futuro de seus beijos – mesmo depois que seus quintais já estão cheios de sapos empresariais sem remédio."
>
> **Fonte:** Warren Buffett, Relatório Anual de 1981 da Berkshire Hathaway, Inc.

da 2M são muito estáveis, a Global acredita que pode financiar a maior parte do preço de aquisição com a tomada de $190 milhões por 10 anos a juros de 10%. O empréstimo não acarretará amortização do principal durante os primeiros cinco anos. No mais longo prazo, a Global acredita que a 2M poderá facilmente arcar com uma despesa financeira anual de $10 milhões. O valor desses benefícios fiscais previstos para a CIANOVA, descontado a 12%, é o seguinte:

Ano	Despesa financeira	Benefício fiscal à alíquota de 40%
1	$19,00	$7,60
2	19,00	7,60
3	19,00	7,60
4	19,00	7,60
5	19,00	7,60
6	19,00	7,60
7	15,89	6,36
8	12,46	4,98
9	10,00	4,00
10	10,00	4,00
VP dos benefícios fiscais anos 1–10 a 12%		= $38,87
VP dos benefícios fiscais ano 10 em diante a 12%		= $10,73
	Total	$49,60 milhões

Desconsiderando os maiores custos de dificuldades financeiras que costumam acompanhar uma maior alavancagem financeira, esses dados sugerem que a CIANOVA pode oferecer até $249,60 milhões pela Matura, Inc., um prêmio de 25% sobre o preço atual de mercado ($249,60 milhões = $200 milhões de valor isolado + $49,60 milhões em melhoras). Além disso, o investimento de capital próprio da Global a esse preço seria de apenas $59,60 milhões ($249,60 do preço de aquisição – $190 milhões em dívida nova), implicando um índice dívida/ativo pós-aquisição de 76%. Isso, creiam ou não, é um financiamento típico de aquisições alavancadas. Como se vê, aquisição alavancada é um bom nome para a coisa.

Uma decisão final sobre o valor dos benefícios fiscais das reestruturações alavancadas depende, é claro, de uma ponderação qualitativa dos benefícios fiscais indicados contra os custos de dificuldades financeiras discutidos no Capítulo 6. Um menor valor de imposto a pagar não é tão atraente quando o maior endividamento assusta os clientes, afasta os credores e dá alento aos concorrentes.

Observe que se o objetivo é obter maiores benefícios fiscais, uma LBO não é o único caminho possível. A 2M pode gerar o mesmo efeito emitindo dívida e distribuindo os lucros aos proprietários como um grande dividendo ou por meio de uma recompra de ações. Foi essa a estratégia da Colt Industries (descrita no Capítulo 6), quando fez uma enorme emissão de dívida para financiar a distribuição de um dividendo especial, ficando com $1,6 bilhão em dívida a longo prazo e um patrimônio líquido negativo de $1 bilhão. Mas por que temer uma montanha de dívida quando se tem o fluxo de caixa necessário para honrá-la? E, mesmo que não se tenha esse fluxo de caixa, seus credores estarão tão envolvidos com a sua empresa que provavelmente se comportarão mais como sócios do que como cobradores.

E uma aquisição alavancada não precisa, necessariamente, envolver uma troca de controle. Muitas LBO são originadas pela administração das próprias empresas, que se alia a investidores externos para comprar a totalidade das ações da empresa e fechar seu capital. A administração arrisca seu próprio dinheiro em troca de uma significativa participação no capital da empresa reestruturada.

Efeitos de incentivo

As melhoras em termos de benefícios fiscais são, evidentemente, um jogo: se os acionistas saem ganhando, "nós, o povo" (em forma de Receita Federal) perdemos. Se esse fosse o único ganho financeiro proporcionado pelas aquisições e reestruturações, o fenômeno não atrairia muito a atenção pública. O melhor seria eliminar os benefícios fiscais e nos dedicar à produção de bens e serviços, em vez de ações e títulos.

As duas outras melhoras potenciais não podem ser afastadas com tanta facilidade. Ambas envolvem o fluxo de caixa livre e têm base na crença de que a

Evitando a diluição do lucro por ação

Uma abordagem alternativa e popular de determinação de quanto uma empresa pode ofertar por outra analisa o impacto da aquisição sobre o lucro por ação (LPA) da adquirente. A popularidade é a única coisa a favor dessa abordagem, já que simplifica exageradamente os efeitos financeiros de uma aquisição e se baseia em um critério de decisão inadequado.

Suponhamos que os dados a seguir apliquem-se à empresa adquirente, A, e à empresa-alvo, T, em uma fusão por troca de ações; ou seja, A dará aos acionistas de T novas ações de A em troca das ações de T que eles têm.

	Empresa A	Empresa T	Empresa resultante
Lucro ($ milhões)	$ 100	$ 20	130
Número de ações (milhões)	20	40	26
Lucro por ação	$ 5	$0,50	$5 (mínimo)
Preço da ação	$ 70	$5	
Valor de mercado do capital próprio (milhões)	$1.400	$ 200	

O critério de decisão sugerido é o de que A deva evitar a diluição do LPA. Se o lucro da empresa resultante for previsto em $130 milhões, os valores apresentados indicam que A pode emitir até 6 milhões de ações sem sofrer diluição [6 milhões de ações = ($130 milhões/$5) − 20 milhões]. A $70 por ação, isso implica um preço máximo de $420 milhões por T ($70 × 6 milhões), ou um prêmio de 110% [(420 − 200)/200]. Isso sugere ainda uma taxa máxima de troca de 0,15 ação de A por ação de T (6 milhões/40 milhões).

As falhas óbvias dessa abordagem simplista são, em primeiro lugar, o fato de os lucros não serem iguais aos fluxos de caixa que determinam o valor e, segundo, o fato de ser altamente indevido basear uma decisão de aquisição nos resultados de apenas um ano. Isso seria comparável a fazer investimentos porque prometem aumentar os lucros do ano que vem. Se as perspectivas de crescimento de T forem boas o bastante, pode ser perfeitamente razoável sacrificar o LPA a curto prazo em nome de ganhos a longo prazo.

Os acadêmicos vêm batendo nessa tecla há décadas, mas parece que as pessoas não escutam. Veja o trecho a seguir, extraído do *The Wall Street Journal*, anunciando a fusão Daimler-Chrysler, em 1998: "A união é bastante típica das transações de troca de ações que tornaram tão fértil o surto de fusões dos anos 1990: uma combinação que usa contabilidade favorável, em que a compradora tem um elevado índice preço/lucro que pode tornar uma transação "agregadora" porque o P/L da adquirida é baixo. O índice preço/lucro da Chrysler foi de oito vezes por muitos anos, dizem os analistas, e só recentemente chegou a nove. O P/L da Daimler, por outro lado, está mais próximo de 20, dando à compradora o poder de fogo financeiro para pagar 11 a 12 vezes os lucros e ainda assim tornar a transação 'agregadora', ou benéfica para os lucros da nova DaimlerChrysler".* A avaliação de empresas é difícil na prática, mas não há motivo para usar técnicas falhas só porque são mais simples.

*Steven Lipin e Brandon Mitchener, "Daimler-Chrysler Merger to Produce $3 Billion in Savings, Revenue Gains Within 3 to 5 Years", *The Wall Street Journal*, 8 de maio de 1998.

reestruturação afeta muito os incentivos ao desempenho no âmbito da alta administração. Para examinar mais detidamente os efeitos de incentivo da reestruturação, vamos retomar a Matura, Inc. (2M).

Antes da reestruturação, a vida de um alto administrador da Matura, Inc. poderia ser invejável. Com fluxos de caixa muito estáveis, negócio maduro e nada de dívida, os administradores não tinham qualquer razão premente para melhorar o desempenho: conseguiam pagar salários generosos a si mesmos e a seus empregados, fazer vultosas doações corporativas a obras beneficentes e, se o presidente assim o quisesse, patrocinar uma corrida da Fórmula Indy ou o desenvolvimento de um hidroavião gigantesco. Ou então, se quisessem fazer a 2M crescer, poderiam adquirir outras empresas. Isso envolveria alguns investimentos antieconômicos, mas, enquanto os fluxos de caixa são fortes, quase qualquer coisa é possível.

Samuel Johnson escreveu que "saber que será enforcado daqui a duas semanas leva a mente a se concentrar". A reestruturação pode ter um efeito semelhante, porque alterará fundamentalmente o mundo dos altos executivos da 2M. Como eles provavelmente têm grande parte de seus próprios recursos investida na empresa recém-reestruturada, seu próprio bem-estar material está atrelado ao bem-estar do negócio. Além disso, os enormes encargos de serviço de dívida que a reestruturação frequentemente cria forçam a administração a gerar fluxos de caixa sadios para não quebrar – o fim do corporativismo na 2M. A cenoura representada pela propriedade e o chicote representado pelo potencial de ruína financeira criam fortes incentivos para que a administração maximize o fluxo de caixa e o utilize em benefício dos proprietários.

Controle do fluxo de caixa livre

Além dos benefícios fiscais da despesa financeira e dos efeitos de incentivo da alavancagem elevada, uma terceira melhora possível se baseia na percepção de que as companhias abertas nem sempre são administradas exclusivamente em benefício dos seus proprietários. Segundo esse ponto de vista, é possível criar valor adquirindo o controle dessas empresas e voltando a atenção da empresa exclusivamente à criação de valor para o acionista. Os defensores desse ponto de vista veem as relações entre acionistas e administração como um eterno cabo de guerra pelo controle do fluxo de caixa livre da empresa. Quando os acionistas levam vantagem, as empresas são administradas de maneira a aumentar o valor para o acionista; mas, quando a administração tem o comando, aumentar o valor é apenas uma de diversas metas corporativas concorrentes. Depois de mais de 50 anos de derrotas nessa queda de braço, o surgimento da figura do *raider**, em meados dos anos 1980, permitiu que os acionistas ganhassem poder e forçassem as empresas a se reestruturarem. Segundo esse ponto de vista, as aquisições e reestruturações hostis ocorridas durante a segunda metade dos anos 1980 foram uma benesse não só para os acionistas, como também para toda a economia, já que, quan-

---

* N. de R. T.: Aquele que procura adquirir o controle da empresa à revelia da atual administração.

do os acionistas podem forçar a administração a aumentar o valor da empresa, os recursos da economia são alocados de maneira mais eficiente.

Nos termos dessa visão contenciosa de governança corporativa, muitas aquisições e reestruturações ocorrem em setores maduros ou em declínio. Como as oportunidades de investimento nesses setores são poucas, as empresas afetadas muitas vezes têm grandes fluxos de caixa livres. Ao mesmo tempo, o declínio setorial cria uma real preocupação entre os executivos quanto à sobrevivência da organização. E, embora nesse caso a estratégia correta, do ponto de vista puramente financeiro, seja reduzir ou fechar a empresa, a administração muitas vezes segue um caminho diferente. Por causa de um forte comprometimento com a empresa e da preocupação com os trabalhadores, com a comunidade e com o seu próprio bem-estar, alguns administradores continuam a lutar, reinvestindo na empresa apesar dos fracos retornos ou entrando em novos negócios, apesar da falta de motivos convincentes para esperar sucesso. O objetivo da reestruturação, em tais casos, é de uma simplicidade brutal: arrancar o controle sobre o fluxo de caixa livre das mãos da administração e colocá-lo nas mãos dos proprietários.

Como, perguntaria o leitor, a administração consegue obter o controle sobre uma empresa em primeiro lugar? Em tese, os administradores deveriam ser incapazes de se opor aos proprietários por pelo menos dois motivos. Primeiro, se uma empresa opera em mercados altamente competitivos, a administração tem muito pouca liberdade de ação; precisa maximizar o lucro ou a empresa se verá afastada do mercado. Segundo, todas as empresas têm conselhos de administração com poderes para contratar e demitir a administração e responsabilidade de representar os interesses dos proprietários.

Mas a teoria muitas vezes difere da realidade. Muitas empresas operam em mercados que não chegam a ser perfeitamente competitivos e muitos conselhos de administração não representam verdadeiramente a voz dos acionistas.

Um motivo possível é a uma visão comum entre os executivos e os tribunais de que a principal responsabilidade do conselho de administração é ajudar a administração a tocar a empresa, não salvaguardar os interesses dos acionistas. Com isso, os conselhos muitas vezes estão mais alinhados com a administração do que com os proprietários. Os membros do conselho são, frequentemente, *insiders* da empresa; outros podem ter fortes ligações com ela que não a propriedade e estar mais comprometidos com o principal executivo do que com os acionistas. Em consequência, embora esses conselhos possam ajudar a manter as gôndolas abastecidas, é pouco provável que venham a recomendar a venda da loja.

Outro motivo possível é o processo por meio do qual os membros do conselho são escolhidos. Na vasta maioria dos casos, a chapa de diretores proposta pela empresa não enfrenta oposição. E os acionistas não podem votar contra um candidato, mas apenas negar-se a dar aprovação. A única maneira de os acionistas descontentes poderem contestar uma diretoria é propor sua própria chapa de candidatos e usar o seu próprio dinheiro contra a administração, enquanto a administração pode usar o dinheiro da empresa para derrotar candidatos rivais. Não surpreende que a administração de fato controle a maioria dos conselhos.

A SEC (Securities and Exchange Commission) dos Estados Unidos recentemente procurou reduzir o controle da administração na eleição do conselho ao forçar as empresas a aceitarem indicações limitadas de acionistas sob certas condições especificadas. Porém, um tribunal federal de recursos afirmou que essa controversa regulamentação era ilegal antes que ela pudesse ser implementada, e não está claro até o presente como a SEC responderá a isso.

Mas têm ocorrido mudanças. Após provar os frutos do controle em forma de retornos elevados sobre o investimento durante a era das aquisições hostis, um número crescente de investidores tem optado por lutar em vez de mudar de investimento. Ao contrário dos adquirentes hostis da década de 1980, o objetivo do investidor ativista não é ter o controle de uma empresa, mas influenciar a administração a praticar ações que os investidores acreditam que aumentarão o valor do acionista. Essas ações geralmente envolvem recomprar ações com o excesso de caixa, vender ativos de baixo desempenho ou colocar a própria empresa à venda. Muitos acreditam que o investimento ativista teve seu início quando os acionistas se cansaram de ver empresas adquirentes fazerem grandes fortunas com estratégias que os administradores em exercício poderiam facilmente ter implementado por eles mesmos. O objetivo dos investidores ativistas é proporcionar a motivação necessária. Ou, nas palavras do ativista Carl Icahn: "Fazemos o trabalho que os caras da aquisição alavancada (LBO) fazem, mas para todos os acionistas".

O investimento ativista funciona? Evidências acumuladas dizem que sim. Escrevendo em 2009, April Klein e Emanuel Zur observaram as campanhas de 151 investidores de fundos de *hedge* e de outros 154 tipos. Os fundos de *hedge* são parcerias de *private equity* pouco reguladas que têm crescido rapidamente nas últimas décadas, chegando a mais de 8.000 até agora. Os autores descobriram que as metas dos investidores experimentaram retornos anormais de 5,1 a 10,2%, dependendo da amostra, no período imediatamente ao anúncio público da intenção dos investidores, e geraram retornos anormais adicionais de 11,4 a 17,8% no ano seguinte. Eles também descobriram que os investidores tiveram entre 60 e 65% de êxito no cumprimento de suas exigências por parte da administração. Outros estudos revelaram que os investidores ativistas também ganharam retornos mais elevados ajustados pelo risco do que seus colegas mais passivos[7].

A questão sobre se a administração deve ou não ter responsabilidades sociais mais amplas do que a de simplesmente criar valor para o acionista é uma das mais intrigantes. Contudo, como tantas outras questões sociais, esta tende a se resolver mais pelo poder do que pela lógica. Durante a maior parte do século XX, a administração das empresas detêve o poder de interpretar de maneira ampla suas responsabilidades e de tratar os acionistas como um dos diversos grupos detentores de interesses na empresa. O equilíbrio de poder alterou-se abruptamente em favor dos acionistas durante a era das aquisições hostis. Embora

---

[7] April Klein e Emanuel Zur, "Entrepreneurial Shareholder Activism: Hedge Funds e Other Private Investors," Journal of Finance, fevereiro de 2009, p. 187-229. Veja também Nicole M. Boyson e Robert M. Mooradian, "Hedge Funds as Shareholder Activists from 1994–2005," artigo acadêmico, julho de 2007. Disponível em **ssrn.com/abstract=992739**.

as empresas tenham neutralizado, em grande parte, a ameaça representada por essas aquisições, a ascensão do investidor institucional e de seu aliado, o conselheiro institucional, sugere que a luta está longe de acabar.

EVIDÊNCIAS EMPÍRICAS

Resta ainda uma pergunta: as reestruturações corporativas criam valor? Representam algum benefício para a sociedade? No geral, a resposta é positiva. Tratando-se das fusões em primeiro lugar, o prêmio mediano de 5 dias de 20 a 40% mostrado na Tabela 9.3 não deixa dúvida de que os proprietários de empresas adquiridas se beneficiam com as fusões. Determinar se os proprietários das adquirentes também se beneficiam é mais complicado. Depois de analisar dezenas de estudos realizados ao longo dos últimos 30 anos, Robert Bruner concluiu que, em geral, eles se beneficiam, mas que o ganho médio é pequeno e a gama de resultados é grande.[8] Um artigo recente utilizando a metodologia do estudo de eventos descrita no Capítulo 5 culpa o desempenho medíocre ao que os autores chamam de "megafusões"[9] compostas por 1% das fusões de maior valor de transação. De 1980 a 2006, as megafusões foram responsáveis por 43% de todos os gastos em fusão e geraram um enorme retorno anormal médio negativo para os adquirentes de -3,5%. O montante agregado de dólares, essas perdas totalizaram $415,5 milhões. Em contrapartida, a média de retorno anormal aos adquirentes nos outros 99% das fusões foi de 1,5%. Além disso, a diferença nestas porcentagens aumentou após 2000.

O melhor estudo até hoje feito sobre se as aquisições alavancadas criam valor ou não é o de Steven Kaplan, da Universidade de Chicago, que examinou 48 grandes *management buyouts* realizadas entre 1980 e 1986.[10] (Um *management buyout*, ou MBO, é uma LBO em que a administração anterior à aquisição fecha o capital da empresa, adquirindo seu controle.) Kaplan observou que, em relação ao desempenho geral do setor, a empresa adquirida apresentou aumento de bons 36,1% no retorno sobre o ativo operacional nos dois anos após a aquisição. Uma análise semelhante, também em bases setoriais, revelou que a empresa adquirida típica reduziu sua relação investimentos em ativo fixo/ativo em estatisticamente insignificantes 5,7% no mesmo período. Refletindo tanto o melhor desempenho operacional quanto o menor investimento, Kaplan observou que a empresa adquirida típica aumentou em 85,4% a relação entre o fluxo de caixa livre e o total de ativos. O retorno para os investidores foi igualmente impressionante. Das 48 empresas da amostra, Kaplan conseguiu obter dados de avaliação pós-aquisição sobre 25, seja porque emitiram ações para o público, seja porque recompraram ações, ou foram liquidadas ou foram vendidas. Reconhecendo que essas 25 podem representar a nata do grupo, ele ainda assim observou um desempenho impressionante. O retorno mediano ajustado

---

[8] Robert F. Bruner. *Applied Mergers & Acquisitions*. (Nova Jérsei: John Wiley & Sons, 2004) Chapter 3.
[9] Dinara Bayazitova, Matthias Kahl e Rossen I. Valkanov, "Which Mergers Destroy Value? Only Mega-Mergers," artigo acadêmico, 2009. Disponível em **ssrn.com/abstract=1502385**.
[10] Steven Kaplan, "The Effects of Management Buyouts on Operating Performance and Value", *Journal of Financial Economics*, outubro de 1989, p. 217-54.

pelo mercado para todas as fontes de capital durante os 2,6 anos entre a data de aquisição e a data da avaliação foi de 28%. Além disso, a taxa interna de retorno mediana sobre o capital próprio nessas empresas foi de atordoantes 785,6%; tamanho é o poder da alavancagem financeira quando as coisas vão bem.

Um estudo mais recente indica que, apesar de os números espantosos observados por Kaplan há duas décadas terem diminuído substancialmente, as LBOs ainda estão gerando um desempenho superior[11]. Observando 94 LBOs entre 1990 e 2006, os autores encontraram retornos de mercado médios e ajustados pelo risco para o capital total de 40,9%, atribuídos quase que em igual medida à melhoria do desempenho operacional, ao aumento dos múltiplos de avaliação do setor e aos benefícios fiscais de uma maior alavancagem financeira. Curiosamente, o estudo observa que a maior melhora no desempenho operacional ocorreu quando a empresa substituiu o CEO logo após a compra e quando a alavancagem financeira era alta. Evidentemente, a fiscalização agressiva e a disciplina das pesadas obrigações de serviço da dívida realmente focam a atenção da administração.

No geral, as evidências sugerem que a reestruturação financeira não está apenas nos truques fiscais. Em vez disso, o aumento dos incentivos administrativos que muitas vezes acompanham essas transações parecem fortes o suficiente para estimular melhorias significativas no desempenho operacional e no valor para o acionista[12]. Além de explicar por que empresas adquirentes tornaram-se tão populares, essa evidência também representa um forte desafio para aqueles que argumentam que só a administração deve controlar as corporações norte-americanas.

A AQUISIÇÃO DA CADBURY

A aquisição da Cadbury pela Kraft Foods não deve mais ser um mistério. O preço da ação da Cadbury antes da fusão, de £5,25, era o valor para os acionistas minoritários dado o potencial da empresa como entidade independente, ao passo que os £8,50 pagos pela Kraft incluíam um significativo prêmio pelo controle. Claro, nenhum desses dois preços era necessariamente incorreto ou irracional. Embora possamos nos perguntar se a Kraft pagou muito ou pouco pela Cadbury, posso lhe garantir que, tendo pago $440 milhões em tarifas aos bancos de investimento, as duas empresas dispunham de diversos estudos de avaliação semelhantes aos descritos aqui para sustentar a precificação do negócio. Resta saber se as premissas e previsões subjacentes a esses estudos estavam corretas.

Para muitos observadores, a justificativa da Kraft pela compra da Cadbury parecia a ementa de um curso de estratégia de negócios, repleta de chavões apropriados. A empresa falou de "uma lógica financeira convincente", baseada em "maiores escopo e escala, marcas complementares, uma pegada geográfica refor-

---

[11] Shourun Guo, Edith S. Hotchkiss e Weihong Song, "Do Buyouts (Still) Create Value?" Journal of Finance, abril de 2011, p. 479–518.
[12] Para uma revisão completa das reestruturações corporativas, veja Espen B. Eckbo e Karin S. Thorburn, "Corporate Restructuring: Breakups and LBOs," Handbook of Corporate Finance: Empirical Corporate Finance, Vol. 2, 2008, p. 431–496. Disponível em **ssrn.com/abstract=1133153**.

çada e rotas complementares para o mercado produzindo uma redução de custos e sinergias significativas". Deixando de lado a retórica, a atração mais interessante da Cadbury parecia ser sua rede de distribuição em mercados emergentes, especialmente Índia e México. A Kraft parecia convencida de que os consumidores de mercados emergentes estavam ansiosos para comer muito mais queijos Kraft e biscoitos Oreo se fosse dada uma chance adequada. Em termos mais concretos, o executivo-chefe da Kraft alegou ter identificado uma economia anual de custos de $675 milhões realizável dentro de três anos. (A uma alíquota de impostos de 35%, uma taxa de desconto de 10% e 3% de crescimento perpétuo, o valor presente dessas economias totalizava cerca de $6 bilhões, ou 80% do prêmio de aquisição pago [$6 bilhões = (1- 0,35) X $675 milhões/(0,10 – 0,03)]).

Apesar de declarações em contrário, a Cadbury parecia ter se preparado para uma aquisição desde o início de 2007, quando o investidor ativista Nelson Peltz teve um primeiro interesse na empresa. Veículo de investimento de Peltz, a Trian Fund Management muitas vezes compra empresas de desempenho ruim, com frequência no ramo de alimentos, e exerce uma crescente pressão pública na administração para que ela tome atitudes que, segundo a Trian, melhorarão o desempenho. Quando da primeira compra da Cadbury pela Trian, a empresa era conhecida como Cadbury Schweppes e consistia em uma atraente empresa de confeitos unida com uma operação de refrigerantes sem perspectivas. Alguns até falavam do negócio de bebidas como a "pílula de veneno" personalizada da Cadbury, argumentando que nenhum pretendente estaria interessado na empresa enquanto ela se mantivesse no ramo de refrigerantes. Quase imediatamente depois de a Trian ter comprado ações da Cadbury, a empresa anunciou sua intenção de se desfazer da operação de refrigerantes e, em meados de maio de 2008, fez isso ao transformar essa operação em uma nova empresa, o Snapple Group, Inc., o que a tornou um *player* puro, nos moldes de Hershey, Nestlé ou Kraft.

A Kraft se deparou com dois problemas inesperados em sua busca pela Cadbury. Assim que a empresa teve sua oferta finalizada em preparação para o voto dos acionistas, Warren Buffett, da Berkshire Hathaway, o maior acionista da Kraft, condenou veementemente o acordo e anunciou que votaria contra. Ele observou que as ações da Kraft estavam subvalorizadas pelos seus cálculos – portanto, tornavam-se uma moeda cara para pagar em uma aquisição. Embora críticos da Kraft, os comentários do Sr. Buffett elevaram as ações da Kraft e derrubaram as da Cadbury à medida que os investidores perceberam que a Kraft agora teria de exercer mais contenção ao oferecer um preço de aquisição – talvez fosse essa mesma a intenção do Sr. Buffett. A Kraft respondeu rapidamente ao vender suas operações da DiGiorno Pizza para a Nestlé e usar os recursos a fim de aumentar a parcela em dinheiro de sua oferta. Isso apaziguou a preocupação do Sr. Buffett diretamente ao reduzir o número de ações que a Kraft precisava emitir e, um tanto fortuitamente, tenho certeza, eliminou a necessidade de uma votação dos acionistas ao cortar o tamanho da emissão abaixo dos 20% das ações em circulação. O Sr. Buffett agora estava livre para ter sua própria opinião sobre a transação, mas não tinha poder para impedi-la.

O segundo problema da Kraft era mais embaraçoso. Assim como os queridos Cadburys de sua juventude – nada menos do que os fabricantes do Crème Egg – muitos britânicos ficaram chateados ao pensar em outra instituição britânica sendo devorada por uma gigante norte-americana sem consideração, desta vez por um fabricante do que um crítico chamou de "queijo de plástico". Para polir um pouco sua imagem durante as negociações, a Kraft magnanimamente anunciou que, se bem-sucedida, estava preparada para salvar 400 postos de trabalho locais ao manter em operação uma antiga fábrica da Cadbury, conhecida como Somerdale, localizada no sudoeste da Inglaterra. A administração da Cadbury havia anunciado recentemente sua intenção de fechar a instalação, e mudar todas as atividades para a Polônia. Infelizmente, os aplausos logo se transformaram em vaias quando apenas 7 dias após fechar o negócio, a Kraft anunciou que eles haviam mudado de ideia e fechariam a instalação e finalmente transferiram as atividades para a Polônia. Parece que a Kraft havia negligenciado sua diligência devida e não havia percebido que a Cadbury estava tão perto de completar a mudança. Em uma análise mais detida, manter a instalação de Somerdale aberta agora parecia caro demais.

Algumas vezes o momento é mais importante do que a habilidade. Neste caso, a Kraft cometeu seu grande erro bem no meio das acaloradas eleições nacionais britânicas. Os políticos de todas as tendências instantaneamente aproveitaram a ocasião para esfolar os inescrupulosos *raiders* estrangeiros, os especuladores de curto prazo, os executivos gananciosos, os salários vergonhosos, os regulamentos negligentes de aquisições e todos os outros suspeitos usuais. A revista *The Economist* apropriadamente descreveu a fervorosa atmosfera na sua manchete "Pequena ilha à venda". Em retrospecto, a gafe da Kraft não afetou os termos da aquisição, mas de fato dizimou a reputação da empresa na Grã-Bretanha e adiou o debate acerca de um mercado aberto para o controle corporativo na Grã-Bretanha. Até o momento, ainda está em andamento o trabalho pelos órgãos do governo de revisar os regulamentos de aquisições, mas com as eleições seguramente no passado, cabeças mais calmas parecem estar prevalecendo. Somente a Kraft pode dizer como o fiasco de Somerdale arruinou os esforços de integração das duas empresas.

Apêndice

O método de avaliação do capital de risco

Os investidores em capital de risco (*venture capital*) são os pilotos de caça das finanças corporativas. Fazem investimentos de alto risco e alto retorno em empresas novas ou iniciantes que eles consideram capazes de se transformar rapidamente em empreendimentos de porte considerável. Seu horizonte de investimento costuma ser de cinco ou seis anos, quando esperam converter sua participação em caixa com a abertura do capital da empresa ou com a venda desta a uma concorrente. Para administrar o risco, os investidores em capital de risco costumam fazer investimentos escalonados nos quais a empresa precisa atingir um estágio de negócios predeterminado para fazer jus à próxima rodada de financiamento. Os investidores em capital de risco também costumam se especializar em uma rodada de investimento específica, como em empresas em fase inicial (*startup*), emergente (*early stage*) ou intermediária (*mezzanine*). A rodada intermediária é a última fase de financiamento privado da empresa antes de sua abertura ao mercado ou fusão com outra. Na maioria dos casos, o risco para os novos investidores e, portanto, o retorno exigido, diminui de uma rodada de financiamento para a seguinte.

A técnica-padrão de avaliação pelo fluxo de caixa descontado que discutimos neste capítulo não é adequada para o investimento em capital de risco por diversos motivos. Primeiro, as infusões de caixa dos investidores em capital de risco têm por objetivo cobrir fluxos de caixa negativos a curto prazo, de modo que projetar e descontar os fluxos de caixa livres anuais não têm qualquer relevância. Em segundo lugar (e mais fundamental), a abordagem comum à avaliação de empresas não acomoda bem diferentes rodadas de financiamento a diferentes taxas de retorno exigidas.

Em vez de usar a abordagem-padrão, os investidores em capital de risco empregam uma técnica especializada de fluxo de caixa descontado mais adequada às suas necessidades. Nosso objetivo aqui é ilustrar o método de avaliação do capital de risco, mostrar os patamares que os retornos exigidos alcançam nesta indústria e oferecer algumas explicações de por que esses patamares parecem tão absurdamente elevados. Começaremos com um exemplo simples de uma empresa que precisa de apenas uma rodada de financiamento. Depois sofisticaremos o exemplo para avaliar uma situação mais realista, que envolve diversas rodadas de financiamento.

O método do capital de risco – Uma rodada de financiamento

Jerry Cross e Greg Robinson, dois veteranos em programação de computadores, têm o que acreditam ser uma ideia revolucionária para um novo produto. Logo após fundarem a ZMW Enterprises e atribuírem arbitrariamente a si mesmos 2 milhões de ações ordinárias, Cross e Robinson prepararam um plano de negócio detalhado e começaram a conversar com investidores em capital de risco a respeito do financiamento de sua empresa. O plano de negócio previa um investimento imediato de capital de risco de $6 milhões, lucro de $5 milhões no quinto ano e crescimento acelerado daí em diante. O plano indicava que $6 milhões seriam o suficiente para dar início às operações e cobrir todas as necessidades de caixa previstas até que a empresa começasse a gerar os fluxos de caixa positivos no quinto ano.

Depois de ouvir os dois empreendedores, um sócio experiente da Touchstone Ventures, uma empresa local de capital de risco, demonstrou interesse em financiar a ZMW, mas exigiu 3,393 milhões de ações em troca do investimento de $6 milhões de sua empresa. Também mencionou de passagem que sua oferta implicava uma avaliação da ZMW em $3,537 milhões pré-dinheiro e $9,537 pós-dinheiro. Sem se deixar intimidar, Greg Robinson desafiou o investidor em capital de risco a justificar esses valores, na esperança de entender, com isso, o que ele queria dizer com pré-dinheiro e pós-dinheiro.

O painel A da Tabela 9A.1 apresenta uma avaliação da ZMW pelo método do capital de risco, que envolve três etapas:

1. Estimativa do valor da ZMW em uma determinada data futura, frequentemente com base em uma análise convencional por transações comparáveis.
2. Desconto desse valor futuro para o presente à taxa interna de retorno-alvo do investidor em capital de risco.
3. Divisão do investimento do investidor em capital de risco pelo valor presente da ZMW para calcular a participação percentual na propriedade da empresa que este investidor exigirá.

Como mostra o painel A, a Touchstone aceitou a projeção dos empreendedores de que a ZMW teria lucro de $5 milhões no quinto ano. Então multiplicou esse montante por um índice preço/lucro "garantido" de 20 para chegar a um

Tabela 9A.1 O método de avaliação do capital de risco

Painel A: uma rodada de financiamento						
Fatos e premissas (000 omitidos)						
Lucro líquido 5º ano	$ 5.000					
Índice preço/lucro no 5º ano	20					
Investimento necessário no ano 0	$ 6.000					
Taxa-alvo de retorno da Touchstone Ventures	60%					
Ações em circulação no ano 0	2.000					
Fluxo de caixa e avaliação						
Ano	**0**	**1**	**2**	**3**	**4**	**5**
Investimento	$ 6.000					
Valor da ZMW no 5º ano						$100.000
Valor presente da ZMW no ano 0 à taxa de desconto de 60%	$ 9.537					
Participação da Touchstone em T5 para obter a meta de retorno-alvo	**62,9%**					
Ações compradas pela Touchstone*	3.393					
Preço por ação	$ 1,77					
Valor pré-dinheiro da ZMW	$ 3.537					
Valor pós-dinheiro da ZMW	$ 9.537					
Painel B: duas rodadas de financiamento						
Fatos e premissas (000 omitidos)						
Lucro líquido no 5º ano	$ 5.000					
Índice preço/lucro no 5º ano	20					
Investimento necessário no ano 0	$ 6.000					
Investimento necessário em T2	$ 4.000					
Taxa-alvo de retorno da Touchstone Ventures	60%					
Taxa-alvo de retorno da segunda rodada	40%					
Ações em circulação no ano 0	2.000					

(continua)

Tabela 9A.1 O método de avaliação do capital de risco (continuação)

Fluxo de Caixa e avaliação						
Ano	0	1	2	3	4	5
Investimento	$ 6.000		$ 4.000			
Valor terminal no 5º ano						$100.000
Investidor da segunda rodada						
Valor presente da ZMW no T2 do 5º ano à taxa de desconto de 40%			$ 36.443			
Participação em T5 para obter a meta de retorno-alvo			11%			
Touchstone Ventures						
Valor presente da ZMW no ano 0 à taxa de desconto de 60%	$ 9.537					
Participação da Touchstone em T5 para obter a meta de retorno-alvo	62,9%					
Taxa de retenção[†]	89,0%					
Participação da Touchstone no ano 0 para obter a meta de retorno-alvo	70,7%					
Ações compradas pela Touchstone*	4.819					
Preço por ação	$ 1.24					
Valor pré-dinheiro da ZMW	$ 2.490					
Valor pós-dinheiro da ZMW	$ 8.490					
Investidor da segunda rodada						
Ações compradas pelo investidor da segunda rodada*			8,41			
Preço por ação			$ 4,76			
Valor pré-dinheiro da ZMW			$ 32.443			
Valor pós-dinheiro da ZMW			$ 36.443			

* Se x é igual ao número de ações compradas pelos novos investidores, y é o número de ações em circulação e p é a porcentagem da empresa comprada pelos novos investidores, então $x/(y + x) = p$ e $x = py/(1 - p)$.

[†] Taxa de retenção = (1 – participação percentual do investidor da segunda rodada) = (1 – 22,9%). De modo geral, a taxa de retenção = $(1 - d_1)(1 - d_2)...(1 - d_n)$, sendo d_n a porcentagem de participação dada à enésima rodada subsequente de investidores.

valor de $100 milhões para a empresa. O índice preço/lucro aqui usado reflete múltiplos implícitos em outros financiamentos recentes por capital de risco ou os múltiplos atualmente obtidos por companhias negociadas na Bolsa do mesmo setor ou de setores correlatos.

Descontando o valor do quinto ano para o presente à taxa interna de retorno de 60% da Touchstone, temos um valor presente da ZMW de $9,537 milhões [$9,537 milhões = $100 milhões / $(1 + 0,60)^5$]. Isso, por sua vez, implica uma participação de 62,9% para a Touchstone. O raciocínio aqui é que, se a empresa valerá $9,537 milhões após o investimento e se a Touchstone contribuirá com $6 milhões desse total, sua participação deverá ser $6 milhões/$9,537 milhões, ou 62,9%. Para confirmar, observe que se a ZMW tiver valor de $100 milhões daqui a cinco anos, a participação da Touchstone valerá $62,9 milhões, o que se traduz em uma taxa interna de retorno de exatamente 60%.

O restante é pura álgebra. Se a Touchstone ficar com 62,9% da ZMW e a empresa tiver, agora, 2 milhões de ações em circulação, a Touchstone precisará receber 3,393 milhões de novas ações [62,9% = 3,393/(2 + 3,393)], o que, por sua vez, implica um preço por ação de $1,77 ($6 milhões/3,393 milhões de ações). O valor estimado da ZMW antes do investimento da Touchstone – ou seja, seu valor pré-dinheiro – é, assim, de $3,537 milhões ($1,77 por ação × 2 milhões de ações) e seu valor após o investimento, ou pós-dinheiro, é de $9,537 milhões ($1,77 por ação × 5,393 milhões de ações).

Cross e Robinson terão dois sentimentos distintos: ficarão estupefatos com os 60% de retorno exigidos pela Touchstone, quando tudo o que a empresa fará é colocar dinheiro, mas, por outro lado, ficarão contentes ao saber que a ideia que tiveram foi por ela avaliada em $3,537 milhões.

O método do capital de risco – Múltiplas rodadas de financiamento

O método do capital de risco é fácil de aplicar quando só há uma rodada de financiamento antes da data de avaliação. Mas as coisas se complicam – e tornam-se mais realistas – quando há múltiplas rodadas. Para ilustrar, vamos modificar o exemplo da ZMW, supondo que o plano de negócio de Cross e Robinson exija duas rodadas de financiamento: a original de $6 milhões no ano 0 e uma segunda, de $4 milhões, em T2. Como a ZMW será uma empresa em funcionamento em T2, é razoável admitir que os investidores da segunda rodada exijam uma taxa de retorno mais baixa. Com base na experiência da Touchstone, vamos admitir que os investidores da segunda rodada exijam "apenas" 40%. Partindo dos valores originais, como mostra o painel B da Tabela 9A.1, a Touchstone agora exigirá 4,819 milhões de ações, ou participação de 70,7%, em troca de seu investimento de $6 milhões.

Para chegar a esses valores, observe que cada rodada posterior de financiamento diluirá o investimento da Touchstone. Assim, possuir hoje 62,9% da ZMW, como no primeiro exemplo, não será mais o bastante. Para capturar o efeito de diluição imposto pelas rodadas posteriores de financiamento, é necessário aplicar a lógica descrita há pouco recursivamente a cada rodada, partindo da mais distante. O painel B mostra que, a uma taxa de desconto de 40%, o valor da ZMW em T2 para um novo investidor será de $36,443 milhões, de modo que os investidores da segunda rodada exigirão 11% da empresa por seu investimento de $4 milhões (11% = $4 milhões/$36,443 milhões).

De posse desse valor, estamos prontos para calcular a participação inicial da Touchstone. Sabemos que a empresa quer 62,9% da ZMW no quinto ano e que a diluição da segunda rodada requer o ajuste desse número. Para determinar o montante do ajuste, dividimos 62,9% por aquilo que conhecemos como *taxa de retenção*. Aqui, a taxa de retenção é de 0,89, de modo que a participação atual da Touchstone deve ser de 70,7% (70,7% = 62,9%/0,89). O raciocínio da taxa de retenção é o seguinte: sendo y a participação inicial da Touchstone, então $y - 0,11 y = 0,629$, de modo que $y = 0,629 / (1 - 0,11) = 70,7\%$. A quantidade entre parênteses é a taxa de retenção.

Ampliando esse raciocínio para um número arbitrário de rodadas de financiamento, a taxa de retenção da iésima rodada de financiamento será

$$R_i = (1 - d_{i+1})(1 - d_{i+2})\ldots(1 - d_n)$$

sendo d_{i+1} a participação percentual dada aos investidores da iésima + 1 rodada e n o número total de rodadas de financiamento. Com apenas uma rodada subsequente de financiamento, a taxa de retenção da Touchstone é $(1 - 0,11) = 0,89$. A necessidade de trabalhar recursivamente a partir da rodada de financiamento mais distante deve, agora, estar clara. Como a taxa de retenção de cada rodada depende da diluição criada por todas as rodadas subsequentes, é impossível calcular a participação percentual inicial dos investidores das primeiras rodadas sem conhecer a de todas as rodadas posteriores.

Uma vez que conheçamos a participação percentual em cada rodada de financiamento, será fácil calcular os preços das ações e os valores pré e pós-dinheiro. Como mostra o painel B, o valor pré-dinheiro da ZMW no ano 0 é de $2,49 milhões, ao passo que esse valor em T2 é de $32,443 milhões. Os preços correspondentes das ações são, respectivamente, $1,24 e $4,76.

A Tabela 9A.2 confirma a validade do método do capital de risco, mostrando os fluxos de caixa resultantes para a Touchstone Ventures, para o investidor da segunda rodada e para os empreendedores fundadores – admitindo que a ZMW realize seu plano de negócio. Observe que esses fluxos de caixa rendem exatamente as taxas de retorno-alvo exigidas pelos investidores em capital de risco. Observe ainda que, embora os empreendedores abram mão do controle majoritário de sua empresa, a perspectiva de serem proprietários de ações no valor de $26,109 milhões daqui a cinco anos deve ser reconfortante.

Tabela 9A.2 Perspectivas de retornos dos investidores na ZMW

	Ano					
	0	1	2	3	4	5
Touchstone Ventures						
Fluxos de caixa livres	$(6.000)	0	0	0	0	62.915
Taxa interna de retorno	**60%**					
Investidor da segunda rodada						
Fluxos de caixa livres			$(4.000)	0	0	$ 10.976
Taxa interna de retorno			**40%**			
Fluxos de caixa dos empreendedores						
Valor da ideia	$(2.490)	0	0	0	0	$ 26.109
TIR	**60%**					
Total						$100.000

Por que os investidores em capital de risco exigem retornos tão elevados?

Para começar, é importante entender que os altíssimos retornos-alvo exigidos pelos investidores em capital de risco nem chegam perto do retorno realizado que eles ganham. Embora estimar retornos realizados no capital de risco seja difícil por uma série de razões, as melhores estimativas atuais sugerem que, após o ajuste para diferenças de risco de investimento e liquidez, os retornos realizados em capital de risco não diferem sistematicamente de retornos comparáveis do mercado de ações.[13] Eles podem ser consistentemente melhores para algumas empresas de capital de risco principais e para o setor como um todo em alguns anos, mas os números não sugerem que os investidores em capital de risco estejam sistematicamente extorquindo os empresários com os quais são parceiros.

Por que, então, há retornos-alvo tão elevados? Há pelo menos quatro explicações possíveis. Primeiro, o capital de risco é um negócio de altíssimo risco e alto risco requer, invariavelmente, alto retorno. Quando os investidores em capital de risco são obrigados a analisar até 100 propostas para cada investimento realizado, e quando só ganham dinheiro com 1 ou 2 investimentos a cada 10, as taxas de retorno-alvo precisam ser altas para compensar as muitas frustrações. Em segundo lugar, as metas elevadas para as taxas são sustentadas pela história. Assim, elas têm sido condizentes, com o passar dos anos, com fluxos adequados para as transações e com retornos realizados suficientes para atrair novo capital de investimento. Terceiro, os investidores em capital de risco argumentam que quando investem, fornecem muito mais do que apenas dinheiro, e que merecem ser remunerados por esses serviços acessórios. Em vez de cobrarem diretamente por sua assessoria, pela sua capacidade de estabelecer conexões importantes e, às vezes, pela sua atuação direta na direção da empresa, os investidores em capital de risco embutem seus honorários no retorno-alvo que estabelecem.

Finalmente, as elevadas metas de retorno podem ser um desdobramento natural da dinâmica entre o investidor em capital de risco e o empreendedor. Os investidores em capital de risco sustentam que os planos de negócio que chovem sobre suas mesas são excessivamente otimistas. Não que os números que neles constam sejam inviáveis, mas o fato é que os planos desconsideram as milhares de maneiras de uma empresa iniciante fracassar. Assim, em vez do resultado esperado, os planos representam o melhor cenário possível. Frente a essas projeções, o investidor em capital de risco tem duas escolhas: tentar argumentar com o empreendedor para que chegue a valores mais razoáveis ou aceitar os valores como estão e descontá-los a uma taxa de retorno-alvo inflada.

Há duas forças que favorecem a estratégia da "meta inflada". Por motivos psicológicos, para o investidor em capital de risco é preferível que o empreendedor se esforce para realizar o plano otimista apresentado a se conformar com um objetivo mais modesto, ainda que mais realista. Além disso, por ques-

---

[13] Steven Kaplan e Josh Lerner, "It Ain't Broke: The Past, Present, and Future of Venture Capital," *Journal of Applied Corporate Finance*, primavera de 2010, p. 36–47.

tões práticas, o investidor em capital de risco terá dificuldade de convencer o empreendedor – que costuma saber mais sobre o negócio – de que seus planos são por demais otimistas. É melhor ceder com elegância no que tange ao plano e recuperar as perdas por meio de uma taxa de retorno-alvo elevada. Isso pode sugerir uma guerra de projeções cada vez mais altas, em que os empreendedores aumentam suas previsões para contrabalançar as taxas artificialmente elevadas dos investidores, enquanto estes aumentam progressivamente suas taxas para contrabalançar as projeções cada vez menos realistas daqueles. Mas é improvável que isso aconteça. Os investidores em capital de risco são peritos na identificação de projeções infladas, de modo que, a menos que o empreendedor realmente acredite em seus cálculos, terá pouca chance de convencê-los de sua plausibilidade.

RESUMO

1. Avaliar um negócio:
   - É a arte de precificar a totalidade ou parte de um negócio.
   - É a disciplina central, subjacente a todas as reestruturações corporativas, incluindo:
     - Aquisições alavancadas, aquisições, grandes recompras de ações, compra ou venda de uma divisão, recapitalizações, *spin-offs* e *carveouts*.
   - Começa por responder a três perguntas:
     - Avaliar dos ativos de uma empresa ou seu capital?
     - Avaliar do negócio vivo ou morto?
     - Avaliar de uma participação minoritária ou o controle?

2. A avaliação de fluxo de caixa descontado:
   - Visualiza uma empresa como se fosse uma oportunidade de grande investimento de capital.
   - Estima o valor presente dos fluxos de caixa livres de um alvo descontados a seu custo médio ponderado de capital.
   - Apresenta dois grandes desafios:
     - Estimar um horizonte de previsão quando o alvo pode ser tratado como maduro.
     - Estimar um valor terminal aplicável no horizonte de previsão, possivelmente com base no valor de liquidação, no valor contábil, em um múltiplo preço/lucro "garantido", em uma perpetuidade de crescimento zero ou um fluxo de caixa perpetuamente crescente.

3. A avaliação com bases comparáveis:
   - Deduz o valor a partir dos preços pelos quais as empresas abertas comparáveis negociam.
   - Requer a identificação apropriada de indicadores de valor, como:
     - Preço/lucro
     - Preço/vendas
     - Preço/valor contábil
   - Pode exigir um desconto por falta de liquidez ou um prêmio pelo controle.
   - É um primo próximo da avaliação de transações comparáveis.

4. O prêmio pelo controle:
   - É o excesso acima do valor isolado da empresa pago por um adquirente.
   - Não deve exceder o valor presente de todos os melhoramentos previstos pelo comprador.

- Pode incluir o valor de três possíveis melhorias financeiras:
  - Aumento dos benefícios fiscais.
  - Incentivos melhorados da nova propriedade.
  - Os acionistas tomam o controle do fluxo de caixa livre dos gestores.
5. Evidências empíricas indicam que na média:
   - As aquisições criam valor para o acionista.
   - Os acionistas de empresas vendidas recebem prêmios de 20 a 40%.
   - Os acionistas de empresas compradoras ganham pouco ou nenhum prêmio em média.
   - As aquisições alavancadas levam a melhorias no desempenho operacional e retornos atraentes para os compradores em média.

Leituras complementares

Bruner, Robert F., *Applied Mergers and* Acquisitions. Nova York: John Wiley & Sons, 2004. 1.029 p.

Um enorme volume escrito por um distinto professor de finanças da Darden School para preencher a lacuna entre teoria e prática. Os temas vão da estratégia e originação de propostas de fusão, passando pelas avaliações e pela contabilidade, até a integração pós-fusão.

Gaughan, Patrick A. *Mergers, Acquisitions and Corporate Restructurings*. 5ª edição. Nova York: John Wiley & Sons, 2010. 672 p.

Uma visão equilibrada das aquisições e reestruturações corporativas. Menos técnico e mais amplo que a obra de Koller. Inclui um panorama histórico, além das dimensões contábil e jurídica do assunto.

Kaplan, Steven N. e Richard S. Ruback. "The Valuation of Cash Flow Forecasts: An Empirical Analysis." *Journal of Finance*, setembro de 1995, p. 1059-93.

Sustentação empírica da abordagem de avaliação de empresas pelo fluxo de caixa descontado. Os autores comparam os valores presentes de fluxos de caixa projetados com os valores de mercado subsequentes de 51 transações altamente alavancadas realizadas entre 1983 e 1989. As avaliações pelo fluxo de caixa descontado diferem, em média, cerca de 10% em relação aos valores de mercado e demonstram ser no mínimo tão precisas quanto as baseadas em setores comparáveis.

Koller, Tim, Marc Goedhart e David Wessels. *Valuation: Measuring and Managing the Value of Companies*. 5ª ed. Nova York: John Wiley & Sons, 2010. 813 p.

Escrito por dois consultores da McKinsey & Company e um acadêmico, é uma discussão prática de como fazer uma avaliação do negócio.

Websites

www.valuepro.net

Um modelo gratuito de avaliação pelo fluxo de caixa descontado baseado em 20 variáveis de entrada. Digite um símbolo da ação e o Valuepro avaliará a empresa com base nas estimativas atuais das 20 variáveis. Mude qualquer uma delas para ver como varia o preço estimado da ação. Criado por três professores da Penn State. Veja em quanto suas ações estão superavaliadas.

Ecorner.Stanford.edu

Patrocinado pelo Stanford Technology Ventures Program, este site contém dezenas de podcasts e vídeos de personalidades da área, como John Doerr, da Kleiner Perkins Caufield & Byers e Carly Fiorina, ex-CEO da Hewlett Packard. Os tópicos incluem finanças e novos empreendimentos, o reconhecimento de oportunidades e marketing e vendas.

Problemas

As respostas aos problemas de número par constam no final do livro. Para mais problemas e suas respostas, acesse **www.grupoa.com.br** (encontre a página deste livro, procure o Material Complementar e clique em Conteúdo Online).

1. Cada uma das seguintes afirmativas é verdadeira ou falsa? Explique suas respostas brevemente.

    a. Em média, as aquisições destroem o valor para o acionista.

    b. Uma avaliação do fluxo de caixa descontado de uma empresa-alvo desconta os fluxos de caixa livres estimados da empresa-alvo ao custo do capital da adquirente.

    c. Uma adquirente deveria estar disposta a pagar um prêmio maior pelo controle para uma empresa bem administrada do que para uma mal administrada.

    d. O valor de liquidação das ações de uma empresa sempre coloca um piso sob o valor de suas ações.

    e. Um preço de ações incomumente baixo aos olhos da gerência a encoraja a tornar a empresa privada em uma aquisição pela administração.

2. Em julho de 2007, a Newscorp entrou em um acordo para comprar todas as ações em circulação da Dow Jones and Company por $60 a ação. O número de ações em circulação no momento do anúncio era de 82 milhões. O valor contábil do passivo oneroso no balanço patrimonial da Dow Jones era de $1,46 bilhão. Estime o custo dessa aquisição para os acionistas da Newscorp.

3. Na aquisição descrita na questão anterior, a Newscorp pagou $60 por ação das ações em circulação da Dow Jones and Company. Imediatamente antes da oferta da Newscorp, as ações da Dow Jones eram negociadas a $33 por ação. Que valor a Newscorp colocou no controle da Dow Jones and Company?

4. A tabela a seguir mostra os fluxos de caixa livre projetados de uma empresa alvo de aquisição. A adquirente em potencial quer estimar seu preço máximo de aquisição a uma taxa de desconto de 8% e um valor terminal no ano 5, baseado na equação de crescimento perpétuo com uma taxa de crescimento perpétuo de 4%.

Ano	1	2	3	4	5
Fluxo de caixa livre	−$800	−$400	$0	$200	$700

a. Estime o preço de aquisição máximo da empresa-alvo.

b. Estime o preço de aquisição máximo da empresa-alvo quando a taxa de desconto é de 7% e a taxa de crescimento perpétuo é de 5%.

c. Qual é a mudança percentual no preço máximo de aquisição quando a taxa de desconto é reduzida em um ponto percentual e a taxa de crescimento perpétuo é aumentada em um ponto percentual?

5. Veja abaixo uma demonstração de resultados recente da Hegel Publishing.

Vendas líquidas	$ 8.000
Custo das vendas (inclusive depreciação de $800)	4.700
Lucro bruto	3.300
Despesas de vendas e administrativas (inclusive despesa financeira de $570)	1.500
Lucro antes do imposto de renda	1.800
Impostos	612
Lucro após o imposto de renda	$ 1.188

Calcule o fluxo de caixa livre da Hegel este ano, admitindo que a empresa tenha gasto $510 em novos equipamentos de capital e aumentado o ativo circulante líquido de passivo não oneroso em $340.

6. Uma fabricante de equipamentos esportivos decidiu expandir-se para um setor correlato. A administração estima que construir e contratar pessoal para uma instalação do tamanho adequado e atingir capacidade operacional custarão $450 milhões em termos de valor presente. Como alternativa, a empresa pode adquirir uma empresa ou divisão existente com a capacidade desejada. Uma dessas oportunidades é uma divisão de outra empresa, com valor contábil dos ativos de $250 milhões e lucro antes dos juros e

imposto de renda de $50 milhões. Companhias abertas comparáveis estão sendo negociadas na Bolsa em uma faixa estreita em torno de 12 vezes o lucro atual. Essas empresas têm índices dívida/ativo de 40% e pagam, em média, juros de 10%.

   a. Usando uma alíquota de impostos de 34%, estime o preço mínimo que o proprietário da divisão deveria considerar para a venda.

   b. Qual é o preço máximo que a adquirente deveria estar disposta a pagar?

   c. A aquisição parece viável? Por quê?

   d. Um aumento de 25% no preço da ação em relação à média setorial de 15 do índice preço/lucro mudaria sua resposta à parte *c*? Por quê?

   e. Tendo como referência o preço de $450 milhões como valor de reposição da divisão, o que você acha que aconteceria com as atividades de aquisição quando os valores de mercado das empresas e divisões ficassem acima de seus valores de reposição?

7. A Flatbush Shipyards é uma empresa sem crescimento que deveria pagar um dividendo anual de $12 por ação no futuro distante. Seu custo do capital próprio é de 15%. O novo presidente abomina a imagem sem crescimento e propõe cortar o dividendo do ano seguinte para $6 por ação e usar as economias para adquirir outra empresa. O presidente mantém que esta estratégia estimulará as vendas, os lucros e os ativos. Além disso, ele está convencido de que, após a aquisição, os dividendos no ano 2 e posteriores podem ser aumentados para $12,75 por ação.

   a. Você concorda que a aquisição provavelmente aumentará as vendas, os lucros e os ativos?

   b. Estime o valor por ação das ações da Flatbush imediatamente antes da proposta do presidente.

   c. Estime o valor por ação imediatamente depois do anúncio da proposta do presidente.

   d. Como proprietário da Flatbush, você apoiaria a proposta do presidente? Por quê?

8. a. O que significa quando o fluxo de caixa livre de uma empresa é negativo em um ou mais anos?

   b. Valores negativos do fluxo de caixa livre afetam ou invalidam de alguma maneira o conceito de que o valor justo de mercado de uma empresa é igual ao valor presente de seus fluxos de caixa livres descontados ao custo médio ponderado do capital da empresa?

   c. Suponha que se espere que os fluxos de caixa livres de uma empresa sejam negativos em todos os períodos futuros. Você consegue imaginar algum motivo para comprar ações dessa empresa?

9. A Procureps, Inc. (B) está considerando duas possíveis aquisições, nenhuma das quais promete quaisquer melhoras ou benefícios sinérgicos. A V1 é uma empresa de fraco desempenho em um setor em declínio, com índice preço/lucro de 8 vezes. A V2 é uma empresa de tecnologia de crescimento acelerado com índice preço/lucro de 35 vezes. A Procureps está interessada em fazer uma aquisição que aumente seu atual lucro por ação. Todas as aquisições da Procureps são fusões por troca de ações.

   a. Calcule o prêmio percentual máximo que a Procureps pode pagar pela V1 e pela V2, substituindo os pontos de interrogação da tabela a seguir.

   b. O que as respostas dadas à parte (a) sugerem em relação à pertinência do uso de "evitar a diluição do lucro por ação" como critério em uma análise de fusão?

Empresa	P	V1	P + V1	V2	P + V2
Lucro após o imposto de renda ($ milhões)	$2	$1	$3	$1	$3
Índice preço/lucro (×)	30	8		35	
Valor de mercado do capital próprio ($ milhões)	?	?		?	
Número de ações (milhões)	1	1	?	1	?
Lucro por ação ($)	2	1	2	1	2
Preço por ação	?	?		?	
Emissão máxima de novas ações (milhões)		?		?	
Valor das novas ações emitidas ($ milhões)		?		?	
Prêmio máximo pela aquisição (%)		?		?	

10. A Scotts Miracle-Gro é líder mundial no fornecimento e na comercialização de produtos de jardinagem e está localizada em Marsville, Ohio. Embora a Scotts domine muitos dos mercados escolhidos, suas margens de lucro são muito pequenas. Use as informações a seguir sobre a Scott e cinco outras empresas semelhantes para avaliar as ações ordinárias da Scott em 1º de novembro de 2007.

Scotts Miracle-Gro ($ milhões)	
Lucro líquido	$ 113,4
Número de ações ordinárias em circulação (milhões)	63,9
Lucros antes de juros e impostos	$156
Alíquota de impostos	40%
Valor contábil do patrimônio líquido	$479,3
Valor contábil da dívida onerosa	$1.118

	Lucro líquido	Número de ações ordinárias em circulação (milhões)	Lucros antes de juros e impostos	Alíquota de impostos	Valor contábil do patrimônio líquido	Valor contábil da dívida onerosa
Comparação da Scotts Miracle-Gro com outras empresas:						
Taxa de crescimento nas vendas em 5 anos (%)	9,8	9,2	14,1	8,5	6,1	(3,0)
Taxa de crescimento no LPA em 5 anos (%)	6,1	(20,2)	21,1	9,5	5,1	3,1
Crescimento projetado pelos analistas (%)	10,3	NA	13,5	9,0	7,5	9,3
Índice de cobertura de juros (X)	2,7	2,1	5,8	4,7	11,5	6,5
Passivo total/ativo (X)	0,79	0,53	0,82	0,65	0,73	0,67
Ativo total ($ milhões)	2.277	1.647	3.553	15.055	18.324	6.591
Indicadores de valor						
Preço/lucro (X)		19,5	20,1	15,8	16,7	16,0
VM empresa/EBIT (1- alíquota de imposto) (X)		7,6	11,2	9,1	10,4	10,6
Preço/lucro (X)		21,5	19,1	15,3	16,8	16,9
VM empresa/EBIT (1 - alíquota de imposto) (X)		18,2	20,2	17,1	16,5	17,8
VM patrimônio líquido/vendas (X)		0,3	1,8	1,6	1,6	1,2
VM empresa/vendas (X)		0,7	2,3	2,2	2,0	1,6
VM patrimônio líquido/VC do patrimônio líquido (X)		0,7	9,5	2,4	5,9	3,6
VM empresa/ VC empresa (X)		0,7	2,2	1,2	1,9	1,5

* Valor médio das estimativas de longo prazo dos analistas de títulos. Disponível em www.reuters.com/finance/stocks.
VM = Valor de Mercado; VC = Valor Contábil. Valor de mercado estimado como valor contábil da dívida onerosa + valor de mercado das ações. O lucro é o lucro do ano fiscal.

11. Segue-se uma previsão para quatro anos sobre a Torino Marine.

Ano	2012	2013	2014	2015
Fluxo de caixa livre ($ milhões)	$−52	$76	$92	$112

   a. Estime o valor justo de mercado da Torino Marine ao fim de 2011. Admita que, depois de 2015, o lucro antes dos juros e imposto de renda se mantenha constante em $200 milhões, a depreciação seja igual aos investimentos em ativo fixo a cada ano e o capital de giro não mude. O custo médio ponderado do capital da Torino Marine é de 11% e sua alíquota de imposto é de 40%.

b. Estime o valor justo de mercado por ação do patrimônio líquido da Torino Marine ao fim de 2011 se a empresa tiver 40 milhões de ações em circulação e o valor de mercado do seu passivo oneroso for de $250 milhões na data da avaliação.

c. Vamos agora tentar um valor terminal diferente. Estime o valor justo de mercado do capital próprio da Torino Marine por ação ao fim de 2006, admitindo as seguintes premissas:

   (1) Os fluxos de caixa livres de 2012 a 2015 são os mesmos da previsão do início do problema.

   (2) O EBIT no ano 2015 será $200 milhões, e então crescerá 5% por ano para sempre.

   (3) Para sustentar o crescimento perpétuo do EBIT, o investimento em ativo fixo em 2016 supera a depreciação em $30 milhões, e essa diferença cresce 5% ao ano para sempre.

   (4) De modo semelhante, o capital de giro aumenta $15 milhões em 2016 e continua a crescer 5% ao ano para sempre.

d. Finalmente, vamos experimentar um terceiro valor terminal. Estime o valor justo de mercado por ação da Torino Marine ao fim de 2006 sob as seguintes premissas:

   (1) Os fluxos de caixa livres de 2007 a 2010 são os mesmos da previsão do início do problema.

   (2) Ao fim de 2010, a Torino Marine atinge a maturidade e sua ação passa a ser vendida a um múltiplo "típico" do lucro líquido de 2010. Use 12 como múltiplo típico.

   (3) Ao fim de 2015, a Torino Marine tem $250 milhões em passivo oneroso, a juros médios de 10%.

(*Os problemas a seguir testam seu entendimento do Apêndice deste capítulo.*)

12. Uma empresa de capital de risco compra 400.000 ações de uma *startup* por $5 milhões. Se a empresa tiver 1,6 milhão de ações em circulação antes da compra, qual será seu valor pré-dinheiro? E seu valor pós-dinheiro?

13. Novos empreendimentos costumam deixar em reserva 10 a 20% das suas ações na data de avaliação para servir como títulos e opções de compra das ações para os empregados. Modifique a avaliação da ZMW Enterprises, painel B da Tabela 9A.1, para incluir uma reserva para empregados de 20% da empresa no quinto ano. Calcule especificamente a participação percentual necessária da Touchstone na propriedade de *startup* no ano 0 sob essas condições revistas. Admita novamente que a Touchstone e a empresa de capital de risco da segunda rodada continuam a ter retornos-alvo de 60 e 40%, respectivamente.

14. Usando as informações a seguir, responda às seguintes perguntas a respeito da Surelock Homes, uma *startup*. Em sua análise, admita que a data da avaliação seja o fechamento do sexto ano, que o lucro projetado para o sexto ano seja de $12 milhões e que um índice preço/lucro apropriado para a avaliação desse lucro seja de 20 vezes.

Rodada de financiamento	Montante em milhões	Ano	Retorno necessário
1	$6	0	60%
2	8	2	40%
3	12	4	30%

Além disso, a empresa deseja reservar 15% das ações circulantes em T6 para bônus e opções destinados aos empregados.

   a. Que porcentagem da propriedade no ano 0 os investidores da primeira rodada devem exigir em troca de seu investimento de $6 milhões?
   b. Se a Surelock tiver 1 milhão de ações em circulação, quantas ações os investidores da primeira rodada devem exigir no ano 0?
   c. Qual é o preço implícito por ação da Surelock no ano 0?
   d. Qual é o valor pré-dinheiro da Surelock no ano 0? Qual é seu valor pós-dinheiro?

15. A planilha disponível em **www.grupoa.com.br** (encontre a página deste livro, procure o Material Complementar e clique em Conteúdo Online) contém informações sobre uma potencial aquisição da Fractal Antenna Systems, Inc. pela Integrated Communications, Ltd. Após analisar as informações, responda as perguntas ali feitas.

16. A planilha disponível em **www.grupoa.com.br** (encontre a página deste livro, procure o Material Complementar e clique em Conteúdo Online) apresenta informações sobre a Harley-Davidson e cinco de suas empresas pares. Use as informações para estimar o valor da Harley-Davidson.

Apêndice A

Valor presente de $1 no ano *n*, descontado à taxa de desconto *k*

Período (n)	1%	2%	3%	4%	5%	6%	7%	8%	9%	10%	11%	12%
1	0,990	0,980	0,971	0,962	0,952	0,943	0,935	0,926	0,917	0,909	0,901	0,893
2	0,980	0,961	0,943	0,925	0,907	0,890	0,873	0,857	0,842	0,826	0,812	0,797
3	0,971	0,942	0,915	0,889	0,864	0,840	0,816	0,794	0,772	0,751	0,731	0,712
4	0,961	0,924	0,885	0,855	0,823	0,792	0,763	0,735	0,708	0,683	0,659	0,636
5	0,951	0,906	0,863	0,822	0,784	0,747	0,713	0,681	0,650	0,621	0,593	0,567
6	0,942	0,888	0,837	0,790	0,746	0,705	0,666	0,630	0,596	0,564	0,535	0,507
7	0,933	0,871	0,813	0,760	0,711	0,665	0,623	0,583	0,547	0,513	0,482	0,452
8	0,923	0,853	0,789	0,731	0,677	0,627	0,582	0,540	0,502	0,467	0,434	0,404
9	0,914	0,837	0,766	0,703	0,645	0,592	0,544	0,500	0,460	0,424	0,391	0,361
10	0,905	0,820	0,744	0,676	0,614	0,558	0,508	0,463	0,422	0,386	0,352	0,322
11	0,896	0,804	0,722	0,650	0,585	0,527	0,475	0,429	0,388	0,350	0,317	0,287
12	0,887	0,788	0,701	0,625	0,557	0,497	0,444	0,397	0,356	0,319	0,286	0,257
13	0,879	0,773	0,681	0,601	0,530	0,469	0,415	0,368	0,326	0,290	0,258	0,229
14	0,870	0,758	0,661	0,577	0,505	0,442	0,388	0,340	0,299	0,263	0,232	0,205
15	0,861	0,743	0,642	0,555	0,481	0,417	0,362	0,315	0,275	0,239	0,209	0,183
16	0,853	0,728	0,623	0,534	0,458	0,394	0,339	0,292	0,252	0,218	0,188	0,163
17	0,844	0,714	0,605	0,513	0,436	0,371	0,317	0,270	0,231	0,198	0,170	0,146
18	0,836	0,700	0,587	0,494	0,416	0,350	0,296	0,250	0,212	0,180	0,153	0,130
19	0,828	0,686	0,570	0,475	0,396	0,331	0,277	0,232	0,194	0,164	0,138	0,116
20	0,820	0,673	0,554	0,456	0,377	0,312	0,258	0,215	0,178	0,149	0,124	0,104
25	0,780	0,610	0,478	0,375	0,295	0,233	0,184	0,146	0,116	0,092	0,074	0,059
30	0,742	0,552	0,412	0,308	0,231	0,174	0,131	0,099	0,075	0,057	0,044	0,033
40	0,672	0,453	0,307	0,208	0,142	0,097	0,067	0,046	0,032	0,022	0,015	0,011
50	0,608	0,372	0,228	0,141	0,087	0,054	0,034	0,021	0,013	0,009	0,005	0,003

(continua)

Valor presente de $1 no ano n, descontado à taxa de desconto k (*continuação*)

Taxa de desconto (k)

Período (n)	13%	14%	15%	16%	17%	18%	19%	20%	25%	30%	35%	40%	50%
1	0,885	0,877	0,870	0,862	0,855	0,847	0,840	0,833	0,800	0,769	0,741	0,714	0,667
2	0,783	0,769	0,756	0,743	0,731	0,718	0,706	0,694	0,640	0,592	0,549	0,510	0,444
3	0,693	0,675	0,658	0,641	0,624	0,609	0,593	0,579	0,512	0,455	0,406	0,364	0,296
4	0,613	0,592	0,572	0,552	0,534	0,515	0,499	0,482	0,410	0,350	0,301	0,260	0,198
5	0,543	0,519	0,497	0,476	0,456	0,437	0,419	0,402	0,320	0,269	0,223	0,186	0,132
6	0,480	0,456	0,432	0,410	0,390	0,370	0,352	0,335	0,262	0,207	0,165	0,133	0,088
7	0,425	0,400	0,376	0,354	0,333	0,314	0,296	0,279	0,210	0,159	0,122	0,095	0,059
8	0,376	0,351	0,327	0,305	0,285	0,266	0,249	0,233	0,168	0,123	0,091	0,068	0,039
9	0,333	0,308	0,284	0,263	0,243	0,225	0,209	0,194	0,134	0,094	0,067	0,048	0,026
10	0,295	0,270	0,247	0,227	0,208	0,191	0,176	0,162	0,107	0,073	0,050	0,035	0,017
11	0,261	0,237	0,215	0,195	0,178	0,162	0,148	0,135	0,086	0,056	0,037	0,025	0,012
12	0,231	0,208	0,187	0,168	0,152	0,137	0,124	0,112	0,069	0,043	0,027	0,018	0,008
13	0,204	0,182	0,163	0,145	0,130	0,116	0,104	0,093	0,055	0,033	0,020	0,013	0,005
14	0,181	0,160	0,141	0,125	0,111	0,099	0,088	0,078	0,044	0,025	0,015	0,009	0,003
15	0,160	0,140	0,123	0,108	0,095	0,084	0,074	0,065	0,035	0,020	0,011	0,006	0,002
16	0,141	0,123	0,107	0,093	0,081	0,071	0,062	0,054	0,028	0,015	0,008	0,005	0,002
17	0,125	0,108	0,093	0,080	0,069	0,060	0,052	0,045	0,023	0,012	0,006	0,003	0,001
18	0,111	0,095	0,081	0,069	0,059	0,051	0,044	0,038	0,018	0,009	0,005	0,002	0,001
19	0,098	0,083	0,070	0,060	0,051	0,043	0,037	0,031	0,014	0,007	0,003	0,002	0,000
20	0,087	0,073	0,061	0,051	0,043	0,037	0,031	0,026	0,012	0,005	0,002	0,001	0,000
25	0,047	0,038	0,030	0,024	0,020	0,016	0,013	0,010	0,004	0,001	0,001	0,000	0,000
30	0,026	0,020	0,015	0,012	0,009	0,007	0,005	0,004	0,001	0,000	0,000	0,000	0,000
40	0,008	0,005	0,004	0,003	0,002	0,001	0,001	0,001	0,000	0,000	0,000	0,000	0,000

Apêndice B

	Valor presente de uma anuidade de $1 por *n* anos, descontada à taxa *k*											
	Taxa de desconto (*k*)											
Período (*n*)	1%	2%	3%	4%	5%	6%	7%	8%	9%	10%	11%	12%
1	0,990	0,980	0,971	0,962	0,952	0,943	0,935	0,926	0,917	0,909	0,901	0,893
2	1,970	1,942	1,913	1,886	1,859	1,833	1,808	1,783	1,759	1,736	1,713	1,690
3	2,941	2,884	2,829	2,775	2,723	2,673	2,624	2,577	2,531	2,487	2,444	2,402
4	3,902	3,808	3,717	3,630	3,546	3,465	3,387	3,312	3,240	3,170	3,102	3,037
5	4,853	4,710	4,580	4,452	4,329	4,212	4,100	3,993	3,890	3,791	3,696	3,605
6	5,795	5,601	5,417	5,242	5,076	4,917	4,767	4,623	4,486	4,355	4,231	4,111
7	6,728	6,472	6,230	6,002	5,786	5,582	5,389	5,206	5,033	4,868	4,712	4,564
8	7,652	7,325	7,020	6,733	6,463	6,210	5,971	5,747	5,535	5,335	5,146	4,968
9	8,566	8,162	7,786	7,435	7,108	6,802	6,515	6,247	5,995	5,759	5,537	5,328
10	9,471	8,983	8,530	8,111	7,722	7,360	7,024	6,710	6,418	6,145	5,889	5,650
11	10,368	9,787	9,253	8,760	8,306	7,887	7,499	7,139	6,805	6,495	6,207	5,938
12	11,255	10,575	9,954	9,385	8,863	8,384	7,943	7,536	7,161	6,814	6,492	6,194
13	12,134	11,348	10,635	9,986	9,394	8,853	8,358	7,904	7,487	7,103	6,750	6,424
14	13,004	12,106	11,296	10,563	9,899	9,295	8,745	8,244	7,786	7,367	6,982	6,628
15	13,865	12,849	11,939	11,118	10,380	9,712	9,108	8,559	8,061	7,606	7,191	6,811
16	14,718	13,578	12,561	11,652	10,838	10,106	9,447	8,851	8,313	7,824	7,379	6,974
17	15,562	14,292	13,166	12,166	11,274	10,477	9,763	9,122	8,544	8,022	7,549	7,102
18	16,398	14,992	13,754	12,659	11,690	10,828	10,059	9,372	8,756	8,201	7,702	7,250
19	17,226	15,678	14,324	13,134	12,085	11,158	10,336	9,604	8,950	8,365	7,839	7,366
20	18,046	16,351	14,877	13,590	12,462	11,470	10,594	9,818	9,129	8,514	7,963	7,469
25	22,023	19,523	17,413	15,622	14,094	12,783	11,654	10,675	9,823	9,077	8,422	7,843
30	25,808	22,396	19,600	17,292	15,372	13,765	12,409	11,258	10,274	9,427	8,694	8,055
40	32,835	27,355	23,115	19,793	17,159	15,046	13,332	11,925	10,757	9,779	8,951	8,244
50	39,196	31,424	25,730	21,482	18,256	15,762	13,801	12,233	10,962	9,915	9,042	8,304

(continua)

Valor presente de uma anuidade de $1 por n anos, descontada à taxa k (*continuação*)

Taxa de desconto (k)

Período (n)	13%	14%	15%	16%	17%	18%	19%	20%	25%	30%	35%	40%	50%
1	0,885	0,877	0,870	0,862	0,855	0,847	0,840	0,833	0,800	0,769	0,741	0,714	0,667
2	1,668	1,647	1,626	1,605	1,585	1,566	1,547	1,528	1,440	1,361	1,289	1,224	1,111
3	2,361	2,322	2,283	2,246	2,210	2,174	2,140	2,106	1,952	1,816	1,696	1,589	1,407
4	2,974	2,914	2,855	2,798	2,743	2,690	2,639	2,589	2,362	2,166	1,997	1,849	1,605
5	3,517	3,433	3,352	3,274	3,199	3,127	3,058	2,991	2,689	2,436	2,220	2,035	1,737
6	3,998	3,889	3,784	3,685	3,589	3,498	3,410	3,326	2,951	2,643	2,385	2,168	1,824
7	4,423	4,288	4,160	4,039	3,922	3,812	3,706	3,605	3,161	2,802	2,508	2,263	1,883
8	4,799	4,639	4,487	4,344	4,207	4,078	3,954	3,837	3,329	2,925	2,598	2,331	1,922
9	5,132	4,946	4,772	4,607	4,451	4,303	4,163	4,031	3,463	3,019	2,665	2,370	1,948
10	5,426	5,216	5,019	4,833	4,659	4,494	4,339	4,192	3,571	3,092	2,715	2,414	1,965
11	5,687	5,453	5,234	5,029	4,836	4,656	4,486	4,327	3,656	3,147	2,752	2,438	1,977
12	5,918	5,660	5,421	5,197	4,988	4,793	4,611	4,439	3,725	3,190	2,779	2,456	1,985
13	6,122	5,842	5,583	5,342	5,118	4,910	4,715	4,533	3,780	3,223	2,799	2,469	1,990
14	6,302	6,002	5,724	5,468	5,229	5,008	4,802	4,611	3,824	3,249	2,814	2,478	1,993
15	6,462	6,142	5,847	5,575	5,324	5,092	4,876	4,675	3,859	3,268	2,825	2,484	1,995
16	6,604	6,265	5,954	5,668	5,405	5,162	4,938	4,730	3,887	3,283	2,834	2,489	1,997
17	6,729	6,373	6,047	5,749	5,475	5,222	4,988	4,775	3,910	3,295	2,840	2,492	1,998
18	6,840	6,467	6,128	5,818	5,534	5,273	5,033	4,812	3,928	3,304	2,844	2,494	1,999
19	6,938	6,550	6,198	5,877	5,584	5,316	5,070	4,843	3,942	3,311	2,848	2,496	1,999
20	7,025	6,623	6,259	5,929	5,628	5,353	5,101	4,870	3,954	3,316	2,850	2,497	1,999
25	7,730	6,873	6,464	6,097	5,766	5,467	5,195	4,948	3,985	3,329	2,856	2,499	2,000
30	7,496	7,003	6,566	6,177	5,829	5,517	5,235	4,979	3,995	3,332	2,857	2,500	2,000
40	7,634	7,105	6,642	6,233	5,871	5,548	5,258	4,997	3,999	3,333	2,857	2,500	2,000
50	7,675	7,133	6,661	6,246	5,880	5,554	5,262	4,999	4,000	3,333	2,857	2,500	2,000

Glossário

A

ação Ver também capital ordinário.

ação em tesouraria Valor do capital ordinário que a empresa tenha recomprado. As ações em tesouraria não recebem dividendos e não têm direito a voto.

ação preferencial Categoria de ações, geralmente de renda fixa, que traz algum tipo de preferência em relação às *ações ordinárias*[1] no que se refere aos resultados líquidos ou aos ativos (*ver também* ação preferencial cumulativa).

ação preferencial cumulativa Ação preferencial com a exigência de que quaisquer dividendos preferenciais não pagos sejam acumulados e plenamente satisfeitos antes de distribuir dividendos ordinários.

ações ordinárias Ver também capital ordinário.

ágio pela inadimplência Retorno adicional necessário sobre um título para remunerar os investidores pelo risco de que a empresa se torne inadimplente em relação à obrigação.

ágio pela inflação Retorno adicional de um título necessário para remunerar os investidores pela expectativa de inflação.

ágio pela opção Montante pago por unidade por um comprador de opções ao vendedor de opções por um contrato de opção.

ágio pelo controle Ágio, além do *valor de mercado* do *patrimônio líquido* de uma empresa, que um adquirente está disposto a pagar para obter o controle da empresa.

ágio pelo risco Retorno adicional de um título necessário para remunerar os investidores pelo risco com que arcam.

---

[1] As palavras em itálico são definidas em outras entradas do glossário.

ajuste de valoração do estoque Ajuste do custo histórico das demonstrações financeiras para corrigir uma possível subestimativa do estoque e do *custo das mercadorias vendidas* sob condições de inflação.

ajuste para consumo de capital Ajuste da depreciação pelo custo histórico para corrigir os efeitos da inflação.

alavancagem financeira Uso da dívida para aumentar o retorno esperado e o risco do patrimônio (*ver também* alavancagem operacional).

alavancagem operacional Custos operacionais fixos que tendem a aumentar a variação dos lucros (*ver também* alavancagem financeira).

alternativas mutuamente excludentes Dois projetos que atendam ao mesmo objetivo, de modo que apenas um possa ser realizado.

amortização Provisão para a eliminação gradual de um ativo ou passivo por pagamentos ou encargos regulares. Muitas vezes é sinônimo de depreciação.

análise de índices Análise das demonstrações financeiras por meio de índices.

análise de ponto de equilíbrio Análise do nível de vendas que uma empresa ou produto atingirá no "ponto de equilíbrio".

análise de sensibilidade Análise do efeito da variação de uma das variáveis de entrada sobre um plano ou uma previsão.

análise vertical das demonstrações financeiras Dispositivo usado para comparar as demonstrações financeiras, muitas vezes de empresas de porte desigual, no qual todas as entradas do balanço são divididas pelo total de ativos, e todas as entradas da demonstração de resultados são divididas pelas vendas líquidas.

anuidade Fluxo de caixa constante por um número limitado de anos (*ver também* perpetuidade).

aquisição alavancada (LBO) Compra de uma empresa financiada, em grande parte, por empréstimos contra a própria empresa.

ativo Qualquer coisa que tenha valor em uma troca.

ativo circulante Qualquer ativo que venha a se transformar em caixa em um ano.

ativo financeiro Direito a futuros pagamentos de caixa.

ativo líquido Qualquer ativo que possa ser rapidamente convertido em caixa sem perda significativa de valor.

ativo monetário Qualquer ativo que tenha valor definido em unidades monetárias. Caixa e contas a receber são ativos monetários; estoque, instalações e equipamento são ativos físicos.

avaliação por ações comparáveis Técnica de avaliação que usa os preços das ações negociadas nos mercados financeiros e que representem pequenas participações minoritárias.

avaliação por transações comparáveis Técnica de avaliação que usa os preços das ações determinados em aquisições e que representam participação controladora na empresa vendida.

aversão ao risco Indisposição para arcar com o risco sem algum tipo de remuneração.

B

banco de investimento Instituição financeira especializada na venda original e posterior negociação de títulos de empresas.

benefício fiscal Redução dos impostos devidos por uma empresa causada por aumento de uma despesa dedutível, geralmente a depreciação ou a despesa de juros. A magnitude do benefício fiscal corresponde à alíquota multiplicada pelo aumento da despesa.

C

caixa Qualquer meio de troca imediatamente negociável.

canibalização No investimento corporativo, um investimento que atrai fluxos de caixa de produtos ou serviços existentes.

capacidade de endividamento Montante total de dívida que uma empresa pode suportar, dadas suas expectativas de lucros e sua base patrimonial.

capital Montante investido em um empreendimento (*ver também* capitalização).

capital além do valor de face (excesso de integralização, capital integralizado adicional) Caixa fornecido pelos acionistas além do valor nominal das ações emitidas. A soma das ações ordinárias e do capital além do valor de face é o montante total pago pelas ações ordinárias.

capital de giro (capital de giro líquido) Excedente do ativo circulante em relação ao passivo circulante.

capital integralizado Parcela do capital social paga diretamente, em vez de fornecida por lucros retidos na empresa.

capital ordinário (ações ordinárias) Títulos que representam participação na propriedade de uma empresa. Além disso, no balanço, representa o valor de face total das ações ordinárias emitidas.

capital social *Ver também* patrimônio líquido.

capital total Todas as fontes de financiamento a longo prazo de uma empresa.

capitalização Soma de todas as fontes de financiamento a longo prazo da empresa, ou ativo total menos passivo circulante.

carteira Posse de um conjunto variado de ativos por uma pessoa física ou jurídica.

centro de lucros Unidade organizacional de uma empresa que produz receita e para a qual se pode calcular um lucro.

ciclo do capital de giro Transformação periódica de caixa em ativo circulante e passivo circulante e novamente em caixa (*ver também* ciclo do fluxo de caixa).

ciclo do fluxo de caixa Transformação periódica do caixa, passando pelo capital de giro e pelo ativo fixo e voltando ao caixa.

cláusula protetora (*protective covenant*) *Ver também* condição mínima.

coeficiente de correlação Medida do grau de comovimentação de duas variáveis.

colocação privada Levantamento de capital para uma empresa por meio da venda de títulos a um número limitado de investidores bem informados, em vez de por meio de uma oferta pública.

comparáveis Método de estimativa do *valor justo de mercado* de uma empresa de capital fechado por meio da comparação com uma ou mais companhias abertas comparáveis.

condição mínima (condição protetora) Condição em contrato de dívida que exige que o tomador faça ou deixe de fazer algo.

contabilidade a dólares constantes Sistema de contabilização da inflação em que lançamentos ao custo histórico são corrigidos pelas mudanças do poder aquisitivo da moeda (*ver também* contabilidade a dólares correntes).

contabilidade a dólares correntes Sistema de contabilização da inflação em que os lançamentos ao custo histórico são corrigidos pela variação do preço de um item específico (*ver também* contabilidade a dólares constantes).

contabilidade de caixa Método de contabilidade em que as mudanças na condição de uma organização são reconhecidas apenas em resposta ao pagamento ou recebimento de caixa (*ver também* contabilidade em regime de competência).

contabilidade em regime de competência Método de contabilidade em que a *receita* é reconhecida quando ganhos e despesas são reconhecidos quando incorridos sem levar em conta o momento das receitas e despesas de caixa (*ver também* contabilidade de caixa).

contabilidade por marcação a mercado A prática de ajustar o valor de transporte dos ativos e passivos negociáveis constantes no balanço de uma empresa aos seus valores de mercado recentes.

contas a pagar (pagáveis, pagáveis mercantis) Dinheiro ou obrigações devidas a fornecedores mercantis em um ano.

contas a receber (recebíveis, crédito mercantil) Dinheiro devido por clientes.

contrato a termo Contrato em que o preço é estabelecido hoje para uma transação que se dará em uma data futura especificada.

contribuição para o custo fixo e o lucro Excedente da *receita* em relação ao *custo variável*.

conversão forçada Estratégia segundo a qual uma empresa força os proprietários de títulos conversíveis a converter, fazendo resgate do título quando seu preço de exercício está abaixo do valor de conversão (*ver também* provisão para resgate e título conversível).

conversível congelado *Título conversível* que está em circulação há diversos anos e cujos portadores não puderam ser forçados a converter porque o *valor de conversão* está abaixo do preço de exercício (*ver também* conversão forçada).

credor garantido Credor cujo direito seja garantido pela penhora de algum ativo. Na liquidação, o credor garantido recebe o caixa obtido com a venda do ativo penhorado, na medida de seu empréstimo.

credor geral Credor sem garantia.

credor monetário líquido Agente econômico com *ativo monetário* superior ao *passivo*.

credor prioritário Qualquer credor com direito aos resultados ou ativos com preferência em relação a um *credor geral*.

credor subordinado Credor que seja portador de debênture com menor chance de pagamento do que os demais passivos da empresa.

critério de aceitação Qualquer padrão mínimo de desempenho em uma análise de investimento.

custo da dívida *Rendimento* [da dívida] *até o vencimento*; frequentemente é após impostos, casos em que equivale a 1 menos a alíquota de imposto vezes o rendimento até o vencimento.

custo das mercadorias vendidas (custo das vendas) Soma de todos os custos necessários para adquirir e preparar as mercadorias para venda.

custo de oportunidade Renda de que um investidor abre mão ao optar por uma coisa em vez de outra. Resultado esperado da segunda melhor alternativa.

custo de oportunidade do capital *Ver também* custo do capital.

custo do capital (custo de oportunidade do capital, taxa-limite, custo médio ponderado do capital) Rendimento que uma empresa deve esperar de novos investimentos de risco médio para manter o preço por ação. A média ponderada do custo, para a empresa, das fontes individuais de capital.

custo do patrimônio Retorno que os investidores no patrimônio líquido esperam obter por possuírem ações de uma empresa. O retorno esperado de que os investidores no patrimônio líquido abrem mão na segunda melhor oportunidade de risco equivalente.

custo fixo Qualquer custo que não varie com o volume no período.

custo médio ponderado do capital *Ver também* custo do capital.

custo ou benefício anual equivalente Anuidade que tem o mesmo valor ajustado ao tempo que um dado fluxo de entradas e saídas de caixa.

custo perdido (custo afundado) Desembolso anterior que não pode ser alterado por qualquer ato presente ou futuro.

custo variável Qualquer despesa que varie com a venda durante o período de observação.

custos alocados Custos sistematicamente atribuídos ou distribuídos entre produtos, departamentos ou outros elementos.

D

demonstração de fluxo de caixa Relatório das fontes de caixa de uma empresa e dos usos do caixa durante o período contábil.

demonstração de origens e aplicações de recursos Documento que mostra de onde a empresa obteve seu caixa e em que o gastou em um determinado período de tempo. É construído dividindo-se todas as variações das contas do balanço entre as que forneceram caixa e as que consumiram caixa.

demonstração de resultados Relatório das receitas de uma empresa, das despesas a elas associadas e do *resultado* de um período de tempo.

demonstração de variação da posição financeira Demonstração financeira que mostra as fontes e os usos do capital de giro no período.

demonstração *pro forma* Demonstração financeira elaborada com base em certos eventos futuros presumidos.

demonstrações financeiras tamanho único Dispositivo usado para comparar demonstrações financeiras, frequentemente de empresas de portes diferentes, pelo qual todos os lançamentos do balanço são divididos pelo ativo total e todos os lançamentos das demonstrações financeiras são divididos pelo faturamento total.

depreciação Redução do valor de um ativo de longa duração por causa de seu uso ou sua obsolescência. Essa redução é reconhecida em termos contábeis por uma alocação periódica do custo original do ativo para as operações correntes (*ver também* depreciação acelerada).

depreciação acelerada Qualquer *depreciação* que produza maiores deduções nos primeiros anos de vida de um projeto.

depreciação ao custo histórico *Depreciação* com base no montante originalmente pago pelo ativo.

desconto Processo pelo qual se obtém o valor presente de fluxos de caixa futuros (*ver também* capitalização).

despesas de vendas, gerais e administrativas Todas as despesas operacionais que não estejam diretamente ligadas à fabricação de produtos e incorridas na geração do resultado operacional.

desvio-padrão do retorno Medida de variabilidade. A raiz quadrada do desvio quadrado médio em relação ao *retorno esperado*.

devedor monetário líquido Agente econômico com *ativo monetário* inferior ao *passivo*.

diagrama de posição Gráfico que relaciona o valor de uma posição de investimento, no eixo vertical, com o preço de um ativo-objeto, no eixo horizontal.

dias de vendas em caixa Medida de controle que a administração tem sobre os saldos de caixa, definida como caixa dividido por vendas por dia.

diluição Redução de qualquer item por ação (como lucro por ação ou valor escritural por ação) decorrente de um aumento do número de ações em circulação, seja por uma nova emissão, seja pela conversão de títulos em aberto.

direitos prioritários absolutos Condição da legislação falimentar que estabelece que cada categoria de credores com direito prévio sobre os ativos na liquidação deverá ser plenamente satisfeita antes que se pague qualquer coisa a credores de categorias inferiores.

diversificação Processo de investimento em diversos ativos.

diversificação do conglomerado Propriedade das operações em diversas atividades empresariais que não guardam relação funcional entre si.

dívida (passivo) Obrigação de pagamento, em caixa ou outros bens ou de prestar serviços a outrem.

dívida a longo prazo Obrigações de dívida onerosa devidas em um prazo superior a um ano a contar da data do balanço da empresa.

duplicatas a pagar *Ver também* contas a pagar.

E

EBIT Sigla em inglês de lucro antes de juros e impostos (LAJIR).

efeito Fisher Argumento de que a taxa de juros nominal deve ser aproximadamente igual à taxa de juros real mais um ágio pela inflação esperada (*ver também* montante real, montante nominal).

emissão pública (oferta pública) Títulos recém-emitidos vendidos diretamente ao público (*ver também* colocação privada).

encargo não monetário Despesa registrada por um contabilista que não corresponda a uma saída de caixa durante o período contábil.

equação de crescimento perpétuo Equação que representa o *valor presente* de uma *perpetuidade* que cresce à taxa de g% ao ano como as entradas do ano seguinte divididas pela diferença entre a *taxa de desconto* e g.

equivalência Igualdade de valor entre dois fluxos de caixa ocorridos em diferentes momentos quando o primeiro fluxo de caixa pode ser convertido no segundo se investido à taxa de juros vigente.

equivalente certo Montante garantido de dinheiro pelo qual um tomador de decisões poderia negociar um fluxo de caixa incerto.

estoque Matérias-primas, itens disponíveis para venda ou em processo de produção para venda. Para instituições financeiras: títulos comprados e mantidos para revenda.

estrutura de capital Composição do lado do passivo do balanço de uma empresa. O misto de fontes de financiamento que uma empresa usa para financiar suas operações.

eurodólar Originalmente um dólar americano na Europa; hoje, qualquer moeda que esteja além do controle da autoridade monetária emissora. O mercado de eurodólares é qualquer mercado onde sejam feitas transações nessas moedas.

exposição de câmbio Risco de que uma variação inesperada das taxas de câmbio imponha algum tipo de prejuízo à parte exposta. Com a **exposição transacional**, o prejuízo é para o resultado declarado; com a **exposição contábil**, o prejuízo é para o patrimônio líquido; e com a **exposição econômica**, o prejuízo é para o valor de mercado da entidade.

F

falência Situação jurídica em que uma entidade recebe proteção judicial contra seus credores. A falência pode resultar em *liquidação* ou reorganização.

fechar a torneira Expressão do jargão financeiro que significa eliminar a possibilidade de maior financiamento por dívida.

Financial Accounting Standards Board (FASB) Órgão regulador oficial da profissão contábil nos Estados Unidos.

flexibilidade financeira Capacidade de levantar capital o bastante para atender às necessidades da empresa sob uma ampla variedade de contingências futuras.

fluxo de caixa Montante de caixa gerado ou consumido por uma atividade em um determinado período de tempo.

fluxo de caixa após impostos Caixa total gerado anualmente por um investimento, definido como lucro após impostos mais depreciação ou, da mesma forma, resultado operacional após impostos mais a alíquota de imposto multiplicada pela depreciação.

fluxo de caixa descontado Método de avaliação de projetos a longo prazo que leva explicitamente em consideração o valor do dinheiro no tempo.

fluxo de caixa livre Fluxo de caixa disponível para uma empresa após o financiamento de todos os investimentos que valem a pena; definido como resultado operacional após impostos mais depreciação menos investimento. Diz-se que a presença de grandes fluxos de caixa livres atrai investidores corporativos agressivos.

fluxo de caixa operacional Caixa gerado ou consumido pelas atividades produtivas de uma empresa em um determinado período de tempo; definido como lucro após impostos mais *encargo(s) não monetário(s)* menos entradas não monetárias, mais ou menos variação do *ativo circulante* e do *passivo circulante*.

fontes espontâneas de caixa Passivos, como contas a pagar e salários acumulados, que surgem automaticamente, sem negociação, na condução do negócio.

fontes internas Caixa disponível para uma empresa a partir do *fluxo de caixa operacional*.

fundo de amortização Fundo de caixa reservado para o pagamento de uma obrigação futura. O fundo de amortização de um título é um pagamento em caixa a seus credores.

fundos Quaisquer meios de pagamento. Junto com o fluxo de caixa, "fundos" é uma das palavras mais mal-empregadas em finanças.

G

ganhos (resultado, resultado líquido, lucro líquido, lucro) Excedente das receitas em relação a todas as despesas correlatas em um determinado período.

ganhos líquidos para os devedores Aumento da riqueza do devedor por causa de uma queda do poder aquisitivo dos passivos.

goodwill Excesso do preço de compra sobre o valor de mercado justo dos ativos líquidos adquiridos em uma fusão ou em uma aquisição.

gráfico de faixa de lucros Gráfico que relaciona o *lucro por ação (LPA)* ao *EBIT* sob opções de financiamento alternativas.

grupo de subscritores Grupo de *bancos de investimento* que se reúne por um breve intervalo para garantir a uma empresa um preço específico por seus títulos recém-emitidos.

H

hedge Estratégia para contrabalançar o risco do investimento. Um *hedge* perfeito é aquele que elimina todas as possibilidades de ganhos ou perdas devido a movimentos futuros da variável objeto do hedge.

I

imóveis, instalações e equipamentos Custo dos bens fixos tangíveis usados na produção de receita.

imposto de renda antecipado Pagamento antecipado dos impostos, tratado como ativo até que os impostos se tornem devidos.

imposto de renda diferido Obrigação reconhecida de pagar impostos no futuro.

inadimplência Deixar de efetuar um pagamento na data de vencimento.

índice corrente Medida de liquidez, definida como ativo circulante dividido pelo passivo circulante.

índice de cobertura de encargos financeiros *Taxa de cobertura* que mede a *alavancagem financeira*, definido como lucro antes de juros e impostos dividido pela despesa financeira.

índice de cobertura de juros *Taxa de cobertura* que mede a *alavancagem financeira*, definido como lucro antes de juros e impostos dividido pela despesa de juros mais os pagamentos do principal trazidos para seus equivalentes pré-impostos.

índice de controle Índice que indica o controle da administração sobre um ativo ou passivo específico.

índice de distribuição de dividendos Medida do nível dos dividendos distribuídos, definida como dividendos divididos pelo lucro.

índice de giro do ativo Medida ampla da eficiência do ativo, definida como vendas líquidas divididas pelo ativo total.

índice de liquidez Qualquer índice utilizado para estimar a liquidez de uma empresa (*ver também* índice corrente, índice de liquidez seca).

índice de liquidez seca ("*quick ratio*") Medida de *liquidez*, definida como *ativo circulante* menos passivo dividido pelo *passivo circulante*.

índice de lucratividade (relação custo-benefício) Valor de mérito de investimento, definido como o *valor presente* das entradas de caixa dividido pelo valor presente das saídas de caixa.

índice de preços ao consumidor (IPC) Índice de medida do nível de preços, igual à soma dos preços de diversas mercadorias adquiridas pelos consumidores ponderados pela proporção que cada uma delas representa no orçamento de um consumidor típico.

índice dívida/ativo Uma medida de *alavancagem financeira*, definida como dívida dividida pelo ativo total (*ver também* índice dívida/patrimônio).

índice dívida/patrimônio Medida de *alavancagem financeira*, definida como dívida dividida pelo patrimônio líquido total (*ver também* índice dívida/ativo).

índice preço/lucro (índice P/L) Montante que os investidores estão dispostos a pagar por $1 do lucro atual de uma empresa. Preço por ação dividido pelo lucro por ação nos últimos 12 meses.

índice rápido *Ver também* índice de liquidez seca.

insolvência Condição de ter dívidas superiores ao valor realizável dos ativos.

investidor institucional Investidor profissional, não um que não faz parte da empresa, que busca iniciar ações corporativas significativas para melhorar seu retorno de investimento.

investimentos Direito de propriedade de uma empresa sobre os ativos líquidos de suas subsidiárias e coligadas não consolidadas.

J

junk bond Qualquer título de *rating* inferior ao grau de investimento.

L

linha do mercado (linha do mercado de títulos) Linha que representa a relação entre o *retorno esperado* e o *risco beta*.

liquidação Processo de encerramento de uma empresa, vendendo seus ativos, pagando seus credores e distribuindo qualquer caixa remanescente entre os proprietários.

liquidez Medida em que uma empresa possui ativos prontamente disponíveis para honrar suas obrigações (*ver também* índice de liquidez seca, índice corrente).

lucro *Ver também* ganhos.

lucro líquido *Ver também* ganhos.

lucro (ou prejuízo) abrangente Termo contábil obscuro igual ao lucro líquido mais variação do valor não realizado dos títulos mantidos para revenda, ajustes a transações de câmbio, ajustes ao passivo previdenciário mínimo e determinados contratos futuros que possam ser caracterizados como hedges.

lucro por ação (LPA) Medida do direito de cada ação ordinária aos lucros, definida como lucro disponível para dividendos ordinários dividido pelo número de ações ordinárias em circulação.

lucros residuais Alternativa ao *retorno do investimento* como medida do desempenho do *centro de lucros*, definida como *resultado* menos o custo anual do capital empregado pelo centro de lucros.

lucros retidos (resultado superavitário) Montante dos lucros retidos e reinvestidos em uma empresa e não distribuídos aos acionistas sob a forma de dividendos.

M

margem de lucro Proporção de cada dólar em vendas que chega ao *resultado*, definida como resultado dividido pelas *vendas líquidas*.

margem percentual bruta Receita menos custo das mercadorias vendidas dividido pela receita.

mercado a termo Mercado em que os preços são determinados para transações em uma data futura especificada.

mercado à vista Mercado em que os preços são determinados para a negociação imediata.

mercado de balcão Mercado informal em que são negociados títulos sem cotação em bolsas organizadas.

mercado de controle Negociação ativa e competitiva de participações controladoras em empresas, realizada por meio da compra ou venda de blocos significativos de ações ordinárias.

mercado eficiente Mercado em que os preços dos ativos refletem imediatamente novas informações.

mercado eficiente forte Mercado em que os preços refletem imediatamente todas as informações, sejam elas públicas ou privadas.

mercado eficiente fraco Mercado em que os preços refletem instantaneamente as informações sobre os preços passados.

mercado eficiente semiforte Mercado em que os preços refletem imediatamente todas as informações de domínio público.

montante nominal Qualquer quantidade não corrigida em relação a variações do poder aquisitivo da moeda decorrentes da inflação (*ver também* montante real).

montante real Qualquer quantidade que tenha sido corrigida em relação a variações do poder aquisitivo da moeda decorrrentes da inflação (*ver também* montante nominal).

múltiplas taxas de atratividade Uso de diferentes *taxas de atratividade* para novos investimentos, refletindo seus diferentes níveis de risco.

O

obrigações provisionadas Termo contábil genérico para todas as despesas em aberto que, individualmente, são de valor por demais baixo para justificar um lançamento separado no balanço.

objetivo do negócio Excedente do preço de compra em relação ao valor justo de mercado dos ativos líquidos adquiridos em uma fusão ou aquisição.

opção de compra Opção de comprar um ativo a um preço de exercício específico em uma data de vencimento ou após essa data (*ver também* opção de venda).

opção de compra de ação Privilégio contratual por vezes concedido aos diretores de uma empresa, conferindo-lhes o direito de comprar um número especificado de ações a um preço especificado dentro de um período de tempo estabelecido.

opção de crescimento Oportunidades de criação de valor nas quais a empresa ainda não tenha investido.

opção de venda Opção de venda de um ativo a um preço de exercício determinado na data de vencimento ou após (*ver também* opção de compra.)

orçamento de caixa Plano ou projeção de entradas e saídas de caixa para um determinado intervalo de tempo (*ver também* previsão de fluxo de caixa, demonstração *pro forma* e demonstração de fluxo de caixa).

orçamento de capital Lista de projetos de investimento planejados.

outras despesas Termo contábil abrangente que se refere a um conjunto de despesas que, individualmente, são pequenas demais para justificar um lançamento em separado no balanço.

outros ativos Termo contábil abrangente que se refere a um conjunto de ativos que, individualmente, são pequenos demais para justificar um lançamento em separado no balanço.

P

parcela circulante da dívida a longo prazo Parcela da vívida a longo prazo devida em um ano.

paridade do poder de compra Teoria que sustenta que as taxas de câmbio devem se ajustar de maneira que, no equilíbrio, as mercadorias em diferentes países custem o mesmo quando denominadas na mesma moeda.

passivo Obrigação de pagar um montante ou prestar um serviço.

passivo circulante Qualquer obrigação devida em um ano.

passivo de impostos diferidos Montante estimado dos futuros impostos que podem tornar-se devidos por causa de resultados já obtidos mas ainda não reconhecidos para fins fiscais.

patrimônio líquido (capital social, patrimônio líquido, patrimônio acionário) Direitos de propriedade que cabem aos acionistas ordinários e preferenciais de uma empresa. No balanço, o patrimônio é igual ao ativo total menos a totalidade do passivo.

perpetuidade *Anuidade* que dura para sempre.

plug No jargão, refere-se à quantidade desconhecida em uma demonstração *pro forma*.

poder aquisitivo constante Montante de moeda necessário, ao longo do tempo, para comprar uma cesta estável de ativos físicos.

prazo de cobrança Índice que mede o controle das *contas a receber*, definido como contas a receber divididas pelas vendas a crédito por dia.

prazo de contas a pagar Medida do uso que uma empresa faz do financiamento mercantil, definida como contas a pagar divididas por compras por dia.

prazo de pagamento Grosseiro valor de mérito de investimento e uma melhor medida do risco de investimento, definida como o tempo que um investidor precisa esperar para recuperar seu investimento inicial.

preço de exercício Preço fixo pelo qual se pode comprar uma ação em um contrato de venda ou pelo qual se pode vender em um contrato de venda (*ver também* opção de compra e opção de venda).

preço de transferência Preço interno a que unidades de uma mesma empresa negociam bens e serviços entre si.

previsão de fluxo de caixa Previsão financeira sob a forma de *demonstração de origens e aplicações de recursos*.

primeiro que entra, primeiro que sai (PEPS) Método de contabilidade de estoques em que se presume que o item mais antigo do estoque seja vendido primeiro (*ver também* último que entra, primeiro que sai).

principal Valor original, ou de face, de um empréstimo. Os juros incidem sobre o principal.

princípio com-sem Princípio que define quais fluxos de caixa são relevantes para uma decisão de investimento. Segundo ele, há dois mundos, um com e outro sem o investimento. Todos os fluxos de caixa que divergirem nesses dois mundos são relevantes e todos os que forem iguais são irrelevantes.

princípio do fluxo de caixa Princípio da avaliação pelo fluxo de caixa segundo o qual apenas as efetivas movimentações de caixa são relevantes e devem ser listadas na data em que ocorrem.

Problema dos limões Quando os vendedores sabem mais sobre um ativo do que os compradores, os compradores não pagarão mais do que o preço médio pelo ativo. Os vendedores com ativos acima da média sairão do mercado, diminuindo assim a qualidade dos ativos e os preços das propostas.

promissórias a pagar Montante total das obrigações onerosas a curto prazo.

provisão para imposto de renda Impostos devidos no ano, conforme o resultado publicado. Frequentemente difere dos impostos pagos, que se baseiam em regras de contabilidade fiscal específicas.

provisão para resgate Cláusula que descreve as condições sob as quais o emitente de um título pode resgatá-lo no todo ou em parte antes do vencimento.

R

racionamento de capital Limite fixo sobre o capital que força a empresa e escolher os projetos mais vantajosos.

rating **de título** Avaliação, realizada por uma organização financeira reconhecida, da solidez de um título como investimento.

recapitalização alavancada Mudança episódica na estrutura de capital ou composição societária envolvendo um financiamento por dívida substancial.

receita *Ver também* vendas.

reestruturação corporativa Qualquer grande transformação episódica do capital ou da estrutura social de uma empresa.

regime de caixa Método contábil em que as variações da condição de uma organização somente são reconhecidas mediante entrada ou saída de caixa (*ver também* regime de competência).

regime de competência Método contábil em que a *receita* é conhecida quando obtida e as despesas são reconhecidas quando incorridas, independentemente do momento das entradas e saídas de caixa (*ver também* regime de caixa)

registro de prateleira Programa da SEC segundo o qual uma empresa pode apresentar um prospecto genérico que descreve seus possíveis planos de financiamento por até dois anos. Isso elimina os prazos necessários para novas emissões públicas de títulos.

relação custo-benefício *Ver também* índice de lucratividade.

rendimento até o vencimento *Taxa interna de retorno* de um título quando mantido até o vencimento.

rentabilidade do lucro *Lucro por ação* dividido pelo preço por ação.

resgate postergado Provisão em um título que confere ao emitente o direito de efetuar resgate da emissão, mas apenas após um determinado período (*Ver também* provisão para resgate).

resultado *Ver também* ganhos

resultado contábil *Resultado realizado* de um agente econômico tal como consta em suas demonstrações financeiras (*ver também* resultado econômico).

resultado econômico Montante que um agente econômico pode gastar durante um período sem afetar sua riqueza (*ver também* resultado contábil).

resultado líquido *Ver também* ganhos.

resultado não realizado Resultado carente de transação confirmadora. Um resultado "no papel".

resultado realizado Ganho de resultados relacionado a uma transação conforme distinguido dos ganhos "no papel".

retorno do ativo (ROA) Medida da produtividade dos ativos, definida como *lucro* dividido pelo ativo total. Uma definição superior, mas mais rara, inclui a despesa financeira e os dividendos preferenciais no numerador.

retorno do capital investido (ROIC) Medida fundamental do potencial de lucratividade de uma empresa que não é afetada pela maneira como ela se financia. É igual ao lucro antes de juros e impostos vezes 1 menos a alíquota de imposto, tudo isso dividido pela *dívida* mais *patrimônio líquido*.

retorno do investimento (ROI) Produtividade de um investimento ou centro de lucros, definida como *lucro* dividido pelo *valor contábil* do investimento ou do *centro de lucros* (*ver também* retorno do ativo).

retorno do patrimônio (ROE) Medida da produtividade ou eficiência com que se emprega o patrimônio líquido, definida como *lucro* dividido pelo *patrimônio líquido*.

retorno esperado Média dos rendimentos possíveis ponderados por sua probabilidade.

risco beta (risco sistemático, risco não diversificável) Risco que não pode ser eliminado por diversificação.

risco diversificável Risco que é eliminado quando um ativo é acrescentado a uma carteira diversificada (*ver também* risco beta).

risco do negócio Risco devido à incerteza quanto aos desembolsos de investimento, fluxos de caixa operacionais e valores de liquidação, independentemente da maneira como os investimentos são financiados.

risco não diversificável *Ver também* risco beta.

S

Securities and Exchange Commission (SEC) Órgão do governo federal norte-americano que regula os mercados de títulos.

simulação (simulação Monte Carlo) Ampliação computadorizada da *análise de sensibilidade* que calcula a distribuição probabilística de um resultado projetado.

solvência Estado de poder honrar as dívidas no vencimento.

spread Jargão usado pelos bancos de investimento para definir a diferença entre o preço de emissão de um título e o valor líquido que cabe à empresa.

sunk cost Despesa anterior que não pode ser alterada por qualquer ação atual ou futura.

T

taxa contábil de retorno Valor de mérito de investimento definido como a entrada média anual de caixa dividida pela saída total de caixa (*ver também* taxa interna de retorno).

taxa cupom Taxa de juros especificada dos cupons anuais referentes aos títulos de dívida. O juro anual recebido é igual à taxa cupom vezes o *valor ao par* do título.

taxa de atratividade Taxa de rendimento mínima aceitável para um investimento (*ver também* critério de aceitação e custo do capital).

taxa de cobertura Medida de alavancagem financeira que relaciona o resultado operacional anual ao encargo anual da dívida (*ver também* índice de cobertura de juros, índice de cobertura de encargos financeiros).

taxa de conversão Número de ações pelo qual se pode trocar um *título conversível*.

taxa de crescimento sustentável Taxa a que o faturamento de uma empresa pode aumentar sem alterar sua margem de lucro, seu índice ativo/faturamento, seu índice dívida/patrimônio ou sua distribuição de dividendos. A taxa de crescimento que uma empresa pode financiar sem endividamento excessivo ou emissão de novas ações.

taxa de desconto Taxa de juros usada para calcular o *valor presente* de fluxos de caixa futuros.

taxa de desconto ajustada pelo risco (custo do capital, taxa mínima de atratividade) *Taxa de desconto* que inclui um ágio pelo risco.

taxa de giro do estoque Medida do controle que a administração tem sobre seu investimento em estoque, definida como o *custo das mercadorias vendidas* dividido pelo estoque ao fim do exercício, ou algo equivalente.

taxa de juros livre de risco Taxa de juros aplicável a um título livre de inadimplência na ausência de inflação.

taxa de retorno Rendimento que pode ser obtido sobre um ativo.

taxa de retorno pelo fluxo de caixa descontado *Taxa interna de retorno.*

taxa interna de retorno (TIR) *Taxa de desconto* a que o *valor presente líquido* de um projeto é igual a zero. A taxa a que os fundos deixados em um projeto sofrem *capitalização*.

título conversível Título financeiro que pode ser trocado, a critério do portador, por outro título ou ativo financeiro.

título de dívida Dívida a longo prazo de emissão pública.

título de renda fixa Qualquer título que prometa aos portadores um fluxo invariável de pagamentos durante sua vigência.

título de renda residual Título com direito residual aos resultados de uma empresa. É, geralmente, o beneficiário do crescimento da empresa.

títulos ao portador Quaisquer títulos que não estejam registrados nos livros da organização emissora. Os pagamentos são efetuados a quem quer que apresente o cupom correspondente. Os títulos ao portador facilitam a evasão fiscal.

títulos negociáveis Títulos prontamente conversíveis em caixa.

U

último que entra, primeiro que sai (UEPS) Método de contabilidade de estoques em que se presume que o item mais recente do estoque seja vendido primeiro (*ver também* primeiro que entra, primeiro que sai).

V

vaca leiteira (cash cow) Empresa ou produto que gera mais caixa do que pode reinvestir de maneira produtiva.

valor ao par Valor arbitrário estabelecido como valor de face de um título. Os portadores de títulos recebem, no vencimento de seus títulos, o valor ao par.

valor contábil Valor a que um item encontra-se lançado nas demonstrações financeiras (*ver também* valor de mercado).

valor contábil da empresa Valor do patrimônio dos proprietários mostrado no balanço da empresa (*ver também* valor de mercado do patrimônio).

valor da empresa *Valor presente* dos fluxos de caixa projetados para o *patrimônio líquido* e para os credores, descontados ao *custo médio ponderado do capital.*

valor de cisão Valor que pode ser realizado pela divisão de uma empresa com múltiplos negócios em diversas empresas separadas e pela alienação de cada uma delas.

valor de conversão Valor de mercado das ações que um investidor possuiria se convertesse um título conversível.

valor de investimento Valor de um *título conversível* baseado exclusivamente em suas características como título de renda fixa e desconsiderando o valor da característica de conversibilidade.

valor de liquidação Caixa gerado pelo encerramento de uma empresa e pela venda individual de seus ativos. O valor patrimonial de liquidação equivale aos proventos da venda do ativo menos todo o passivo da empresa.

valor de mercado Preço pelo qual um item pode ser vendido (*ver também* valor contábil).

valor de mercado da empresa Valor de mercado do patrimônio líquido mais o valor de mercado do passivo da empresa.

valor de mercado do patrimônio Preço por ação ordinária de uma empresa vezes o número de *ações ordinárias* em circulação (*ver também* valor contábil da empresa).

valor de mérito Número que resume o valor de um projeto como investimento.

valor econômico agregado Resultado operacional de uma empresa ou unidade de negócios após impostos menos um encargo pelo custo de oportunidade do capital empregado.

valor em atividade *Valor presente* dos *fluxos de caixa após livres* futuros esperados de uma empresa. O valor em atividade do *patrimônio* é o valor presente dos fluxos de caixa para o patrimônio, ao passo que o valor em atividade da empresa é o valor presente dos fluxos de caixa para todos os fornecedores de capital.

valor escritural do patrimônio Valor do *capital social* como consta no balanço da empresa (*ver também* valor de mercado do patrimônio).

valor justo de mercado (JVM) (valor intrínseco) V*alor de mercado* idealizado definido como o preço a que um ativo seria negociado entre dois indivíduos racionais, cada um dos quais de posse de todas as informações necessárias para avaliar o ativo e nenhum dos quais sob qualquer pressão para negociar.

valor patrimonial Valor presente dos fluxos de caixa projetados para o *patrimônio líquido* descontados ao *custo do patrimônio*.

valor pós-dinheiro Valor patrimonial de uma empresa implícito no preço por ação que um investidor paga após o investimento (*ver também* valor pré-dinheiro).

valor pré-dinheiro Valor patrimonial de uma empresa implícito no preço por ação que um investidor paga antes do investimento (*ver também* valor pós-dinheiro).

valor presente Valor presente de uma soma de dinheiro futura.

valor presente ajustado (VPA) *Valor presente líquido* de um ativo financiado totalmente por capital próprio acrescido do valor presente de quaisquer efeitos colaterais, como benefícios fiscais.

valor presente líquido (VPL) *Valor presente* das entradas de caixa menos o valor presente das saídas de caixa. O aumento da riqueza que cabe a um investidor ao realizar um investimento.

valor total da empresa (VTE) *Valor de mercado da empresa*. É o valor de mercado do patrimônio líquido mais o valor de mercado da dívida.

vendas (receita) Entrada de recursos em uma empresa durante um período decorrente da venda de bens ou da prestação de serviços.

vendas líquidas Receita total de vendas menos determinados itens, como devoluções, concessões e descontos sobre vendas.

volatilidade Desvio-padrão do retorno de um ativo. Uma medida de risco do ativo.

W

warrant Título emitido por uma empresa que garante o direito de compra de quotas de outro título da empresa a um preço especificado e por um prazo determinado.

Respostas Sugeridas para os Problemas de Número Ímpar

Capítulo 1

1. a. Isso significa que as atividades operacionais da empresa consumiram caixa. Uma combinação de duas coisas pode causar isso: perdas operacionais e aumentos em contas a receber e estoques. Perdas operacionais, obviamente, podem ser perigosas. O aumento em recebíveis e estoques não é necessariamente perigoso, desde que ele esteja em sintonia com as vendas e que a empresa seja capaz de financiar os déficits de caixa. O aumento em recebíveis e estoques em relação às vendas sugere afrouxar o controle administrativo de importantes ativos operacionais, um perigo em potencial.

    b. Isso significa que as atividades de investimento da empresa consumiram caixa, que a empresa adquiriu mais bens, instalações, equipamentos ou títulos negociáveis do que se desfez durante o ano. Nas empresas estáveis e em crescimento, os fluxos de caixa das atividades de investimento são negativos à medida que as empresas constroem capacidade de produção e substituem os equipamentos usados. Os fluxos de caixa positivos das atividades de investimento podem sinalizar problemas, sugerindo que a empresa não tem oportunidades de investimento atraentes ou que estaria liquidando ativos produtivos devido a dificuldades financeiras.

    c. Os fluxos de caixa negativos das atividades financeiras indicam que a empresa está pagando mais dinheiro aos investidores (na forma de amortização do principal da dívida, juros, dividendos e recompra de ações) do que levantando com os investidores. Normalmente, os fluxos de caixa negativos de atividades financeiras são associados a empresas maduras que geram caixa excedente das operações para financiar atividades futuras. Por outro lado, empresas em estágio inicial, empresas em rápido crescimento e aquelas em dificuldades financeiras em geral têm fluxos de caixa positivos das atividades financeiras.

3. a. Falso. O patrimônio líquido dos acionistas está no lado do passivo no balanço. Ele representa o direito dos proprietários sobre os ativos da empresa. Ou seja, o dinheiro contribuído pelos proprietários e complementado pelos lucros retidos já foi gasto para adquirir os ativos da empresa.

    b. Falso. O valor contábil do patrimônio líquido é simplesmente o número "plug" que faz o valor de mercado dos ativos ser igual à soma do valor contábil do passivo e do valor contábil do patrimônio. Se o valor contábil do passivo for maior do que o valor contábil do ativo, então (por definição) o valor contábil do patrimônio deve ser negativo. Isso não significa automaticamente falência. A falência ocorre quando uma empresa não pode pagar as suas contas em tempo hábil e os credores a forçam a procurar (ou elas procuram voluntariamente) proteção judicial.

c. Verdadeiro. Com dois balanços, é possível construir demonstrações de origens e aplicações de recursos.

d. Falso. O *goodwill* surge quando uma empresa adquire outra por um valor acima de seu valor contábil. Por exemplo, um empresa adquire outra por $10 milhões em caixa, mas o alvo tem um valor contábil de apenas $8 milhões, os contadores registram uma redução de $10 milhões no caixa da adquirente, um aumento de $8 milhões no ativo e de $2 milhões no *goodwill* para equilibrar as contas.

e. Falso. É justamente o contrário. Quando uma conta de ativo diminui, o caixa é disponibilizado para outros usos. Assim, reduções nos ativos são fontes de caixa. A fim de diminuir a conta do passivo, a empresa deve usar o caixa para reduzir o passivo. Portanto, reduções no passivo são usos de caixa.

5. Como o contador tem por meta principal medir o lucro, não o caixa gerado, ele vê o lucro – e não a geração de caixa – como o indicador fundamental de viabilidade. Uma perspectiva mais equilibrada é que, a longo prazo, as empresas bem-sucedidas precisam ser tanto lucrativas quanto solventes; ou seja, precisam ser lucrativas e ter caixa no banco para pagar suas contas. Isso quer dizer que é preciso estar atento tanto ao lucro quanto ao fluxo de caixa.

7. O Secretário-Geral confundiu lucro contábil com lucro econômico. Ganhar $300 milhões sobre um investimento de $7,5 bilhões representa um retorno de apenas 4%. Trata-se de um fraco desempenho, baixo demais para que a empresa continue a atrair novos investimentos necessários para o crescimento. A empresa evidentemente não está cobrindo o custo do seu capital próprio.

9. A Mead, Inc. gerou $330.000 em caixa durante o ano. O lucro líquido de $400.000 ignora o fato de as contas a receber subirem $250.000, um uso de caixa. Também trata a depreciação de $180.000 como despesa, que é um encargo não monetário. O aumento de $20.000 no valor de mercado dos ativos acrescenta o valor de mercado da empresa, mas não é um fluxo de caixa. Eis os números:

Lucro contábil	$400.000
Depreciação (encargo não caixa)	+ $180.000
Aumento nas contas a receber	− $250.000
Caixa gerado	$330.000

11. a. Em 2011, as vendas da empresa foram de $782 milhões, mas as contas a receber aumentaram $30 milhões, indicando que a empresa recebeu apenas $752 milhões em caixa (isso desconsidera possíveis variações de reservas para duvidosos créditos). Sendo bop o início do período e eop o fim do período, a equação é

$$\text{Contas a receber}_{eop} = \text{Contas a receber}_{bop} + \text{Vendas a crédito} - \text{Recebimentos}$$
$$\text{Recebimentos} = \text{Vendas a crédito} - \text{Variação das contas a receber}$$
$$\$752 \text{ milhões} = \$782 \text{ milhões} - \$30 \text{ milhões}$$

b. Durante 2011, a empresa vendeu $502 milhões em mercadorias ao custo, mas o estoque de mercadorias acabadas caiu $10 milhões, indicando que a empresa produziu $492 milhões em mercadorias. A equação é

$$\text{Estoque}_{eop} = \text{Estoque}_{bop} + \text{Produção} - \text{Custo das vendas}$$
$$\text{Produção} = \text{Custo das vendas} + \text{Variação do estoque}$$
$$\$492 \text{ milhões} = \$502 \text{ milhões} - \$10 \text{ milhões}$$

c. Se o ativo fixo líquido aumentou em $78 milhões e a depreciação reduziu o ativo fixo líquido em $61 milhões, os investimentos de capital devem ter sido de $139 milhões (ignorando venda ou baixas de ativos).

$$\text{Ativo fixo líquido}_{eop} = \text{Ativo fixo líquido}_{bop} + \text{Investimentos de capital} - \text{Depreciação}$$
$$\text{Investimentos de capital} = \text{Variação do ativo fixo líquido} + \text{Depreciação}$$
$$\$139 \text{ milhões} = \$78 \text{ milhões} + \$61 \text{ milhões}$$

d. Há duas maneiras de derivar o fluxo de caixa das operações. Se não houve fluxos de caixa de financiamento para o ano, então as variações no balanço de caixa no final do ano se devem ao fluxo de caixa das operações e das atividades de investimento. Os gastos de capital de $139 milhões representam os fluxos de caixa de investimento da empresa. Assim, podemos usar a alteração no balanço de caixa de 2010 a 2011 ($49 milhões) e o investimento dos fluxos de caixa para obter o fluxo de caixa das operações.

$$\text{Alteração no fluxo de caixa} = \text{FC das ops} + \text{FC do investimento} + \text{FC do financiamento}$$
$$\$49 \text{ milhões} = \text{FC das ops} + (-\$139 \text{ milhões}) + 0$$
$$\text{FC das operações} = \$49 + \$139 = \$188 \text{ milhões}$$

De forma alternativa, você pode calcular o fluxo de caixa das operações a partir dos itens da tabela. Comece com o lucro líquido, remova qualquer item não caixa (como a depreciação) e acrescente qualquer transação de caixa que não seja capturada pela demonstração de resultados (como as alterações das contas de capital de giro). Podemos ver que as contas a receber aumentaram em $30 milhões, o estoque de produtos acabados diminuiu em $10 milhões e as contas a pagar aumentaram em $5 milhões. A depreciação foi de $61 milhões.

FC das operações = lucro líquido − aumento em contas a receber + diminuição no estoque + aumento em contas a pagar + depreciação

FC das operações = 142 − 30 + 10 + 5 + 61 = $188 milhões

13. a. Preço por ação = $15 milhões/700.000 ações = $21,43 por ação Valor contábil por ação = $9 milhões/700.000 = $12,86 por ação.

b. A Epic Trucking pagará $21,43 por ação pelas 175.000 ações que recomprar. Isso reduz o valor contábil em $3.750.250. Admitindo igualdade das demais condições, o novo valor contábil deverá ser de $5.249.750.

c. Como nada mais mudou e o mercado não percebe valor agregado à empresa e não há tributos ou custos de transação, o valor de mercado deve cair exatamente na medida do caixa pago pela transação. O novo valor de mercado deverá ser de $11.249.750. Outra maneira de pensar sobre a questão é observar que a recompra das ações vai reduzir o caixa em $3.750.250 ou aumentar o passivo pela mesma quantia se ela financiar a recompra da dívida. De qualquer maneira, a empresa vale $3.750.250 a menos para os proprietários após a recompra, ou $11.249.750. Com 525 mil ações em circulação depois da recompra, o preço por ação permanece $21,43 ($11.249.750/525.000 ações). Na prática, as recompras de ações muitas vezes têm um efeito positivo de preço no momento do anúncio. Há diversas explicações para esse efeito, algumas das quais abordaremos nos próximos capítulos.

d. As ações em circulação aumentam 20%, ou 140.000 ações. Com $21,43 por ação, a Epic trucking levantaria $3.000.200. Supondo que todo o resto permaneça igual, o novo valor contábil do patrimônio líquido será de $12.000.200 ($9 milhões + $3.000.200).

e. Devido ao mesmo raciocínio na parte c, o valor de mercado deveria subir $3.000.200. A venda aumenta o caixa da empresa em $3.000.200, aumentando o valor da empresa apenas nesse montante. O novo valor de mercado deveria ser de $18.000.200. O preço por ação deveria permanecer $21,43 ($18.000.200/840.000 ações = $$21,43). Na prática, essas vendas de ações muitas vezes tornam os investidores menos otimistas sobre o desempenho futuro da empresa e, assim, geram efeitos negativos de preço no momento do anúncio. Vamos discutir esse assunto no Capítulo 6.

Capítulo 2

1. O CEO está certo de que o ROE é o produto da margem de lucro, do giro do ativo e da alavancagem financeira, mas um aumento nos preços não vai necessariamente aumentar o ROE, porque o aumento dos preços provavelmente reduzirá as vendas. Se os custos operacionais são fixos, a margem de lucro realmente poderá cair quando os preços subirem. Mesmo que os custos operacionais sejam variáveis, uma diminuição nas vendas reduzirá o giro do ativo e, assim, reduzirá o ROE. Não é certo que o efeito do aumento na margem de lucro sobre o ROE compensará o efeito da diminuição do giro de ativos. Ao pensar sobre as alavancas de desempenho, é importante lembrar que as mudanças na estratégia da empresa podem afetar várias alavancas, muitas vezes em direções diferentes.

3. a. Verdadeiro. Seja L = Passivo, E = Patrimônio líquido e A = Ativo, teríamos então: $A/E = 1 + L/E$? E teríamos que $A/E = (E + L)/E$? Sim.

   b. Verdadeiro. Os numeradores das duas razões são idênticos. ROA somente pode ser maior do que ROE se o total do ativo for inferior ao patrimônio líquido, o que implicaria um passivo negativo.

   c. Falso. Um prazo médio de pagamento maior do que um prazo médio de recebimento seria bom porque o crédito mercantil financiaria as contas a receber. Mas o prazo de pagamento e o prazo de recebimento costumam ser determinados pela prática do setor e pelo poder de barganha relativo das empresas envolvidas; assim, dependendo das condições da empresa, ela pode ser forçada a aceitar um prazo de recebimento maior do que o prazo de pagamento.

   d. Verdadeiro. Os dois índices são iguais, a não ser pelo fato de que o estoque, uma quantidade positiva, é subtraído do numerador para calcular o índice de liquidez seca.

   e. Verdadeiro. Decompor o ROE mostra que um maior índice do giro do ativo aumenta o ROE. Assim, a empresa quer maximizar o giro do ativo (mantidas as demais condições, claro).

   f. Falso. O *earnings yield* e os índices preço/lucro são o inverso um do outro. Se duas empresas têm um *earnings yield* idêntico, elas terão índices preço/lucro idênticos.

   g. Falso. Ignorando os impostos e os custos de transação, os ganhos não realizados podem sempre se tornar realizados por meio do ato de venda, de modo que devem valer tanto quanto um montante comparável de ganhos realizados.

5. a.

	Ano 1	Ano 2
Índice de liquidez corrente	9,70	2,80
Índice de liquidez seca	9,61	2,31

A liquidez a curto prazo da Industrial apresentou considerável deterioração, mas partindo de uma base inicial elevada.

b.

	Ano 1	Ano 2
Prazo médio de recebimento (dias)	28,3	28,1
Giro do estoque (vezes)	38,5	4,7
Prazo médio de pagamento (dias)	42,3	24,3
Dias de vendas em caixa (incluindo títulos negociáveis)	919,3	243,7
Margem bruta	8%	25%
Margem de lucro	−57%	−88%

c. A empresa perdeu dinheiro em ambos os anos, mais no segundo do que no primeiro. O fluxo de caixa operacional é negativo nos dois anos, mas melhorou. A liquidez caiu e o giro do estoque despencou. O aumento de mais de 10 vezes do estoque sugere que a Industrial ou estava demasiado otimista quanto às vendas em potencial ou perdeu completamente o controle de seu estoque. Uma terceira possibilidade é a de que a empresa esteja aumentando o estoque na expectativa de um grande aumento das vendas no ano seguinte. Em todos os casos, o investimento em estoque merece um exame detido. De modo geral, esses números se assemelham ao de uma empresa iniciante e instável.

7. a.

	Empresa Locktite Inc.	Empresa Stork Systems
ROE	30%	57%
ROA	23%	11%
ROIC	25%	17%

b. O maior ROE da Stork é um reflexo natural de sua maior alavancagem financeira. Isso não quer dizer que a Stork seja a melhor empresa.

c. Isso também se deve à maior alavancagem da Stork. O ROA penaliza as empresas alavancadas, comparando o lucro líquido disponível para os acionistas com o capital fornecido por acionistas *e* credores. Mas isso não quer dizer que a Stork seja pior do que a Locktite.

d. O ROIC abstrai as diferenças de alavancagem e fornece uma comparação direta do potencial de ganhos dos ativos das duas empresas. Segundo essa métrica, a Locktite tem um desempenho superior. Antes de tirar quaisquer conclusões definitivas, entretanto, é importante comparar os riscos de negócio enfrentados pelas duas empresas e determinar se os índices observados refletem capacidades a longo prazo ou fatos transitórios.

9. Prazo médio de recebimento = Contas a receber/Vendas a crédito por dia
Vendas a crédito = 0,75 × $420 milhões = $315 milhões

$$\text{Contas a receber} = \text{Prazo médio de recebimento} \times \text{Vendas a crédito por dia}$$
$$= 55 \times \$315 \text{ milhões}/365 = \$47,5 \text{ milhões}$$

Giro do estoque = CMV/Estoque final
CMV = Vendas* (1 − Margem bruta) = $420 milhões × (1 − 0,40) = $252 milhões

Estoque = CMV/Giro do estoque
= $252 milhões/8 = $31,5 milhões

Prazo médio de pagamento = Contas a pagar/Compras por dia
(Já que não há informações sobre Compras, use CMV.)

Contas a pagar = Prazo médio de pagamento × CMV por dia
= 40 × $252 milhões/365
= $27,6 milhões

11. Vendas = (Caixa/Dias de vendas em caixa) × 365 = (1.100.000/34) × 365
= $11.808.824

Contas a receber = Prazo médio de recebimento × Vendas a crédito por dia
= Prazo médio de cobrança × (Vendas/365)
= 71 × 11.808.824/365 = $2.297.059

CMV = Giro do estoque × Estoque final
= 5 × 1.900.000 = $9.500.000

Contas a pagar = Prazo médio de pagamento × (CMV/365)
= 36 × 9.500.000/365 = $936.986

Passivo total = Ativo × Dívida/Ativo
= 8.000.000 × 0,75 = $6.000.000

Patrimônio líquido = Ativo total − Passivo total
= 8.000.000 − 6.000.000 = $2.000.000

Passivo circulante = Ativo circulante/Índice de liquidez corrente
= 5.297.059/2,6 = $2.037.330

Ativo	
Circulante:	
Caixa	$1.100.000
Contas a receber	$2.297.059
Estoque	$1.900.000
Ativo circulante total	$5.297.059
Ativo fixo total	$2.702.941
Ativo total	$8.000.000

(continua)

	(continuação)
Passivo e patrimônio líquido	
Passivo circulante:	
Contas a pagar	$ 936.986
Dívida a curto prazo	$1.100.344
Passivo circulante total	$2.037.330
Dívida a longo prazo	$3.962.670
Patrimônio líquido	$2.000.000
Total do passivo e do patrimônio líquido	$8.000.000

13. Você encontrará sugestões de respostas a este problema em **www.grupoa.com.br** (encontre a página deste livro, procure o Material Complementar e clique em Conteúdo Online.)

Capítulo 3

1. Um valor negativo implica que a empresa tem caixa a mais que o mínimo desejável. Isso pode ser demonstrado no balanço, fixando a necessidade de financiamento externo em zero e acrescentando o valor absoluto do financiamento externo necessário ao caixa. Nessa circunstância, o ativo é igual ao passivo mais o capital próprio, ou seja, o balanço se equilibra.

3. Isso significaria que errei ao elaborar uma ou as duas previsões. Partindo das mesmas premissas e evitando erros contábeis e aritméticos, o financiamento externo necessário deveria ser igual ao superávit ou déficit estimado de caixa na mesma data.

5. A empresa precisa de certo nível de caixa para operar de forma eficiente. Os fluxos de caixa operacionais podem ser voláteis e difíceis de prever no dia a dia. As empresas contam com uma reserva de caixa para cobrir os desequilíbrios de fluxos de caixa periódicos. A quantidade de reserva depende de muitas coisas, incluindo a volatilidade dos fluxos de caixa e a disponibilidade de outras fontes de liquidez, como linhas de crédito bancário não utilizadas. Embora se possa argumentar que a empresa conseguiria sobreviver com menos de 18 dias de vendas em caixa, como implicado na previsão, este valor é bem menor do que a média recente para as empresas não financeiras do S&P 500, de aproximadamente 43 dias.

7. Previsão *pro forma* para a R&E Supplies, 2013

Demonstração de resultados	
Vendas líquidas	$33.496
Custo das mercadorias vendidas	28. 807
Lucro bruto	4.689
Despesas gerais de vendas e administrativas	3.685
Despesa de juros	327
Lucro antes do imposto de renda	678
Impostos	305

Demonstração de resultados	
Lucro líquido	373
Dividendos pagos	187
Acréscimo ao lucro retido	$ 187
Previsão do balanço	
Ativo circulante	$ 9.714
Ativo fixo líquido	270
Ativo total	9.984
Passivo circulante	4.823
Dívida a longo prazo	560
Patrimônio líquido	1.995
Total do passivo e do patrimônio líquido	$7.378
Financiamento externo necessário	**$2.606**

a. O financiamento externo necessário projetado em 2013 é de $2,606 milhões, $1 milhão a mais do que em 2012. A R&E Supplies precisa sair dessa esteira o mais breve possível.

b. O financiamento externo requerido cai para $2,416 milhões, baixa de 7,3%.

c. O financiamento externo requerido sobe para $2,977, alta de 14,2% nesse cenário de recessão.

9.

Pepperton Demonstração de resultados 1º de janeiro de 2012 a 31 de março de 2012 ($ milhares)	
Vendas líquidas	$ 1.080
Custo das vendas	540
Lucro bruto	540
Despesas de vendas e administrativas	540
Juros	90
Depreciação	30
Lucro líquido antes do imposto de renda	(120)
Imposto a 33%	(40)
Lucro líquido após o imposto de renda	($80)
Dividendos	300
Acréscimo ao lucro retido	$ (380)
Balanço – 31 de março de 2012 ($ milhares)	
Ativo	
Caixa	$ 150
Contas a receber	192
Estoque	1.800
Ativo circulante total	2.142
Ativo fixo bruto	900
— Depreciação acumulada	180

(continua)

Pepperton
Demonstração de resultados
1º de janeiro de 2012 a 31 de março de 2012 ($ milhares) *(continuação)*

Ativo fixo líquido	720
Ativo total	$2.862
Passivo	
Empréstimo bancário	$ 1.362
Contas a pagar	240
Provisões diversas	60
Parcela circulante da dívida a longo prazo	0
Impostos devidos	80
Total do passivo circulante	1.742
	990
Dívida a longo prazo	130
Patrimônio líquido	$2.862
Total do passivo e do patrimônio líquido	
Comentários:	
Estoque estimado da seguinte maneira:	
Estoque inicial em 1º de janeiro	$1.800
+ Compras do 1º trimestre	540
− Custo das mercadorias vendidas no 1º trimestre	540
Estoque final em 31 de março	$1.800
Impostos devidos calculados da seguinte maneira:	
Impostos devidos em 31 de dezembro de 2008	$300
− pagamentos efetuados	180
+ impostos acumulados no 1º trimestre	− 40
Impostos devidos em 31 de março	$80

 a. Financiamento externo estimado necessário em 31 de março: $1.362.000.

 b. Sim, são iguais. Se não forem, indicam que me enganei ou usei diferentes premissas para as duas previsões.

 c. Sim, as previsões *pro forma* podem ser analisadas da maneira costumeira.

 d. Pouco ou nada dizem sobre as necessidades de financiamento em qualquer data que não a da previsão.

11. a. Valores negativos para os impostos indicam que a empresa está reduzindo suas obrigações tributárias. Se a empresa pagou impostos no passado recente, pode solicitar a restituição.

 b. Os saldos de caixa superam o nível mínimo desejável porque a empresa tem superávit de caixa nesses trimestres. Os saldos de caixa são determinados, nesses períodos, observando primeiro que o financiamento externo necessário é negativo quando o caixa está fixado no nível mínimo. O financiamento externo necessário é então fixado em zero e o caixa passa a ser o item de equilíbrio entre o ativo e o passivo mais patrimônio líquido.

c. Quando maior que zero, o financiamento externo necessário é o item que equilibra ativo e passivo mais patrimônio líquido.

d. A empresa deve ter facilidade para conseguir o empréstimo. Os montantes necessários são de menos que um quarto das contas a receber em cada trimestre.

13. Veja a planilha de Respostas Sugeridas em C3_Problem_13.xls disponível em **www.grupoa.com.br** (encontre a página deste livro, procure o Material Complementar e clique em Conteúdo Online).

15. Veja aplanilha de respostas sugeridas em C3_Problem_15.xlsx diksponível em **www.grupoa.com.br** (encontre a página deste livro, procure o Material Complementar e clique em Conteúdo Online).

Capítulo 4

1. Esta afirmação está incorreta e evidencia um equívoco básico do capítulo. A declaração correta seria "Um importante trabalho da administração superior é antecipar as diferenças entre as taxas de crescimento sustentável e efetivo da empresa e ter um plano para administrar com prudência essas diferenças". Restringir a taxa de crescimento efetivo de uma empresa em rápida expansão para se aproximar de sua taxa sustentável corre o risco, de forma desnecessária, de sacrificar o crescimento valioso, enquanto aumentar a taxa de crescimento de uma empresa de expansão lenta corre o risco de promover o crescimento de destruição de valor.

3. a. Falso. As empresas podem atingir taxas de crescimento acima dos níveis sustentáveis aumentando sua margem de lucro, seu giro do ativo ou sua alavancagem financeira, ou reduzindo os dividendos. O problema é que há limites para a capacidade da empresa de fazer tais mudanças.

b. Falso. Empresas glamourosas como a Clearwire, que têm histórias interessantes para contar, podem levantar capital de acionistas apesar das perdas operacionais. Empresas mais tradicionais não têm a mesma facilidade.

c. Verdadeiro. As recompras reduzem o número de ações em circulação, o que contribui para aumentar o lucro por ação. Mas o dinheiro usado para recomprar ações tem um custo, o que reduz os ganhos e tende a reduzir o lucro por ação. Na maioria dos casos, o primeiro compensa o segundo e o lucro por ação aumenta quando há recompra.

d. Verdadeiro. Resultados de pesquisas sugerem que, na maior parte do tempo, a maioria dos administradores acredita que as ações das suas empresas estejam subvalorizadas. A recompra de ações subvalorizadas é um uso produtivo dos recursos da empresa, que beneficia os acionistas remanescentes.

e. Falso. Um dos principais temas deste capítulo é que empresas de crescimento lento têm problemas de gestão do crescimento mais sutis e frequentemente mais agudos do que suas vizinhas de crescimento acelerado.

f. Falso. Um bom crescimento que leve a retornos maiores do que o custo aumenta o preço da ação. Um mau crescimento, a rendimentos inferiores ao custo, destrói valor e acaba reduzindo o preço por ação.

5. Em muitos anos, desde 1985, a emissão de patrimônio líquido tem sido negativa, ou seja, as empresas norte-americanas têm retirado mais ações, medidas em termos de valor, do que têm emitido. No agregado, então, as novas ações têm sido um uso de capital para as empresas norte-americanas, e não uma fonte. (Ao mesmo tempo, a Figura 4.6 ilustra que as novas ações têm sido uma fonte importante para um determinado subconjunto de empresas caracterizadas principalmente por um elevado crescimento.)

7. a. As taxas de crescimento sustentável da Biosite são

	2000	2001	2002	2003	2004
Taxa de crescimento sustentável (%)	NA	9,3	14,7	23,0	26,9

Por exemplo, em 2001 $g^* = 10,3\% \times 100\% \times 0,64 \times \$102,7/\$72,9 = 9,3\%$.

b. A taxa de crescimento efetivo da Biosite superou por ampla margem o crescimento sustentável em todos os anos. A empresa estava crescendo a uma taxa bem acima da sua taxa de crescimento sustentável. Seu desafio era como gerenciar esse crescimento sem crescer para a quebra.

c. A Biosite aumentou cada índice, exceto sua taxa de retenção (que já estava em 100%). Se a Biosite não tivesse melhorado seu desempenho operacional, como refletido na margem de lucro e no giro do ativo, a alavancagem financeira necessária para gerar o crescimento sustentável da empresa teria sido quase duas vezes tão elevada quanto o observado.

9. a.

	2000	2001	2002	2003	2004
Taxa de crescimento sustentável (%)	X	28,6	30,6	31,5	26,0
Taxa de crescimento efetivo (%)	17,8	16,4	21,4	14,0	8,5

b. A Harley-Davidson tem um problema de crescimento sustentável. Sua taxa de crescimento efetivo é muito inferior à taxa de crescimento sustentável.

c. A redução do giro do ativo, do índice de retenção e da alavancagem financeira está ajudando a diminuir a taxa de crescimento sustentável. Mas a diferença entre as duas taxas ainda é substancial em 2004.

11. Veja a planilha de Respostas Sugeridas em C4_Problem_9.xlsx disponível em **www.grupoa.com.br** (encontre a página deste livro, procure o Material Complementar e clique em Conteúdo Online.)

Capítulo 5

1. Ações ordinárias são mais arriscadas do que títulos do governo norte-americano. Os investidores avessos ao risco exigem maiores retornos sobre as ações ordinárias do que sobre os títulos do governo como compensação para o risco adicional. Se os retornos dos títulos do governo foram, em média, tão altos quanto os das ações ordinárias, os preços dos títulos do governo aumentariam e os preços das ações ordinárias cairiam à medida que os investidores corressem para os títulos mais seguros, mas igualmente promissores. Isso resultaria em retornos esperados mais baixos para os títulos para os novos investidores e retornos esperados mais elevados para os ações, até que o *trade-off* entre risco e retorno reaparecesse.

3. A participação percentual na empresa é muito importante para o investidor. Isso determina o porte de seus direitos sobre os fluxos de caixa da empresa e, portanto, o valor de seu investimento. O preço por ação de uma empresa e o número de ações em circulação podem ser arbitrariamente alterados por meio da divisão das ações. O preço por ação e o número delas só tem interesse na medida em que permitem ao investidor calcular valores mais importantes, sejam monetários ou de participação percentual.

5. a. O retorno do período de investimento (*holding period return*) é de − 4,76% [($60 − $110)/$1.050].

    b. O preço do título pode ter caído por causa de uma maior percepção do seu risco por parte dos investidores ou em função de um aumento da taxa de juros. O preço de um bônus é o valor presente das entradas de caixa futuras. Com o aumento das taxas de juros, o valor presente dos fluxos de caixa futuros cai, assim como o preço dos títulos. Veja o Capítulo 7 para mais detalhes.

7. a.

Preço da ação	$75,00
− deságio de 8%	6,00
Preço de emissão	69,00
− *spread* de 7%	4,83
Líquido para a empresa	$64,17

    Número de ações = $500 milhões/$64,17 = 7,79 milhões

    b. Receita dos bancos de investimento = $4,83 × 7,79 milhões = $37,63 milhões.

    c. O deságio não é um fluxo de caixa. Mas é um custo de oportunidade importante para os atuais proprietários, porque significa que será preciso vender mais ações para levantar $500 milhões e que cada ação representará uma menor participação percentual na empresa P.S.: Os custos de oportunidade são tão reais quanto os custos de fluxo de caixa.

9. Embora intrigante, esta não é uma evidência de ineficiência do mercado. Pense em disputar cara e coroa e tentar obter "cara". Se a habilidade estiver

envolvida, seria de se esperar conseguir coroa mais de 50% das vezes. Mas se lançar a moeda for apenas uma questão de sorte, você pegaria coroa, em média, metade das vezes. Então, se os retornos dos fundos de investimento fossem aleatórios, você esperaria ver cerca de metade de todos os fundos de investimento superar o mercado a cada ano. Destes fundos de investimento "vencedores", cerca de metade voltaria a superar o mercado no ano seguinte (em termos de disputa cara ou coroa, quando você virar cara, a próxima jogada resultará em cara cerca de metade do tempo). Após cinco anos, seria de se esperar que cerca de 1/32 da amostra original de fundos de investimento tenha superado o mercado a cada ano $((1/2)5 = 1/32)$. Quando você começa com 5.600 fundos de investimento, seria de se esperar que, se nenhuma habilidade estiver envolvida, cerca de 175 teriam superado o mercado a cada ano durante cinco anos (5.600/32 = 175). Tendo em conta que apenas 104 o fizeram, parece que a sorte (e não a habilidade) é a causa provável de seu sucesso.

11. a. Suponha que a ação da empresa Liquid Force seja vendida a $40 antes do dividendo e que o dividendo seja de $6. Você compra ações da Liquid Force por $40 imediatamente antes do dividendo, recebe os $6 de dividendo e vende as ações por $37 cada. Você investe $40 e imediatamente após a venda tem $43 em caixa. Dinheiro fácil.

b. O preço da ação da Liquid Force aumentaria antes do dividendo e cairia mais depois de sua distribuição. Com cada vez mais investidores seguindo essa estratégia, a queda de preço se aproximará do pleno montante do dividendo (ausentes custos de transação).

c. Suponha que a ação da Liquid Force seja vendida a $40 antes do dividendo e que o dividendo seja de $6. Você quer vender as ações da Liquid Force a descoberto: tome emprestadas ações da Liquid Force de um acionista e venda-as imediatamente antes do dividendo por $40, pague o dividendo de $6 à pessoa de quem você tomou as ações emprestadas e compre a ação por $28. Cubra a venda a descoberto ao devolvê-la a quem lhe emprestou. Investe-se $34 ($28 + $6) e, imediatamente após a transação, se tem $40 em caixa. Mais uma vez, é dinheiro fácil.

d. O preço por ação cairá antes do dividendo e cairá em menor proporção após o dividendo. Como mais investidores seguem essa estratégia, a queda de preço igualará o dividendo (na ausência de custos de transação e impostos).

e. Essas transações garantem que o preço por ação cairá um montante igual ao dividendo pago.

f. Ignorando os impostos e admitindo mercados eficientes, um aumento de $1 nos dividendos resulta em uma queda de $1 nos ganhos de capital. Os investidores racionais são indiferentes quanto a receber o rendimento como dividendos ou como ganhos de capital, de modo que aumentar os dividendos não beneficiará os investidores.

13. A analogia é apropriada. O preço de exercício da opção dos proprietários é o valor da dívida vigente. Os proprietários têm a opção de pagar esse montante e ter a livre e total propriedade dos ativos da empresa. Como alternativa, se o valor dos ativos for inferior ao da dívida, os proprietários podem abandonar a empresa, deixando os ativos para os credores. O valor do patrimônio líquido em relação ao valor da empresa se assemelha ao diagrama de retorno de uma opção de compra.

Capítulo 6

1. As concessionárias de energia elétrica têm fluxos de caixa muito estáveis. Poucos de nós desligariam as luzes ou tomariam banho frio durante a recessão. Fluxos de caixa estáveis são necessários para sustentar obrigações de juros elevadas. Além disso, as concessionárias de energia elétrica têm grandes investimentos em terrenos e ativos fixos, excelentes fontes de garantia de empréstimo.

    As empresas de tecnologia da informação, por outro lado, possuem fluxos de caixa altamente incertos, o que não é adequado para sustentar as obrigações de juros. Elas também aspiram a um crescimento rápido, ou seja, a manutenção da flexibilidade necessária para garantir o acesso aos mercados financeiros é importante. Elas são, portanto, cautelosas em "fechar a torneira" ao fazer empréstimos agressivos.

3. Como todas as empresas enfrentam risco no negócio, o EBIT da empresa varia ao longo do tempo. A dívida é um título de renda fixa, ou seja, as despesas de juros não variam com o EBIT. Como resultado, toda a variabilidade no EBIT é suportada por investidores que possuam um título de renda residual. À medida que a alavancagem aumenta, a mesma variabilidade no EBIT é suportada por um investimento menor de patrimônio líquido, elevando a variabilidade por dólar investido. Isso resulta em um aumento da volatilidade no retorno para os acionistas - ou risco aumentado. Além disso, como é evidente a partir do gráfico de faixa de lucros, a alavancagem aumenta a inclinação da linha relacionando o EBIT ao LPA ou ROE, e quanto maior a inclinação, maior é a variabilidade no LPA e ROE para qualquer variabilidade no EBIT.

5. a. Há diversos motivos. Primeiro, empresas com oportunidades de investimento promissoras costumam ter ativos intangíveis valiosos, e esse valor cairia rapidamente se a empresa encontrasse dificuldades financeiras; ou seja, o valor de revenda dos ativos é baixo. Segundo, é importante para tais empresas manter a flexibilidade financeira que decorre de uma estrutura de capital conservadora para garantir o financiamento das oportunidades de investimento futuras. Essas empresas ganham dinheiro do lado do ativo do negócio e nada devem fazer do lado do passivo que possa comprometer seus investimentos futuros.

b. A maioria seguiria essa recomendação se pudesse, mas a carência de fluxo de caixa operacional suficiente e a incapacidade de levantar mais capital próprio forçam muitas pequenas empresas a usar financiamento por dívida de maneira intensiva. Essas empresas têm que escolher entre crescer com dívida ou abrir mão do crescimento. Além disso, muitos empreendedores veem a dívida como uma maneira de esticar seu patrimônio líquido limitado a fim de obter controle sobre mais ativos. Eles gostam de apostar com o dinheiro dos outros.

7. a. EBIT = Lucro antes do imposto de renda + Despesas financeiras = 50/(1 − 0,35) + 18 = $94,9.

   Juros = $18 + 0,07(50) = $21,5. Cobertura da despesa financeira = 94,9/21,5 = 4,41 vezes.

   b. Encargo dos juros e fundo de amortização antes dos impostos = 21,5 + (17 + 8)/(1 − 0,35) = $59,96.

   Cobertura do encargo financeiro = 94,9/59,96 = 1,58 vez.

   c. LPA = (94,9 − 21,5)(1 − 0,35)/20 = $2,39.

   d. Índice de cobertura de juros = 94,9/18 = 5,27 vezes. Cobertura do encargo financeiro = 94,9/[18 + 17/(1 − 0,35)] = 2,15 vezes. LPA = (94,9 − 18)(1 − 0,35)/(20 + 2) = $2,27.

9. a. Um aumento na taxa de juros traria mais para baixo a linha de financiamento por dívida do gráfico de faixa de lucros. Isso reduziria a vantagem da dívida em termos de LPA ou ROE ou aumentaria a desvantagem se o EBIT fosse inferior ao ponto de interseção. E também aumentaria o EBIT do ponto de interseção. As duas variações reduziriam a atratividade do financiamento por dívida.

   b. Um maior preço por ação reduziria o número de ações emitidas para levantar o capital necessário, o que aumentaria o ROE em todos os níveis de resultado da linha de capital próprio. Elevar esta linha melhoraria o LPA com financiamento por capital próprio em relação à dívida e aumentaria o EBIT de interseção. Isso tornaria o capital próprio mais atraente.

   c. O gráfico de faixa de lucros ficaria inalterado, mas a maior incerteza aumentaria a probabilidade de que o EBIT ficasse abaixo do ponto de interseção. Isso tornaria o capital próprio mais atraente.

   d. Os maiores dividendos não afetariam o gráfico de faixa de lucros. Eles reduziriam o índice de cobertura das ações ordinárias e, com isso, tornariam a dívida marginalmente mais atraente.

   e. Um aumento no montante de dívida vigente aumentaria a despesa financeira e reduziria o ROE para todas as opções de financiamento. Isso traria para baixo as linhas de financiamento tanto por dívida quanto por capital próprio do gráfico de faixa de lucros na mesma medida, mas não afetaria a atratividade da dívida em relação ao capital próprio, pelo menos no que se refere ao gráfico. A cobertura dos juros cairia, evidentemente, o que tornaria mais arriscado o financiamento por dívida adicional.

11. a. A cada ano as fontes de caixa devem ser iguais aos usos de caixa. As fontes são o lucro mais os novos empréstimos tomados. Os usos são investimentos e dividendos. Assim, a cada ano, a seguinte equação é válida: $E + 1,2 (E - D) = I + D$, sendo E o lucro, 1,2 o índice dívida/patrimônio líquido, D o dividendo e I o investimento. [O índice dívida/patrimônio líquido do alvo é Dívida = 1,2 × Patrimônio líquido. Acréscimos anuais para o patrimônio líquido = lucro retido = $E - D$. Novos empréstimos anuais, então, são iguais a $1,2(E - D)$.] Solucionando para D, $D = E - I/2,2$. A tabela a seguir representa o dividendo anual e o índice de distribuição de dividendos resultantes.

b. Somando os dividendos e dividindo essa soma pelo lucro total, o índice estável de distribuição é de \$219/\$930 = 24% Substituindo em nossa equação de fontes e usos, $E + 1,2 (E - 0,24E) = I + 0,24E + CM$, sendo CM a variação da carteira de títulos negociáveis. Resolvendo para CM, $CM = 1,67E - I$. Os valores resultantes de CM e a carteira de títulos negociáveis ao fim do ano constam na tabela a seguir. (Se eu tivesse feito os cálculos com mais precisão, o valor final dos títulos negociáveis teria sido igual ao inicial, de \$200.)

	($ milhões)				
Ano	1	2	3	4	5
Dividendo ($)	20	− 6	34	71	100
Índice de distribuição de dividendos (%)	20	− 5	20	31	33
Índice estável de distribuição de dividendos(%)	24	24	24	24	24
Dividendo estável ($)	24	31	41	55	72
Variação dos títulos negociáveis ($)	− 8	− 83	− 16	34	61
Títulos negociáveis ($)	192	109	93	127	188

c. A empresa pode fazer qualquer uma das coisas a seguir, ou qualquer combinação delas: reduzir títulos negociáveis, aumentar a alavancagem financeira, cortar os dividendos ou vender novas ações.

d. A teoria da ordem de escolha prevê que uma empresa favorecerá o financiamento interno sobre o externo e, entre as fontes externas, favorecerá os ativos de menor risco, como os título, sobre as ações. As opções vão sendo classificadas de acordo com sua ordem de escolha (*pecking order*) conforme sugerido na parte *c* da resposta. Embora cortar dividendos seja teoricamente uma fonte de financiamento interno, a sinalização adversa associada ao corte dos dividendos quando a empresa tem um histórico de dividendos estáveis é tão forte que espero que as empresas a coloquem depois de vender novas ações em sua lista de ordem de escolha. Fique à vontade para ignorar o corte dos dividendos em sua ordem neste problema.

e. A teoria da ordem de escolha decorre do desejo de evitar efeitos negativos de sinalização (ou dos limões) decorrentes de novas emissões de ações, complementado pelo desejo de manter o acesso aos mercados financeiros. Se essas metas forem importantes para os administradores, eles seguirão naturalmente a ordem de escolha.

13. Veja Respostas Sugeridas em C6_Problem_13_Answer.xls disponível em **www.grupoa.com.br** (encontre a página deste livro, procure o Material Complementar e clique em Conteúdo Online.)

15. Veja Respostas Sugeridas em C6_Problem_15_Answer.xlsx disponível em **www.grupoa.com.br** (encontre a página deste livro, procure o Material Complementar e clique em Conteúdo Online.)

Capítulo 7

1. a.

Entrada:	4	8	?	0	1.000
	n	i	PV	PMT	FV

Resultado: −735,03

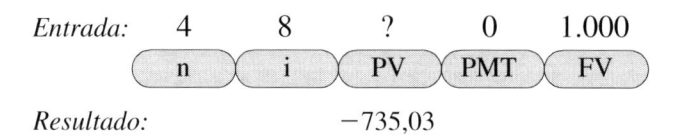

b. VP = 540,27. O valor presente é menor porque a soma presente tem mais tempo para se transformar em $1.000.

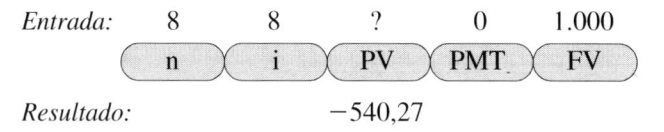

Entrada:	8	8	?	0	1.000
	n	i	PV	PMT	FV

Resultado: −540,27

c. VP = $20.565,89

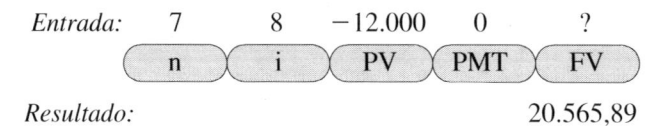

Entrada:	7	8	−12.000	0	?
	n	i	PV	PMT	FV

Resultado: 20.565,89

d. VP = 4.629,63 + 3.429,36 + 3.705,55 = $11.764,54

Entrada:	1	8	?	0	5.000
	n	i	PV	PMT	FV

Resultado: −4.629,63

Entrada:	2	8	?	0	4.000
	n	i	PV	PMT	FV

Resultado: −3.429,36

Entrada:	10	8	?	0	8.000
	n	i	PV	PMT	FV

Resultado: −3.705,55

e.

Entrada:	?	8	−2.000	0	4.000
	n	i	PV	PMT	FV

Resultado: 9,01

f.

Entrada:	20	8	0	−500	?
	n	i	PV	PMT	FV

Resultado: 22.880,98

g.

Entrada:	18	8	0	?	250.000
	n	i	PV	PMT	FV

Resultado: −6.675,52

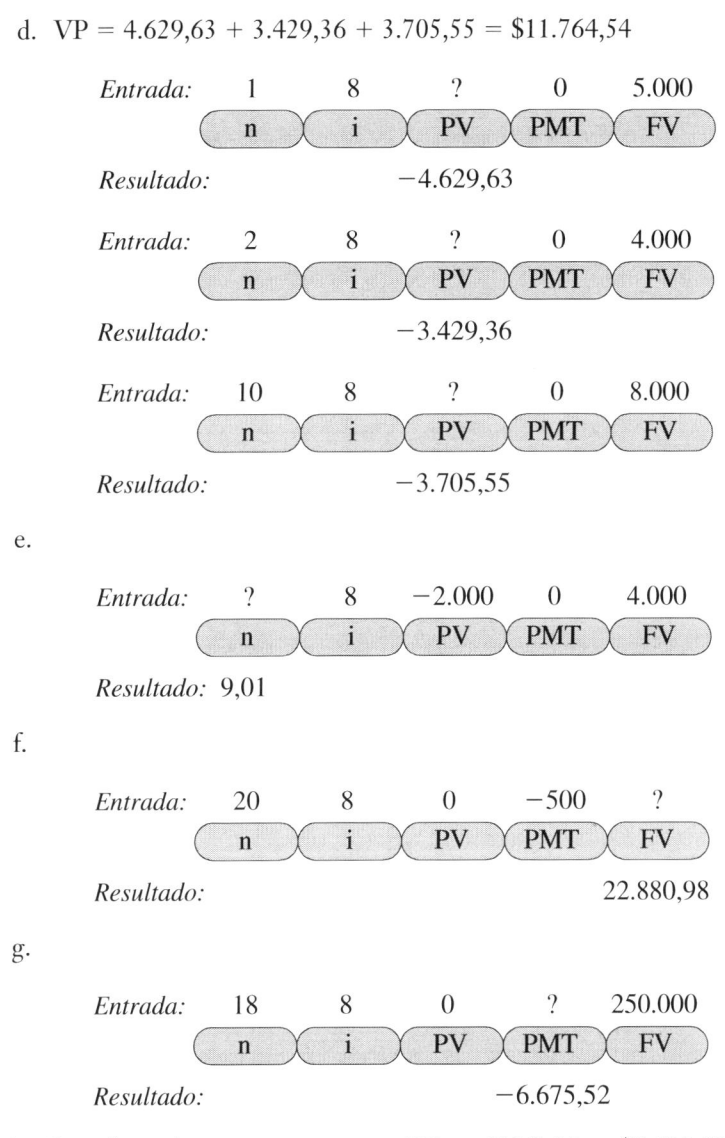

h. Se o fluxo durasse para sempre, VP = 600/0,08 = $7.500,00. Assim, o fluxo tem que ser uma perpetuidade. Se o fluxo durasse apenas 5 anos, seu valor de liquidação teria que ser $7.500. Esse é o montante necessário para ser investido a 8% a fim de gerar $600 ao ano em perpetuidade do ano 5 em diante.

Taxa de problemas de retorno

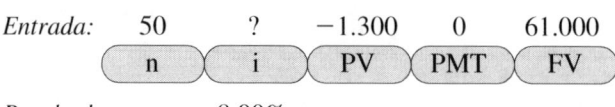

i.

Entrada:	50	?	−1.300	0	61.000
	n	i	PV	PMT	FV

Resultado: 8,00%

j.

Entrada:	23	?	−0,75	0	11,2
	n	i	PV	PMT	FV

Resultado: 12,47%

k. TIR = 18%. Pagar menos que $22.470 implica uma TIR maior que 18% e vice-versa.

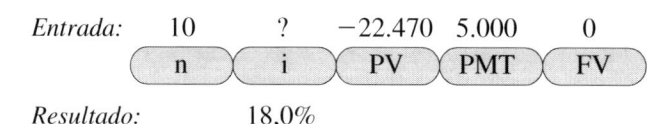

Entrada:	10	?	−22.470	5.000	0
	n	i	PV	PMT	FV

Resultado: 18,0%

h.

l. Supondo que você invista hoje $1,00 e receba $2,00 em cinco anos.

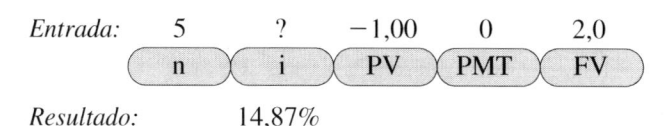

Entrada:	5	?	−1,00	0	2,0
	n	i	PV	PMT	FV

Resultado: 14,87%

m. Insira os fluxos de caixa do investimento na linha 1, nas colunas de A a F em uma planilha do Excel. TIR = (TIR,A1:F1) = 10,4%.

n. A taxa interna de retorno é de 13,69%. Mais uma vez, vemos o poder dos juros compostos. Isso não quer dizer que investir em arte seja especialmente atraente. São desconsiderados os custo de manutenção, seguro e proteção de uma pintura valiosa. Além disso, o retorno que se pode esperar de um Van Gogh é muito mais elevado do que o retorno proporcionado pelo investimento típico em arte, mesmo que se trate de um dos trabalhos menos valorizados do mestre.

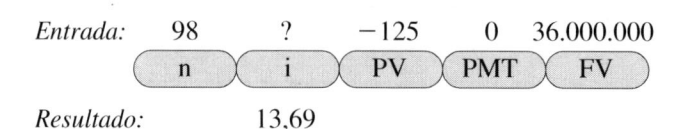

Entrada:	98	?	−125	0	36.000.000
	n	i	PV	PMT	FV

Resultado: 13,69

Problemas de empréstimo bancário, títulos de dívidas e ações

o. VP = $932,90.

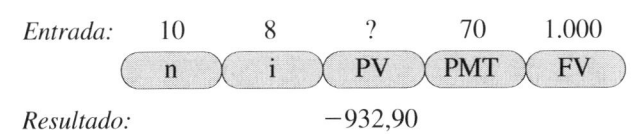

Entrada:	10	8	?	70	1.000
	n	i	PV	PMT	FV

Resultado: −932,90

p. VP = 5/0,08 = $62,50.

q. O pagamento anual necessário para acumular $150 milhões em 8 anos é de $14,10 milhões.

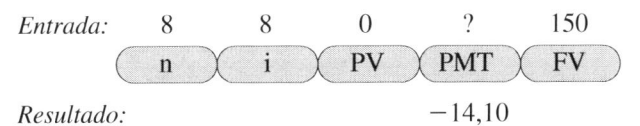

Entrada:	8	8	0	?	150
	n	i	PV	PMT	FV

Resultado: −14,10

Se o dinheiro for depositado no início de cada ano, adiante o depósito de $14,10 milhões em um ano. O valor é de $13,06 milhões.

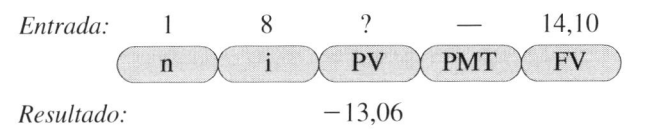

Entrada:	1	8	?	—	14,10
	n	i	PV	PMT	FV

Resultado: −13,06

r. O pagamento anual deve ser de $25.960.

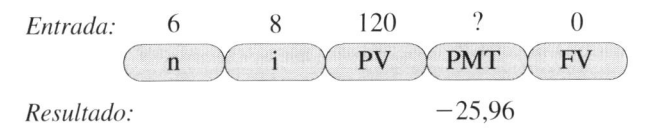

Entrada:	6	8	120	?	0
	n	i	PV	PMT	FV

Resultado: −25,96

3. A taxa de juros efetiva no momento da compra é a taxa de desconto, que torna o vendedor indiferente pela venda à vista, por $48.959, e uma venda a prazo com pagamento de $10.000 agora e $10.000 para cada um dos próximos cinco anos, mais $2.000 em taxas.

48.959 = 2.000 + 10.000 + X, em que X = valor presente de um pagamento anual de $10.000 por cinco anos.

Resolvendo para X, X = $36.959. A taxa de juros na qual o valor presente do pagamento anual de $10.000 por cinco anos equivale a $36.969 é de 11%.

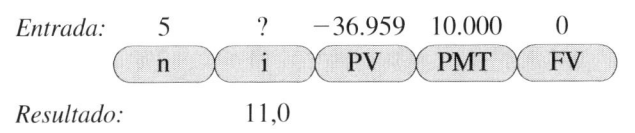

Entrada:	5	?	−36.959	10.000	0
	n	i	PV	PMT	FV

Resultado: 11,0

A taxa de juros = a taxa interna de retorno = 11%.

b. Seus pagamentos mensais com a opção de empréstimo a 9% são de $3.218,49, aplicando-se uma taxa de juros mensal de 9%/12 = 0,750% e 360 pagamentos mensais. O pagamento mensal é $291,80 menor nessa opção.

5. O valor de um fluxo constante de fluxos de caixa um ano antes do primeiro fluxo de caixa pode ser determinado usando a fórmula da perpetuidade. O valor presente da bolsa de estudos no momento 2 é

$$VP = \$45.000/0,05 = \$900.000$$

A fim de ter $900.000 na bolsa de estudos em dois anos, seria necessário contribuir com $816.330 hoje.

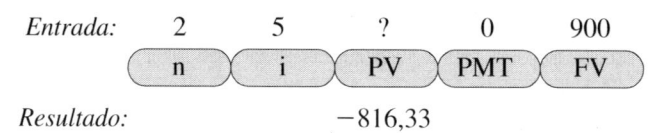

Entrada:	2	5	?	0	900
	n	i	PV	PMT	FV

Resultado: −816,33

7. Trata-se de um simples problema de reposição.

	Torrefadora antiga	Nova torrefadora
Lucro bruto	$ 600.000	$ 1.200.000
− Depreciação	300.000	450.000
Lucro antes do imposto de renda	300.000	750.000
Impostos a 45%	135.000	338.000
Lucro líquido após o imposto de renda	165.000	412.000
+ Depreciação	300.000	450.000
Fluxo de caixa após o imposto de renda	$465.000	$862.000

Se mantiverem a torrefadora antiga, VPL = $2,857 milhões

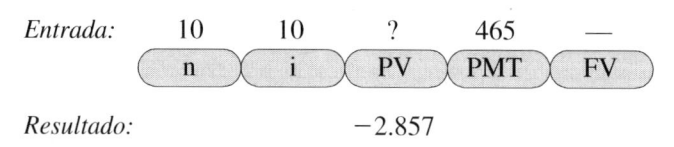

Entrada:	10	10	?	465	—
	n	i	PV	PMT	FV

Resultado: −2.857

O valor presente dos fluxos de caixa após o imposto de renda das novas torrefadoras é de R$ 5,297 milhões. Se venderem a torrefadora antiga e comprarem outra nova, o VPL = −4,500 + 1,500 +5,297 = $2,297 milhões. Portanto, mantenha a antiga.

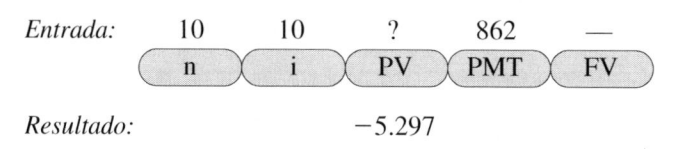

Entrada:	10	10	?	862	—
	n	i	PV	PMT	FV

Resultado: −5.297

Respostas Sugeridas para os Problemas de Número Ímpar **435**

Alternativamente, é possível analisar a diferença de fluxo de caixa entre as duas. Isso equivale a analisar os fluxos de caixa *incrementais*. Subtraindo os fluxos de caixa das torrefadoras antigas dos fluxos de caixa das novas,

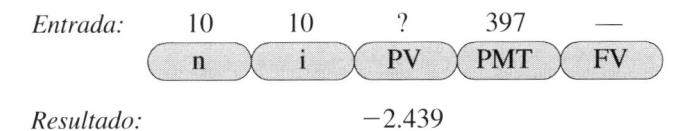

Entrada: 10   10   ?   397   —
              n   i   PV   PMT   FV

Resultado: −2.439

e VPL = − 3,000 + 2,439 = − 0,561 milhão, indicando que gastar mais $3 milhões para comprar as novas torrefadoras não é atraente. Não deve surpreender saber que esse VPL equivale à diferença entre os VPLs das duas opções. Ou seja, − 0,561 milhão = $2,297 milhões − $2,857 milhões.

A TIR do fluxo de caixa incremental é 5,4%, o que, por ser inferior a 10%, mais uma vez indica que o investimento incremental não se justifica.

9. Os fluxos de caixa pós-tributos do investimento são:

Ano	0	1	2	3	4	5
Custo inicial	$ 15.000					
Receita		$20.000	$20.000	$20.000	$20.000	$20.000
Despesas operacionais		13.000	13.000	13.000	13.000	13.000
Depreciação		3.000	3.000	3.000	3.000	3.000
Lucro antes dos impostos		4.000	4.000	4.000	4.000	4.000
Imposto de 40%		1.600	1.600	1.600	1.600	1.600
Lucro após impostos		2.400	2.400	2.400	2.400	2.400
+ Depreciação		3.000	3.000	3.000	3.000	3.000
Fluxo de caixa pós-tributos	$(15.000)	$ 5.400	$ 5.400	$ 5.400	$ 5.400	$ 5.400

O investimento é bastante atraente. Sua taxa interna de retorno é de 23,4%, bem acima do alvo mínimo de 10%.

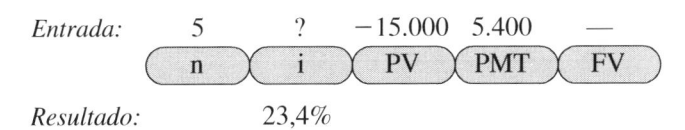

Entrada: 5   ?   −15.000   5.400   —
             n   i   PV   PMT   FV

Resultado: 23,4%

11. O que há de errado com esta imagem?

   a. Adicione de novo a depreciação para calcular o fluxo de caixa após impostos. Estamos interessados no caixa gerado pelo projeto, não nos lucros contábeis. Usar um valor residual menor do que o custo inicial captura a realidade da depreciação. Subtrair também um montante anual seria uma dupla contagem.

   b. Não subtraia despesas financeiras. O custo de oportunidade do dinheiro investido é capturado na taxa de desconto. Subtrair também os custos de financiamento seria novamente uma dupla contagem. De forma mais ampla, você deve separar o investimento e a decisão de financiamento sempre que possível. Se deve misturar os dois, é possível analisar o projeto a partir de uma perspectiva puramente patrimonial, mas, então, deve também subtrair os pagamentos principais para determinar os fluxos de caixa para o capital próprio. Como veremos no Capítulo 8, esta perspectiva de capital pode ser difícil de aplicar na prática.

c. Um crescimento anual de 15% nos lucros não é uma meta corporativa adequada, porque não é necessariamente consistente com o aumento do valor para o acionista, ou qualquer outra pessoa interessada Os números contábeis podem ser facilmente manipulados para criar um crescimento aparente, mesmo quando ele inexiste. A busca cega pelo crescimento influencia a administração em favor da retenção de renda para investir mesmo em projetos de retorno muito baixo, pois geram crescimento, enquanto os dividendos não. O objetivo corporativo apropriado é criar valor para os acionistas e realizar projetos que prometam um VPL positivo.

d. 30% é a taxa de retorno contábil, e não a taxa de retorno interna correta.

e. Aumentos em contas a receber e "coisas assim" são relevantes. É verdade que grande parte do investimento em capital de giro é recuperado no final da vida útil do projeto, mas como o dinheiro tem um valor no tempo, o valor presente do investimento de capital de giro recuperado é inferior ao desembolso inicial, e constitui, assim, um fluxo de caixa relevante.

f. Custos extras de venda e administrativos são relevantes se forem graduais para o projeto. Lembre-se do princípio com/sem. Se os funcionários excedentes forem demitidos na ausência deste projeto, mantê-los trabalhando neste projeto geraria custos incrementais. Se funcionários excedentes forem retidos e permanecerem inativos na ausência deste projeto, o custo existiria mesmo sem este projeto e, portanto, seria irrelevante. A primeira situação parece mais provável. Concordo com Loretta: Denny deve ser despedido o quanto antes.

13. Veja Respostas Sugeridas em C7_Problem_13_Answer.xlsx disponível em **www.grupoa.com.br** (encontre a página deste livro, procure o Material Complementar e clique em Conteúdo Online).

15. Veja Respostas Sugeridas em C7_Problem_15_Answer.xlsx disponível em **www.grupoa.com.br** (encontre a página deste livro, procure o Material Complementar e clique em Conteúdo Online).

Capítulo 8

1. a. Falso. Os fluxos de caixa futuros sofrem maior desconto pelo risco do que fluxos de caixa próximos, já que a taxa de desconto do denominador é elevada a uma potência maior. Uma taxa de desconto constante admite que o risco aumenta a uma taxa geométrica constante, à medida que o fluxo de caixa se distancia no tempo.

b. Verdadeiro. O CMPC é a taxa de desconto adequada a projetos que impliquem risco igual ao risco dos ativos existentes da empresa. Isso quer dizer que o projeto tem risco de negócio e financiamento iguais aos dos ativos médios da empresa. Se um projeto for mais seguro ou mais arriscado do que a média, deverá ser avaliado a uma taxa de desconto abaixo ou acima do CMPC.

c. Falso. Eis mais um exemplo da falácia do custo marginal do capital. Uma empresa pode ter quantidade suficiente de outros ativos de maneira tal que possa tomar emprestado o bastante para um só projeto. Mas isso não quer dizer que o custo do capital do investimento seja igual à taxa de juros do empréstimo. A maior alavancagem financeira aumenta o risco dos acionistas, o que aumenta o custo do capital próprio. Alternativamente, a taxa de desconto para um investimento é um custo de oportunidade refletindo o retorno disponível em investimentos de mesmo risco em outros lugares na economia, não é o custo de qualquer fonte de financiamento.

d. Falso. A despesa financeira reflete a taxa de cupom sobre a dívida pendente quando os pagamentos foram feitos. Há várias razões para a despesa financeira/dívida onerosa ao fim do período ser uma estimativa pobre do custo de dívida da empresa. Primeiro, o montante da dívida pendente pode variar ao longo do tempo, por isso a dívida ao fim do período não é igual à dívida onerosa quando os pagamentos foram feitos. Em segundo lugar, queremos o custo de novas dívidas, e despesa financeira/dívida pendente ao fim do período é um número histórico. Se as taxas de juros de mercado, ou a solvabilidade da empresa, mudaram desde que a dívida existente foi emitida, o custo histórico será diferente do custo da nova dívida. Em terceiro lugar, a taxa de cupom da dívida pode não ser igual ao retorno total esperado pelo credor. Um exemplo extremo é a dívida de cupom zero, em que todo o retorno é na forma de valorização do preço. O custo da dívida é mais aproximado pelo rendimento até o vencimento da dívida existente, que é a taxa de retorno que os investidores exigem hoje sobre as novas dívidas.

e. Falso. O beta do patrimônio de uma empresa depende de dois fatores: o risco do negócio da empresa e o risco financeiro imposto pela estrutura de capital da empresa. Enquanto as empresas do mesmo setor devem ter riscos de negócios semelhantes, não há qualquer garantia de que as empresas terão um risco financeiro similar.

3. A menor taxa de retorno que o empreendedor deve estar disposto a aceitar nada tem a ver com a presença de um empréstimo livre de juros. A menor taxa aceitável é a taxa que o empreendedor pode esperar ganhar no próximo melhor investimento alternativo ao mesmo risco. O custo de capital é um custo de oportunidade determinado pela atratividade das oportunidades de investimento alternativas.

5. Quando um investimento está abaixo da linha do mercado, é possível fazer investimentos de risco semelhante que prometam rendimentos esperados maiores. Pelo mesmo raciocínio, investimentos acima da linha do mercado prometem rendimentos esperados superiores aos disponíveis em alternativas prontas de igual risco.

7. Aumentar a alavancagem financeira aumenta o risco assumido pelos acionistas e, portanto, o custo do capital próprio. O beta do patrimônio líquido da empresa também aumenta. De fato, o maior beta do patrimônio líquido eleva o custo do capital próprio. A Figura 6.1 mostra graficamente essa relação.

9. a. TIR da perpetuidade = Recebimento anual/Investimento inicial. Queremos $TIR_e = 20\% = [\$3\text{ milhões} - (1 - 0{,}50)8\% \times]/(\$25\text{ milhões} - \times)$, sendo × o montante do empréstimo necessário. × = $12,5 milhões.

   b. $90\% = [(\$3\text{ milhões} - (1 - 0{,}50)8\% \times)]/(\$25\text{ milhões} - \times)$. × = $22,67 milhões.

   c. Tenha certeza de entender esta resposta, pois ela é crucial. Um investidor aceitaria um retorno menor porque precisaria de um menor financiamento por dívida para atingi-lo. A alavancagem aumenta o retorno esperado sobre o patrimônio líquido, mas também aumenta o risco desse retorno. Se o investidor pode sozinho tomar emprestado a 8%, o corretor não está tornando este investimento mais atraente ao tomar emprestado mais para aumentar o retorno sobre o patrimônio líquido. Ver Capítulo 6.

11. a. O pagamento anual do serviço da dívida = $83,09 milhões. ($83,09 = PMT[6%, 5 anos, $350])

    b. O investidor de capital investe $50 milhões no tempo 0 e recebe $16,.91 milhões anualmente durante cinco anos ($100 − $83,09 = $16,91). A taxa interna ou retorno desse fluxo de caixa é de 20,5%.

    c. Este é um mau investimento. Descontando os fluxos de caixa livre da empresa a seu custo de capital, seu valor da empresa é de apenas $379,08 milhões. Comprar a empresa por $400 milhões implica um VPL negativo de −$20,92 milhões. (Se o problema não nos tivesse instruído a ignorar os impostos, uma fonte adicional de valor seria o valor presente dos benefícios fiscais. Isso, porém, não é relevante aqui.) Um retorno de 20,5% sobre o capital parece atraente, mas isso é somente a alavancagem falando. O retorno sobre o capital não é suficiente para justificar o risco assumido. O investimento está abaixo da linha de mercado.

13. a. É uma opção de compra. Ela confere à General Design a opção de "comprar" a expansão.

    b. O preço de exercício é o preço pelo qual a General Design pode comprar a expansão, ou $500 milhões.

15. a. EVA da divisão Voice = $220 × (1 − 40%) − 10% × $1.000 = *$32 milhões*. EVA da divisão Data = $130 × (1 − 40%) − 15% × $600 = *−$12 milhões*.

b. O fato de o EVA da divisão Data ser negativo deve ser uma fonte de preocupação, mas não uma justificativa para imediatamente eliminar a unidade. Aqui estão algumas razões para os números de EVA serem tratados com cautela na tomada de uma decisão estratégica:

- Os números de EVA são voltados para o passado. As decisões estratégicas são baseadas nas expectativas.
- Os EVA calculados são para apenas um ano. As decisões de entrada e saída têm implicações ao longo de muitos anos.
- A divisão Data é jovem e cresce rapidamente. Pode fazer sentido sofrer EVA negativos ou até mesmo perdas por um período para estabelecer uma posição no que poderia ser um negócio lucrativo no futuro.
- Os cálculos do EVA podem ser imprecisos. Em especial, os profissionais argumentam que é necessário fazer uma série de ajustes complexos dos ativos do balanço antes que o número possa ser usado para representar o capital empregado em um cálculo do EVA.

Na minha opinião, os EVA da divisão podem produzir informações úteis, mas nunca devem ser utilizados mecanicamente. Em vez de eliminar a divisão Data, neste caso, eu estaria inclinado a mostrar ao gerente desta divisão os números do EVA e o convenceria a dar um prazo para que o EVA da divisão fosse positivo e mantê-lo interessado nessa projeção.

17. Veja Respostas Sugeridas em C8_Problem_17_Answer.xlsx disponível em **www.grupoa.com.br** (encontre a página deste livro, procure o Material Complementar e clique em Conteúdo Online.)

Capítulo 9

1. a. Falso. Citando um estudo: "Os investigadores descobriram que o valor de mercado combinado das ações de compradores e de vendedores aumentou uma média de 7,4% no anúncio (da aquisição). No entanto, eles também descobriram que praticamente todo o aumento do valor de mercado das ações fluiu para os vendedores, que viram suas ações subirem mais de 30%, em média. As ações dos compradores, por outro lado, cresceram apenas cerca de 1%... Nos últimos quatro anos do estudo, o preço das ações das empresas adquirentes caiu cerca de 3 % no anúncio ".

   b. Falso. A avaliação do fluxo de caixa descontado de uma empresa-alvo desconta os fluxos de caixa livres estimados ao alvo ao custo de capital do ALVO. O princípio básico é: a taxa de desconto deve refletir o risco dos fluxos de caixa descontados. Aqui, o risco dos fluxos de caixa descontados é o do alvo.

   c. Falso. As adquirentes ganham dinheiro ao comprar empresas mal administradas e ao melhorar seu desempenho. Quando uma empresa é bem administrada, a probabilidade de melhorar substancialmente o desempenho é pequena, e o prêmio de controle deve ser correspondentemente modesto.

d. Falso. A decisão de liquidação está nas mãos dos acionistas controladores, ou se a posse é amplamente distribuída, na administração em exercício. Essas partes não têm obrigação de liquidar, mesmo quando a empresa vale mais morta do que viva. Se as partes que controlam estão otimistas em relação ao prospecto da empresa, ou se estão recebendo grandes recompensas não pecuniárias, podem optar por continuar as operações, mesmo quando os outros acreditam que a empresa vale mais em processo de liquidação.

e. Verdadeiro. Digamos que o preço das ações de uma empresa é de $30, enquanto a administração acredita que vale $80. Comprar um ativo de $80 por $30 – geralmente com a ajuda financeira de uma empresa adquirente – tem de ser um investimento atraente. Isso também cria um grande conflito de interesses, quando a administração percebe que consegue um preço ainda melhor se reduzir a empresa antes de comprá-la.

3. O valor do controle é a diferença entre o preço de oferta e o preço imediatamente anterior à oferta, vezes o número de ações em circulação no mercado, ou $2,21 bilhões ([$60 − $33] × 82 milhões de ações).

5. Fluxo de caixa livre = EBIT (1 − Alíquota de imposto) + Depreciação
  − Investimento em ativo fixo
  − Aumento do capital de giro líquido

  EBIT = Lucro antes do imposto de renda + Juros
  = 1.800 + 570 = $2.370

  Alíquota de imposto = 612/1.800 = 0,34

  Fluxo de caixa livre = 2.370 (1 − 0,34) + 800 − 510 − 340 = $1.514,20 bilhão

7. a. Sempre que uma empresa adquire outra, seu faturamento e seus ativos aumentam. Além disso, se a adquirida for lucrativa, o lucro também aumentará. Isso não surpreende.

   b. Valor por ação antes da proposta = $12/0,15 = $80

   c. Valor por ação após a proposta = $6/(1 + 0,15) + ($12,75/0,15)/(1 + 0,15) = $79,13

   d. Evidentemente, os proprietários da Flatbush devem se opor aos planos do presidente. Esse plano pode resultar em uma empresa de maior porte, mas destruirá valor para o acionista; ou seja, o preço da ação cairá se o plano for implementado. O problema do plano do presidente é que ele consome dinheiro a um custo de oportunidade de 15% para os proprietários e o investe em um empreendimento que rende apenas 12,5% (um acréscimo de $0,75 aos dividendos anuais, em perpetuidade, para um investimento de $6 resulta em um retorno de 12,5%).

9. a.

	P	V1	P + V1	V2	P + V2
Lucro após o imposto de renda ($ milhões)	2	1	3	1	3
Índice preço/lucro (×)	30	8		35	
Valor de mercado do patrimônio líquido ($ milhões)	60	8		35	
Número de ações ($milhões)	1	1	1,5	1	1,5
Lucro por ação ($ milhões)	$2	$1	$2	$1	$2
Preço por ação ($ milhões)	$60	$8		$35	
Máximo de novas ações emitidas ($milhões)		0,5		0,5	
Valor das novas ações emitidas ($ milhões)		30		30	
Prêmio máximo pela aquisição (%)		**275%**		**− 14%**	

b. Este problema ilustra por que a preocupação com a diluição ou o aumento do lucro por ação é míope. Aqui, a Procureps fica tentada a pagar um enorme prêmio para comprar a V1, mas nem se dá ao trabalho de analisar a V2. Justamente, a V2 é a empresa interessante com potencial futuro.

11. a. VJM = VP(FCL, '12 − '15) + VP(Valor terminal) sendo FCL fluxo de caixa livre. VP (FCL, '12 − '15) = − $155,9 milhões. Valor terminal = EBIT (1 − Alíquota)/0,11 = $120/0,11 = $1.090,9 bilhão VP (Valor terminal) = $1.090,9 bilhão $(1 + 0.11)^4$ = $718,6 milhões. Somando, VJM = $874,5 milhões.

b. VJM do patrimônio líquido = ($874,5 − $250)/40 = $15,61 por ação.

c. Valor terminal = FCL em 2016/(0,11 − 0,05) FCL em 2016 = $200(1,05)(1 − 0,4) − 30 − 15 = $8. Assim, valor terminal = $81/(0,11 − 0,05) = $1.350. Valor presente do valor terminal = $889,3. VJM da empresa = $155,9 + $889,3 = $1.045,2 bilhão VJM do patrimônio líquido por ação = ($1.045,2 − $250)/40 = $19,88.

d. Valor terminal = Valor do patrimônio líquido + Valor do passivo oneroso. Valor do patrimônio líquido = 12 × Lucro líquido em 2015 = 12 × (200 − 0,10 × 250)(1 − 0,40) = $1.260 bilhão. Valor terminal = $1.260 bilhão + $250 milhões = $1.510 bilhão. Valor presente do valor terminal = $994,7 milhões. Assim, VJM da empresa na data de avaliação = $155,8 + $994,7 = $1.150,6 bilhão. Valor por ação = ($1.150,6 bilhão − $250 milhões)/40 = $22,51.

13.

Participação dos empregados no momento 5		20,0%
Participação do investidor na 2ª rodada no momento 5		11,0%
Taxa de retenção do investidor na 2ª rodada	= (1 − 0,20)	0,80
Participação do investidor na 2ª rodada no momento 2	= 0,11/0,80	13,8%
Participação da Touchstone no momento 5		62,9%
Taxa de retenção da Touchstone	= (1 − 0,20)(1 − 0,138)	0,69
Participação da Touchstone no momento 0	= 0,629/0,69	91,2%

Confirmação da resposta

Seja X igual ao total de ações em circulação em T5, lembrando que os fundadores têm 2 milhões de ações. Então $0{,}20X + 0{,}11X + 0{,}629X + 2$ milhões $= X$.

Total de ações no momento 5		32,79 milhões
Participação da Touchstone no momento 5	= 0,629 × 32,79	20,62 milhões
Preço por ação no momento 5	= $100 milhões	$3,05
Valor das ações da Touchstone no momento 5	= 20,62 milhões × $3,05	$62,9 milhões
TIR da Touchstone	Ver Tabela 9.A2	60%
Participação dos investidores na 2ª rodada no momento 5	= 0,11 × 32,79	3,61 milhões
Valor das ações dos investidores na 2ª rodada no momento 5	= 3,61 milhões × $3,05	$11,0 milhões
TIR dos investidores na 2ª rodada	Ver Tabela 9.A2	40%
Valor das opções	= 20% × $100 milhões	$20 milhões
Valor da participação dos fundadores	= 2 milhões × $3,05	$6,1 milhões

Observe que os fundadores efetivamente pagam pelas opções dos funcionários. A Touchstone e os investidores da segunda rodada ainda conseguem seus retornos-alvo de 60 e 40%, respectivamente, enquanto o valor da participação no momento 5 dos fundadores cai de $26,1 milhões (veja Tabela 9.A2) para $6,1 milhões, com os $20 milhões faltantes indo para as opções dos empregados.

15. Veja Respostas Sugeridas em C9_Problem_15_Answer.xlsx disponível em **www.grupoa.com.br** (encontre a página deste livro, procure o Material Complementar e clique em Conteúdo Online.)

Índice

Os números de página seguidos de n se referem a notas de rodapé.

A

Abordagem da ordem de escolha nas finanças, 228
Abordagem dos dois dedos, 18
Ações; *ver também* ações ordinárias; patrimônio líquido, ações preferenciais, preços de ações
    ações preferenciais, 167-168
    ajustes preço-informação, 179-180
    perda no anúncio, 226-229
    recompra, 139-140
    vendidas para reverter crescimento em excesso, 131-132
Ações em tesouraria, 11
Ações ordinárias, 11, 162-166
    ajuste informações-preços, 179-180
    beta do patrimônio líquido, 308-309
    como investimento, 164-166
    controle dos acionistas, 163-164
    direitos residuais, 162-163
    inflação e, 165-166
    poder de diversificação, 299
    renda/retorno anual, 164-166
Ações preferenciais, 166-168
    como dívida com desvantagem fiscal, 168
    como forma barata de capital social, 168
    cumulativas, 167-168
Acordo Bretton Woods, 182
Adelson, Mark, 161
Adobe System, 47
Alavancagem; *ver também* alavancagem financeira
    alavancagem própria, 236
    crescimento e, 132-133
    efeitos no negócio, 209-216
    índices de liquidez e, 70
    lucros e, 213-216
    retorno esperado, 208
    risco e, 208, 211-213
Alavancagem "caseira", 217, 236
Alavancagem financeira, 38-39, 47-53, 61, 205-209
    beta e, 332-334
    índices de alavancagem baseados no valor de mercado, 50-52
    índices de cobertura, 48-50
    índices de liquidez, 52-53
    índices do balanço patrimonial, 48
    lucros e, 213-216
    problemas do crescimento sustentável e, 131-133
    proposição da irrelevância, 233-237
    retorno sobre capital investido (ROIC), 207
    retorno sobre o patrimônio líquido (ROE) e, 47-48, 207-209
    retorno sobre os ativos (ROA) e, 47-48
    risco e, 211-213
Alavancagem operacional, 47, 206
Allen, Steven, 184-185n
Alvarez, Fernando, 80
Amazon.com, 52, 58
American Depositary Receipts (ADRs), 72
Análise de cenários, 103-104, 300-301
Análise de índices, 58-70
    análise de tendências, 61
    definições dos principais índices, 70
    empresas estrangeiras, 72
    empresas sazonais, 44
    exemplo da Sensient Technologies, 62-70
    índice de controle, 43
    índices de alavancagem baseados no valor de mercado, 50-52
    índices de alavancagem e liquidez, 70
    índices de cobertura, 48-50
    índices de controle do giro, 70
    índices de liquidez, 52-53
    índices de lucratividade, 70
    índices do balanço patrimonial, 48
    padrões de desempenho, 60
    setores representativos, 68-69
    uso efetivo da, 60-62
Análise de investimento; *ver também* avaliação do negócio
    armadilhas das técnicas do fluxo de caixa descontado, 314-337
    árvore de decisão, 283-284
    beta do ativo e valor presente ajustado, 334-337
    cálculo da TIR, 259-261
    capital de giro, 269-271, 353-354
    critério de aceitação, 248
    cuidados na, 331-332
    índices de mérito, 248-266
    mercado de controle, 366-376

perspectiva da empresa, 315-318
prazo de *payback*, 249-250
taxa de desconto ajustada pelo risco, 300-303
valor do dinheiro no tempo, 205-254
valor econômico agregado (EVA) e, 328-330
Análise de risco, 293-295
  decisões de investimento e, 293-295
  estimativa de investimento de risco, 299-301
  múltiplas taxas mínimas de atratividade, 303-305
  taxas de desconto ajustadas a risco, 300-303
  técnicas de fluxo de caixa descontado e, 314-316
  valor econômico agregado (EVA), 327-332
Análise de sensibilidade, 102-103, 211, 300-301, 359-360
Análise de tendências, 61
Análise vertical das demonstrações financeiras, 64-66
Andrade, Gregor, 239
Anthony, Robert N., 31
Antikarov, Vladimir, 339-340
Anuidades, 253
Anúncios das empresas, 226-227
Aquisição da administração (MBO) 376
Aquisições alavancadas (LBO), 348, 370, 375
Aquisições corporativas, 163-164
Arthur Andersen, 77
Árvores de decisão, 283-284, 319-322
Asquith, Paul, 226, 239
AT&T, 51, 58
Atividades de financiamento, 8, 18
Atividades de investimento, 8, 18
Atividades operacionais, 8, 18-21
Ativos, 6
  ativo circulante, 9-11, 43
  depreciação de, 12-13
  valor contábil *versus* de mercado, 23-26
Ativos de vida longa, 359-360
Ativos fixos, 5, 12
Ativos/passivos de longo prazo, 9
Autore, Don, 173n
Avaliação; *ver também* avaliação do negócio
Avaliação de títulos
  rendimento até o vencimento, 261-262
  técnicas de fluxo de caixa descontado, 260-262
Avaliação do negócio, 347-353
  ativos ou ações, 349-350
  avaliação ao fluxo de caixa descontado, 352-361
  empresas comparáveis, 360-365
  exemplo da Sensient Technologies, 357-360
  exemplo numérico de, 357-358
  falta de negociabilidade, 365-366
  fluxo de caixa livre, 353-355
  mercado de controle, 366-376
  método do capital de risco de, 379-386
  participação minoritária ou controle, 351-353

problemas com as abordagens do VP à, 360-361
valor de liquidação, 349-350
valor em atividade, 349-352
valor justo de mercado (VJM) e, 349-352
valor *stand-alone*, 367
valor terminal e, 354--358
Avaliação por partes, 334-335
Avesso ao risco, 293, 295

B

"*Bake-off*", 171
Balanço patrimonial, 6-11, 94
  previsão do, 94-95
  goodwill e, 26-28
  patrimônio líquido dos acionistas, 6, 11
  ativos e passivos circulantes, 9-11
  exemplo da Sensient Technologies, 9-11
Balchem Corporation, 58
Banco Central Europeu, 175
Banco de investimento, 171-172
Barry, Dave, 170
Bayazitova, Dinara, 376n
Benefícios fiscais, 215, 219, 224, 336-337
  como benefício da reestruturação, 368-371
  da depreciação, 13-14, 269-270
  decisões de financiamento, 219
Benninga, Simon, 114
Bernard, Victor L., 80
Bernstein, Peter L., 339
Beta
  alavancagem financeira e, 332-334
  beta do patrimônio líquido, 308-309, 331-332
  betas de empresas representativas, 310-311
  desalavancagem/realavancagem, 331-334
  estimativa do, 308-311
Beta do ativo, 331-333
  para estimar beta do patrimônio líquido, 333-335
  valor presente ajustado e, 331-337
Beta do patrimônio líquido, 308-309, 331-332
  alavancagem financeira e, 332-334
  estimativa do, 308-311
  estimativa pelo beta do ativo, 333-335
Bhagat, Sanjai, 173n
Bierman, Harold, 286
Black, Fisher, 155, 194-195
Bortolotti, Bernardo, 173n
Boulding, Kenneth, 356-357
Boyson, Nicole M., 375n
Bradley, Michael, 180, 181
Breitner, Leslie, P. 31
Brilloff, Abraham, 3
Bruner, Robert F., 339-340, 376n, 388
Buffett, Warren, 15, 219, 286, 370, 377-379

C

Cadbury Plc, 347-348
Caixa, 5, 9, 45-46
    origens e aplicações de, 16-18
Cal-Maine Foods, 58
Calote, 158
Canibalização, 272-274
Capacidade de dívida, 48
Capital de giro, 64, 269-271, 353-354
Capital externo, 203
Capital próprio, 203
    custo do, 305-306
    emissão de novo capital, 131-132
    relutância em emitir, 144-145
    problemas do crescimento sustentável e, 131-132
    no balanço patrimonial, 8, 11
Carr, Roger, 347
Carve-outs, 348
Centerview Partners, 348
Chew, Donald H., Jr., 240
Ciclo de produção do fluxo de caixa, 4
Ciclo de vida da empresa, 124
Ciclo do capital de giro, 4
Ciclo do fluxo de caixa, 3-6
Ciclo operacional, 4
Cisco Systems, 21, 169
Citigroup, 348
Claessens, Stijn, 76
Classificação de títulos, 160
Cláusulas, 158
Cláusulas protetivas, 158
Coeficiente de correlação, 309-310
Colocação privada, 173-174
Colt Industries, 232
Comparáveis
    avaliação com base em, 360-365
    exemplo da Sensient Technologies, 361-365
Competição, retorno sobre o patrimônio líquido (ROE) e, 40
Composição, 251-252, 263-264
Compras a crédito, 45
Conflitos de interesse, 222-223
Conservadorismo, 27-28, 229-230
Contabilidade
    contabilidade em regime de competência, 12
    dualidade, 14
    função de negócios, 3
    padrões internacionais, 77-78
    para pesquisa e marketing, 14-16
Contabilidade pelo valor justo, 24-25, 28-29
    crise financeira de 2008, 25-26
Contas a pagar, 5, 9,17
Contas a receber, 5-6, 9, 17, 43-44
Continental Airlines, 220
Contratos a termo, 184-185

Controle da empresa; *ver também* mercado de controle
Controle da participação, empresas abertas, 367-368
Controle do fluxo de caixa livre pela reestruturação, 373-376
Controle dos acionistas, 163-164
Cooper Industries, 135
Copeland, Tom, 339-340
Core competencies, 135
Correlação, 295
Corte lucrativo, crescimento sustentável e, 134-135
Covenants, 158
Credores, como conservadores, 101
Credores garantidos, 159
Credores gerais, 158
Credores sênior, 158
Credores subordinados, 158
Crescimento; *ver também* situação de crescimento excessivo, 131-136
    administração e, 123
    alavancagem e, 132-133
    comprando crescimento, 139-141
    corte lucrativo, 134-135
    crescimento em demasia, 127-130
    crescimento equilibrado, 127-128
    crescimento perpétuo, 306-308, 356-357
    crescimento rápido e conservadorismo, 229-230
    decisões de financiamento, 229-232
    distribuição de dividendos, 132-134
    dividendos e recompras de ações, 139-140
    fusão e, 136
    inflação e, 140-142
    novas ações e, 131-132, 142-145
    perguntas "e se", 130
    precificação e, 135
    previsões pro forma, 141-142
    problemas do crescimento lento, 136-137
    taxa de crescimento sustentável da Medifast (exemplo), 129-130
    tendência para, 139-140
    terceirização e, 135
Crescimento equilibrado, 127-128
Crescimento perpétuo, 356-357
Crescimento sustentável, 124-126
    alavancagem e, 132-133
    bom/mau crescimento, 138
    comprando crescimento, 139-141
    corte lucrativo, 134-135
    crescimento efetivo maior do que, 131-136
    dividendos e recompra de ações, 139-140
    excede o crescimento efetivo, 137-138
    exemplo da Jos. A. Bank Clothiers, Inc., 136-137
    exemplo da Medifast, 129
    fusão, 136
    índice de distribuição de dividendos e, 132-134
    inflação e, 140-142

novas ações/financiamento por ações, 131-132
perguntas "e se", 130
precificação, 135
previsões *pro forma* e, 141-142
representação gráfica do, 128
terceirização, 135
Criação de valor, 57
  valor presente líquido (VPL) e, 256
Crise financeira de 2008, contabilidade pelo valor justo e, 25-26
Critério de aceitação, 248
Crouhy, Michael, 184-185n
Custo anual equivalente, 262-264
Custo da dívida, 305-306
Custo das mercadorias vendidas, 11-12, 45
Custo das vendas, 12
Custo de oportunidade
  definição, 250
  do capital, 252
Custo do capital, 301-315; *ver também* custo médio ponderado do capital
  beta do patrimônio líquido, 308-310
  crescimento perpétuo, 306-308
  custo da dívida, 305-306
  definição, 302-304
  deixe-se guiar pela história, 307-309
  empresa fechada, 313-314
  estimativa do beta, 308-311
  exemplo da Sensient Technologies, 304-312
  falácia do custo marginal, 315-316
  múltiplas taxas mínimas de atratividade, 312-315
  na avaliação de investimento, 311-313
  pesos, 304-306
  preço das ações e, 303-305
  premissa do risco igual, 311-312
  taxa interna de retorno, 256-261
Custo do capital próprio, 28-29, 305-306
  beta do patrimônio líquido, 308-310, 331-332
  prêmio de risco e, 308-311
  retornos históricos e, 307-310
Custo histórico, 24-25
Custo médio ponderado do capital (CMPC), 303-304
  exemplo da Sensient Technologies, 311-312
Custos alocados, 28-29, 271-273
Custos de dificuldades financeiras, 219-223
  conflitos de interesse, 222-223
  custos de falência, 219-221
  custos indiretos, 222
  decisões de financiamento, 219-223
Custos de emissão, 177-178
Custos de financiamento, 275-277
Custos fixos, 41-42
Custos indiretos da falência, 222
Custos perdidos, 270-272
Custos variáveis, 41-42

D

Daimler-Chrysler, 372-373
Damodaran, Aswath, 147
Data de vencimento, 156, 189
Decisões de financiamento, 203-205; *ver também* custo do capital; financiamento por dívida; retorno sobre o patrimônio líquido; crescimento sustentável
  abordagem da "ordem de escolha", 228
  alavancagem e lucros, 213-216
  alavancagem e risco, 211-213
  alavancagem financeira. 205-209
  alternativas mutuamente excludentes, 263-265, 278-279
  benefícios fiscais, 215, 219
  conflitos de interesse, 222-223
  conservadorismo, 229-230
  crescimento e, 229-232
    baixo crescimento e financiamento agressivo, 203-232
    rápido crescimento e conservadorismo, 229-230
  custos de dificuldades financeiras, 219-223
  estrutura de capital de engenharia reversa, 225
  estrutura do vencimento, 232-233
  fatores específicos de empresas, 224
  financiamento agressivo, 230-232
  flexibilidade, 223-225
  fluxos de caixa e, 218
  gráfico de intervalos de lucro, 215-216
  incentivos à administração, 229
  inflação e, 233
  irrelevância e, 217-219
  medindo os efeitos da alavancagem, 209-210
  modelo de 5 Fatores de Higgins, 218-229
  orçamento de capital, 247
  proposição da irrelevância, 233-237
  quanto pedir emprestado, 216-232
  racionamento de capital, 263-265, 281-284
  seleção de instrumentos, 223-225
  sinalização para o mercado e, 226-229
  técnicas para analisar/selecionar alternativas, 203-205
  teoria da irrelevância de M&M, 217-219
  vantagens da dívida, 215, 219, 236-237
Decisões de investimento; *ver também* análise de risco
  alternativas mutuamente excludentes, 263-265, 278-279
  custo do capital e, 311-313
  opções gerenciais e, 318-327
  orçamento de capital, 247
  racionamento de capital, 263-265, 281-284
  valor econômico agregado (EVA) e, 328-330
Decisões financeiras
  alavancagem e lucros, 213-216
  orçamento de capital, 247
Decisões operacionais, 37
Deere & Company, 231

Dell, Inc., 58, 132
Dell, Michael, 132
Demonstração de alterações na posição financeira; *ver também* demonstrativo de fluxo de caixa
Demonstração de origens e aplicações, 16-18
  abordagem dos dois dedos, 18
  exemplo da Sensient Technologies, 17
Demonstração de resultado, 6, 8, 11-16
  contabilidade em regime de competência, 12
  custos alocados, 28-29
  depreciação, 12-13
  exemplo da Sensient Technologies, 11-12
  impostos, 13-14
  medindo o lucro, 12-16
  pesquisa e marketing, 12
  segmentos não operacionais, 12
Demonstrações financeiras
  alavancas de desempenho e, 37-38
  análise vertical, 64-66
  balanço patrimonial, 6-11, 94-95
  ciclo do fluxo de caixa, 3-6
  com base em transações, 23-24
  custo histórico e, 140-142
  custos imputados, 28-29
  demonstração de resultados, 6, 8, 11-16
  demonstrativo de fluxo de caixa, 6, 8, 18-22
  demonstrativos de origens e aplicações, 16-18
  goodwill, 26-28
  importância das, 5
  inflação e, 140-141
  lucro contábil *versus* econômico, 27-29
  problema do valor e, 23-29
  relações entre, 8
  saúde financeira e, 3
  valor de mercado *versus* valor contábil, 23-27
Demonstrações *pro forma*, 89-97, 211
  crescimento sustentável e, 141-142
  despesa de juros, 96-97
  estimando financiamento externo exigido, 93-96
  planejamento financeiro e, 97-98
  previsão baseada em computador, 98-102
  previsão da porcentagem de vendas, 90-93
  principal propósito das, 90
  sazonalidade, 97
Demonstrativo de fluxo de caixa, 6, 8, 18-24
  atividades de financiamento, 8, 18
  atividades de investimento, 8, 18, 20
  atividades operacionais, 8, 18-21
  exemplo da Sensient Technologies, 19-20
  importância do, 23-24
  solvência e, 8
"Dentro do dinheiro", 194-195
Depreciação, 5, 12-13, 23-24, 111-112
  como benefício fiscal, 13-14, 269-270
  como encargo não monetário, 13
  depreciação acelerada, 13
  fluxos de caixa relevantes, 267-270
  método em linha reta, 13
  problema de previsão, 13
Depreciação acelerada, 13
Depreciação linear, 13
Derivativos, 183-185
Descasamento dos vencimentos, 52
Desconto, 250-252
Desempenho financeiro; *ver também* retorno sobre o patrimônio líquido
  alavancagem financeira, 38-39, 47-53, 61, 205-209
  alavancas de, 37-38, 61
  análise de índices, 58-70
  avaliação do, 37-38
  confiabilidade do ROE, 53-58
  criação de valor, 57
  giro do ativo, 38, 40-41, 61
  margem de lucro, 38, 40-42, 53, 61, 70, 126
  riscos corporativos, 183-185
Despesa de juros
  composição, 251-252, 263-264
  fixos *versus* de curto prazo, 157
  opções de compra e, 158
Deutsche Bank, 348
Diagrama de posição, 186
Diagrama do fluxo de caixa, 249
  perspectiva da empresa/acionistas, 316-317
Dias de vendas em dinheiro, 45, 70
Dificuldades financeiras, 219
  conflitos de interesse, 222-223
  custos das, 219-223
  custos indiretos das, 222
Diluição, 145, 226, 372-373
Dimson, Elroy, 159n, 166n, 198
Dinheiro dos Outros (DdO), 204-205
Direitos de propriedade absoluta, 158
Direitos em liquidação, 158
Dispersão, 295
Diversificação
  diversificação de conglomerados, 300
  risco e, 297-299
Dividendos, 139-140, 165
Dixit, Avinash K., 339-340
Djankov, Simeon, 76n
Dodd-Frank Wall Street Reform and Consumer Protection Act de 2010, 176
Doidge, Craig, 176n
Donaldson, Gordon, 127n, 139-140
Downes, John, 31
Dualidade, 14
Dun & Bradstreet Information Services, 62
Dupla contagem, 6, 18

E

Eades, Kenneth M., 339-340
Eakins, Stanley G., 199

EBIT; *ver também* lucro antes de juros e impostos (EBIT)
EBITDA; *ver também* lucro antes de juros, impostos, depreciação e amortização (EBITDA)
Ederington, Louis, 180
Efeitos do incentivo, 371-374
Eficiente de forma fraca, 179
Eficiente de forma semiforte, 179
EIATBS (lucros ignorando todas as coisas desfavoráveis), 15
Elliott, John A., 31
Emissão de ações sazonal (SEO), 173
Emissões sazonais, 172-176
    colocação privada, 173-174
    mercados internacionais, 174-176
    shelf registration, 172-173
Empresa fechada
    custo do capital para, 313-314
    falta de negociabilidade, 365-366
Empresas; *ver também* avaliação do negócio; crescimento
    administração do crescimento, 123
    avaliação do desempenho financeiro, 37-38
    beta do patrimônio líquido, 331-332
    conservadorismo, virtudes do, 229-230
    controle dos acionistas, 163-164
    dificuldades financeiras, 219-223
    excesso de crescimento, 131-136
    movimento dos padrões contábeis internacionais, 77-78
    participação minoritária ou controle, 351-353
    planejamento em empresas grandes, 110-112
    razões financeiras para a reestruturação, 367-376
    risco do negócio, 47
    taxa de crescimento sustentável, 123, 125-126, 225
    taxa de retenção, 216
    tendência de crescimento, 139-140
    valor em liquidação *versus* em atividade, 349-352
Empresas de crescimento lento, 136-137, 230-232
Empresas estrangeiras
    análise de índices de, 72
    empresas abertas, 73-77
    negociando em mercados norte-americanos, 71-73
    padrões contábeis internacionais, 77-78
Empresas sazonais, 44
Empresas/parcerias de *private equity*, 169-170
Empréstimo; *ver também* financiamento por dívida
    benefícios fiscais, 215, 219, 233-237
    conflitos de interesse, 222-223
    custos de dificuldades financeiras, 219-223
    custos de falência, 219-221
    estrutura de vencimento, 232-233
    inflação e, 233
    nível de financiamento por dívida, 216-232
    sinalização para o mercado, 226-229

Empréstimo à taxa flutuante, 157
Empréstimo autoliquidante, 43
Empréstimos; *ver também* títulos, empréstimo, financiamento por dívida
    autoliquidantes, 43
    despesa de juros, 49, 96-97
    estimando financiamento externo, 93-96
    índices de alavancagem baseados no valor de mercado, 50-52
Empréstimos de curto prazo, 9
Empréstimos devidos, 6
Encargo não monetário, 13-14, 16, 19-20, 22
Engel, Ellen, 176n
Engenharia reversa das decisões de estrutura de capital, 225
Engrossando o principal, 50
Enron, 77
Equação contábil básica, 6, 8
Equação do balanço patrimonial, 9
Equação do crescimento perpétuo, 306-308
Equação do crescimento sustentável, 124-126
Equilibrar posição, 189
Equipamentos, 9
Equivalência, 254-255
Estoque, como ativo circulante, 9, 43-44
Estratégia de preço, 252
Estrutura de capital, engenharia reversa da, 225
Estrutura do vencimento da dívida, 232-233
Estrutura financeira
    diferenças internacionais na, 71-78
    empresas abertas, 73-77
    empresas estrangeiras negociando em mercados norte-americanos, 71-73
    padrões contábeis internacionais, 77-78
EVA; *ver também* valor econômico agregado
Excesso de capacidade, 273-276

F

Falência, 219-221
    custo da, 219-221
    mudando atitudes rumo à, 220
Fama, Gene, 217
Fan, Joseph, 73
Fase de declínio, 124
Fase de rápido crescimento, 124, 229-230
Fase inicial, 124
Finanças comportamentais, 182
Financial Accounting Standards Board (FASB), 24-25
Financiamento externo exigido, 93-96
Financiamento por dívida
    custos de dificuldade financeira, 219-223
    decisão de financiamento e crescimento, 229-232
    efeitos da alavancagem em um negócio, 209-216
    estrutura do vencimento do, 232-233

flexibilidade, 223-225
incentivos à administração, 229
proposição da irrelevância, 233-237
quanto pedir emprestado, 216-232
sinalização para o mercado, 226-229
vantagens fiscais do, 215, 219, 236-237
Financiamento por *private equity*, 168-170
Flexibilidade, decisões de financiamento, 223-225
Flexibilidade financeira, 225
Fluxo de caixa de atividades operacionais, 22
Fluxo de caixa descontado, 22
Fluxo de caixa líquido, 22
Fluxo de caixa livre (FCL), 22, 266-268
    avaliação do negócio, 353-355
    controlando pela reestruturação, 373-376
Fluxo de caixa pós-tributação (FCPT), 268-270
Fluxos de caixa, 22; *ver também* técnicas de fluxo de caixa descontado; fluxo de caixa livre
    capital de giro, 269-271
    características, 22
    custos alocados, 271-273
    custos de canibalização, 272-274
    custos já incorridos e, 270-272
    decisões de financiamento e, 218
    depreciação e, 267-270
    determinando os relevantes, 265-268
    excesso de capacidade, 273-276
    fluxo de caixa pós-tributação (FCPT), 268-270
    fontes espontâneas de caixa, 269-271
    lucros e, 5-6
    princípio com-sem, 266-268
    princípio do fluxo de caixa, 266-268
Fontes espontâneas de caixa, 269-271, 353-355
"Fora do dinheiro", 194-195
Formando o mercado, 24-25
Fórmula de precificação de opções de Black-Scholes, 194-196
Fox, Justin, 198
Fridson, Martin S., 80
Friedlob, George T., 31
Fundo de amortização, 157
Fusão de conglomerados, 134
Fusões e aquisições, 348
    diluição do lucro por ação, 372-373
    para frear o excesso de crescimento, 136
    problemas do crescimento lento, 139-141

G

Galdwell, Malcolm, 170
Galei, Dan, 184-185n
Ganhos de caixa, 22
Gaugham, Partick A., 388
General Motors, 170
Genomic Devices, 170
Gestão do risco financeiro, 184-185
Giro de ativo fixo, 46-47, 70

Giro de estoque, 44, 70
Giro do ativo, 38, 40, 53, 61, 70, 126
    dias de vendas em caixa, 45
    empresas sazonais, 44
    giro de estoque, 44
    giro do ativo fixo, 46-47
    período de pagamento, 45-46
    prazo médio de recebimento, 44-45
    retorno sobre o patrimônio líquido (ROE) e, 42-47
Gladstone, David, 199
Gladstone, Laura, 199
Goedhart, Marc, 258-259, 388
Goldman Sachs, 348
Goodman, Jordan Elliott, 31
Goodwill, 26-28, 27-28n
Google, 40, 41, 45-47, 134
Grabowiec, Paulina, 214
Graham, John R., 145
Grandes empresas, planejamento nas, 110-112
Grantham, Jeremy, 182n
Green Mountain Coffee Roasters, 58
Grupo de subscritores, 172
Grupo de venda, 172

H

Harris, Robert S., 339-340
Harvey, Campbell R., 32, 145
Hayes, Rachel, 176n
Healy, Paul M., 80
Hedge, 184-185
    com opções, 189-192
    limitação do, 192-195
    no mercado de opções, 190
    nos mercados a termo, 186-189
    nos mercados monetários/de capitais, 189
Henry, Elaine, 81
Hewlett, William, 37
Hewlett-Packard, 40
Higgins, Robert C., 339-340
Hipotecas de alto risco, 50, 52
Hoffman-LaRoche, 77
Horizonte de investimento, vidas diferentes, 279-282
Horizonte de previsão, 357-358
Horngren, Charles T., 31
Hovakimian, Armen, 239

I

Icahn, Carl, 375
Imóveis, 9
Imposto de equalização de juros (IET), 175-176
Imposto de renda devido, 14
Imposto de renda diferido, 14
Incentivos à administração, 229
    decisões de financiamento, 229

Incerteza
　análise de cenário, 103-104
　análise de sensibilidade, 102-103
　lidando com, 102-106
　simulação, 104-106
Índice ativo/patrimônio líquido, 70, 126
Índice corrente, 52, 60, 70
Índice de cobertura de encargos financeiros, 49, 70
Índice de cobertura de juros, 49, 70
Índice de distribuição de dividendos, 132-134
Índice de dívida/ativos, 212
Índice de lucratividade, 70, 256-257
Índice de preços ao consumidor, 160
Índice de retenção, 383-384
Índice dívida/ativo, 48,70
Índice dívida/patrimônio líquido, 48, 70, 140-141
Índice P/L, 56-57, 70
Índice passivo/patrimônio líquido, 39n
Índice preço/lucro, 56-57, 70
Índice valor de mercado/valor contábil, 59
Índices ao valor de mercado, 50-51
Índices de alavancagem, 70
Índices de alavancagem baseado no valor de mercado, 50-52
Índices de cobertura, 48-50, 211-212
Índices de controle, 43
　prazo de pagamento, 45-46
Índices de controle do giro, 70
Índices de liquidez, 52-53, 70
Índices de mérito, 248-266
　alternativas mutuamente excludentes, 263-265
　critério de aceitação, 248
　definição, 248
　equivalência, 254-255
　exemplo de avaliação de título, 260-262
　prazo de *payback* e, 249-250
　racionamento de capital, 263-265
　razão custo-benefício, 256-257
　taxa contábil de retorno, 249-250
　taxa interna de retorno, 256-261, 264-266
　valor do dinheiro no tempo, 250-254
　valor presente líquido, 255-256
Índices do balanço patrimonial, 48
　índice dívida/ativos, 48
　índice dívida/patrimônio líquido, 48
Índices financeiros; *ver também* análise de índices
Inflação
　ações ordinárias e, 165-166
　avaliando investimentos sob, 317-319
　crescimento sustentável e, 140-142
　demonstrações financeiras e, 140-141
　estratégia financeira e, 233
Inflação inesperada, 233
Informações contábeis
　ciclo do fluxo de caixa, 3-6
　demonstrações de origens e aplicações, 16-18
　lucro econômico *versus* contábil, 27-29
　na demonstração de resultados, 11-16
　no balanço patrimonial, 6-11
　no demonstrativo de fluxo de caixa, 18-24
　taxa contábil de retorno, 249-250
Insolvência, 5
Instrumentos financeiros, 154-168
　ações ordinárias, 162-166
　ações preferenciais, 167-168
　custos de emissão, 177-178
　derivativos, 183-185
　descontando uma emissão, 177
　distribuição de retorno anual (1928-2010), 167
　private equity, 168-170
　retorno nominal sobre ativos norte-americanos, 166
　swaps, 193-194
　swaps de moeda, 193-194
　swaps de taxas de juros, 193-194
　taxas de retorno sobre, 159
　títulos, 155-163
Intel, 169
Intensidade de capital, 47
International Financial Accounting Stardards (IFAS), 77
International Financial Reporting Standards (IFRS), 77, 78
Investidor-anjo, 169
Investidores ativistas, 375, 377-378
Investidores em capital de risco, 169-170
　exigência de altos retornos, 384-386
Investidores estratégicos, 169
Investimento
Investimentos; *ver também* Títulos, ações ordinárias
　ações preferenciais, 5, 166
　investimentos de redução de custos, 272-273
　problema do sobreinvestimento, 222-223
　problemas do subinvestimento, 223n
　retorno esperado, 296n

J

Japão
　acionistas, 164
　análise de índices de empresas, 72-73
　keiretsu, 72, 164
Jiambalvo, James, 80
Jogos de soma zero, 193-194
Jos. A. Bank Clothiers, Inc., 136-137
JPMorgan Chase, 40, 48

K

Kahl, Matthias, 376n
Kaplan, Steven N., 239, 376-377, 384-385n, 388
Karolyi, George, 176n
Keiretsu, 72, 164
Klein, April, 375
Koller, Tim, 356-357, 388
Kraft Foods Inc., 347-348, 366

Kraft-Cadbury negociação, 347-349, 376-379
Kumar, Raman, 173n

L

Lang, Harry H. P., 76n
Laux, Christian, 25-26
Lazard, 348
Lee, Inmoo, 178n
Lee, Jae Ha, 180
Lerner, Josh, 384-385n
Leuz, Christian, 25-26
Lin, Steve W. J., 81
Linha de mercado, 293-294, 312-313
Lipin, Steven, 372-373n
Liquidação, 158, 220
Liquidez, 9, 45, 48, 60
Liquidez seca, 52, 70
Lockhead, Scott, 178n
Lowenstein, Roger, 162-163n, 182n
Lucro, 5, 12
    alavancagem e, 213-216
    contabilidade em regime de competência, 12
    definição de, 15
    depreciação, 12-13
    impostos, 13-14
    lucro econômico *versus* contábil, 27-29
    lucro realizado/não realizado, 27-28
    medindo lucros, 12-16
    pesquisa e marketing, 14-16
Lucro antes de juros, impostos, depreciação e amortização (EBITDA), 15
Lucro antes de juros e impostos (EBIT), 15, 49-50, 207n, 210, 353-354
Lucro líquido, 11, 15
Lucro por ação (LPA)
    efeito da decisão de financiamento, 213-216
    evitando diluição no, 145, 372-373
Lucros centrais, 15
Lucros correntes, 15
Lucros operacionais, 15
Lucros *pro forma*, 15
Luehrman, Timothy A., 339-340
Lugg, David, 214

M

Malkiel, Burton G., 199
Manning, Kenneth, 9, 67
Manville Corporation, 220
Margem de lucro, 38-42, 46, 47, 53, 61, 70, 126
    margem bruta, 41-42
    retorno sobre os ativos (ROA), 41
Mark, Robert, 184-185n
Marketing, 14-16
Marr, M. Wayne, 173n
Mars/Wrigley, 347

Marsh, Paul, 159n, 166n, 198
Martin, John D., 286
Mayes, Timothy R., 115
McCaw Communications, 51
McConnell, John J., 231
Media, 62n
Médias da indústria, 60, 66, 212-213
Medida da eficiência, 38
Medifast Inc., 129-130
Meggison, William, L., 173n
Memoirs of an Invisible Man (Saint), 171
Mercado de controle, 366-376; *ver também* reestruturação corporativa
    empresa aberta, 367-368
    prêmio pelo controle, 366-368
Mercados a termo, 184-189
    especulando nos, 185-186
    hedge nos, 186-189
Mercados de capitais, 154; *ver também* instrumentos financeiros; mercados financeiros
    hedge nos, 189
Mercados domésticos, 174
Mercados eficientes, 178-184
    características dos, 179-180
    crise financeira e, 182
    definição, 179
    forma forte, 179
    forma fraca, 179
    forma semiforte, 179
    implicações dos, 181-184
    novas informações e, 181-184
Mercados estrangeiros, 174
Mercados financeiros, 154, 168-178; *ver também* mercados eficientes
    banco de investimento, 171-172
    custos de emissão, 177-178
    emissões sazonais, 172-176
    financiamento por *private equity*, 168-170
    gestão do risco, 183-185
    hedge nos mercados monetário/de capitais, 189
    limitações do hedge, 192-195
    mercados a termo e, 184-189
    mercados internacionais, 174-176
    ofertas públicas iniciais, 170-172
    opções, 189-192
    regulação dos, 154
    sinalização para o mercado, 226-229
Mercados monetários, 154, 189
Mercados sombrios, 176
Mercados *spot*, 184-185
Merrill Lynch, 31
Método de avaliação do capital de risco, 379-386
    múltiplas rodadas de financiamento, 381-385
    uma rodada de financiamento, 379-383
Microsoft, 58, 169
Mikkelson, Wayne H., 178n

Miller, Merton, 214, 236, 240
Mishkin, Frederic S., 199
Mitchener, Brandon, 372-373n
Modelo de 5 Fatores de Higgins para decisões financeiras, 218-229
 benefícios fiscais, 219
 custos de dificuldades financeiras, 219-223
 flexibilidade, 223-225
 incentivos à administração, 229
 sinalização para o mercado, 226-229
Modelo de Precificação de Ativos de Capital (CAPM), 311-312
Modigliani, Franco, 217, 236
"montar o livro" pré-venda de emissão, 172
Moody's Investor Service, 161-163
Mooradian, Robert M., 375n
Morgan Stanley, 25-26, 348
Mullins, David W., Jr., 226, 239
Múltiplas taxas mínimas de atratividade, 263-265, 278-279
Múltiplo preço/lucro garantido, 355-356
Myers, Stewart C., 228

N

Nadar, Ralph, 46
National Association of Securities Dealers, 172
Negociabilidade, falta de, 9, 45, 46
Nestlé S.A., 347
Nocera, Joe, 182n
Norfolk Southern, 41
Novartis, 41
Novo financiamento por ações, 142-145
 emissões líquidas (1975-2010), 142-144
 relutância em emitir, 144-145

O

Ofertas públicas iniciais (IPO), 143-145, 177-178
 bancos de investimento e, 171-172
 grupos de subscritores, 172
Opção americana, 196n
Opção de abandono, 320-323
Opção de adiamento, 323-327
Opção de compra, 189, 194-195
Opção de crescimento, 323-324
Opção de venda, 189
Opções, 184-185, 189
 avaliação das, 194-196
 fórmula de precificação de opções de Black-Scholes, 194-196
 hegde com, 189-192
Opções de ações, 20-21
Opções gerenciais, 318-328
 administração baseada no EVA, 327-332
 ajuste excessivo ao risco, 326-328
 árvores de decisão, 319-322

Opções reais, 196, 318-320, 325-327
Operações, finanças da empresa e, 3-5
Opler, Tim, 239
Oportunidades futuras, problema das, 283-284
Orçamento de capital, 247
 árvore de decisão, 283-284
 inflação e, 317-319
 valor econômico agregado (EVA) e, 327-332
Orçamentos de caixa, 107-110

P

Padrões contábeis internacionais, convergência, 77-78
Padrões de desempenho, 60
Pagamento de dividendos, 131-134
Palepu, Krishna G., 80
Parsons, Christopher A., 239
Partch, M. Megan, 178n
Participação minoritária, 351-353, 366
Passivos, 6, 9
Passivos de curto prazo, 9
Passivos não registrados, 25-26
Patrimônio dos acionistas, 6, 8, 10-11, 25-26
 valor de mercado *versus* contábil, 23-27
Peltz, Nelson, 377-378
Perda no anúncio, 226
Perpetuidade, 261-263, 305-307
 TIR da, 261-263
Perpetuidade sem crescimento, 355-357
Perspectiva da empresa *versus* perspectiva dos acionistas, 315-318
Perspectiva do acionista, 315-318
Pesquisa e desenvolvimento (P&D), 14-16
Pfizer, 15
Philbrick, Donna, 31
Pindyck, Robert S., 339-340
Planejamento; *ver também* previsão financeira
 finanças e, 89
 nas grandes empresas, 110-112
Planejamento financeiro; *ver também* previsão financeira; demonstrações *pro forma*
Players puros, 313-315
Porter, Michael E., 218
Posição curta, 189
Posição longa, 189
Pratt, Shannon P., 365n
Prazo de maturidade, 156, 189
Prazo de *payback*, 249-250
Prazo de recebimento, 45, 70
Prazo médio de recebimento, 44-45, 70
 vendas sazonais, 44
Preço da ação, substituto do ROE, 59
Preço de mercado, ROE *versus*, 57-58
Preços de ações
 como medida de desempenho, 57-58
 como substituto do ROE, 58

custo do capital e, 303-305
novas informações e, 180
perda no anúncio, 226-229
Preferenciais cumulativas, 167-168
Prêmio, 189
Prêmio pela inflação, 307-308
Prêmio pelo risco, 159, 165, 307-308
Previsão
previsão baseada em computador, 98-102
previsão da porcentagem das vendas, 90-93
previsão de fluxos de caixa, 106-107
Previsão financeira, 89; *ver também* demonstrações *pro forma*
análise de cenário, 103-104
análise de sensibilidade e, 102-103
despesa de juros, 96-97
estimativas de financiamento externo, 93-96
lidando com a incerteza, 102-106
orçamentos de caixa, 107-110
planejamento nas grandes empresas, 110-112
previsão baseada em computador, 98-102
previsão de porcentagem das vendas, 90-93
previsões de fluxo de caixa, 106-107
problema da depreciação, 111-112
sazonalidade e, 97
simulação, 104-106
técnicas comparadas, 110
Princípio com-sem, 266-268
Princípio da competência, 12, 20
Princípio do fluxo de caixa, 266-268
Princípio do reconhecimento, 12
Princípios Contábeis Geralmente Aceitos (GAAP), 15
Problema de timing do ROE, 53-54
Problema do risco do ROE, 54-55
Problema do sobreinvestimento, 222-223
Problema do sub-investimento, 223n
Problema do valor, 23-24, 56-57
custos alocados, 28-29
demonstrações financeiras e, 23-28
goodwill, 26-28
lucro contábil *versus* econômico, 27-29
taxa de retorno sobre o valor de mercado do patrimônio líquido e índice P/L, 56-57
valor de mercado *versus* contábil, 23-27
Problema dos limões, 228
Problemas de capacidade, 274-276
Procter & Gamble, 184-185
Programa de simulação Crystal Ball, 104, 106
Proposição da irrelevância, 233-237
impostos e, 237-238
sem impostos, 234-236
Proposição da irrelevância de M&M (Modigliani & Miller), 217-219, 233-237
Prowse, Stephen D., 173n

Q

Quartil inferior, 62n
Quartil superior, 62n
Quick ratio, liquidez seca, 53

R

Racionamento de capital, 263-265, 281-284
alternativas mutuamente excludentes e, 263-265, 278-279
árvore de decisão, 283-284
problemas das oportunidades futuras, 283-284
vidas diferentes, 279-282
Razão custo-benefício (RCB), 256-257
Realização, 27-28
Recapitalização, 232
Receitas líquidas, 12
Receitas/reconhecimento de receitas, 12
Reestruturação corporativa, 348
aquisição da Cadbury, 376-379
benefícios fiscais e, 368-371
controle do fluxo de caixa livre, 373-376
efeitos de incentivo, 371-374
evidências empíricas da, 376-377
razões para a, 367-376
Regra 144A (SEC), 174
Reilly, Robert F., 365n
Reinhart, Carmen M., 199
Rendimento anual para o acionista, 164
Rendimento até o vencimento, 261-262
Rendimento de dividendos, 306-307
Rentabilidade do lucro, 56-57
Repagamento do principal, 49-50
Resgate postergado, 158
Resultado, 15
Retorno anual ao acionista, 164-166
Retorno esperado
alavancagem e, 207-209
sobre o investimento, 296n
sobre um ativo de risco, 307-309
Retorno nominal, 159, 165-166
Retorno real (ajustado pela inflação), 159, 165
Retorno sobre o capital investido (ROIC), 54, 70, 207
Retorno sobre o investimento (ROI), 329-331
Retorno sobre o patrimônio líquido (ROE), 38-47, 61, 126
alavancagem financeira e, 38-39, 47-48, 61, 207-209
como medida da eficiência, 38
como medida do risco, 208
como medida financeira confiável, 53-58
competição e, 40
definição, 38, 70
determinantes do, 38-40

exemplo da Sensient Technologies, 39
giro do ativo, 42-47, 61
margem de lucro, 40-42, 61
preço de mercado *versus*, 57-58
problema do risco, 54-55
problema do timing, 53-54
problema do valor, 56-57
substituto do preço da ação, 58
Retorno sobre os ativos (ROA), 41, 70
   alavancagem financeira e, 47-48
   crescimento equilibrado e, 127-128
   margem de lucro, 41
Retorno sobre os ativos líquidos (RONA), 54
Risco; *ver também* Beta; risco de investimento, análise de risco
   alavancagem e, 208, 211-213
   definição, 295-297
   diversificação e, 297-299
   instrumentos financeiros para gerir o, 183-196
   múltiplas taxas mínimas de atratividade, 312-315
   retorno sobre o patrimônio líquido (ROE) como, 208
   risco sistêmico e não sistêmico, 298-299
Risco de investimento, 296
   diversificação e, 297-299
   estimativa do, 299-301
   múltiplas taxas mínimas de atratividade, 300-303
   risco total, 297-298, 309-310
   técnicas para, 300-301
Risco do negócio, 47, 54
Risco total, 297-298, 309-310
Riscos corporativos
   hedging e, 183-196
   mercados a termo e, 184-189
Ritter, Jay, 178n
Road show, 171
Robert's Online Applications, 196
Robert's Option Pricer, 196n
Robinson, Claire, 162-163
Rodada intermediária, 379-380
ROE; *ver também* retorno sobre o patrimônio líquido
Rogoff, Kenneth, 199
Rogowski, Robert J., 173n
ROIC; *ver também* Retorno sobre o capital investido
Rosenfeld, Richard S., 333-334n, 388

S

Safeway, 40, 41
Saint, H. F., 171
Sarbanes-Oxley, Lei de 2002, 78, 176
Sazonalidade, 97
Scholes, Myron, 155, 194-195
Schweihs, Robert P., 365n
Securities and Exchange Commission (SEC), 15, 78, 154, 174
   Edgar, *site*, arquivos, 32
   regra 144A, 174

Segmento operacional (das demonstrações de resultado), 12
Segmentos não operacionais (das demonstrações de resultado), 12
Sensient Technologies Corporation, 8-9
   análise vertical das demonstrações financeiras, 64-66
   avaliação do negócio, 357-360
   balanços, 10-11
   custo do capital, 304-312
   custo médio ponderado do capital (CMPC), 311-312
   demonstração de origens e aplicações, 17
   demonstrativo do fluxo de caixa, 19-20
   empresas comparáveis, 361-365
   exemplo de análise de índice, 62-70
   retorno sobre o patrimônio líquido (ROE), 39
Servaes, Henri, 231
Serviço da dívida, 49
Shank, Todd M., 115
Shelf registration, 172-173
Shome, Dilip, 173n
Simulação, 104-106, 211, 300-301
Sinalização para o mercado, 226, 231
   decisões de financiamento, 226-229
Síndrome do "mercado não gosta de nós", 145
Situação de crescimento excessivo
   aumento da alavancagem, 132-133
   corte lucrativo, 134-135
   estratégia de fusão, 136
   estratégia de preços, 135
   redução do índice de distribuição de dividendos, 132-134
   terceirização e, 135
   vacas leiteiras, 131, 136
   vender novas ações, 131-132
Smart, Scott B., 173n
Smidt, Seymour, 286
Smith, Clifford W., Jr., 240
Software HISTORY, 38
Software PROFORMA, 102
Solvência, 8
Sorensen, Eric H., 173n
Southern Company, 47
Sperry, Michael, 203
Spin-offs, 348
Spread, 177
Standard & Poor's, 214
Standard & Poor's 100, índice, 58-59, 72
Standard & Poor's 500, índice, 45, 62n
Standard & Poor's, classificações de dívida, 160-163
Starbucks, 58
Statman, Meir, 182, 182n, 299n
Staunton, Mike, 159n, 166n, 198
Stericycle, Inc., 26-27
Stern, Joel M., 240

Stern Stewart Management Services, 58, 329-331
Stewart, G. Bennett, III, 328-329n, 331-332n
Stitzer, Todd, 348
Stulz, Rene, 176n
Sundem, Gary L., 31
Swaps de moeda, 193-194

T

Tabela de valor presente, 252
Taxa de crescimento sustentável, 123, 125-126, 225
Taxa de desconto ajustada ao risco, 252, 300-303
   ajuste excessivo ao risco, 326-328
   armadilha da inflação, 317-319
   custo do capital, 301-303
   múltiplas taxas mínimas de atratividade, 312-315
   opções gerenciais, 318-327
   perspectiva da empresa *versus* do acionista, 315-318
Taxa de desempenho (*carried interest*), 170
Taxa de juros livre de risco, 307-308
Taxa de retenção, 126
Taxa de retorno
   como índice de mérito, 248
   taxa contábil de retorno, 249-250
   títulos norte-americanos selecionados (1900-2010), 159
Taxa efetiva anual (EAR), 263-264
Taxa interna de retorno (TIR), 256-261
   avaliação de títulos, 260-262
   cálculo da, 259-261
   de uma perpetuidade, 261-263
   definição, 257-258
   índices de mérito, 256-266
   na decisão de financiamento, 283-284
   vantagens/desvantagens da, 265-266
Taxa percentual anual (APR), 263-264
Taxas de desconto, 252
   ajustadas pelo risco, 300-303
Taxas mínimas de atratividade, 312-315
Teach, Edward, 319-320n
Técnicas de deferimento de imposto, 14
Técnicas de fluxo de caixa descontado, 22, 247; *ver também* avaliação do negócio; racionamento de capital
   ajuste excessivo ao risco, 326-328
   alternativas mutuamente excludentes e racionamento de capital, 263-265
   armadilhas no uso de, 314-337
      ajuste excessivo ao risco e, 326-328
      inflação e, 317-319
      opções reais/gerenciais e, 318-327
      perspectiva da empresa *versus* dos acionistas, 315-318
   custo anual equivalente, 262-264
   depreciação, 267-270
   determinando fluxos de caixa relevantes, 265-268
   diagrama de fluxo de caixa, 249
   índices de mérito, 248-266
      avaliação de títulos, 260-262
      custo anual equivalente, 262-264
      equivalência, 254-255
      prazo de *payback*, 249-250
      razão custo-benefício, 256-257
      taxa contábil de retorno, 249-250
      taxa interna de retorno, 256-261
      TIR de uma perpetuidade, 261-263
      valor do dinheiro no tempo, 250-254
      valor presente líquido, 255-256
   para avaliação de negócio, 352-361
      fluxo de caixa livre, 353-355
      problemas de avaliação, 360-361
      valor terminal, 354-358
Terceirização, 131, 135
Terreno, 9
Thompson, G. Rodney, 173n
Timing, 178
Titman, Sheridan, 73, 239, 286
Título de renda residual, 162-163
Título financeiro, 153
Títulos, 155-163; *ver também* financiamento por dívida
   classificações dos, 160-163
   cláusulas, 158
   como investimento, 159-160
   covenants (cláusulas), 158
   credores garantidos, 159
   data de vencimento, 156
   direitos da liquidação, 158
   fundo de amortização, 157
   rendimento até o vencimento, 261-262
   taxa de cupom, 156
   título de renda fixa, 156
   títulos ao portador, 175
   títulos de alto risco, 160-163
   valor ao par, 156
Títulos corporativos, 374-375
Títulos especulativos, 160
Títulos híbridos, 166
Títulos negociáveis, 9, 45, 46
Tracy, John A., 31
Trade-off entre risco e retorno, 293-294
Trian Fund Management, 377-378
Tributação, 13-14
   ações preferenciais, 166-168
   benefícios de tomar um empréstimo, 215, 219, 236-237
   decisão de financiamento e, 215, 219
   depreciação e, 13
   imposto de equalização de juros (IET), 175-176
   na demonstração de resultados, 13-14
   proposição da irrelevância, 233-237
   reestruturação corporativa e, 368-371

Trigeorgis, Lenos, 339-340
Troy, Leo, 81
Tuchman. Barbara W., 331-332n
Tully, Shawn, 327-328n
Twite, Garry, 73

U

U.S. Federal Reserve, 175
UBS, 348
União Europeia (UE), 77

V

Vaca leiteira, 131, 136
Valkanov, Rossen I., 376n
Valor ao par, 156
Valor contábil, 23-24, 56
  como valor terminal, 355-356
  valor de mercado *versus*, 23-27
Valor de liquidação, 349-352, 355-356
Valor de mercado, 56, 70
  valor contábil *versus*, 23-27
Valor de mercado da dívida, 51
Valor de mercado do patrimônio líquido, 50-51
Valor de mercado dos ativos, 50-51
Valor do dinheiro no tempo, 250-254
  cálculos de valor presente, 252-254
  composição e desconto, 250-252, 263-264
Valor econômico agregado (EVA), 29, 57-58, 327-332
  análise de investimento e, 328-330
  atratividade do, 329-332
Valor em atividade, 349-352
Valor isolado, 367
Valor justo de mercado (VJM), 349-355
  mercado de controle, 366-376
  valor em atividade, 349-352
  valor terminal e, 354-358

Valor líquido, 6
Valor presente, 252-254
Valor Presente Ajustado (VPA), 331-337
  beta do ativo e, 331-337
Valor presente líquido (VPL), 25-256
  avaliação de título, 260-262
  criação de valor e, 256
Valor residual, 13, 268-270
Valor terminal, 354-358
  crescimento perpétuo, 356-357
  estimativas do, 354-358
  horizonte de previsão, 357-358
  múltiplo preço-lucro garantido, 355-356
  perpetuidade sem crescimento, 355-357
  valor contábil, 355-356
  valor de liquidação, 355-356
Vendas a crédito, 12, 44
Vendas liquidas, 12
Vidas desiguais, 279-282
VJM; *ver também* valor justo de mercado
Volatilidade, opções e, 195-196
Volkswagen, 184-185

W

Wang, Xue, 176n
Welton, Ralph E., 31
Wessels, David, 356-357, 388
Worldcom, 77

Y

Yong, Ya-Wen, 81

Z

Zhao, Quanshui, 178n
Zur, Emanuel, 375